JN441430

# 진로상담: 아동기부터 성인기까지 진로발달 이론의 적용

APPLYING CAREER DEVELOPMENT THEORY TO COUNSELING

# 진로상담 제6판

## 아동기부터 성인기까지 진로발달 이론의 적용

Richard S. Sharf 지음

김진숙 · 김정미 · 서영숙 옮김

CENGAGE 박학사

Andover • Melbourne • Mexico City • Stamford, CT • Toronto • Hong Kong • New Delhi • Seoul • Singapore • Tokyo

***Applying Career Development Theory to Counseling*, 6th Edition**

**Richard S. Sharf**



Original edition © 2014 Wadsworth, a part of Cengage Learning.
*Applying Career Development Theory to Counseling, 6th Edition* by Richard S. Sharf
ISBN: 9781285075440

This edition is translated by license from Wadsworth, a part of Cengage Learning, for sale in Korea only.



ISBN-13: 978-89-98521-45-5

**Cengage Learning Korea Ltd.**
14F YTN Newsquare 76 Sangamsan-ro
Mapo-gu Seoul 03926 Korea
Tel: (82) 2 330 7000
Fax: (82) 2 330 7001

Cengage Learning is a leading provider of customized learning solutions with office locations around the globe, including Singapore, the United Kingdom, Australia, Mexico, Brazil, and Japan. Locate your local office at: **www.cengage.com**

Cengage Learning products are represented in Canada by Nelson Education, Ltd.

To learn more about Cengage Learning Solutions, visit **www.cengageasia.com**

Printed in Korea
Print Number: 02 Print Year: 2022

# 역자 서문

이 책은 대학원에서 강의하면서 심리상담뿐만 아니라 진로상담에도 관심을 갖고 학생들과 함께 공부할 좋은 진로상담 책을 찾던 중 알게 된 책이다. 국내에서 이 책의 제4판에 대한 번역서가 나오기 훨씬 전인 2000년대 초반부터 이 책을 수업에서 사용하였다. 무엇보다 발달적 관점에서 아동기부터 노년기까지의 진로 이론을 이 책만큼 상세하게 다룬 책을 본 적이 없기 때문이었다. 그래서 이 책의 제6판 번역 요청을 받았을 때 번역 작업의 고됨을 알기에 망설여졌지만, 수업에서 교재로 쓰고 싶은 욕심에 요청을 거부할 수 없었다.

이 책에 내가 욕심을 낸 가장 큰 이유는 내용을 이론 중심으로만 구성한 것이 아니라 각 이론별로 그 이론을 적용한 상담 예시와 상담자와 내담자 간의 대화를 축어록 형태로 제시했기 때문이다. 또한 축어록에는 상담자 개입의 의도와 사례 개념화를 포함해 상담자 반응에 대한 상세한 설명도 곁들여 있다. 이러한 상담 예시와 설명을 통해 진로 이론이 어떻게 실제에 적용될 수 있는가를 구체적으로 보여 주기 때문에 진로상담 이론을 처음 접하는 사람들도 쉽고 친근하게 접근할 수 있다.

이 책의 또 다른 장점은 '이론의 통합'에 관한 부분이다. 이 책의 마지막 장에서는 '이론의 통합'을 다루고 있는데, 앞서 별개로 다룬 이론들을 상담 실제에서 어떻게 서로 결합해서 적용할 수 있는지를 구체적으로 보여 준다. 이는 다른 책에서 찾아보기 힘든 주제이며, 진로상담에 관한 깊은 관심과 함께 풍부한 이론적 지식과 많은 실제적 경험을 바탕으로 한 저자의 안목과 통합적 사고능력이 돋보이는 대목이다.

그리고 이 책에서는 각 이론마다 여성과 다문화 상담의 관점을 비중 있게 다루고 있다. 또한 만화경 진로, 프로티언 진로 등의 개념을 소개하면서 평생직장과 평생직업이 사라진 직업세계에서 새로운 추세로 나타나는 진로경로를 보여 준다. 이뿐만 아니라 전통적인 이론 외에도 구성주의와 내러티브 접근 및 진로에서 관계와 영성을 중시하는 접근도 상세하게 다루고 있어 진로와 관련한 다양한 관점을 제시하고 있다.

나는 이 책이 진로상담 전공자뿐만 아니라 일반 상담자와 심리치료자에게도 알려지기를 간절히 바란다. 상담자 가운데는 진로상담을 심리상담과 별개의 영역으로 여겨 대학원 과정에서나 그 이후에 진로상담에 관심을 두지 않고 교육이나 훈련을 받지 않는 경우가 있다. 그러다 보면 내담자가 호소하는 문제 중 심리상담과 관련된 부분만 다루고 진로 관련 부분은 간과하기 쉽다. 때로는 내담자가 직접 호소하지 않더라도 진로 관련 부분을 다루면 유익하다고 판단되는 경우에도 상담자 훈련 부족으로 실질적으로 적절한 도움을 주지 못하는 경우도 있다. 그동안 심리상담 슈퍼비전에서 이런 경우를 목격하면서 안타까웠던 때가 한두 번이 아니었다.

나는 운 좋게도 대학원 석사 1학기부터 진로상담 수업을 들었고, 박사 과정까지 진로 관련 과목을 지속적으로 수강하였기에 심리상담과 진로상담을 별개의 영역으로 보는 이런 편견에서 비교적 자유로울 수 있었다. 아마도 심리상담보다 더 긴 전통을 지닌 진로상담의 본고장인 미국에서 공부한 덕을 보았던 것 같아, 지금도 그때의 학습 기회를 고맙게 생각한다. 이 책의 저자는 특이하게도 진로상담 이론 개론서와 심리상담 이론 개론서를 모두 집필하였다. 일전에 이 저자의 심리상담 이론 개론서 번역에 참여하게 되었는데, 저자가 내가 알고 있던 진로상담 이론 개론서의 저자와 동일 인물임을 알고 깜짝 놀란 적이 있다. 그래서 우연인지 필연인지 이 저자의 두 개론서에 매료되어 번역에 참여하게 되었는데, 나의 이런 작은 노력이 심리상담과 진로상담을 통합적 관점에서 바라보고 상담자 교육에서 이 두 영역을 균형 있게 다루는 데 조금이라도 도움이 되기를 바란다. 그리고 저자의 바람대로 진로상담자뿐만 아니라 대학원 과정에서 진로상담을 접하지 못한 상담자, 일선 학교 교사, 아동・청소년・성인 및 노인을 대상으로 진로 관련 서비스를 제공하는 실무자에게도 유익한 매뉴얼로 쓰이기를 바란다.

이 책은 김진숙, 김정미, 서영숙이 함께 번역하였고, 대표 역자인 김진숙이 원고 전체를 검토하고 수정하였다. 번역서 원고 교정 작업에는 경북대 교육학과 교육대학원에 재학 중인 김여진 양이 함께 참여하여 도움을 주었다. 마지막으로, 이 책의 번역을 쾌히 승낙해 주신 박학사의 구본하 사장님과 원서에 포함된 많은 도표와 그림을 정확하고 멋지게 한국어판으로 다듬어 준 편집부 김재석 님과 꼼꼼하게 교정해 준 신현경 님께 감사의 마음을 전한다.

2015년을 보내며<br>역자 대표 김진숙

# 학생을 위한 서문

## 지금

이 교재는 직장에서의 문제나 진로선택으로 고민하고 있는 내담자와 상담할 때 여러분이 활용할 수 있는 배경지식을 제공하기 위한 책이다. 교재 1부에서는 사람들이 어떻게 진로선택을 하고 직업에 적응해 가는지에 대한 여러 관점을 제시하고 이와 더불어 진로상담 방법을 제안하였다. 2부에서는 아동기와 청소년기, 성인기 및 은퇴기에 사람들이 진로선택 및 직업 관련 문제를 어떻게 다루는지를 살펴보았다. 아울러 실직과 직장 내 성희롱 문제도 논의하였다. 3부에서는 진로선택에 있어서 부모 및 타인의 역할과 같은 특정한 주제를 다루었다. 진로발달에 대한 인지 및 행동적 접근 역시 진로상담에 유용한 관점을 제공한다. 4부에서는 진로상담에 대한 여러 이론이나 접근을 통합한 관점을 제시하였다.

여러분이 내담자와 상담할 때 이 책을 실용적으로 사용할 수 있도록 많은 사례 예시와 내담자 상담자 간 대화를 수록하였다. 진로발달 이론은 대체로 각종 검사를 사용하는 연구를 기반으로 한다. 따라서 이 교재에서는 많은 검사를 이론에 통합하여 제시하였다. 또한 진로상담에서 각종 검사를 사용하는 방법도 설명하였다.

## 이후에

이 교재는 여러분이 대학원에서, 그리고 상담자나 혹은 다른 분야의 정신건강 전문가로 일하면서 진로상담을 수행할 때 유용하게 사용할 수 있을 것이다. 자신을 진로상담자라 부르는 상담자만 진로상담을 하는 것은 아니다. 졸업한 나의 제자들 중에는 진로상담을 할 것으로 기대하지 않았던 상황에서 내담자와 진로상담을 하게 되었다고 말해 준 이들이 꽤 있다. 나는 여러분이 향후 상담이나 혹은 다른 정신건강 분야에서 일할 때 이 책이 유용한 참고도서가 되기를 바라는 마음으로 이 책을 썼다. 나중에 일과 관련된 고민이나 진로선택 문제를 갖고 있는 내담자를 상담할 때 이 책을 참고하면 문제를 이해하는 데 도움이 될 것이다.

Richard S. Sharf

# 강사를 위한 서문

대학원에서 진로지도나 진로 이론 혹은 진로상담 과목을 처음 듣는 학생들은 진로문제로 고민하는 내담자를 조력하는 방법을 알고 싶어 한다. 이 책은 학생들이 상담실습과 상담수련을 하거나 상담자로서 직무를 수행할 때, 진로 이론 및 연구를 상담 실제에 접목시키는 데 도움이 될 것이다. 『진로발달 이론을 적용한 진로상담(*Applying Career Development Theory to Counseling*)』의 제6판인 이 책에서는 각 진로발달 이론이 상담 장면에서 어떻게 사용될 수 있는지를 보여 주고자 하였다. 각 이론마다 진로발달에 관한 다양한 조망을 구성하는 특별한 통찰을 제공하는데, 이러한 통찰은 진로상담에 영향을 미친다. 또한, 이 이론들은 관련 없는 정보를 줄줄이 나열하여 압도감을 주기보다는, 사실들을 하나의 종합적인 체계로 조직하여 학생들이 이해하고 활용할 수 있게 해준다.

사례 예시들은 이 책의 특별한 장점이다. 각 이론과 그 이론의 중요한 구성개념에 대해, 해당 이론의 개념적 접근을 설명할 수 있도록 하나 또는 그 이상의 사례를 사용하였다. 사례 예시는 상담자와 내담자 간의 대화 형태로 제시하였다. 또한 대부분의 상담자 진술에 이어 괄호 안에 상담자의 개념화를 덧붙였다. 이러한 방식은 이론을 직접 상담 실제에 적용하는 방식을 보여 주기 때문에, 이 책은 재학생과 수련 상담자 모두에게 유용할 것이다. 몇 군데에서는 이론을 설명하기 위해 축어록 대신 사례를 서술적으로 기술하였다.

## 제6판

학생들이 교재 내용을 조직화하는 데 도움을 주기 위해 이론의 핵심을 간략하게 볼 수 있도록 각 장의 앞부분에 이론 개요를 제시하였다. 이 개요는 학생들이 책을 읽다가 언제든지 참조할 수 있도록 요약문을 제공한다. 첫 장과 마지막 장에서는 이론 개요 대신 장의 요점을 정리하여 실었다. 1장에서는 진로상담과 관련된 주제와 상담기술을 제시하였고, 16장에서는 여타 사항에 대한 논의와 함께 이론들을 재검토하였다. 또한 16장에서는 좀 더 상세한 이론 개요를 제시하였다.

제6판에는 몇 가지 중요한 내용을 새롭게 추가하였다. 다음은 각 장마다 추가된 내용이다.

### ❁ 3장: 직업: 정보와 이론

이번 수정판에서는 미국 노동시장에 대한 최신 직업정보를 실었다. 제5판에 비해 세계 노동시장에 대해 더 많이 언급하였다.

### ❁ 7장: 아동기 진로발달

아동의 진로발달에 대한 Super의 초기 성장기(growth stage) 이론을 수정하였다. Howard와 Walsh가 제시한 환상 하위 단계의 1수준인 순수 연상과 2수준인 마술적 사고를 포함하였고, Super의 흥미 하위 단계를 수정한 3수준인 외부 활동도 포함하였다. 이러한 내용을 아동기 진로발달에 대한 문헌에 추가함으로써 이 주제에 대한 새로운 개념을 제시하였다.

### ❁ 8장: 청소년기 진로발달

청소년의 진로발달에 대한 Super의 후반부 성장기 이론도 Howard와 Walsh 모델을 추가하여 수정하였다. Howard와 Walsh의 4수준인 내적 과정을 포함시켜 Super의 능력 하위 단계를 수정하였다. 또한, 5수준인 상호작용을 포함시켜 Super의 가치 하위 단계를 수정하였다. Howard와 Walsh는 6수준인 체계적 상호작용에 대한 설명을 통해 Super의 결정화 하위 단계로의 전환을 기술하였다. 이러한 수준들은 청소년의 진로발달에 대한 최근의 관점을 보여 준다. 8장에서는 또한 직업 정체성 개념에 대한 Vondracek과 동료들의 연구에 대한 새로운 정보도 제시하였다.

### ❁ 9장: 후기 청소년기와 성인기 진로발달

발달심리학 분야에서 Arnett은 청소년기와 성인기가 중첩되는 발달단계를 설명하면서 이 단계를 '성인 진입기'라 불렀다. 이 시기는 정체성의 시기, 불안정의 시기, 자기 초점의 시기, 어중간하게 끼어 있는 느낌이 드는 시기(the age of feeling in-between), 가능성의 시기를 포함한다. 나는 이러한 단계들이 진로발달과 어떻게 연관되는지에 초점을 두고 청소년과 청년이 노동시장 진입에 접근하는 양상에 대해 통찰을 제공하고자 하였다.

## ❁ 10장: 성인기 진로위기와 전환

이 장의 진로전환을 다루는 절에서, 만화경 진로(kaleidoscope career)를 포괄하기 위해 무경계 진로(boundaryless careers)와 프로티언 진로(protean careers)에 대한 논의를 확장시켰다. 만화경 진로는 진정성, 도전, 그리고 일과 더 많은 사람들이 추구하는 여타 활동 사이의 균형 추구를 반영하는 개념이다.

## ❁ 12장: 진로발달에 대한 관계적 접근

Blustein의 일에 대한 관계적 이론을 설명하는 내용을 추가하였는데, 이것은 직업 조망(working perspective)에 대한 Richardson의 논의와 관련이 있다. Blustein과 Richardson의 이론은 관계의 가치를 강조하는데, 이는 업무 중과 업무 외적으로 관계가 개인의 근로생활에 영향을 미치기 때문이다. Blustein과 Richardson은 개인이 자신의 흥미와 능력을 만족시키는 일을 항상 찾을 수는 없다는 문제도 다루고 있다. Blustein은 또한 관계가 어떻게 일에 가치와 의미를 부여하는지를 보여 주는 이론을 제시한다.

## ❁ 13장: Krumboltz의 사회학습 이론

최근 Krumboltz는 계획된 우연 이론(Planned Happenstance Theory)의 명칭을 우연학습 이론(Happenstance Learning Theory)으로 바꾸었다. Krumboltz가 제시한 진로상담에 대한 목표에서 이러한 명칭의 변화가 갖는 함의를 반영하기 위해 이 장에서 바뀐 명칭을 사용하였다.

## ❁ 15장: 진로의사결정 접근

'소명(calling)'의 개념에 대해 꽤 많은 연구가 수행되어 왔는데, 이러한 연구는 진로발달에 대한 영적인 관점에서 소명의 가치를 보여 주는 데 도움이 된다. 진로발달에 대한 영적 관점과 여타 관점 간의 차이를 보여 주기 위해 이 내용의 개요를 제시하였다.

### ❀ 16장: 이론의 통합

각 이론의 강점과 약점을 다루는 절을 추가하였다. 이 책에서 다룬 각 이론의 개요를 상세하게 제시하였고 이론의 강점과 약점에 대한 논의를 통해 각 이론을 요약하였다. 이 절은 이 책의 내용을 공부할 때 활용할 수 있고, 또한 진로상담을 할 때 학생들과 함께 다양한 이론과 진로발달에 대한 이론별 접근법을 살펴보기 위해서도 활용할 수 있을 것이다.

이번 제6판에서는 새로운 연구결과와 각 이론에서 달라진 부분을 반영할 수 있도록 각 장을 개정하였다. 미국 이외의 지역에서 수행된 연구 결과에 뚜렷한 변화가 있는 것은 아니지만, 이러한 연구들은 이 책에서 다룬 진로발달 연구에 지속적으로 중대한 기여를 하고 있다. 아프리카의 여러 국가에서 수행한 연구가 현저하게 증가하고 있다는 점은 특히 흥미롭다.

## 각 장에서 특별히 고려한 사항

나는 진로발달 이론에 대한 논의에서 직업정보의 활용 및 각종 검사의 사용과 이론의 적용에 영향을 주는 특별한 쟁점에 대한 함의를 고려하였다. 어떤 이론들은 직업분류체계를 사용하고, 또 어떤 이론들은 상담에서 어떻게 직업정보를 사용할 수 있는지를 명확히 제시한다. 하지만 직업정보 사용에 대한 언급이 거의 없는 이론들도 있다. 직업정보(그리고 교육정보)는 진로상담에서 매우 중요한 역할을 하기 때문에, 진로 이론가들은 이론과 진로정보를 연관시키기 위해 각별한 노력을 기울여 왔다. 많은 이론에서 각종 검사를 진로발달 이론을 연구하는 수단으로, 그리고 상담자가 내담자의 자기 평가를 돕는 도구로 사용한다. 이 책에서는 이론과 관련되는 범위 내에서 평가도구에 초점을 두었고, 신뢰도와 타당도에 대한 약간의 정보를 제시하였지만 평가 주제를 전반적으로 다루지는 않았다. 또한 진로발달 이론은 상담자와 내담자 간에 일어날 수 있는 가치관 갈등에 대한 통찰을 제시하는데, 이러한 갈등은 상담자에게 문제가 될 수도 있다. 이론과 직업정보 및 평가를 실제에 적용하는 데 따르는 문제를 생각해 보면 학생들이 향후 상담자로 일할 때 가장 유용하게 활용할 수 있는 진로발달 이론을 선택하는 데 도움이 될 것이다.

각 장마다 여성과 다문화 집단에 대한 진로발달 이론의 적용을 다루는 절을 포함시켰다. 여성의 문제를 다루는 방식은 이론마다 상당히 다르다. 이를테면, Gottfredson의 진로발달 이론에서는 여성의 진로문제를 구체적으로 다룬다. 하지만 다른 이론에서는 여성의 진로선택 주제를 부수적으로만 다룬다. 어떤 진로발달 이론은 원래 백인 남성을 대상으로 개발되었고, 이후에 확대되어 여성과 다문화 집단을 포함하게 되었다. 제6판에서는 다문화 집단의 진로발달 문제에 대한 여러 연구 결과를 반영하였다. 이것은 다루기가 특히 어려운 주제이다. 왜냐하면 다문화 집단은 매우 다양할 뿐만 아니라 각 문화집단 내에서도 차이가 존재하기 때문이다. 이를테면, 미국 원주민 부족 사이에도 상당히 많은 문화적 차이가 있다. 또한 어떤 진로발달 문제의 경우, 다른 국가의 흑인과 비교할 때 미국 흑인은 다른 양상을 보일 수 있다. 문화적 다양성을 강조하는 데 있어 다른 나라, 특히 유럽과 아시아 국가에서 수행된 연구를 참조하였다.

## 이 책의 내용

이 책의 내용은 서론과 '특성 및 유형 이론'(1부), '전 생애 이론'(2부), '특수 초점 이론'(3부) 및 '이론의 통합'(4부)의 네 부분으로 나뉘어 있다. 특성 및 유형 이론은 직업정보의 습득과 함께 흥미와 능력, 성취, 성격 및 가치의 평가를 강조한다. 전 생애 이론은 연대기적 접근을 따르는데, 생애의 여러 발달 단계에 걸쳐 폭넓게 사람들을 연구한다. 특수 초점 이론(special focus theories)에서는 구성주의 이론과 학습 이론 같은 심리학 연구를 진로발달 문제에 어떻게 적용할 수 있는지를 제시하였다. 이론의 통합에서는 효과적인 진로상담을 위해 이러한 이론들을 어떻게 결합할 수 있는지를 다루었다. 마지막 장(16장)에서는 진로발달 영역이 비상담적 개입, 집단상담 및 취업알선과 같은 특별한 주제와 어떻게 관련되는지를 다루었다. 1장에서는 각 장을 간략하게 개관하였다.

## 강의에 적용하기

이 책은 진로주제를 주요 교과목으로 다루는 대학원 기초 과정을 위한 것이다. 이 책은 강의의 주안점을 진로상담이나 진로평가, 진로지도 또는 진로 이론 중 어디에 두는가에 따라 다르게 활용할 수 있다.

진로상담을 다루는 대부분의 교재에서는 특정한 접근방법이나 여러 접근방법의 많은 요소들을 명시하고 있는 데 반해, 이 책에서는 진로상담에 대한 여러 가지 다양한 이론적 접근과 개념적 접근방식을 제시한다. 이러한 다양한 접근방식을 공부하고 나면 어떤 이론들이 자신의 상담활동에 가장 유용할지를 결정할 수 있을 것이다. 대체로 각 장의 내용은 서로 독립적으로 구성되어 있고 반드시 모든 장을 과제로 제시할 필요는 없다. 하지만 특성요인 이론은 진로선택과 적응에 대한 간단하면서도 쉬운 접근방식이기 때문에 흔히 맨 먼저 다루기에 적절한 이론이다. 그리고 3장은 2장에서 기술한 직업정보를 확장한 내용을 담고 있으므로 이 두 장을 연속적으로 다루는 것도 좋은 방법이다.

이 책은 매뉴얼이 있는 각종 진로검사 과제와 병행하여 사용할 수 있다. 577쪽의 **표 16.1**에 이 책에서 언급한 각종 검사와 관련 이론의 목록을 제시하였다. 특성요인 이론에서는 검사를 가장 많이 활용하고, 전 생애 이론, 진로의사결정 이론, 사회학습 이론 및 구성주의 접근에서는 검사를 직접 활용하는 경우가 적다.

RSS

# 차례

# 제1부
# 특성 및 유형 이론

# 제2부
# 전 생애 이론

# 제3부
# 특수 이론

이 책의 **참고 문헌**은 지면상 싣지 못했습니다.
박학사 웹사이트(http://www.pakhaksa.co.kr)의 '자료실'에 가시면 내려 받을 수 있습니다.

Applying Career Development Theory to Counseling

# 서론

**✿ 이 장의 주요 내용**

**심리학에서 이론의 역할**

**상담자의 진로발달 이론 활용**

**상담자 기술**

조력기술

평가도구

**진로상담의 목표**

**목표, 진로발달 이론과 윤리강령**

**여성의 진로발달**

**다문화 집단의 진로발달**

진로에 대한 만족은 개인의 행복에서 가장 중요한 측면 중의 하나이다. 진로에 대한 고민은 생애 전반에 걸쳐 발생한다. 어린아이들은 부모의 직업과 TV 프로그램, 주변 사람들을 접하면서 진로기회와 진로선택에 눈을 뜨게 된다. 이러한 노출은 초등학교와 중학교 및 고등학교를 거치면서 더 넓어지고 깊어진다. 이 과정에서 학생들은 매우 다양한 직업선택과 마주치게 되어 압도당하기 쉽다. 학생들은 고등학교를 졸업한 후 종종 임시직이나 과도기적인 일자리를 선택하고 진로만족도를 높이기 위한 적응 노력을 평생 계속한다. 퇴직 후에도 진로만족은 중요한 문제일 수 있다. 사람들은 깨어 있는 시간의 절반을 일하면서 보내기 때문에 직무 요구에 대한 불만족은 삶의 다른 영역으로 확산될 수 있다. 직업에 대한 불만족이 가족이나 친구들과의 관계에 영향을 미치는 것은 드문 일이 아니다. 자신의 일에 만족하지 못하거나 일이 지루하고 따분하게 느껴지는 사람들은 여가생활과 가정과 같은 다른 영역에서 만족을 찾으려 한다. 하지만 많은 사람들의 경우, 다른 영역에서의 만족이 직장에서 경험하는 좌절을 보상해 주지 않는다. 따라서 내담자가 선택한 진로에 적응하도록 돕는 일은 상담자가 의미 있고 중요한 방식으로 개인의 삶에 긍정적인 영향을 미칠 수 있는 기회이다.

상담을 하면서 보내는 몇 시간이 결과적으로 한 개인의 삶의 성과에 영향을 줄 수 있음을 생각하면 진로상담은 상담자에게 신나는 도전이다. 진로상담을 잘 모르는 사람들은 개인상담이 있고 그다음에 진로상담이 있다고 말하면서 때때로 상담을 구획화한다. Mark Miller(2009)는 진로주제를 다루었던 30여 년간의 상담 경험을 기술하면서 다음과 같이 말하였다. "나는 처음 상담을 시작할 때 가졌던 관점을 거의 변함없이 그대로 간직한 채 상담 현장을 떠난다. 그것은 진로상담은 개인상담과 구별하기가 거의 불가능하다는 것이다"(p. 47). Vernon Zunker는 그의 책 『진로, 일, 그리고 정신 건강: 진로상담과 개인상담의 통합(*Career, Work, and, Mental Health: Integrating Career and Personal Counseling*)』(2008)에서 진로상담과 개인상담의 관계를 다루었다. 「진로발달 계간지(*The Career Development Quarterly*)」의 특별논고의 편집을 맡은 Linda Subich(1993)는 "진로상담은 얼마나 개인적인가?"라는 질문을 던졌다. 총 32편의 논문이 접수되었고, 그중 10편이 게재되었다. 사실상 만장일치의 분명한 대답은 진로상담이 '매우 개인적'이라는 것이었다. 논문 투고자들은 개인적인 주제는 흔히 진로상담의 한 부분이고, 진로주제는 개인상담에서 자주 두드러지게 나타나므로 이 둘 간의 구분이 불분명하다는 점을 인식하였다. 한 설문조사에 따르면, 직업심리학 전문가들은 진로문제를 다룰 때 다른 개인적인 상담문제를 다룰 때와 동일한 상담 기술을 사용하는 것으로 나타났다(Whiston, Lindeman, Rahardja, & Reed, 2005). 진로상담에는 다양한 개인 · 가정 · 문화적 문제에 대한 논의가 포함될 수 있다(Maxwell, 2007). 한 연구에서는 집단 접근을 적용하여 이성문제와 진로문제를 다루는 대학생 커플 집단을 살펴보았다(Gibbons & Shurts, 2010). 한 성인 연구에서는 진로결정이 관계에 관한 결정의 한 부분이며, 삶의 의미를 찾고 재정문제를 해결하는 한 방편인 것으로 나타났다(Amundson, Borgen, Iaquinta, Butterfield, & Koert, 2010). 이 논문들은 여러 다른 관점에서 진로상담에 내포된 개인적 속성을 보여 준다. 부정적이거나 스트레스를 느끼게 하는 사건 또는 감정처럼 진로문제는 항상 상담자에게 즉각적인 영향을 주는 것은 아니기 때문에, 상담자가 면밀하게 검토하지 않으면 소홀히 취급되거나 무시될 수 있다.

진로상담에서는 매우 다양한 접근방법을 사용하고 있는데, 그중 일부는 개인상담의 기법을 응용한 것이다. 이를테면, Nevo와 Wiseman(2002)은 Mann의 단기 역동적 심리치료를 진로상담의 모형으로 사용하고 있다. 이 모형은 치료적 관계와 전 생애에 걸친 내담자의 활동 및 상담자의 적극적인 참여를 강조한다. 가정폭력 피해 여성처럼 부부문제가 있는 내담자에게 진로상담을 적용한 저자들도 있다(Brown et al., 2005). 최근 들어 동성애자들에 대한 관심도 나타나고 있다. 동성애 및 양성애 성향을 가진 청소년의 경우, 성 정체성 갈등과 사회적 지지의 결여가 진로의사결정 과정을 저해하거나 지연시키는 요인이 될 수 있다(Schmidt & Nilsson, 2006). Datti (2009)는 동성애, 양성애 및 성전환 청소년과의 진로상담을 위한 시사점을 제시하였다. Bieschke와 Toepfer-Hendey(2006), Hook과 Bowman(2008)은 여자 동성애자의 진로문제에 영향을 미치는 개인적 · 사회적 문제 해결을 돕는 진로상담 모형을 제안한 바 있다. 상담자들은 개인상담의 기법을 다문화 집단 및 앞서 언급한 다양한 문제에 점점 더 많이 적용하고 있다.

이 책에서는 진로발달 이론의 상담 적용을 설명하기 위해 많은 사례를 활용하였다. 대부분의 사례에는 개인적인 문제와 진로문제가 포함되어 있다. 이를테면, 위니프레드(4장)는 만성 요통을 겪은 후 직업을 전환해야 하는 어려움에 처해 있는 45세의 여자 농부이다. 체스터(5장)는 삶과 일에 대한 지루함과 좌절로 인해 개인적인 생활에 영향을 받고 있는 고등학교 중퇴자이다. 조지(6장)는 직장에서 긴장과 불안을 느끼고 자신이 감독해야 하는 직원들을 다루는 데 어려움을 겪고 있다. 초등학교 4학년인 아서(7장)는 학업에서 뒤처지기 시작하면서 또래들에게서 멀어지고 읽기가 어려워서 좌절을 겪고 있다. 채드(8장)는 마약 파는 일을 할지, 진로 준비를 위해 학교를 계속 다닐지를 놓고 결정해야 하는 상황에서 개인적 문제에 직면해 있다. 매슈(9장)는 64세인데, 임박한 퇴직을 앞두고 혼란과 두려움을 느끼고 있다. 55세인 존(10장)은 23년 동안 일한 직장에서 해고되는 바람에 화가 나고 우울하다. 로버타(10장)는 성희롱과 인종차별의 외상 경험으로 인해 겪는 분노와 자신을 괴롭힌 가해자들에게 대처해야 하는 문제에 당면해 있다. 25세의 식료품 가게 관리자인 데니스(11장)는 부모님과 함께 살면서 자신에 대한 아버지의 부정적인 견해에 대처하려고 고군분투하고 있다. 자신감이 부족하고 꾸물거리는 경향이 있는 티퍼니(11장)는 새로운 진로를 준비하기 위해 자신이 싫어하는 일을 그만두는 데 어려움을 겪고 있다. 고등학교 2학년인 마리아(12장)는 자신의 의사결정 능력에 대한 확신이 없다. 조엘라(12장)는 일 자체가 만족스럽지는 않지만 다른 사람들과의 관계를 통해 일의 의미를 찾는다. 프로 미식축구 선수가 되기로 계획하고 있던 사비에르(13장)는 다리 골절로 이제 미래의 꿈이 불확실해져서 당황해한다. 샤론(14장)은 자기 자신에 대해, 특히 학업능력에 대해 확신이 없다. 이러한 자기효능감의 결여는 그녀의 직업선택의 딜레마에 영향을 미친다. 그녀의 반응은 친구나 가족관계에 영향을 받는다. 파넬(15장)은 다니던 대학에서 징계를 받았는데, 이 사건은 그의 가족관계에 어려움을 주었고, 그에게 미래 진로와 전반적인 의사결정에 관해 생각해 보게 만들었다. 진로의사결정에 대한 영성적 접근에 대해서는 실직과 가족을 위해 돈을 벌어야 할 필요 때문에 고군분투하는 캐런의 사례(15장)를 통해 설명하였다. 이러한 예들은 이 교재에 등장하는 사례 중 일부로서, 많은 경우 개인적 문제와 진로문제 둘 다와 관련되어 있다.

삶의 문제와 고충은 다양한 시기에 발생한다. 진로에 대한 고민의 발달적 특성은 7장, 8장, 9장에서 논의할 루시의 사례에서 찾아볼 수 있다. 5학년인 루시는 아버지가 집을 나가게 만든 어머니에게 화가 나 있고, 어머니에 대한 반발심은 학교와 가정에서의 상호작용에 영향을 미친다. 루시가 만 15세가 되었을 때는 의과대학보다 간호학교에 진학하라는 아버지와 남자친구의 압력이 그녀의 자신감과 의사결정 능력에 영향을 미친다. 만 28세가 된 루시는 3년간 사귄 남자친구와의 결별에 상처를 받고 의사가 되기 위해 대학을 다시 다녀야 할지를 고민하고 있다. 많은 내담자들이 그렇듯이, 이렇게 개인적 문제와 진로문제는 서로 얽혀 있다.

**진로**(career)에 대한 정의 중 하나는 개인이 일생 동안 수행하는 역할이라는 것이다(Zunker, 2012). 이러한 역할에는 다른 활동 외에도 여가활동과 지역사회 봉사활동이 포함된다. 이 책에서 제시한 사례들은 한 개인의 진로에 대한 짤막한 묘사나, 한 개인의 일과 여가활동의 단면을 보여 준다. 이 교재에서 **진로선택**(career choice)은 한 개인이 추구하기로 선택한 특정한 일, 여가, 혹은 다른 활동에 대해 자기 진로의 어느 시점에서든 내린 결정을 의미한다. 이 용어는 **직업**(job), **직종**(occupation), **일**(work)과 같은 용어들과는 달리 개인에게 초점을 둔다. 이 교재에서 **직업**은 한 조직 내에서 유사한 기술을 요구하는 자리를 의미한다. **직종**은 많은 조직에서 찾아볼 수 있는 유사한 직업을 뜻한다. 직종은 개인의 고용 여부와 무관하게 존재한다. **진로**는 개인이 전 생애에 걸쳐 추구하는 것을 의미한다. 이 책에서 종종 사용되는 용어인 **일**은 돈이나 다른 보상을 얻고 상품을 생산하거나 서비스를 창출하기 위한 목적 지향적인 활동을 의미한다. 일이라는 용어를 종종 불유쾌한 활동을 묘사하는 데 사용하기도 하지만, 일은 유쾌하고 경제적으로나 정신적으로, 사회적으로나 개인적으로 보상을 줄 수 있다. 다른 저자들은 일을 어떤 활동에 투여하는 노력으로 정의하기도 하고, 이 밖에 다른 정의를 내리기도 한다.

진로발달 이론은 진로상담을 위한, 그리고 앞서 언급한 것과 유사한 문제를 해결하기 위한 지침으로 활용할 수 있다. 진로발달 이론가들은 진로선택과 진로적응에 관한 연구와 이러한 문제에 대한 견해를 접목함으로써, 한 개인의 전 생애 동안 발생하는 진로문제의 유형을 조망하는 개념적 틀을 제공해 준다. 이러한 이론들을 이해하기 위해, 먼저 심리학에서 이론의 역할을 고찰하고자 한다.

## 심리학에서 이론의 역할

Heinen(1985)은 심리학에서 이론의 역할을 개관하면서 이론을 "학문 분야에서 설명을 구성하는 일련의 논리적으로 조직화된 법칙이나 관계"(p. 414)라고 기술하였다. 이론은 물리학과 생물학의 발달에 특히 중요한 역할을 해 왔다. 심리학에서 이론은 학습 분야에 뚜렷한 영향을 미쳤다(Henriques, 2011). 진로발달에 적용되는 이론은 좀 더 허술하고 덜 정교하다. 진로발달 이론은 다년간에 걸쳐 일어나고 수많은 장면(예: 학교)과 경험(예: 취미) 및 사람(예: 부모)에 대한 반응으로 형성된 행동을 설명하고자 한다.

이론의 유형과는 무관하게, 이론의 적합성을 판단하는 일반적인 원칙이 있다. 다음은 진로발달 이론을 평가할 수 있는 준거이다(Fawcett & Downs, 1986; Franck, 2002; Hanzel, 1999; Snow, 1973; Watson, 2012).

1. 이론은 규칙과 정리(theorems)가 명확해야 한다. 그리고 이러한 규칙을 기술하는 용어가 명확해야 한다. 사람들이 어떻게 진로선택을 하는지 설명하고자 하는 이론들은 종종 성장, 발달, 자아개념과 같은 용어를 정의하는 데 어려움을 갖는다. 진로선택에 관한 정리를 만드는 것도 어려운 일이다. 일반적으로, 이론이 광범위할수록 명확한 용어를 사용하기가 더 어렵다.
2. 이론은 예측의 한계에 대해 정확해야 한다. 이론에 따라 예측하고자 하는 행동의 폭이 다르다. 이를테면, 어떤 이론은 여성의 진로발달을, 또 어떤 이론은 남성과 여성의 진로발달을, 또 다른 이론은 연령대가 다른 사람들의 진로발달을 설명하고자 한다. 또한 어떤 이론은 직업선택을 설명하고자 하는 반면, 어떤 이론은 선택한 직업에 어떻게 적응하는지를 설명하고자 한다. 또 다른 이론은 직업의 선택과 적응 둘 다를 설명하고자 한다. 따라서 특정 이론의 주제가 무엇인가를 이해하는 것이 중요하다. 특정 이론이 애초에 설명할 의도가 없었던 어떤 것을 설명하지 않는다고 비판하는 것은 부당하다.
3. 이론이 개발되면 검증이 필요하다. 이론의 검증은 양적인 관계로 나타낼 수 있는 연구를 통해 이루어진다. 연구자는 명확하고 측정 가능한 용어를 사용하여 연구를 수행함으로써 수집된 자료가 이론과 일치하는지의 여부를 가장 잘 밝힐 수 있다. 진로발달 분야 내에서 연구가 이론을 지지하는지의 여부를 밝히기는 때로 어려운 일이다. 그 이유는 연구자가 이론가와 다른 방식으로 용어를 정의하였거나, 예측이나 일반화하기에는 대표성이 부족한 표본을 사용하였기 때문일 수 있다.

예를 들어, 이론가가 모든 사람이 어떻게 선택을 하는지를 설명하고자 한다면, 연구 표본에 문화적 · 사회적 · 경제적 배경이 다양한 남녀를 폭넓게 포함시켜야 한다. 때로 연구에서 도출된 증거가 불분명하다. 즉, 이론의 일부 명제는 지지되지만 다른 명제는 지지되지 않는다거나, 이론이 어떤 집단에서는 지지되지만 다른 집단에서는 지지되지 않는 경우가 있다. 이론적 구성개념을 확증하는 유용한 방법은 구인들을 정의하고, 그 구인들을 다른 이론 및 측정도구뿐만 아니라 해당 이론의 다른 구인들과 연관시키는 측정도구를 개발하는 것이다. 이러한 정보의 축적을 통해 이론 및 측정도구에 대한 구인타당도를 확보할 수 있다.

4. 이론은 일관성이 있고 분명해야 한다. 이론이 제공하는 구성개념 간에 논리적인 관련성이 있어야 한다. 또한 이론이 분명하려면 너무 복잡해서는 안 된다. 이론은 가장 간단한 방식으로 명제를 설명해야 한다. 한편, 이론이 지나치게 단순화될 위험이 있으므로, 이론의 필수적인 요소를 누락해서는 안 된다. 직업 이론가들은 복잡성이 높은 행동을 설명하려고 시도하기 때문에, 그 복잡성에 비해 이론이 지나치게 단순화되는 것은 당연한 일이기도 하다. 그렇게 함으로써 상담자에게 유용하고 이해 가능한 지침을 제공할 수 있게 된다.

요컨대, 이론은 구성개념과 용어가 명확해야 한다. 또한 이론은 이론화하고자 하는 주제와 명제의 범위를 분명하게 밝혀야 한다. 아울러, 연구는 이론에 대한 긍정적이거나 부정적인 지지를 제공할 수 있어야 한다. 때로 연구결과는 이론을 보완하고 더욱 발전시켜 그 이론이 변화의 여지가 있음을 보여 준다. 또한 진로발달 이론은 지나치게 단순하거나 복잡하지 않으면서도, 진로발달을 설명하고 이해하는 유용한 방법을 제시해야 한다.

상담자들이 이론의 건전성과 상대적 유용성에 대해 판단하기는 어렵다. Osipow와 Fitzgerald(1995), 그리고 Brown(2002)을 위시한 연구자들은 진로발달 이론이 앞에서 기술한 준거와 유사한 범주를 얼마나 잘 충족시키는지 평가하려고 시도하였다. 이 책에서는 연구에 대한 논평을 포함시키기는 하였으나, 상담자가 이론을 실제에 적용하는 데 주된 초점을 두었다. 나는 이 교재에 포함된 대부분의 이론이 적어도 앞에서 열거한 네 가지 준거를 충족한다고 본다. 어떤 이론들은 꽤 새롭고 아직 이 준거를 충족하지 못했지만, 상담자가 고려해야 할 새로운 개념들을 제시한다.

Dawis(2000, 2002)는 진로발달과 심리학 전반에 이론을 폭넓게 적용하고자 시도하였다. 그는 심리학의 중요한 측면을 이해하기 위해 개인과 환경 간 적합성 모델(Person-Environment Fit model)을 사용할 수 있다고 주장한다. 그는 연구자들이 개인과 환경 간의 상호작용을 연구함으로써 진로선택 및 진로발달을 비롯하여 많은 심리학적 쟁점을 연구할 수 있는 탁월한 모델을 얻을 수 있다고 믿는다. 다른 연구자들은 연구의 변인에 따라 다른 접근법을 시도함으로써 개인과 환경 간 적합성 모델을 연구해 왔다. 퇴직 전환 및 적응(Retirement Transition & Adjustment) 체제는 개인과 환경 간 적합성 모델을 퇴직 전환기에 있는 개인에게 적용한 것이다(Hesketh, Griffin, & Loh, 2011). Rottinghaus와 Van Esbroeck(2011)는 개인과 환경 간 적합성 모델을 진로발달에 적용할 때 이 모델의 개인 측면을 평가한 최근의 여러 접근을 살펴보았다. 한국에서는 연구 및 개발 전문가의 수행을 평가하는 데 개인과 환경 간 적합성 모델을 사용하였다(Cha, Kim, & Kim, 2009). 특히 2장에서 6장을 포함하여 이 책에서 제시한 이론들은 거의 대부분 개인이 학교와 일터 및 가족과 같은 환경과 어떻게 상호작용하는가에 초점을 두기 때문에 이러한 넓은 관점에서 조망할 수 있다. 그러나 개인과 환경 간 적합성 모델은 너무 광범위해서 좀 더 구체화하지 않고서는 상담자가 적용하기 어렵다. 따라서 나는 이 책에서 좀 더 상세하고 구체적으로 진로발달을 다루는 이론을 논의하고자 한다.

## 상담자의 진로발달 이론 활용

상담자가 상담에서 적용할 진로발달 이론을 선택할 때는 앞에서 언급하였듯이 그 이론에 대한 확신이 있어야 할 뿐만 아니라, 그 이론을 내담자에게 사용하는 것이 타당한지에 대해서도 판단해야만 한다. 아울러 상담자는 상담이나 심리치료에 대한 자신의 관점과 방식을 고려해야 한다. 상담자의 상담 이론은 진로발달 이론의 선택에 영향을 미치기 때문이다. 또한 상담자는 상담회기에서 자신이 감당할 수 있고 활용하기 쉬운 진로발달 이론을 선택해야 한다. 이 세 가지 개념을 다음 절에서 상세하게 다루고자 한다.

### ❀ 내담자 집단

상담자들이 일하는 환경의 범위는 매우 넓기 때문에, 특정한 유형이 우세하게 나타나는 진로문제를 접할 가능성이 있다. 이를테면, 초등학교와 중학교 상담교사는 진로정보와 선택과정의 시작 단계에 있는 학생들을 만난다. 고등학교와 대학에서 일하는 상담자는 내담자의 직업선택 및 진로대안의 개발, 취업 알선을 돕는다. 직업 상담자는 고등학교와 대학 상담자가 다루는 문제를 일부 다루기도 하지만, 직업만족 및 직업적응과 관련된 문제를 더 많이 접하게 된다. 어떤 상담자는 회계업무와 기계공학처럼 직종의 수가 제한된 기업과 산업체에서 일한다. 이 상담자들은 업무 만족과 직업적응 및 승진의 문제를 다루게 된다. 직업 재활 상담자를 위시하여 신체적 · 정신적 장애가 있는 내담자를 대하는 상담자는 앞에서 언급된 문제를 다룰 뿐만 아니라, 이러한 내담자들이 직면한 문제에 기존의 이론을 적용하는 것이 타당한지를 판단해야 한다. 또한 최근에는 퇴직 주제에 대한 상담자의 관심이 높아지고 있다. 내담자에게 새로운 일이나 시간제 일, 봉사활동을 선택하고 현재 요구되는 업무량을 점차 줄이도록 하는 일은 퇴직 상담자가 흔히 고려해야 하는 문제이다.

목회 상담자와 의사, 임상 심리학자 및 정신의학자의 경우, 각자의 근무환경에서 대하는 내담자의 진로선택이나 적응의 문제는 여타 문제와도 관련되어 있다. 진로고민이 이러한 정신건강 분야 종사자가 만나는 내담자가 직접 호소하는 문제가 아니라 해도 그것은 여전히 중요한 문제일 수 있다. 또한 내담자의 성은 이론 선택에서 중요한 요인이다. 상담자는 나이가 많은 내담자에게 적합한 이론이 어린 내담자에게도 적합한지 자문해 보아야 한다. 진로발달 이론이 설명하고자 하는 연령대가 다르기 때문에, 상담자는 특정 진로발달 이론이 자신이 만나는 내담자 집단에 적합한지를 결정해야 한다.

## ❁ 상담 이론과 진로발달 이론

많은 진로발달 이론은 상담 이론처럼 성격 이론에 기원을 두고 있다. 따라서 상담 이론과 진로발달 이론을 성격 이론과 명백히 구별하기 어려울 때가 많다.

일반적으로 상담과 심리치료 이론은 정서나 사고 혹은 행동의 바람직한 변화를 가져오기 위해 사용하는 성격 이론의 한 부분이라 할 수 있다. 마찬가지로, 어떤 진로발달 이론은 개인이 어떻게 일과 진로주제를 대하는지를 포함하는 성격 이론의 한 부분으로 볼 수 있다. 이처럼 성격 이론과 상담 이론 및 진로발달 이론은 서로 매우 밀접한 관계가 있기 때문에, 특정 성격 이론이나 상담 이론을 선호하는 상담자가 그것과 양립할 수 있는 진로발달 이론에 끌리는 것은 당연하다.

성격 이론과 상담 이론은 상담자 훈련의 핵심을 이루기 때문에, 그런 이론은 상담자가 진로발달 이론을 선택하는 데 영향을 미치게 된다. 하지만 진로발달 이론의 선택이 상담자의 성격 이론이나 진로상담 이론을 결정하는 경우는 거의 없다. 이를테면, Jung의 이론에 끌리는 상담자는 Myers-Briggs의 유형 이론을 사용하고 싶을지도 모른다. 합리적 · 정서적 행동치료나 행동치료 혹은 인지치료를 사용하는 상담자들에게는 특성요인 이론과 Holland의 유형 이론, 사회학습 이론, 인지적 정보처리 이론이 특히 유용하게 보일 수 있다. 많은 상담자들은 실천적인 지향에 있어서 절충적이기 때문에 여러 이론을 적용할 수 있다. 모든 진로발달 이론의 가치에 열려 있는 자세는 유익하지만, 진로발달 이론과 상담 이론 간의 연계성을 기억하는 것이 중요하다. 이 책에 제시하는 진로발달 이론들은 성격 이론과의 유사성 측면에서 정도의 차이가 있다. 몇몇 이론은 성격 이론과 매우 다르다.

## ❀ 덩이 짓기

덩이 짓기(chunking)는 상담자가 진로발달 이론을 선택할 때 고려해야 하는 중요한 개념이다. 컴퓨터와 달리 상담자들은 정보를 기억하는 능력이 제한되어 있다. 심리학자들은 단기기억과 장기기억의 제한된 용량을 연구해 왔다. Miller(1956)는 단기기억 연구를 통해 사람들이 5개에서 9개의 개념이나 생각 혹은 숫자, 단어, 문장을 동시에 처리할 수 있다고 제안하였다. 이러한 처리는 개념이나 생각을 덩어리로 묶음으로써 가능하고, 이를 덩이 짓기라 부른다. 덩이 짓기는 개인의 학습 향상을 돕기 위해 교수법에서 사용하는 개념이다(Bodie, Powers, & Fitch-Hauser, 2006). 이를테면, 덩이 짓기는 알츠하이머병의 초기 단계에서 사용되어 왔다(Huntley, Bor, Hampshire, Owen, & Howard, 2011). 또한 덩이 짓기는 학습자가 서로 다른 학습 영역에서 전문지식을 어떻게 발달시키는가에 대한 이해를 돕기 위해 연구되어 왔다(Cohen & Sekuler, 2010; Gobet, 2005; Mathy & Feldman, 2012; Pramling, 2011). 그리고 다른 연령대의 아동들이 어떻게 다르게 '덩이 짓기'를 하는지를 보여 주는 연구도 수행되었다(Gilchrist, Cowan, & Naveh-Benjamin, 2009). 덩이 짓기에 관한 지식은 학습의 생리학적 측면에 대한 연구를 통해 확장되었다. 뇌파 빈도와 대뇌피질에 관한 연구에 따르면 작동기억은 대략 7개의 항목을 동시에 처리할 수 있다고 한다(Glassman, 1999; Wickelgren, 1999). 초보 상담자와 숙련된 상담자의 사고과정을 이해하기 위해 덩이 짓기의 개념을 적용한 결과, 숙련된 상담자가 초보 상담자에 비해 더 많은 정보를 덩이 짓기 하는 것으로 나타났다(Ettelson, 2002).

진로상담에서 진로발달 이론을 사용할 때 덩이 짓기의 개념은 적용할 만한 가치가 있다. 기본적 구성개념이 서너 개인 이론들은 상대적으로 쉽게 학습되는 것 같다. 구성개념이 8개나 9개에 이르는 이론들은, 상담에서 얼마나 자주 반복적으로 사용하는가에 따라 다르기는 하지만, 기억하고 사용하기가 조금 어려울 수 있다. 이를테면, 5장에서 설명할 Holland의 이론은 개인과 직업환경에 대한 여섯 가지의 기본 유형을 제시한다. 상대적으로 적은 수의 유형은 더 많은 유형에 비해 상담자가 기억하는 과정을 용이하게 만든다. 8개나 9개가 넘는 개념이 포함된 이론은 상담자가 처음 이론을 실제에 적용할 때 기억 보유 문제를 야기하는 것 같다. 한 가지 해결책은 그 이론을 몇 개의 덩어리로 나누는 것이다. 이렇게 하는 것이 중요한 이유는 내담자의 진로 의사결정을 도와줄 때 상담자는 조력기술, 진로평가 및 직업정보와 같은 많은 주제에 관한 정보를 알고 있어야 하기 때문이다.

## 상담자 기술

이 책의 주된 목적은 진로선택 및 적응의 문제가 있는 내담자를 상담하는 데 있어 진로발달 이론의 유용성에 대해 기술하는 것이다. 하지만 진로발달 이론에 대한 정보는 Carl Rogers(1951)의 초기 저서에 바탕을 두고 있는 조력기술과 결합할 수 있다. 1940년대 이래로 진로평가 또한 진로상담의 필수 불가결한 부분이 되어 왔다. 게다가 팸플릿이나 책, 또는 컴퓨터를 통한 직업정보의 활용은 진로상담의 필수적인 요소이다. 다음 절에서는 이러한 세 영역—조력기술, 검사, 직업정보의 제공—을 진로발달 이론과 연계하여 기술하고자 한다.

### ❁ 조력기술

1980년대 초반 이후 많은 저서에서 조력기술을 다루어 왔다. 이러한 저서의 저자들은 진로상담을 비롯한 대부분의 상담 장면에서 변화를 가져오기 위해서는 조력기술이 필요하다는 데 대체로 합의하는 것 같다. 그들의 저술은 상담 변화에 필수적인 네 가지 기본적 조건, 즉 무조건적 긍정적 존중과 진솔성, 일치성 및 공감을 구체화한 Rogers(1958)의 견해에 바탕을 두고 있다.

무조건적 긍정적 존중은 연령이나 성, 인종 혹은 어떤 일을 해 왔는가와 무관하게, 개인을 가치 있고 소중한 존재로 수용하는 것이다. 진솔성은 상담자가 내담자에게 정직해야 한다는 성실성을 의미한다. 일치성은 상담자의 어조와 몸짓언어 및 언어적 표현이 서로 일관되어야 함을 뜻한다. 마지막으로, 공감은 상담자가 내담자의 관점에서 내담자의 고민과 감정을 이해하고, 이를 내담자에게 전달할 수 있는 능력을 나타낸다. 이러한 네 가지 조건은 260편이 넘는 연구의 토대가 되었다.

Truax와 Carkhuff(1967), Carkhuff와 Berenson(1967)은 Rogers의 업적을 더 정교화하고 발전시키기 위해 상당히 많은 연구를 수행하였다. 최근 들어, Chang, Scott과

Decker(2012), Egan(2010), Ivey, Ivey, Zalaquett과 Quirk(2012)는 기본적이거나 핵심적 조력기술을 학습할 수 있는 방법을 제시하였다. 또한 이들은 강조하는 정도는 서로 다르지만, 개방형 질문과 함께 치우치지 않는 질문과 같은 중요한 다른 기술도 강조한다. 그리고 기본적인 공감적 경청 기술인 토론하기, 바꾸어 말하기, 감정의 반영 외에 직면의 문제, 구체성과 명확성의 필요성에 대해서도 설명하였다. 이 밖에도 이들은 기초적인 상담기술이나 조력 관계 강좌를 위한 교재를 제작하였다. 이러한 조력기술에 대한 세부적인 설명은 이 책의 범위를 넘어선다. 이에 진로상담에서 사용되는 가장 일반적인 개입과 상담기법을 기술하고자 한다. 이러한 개입방법은 이 책에 제시한 사례에서 많이 사용되고 있다.

**주의집중기술(attending skills)** 기본적인 상담기술인 주의집중은 상담 장면에서 상담자가 보이는 비언어적인 현전(presence)이다. 상담자는 팔과 다리를 꼬지 않고 열려 있는 자세를 취하고 내담자 쪽으로 약간 앞으로 몸을 기울이면서 내담자와 정면으로 마주 본다. 두 사람이 깊은 대화를 나누는 동안 빤히 쳐다보는 것이 아니라 편안한 시선 접촉을 유지하는 것이 자연스럽다. 또한 상담자는 긴장하거나 안절부절못하는 상태가 아니라, 이완된 상태의 현전을 유지해야 한다. 이러한 기술들은 주로 북아메리카에서 내담자와 이야기할 때 활용하는 것인데, 다른 문화권에서 사람들이 주의집중을 보여 주는 방식은 다를 수 있다(Egan, 2010).

**질문(questions)** 질문은 구체적인 정보를 얻기 위해 또는 내담자가 특정 주제나 감정, 사건을 기술하거나 상세히 설명하도록 돕기 위해 사용하는 기법이다. 폐쇄형 질문은 특정한 정보를 요구하며, 대답은 흔히 '예' 또는 '아니요'에 한정된다. 개방형 질문은 내담자로 하여금 어떤 상황과 관련하여 '언제, 어디서, 무엇을, 어떻게'에 대해, 또는 감정이나 사건에 대해 좀 더 상세하게 설명하게 함으로써 폭넓은 반응을 촉진한다. 다음 대화에 두 가지 유형의 질문을 예시하였다(역자 주: 상=상담자, 내=내담자):

**상**1: 작년에 영어 과목에서 몇 점 받았니? [폐쇄형 질문]
**내**1: A 받았어요.
**상**2: 수업은 좋았니? [폐쇄형 질문]
**내**2: 네, 괜찮았어요.
**상**3: 수업시간에 무엇을 배웠니? [개방형 질문]
**내**3: 현대 작가에 대해 공부했는데, 저는 특히 단편소설 비평을 배웠어요. 수업을 들으면서 문장을 전개하는 능력이 정말로 많이 늘어서 놀랐어요. 선생님께서 많은 도움을 주셨고, 제 발전에 대해 칭찬해 주셨어요.

**상4:** 그 경험이 대학에 관한 너의 생각에 어떤 영향을 주었니? [개방형 질문]

**내4:** 정말 많이 생각하게 되었어요. 제가 그 정도로 잘 쓸 수 있다는 걸 몰랐거든요. 수업시간에 했던 짧은 논평 덕분에 저는 글쓰기에 대해 더 편안해졌고, '와, 내가 이보다 더 잘할 수 있겠는걸' 하는 생각이 들었어요. 심지어 대학에서도 잘 해낼 수 있을 것 같아요.

여기서 볼 수 있듯이, 개방형 질문은 대개 폐쇄형 질문보다 내담자에게서 훨씬 더 폭넓은 설명을 끌어낸다. 일반적으로 질문, 특히 폐쇄형 질문은 면담의 책임을 상담자에게 전가하는 경향이 있다. 따라서 질문을 자주 사용할 경우 내담자는 상담자 질문에 대답하면 상담자가 문제에 대한 해결책을 제공할 것이라는 기대를 갖게 될 수 있다. 이 책에서 제시한 사례에서 상담자는 질문을 간간이 사용하고, 내담자 진술에 대한 반영을 더 많이 한다.

**진술과 반영(statements & reflections)** 상담자는 내담자가 한 말을 바꾸어 말함으로써 내담자 진술의 인지적 또는 정서적 내용에 초점을 둔다. 내담자의 말을 재진술함으로써 내담자의 주의를 특정 상황이나 사람, 또는 일반적인 생각으로 돌리게 된다. 이런 과정을 통해 내담자는 자신이 한 말에 내용을 덧붙이거나 이야기를 더 전개하게 된다. 재진술은 내담자의 말뿐만 아니라 어조와 몸짓, 얼굴 표정까지 반영할 수 있다. 진로문제에는 정보와 정서가 내포되어 있기 때문에 흔히 말의 내용과 감정을 반영하는 것이 유용하다. 감정의 반영은 정서적인 단어나 구절을 포함하거나 함축하고, 내용의 반영은 내담자가 제공하는 정보에 초점을 둔다.

**내담자:** 제가 하는 일은 아주 따분해요. 제가 하는 일이라곤 손님을 맞는 일뿐이죠. 매상 기록하기, 고객에게 영수증 주기, 매상 기록하기, 고객에게 영수증 주기. 무한반복이에요.

**내용의 반영:** 매일매일 같은 일을 반복하는군요.

**감정의 반영:** 손님 맞는 일이 당신에게는 정말 따분하고 짜증나는 일이군요. 하루일과가 끝날 때까지 기다리기가 무척 힘드시겠어요.

이 상황에서 내용의 반영은 이야기의 일부분만을 전달한다. 감정의 반영은 내담자의 경험을 더 풍부하게 표현한다. 이 책의 사례에서는 내담자의 진술에 감정이나 정서적 내용이 담겨 있으면 대개 상담자의 반응은 정서적 요소를 반영한다. 내용 반영은 상담자가 지각하기에 내담자 진술에서 감정이 별로 없을 때 주로 사용한다.

**계속 반응(continuation responses)** 진로상담뿐만 아니라 다른 상담에서도 종종 정보를 더 요청하는 것이 도움이 된다. 고개를 끄덕이거나 손동작을 사용하는 것과 같은 비언어적 행동은 내담자가 말을 계속하도록 독려하는 작용을 한다. 다음과 같은 언어적인 표현도 계속 반응에 포함된다. "좀 더 얘기해 보세요.", "그것에 대해 좀 더 말씀해 주시겠어요?", "계속 말씀하세요.", "으음.", "그래서요?", "그래서 어떻게 됐습니까?" 다음의 짧은 사례는 계속 반응 기법의 유용성을 명확히 보여 준다.

**상**1: 내년에는 어떤 계획을 갖고 있나요? [개방형 질문]

**내**1: 백화점 철물 파트에서 일하려고 생각하고 있어요. 3년이나 했기 때문에 그 일을 계속하는 게 수월할 것 같아요. 더구나 대학에 계속 다니려면 돈을 좀 더 벌어야 한다고 생각해요.

**상**2: 괜찮으시다면 그것에 대해 좀 더 말씀해 보세요. [계속 반응]

**내**2: 철물 파트에 그대로 있는 게 쉬워요. 업무를 정말 잘 알고 있거든요. 하지만 큰 발전을 기대하기는 어려운 자리예요. 가끔은 돈이 없더라도 어쨌거나 학교로 돌아가야 한다는 생각도 들어요. 그저 어떻게든 일이 잘 풀리기를 바라면서요.

**상**3: 으음. 좀 더 말씀해 주세요. [계속 반응]

**내**3: 지금 그만한 돈은 없지만 아버지께 융자를 부탁드릴 수는 있겠지요. 아버지께서 원하지 않으시겠지만, 제가 강하게 설득하면 도와주실 거예요. 이전의 직장으로 돌아가야 하는 것보다는 분명 나을 거예요.

진로문제를 논의할 때 계속 반응 기법을 통해 내담자가 처음에 자발적으로 말할 때보다 더 많은 정보를 끌어낼 수 있다. 이 책에서 제시하는 진로발달 이론에서는 자신에 관한 중요한 정보원으로서 내담자에게 초점을 둔다. 따라서 예시에서 계속 반응 기법을 자주 보게 될 것이다.

**의견이 아닌 정보의 제공(giving information, not opinion)** 흔히 상담자는 내담자에게 교육이나 직업 기회에 관한 정보를 준다. 이러한 정보는 정확하고 최신의 것이어야 하며 분명해야 한다. 편향된 정보는 해롭고 내담자에게 혼란을 준다. 상담자가 제시하는 의견은 단지 한 개인의 견해를 반영할 뿐이다. 하지만 내담자는 상담자를 전문가로 보기 때문에 상담자 의견을 정보나 진리로 인식할 수 있다. 상담자가 의견을 제시하는 것은 내담자를 낙담시키거나 부적절하게 고무시킬 위험이 있다.

**내담자:** 이제 대학 1년을 마쳤는데 평균 C학점을 받았어요. 의대 진학 계획을 변경해야 할지 어떨지 잘 모르겠어요.

**의견 1:** 제 생각에는 그 계획을 변경해야 할 것 같네요. 평균 C학점을 받은 학생은 의대에 진학할 가망이 거의 없지요.

**의견 2:** 잘될 거예요. 아직은 성적을 끌어올려 의대에 진학할 수 있는 가능성이 있다고 생각해요.

**정보에 관한 질문:** 의대 진학 가능성에 대한 학생 본인 생각은 어떤가요? [상담자는 내담자 정보의 근거가 무엇인지를 알아보고자 한다.]

**내담자:** 의대에 진학하려면 평균 $A^-$를 받아야 한다고 알고 있어요. 하지만 저는 앞으로 성적을 올릴 수 있다고 생각해요.

**정보:** 의예과 상담 교수님을 찾아뵙고 우리 학교에서 의대에 들어간 다른 학생들의 성적은 어느 정도 하였는지 알아보는 것도 도움이 될 것 같군요. [상담자는 당장에 내담자가 필요로 하는 구체적인 정보를 갖고 있지는 않지만, 내담자를 적절한 정보원으로 안내한다.]

대학 1학년 때 평균 C학점을 받은 학생이 의대 입학허가를 받기는 어렵겠지만, 예외는 있는 법이다. 의견 1이나 의견 2를 제시하는 상담자는 스스로 강력한 역할을 떠맡는 셈이다. 이 책에서 다루는 이론들은 상담자가 아니라 내담자를 의사결정의 주체로 본다. 따라서 상담자는 자신의 의견을 제시하기보다는 내담자의 진로의사결정을 위한 안내와 정확한 정보를 제공해야 한다.

**강화(reinforcement)** 내담자의 행동에 대한 언어적 강화는 행동주의 기법의 하나로서 진로상담에서 자주 사용된다. 이 기법은 특히 사회학습 이론을 기술하는 13장에서 집중적으로 다룰 것이다. 언어적 강화에서는 내담자가 아니라 내담자의 행동을 강화한다.

**내1:** 최근에 저는 직장 상사에게 너무 많은 일을 저에게 맡긴다고 말하고 싶었어요. 하지만 그렇게 말하기가 두렵고 정말 불안했어요. 상사가 저에게 무척 화가 나서 직장을 그만두라고 말할까 봐 두려웠거든요. 직장을 그만두는 건 제가 원하는 일이 아니거든요. 과도한 업무만 아니라면 좋은 직장이고요. 이 문제 때문에 너무 힘들어서 밤잠을 설치고 우울해지기 시작했어요. 그러다가 마침내 용기를 내서 상사에게 말했어요. 저를 힘들게 하는 게 무엇인지를 정확히 이야기했죠. 그랬더니 제 입장을 이해해 줬어요. 그래서 정말이지 안도했어요.

**상1:** 정말 대단하네요. 꽤 오랫동안 하고 싶었던 일을 드디어 하셨네요. 상사에게 문제점과 고충을 설명했고 만족할 만한 결과를 얻었어요. 굉장히 좋아요.

만약 내담자가 "제가 상사에게 말했더니 막 화를 냈어요."라고 말했다면, 상담자는 "당신은 하고 싶었던 일을 했군요. 상사에게 구체적으로 문제를 설명했고, 그것 때문에 어떤 점에서 힘든지에 대해 말했어요. 그렇게 할 수 있었다는 건 대단한 거예요. 다만 당신이 원하는 방식으로 상사가 반응하지 않아서 유감이군요."라고 대답했을지도 모른다. 두 사례에서 상담자는 내담자의 행동을 강화하고 있다. 상담자가 흔히 강화하는 행동은 정보 수집이다. 이를테면, 내담자가 특정 직업에 종사하는 사람들과 대화를 나누었거나 그 직업에 관한 책을 읽었다면 상담자는 "당신이 그렇게 많은 시간을 들여 그 직업에 대해 알아보려고 애쓴 건 대단한데요. 좋아요!"라고 말할 수 있다.

**가족배경 탐색(family background exploration)** 진로발달의 관계적 접근에 초점을 두는 12장에서는 진로의사결정에서 가족 및 다른 사람들의 역할을 탐색하는 방법을 다룬다. 이를테면, 가계도는 가족관계를 도식화하는 방법으로서 내담자의 진로계획이 가족 구성원들의 진로계획과 어떤 연관성이 있는지를 다루는 도구이다.

**평가 해석(assessment interpretation)** 진로상담에서 각종 검사의 해석은 중요한 개입방법이다. 검사의 해석은 내담자에게 자신에 대한 정보를 제공하는데, 이 내용은 1부에서 제시하는 이론에서 자세히 다룰 것이다. 내담자에게 검사를 해석할 때 상담자는 이 장에서 기술한 많은 기법을 사용한다. 흥미와 능력, 가치, 성격검사에 대한 평가 해석의 예를 이 책 전반에 걸쳐 제시하였다. 정확한 해석을 하기 위해 알아야 할 몇 가지 지식에 대해서는 다음 절에서 간략히 다룰 것이다. 이 책에서 제시한 많은 기법과 마찬가지로, 평가 해석은 진로상담에서 유용하다. 직면과 자기 개방, 상담자 해석과 같은 다른 기법도 유용한데, 이에 대해서는 앞서 인용한 일부 책에서 기술하고 있다.

대부분의 진로발달 이론은 상담기법을 명시하지 않는다. 오히려 상담회기에서 얻은 정보를 충분히 이해하고 조직화하는 방법을 제시한다. 이러한 정보를 얻기 위한 방법으로는 내용 및 감정의 반영, 개방형 질문 외에 앞에서 언급한 다른 기법들이 있다. 진로발달 이론은 간접적으로(그리고 때로는 직접적으로) 사용하는 기법에 영향을 주며, 상담자가 내담자를 이해하는 데 도움이 된다. 특성요인 이론을 사용하는 상담자는 Super의 전 생애 이론을 적용하는 상담자에 비해 질문을 더 많이 하고 감정 반영 기법은 더 적게 사용할 가능성이 있다. 하지만 반드시 그런 것은 아니다. 따라서 이 책에서는 내담자를 돕기 위한 진로상담을 개념화할 때 진로발달 이론을 활용하는 것에 초점을 두었다.

## ❀ 평가도구

이 책에서 다루는 평가도구에는 검사(test)와 인벤토리(inventory)라는 두 가지 유형이 있다. **검사**라는 용어는 일반적으로 정답이 있고 피검자가 최대한 잘 수행하고자 하는 '최대 수행(maximum performance)' 능력검사와 성취검사를 지칭한다. **인벤토리**라는 용어는 내담자의 선호나 견해를 알아보기 위한 것으로, '옳고', '틀린' 답이 없는 도구를 지칭한다. 상담에서 사용되는 일반적인 인벤토리는 흥미와 가치, 성격을 측정한다. 진로발달 과정에서 검사와 인벤토리가 차지하는 중요성에 두는 비중은 진로발달 이론에 따라 다르다. 검사와 인벤토리는 1930년대와 1940년대 이래로 진로상담에서 폭넓게 사용되어 왔다. 제2차 세계대전 동안 병사에 따라 적합한 임무를 배정할 필요성 때문에 대규모의 검사 개발이 이루어졌다. 검사와 인벤토리는 원래 직원 선발을 위해 고안된 것이지만 상담에서 특히 유용하다. 상담자가 제대로 검사나 인벤토리를 선정하려면 규준과 신뢰도, 타당도와 같은 측정 개념을 알고 있어야 한다. 이러한 개념은 평가를 이해하는 데 매우 중요하기 때문에 다음 절에서 간략히 기술하고자 한다. 하지만 이러한 설명이 심리 측정에 관한 강좌나 교재를 대신하는 것은 아니다.

**규준** 내담자의 검사 점수는 채점의 표준을 개발하는 데 사용된 규준집단의 점수(규준)와 비교하는 것이 유용하다(Neukrug & Fawcett, 2010). 이러한 표본은 정상적인 점수, 즉 모집단의 전형적인 점수여야 한다. 규준은 일반적인 모집단을 기준으로 하기도 하고, 고등학생, 회계사, 마약 중독 전력이 있는 사람과 같은 특정 집단을 기준으로 하기도 한다. 경우에 따라 규준을 남성과 여성으로 구분하여 제시하기도 하고, 이 둘을 합쳐서 제시하기도 한다. 때로 성이나 연령대에 따라 다른 규준을 제시하기도 한다. 훌륭한 규준은 충분히 이해할 수 있는 비교의 근거를 상담자에게 제공한다는 점에서 유용하다. 이를테면, 상담자가 고등학교 3학년 내담자의 생물 점수를 1학년 학생의 점수와 비교하지는 않을 것이다. 전국 규모의 규준이 자주 사용되지만, 어떤 학군이나 주(州) 안에서 학생들을 비교할 때는 지역 규준이 때로 도움이 된다.

규준은 전형적으로 백분위점수로 제시된다. 백분위점수는 검사결과가 특정 점수 이상인지, 아니면 그 이하인지를 통해 상담자가 백분율을 볼 수 있기 때문에 이해하기가 쉽다. 백분위점수와 달리 각 점수 간의 차이가 동일한 표준점수를 사용하기도 한다. 즉, 표준점수에서는 50점과 55점의 차이가 70점과 75점의 차이와 동일한데, 백분율에서는 그렇지 않다. 상담자는 이 책에서 기술하는 검사나 인벤토리를 사용할 때 검사 매뉴얼을 숙지하여 규준을 확인하고, 또한 규준이 여러 개 있다면 어떤 규준을 사용해야 하는지를 결정해야 한다.

**신뢰도** 검사나 인벤토리는 신뢰 가능하고 일관성이 있어야 한다. 어떤 학생이 동일한 검사를 두 번 받았다면, 두 검사 점수는 유사해야 한다. 검사를 시행할 때마다 모든 점수의 상대적 위치가 동일하다면 신뢰도가 완벽한 검사라 할 수 있다. 검사의 신뢰도를 떨어뜨리는 두 가지 중대한 요인으로는 수검자 수행에서의 변이(variation)와 측정에서의 변이를 들 수 있다. 이를테면, 수학 능력의 측정은 기분에 따라 변화하는 우울의 측정보다는 더 안정적일 것이다. 조명이나 더위, 추위와 같은 검사 환경과 검사 안내의 부족으로 인한 오차도 발생할 수 있다. 많은 검사도구의 신뢰도 계수는 보통 .80을 넘지만, 더 낮은 신뢰도가 용인되는 경우도 있다. 신뢰도는 동일한 검사를 시기를 달리하여 두 번 실시하거나, 동일한 검사이지만 유형이 서로 다른 두 검사를 각각 실시하여 측정한다. 반분신뢰도는 한 검사를 절반씩 둘로 나누고, 절반의 두 결과를 비교하여 산출한다. 또 다른 신뢰도인 문항 내적 합치도는 평가도구의 문항 간 평균 상관 분석을 통해 산출한다. 신뢰도에 대한 지식은 상담자가 특정 검사도구를 내담자에게 사용할지를 결정하는 데 중요하다.

**타당도** 검사가 측정하고자 하는 바를 측정하는가? 영어 능력 척도가 영어 능력을 실제로 측정하는가? 타당도는 검사가 측정하고자 하는 바를 얼마나 잘 측정하는지를 나타낸다(Neukrug & Fawcett, 2010). 검사가 타당하려면 먼저 신뢰성이 있어야 한다. 즉, 측정하려는 특성이나 변인을 일관되게 측정하여야 한다. 척도의 유형에 따라 요구되는 타당도의 유형도 다르다. 내용타당도는 문항의 실제적인 내용을 나타낸다. 즉, 문항은 검사도구가 측정하고자 하는 영역(이를테면, 대수학에 대한 지식)을 반영해야 한다. 공인타당도는 특정한 준거와 비교하여 측정하는 것이다. 이를테면, 사무직 능력에 대한 검사 점수를 사무직 능력을 갖춘 비서들의 수행과 비교할 수 있을 것이다. 예언타당도도 준거를 나타내지만 이것은 미래에 적용하는 준거이다. 이를테면, 사무 적성을 측정하는 검사는 비서직 지원자들이 검사일로부터 1년 후에 비서직 사무를 얼마나 잘 수행할지를 예측할 수 있어야 한다. 구인타당도는 좀 더 복잡한데, 척도가 심리학적으로 이치에 맞는지, 관련성이 있어야 할 변인들과 관련되어 있는지를 나타낸다. 이를테면, 우울 검사는 다른 우울 척도와 상관이 있거나, 우울한 사람들이 평정한 정신병리적 우울 증상과 상관이 있어야 한다. 검사 매뉴얼은 이러한 유형의 타당도에 대한 정보를 상담자에게 제공한다. 타당하지 않은 평가도구는 상담자에게 별로 가치가 없다. 이 책에서는 많은 검사와 인벤토리가 제시되는데, 언급된 모든 평가도구는 이 네 가지 유형에서 어느 정도 양호한 타당도를 갖추고 있다.

평가도구는 진로발달 이론에서 두 가지 주된 역할을 한다. 첫째, 각종 검사와 인벤토리는 이론을 개발하고 검증하는 데 사용할 수 있다. 둘째, 상담자는 각종 검사와 인벤토리에서 얻은 정보를 진로발달 이론의 관점에서 내담자를 이해하는 수단으로 사용할 수 있다. 이를테면, John Holland는 진로탐색검사(Self-Directed Search: 역자 주: 이 책의 저자는 검사와 인벤토리를 구분하여 사용하고 있으나 역서에서는 국내의 통상적인 용법에 따라 이 둘을 구분하지 않고 검사로 통일하였다)와 직업선호도검사(Vocational Preference Inventory)를 개발하여 자신의 이론적 구성개념을 검증하는 수단으로 사용하였다. 다른 예로는 Super의 진로발달 이론을 들 수 있다. Donald Super가 개발한 많은 검사 중에는 가치척도(Values Scale)와 진로발달검사(Career Development Inventory)가 있다. 다른 연구자들은 진로성숙도 척도를 개발하였는데, 이 척도는 모두 Super 이론의 다양한 측면을 연구하는 데 사용할 수 있다. 상담자는 이러한 도구를 사용하여 내담자에 대한 정보를 얻고, 이 정보를 이론적 맥락과 직접적으로 연관시킬 수 있다.

검사 및 인벤토리와 관련하여 상담자는 도구의 선정과 실시 및 해석이라는 세 가지 주요 속성을 숙지해야 한다. 규준과 신뢰도 및 타당도는 도구를 선정할 때 고려해야 할 중요한 사항이다. 도구는 내담자에게 적합한 이론적 개념에 근거해서 선정해야 하는데, 이 주제는 앞으로 더 다룰 것이다. 도구의 실시는 각 검사 매뉴얼에 상세히 기술되어 있으며, 개인검사와 집단검사에 따라 고려사항이 다르다. 검사의 해석은 내담자 정보와 평가도구에 대한 지식을 필요로 한다. 이 책에서 제시하는 검사 해석의 예는 상담자가 검사결과를 내담자와 어떻게 논의하는지를 보여 준다.

**직업정보의 제공** 진로상담은 직업정보와 교육정보를 필요로 한다는 점에서 다른 유형의 상담과 차이가 있다. 30여 년 전에 Hoppock(1976)은 상담자가 알아야 하는 직업정보와 함께 상담에서 직업정보가 갖는 중요성을 상세하게 기술한 바 있다. 상담자가 알아야 하는 직업정보에 대한 그의 조언은 지금도 여전히 가치가 있다.

- 상담자는 상담 종결 후 내담자가 첫 일자리를 어디서 얻는지, 혹은 어디로 일하러 가는지를 알고 있어야 한다.
- 상담자는 지역사회의 주요한 고용 기회를 알고 있어야 한다. 집 가까운 곳에서 일자리를 찾는 고등학생에 비해 대학생은 구직활동의 지리적 범위가 훨씬 더 넓을 것이다.

- 상담자는 내담자에게 적합한 정보를 제공하기 위해 내담자가 고려하고 있는 직업에 대해 알고 있어야 한다.
- 상담자는 지역에서 가장 중요하고 규모가 큰 사업체 세 곳과 그곳의 대표가 가장 중요시하는 직종 가운데 최소한 한 가지에 대해 꼭 알고 있어야 한다. 이렇게 하려면 고용주를 방문하고 접촉해야 할 것이다.
- 상담자는 정보를 수집하는 방법과, 수집한 정보의 정확성과 유용성을 평가하는 방법을 알고 있어야 한다.

상담자는 특정 부류의 정보와 구체적인 진로정보원을 알고 있어야 한다. 직종, 근무조건, 직무에 요구되는 자격, 초봉 및 평균 급여, 고용 전망, 요구되는 학력(이수한 강좌나 전공, 학위), 해당 직종에 관한 좀 더 상세한 정보를 얻을 수 있는 곳 등은 가장 중요한 정보라고 할 수 있다. 이러한 주제와 관련된 정보는『직업 전망서(*Occupational Outlook Handbook*)』(2012)와 온라인 판인『진로 및 직업 안내 백과사전(*Encyclopedia of Careers and Vocational Guidance*)』(Ferguson, 2011)과 같은 간행물에서 얻을 수 있다. 이러한 간행물은 수많은 직업 가운데 선별된 광범위하고 대표적인 직종들에 대한 직업정보를 제공한다. 또한 직업정보를 전문적으로 다루는 출판업자와 단체가 발간한 책자에서 수백 가지의 직업에 대한 정보를 얻을 수 있다. 이러한 주제를 상세하게 다루는 직업정보 관련 교재와 강좌도 효과적인 진로상담에 유용하다. DISCOVER(ACT, 2007)와 SIGI[3](VALPAR, 2007)처럼 전산화된 많은 프로그램에서도 진로평가와 직업정보를 함께 제공하고 있다.

진로발달 이론에 따라 직업정보에 두는 비중은 크게 다르다. 이를테면, Holland의 이론은 모든 직업정보를 여섯 가지 범주로 분류하는 체계로 되어 있다. Holland는 각각의 직업을 자신의 이론에 따라 명확한 의미가 부여된 식별 가능한 코드로 분류한다. 반면에 Myers-Briggs의 이론에서는 거의 전적으로, 직업정보가 아니라 개인의 성격 유형에 초점을 둔다. Super와 동료들(Starishevsky & Matlin, 1963)은 내담자가 알게 되는 직업정보를 기술하기 위해 **직업대화**(occtalk)라는 용어를 사용하고, 내담자가 갖고 있는 자신에 대한 견해를 묘사하기 위해 **심리대화**(psychtalk)라는 용어를 사용하였다. 예를 들어, "많은 악기에 대해 아는 것은 음악가에게 도움이 됩니다."라는 말은 직업대화의 예이고, "나는 음악 이론을 배우는 일이 즐거워요."라는 말은 심리대화의 예이다. 이 예는 이론가들이 어떻게 직업정보와 상담 면접에서 얻은 내담자 정보를 연결시키는 가교를 만들었는지를 보여 준다. 이 장에서 직업정보를 다루고 있지만, 2장에서는 직업을 분류하는 방법으로, 또 3장에서는 노동시장에 관한 정보를 학습하는 방편으로서 직업정보에 대해 좀 더 상세히 설명할 것이다. 직업을 분류하고 노동 시장에 대한 정보를 얻는 것은 직업정보의 중요한 두 가지 측면이다.

### ❁ 진로발달 이론은 진로상담과 어떻게 연결되는가

상담 이론이 내담자 문제를 개념화하는 틀을 제공하듯, 진로발달 이론은 내담자의 진로문제에 도움을 주는 틀을 제공한다. 진로발달 이론은 진로상담 과정에서 진로문제를 개념화하는 수단을 제공하는 부분으로 간주될 수 있다. 기본적인 조력기술은 내담자의 진로문제에서 변화와 향상을 가져오는 데 필수적인 요소이다. 평가도구도 직업정보와 함께 개념화 과정을 돕는 부가적인 정보로 볼 수 있다. 상담기술은 검사에 대한 피드백이나 직업에 관한 정보를 제공할 때 사용한다. 전반적으로, 진로발달 이론은 내담자를 어떻게 도울지 그리고 상담의 궁극적인 성과가 무엇일지에 대한 아이디어를 상담자에게 제공한다. 진로발달 이론이 제공하는 목표의 방향성은 상담자, 특히 초보 상담자에게 자신감을 줄 수 있다.

## 진로상담의 목표

진로상담의 가장 일반적인 두 가지 목표는 직업선택과 직업적응이다. 7장과 8장에서 보여 주듯이, 진로선택은 대개 만 14세 이후 어느 시점에서나 이루어질 수 있지만 고등학교나 대학교 시기 혹은 이 두 시기에 걸쳐서 가장 집중적으로 이루어진다. 상담자는 내담자의 직업선택을 조력하는 과정에서 내담자가 이전 직업에 대해 만족하였는가에 대한 정보를 활용한다. 성인은 직업에 대한 만족도를 높이려 할 때 흔히 현재의 직업선택에 의문을 던지며 그 직업을 추구하였던 이유를 돌아보게 된다. 이런 일은 개인이 직장생활을 하는 동안 언제든지 일어날 수 있다. Dawis와 Lofquist(1984) 같은 이론가들은 직업선택뿐만 아니라 직업적응에도 초점을 둔다. 모든 진로발달 이론에는 상담자가 아닌 내담자가 최종 선택을 한다는 인식이 깔려 있다.

명시적이든 암묵적이든 간에 목표는 상담에서 필수적이다. 목표는 상담회기에 수행한 작업의 길라잡이 역할을 한다. 상담자와 내담자가 적절한 진로대안 중 한 가지를 선택하는 것을 상담의 목표로 합의하는 경우가 목표를 명시화하는 한 예이다. 내담자가 적절한 진로대안을 선택하려 한다고 상담자가 가정하는 경우는 목표를 암묵적으로 만드는 한 예가 된다. 목표가 명시적이든 암묵적이든 간에, 진로발달 이론의 활용은 상담자가 명확하고 구체적인 목표를 설정할 수 있게 해준다.

상담목표의 측면에서 이론적 구성개념을 개념화하는 방법을 각 이론별로 해당 이론이 허용하는 범위 내에서 제시하였다. 내담자 목표를 개념화하기 위해 이론적 구인을 사용하는 상담자는 상담이 얼마나 잘 진전되고 있는지, 상담에서 일반적으로 다음에는 어떤 일이 일어나야 하는지, 상담이 마무리되려면 무엇을 할 필요가 있는지에 대한 감이 있어야 한다. 이러한 목표와 목표의 달성이 모든 사람에게 동일하지는 않다. 윤리적 기준은 상담자가 건설적이고 적절한 방식으로 내담자의 목표에 부응하는 데 도움이 된다.

## 목표, 진로발달 이론과 윤리강령

진로발달과 관련된 문제를 가진 내담자를 돕기 위해서 상담자는 윤리적으로 행동해야 한다. 가장 기본적인 수준에서 보자면 윤리는 특정 집단에서 만들어 내고 그 집단의 구성원들이 준수해야 하는 행동 규범을 말한다. 이러한 윤리는 흔히 정부 부처에서 개발하고 시행하는 법률과 중첩된다. 전문가협회와 정부부처에서는 상담자를 위시하여 정신건강 실무자들이 내담자의 목표를 윤리적인 방식으로 달성하기 위해 반드시 지켜야 할 윤리강령을 제정하는데, 실무자들은 그 기관의 소속 여부와 무관하게 이에 따라야 한다.

정신의학자와 다른 분야의 의사, 간호사, 성직자, 사회복지사, 심리학자, 정신건강 상담자, 부부상담자, 진로상담자 등을 위한 윤리강령이 제정되어 있다. 모든 윤리강령은 의도와 내용이 대체로 비슷하다. 차이점은 아주 사소한 수준이고 특정한 전문 분야의 목표를 반영한다. 이 교재에 가장 알맞은 윤리강령은 미국심리학회(APA), 미국상담학회(ACA), 미국진로발달학회(NCDA)가 제정한 것이다. 미국진로발달학회(2007)의 윤리강령은 이 교재의 주안점과 특히 관련성이 있다. 이 부분은 이 절에서 차후에 다룰 것이다.

윤리원칙은 윤리규범의 개요 및 그러한 규범을 이해하는 틀을 제공한다. 조력 전문지에서 대부분의 윤리강령을 위한 윤리원칙의 바탕을 이루는 것은 다음 다섯 가지 도덕적 기준이다(Corey, Corey, & Callanan, 2011; Welfel, 2013). 이러한 기준은 내담자와의 상호작용 및 내담자에 대한 책임을 생각해 보게 한다는 점에서 진로상담자를 비롯하여 조력 전문직에 종사하는 상담자의 가치를 반영하고 있다. 다섯 가지 도덕적 원칙은 자율성(autonomy)과 무해성(nonmaleficence), 선행(beneficence), 정의(justice) 및 충실성(fidelity)이다.

## ❁ 자율성

상담자는 내담자의 의사결정을 존중한다. 내담자는 자신의 삶을 통제하고 스스로 선택한다. 상담자는 내담자가 독립적인 의사결정기술을 개발하도록 돕는다. 상담자는 내담자의 가치에 대한 판단을 삼간다.

## ❁ 무해성

기본적으로 상담자는 해를 끼치지 않아야 한다. 상담자는 자신의 이득을 위해 내담자를 해치거나 조종하지 않는다. 의도치 않게 내담자에게 피해 주는 일이 일어나지 않도록 주의하는 것도 이 원칙의 한 부분이다.

## ❁ 선행

내담자에게 해를 입히지 않는 것 이상으로, 상담자는 내담자의 건강과 안녕을 증진함으로써 내담자를 도와야 한다. 내담자의 복지 증진이 이 원칙의 핵심이다.

## ❁ 정의

정의는 내담자와 다른 전문가를 대할 때의 공정성을 의미한다. 적정한 치료비 책정, 상담 서비스에 대한 접근성, 질 높은 서비스 제공, 다른 사람들에 대한 공정한 대우가 정의의 원칙에 포함된다. 한 사람을 공정하게 대하면서 동시에 다른 사람의 권리를 침해하지 않는다는 것은 때로 어려운 일이 될 수 있다.

## ❁ 충실성

내담자와 동료 및 학생에 대한 헌신의 다짐을 지키는 것은 충실성 원칙의 핵심이다. 비밀유지 규범의 준수는 내담자와의 신뢰로운 관계 증진에 도움이 된다. 내담자와의 정직한 관계는 상담자가 자신의 욕구를 위해 내담자를 이용하는 일이 발생하지 않도록 막아 준다.

이러한 일련의 원칙들이 ACA와 ACA의 분과인 NCDA의 윤리강령의 바탕을 이루고 있다. 이 원칙들은 윤리강령의 목적을 대략적으로 보여 줄 뿐이다. 대학 강좌와 교재에서 다루는 윤리강령은 이 책에 실린 내용보다 훨씬 더 포괄적이다. 하지만 윤리가 진로상담 문제와 관련되기 때문에, 여기서 윤리강령에 대한 정보를 좀 더 제시하는 것이 도움이 될 것이다.

NCDA 윤리강령의 윤리규범(2007)은 다음 9개 영역으로 분류할 수 있다.

A: 전문적 관계
B: 비밀보장, 비밀보장 특권, 사생활
C: 전문적 책임성
D: 다른 전문가와의 관계
E: 평가, 사정, 해석
F: 진로상담 서비스에서 인터넷의 사용
G: 지도감독, 훈련, 교수
H: 연구와 출판
I: 윤리적 쟁점의 해결

이러한 규범은 50쪽 분량으로 개략적으로 기술되어 있다. 처음에는 내용이 너무 방대한 것 같지만 몇 개의 일반적인 지침으로 압축할 수 있다. 불확실한 경우에는 아무 조치도 하지 않고 동료나 지도감독자와 협의하는 것이 최선이다. 때로 이러한 협의와 자문을 기록으로 남기는 것이 도움이 된다. 또한 전문가 조직에서 윤리적 문제에 대한 전문적 조언을 제공받을 수도 있다.

진로발달 이론은 사람들이 어떻게 직업 문제에 적응하고 진로선택을 하는지, 그리고 발달과정에서 진로목표가 어떻게 변화되어 가는지를 설명하고자 한다. 진로 이론가들은 진로 이론이 윤리적으로 적용될 것으로 믿는다. 이 책에서 제시하는 이론들은 모든 측면에서 APA와 ACA, NCDA의 윤리적 규범에 부합하며, 각 이론은 상담자가 내담자를 윤리적으로 조력할 때 사용할 수 있는 지식 기반을 제공한다. 특정 내담자의 성이나 문화적 배경과 상관없이 필요한 도움을 제공한다는 것은 내담자의 진로발달과 진로상담의 윤리적 실천이라는 두 가지 측면 모두에서 중요하다.

## 여성의 진로발달

일부 진로발달 이론들은 1960년대 이전에 개발되었고, 순전히 중류층이나 중상류층 가정의 백인 남성에 대한 연구에 기반을 두고 있었다. 이러한 이론 가운데 대부분은 이후 여성을 표집 대상에 포함시키고 이론의 내용에도 추가하였지만, 여성의 진로발달 주제를 등한시하였다는 비판을 받아 왔다. 직장에서 여성의 역할은 1960년대 초반 이후 크게 변화해 왔다. 여성이 미국과 전 세계 인구의 절반을 넘기 때문에, 진로발달 이론이 여성에게 어떻게 적용되는지를 보여 주는 것은 특히 중요하다.

이 책에서는 각 장마다 여성의 진로상담 문제에 이론을 적용하는 내용을 다루는 데 한 절을 할애하였다. 어떤 장에서는 이 주제를 다루는 절의 분량이 매우 적다. 그 이유는 여성에 대한 정보를 포함하기에는 그 장의 이론이 충분히 설명되고 연구되지 않았기 때문이다. 또 어떤 장에서는, 특히 전 생애 이론과 사회인지진로 이론을 검토하는 장에서는, 내담자 문제에 대한 상담자 개념화의 예시뿐만 아니라 여성의 진로발달 주제에 더 많은 지면을 할애하였다. 여성의 전 생애 진로발달 이론들은 2부에서 다루었다. 진로발달 이론을 보여 주는 예시에는 남성과 여성의 사례 수를 거의 균등하게 포함시켰다.

## 다문화 집단의 진로발달

문화는 사회 계층과 종교, 장애, 연령, 성 정체성과 민족성 등에 따라 다양한 집단으로 범주화하는 것을 의미한다. 이 책에서는 이 모든 요소를 어느 시점에서 다룰 것이다. 하지만 '다문화 집단'이라는 제목을 붙인 절에서는 지리적 혹은 민족적 집단을 다룰 것인데, 이 주제가 진로발달 흥미 및 연구의 주된 초점이 되어 왔기 때문이다. 전 세계에는 민족적으로나 지리적으로 매우 많은 문화가 존재하기 때문에, 다문화 집단의 진로발달은 남녀 간 진로문제의 차이보다 논의하기가 더 복잡한 주제이다. 진로 이론은 특별히 어떤 한 문화에 적용하도록 만들어진 것은 아니다. 하지만 특정 문화집단에 대한 특정한 진로발달 이론의 적용 가능성에 대한 연구가 수행되어 왔다. 이 책에서는 이러한 연구를 제시하여, 특정 집단에게 어떤 이론의 맥락이 갖는 의미를 이해하는 데 도움을 주고자 하였다.

진로발달 분야에서는 다른 다문화 집단에 비해 미국 흑인(역자 주: 원서에는 'African Americans'로 표기되어 있으나 흑인이라는 용어를 사용하는 국내 용법에 따름)에 대한 연구가 많이 수행되어 왔다. 라틴계 및 아시아계 미국인과 미국 원주민의 진로발달을 살펴본 연구도 있지만, 이 집단들도 단일한 문화적 배경을 대표하는 것은 아니다. 예를 들어, 아시아 집단은 일본인과 중국인, 베트남인, 캄보디아인, 인도인과 그 외 많은 다른 국가 출신을 포함한다. 게다가 이들 각 민족 내에서도 서로 공통점이 거의 없는 하위 집단들이 있다. 이를테면, 인도에는 공통 언어나 종교, 사회적 관습을 공유하지 않는 지역이 많다. 또한 미국 이민자들 중에는 전쟁을 피해서 온 난민들도 있다. 베트남 전쟁 도중이나 그 이후에 많은 베트남인들이 조국을 탈출해야만 하는 상황에서 일자리를 찾아 미국에 왔다. 이렇게 서로 다른 문화집단에 대한 논의는 이 책의 범위를 넘어선다. 따라서 진로나 고용 문제를 중점적으로 다루지는 않지만 이 주제와 관련된 다른 자료(이를테면, Atkinson, Morten, & Sue, 1998; Diller, 2011; Lum, 2011)를 참고하기 바란다. 이 책에서는 이러한 일부 문화권의 내담자를 상담할 때 진로발달 문제를 개념화하는 몇몇 사례를 보여 주지만, 모든 문화권의 예시를 포함하는 것은 불가능하다. 진로발달 이론에 대한 연구는 북아메리카 외에 유럽, 남아메리카, 아시아와 아프리카에서도 수행되고 있다.

이 책에서 **문화적으로 다양한 집단**(역자 주: 이 번역서에서는 '다문화 집단'으로 옮김)이라는 용어는 미국 흑인, 아프리카인, 라틴계 미국인, 미국 원주민과 아시아계/태평양 제도 미국인을 지칭하기 위해 사용하였다. **소수인종**(minority)이라는 용어는 특정 국가의 인구 구성 비율상 소수집단을 나타내는 사람들을 일컫는다. 전 세계적으로 보면 유색인이 다수인종이며, 백인은 소수인종이다.

## 미리보기

이 책에서는 이론을 다음 네 개의 부류로 나누어 제시하였다. 즉, 특성 및 유형 이론(1부), 전 생애 이론(2부), 특수 초점 이론(3부), 그리고 이론의 통합(4부)으로 나누었다.

1부는 사람들의 특성이나 유형을 다루는데, 현시점의 관심사와 행동에 초점을 둔다. 2장은 최초의 공식적인 진로발달 이론인 특성요인 이론에 대해 논의한다. 이 이론은 내담자의 진로결정을 돕기 위해 사용하는 흥미와 가치, 적성 및 다른 특성을 다루고 있다. 2장에서 특성요인 이론을 개괄적으로 살펴본다면, 3장에서는 특성요인 이론의 일부인 직업정보를 상세하게 기술한다. 또한 노동시장에 대한 사회학자와 경제학자의 관점을 소개하면서, 사회적 지위, 그리고 입직과 승진 및 급여에서 여성과 다문화 집단에 대한 차별 등의 문제를 살펴보았다. 4장, 5장, 6장에서는 특성요인 이론의 구체적인 예시들을 다루었다. 4장에서는 성인의 직업적응에 초점을 두는 Lofquist와 Dawis의 이론을 소개하였다. 5장에서는 사람과 환경에 대한 Holland의 유형론을 소개하고, 여섯 가지 Holland 유형과 진로상담에서의 적용에 대해 설명하였다. 6장에서는 Carl Jung의 성격 이론에 기반을 두고 성격 유형에 대한 Myers-Briggs의 관점을 주로 반영하며 진로발달에 영향을 미치는 또 다른 유형론을 중점적으로 다루었다.

2부에서는 전 생애 이론을 다루었는데, 아동기(7장), 초기 청소년기(8장), 후기 청소년기와 성인기(9장), 그리고 성인의 진로위기와 진로전환(10장)이라는 전 생애 발달의 네 측면에 초점을 두었다. 이 구성방식을 따른 이유는 다음과 같다. Super의 전 생애 이론은 다른 전 생애 이론에 비해 더 발달된 이론으로 관련 연구와 측정도구의 개발이 더 많이 이루어져 왔다. 대부분의 다른 전 생애 이론은 생애 전체를 다루지는 않는다. 더구나, 모든 전 생애 이론의 진로상담의 개념화는 비슷비슷하다. 이 때문에 7장, 8장, 9장에서는 진로발달 개념을 설명하는 근거로 Super의 이론을 사용하였다. Gottfredson의 이론은 성역할과 진로선택에 초점을 두는데, 아동의 진로발달에 대한 설명을 제공한다(7장). 직업 정체성에 대한 Fred Vondracek과 동료의 이론은 Super의 이론을 보완하는 청소년기 진로발달의 관점을 제시한다(8장). 10장에서는 진로위기를 논의하기 위해 성인의 전환기에 대한 Hopson과 Adams의 이론을 활용하였다. 그리고 이 이론을 Super의 전 생애 이론의 맥락 안에 배치하였다.

3부에서는 진로발달의 다양한 측면을 강조하는 이론을 추가로 소개하였다. 11장에서는 두 가지 서로 다른 구성주의적 접근, 즉 개인을 각자 삶의 사건과 관계에 대해 자신만의 고유한 관점을 만들어 가는 존재로 보는 방식에 대해 설명하였다. 12장에서는 진로선택에 영향을 미치는 관계를 다루었다. 이러한 관계에 내담자의 부모와 다른 가족 구성원, 교사, 친구, 그 외 다른 사람과의 관계를 포함하였다. 12장에서는 또한 개인의 근로생활에서 관계의 가치를 살펴보았다. 13장에서는 사회학습 이론에 근거한 진로상담 기법과 더불어, 진로의사결정에 대한 Krumboltz의 행동적 접근을 살펴보았다. 사회인지진로 이론은 진로선택에 대한 자기효능감과 기대 결과 간의 관계를 다룬다(14장). 이 이론은 특히 다문화 집단과 여성이 직면하는 진로선택의 장벽에 초점을 두고 있다. 15장에서는 진로의사결정에 대한 영성적인 접근과 인지적 정보처리 조망을 비교함으로써, 개인이 어떻게 진로의사결정을 하는지를 살펴보았다.

4부에서는 여러 이론을 통합하여 사례 개념화하는 방법을 제시하였다. 먼저, 이 책에서 다루었던 각 이론의 강점과 약점을 제시하고, 상담자의 직업환경과 이론적 선호에 따라 어떻게 다르게 통합할 수 있는지를 보여 주는 몇 가지 예시를 제공하였다(16장). 또한 컴퓨터에 기반한 진로지도 프로그램의 사용과 진로 집단상담, 취업 상담과 같은 특별한 주제를 논의하였다.

각 장은 동일한 방식에 따라 구성하였다. 각 장의 첫부분은 특정 이론 및 그 이론의 중요한 구성개념을 기술하였다. 이론을 기술할 때 상담 전략에 대한 정보를 통합하였고, 이론적 구인을 사용하여 내담자의 문제를 개념화하는 방법을 사례 예시를 통해 설명하였다. 상담자와 내담자의 짧은 대화에서 상담자의 개념화를 포함하여 각 진로발달 이론을 어떻게 적용하는지를 볼 수 있다. 사례 예시에 수록한 대화를 통해 상담자가 내담자 문제를 개념화할 때 어떠한 사고 과정을 거쳐 가는지를 상세하게 보여주려고 하였다.

서술형 사례 연구도 종종 사용하였다. 또한 각 장에는 이론을 적용하여 검사와 직업정보를 어떻게 통합할 수 있는지에 관한 논의를 포함하였다. 이와 함께 관련 문헌과 일반적인 연구결과를 언급하면서 여성과 다문화 집단에 대한 이론의 적용 가능성도 살펴보았다. 그리고 특정 이론의 적용을 저해하는 상담자의 감정과 사고를 비롯하여, 이론을 적용할 때의 상담자 문제를 다루었다. 각 장을 읽고 나면 특정 이론을 사용하여 내담자 문제를 생각하는 방법에 대한 분명한 아이디어를 얻을 수 있을 것이다.

독자들이 이 책에서 얻은 정보를 더욱 의미 있게 적용할 수 있는 몇 가지 방법이 있다. 내담자를 대하는 상담자의 경우, 특정 이론의 관점에서 내담자를 그려 보고 내담자가 제시하는 문제에 대해 생각해 볼 수 있다. 또 다른 방법은 그 이론의 관점에서 자신의 삶이나 친구 혹은 가족의 삶에 대해 생각해 보는 것이다. 여러분이 학생이라면 진로발달 이론을 상담에 통합하는 효과적인 방법은 동료 학생들과 함께 특정한 이론을 사용하여 상담 상황을 만들어 역할극을 해보는 것이다. 이러한 접근을 통해 이 책의 내용을 더 유익하고 적용 가능한 정보로 활용할 수 있을 것이다.

# PART 1
# 특성 및 유형 이론

진로발달 이론 중에서 가장 먼저 소개하는 이론은 특성 및 유형 이론이다. 일반적으로, 특성 및 유형 이론은 개인의 특성과 직업에서 요구하는 조건을 매칭하려는 목적으로 특질이나 특성을 분석하기 위해 개발되었다. 특성들을 유목화하고 조합하면 개인의 특정한 유형들을 파악할 수 있다. 마찬가지로, 직업의 요구조건을 조합하여 직업의 유형을 기술할 수 있다.

1부에서는 네 가지 특성 또는 유형 이론을 제시한다. 2장에서 제시하는 특성요인 이론은 개인의 특성과 직업의 특성을 평가하는데, 개인의 직업선택을 돕기 위해 이러한 특성을 매칭한다. 3장에서는 특성요인 이론 중 직업정보를 상세하게 설명한다. 먼저 미국 직업시장에 대한 정보를 다루고, 일과 직업에 대한 사회학 이론과 경제학 이론을 소개함으로써 직업과 일에 대한 상이한 조망을 제시한다. 4장에서 기술하는 직업적응 이론은 다양한 직업군에서 필요로 하는 요구와 기술에 매칭할 수 있도록 개인의 욕구와 기술을 평가하는 틀을 제공한다. 5장의 초점인 Holland의 유형 이론에서는 여섯 가지 유형의 사람과 여섯 가지 유형의 환경을 제시한다. 상담자는 개인과 환경을 매칭함으로써 직업선택을 돕는다. 6장에서 소개하는 Myers-Briggs의 유형 이론은 세상을 인식하고 판단하는 방식을 설명한다. 개인의 판단 및 인식 방식과 특정 직업에 종사하는 사람들이 사용하는 판단 및 인식 방식의 매칭을 통해 개인에게 적합한 근무환경을 발견하도록 도울 수 있다. 각 이론은 직업선택을 돕기 위해 일의 특성이나 유형과 매칭할 수 있도록 개인의 특성을 정확하게 측정한다는 공동의 목표를 갖고 있다.

Applying Career Development Theory to Counseling

# 특성요인 이론

## ✿ 이론의 개요

**1단계: 자기이해**
- 적성
- 성취
- 흥미
- 가치
- 성격

**2단계: 직업세계에 관한 정보의 획득**
- 직업정보의 유형
- 직업분류체계

**3단계: 자기 및 직업세계에 관한 정보의 통합**
- 상담자가 어떻게 도울 수 있는가

Frank Parsons는 1909년에 『직업의 선택(*Choosing a Vocation*)』이라는 저서에서 직업지도의 개념을 소개하였다. 「진로발달 저널(*Journal of Career Development*)」의 특별논고에서는 진로발달에 대한 Parsons의 공헌을 다룬 바 있다(Baker, 2009; Savickas, 2009). 최근 새롭고 수정된 정보의 발견으로 진로상담에 대한 Parsons의 공헌이 밝혀지기도 하였다(Briddick, 2009a; Briddick, 2009b). Parsons의 관점은 이후 특성요인 이론을 발전시키는 기반이 되었다. **특성**(trait)이라는 용어는 검사를 통해 측정할 수 있는 개인의 특징을 나타낸다. **요인**(factor)이라는 용어는 성공적인 직무수행을 위해 요구되는 특징을 나타내며, 일군의 사람들의 중요한 특성을 구분하기 위해 사용하는 통계 방법을 의미하기도 한다. 따라서 **특성**과 **요인**이라는 용어는 개인과 직업의 특징에 대한 평가로 볼 수 있다.

특성에 대한 평가는 Parsons가 직업선택에 대한 접근을 기술할 때 첫 번째이자 가장 중요한 단계로 언급한 내용이다. Parsons(1909)는 개인이 직업을 선택하기 위해서는 가능하면 다음과 같은 정보가 있어야 한다고 주장하였다.

1. 자신의 태도와 능력, 흥미, 포부, 자원의 한계 및 원인 등을 포함한 자신에 대한 명확한 이해
2. 다양한 분야에 속한 직업의 요구 및 성공 요건과 장단점, 보수, 고용 기회, 전망에 대한 지식
3. 이러한 두 유형의 정보 간의 관계에 대한 올바른 추론

Frank Parsons의 저서는 미국 동부의 보스턴 지역 청소년의 진로문제 상담 경험을 바탕으로 저술한 것인데, 이 저서만이 특성요인 이론의 발전에 공헌한 것은 아니었다. 이 무렵, 하버드 대학교의 Elton Mayo와 기업 분야에서 일하고 있었던 Frederick Taylor도 피로나 권태와 같은 작업환경 연구를 포함한 초기 산업심리학 연구를 수행하고 있었다. 이들은 개인이 작업환경에 어떻게 반응하는지를 알아보기 위해 다양한 연구방법을 개발하였다. 그들의 객관적인 측정방법은 특성요인 심리학 분야에 적합하였다. 1930년대와 1940년대, 특히 제2차 세계대전 동안 군 인력의 직능 평가를 위한 연구가 많이 이루어졌다. 미국 고용지원국(U.S. Employment Service)과 미국 전시인력위원회(War Manpower Commission)는 자국이 전쟁에 기울이는 총력을 좀 더 잘 지원할 수 있도록 각종 검사와 인력 배치 프로그램을 개발해야 하였다. 이때 개발된 가장 중요한 검사 중의 하나가 군대일반분류검사(Army General Classification Test)이다. 이 검사는 검사 개발의 새로운 표준이 되었고, 다양한 업무에 필요한 인력을 선발하기 위해 사용되었다. 많은 다른 검사도 연방정부의 지원으로 개발되었는데, 이러한 분위기는 특성요인 이론의 발전에 필요한 평가기법의 활성화에 활력을 불어넣었다. 제2차 세계대전이 끝난 후에도 평가 분야의 연구는 계속되었고, 특히 미네소타 대학교에서 활발히 수행되었다. 실제로 특성요인 이론은 **보험계리 상담**(actuarial counseling)이나 **미네소타 관점**(Minnesota point of view)이라는 명칭으로 불리기도 하였다.

미네소타 관점에 기여한 연구자 중에는 1941년부터 1969년까지 미네소타 대학교의 학생처장을 지낸 Edmund G. Williamson이 가장 잘 알려져 있다. 그의 저서는 특성요인 이론의 전형을 보여 준다(Williamson, 1939, 1965). Williamson은 Carl Rogers처럼 전인적 존재로서의 개인에 관심을 두었지만 그의 접근방식은 Rogers의 방식과 많이 달랐기 때문에 Rogers의 비지시적 접근과 대조적으로 **지시적** 접근으로 명명되었다. Williamson의 개입방법 중에는 정보제공과 직접적인 조언이 있는데, 이는 내담자를 올바른 결정으로 안내하기 위해서는 상담자가 자신의 지혜를 내담자와 나누어야 한다는 견해에 기반한 것이다. 반면, Rogers는 정보제공보다는 내담자 감정의 반영을

강조한다. Williamson의 접근방식은 많은 연구자들(Aubrey, 1977)에게 비판의 대상이 되어 왔다.

특성요인 이론 자체를 하나의 독자적인 진로발달 이론으로 지지하거나 반박하는 연구들은 거의 없다. 오히려 특성과 요인 간의 관계를 규명하거나, 특성요인 측정도구의 타당도와 신뢰도를 확보하기 위한 연구가 광범위하게 진행되어 왔다. 각종 검사와 인벤토리의 개발자들은 적성과 성취, 흥미, 가치, 성격 간의 상호 관련성을 연구하였다. 검사를 개발하고 타당화할 때에는 한 검사의 척도와 그와 아주 유사한 검사의 척도 간의 관련성을 살펴보아야 한다.

이 장에서는 진로발달을 개념화하는 데 특성요인 이론을 어떻게 활용할 수 있는가를 보여 주기 위해 이론의 전반적인 내용을 제시하고자 한다. 100년이나 된 Parsons(1909)의 개념은 그동안 그가 제시한 전제에 검사와 직업정보가 통합됨으로써 내용이 풍성해졌다. Parsons는 직업선택의 첫 번째 단계를 "자신의 태도와 능력, 흥미, 포부, 자원의 한계 및 원인 등 자신에 대한 명확한 이해"(p. 5)라고 특징지었다. 이 장에서는 이 첫 단계에 대해 진로상담에 중요한 것으로 밝혀진 다섯 가지 유형의 평가를 반영하기 위해 적성, 성취, 흥미, 가치와 성격의 측면을 다루었다. Parsons의 두 번째 단계는 "각 직업의 요구 및 성공요건, 장단점, 보상, 기회, 전망에 대한 지식"(p. 5)의 획득이다. 이 장에서는 내담자가 직업정보를 획득하도록 상담자가 조력하는 방법을 다룬다. 세 번째 단계에 대해 Parsons는 현명한 선택은 "자신과 직업세계라는 두 영역의 관계에 대한 올바른 추론"(p. 5)에 의해 가능하다고 하였다. 이 장에서는 상담자가 인지적 기술에 국한하지 않고 반영기법과 질문기법을 활용하여 자기에 대한 정보와 일의 세계에 대한 정보를 통합하는 방법을 보여 준다. 또한 여성과 다문화 집단의 다양한 특성 및 요인에 대한 정보를 제시하고, 특성요인 이론을 활용하는 상담에서 나타날 수 있는 문제점에 대해 논의한다.

## 1단계: 자기이해

Parsons와 초기 진로상담자들이 청년의 진로선택을 도와주기 시작하였을 때에는 사용할 수 있는 검사나 직업정보가 거의 없었다. 따라서 주로 내담자와의 면담과 논의에 의존할 수밖에 없었다. 내담자에게 무슨 일을 즐겨 하는지(흥미), 그 일을 얼마나 잘 수행하였는지(적성과 성취)를 물어보는 것이 내담자의 자기이해를 돕는 중요한 방법이었다. 내담자가 자신에게 중요한 삶의 면면(가치)을 이야기하면 상담자는 내담자에 대한 추가적인 평가를 할 수 있었다. 또한 상담자는 내담자를 관찰하고, 자신과 타인에 대한 내담자의 이야기를 들으면서 내담자의 성격에 관한 견해를 가질 수 있었다. 상담 면접은 특성과 요인의 평가 과정에서 지속적으로 중요한 부분을 차지한다. 하지만 각종 검사의 개발 덕분에 상담자는 추가적인 유용한 도구를 얻게 되었다.

20세기 초부터 심리학자들은 상당히 많은 평가도구를 개발해 왔다. 이러한 도구들은 『제18판 정신 측정 연보(*Eighteenth Mental Measurements Yearbook*)』(Spies, Carlson, & Geisinger, 2010)와 『출판된 검사 편람 VIII(*Tests in Print VIII*)』(Murphy, Geisinger, Carlson, & Spies, 2011)에 보고되어 있는데, 여기에는 총 3,003개의 검사도구가 실려 있다. 이 중 81개는 성취검사, 212개는 지능검사와 학업적성검사, 594개는 직업 관련 검사, 644개는 성격검사이다. 물론 상담자가 이 모든 검사를 제대로 안다는 것은 현실적으로 불가능하다. 이 장에서는 상담자가 특성요인 접근에서 활용할 가능성이 있고 상담 심리학자들이 자주 사용하는, 널리 인정된 몇 개의 평가도구만을 살펴볼 것이다(Herr, Cramer, & Niles, 2004). 여기서 소개한다고 해서 그 평가도구가 가장 좋은 도구라는 뜻은 아니다. 이 책에서는 널리 사용되고 서로 다른 특징을 가지고 있어 주요 특성을 비교할 수 있는 도구를 제시하였다. 『상담자를 위한 진로평가도구 길라잡이(*A Counselor's Guide to Career Assessment Instruments*)』(Kapes, Whitfield, Feller, & Wood, 2009)에서는 이 책에서 제시하는 대부분의 평가도구를 개관하고 있다. 이 검사들은 많은 경우 온라인상에서도 이용이 가능하다. 상담자가 내담자에게 실시할 평가도구를 선택할 때는 검사에서 사용되는 개념을 내담자에 대한 상담자 자신의 생각과 접목할 수 있어야 한다. 예를 들어, 상담자는 내담자의 사회성을 개념화하기 위해 사회성에 대한 새로운 정의를 만들어 내기보다 CPI 검사(캘리포니아 심리검사)의 하위 요인인 **사회성**(sociability) 척도의 정의를 활용할 수 있다. 이 장의 목적은 검사도구의 평가에 있는 것이 아니라, 내담자의 진로문제를 개념화할 때 검사도구를 활용하는 방법을 보여 주는 데 있다.

검사와 면담을 통해 평가하는 다섯 가지 기본적인 특성과 요인은 적성, 성취, 흥미, 가치, 성격이다. 다음 절에서 이것을 차례로 제시하고자 한다.

## ❀ 적성

**적성**, **능력** 및 **성취**라는 용어는 이러한 특성들을 측정하는 검사들과 마찬가지로 혼동하기 쉬운데, 다음과 같이 용어를 분명하게 구별하는 것이 도움이 된다. **성취검사**는 개인이 얼마나 많이 학습하였는지를 밝히기 위해 고안된 검사이다. **능력검사**는 최대 수행을 측정하며, 현재 과업을 수행할 수 있는 능력의 수준을 보여 준다. **적성검사**는 과업을 수행할 수 있는 미래의 가능한 능력 수준(Osborn & Zunker, 2012)을 보여 준다. 즉, 이 검사들은 과거의 성취와 현재의 능력 및 미래의 적성을 측정한다고 볼 수 있다. 어떤 검사가 능력을 측정하는지, 어떤 검사가 적성이나 성취를 측정하는지를 판단하기 어려운 경우가 흔히 있다. 예를 들어, 과거의 성취에 대한 평가는 미래의 가능한 적성을 가늠할 수 있는 하나의 척도이기도 하다. 적성검사는 자신의 적성에 맞는 직업을 구할 수만 있다면 그 직업에서의 성공을 예측할 수 있다고 믿는 내담자에게 특히 매력적인 검사이다. 하지만 안타깝게도 적성검사는 여러 가지 일반 적성을 측정한다. 개인의 궁극적인 성공을 확실히 예측할 만큼 정밀한 적성검사는 존재하지 않는다.

적성검사는 고등교육이나 직업훈련에서 미래의 성공 가능성을 예측할 목적으로 사용되어 왔다. 다음의 표 2.1은 널리 알려진 적성검사 가운데 몇 개를 하위 척도와 함께 제시한 것이다. 가장 왼쪽부터 제시된 두 검사는 대학수학능력시험(College Board Scholastic Assessment Test, SAT)과 ACT 평가 프로그램(American College Testing Assessment Program)인 학력검사(Academic Test, ACT)이다. 학력검사는 대학에서의 성공을 예측하기 위해 사용하는 검사이다. 차별적성검사(Differential Aptitude Tests, DAT)는 진로선택을 돕기 위해 사용하는 검사이다. 미국 노동부의 능력 프로파일러(O*NET Ability Profiler; AP)는 이제 일반직업적성검사(General Aptitude Test Battery, GATB) 대신 사용되고 있다. AP는 상담 목적으로만 사용되는 반면,

**표 2.1 다섯 가지 적성검사와 그 하위 검사**

| 대학수학능력시험(SAT) | ACT 평가 프로그램: 학력검사(ACT) | 차별적성검사(DAT) | O*NET 능력 프로파일러(AP) | 군직업적성검사(ASVAB) |
|---|---|---|---|---|
| 언어 | 영어 용법 | 일반 학습 | 언어능력 | 코딩 속도 |
| 수리 | 수학 용법 | 언어 추론 | 산술 | 어휘 지식 |
| 표준 쓰기 | 사회과(social studies) 읽기 | 숫자 능력 | 추론 | 산술 추론 |
| 영어 | 자연과학 읽기 | 추상적 추론 | 계산 | 도구 지식 |
| | | 사무처리 속도 및 정확성 | 공간능력 | 공간 지각 |
| | | 기계 추론 | 형태지각 | 기계적 이해 |
| | | 공간 관계 | 사무 지각 | 매장 정보 |
| | | 철자 | 운동 협응력 | 자동차 정보 |
| | | 언어 용법 | 손동작 민첩성 | 전자제품 정보 |
| | | | 손재주 | |

GATB는 지금까지 상담과 선발 둘 다에서 사용되었다. 군직업적성검사(Armed Services Vocational Aptitude Battery, ASVAB)는 미국 군대에서 상담과 선발을 위해 사용하고 있다. 다섯 가지 검사가 모두 언어 및 수리 적성을 측정한다는 점에 주목하라.

대부분의 학업적성검사는 언어 및 수리 적성을 측정한다. 일반적으로, 학업적성검사는 지능(IQ)을 예측할 수 있는 경우가 많고(Koenig, Frey, & Detterman, 2008), 학업적성검사와 지능검사의 점수는 서로 높은 상관을 보이는 경향이 있다. 또한 대학 적성을 측정하는 데 사용하는 검사는 행정 보조원, 정비기능사, 전자기술자와 같이 대학 학업 기술을 요구하지 않는 직업 적성을 예측하는 데 사용하는 검사에 비해 하위 척도의 수가 적다는 점도 주목하라. 더구나 차별적성검사(DAT)와 일반직업적성검사(GATB) 및 군직업적성검사(ASVAB)는 다양한 적성에서 점수가 높게 나온 직업들의 프로파일을 제공한다. 따라서 원하는 직업이 있다면 검사 매뉴얼에서 그 분야의 입직을 위해 요구되는 여러 하위 척도의 점수가 몇 점인지 찾아볼 수 있다. 하지만 이러한 점수는 필수조건이라기보다는 지침으로 간주해야 한다. 이러한 평가도구의 타당도에 대한 연구는 여전히 중요하다. ASVAB는 고등학생의 진로의사결정을 향상시키고 자기이해를 증진시키는 것으로 나타났다(Baker, 2002).

대부분의 다른 유형 검사에 비해, 상담자가 사용하는 적성검사는 근무지에 더 크게 좌우된다. 예를 들어, 미국 동부와 서부의 고등학교나 대학 상담자는 대학수학능력시험(SAT)을 사용하는 반면, 중서부 주의 상담자는 학력검사(ACT)를 사용하는 경향이 있다. 연방정부의 고용 서비스 기관에서 일하는 상담자라면 능력 프로파일러(AP)를 사용하겠지만, 군대나 군 지원자를 위한 상담에서는 군직업적성검사(ASVAB)를 사용할 것이다. 내담자의 적성을 적절한 비교집단과 비교할 수 있도록 적합한 규준을 선정하는 것도 중요하다. 자신의 적성에 대한 내담자의 자기평가도 유용하다. 이러한 자기평가를 도구 사용을 통해 측정한 적성과 비교함으로써 내담자가 자신의 적성을 좀 더 충분히 이해하도록 도울 수 있다. Prediger(2004)는 능력에 대한 자기평가는 흔히 능력검사만큼이나 학업이나 다른 수행을 잘 예측한다고 주장하였다. 그러나 대학생들은 자신의 능력을 과소평가하기보다는 과대평가하는 경향이 있는 것으로 나타났다(Gati, Fishman-Nadav, & Shiloh, 2006). 또한, 고등학교 측에서 보고한 성적이 학생 자신이 제시한 성적보다 대학 신입생의 평균 학점을 더 잘 예측하였다(Zwick & Himelfarb, 2011). 능력에 대한 자기평가는 능력검사를 이용하기 힘든 영역, 예를 들면 예술 및 문학적 능력, 타인 돕기, 사람들 만나기, 판매와 통솔력의 평가를 가능하게 한다. 장애를 가진 초기 성인기 개인들에 대한 연구는 이들이 장애가 없는 동년배 성인만큼이나 (앞서 제시한 것과 같은) 능력의 범위가 다양하다는 것을 보여 주었다(Turner, Unkefer, Cichy, Peper, & Juang, 2011).

상담자는 내담자와의 논의를 통해 내담자의 적성과 능력을 객관적으로 판단할 수 있는 정보를 얻게 되더라도, 적성검사 점수를 근거로 내담자의 성공을 예측하는 일은 경계해야 한다. 고용주가 적성을 근거로 선발하는 것과 상담자가 내담자에게 "당신은 적성검사 점수가 높지 않아서 의사가 될 수 없을 겁니다."라고 말하는 것은 완전히 다른 문제이다. 우리 사회에는 내담자가 상담자의 이러한 예측에 반해 직업활동을 훨씬 더 잘 수행함으로써 상담자가 틀렸음을 보여 주는 예가 많이 있다. 성공할 가능성이 거의 없을 것 같은 직종에 들어가겠다는 모험을 하기로 결정하는 데에는 상담자보다는 내담자가 더 나은 위치에 있다. 자신이 내린 결정이 가져오는 결과를 안고 살아가야 하는 사람은 내담자이다. 예를 들어, 늘 의사가 되고 싶었지만 성적이 좋지 않아 의과대학에 지원하지 않은 내담자는 오랫동안 자신의 결정을 후회할지도 모른다.

## ❁ 성취

성취는 개인이 생애 동안 참여해서 달성한 광범위한 사건을 가리킨다. 이러한 사건들은 세 가지 유형으로 나눌 수 있다. 첫 번째 유형은 학업적 성취로, 흔히 성적으로 측정되지만 수상경력이나 특정한 검사의 점수로 측정되기도 한다. 두 번째 유형은 수행한 업무나 관리자의 평정과 같은 직장에서의 성취이다. 세 번째 유형은 특성요인적 접근에 가장 적합한데, 특정 자격증이나 입직을 위한 성취검사와 관련된 것이다.

다년간의 연구결과, 학업수행의 최대 예측요인은 이전의 학업수행인 것으로 밝혀졌다. 즉, 고등학교 성적이 적성검사 점수보다 대학에서의 학업수행을 더 잘 예측한다는 것인데, 적성검사 점수가 대학성적을 예측하는 변량은 약 15%에 불과하다(Leman, 1999). 실제로 대학성적을 예측하는 데 있어 학업적성검사에 비해 고등학교 성적에 두 배의 가중치를 둘 수 있는 것으로 나타났다(Astin, 1993). SAT 점수가 대학 평균 학점을 예측하는 정도를 살펴보았을 때, 학업능력이 우수한 학생들의 경우 그렇지 않은 학생들보다 예측력이 높았다(Coyle, Snyder, Pillow, & Kochunov, 2011). 또한 일이나 취미활동, 과외활동에서 거둔 성취도 개인의 능력과 성취의 특성을 알아보는 데 유용하다. 이러한 성취는 다양하며, 운동경기에서 받은 상, 아픈 사람을 돕는 능력, 빠르게 타이핑하는 능력, 빠르고 정확하게 수를 세는 능력, 청중 앞에서 연설하는 능력 등을 포함한다. 최근에는 성실성과 수업출석(Conard, 2006), 스스로 학문적으로 도약하는 능력(Robbins, Allen, Casillas, Peterson, & Le, 2006; Duckworth &

Seligman, 2005)과 같은 다른 변인들이 대학에서의 학업성취를 예측하는 중요한 요인으로 확인되고 있다.

성취는 면허나 자격증, 특정 분야나 직종의 입직을 위해 사용하는 검사를 통해 계량적으로 측정할 수 있다. 예를 들어, 심리학자, 의사, 간호사, 변호사는 전문직 수행을 위한 인가를 받으려면 반드시 사전에 자격시험을 통과해야 한다. 마찬가지로, 배관공과 경찰, 그 외 많은 다른 전문직에서도 진급하기 위해서 시험을 치러야 한다. 현재 사용할 수 있는 성취검사에는 다음의 직업과 관련된 검사가 포함되어 있다.

| | |
|---|---|
| 회계사 | 간호사 |
| 보험회계사 | 내과의사 |
| 화가 | 배관공 |
| 미용사 | 경찰 |
| 영양사 | 전문 상담사 |
| 전기기사 | 심리학자 |
| 장례지도사 | 부동산 중개인 |
| 생명보험 설계사 | 교사 |
| 정비기능사 | 타이피스트 |
| 음악가 | 방사선 기사 |

이러한 검사의 특징은 모두 특정 과업이나 직업에 특수한 내용을 반영한다는 것이다. 예를 들어, 타이핑 능력을 측정하는 가장 좋은 검사는 개인의 타이핑 견본을 보는 것이다. 타이핑 능력에 대한 검사로 지필검사나 선다형 검사는 적절하지 않을 것이다. 마찬가지로 미술이나 음악 능력을 알아보는 최고의 검사는 포트폴리오를 살펴보거나 오디션에서 들어 보는 것이다.

곤경에 처한 사람을 돕는 일과 같은 성취에 대해서는 내담자의 자기보고를 활용할 수도 있지만, 이때 한 가지 문제점은 미국과 일본 그리고 그 외 다른 나라에서 사람들은 흔히 자신의 성취에 대해 겸손해야 한다는 교육을 받는다는 점이다. 따라서 사람들이 자신이 거둔 성공을 정확하게 제시할 수 있도록 격려하는 것이 필요하다. 이러한 성취는 다른 관련된 성취를 위한 발판의 역할을 할 수 있기 때문에 성취를 강조하는 것이 도움이 될 수 있다. 예를 들어, 한 학생이 과학 박람회에서 프로젝트를 성공적으로 발표하였다면, 이러한 성공경험이 다른 프로젝트와 과학에 대한 흥미를 논의하는 출발점이 될 수 있다.

## ❀ 흥미

홍미는 직업선택에서 사용하는 가장 중요한 특성이 되었다. 그 이유는 선택할 수 있는 직업의 범위가 넓은 다재다능한 사람의 경우, 적성보다는 흥미가 입직을 더 정확하게 예측할 수 있기 때문이다. 흥미와 능력 간의 관계를 살펴본 결과, 작지만 유의한 상관($r$=.20)이 있는 것으로 나타났다(Ackerman & Heggestad, 1997; Lent, Brown, & Hackett, 1994). Tracey와 Hopkins(2001)에 따르면 흥미와 능력에 대한 자기평가는 둘 다 직업선택을 예측하지만, 흥미가 자기평가보다 능력을 더 잘 예측하였다. 다양한 흥미검사와 지능검사를 사용한 Proyer(2006)의 연구에서는 과학 및 기술 흥미와 공간능력 간의 상관이 다른 흥미와 다양한 능력 간의 상관보다 더 높은 것으로 나타났다. 흔히 흥미와 능력은 진로상담에서 함께 논의된다.

어떤 사람들은 잘하지 못하는 어떤 일을 좋아하고, 또 어떤 사람들은 어떤 일을 좋아하지는 않지만 잘 해낸다. 흥미검사는 적성검사와 달리 특정 직업에 대한 척도가 있다. 직업 척도를 사용하는 가장 잘 알려진 두 가지 흥미검사는 Kuder DD와 Strong 흥미검사(Strong Interest Inventory, SII)이다. 검사 개발자들은 특정 직종별로 자신의 일에 만족하고 그 일에서 성공한 사람들의 흥미를 측정함으로써, 이들의 흥미를 자신의 진로선택에 대해 확신하지 못하는 사람들의 흥미와 비교하는 척도를 개발할 수 있었다. 이러한 척도는 검사를 실시한 뒤 몇 년 후의 직업적 성공과 만족을 예측하는 경향이 있다(Hansen & Dik, 2005).

흥미검사는 직업흥미 외에 일반 영역의 흥미도 측정한다. 직업흥미 척도가 행정 보조원과 같은 특정 직업에 대한 개인의 흥미를 기술하는 반면, 기본 흥미 척도는 사무직 업무와 같은 활동에 대한 흥미를 측정한다. 일반 사무 흥미 척도는 데이터 입력, 문서 처리, 전화 응대와 같은 업무를 포함한다. 다른 예를 들자면, 수학 척도는 추상적인 수학과 계산에 관한 흥미를 측정하는 반면, 수학자 척도는 수검자의 흥미가 실제로 수학자로 일하고 있는 개인의 흥미와 유사한지를 측정한다. 일부 흥미 척도는 다양한 일반 영역의 흥미를 측정한다. 이러한 검사 가운데 세 가지를 표 2.2에 제시하였는데, Kuder 진로탐색검사(Kuder Career Search, KCS), Strong 흥미검사(SII)의 기본 흥미 척도 및 캘리포니아 직업선호척도(California Occupational Preference Survey, COPS)가 그것이다. COPS는 다섯 가지 흥미 영역에서 각각 전문직 흥미 척도와 숙련직 흥미 척도를 제시한다는 점이 주목할 만하다. 일반적으로 기본 흥미 척도는 세 가지 흥미검사가 서로 매우 유사하다. 세 검사 중 어느 것이라도 상담에서 흥미를 범주화하는 유용한 틀로 사용할 수 있다.

표 2.2 세 가지 흥미검사와 하위 척도

| Kuder 진로탐색검사 (KCS) | Strong 흥미검사(SII)의 기본 흥미 척도 | 캘리포니아 직업 선호 척도(COPS) |
|---|---|---|
| 농업, 식량 및 천연 자원 | 운동 | 소비자 경제 |
| 건축 및 건설 | 컴퓨터 하드웨어 & 전자 | 옥외활동 |
| 예술, 음향-영상 기술 및 커뮤니케이션 | 상담 & 조력 | 사무직 |
| 경영 및 관리 | 요리 예술 | 커뮤니케이션 |
| 교육 및 연수 | 기업활동 | 과학 전문직 |
| 행정 | 투자 & 금융 | 과학 숙련직 |
| 보건 과학 | 의료 서비스 | 기술 전문직 |
| 접객업 및 관광 | 인적자원 & 양성 | 기술 숙련직 |
| 인적 서비스 | 법률 | 경영 전문직 |
| 정보기술 | 관리 | 경영 숙련직 |
| 법률, 치안, 교정 및 보안 | 마케팅 & 광고 | 예술 전문직 |
| 제조업 | 수학 | 예술 숙련직 |
| 마케팅 | 역학 & 건설 | 서비스 전문직 |
| 과학, 기술, 공학 및 수학 | 의학 | 서비스 숙련직 |
| 운송, 유통 및 물류 | 군대 | |
| | 자연 & 농업 | |
| | 사무관리 | |
| | 행위예술 | |
| | 정치 & 연설 | |
| | 프로그래밍 & 정보시스템 | |
| | 보호 서비스 | |
| | 종교 & 영성 | |
| | 연구 | |
| | 영업 | |
| | 과학 | |
| | 사회과학 | |
| | 세무 & 회계 | |
| | 교수와 교육(teaching and education) | |
| | 시각예술 & 디자인 | |
| | 저술 & 언론 | |



상담자가 내담자의 흥미를 평가할 때 특정한 체계를 사용하면 내담자 경험을 더 쉽게 이해할 수 있다. 예를 들어, 상담자는 KCS의 10가지 흥미 척도를 틀로 사용하여 상담 면접을 하는 동안 내담자가 이야기하는 선호를 범주화할 수 있다. 내담자가 고

등학교와 대학에서 신문기자로 글을 썼고 그림을 즐겨 그렸다고 말한다면, 상담자는 이러한 흥미를 예술과 커뮤니케이션으로 개념화하고 분류할 수 있다. 이후에 내담자가 미술관에 가고 친구와 미술에 대해 이야기하는 것을 좋아한다고 말한다면, 이 역시 예술적 흥미로 개념화할 수 있다. 이러한 참조 틀을 통해 상담자는 상담 면접에서 얻은 여러 가지 개념과 아이디어를 범주화할 수 있다. 만약 상담자가 학생에게 KCS를 실시한 결과 예술 분야의 점수가 높게 나온다면 내담자의 예술 분야에 대한 흥미는 추가적으로 타당성을 얻게 된다. 만약 점수가 낮게 나온다면, 상담자는 내담자가 표현한 예술에 대한 흥미와 낮은 검사 점수 간의 불일치에 대해 논의할 수 있다. 내담자에게 사용할 검사를 선정할 때는 상담자가 개념을 이해할 수 있는 검사를 택하는 것이 좋다. 예를 들어, KCS를 사용할 때 개념적 근거로 SII 기본 흥미 척도를 사용하는 것은 가능하기는 하지만 더 어렵다. 10개의 척도(KCS)나 14개의 척도(COPS), 또는 23개의 척도(SII)를 개념화하거나 범주화하는 일은 어려울 수 있다. 이에 비해 5장에서 제시할 Holland 이론은 불과 여섯 개의 척도나 구인을 사용하고 있다. 어떤 특성에 대한 내담자의 흥미를 다룰 때는 그 특성에 대한 능력과 성취도 함께 다루는 것이 도움이 된다. 이를 통해 상담자는 내담자의 이전 경험을 더 잘 조직하고 더 적은 수의 덩이(chunk)로 정보를 처리할 수 있다.

## ❀ 가치

가치는 일부 특성요인 이론 상담자에 의해 소홀히 다루어져 왔는데, 사실 중요하지만 측정하기 어려운 개념이다. 한 연구에서, 3,570명의 대학 신입생 중 29%는 자신의 흥미를 반영하는 진로를 찾고 있다고 응답한 반면, 47%는 자신의 가치와 일관된 진로를 찾고 있다고 응답하였다(Duffy & Sedlacek, 2007). 진로상담에서는 일반 가치와 직업 관련 가치라는 두 가지 유형의 가치를 중요하게 다루고 있다. 직업가치는 성격 및 흥미와 관련이 있으면서도 다르고, 개인적 가치와 가장 유사하다(Leuty, 2011). 직업가치가 청소년의 직업발달에 미치는 영향력은 시간제 일이 미치는 영향력보다 더 큰 것으로 나타났다(Porfcli, 2008). 표 2.3에서는 가치 조사(Study of Values, SV)의 여섯 가지 일반 가치와 Super의 직업가치척도 개정판(Work Values-revised, SWVI-r)에 수록된 12가지 직업 주제를 제시하였다. 14가지 직업가치로 구성된 Super의 직업가치척도(Work Values Inventory)는 9장에서 다룰 것이다. 표 2.3에서는 Kopelman과 Rovenpor와 Guan(2003)이 최근에 개정한 가치조사의 일반 가치와, Super의 직업가치척도 개정판의 더 특정한 직업 관련 가치 간의 차이를 보여 준다. 그러나 상담자에 따라

**표 2.3 두 가지 가치검사와 하위 척도**

| 가치조사(SV) | Super의 직업가치척도 개정판(SWVI-r) |
|---|---|
| 이론적 | 성취 |
| 경제적 | 도전 |
| 심미적 | 동료 |
| 사회적 | 창의성 |
| 정치적 | 수입 |
| 종교적 | 독립성 |
| | 생활양식 |
| | 지적 도전 |
| | 명성 |
| | 안정성 |
| | 지도감독 |
| | 다양성 |
| | 근무환경 |



일반 가치나 직업가치를 측정하기보다는 그것을 개념화하는 것을 선호하여 가치관 검사를 아예 사용하지 않을 수도 있다. 가치라는 개념은 정의하기도 어렵고 쉽게 예측할 수도 없어서 신뢰도와 타당도가 높은 검사를 개발하기가 어렵다.

가치는 측정하기는 어려울 수 있지만 진로방향을 결정하려는 내담자에게 도움이 되는 경우가 많다(Porfeli, 2008; Rounds & Armstrong, 2005). 예를 들어, 다른 사람을 돕고 싶어 하는 내담자는 이 욕구가 흥미나 능력 등의 다른 어떤 특성이나 요인보다 더 중요하다고 느낄 수 있다. 이 경우 상담자는 내담자가 자신의 가치를 충족시키는 방법을 찾도록 도와준다. 이를테면, 내담자가 다른 사람들을 관리하고 싶어 한다면 이러한 흥미에 따라 고등학교 교장이나 경영 관리자가 되기를 바랄 수도 있다. '다른 사람들을 감독하기'의 가치를 직업가치척도 개정판에서는 지도감독이라고 부른다.

비록 가치에 대한 대부분의 연구가 미국인을 대상으로 하였지만, 새로운 연구에서는 최근 미국으로 이주한 사람들과, 북아메리카 이외 지역의 사람들을 대상으로 한 가치척도에 초점을 두고 있다. 예를 들어, 한 연구(Lee, 2006)에서는 아시아인 가치척도(Asian Values Scale)를 사용하여 한국인과 한국계 미국인 고교생의 가치를 비교하였다. 또한 아시아계 미국인 가치의 중요한 다섯 가지 요인을 밝힘으로써 아시아계 미국인 가치척도(Asian American Values)를 개발한 연구도 있다(Kim, Li, & Ng, 2005). 또 다른 도구인 아시아계 미국인의 유럽계 미국인 가치수용 척도(European

American Values Scale for Asian Americans)는 가치를 평가하는 다른 관점을 제공하고 있다(Hong, Kim, & Wolfe, 2005). 이러한 척도들은 다양한 문화권의 가치를 검토하는 노력의 중요성을 보여 준다.

어떤 가치를 명명하고 그것을 다른 가치들과 비교할 수 있다는 것은 내담자에게 중요한 가치를 평가하는 틀을 상담자에게 제공한다. 어떤 상담자는 SWVI-r 척도 사용을 선호하지만 다른 상담자는 SV의 여섯 가지 가치를 사용하는 것으로 만족할 수도 있다.

## ❀ 성격

성격의 측정은 지난 80년 동안 중요한 연구 분야로 자리매김해 왔다. 미네소타 다면적 인성검사-2(Minnesota Multiphasic Personality Inventory-2, MMPI-2), 로르샤흐 검사(Rorschach), 주제통각검사(Thematic Apperception Test, TAT)의 개발과 더불어 많은 연구가 이상 성격을 중심으로 이루어졌지만, 정상 성격 분야에서도 연구가 이루어져 왔다. 비교의 목적으로, 직업선택을 위해 성격을 개념화하는 데 유용한 두 가지 검사인 캘리포니아 심리검사(California Psychological Inventory, CPI)와 16성격요인 검사(Sixteen Personality Factor Questionnaire, 16PF)를 표 2.4에 제시하였다. CPI는 성격에 관한 상식적 또는 대중적 접근을 대표하는 검사이고, 16PF는 통계적 접근을 대표하는 검사이다.

Harrison Gough가 개발한 캘리포니아 심리검사(CPI)(Gough & Bradley, 2005)는 성격의 여러 측면을 측정하기 위해 20가지 척도를 사용한다. CPI의 척도에는 내담자에게 거부감을 주지 않을 무해한 용어가 사용되기 때문에 '대중적 척도(folk scales)'라고 불린다(표 2.4 참고). Gough는 척도를 개발할 때 MMPI에서 많은 문항을 가져왔지만, MMPI는 병리적 용어를 사용하는 반면 CPI는 그렇지 않다는 점에서 차이점이 있다. 예를 들어, MMPI에서는 '정신분열증(schizophrenia)', '건강염려증(hypochondriasis)' 등의 척도명을 사용하는 반면, CPI는 '자기통제(self-control)', '유연성(flexibility)' 등의 척도명을 사용한다. '유연성' 척도에서 높은 점수를 받은 사람은 다른 사람에게 융통성이 있다는 평가를 받기 쉬울 것이다. CPI 개발과정에서는 검사에서 받은 점수와 전문가나 또래의 평정 점수 간의 이러한 비교를 많이 사용하였다. 각 척도명은 상담자가 내담자의 특징을 평가할 때 사용할 수 있는 용어를 나타낸다. 16PF는 16가지의 주요 성격요인을 제시한다(Cattell & Cattell, 1997). 16PF는 '과묵한 : 다정한', '공손한 : 지배적인', '수줍어하는 : 대담한'과 같이, 각 특성의 양극단을 보여 주는 방법으로

### 표 2.4 두 가지 성격검사와 하위 척도

| 캘리포니아 심리검사(CPI) | 16성격요인검사(16PF) |
|---|---|
| 지배성 | 과묵한 : 다정한 |
| 지위 능력 | 구체적 사고 : 추상적 사고 |
| 사교성 | 반응적인 : 정서적으로 안정된 |
| 사회적 자발성 | 공손한 : 지배적인 |
| 자기수용 | 심각한 : 쾌활한 |
| 독립성 | 임기응변적인 : 규칙에 매이는 |
| 공감 | 수줍어하는 : 대담한 |
| 심리적 안녕감 | 실리적인 : 세심한 |
| 책임감 | 신뢰하는 : 경계하는 |
| 사회성 | 현실에 기반을 둔 : 정신이 딴 데 팔린 |
| 자기통제 | 솔직담백한 : 자기 이야기를 안 하는 |
| 관용성 | 자신감 있는 : 걱정스러운 |
| 좋은 인상 | 전통적인 : 변화에 개방적인 |
| 공동체감 | 집단 지향적인 : 자립적인 |
| 독립을 통한 성취 | 어수선해도 괜찮은 : 완벽주의적인 |
| 순응을 통한 성취 | 이완된 : 긴장된 |
| 지적 효율성 | |
| 심리적 태도 | |
| 유연성 | |
| 여성성/남성성 | |



제시된다. 이러한 요인들은 여러 면에서 CPI의 20개 하위 척도와 유사하지만 개발과정이 다르다. 즉, 16PF는 가능한 한 다른 척도와 구별되는 척도를 개발하기 위해 요인분석이라는 통계방법을 사용하였다. 요인분석을 통해 도출한 이러한 요인들은 직업 선택을 결정해야 하는 내담자를 개념화하는 데 유용할 것이다.

그동안 CPI와 16PF를 사용하여 다양한 직종에 종사하는 사람들의 성격 프로파일이 개발되었다. 따라서 상담자는 내담자의 성격 프로파일과 내담자에게 적합한 직업의 패턴을 맞추어 볼 수 있다. 성격검사는 포함된 변인들이 복잡하고 추상적이기 때문에 능력검사나 성취검사 또는 흥미검사, 가치검사보다 사용방법을 배우기가 더 어렵다. 또한 성격검사는 검사 개발자나 성격 측정에 사용된 표본의 문화를 반영하는 문화적 편향성을 나타낼 수도 있다. 사실 특성요인적 접근을 하는 많은 상담자는 성격검사를 전혀 사용하지 않을 수도 있다. 그러나 흥미검사와 성격검사 모두 상담자가 내담자를 더욱 폭넓게 이해하는 데 유용하다(Swanson & D'Achiardi, 2005). 예를 들

**표 2.5 잭의 검사 점수**

| | SAT | KCS | SWVI-R | CPI |
|---|---|---|---|---|
| 높음 | 언어 | 예술, 음향-영상 기술 및 커뮤니케이션<br>경영 및 관리 | 창의성<br>성취 | 사회적 자발성<br>사회성 |
| 낮음 | 수학 | 농업, 식량 및 천연 자원<br>금융 | 안정성<br>동료 | 독립성 |



약어: SAT=대학수학능력시험, KCS=Kuder 진로탐색검사, SWVI-r=Super의 직업가치척도 개정판, CPI=캘리포니아 심리검사

어, 회계사는 경영, 회계 원리, 수학에 대한 흥미와 마찬가지로 직업선택에 영향을 미치는 질서와 복종(deference)에 대한 욕구를 가질 수 있다. 또한 지능과 수학적 능력도 회계를 선택하는 데 중요한 요인이 될 수 있다. 따라서 질서와 복종의 개념을 흥미와 능력, 성취 및 가치와 통합할 수 있어야 한다.

## 1단계 사례 예시

대학 신입생인 잭은 아직 진로선택을 하지 못한 상태이다. 그는 이미 상담자와 한 차례 면담을 하였고, KCS와 VS, CPI 검사결과를 살펴보았다(표 2.5). 상담자는 이제 잭의 SAT 결과를 갖고 있다. 다음은 두 번째 회기의 대화이며, 상담자는 검사결과를 통합하려고 한다. 검사결과는 대개 상담자가 일방적으로 내담자에게 전달하기보다는 내담자와 상호작용하면서 논의하는 경우가 대부분이다. 그 이유는 이렇게 상호작용적으로 접근할 때 검사결과가 내담자에게 더 강력한 영향을 줄 수 있고, 단지 검사결과만 전달할 때보다 상담자가 더 믿을 만한 전문가로 보이기 때문이다(Hanson, Claiborn, & Kerr, 1997). 검사 해석에 대한 상세한 설명은 Osborn과 Zunker(2012)에 제시되어 있다. 다음 대화에서는 평가도구에서 얻은 내담자의 특성에 관한 정보를 개념화하는 데 초점을 두었다.

**내1:** 이번 학기의 몇 과목은 정말 지루해요. 필수과목이 이렇게 많지 않았으면 좋겠어요.

**상1:** 그런 과목들이 어떤지 좀 더 듣고 싶군요. [다양한 특성과 요인의 측면에서 내담자의 경험을 평가하려면 상세한 정보가 필요하다.]

**내2:** 미적분학은 정말 골치가 아파요. 시간도 많이 잡아먹고 별로 쓸모도 없는 것 같아서 수업이 끝나고 나면 정말 지겨워요. 역사수업도 별로 나을 게 없어요.

중세 문명이 저한테 중요한 것도 아니잖아요. 역사가 필수 과목이라 들어야 하긴 하지만, 다른 과목을 신청할 걸 그랬어요.

**상2:** 필수과목을 다 듣는 게 정말 어렵나 보군요. [대학수학능력시험(SAT)과 Kuder 진로탐색검사(KCS)에서 '재무' 영역의 낮은 점수를 볼 때 잭이 수학을 어려워하고 좋아하지 않는다는 것은 놀라운 일이 아니다. 상담자는 감정 반영을 통해 잭이 하고 싶은 이야기를 계속할 수 있게 해준다.]

**내3:** 다행히도 모든 과목이 다 그렇게 나쁜 건 아니에요. 연설 과목은 쉽고 재미있어요. 강의시간에 앞에 나가서 다른 학생들의 주목을 받는 건 즐거운 일이에요. 정말이지 일종의 도전이거든요. 많은 학생들은 제가 수학을 안 좋아하듯이 이 과목을 안 좋아하지만 말이에요. 이 수업은 2년 전 여름철에 축제행사장에서 일하면서 사람들에게 게임에 참여해 보라고 홍보했던 때를 떠올리게 해요.

**상3:** 다른 사람 앞에서 그렇게 인상적인 방식으로 자신을 보여 주려고 애쓰는 게 재미있다는 거군요. 그 말을 들으니 지난 시간에 우리가 CPI를 함께 살펴보면서 얘기했던 게 생각나는군요. [상담자는 CPI에서 사회적 자발성 척도의 높은 점수와 연설 수업에서 발표하고 싶어 하는 욕구, 축제 상황에 몰두했던 경험을 직접적으로 연결시킨다.]

**내4:** 네. 저는 확실히 주목받는 걸 즐기는 편이죠. 재미있거든요. 처음 우리 학교를 방문하러 왔을 때가 기억나요. 학교를 구경시키면서 안내해 주던 분이 인상 깊었어요. 사실, 전 아직 신입생이긴 하지만, 캠퍼스 투어 안내를 할 수 있는지 알아봐야겠다고 생각하고 있어요.

**상4:** 사람들 앞에 나서서 뭔가 하는 걸 정말로 좋아하는군요. [잭은 자신이 사람들의 주목을 받는 것을 즐긴다는 사실을 잘 알고 있고 이런 성향을 받아들이는 것 같다.]

**내5:** 그런 것 같아요. 저는 안 끼는 데가 없어요. 이번에 우리 기숙사에서 하는 홈커밍 행사를 위한 꽃마차를 만들고 있는데, 정말 근사해요. 우리가 일등상을 받을 것 같아요.

**상5:** 뭔가 새로운 걸 고안하거나 개발하는 일을 정말 좋아하는 것 같군요. [상담자는 내담자가 Super의 직업가치척도(SWVI-r)의 창의성 척도에서 높은 점수를 받은 것을 알고 있고, 점수는 구체적으로 언급하지 않으면서 내담자의 이러한 특성에 대해 언급하고 있다.]

**내6:** 네. 가끔은 진짜 공부할 시간이 없어요. 그래도 어쨌든 해내는 것 같아요. 배울 것도 아주 많고 해야 할 일도 아주 많아요. 하루가 48시간이었으면 좋겠어요.

**상6:** 뭘 해야 할지를 결정하기가 때론 정말 어려운 일이죠. [상담자는 CPI 결과를 통해 잭이 사람들과 어울리고 소통하는 일에 흥미가 있고, 또한 Super의 직업가치척도(SWVI-r)의 성취 척도 점수를 통해 많은 것을 성취하고자 하는 욕구가 있음을 알고 있다. 또한 상담자는 이러한 특성들이 잭이 무엇을 할지를 결정할 때 어려움을 유발할 수도 있다는 점도 알고 있다. 상담자가 반영 기법과 특성요인 개념화를 결합하는 점에 주목하라.]

## 2단계: 직업세계에 관한 정보의 획득

직업정보는 특성요인 이론의 두 번째 구성요소이다. 여기서 상담자의 역할은 내담자가 직업정보를 수집하도록 돕는 것이다. 이를 위해 상담자는 직업에 대한 자신의 기존 지식에만 의존하기보다는 이러한 지식을 보충할 수 있는 많은 자원을 활용하는 것이 필요하다. 직업정보에 대해 상담자는 다음 세 가지 측면을 고려해야 한다. 첫 번째는 직업정보의 유형으로, 이를테면 직무내용, 근로조건이나 급여에 대한 기술 같은 것이다. 두 번째로 중요한 측면은 직업분류체계이다. 직업분류체계를 통해 내담자와 상담자는 의미 있는 방식으로 조직화되어 있는 수천 개의 직업을 볼 수 있다. 지금까지 몇 가지의 직업분류체계가 개발되어 있다. 세 번째로 내담자가 진지하게 고려하고 있는 직업에 대해 직업별로 특성과 요인의 요건을 아는 것이 도움이 된다. 예를 들어, 내담자가 수의사가 되고자 한다면 수의학에 대한 만족과 관련 있는 적성과 성취, 흥미, 가치, 성격 특성이 어떤 것인지 알아볼 필요가 있다.

### ❁ 직업정보의 유형

직업정보는 다양한 정보원을 통해 얻을 수 있다. 이러한 정보원에는 전문직 협회가 만든 소책자와 직업정보를 전문적으로 다루는 출판사가 펴낸 팸플릿, 장서나 백과사전 등이 있다. 또한 컴퓨터 기반 정보시스템과 웹사이트뿐만 아니라 CD와 DVD를 통해서도 직업정보를 얻을 수 있다. 가장 기본적인 수준에서 거의 모든 직업정보에는 해당 직종에 대한 기술, 입직을 위한 자격요건, 필요한 교육, 근로조건, 급여, 채용전망이 포함되어 있다(Peterson & Sager, 2010). 이외에도 많은 출판물에는 직업상의 위계, 유사 직종, 본보기가 될 만한 현직 종사자, 여성과 다문화 집단을 위한 추가 정보가 들어 있다. 직업정보의 유형에 대해서는 다음 절에서 상세히 설명할 것이다.

상담자가 수많은 직업에 대한 정보를 다 기억할 수는 없다. 상담자가 알아야 할 가장 중요한 정보의 유형은 직종에 대한 설명일 것이다. 이 밖에도 격년으로 발간되고 300개 이상의 직업에 대한 상세정보를 제공하는『직업 전망서』(2013)와 같은 책자를 활용하면 도움이 된다. 미국 노동부는『직업 전망서』를 온라인으로만 제공하고(www.bls.gov/ooh/), 인쇄본은 JIST 출판사에서 발간한다. 직업정보는 매년 바뀌기 때문에 정보의 활용을 복잡하게 만든다. 특히 급여와 고용 전망이 바뀔 가능성이 높다. 게다가 이 두 가지 요인은 거주 지역에 따라 차이가 나기 쉽다. 예를 들어, 배관공의 급여 수준은 아이오와 주의 디모인(Des Moines)이나 메인 주의 오거스타(Augusta)보다 뉴욕시티(New York City)가 더 높다. 직업정보를 평가할 때 정보에 내포된 인종이나 성에 대한 편향성을 알아보기 위해 사용된 용어와 내용 및 그림을 살펴보는 것이 좋다. Herr, Cramer와 Niles(2004)는 출판사와 기관을 비롯하여 진로정보를 얻을 수 있는 여러 정보원을 소개하고 있다.

미국진로발달학회(National Career Development Association, 2004)에서는 직업정보의 질과 내용에 관한 지침서를 발간하였다. 정보의 질에 관해서는 다음과 같은 질문을 제시하고 있다. 문자화된 정보와 그림은 성과 인종에 관련하여 정확하고 편견에서 자유로운가? 정보가 명료하고 흥미롭고 예상 정보이용자 수준에 맞게 제시되어 있는가? 자주 최신 자료로 업데이트되고 있는가? 그리고 정보의 내용과 관련해서는 다음의 영역을 다루고 있다. 일의 책무와 성격, 요구되는 신체활동, 사회적 · 심리적 만족과 불만, 필요한 준비사항, 급여와 복지, 승진 가능성, 고용 전망, 해당 직업을 미리 알아볼 수 있는 시간제 및 자원봉사 기회, 관련 직종, 훈련 기회, 부가적인 정보를 얻을 수 있는 정보원.『직업 전망서』(2013)에서 한 가지 직업에 대한 설명을 찾아보면 이러한 주제들을 어떻게 다루고 있는지 알 수 있다. 또한 미국진로발달학회(2008)는 상담자가 내담자와 상담할 때 인터넷을 적절히 활용하도록 돕기 위해 진로정보 제공 및 진로계획 서비스를 위한 인터넷 활용 지침서도 발간하였다.

## ❀ 직업분류체계

상담자와 내담자는 제공되는 엄청난 양의 정보에 압도당하기 쉽기 때문에 직업정보를 체계화하여 분류하는 것이 필요하다. 이러한 요구를 충족시키기 위해 직업분류체계가 만들어졌다. 직업에 대한 정의와 업무 기능의 분석에 근거한 국가 직업분류체계로는 세 가지가 개발되어 있다. 이 밖에 Holland의 직업분류(5장)는 그의 이론의 여섯 가지 유형에 대한 연구에 기반하고 있다. 어떤 분류체계는 흥미검사 자료를 기반으로 한 직종의 유목화를 위해 요인분석과 같은 통계적 절차를 통해 개발되었다

(Armstrong, Smith, Donnay, & Rounds, 2004).

가장 포괄적인 직업분류 목록은 『직업명 사전(*Dictionary of Occupational Titles*, DOT)』으로, 미국 노동부가 1991년에 출간한 최신판에는 당시 미국에 존재하던 12,000여 개의 직업이 분류되어 있다. DOT는 아홉 자리의 숫자 코드를 사용하여 직업들을 정리하였다. 앞 세 자리 숫자는 직업군을 나타낸다. 이 중 첫째 자리 수는 9개의 대분류를 나타내고, 둘째 자리 수는 82개의 중분류에 해당하는 직업군(표 2.6), 셋째 자리 수는 소분류에 해당하는 559개의 직업군을 나타낸다. 예를 들어, 상담자라는 직업의 앞 세 자리 코드는 045인데 0은 전문직, 기술직, 관리직을 나타내고, 04는 생명과학 직종을 나타낸다. 이 직업군 내에서 045 코드는 심리학 분야의 직업을 나타낸다. 두 번째 세 자리 코드는 세 가지 업무수행 방식과 관련된다. 이 중 넷째 자리 수는 자료를 처리하는 방법을 나타내고, 다섯째 자리 수는 사람들을 대하는 방식을 나타내며, 여섯째 자리 수는 사물을 사용하는 방식을 나타낸다. 자료와 사람 및 사물 중 어느 범주에 배정하는가는 해당 직종 종사자들의 업무 분석을 기반으로 한 것이다. 마지막 세 자리 코드는 여섯 자리 코드가 동일한 직업명을 알파벳순으로 배열한 것이다. 이 분류체계에 대한 좀 더 상세한 설명을 원하면 다른 정보원을 참고할 수 있다. 예를 들어, 미국 노동부에서 발간한 『노동시장 정보 활용을 통한 의사결정 능력의 개선(*Improved Career Decision Making Through the Use of Labor Market Information*)』(1991)과 같은 자료가 있다. DOT 직업분류체계는 상담자와 직업분류를 하는 검사 개발자들이 꾸준히 활용하고 있다. 하지만 미국 정부는 1998년에 DOT를 O*NET 분류체계로 대체하였다. 『직업명 사전』을 만든 수백 명의 사람들이 협력하여 **직업정보망**(Occupational Information Network)인 O*NET를 개발하였고, 이것으로 DOT를 대체하였다(Peterson & Sager, 2010). O*NET은 다른 직업분류체계와 달리 컴퓨터에서 볼 수 있도록 고안하였기 때문에 자주 정보를 갱신할 수 있다.

DOT에는 12,741개의 직업명이 수록된 반면, O*NET에는 950여 개의 직업에 대한 정보가 들어 있다. 이전에는 O*NET이 자체의 분류체계를 사용하였지만, 지금은 표준직업분류체계를 사용하고 있다(표 2.7). 『표준직업분류 매뉴얼(*Standard Occupational Classification Manual*)』(SOC, 2010)에는 주 직업군(major groups), 소직업군(minor groups), 대략적인 직종(broad occupations)이라는 세 가지 수준이 있다. SOC 코드는 흥미가 아니라 유사한 작업 기능에 따라 직업을 묶었다. SOC의 분류체계를 구성하는 23개의 주 직업군과 97개의 소직업군을 표 2.7에 제시하였다. SOC는 DOT와 미국 인구조사국에서 사용하는 직업분류체계를 접목하기 위해 개발한 것이다. 또한 이 분류는 포괄성을 갖고 모든 정부기관에서 사용할 수 있도록 고안되었다. 이러한 분류체계

**표 2.6 직업명 사전: 두 자리 직업분류**

| | |
|---|---|
| 0/1 | 전문직, 기술직, 관리직 |
| 00/01 | 건축, 공학기술, 측량 분야 직종 |
| 02 | 수학, 자연과학 분야 직종 |
| 03 | 컴퓨터 관련 분야 직종 |
| 04 | 생명과학 분야 직종 |
| 05 | 사회과학 분야 직종 |
| 07 | 의료보건 분야 직종 |
| 09 | 교육 분야 직종 |
| 10 | 박물관, 도서관, 기록학 분야 직종 |
| 11 | 법률과 법학 분야 직종 |
| 12 | 종교와 신학 분야 직종 |
| 13 | 저술 분야 직종 |
| 14 | 예술 분야 직종 |
| 15 | 연예와 오락 분야 직종 |
| 16 | 행정 전문 분야 직종 |
| 18 | 관리직; 별도 분류 없음 |
| 19 | 기타 전문직, 기술직, 관리직 분야 직종 |
| 2 | 사무직, 판매직 |
| 20 | 속기, 타이핑, 서류정리 및 관련 분야 직종 |
| 21 | 전산 및 회계기록 직종 |
| 22 | 제조, 재고관리 사무 및 관련 직종 |
| 23 | 정보 및 메시지 전달 직종 |
| 24 | 기타 사무 직종 |
| 25 | 판매직, 서비스 |
| 26 | 판매직, 소비재 일용품 |
| 27 | 판매직, 일용품; 별도 분류 없음 |
| 29 | 기타 영업직 |
| 3 | 서비스직 |
| 30 | 가사 서비스직 |
| 31 | 식음료 준비 및 서비스직 |
| 32 | 숙박 및 관련 서비스직 |
| 33 | 이발, 미용, 관련 서비스직 |
| 34 | 오락 서비스직 |
| 35 | 기타 접객업 |
| 36 | 의류 및 가구 서비스직 |
| 37 | 보호 서비스직 |
| 38 | 건축 및 관련 서비스직 |

(다음 쪽에 계속)

**표 2.6 직업명 사전: 두 자리 직업분류(계속)**

| | |
|---|---|
| 4 | 농업, 어업, 임업 및 관련 직종 |
| 40 | 영농업 직종 |
| 41 | 축산업 직종 |
| 42 | 기타 농업 및 관련 직종 |
| 44 | 어업 및 관련 직종 |
| 45 | 임업 직종 |
| 46 | 수렵 및 관련 직종 |
| 5 | 가공업 |
| 50 | 금속가공 직종 |
| 51 | 광석제련 및 주조 분야 직종 |
| 52 | 식품, 담배 및 관련 제품 가공 분야 직종 |
| 53 | 제지 및 관련 재료 가공 분야 직종 |
| 54 | 석유, 석탄, 천연가스 및 도시가스 및 관련 제품 가공 분야 직종 |
| 55 | 화학약품, 플라스틱 제품, 합성섬유, 고무, 도료 및 관련 제품 가공 분야 직종 |
| 56 | 목재 및 목재품 가공 분야 직종 |
| 57 | 석조, 점토, 유리 및 관련 제품 가공 분야 직종 |
| 58 | 가죽, 직물 및 관련 제품 가공 분야 직종 |
| 59 | 가공 분야; 별도 분류 없음 |
| 6 | 기계 분야 직종 |
| 60 | 금속기계 가공 분야 직종 |
| 61 | 금속 가공 분야 직종; 별도 분류 없음 |
| 62/63 | 정비공 및 기계수리공 |
| 64 | 사무직 |
| 65 | 인쇄직 |
| 66 | 목재 기계가공직 |
| 67 | 석조, 점토, 유리 및 관련 재료 기계 가공직 |
| 68 | 직물업 |
| 69 | 기계 분야 직종; 별도 분류 없음 |
| 7 | 벤치작업 직종 |
| 70 | 제조업, 조립직, 금속제품 수리직; 별도 분류 없음 |
| 71 | 과학, 의료, 사진, 광학, 시계 및 관련 제품 제조 및 수리직 |
| 72 | 전자기기 조립 및 수리직 |
| 73 | 배합재료로 만든 제품 제조 및 수리직 |
| 74 | 도색, 장식 및 관련 직종 |
| 75 | 플라스틱, 합성섬유, 고무 및 관련 제품 제조 및 수리직 |
| 76 | 목재품 제조 및 수리직 |
| 77 | 모래, 석조, 점토 및 유리제품 제조 및 수리직 |

(다음 쪽에 계속)

**표 2.6 직업명 사전: 두 자리 직업분류(계속)**

| | |
|---|---|
| 78 | 직물, 가죽, 관련 제품 제조 및 수리 |
| 79 | 벤치작업직; 별도 분류 없음 |
| 8 | 골조공사직 |
| 80 | 금속 제조직; 별도 분류 없음 |
| 81 | 용접공, 절단사, 관련 직종 |
| 82 | 전기조립, 설비, 수리직 |
| 84 | 도색, 미장, 방수처리, 접합, 관련 직종 |
| 85 | 굴착, 입도, 포장 및 관련 직종 |
| 86 | 건축업; 별도 분류 없음 |
| 89 | 골조공사업; 별도 분류 없음 |
| 9 | 기타 직종 |
| 90 | 화물운송 분야 직종 |
| 91 | 운송 분야 직종; 별도 분류 없음 |
| 92 | 포장 및 자재관리직 |
| 93 | 광물추출 분야 직종 |
| 95 | 유틸리티 제작 및 배포 분야 직종 |
| 96 | 오락, 휴양, 영화, 라디오, TV 관련 분야 직종; 별도 분류 없음 |
| 97 | 그래픽 아트 관련 직종 |

출처: 『직업명 사전(*Dictionary of Occupational Titles*)』(4판, 1991), 워싱턴: 미국 노동부.

(DOT, GOE, SOC)에서는 모두 대부분의 직업을 분류하려고 시도하였기 때문에 상담자가 많은 양의 직업 관련 자료를 정리할 때 유용한 도구로 사용할 수 있다.

시간이 지나면서 새로운 직업들이 이 데이터베이스에 추가될 것이다. O*NET이 다른 직업분류체계와 확연히 다른 점은 O*NET은 각 직업에 100여 개의 데이터 서술자(敍述者, data descriptors)가 있다는 것이다(Peterson & Sager, 2010). 이에 비해 『직업 전망서』에는 일의 특성, 근로조건, 고용, 훈련, 고용 전망, 급여, 관련 직종, 부가적 정보를 얻을 수 있는 정보원 등 여덟 가지 데이터 서술자만 사용하고 있다.

사용할 수 있는 데이터 서술자는 많지만, 이것이 모든 직업에 다 사용되는 것은 아니다. O*NET 서술자의 여섯 가지 범주는 매우 많은 특성을 포함하는데, 여기서는 좀 더 보편적인 특성만을 제시한다.

1. **근로자 특성**(worker characteristics)에는 능력과 흥미, 직업가치 및 작업 방식이 포함된다. 능력에는 인지적 능력(언어, 수리, 지각, 공간), 심동적 능력(손과 손가락의 민첩성), 신체적 능력(힘과 지구력, 균형감각, 협응), 감각적 능력(시각과 청

표 2.7 표준직업분류체계: 23개의 주 직업군과 97개의 소직업군

| 주 직업군 | 소직업군 | |
|---|---|---|
| 11-0000 | | 관리직 |
| | 11-1000 | 고위간부 |
| | 11-2000 | 광고, 마케팅, 촉진, 홍보 및 판매 관리자 |
| | 11-3000 | 운용 전문 관리자 |
| | 11-9000 | 기타 관리직 |
| 13-0000 | | 사업 및 금융 운용 직종 |
| | 13-1000 | 사업 운용 전문가 |
| | 13-2000 | 금융 전문가 |
| 15-0000 | | 컴퓨터 및 수학 관련 직종 |
| | 15-1100 | 컴퓨터 직종 |
| | 15-2000 | 수리과학 직종 |
| 17-0000 | | 건축 및 공학 직종 |
| | 17-1000 | 건축, 측량기사, 지도제작자 |
| | 17-2000 | 엔지니어 |
| | 17-3000 | 설계자, 공학기사 및 지도제작 기술자 |
| 19-0000 | | 생명과학, 자연과학 및 사회과학 직종 |
| | 19-1000 | 생명과학자 |
| | 19-2000 | 자연과학자 |
| | 19-3000 | 사회과학자 및 관련 종사자 |
| | 19-4000 | 생명과학, 자연과학 및 사회과학 기술자 |
| 21-0000 | | 지역사회 및 사회복지 직종 |
| | 21-1000 | 상담자, 사회복지사, 그 외 지역사회 및 사회복지 전문가 |
| | 21-2000 | 교역자 |
| 23-0000 | | 법률 관련 직종 |
| | 23-1000 | 변호사, 판사 및 관련 종사자 |
| | 23-2000 | 법률지원 종사자 |
| 25-0000 | | 교육, 연수 및 도서관 직종 |
| | 25-1000 | 고등교육 교사 |
| | 25-2000 | 유치원, 초등, 중등 및 특수학교 교사 |
| | 25-3000 | 그 외 교사 및 강사 |
| | 25-4000 | 도서관 사서, 큐레이터 및 기록물관리사 |
| | 25-9000 | 그 외 교육, 연수 및 도서관 관련 직종 |
| 27-0000 | | 미술, 디자인, 연예, 스포츠, 매체 관련 직종 |
| | 27-1000 | 미술 및 디자인 관련 종사자 |
| | 27-2000 | 연예인, 공연자, 스포츠 및 관련 종사자 |

(다음 쪽에 계속)

**표 2.7 표준직업분류체계: 23개의 주 직업군과 97개의 소직업군(계속)**

| 주 직업군 | 소직업군 | |
|---|---|---|
| | 27-3000 | 매체 및 통신 종사자 |
| | 27-4000 | 매체 및 통신장비 종사자 |
| 29-0000 | | 보건 전문가 및 기술직 |
| | 29-1000 | 건강 진단 및 치료 전문가 |
| | 29-2000 | 건강분야 기술 전문가 및 기술자 |
| | 29-9000 | 그 외 보건 전문가 및 기술직 |
| 31-0000 | | 보건 지원 직종 |
| | 31-1000 | 간호, 정신의학, 재택 건강 보조원 |
| | 31-2000 | 작업 및 물리 치료사 보조원, 조무사 |
| | 31-9000 | 그 외 보건지원 종사자 |
| 33-0000 | | 보호 서비스직 |
| | 33-1000 | 보호 서비스 종사자의 관리자 |
| | 33-2000 | 소방 및 화재 예방 종사자 |
| | 33-3000 | 법률집행 종사자 |
| | 33-9000 | 그 외 보호 서비스 종사자 |
| 35-0000 | | 음식 준비 및 제공 관련 직종 |
| | 35-1000 | 음식 준비 및 제공 종사자의 관리자 |
| | 35-2000 | 요리 및 음식 준비 종사자 |
| | 35-3000 | 식음료 제공 종사자 |
| | 35-9000 | 그 외 음식 준비 및 제공 관련 종사자 |
| 37-0000 | | 건물 및 토지 청소와 관리 직종 |
| | 37-1000 | 건물 및 토지 청소 관리 종사자의 관리자 |
| | 37-2000 | 건물청소 및 방제업자 |
| | 37-3000 | 토지 관리 종사자 |
| 39-0000 | | 개인 건강 관리 및 서비스직 |
| | 39-1000 | 개인 건강 관리 및 서비스 종사자의 관리자 |
| | 39-2000 | 동물 돌봄 및 서비스 종사자 |
| | 39-3000 | 접대 종업원 및 관련 종사자 |
| | 39-4000 | 장례 서비스 종사자 |
| | 39-5000 | 외모 관련 종사자 |
| | 39-6000 | 수화물 포터, 벨보이, 접객 담당자 |
| | 39-7000 | 여행가이드 |
| | 39-9000 | 그 외 개인 건강 관리 및 서비스 종사자 |
| 41-0000 | | 영업 및 관련 직종 |
| | 41-1000 | 영업사원 관리자 |

(다음 쪽에 계속)

**표 2.7 표준직업분류체계: 23개의 주 직업군과 97개의 소직업군(계속)**

| 주 직업군 | 소직업군 | |
|---|---|---|
| | 41-2000 | 소매상 종사자 |
| | 41-3000 | 영업사원, 서비스 |
| | 41-4000 | 영업사원, 도매 및 제조업 |
| | 41-9000 | 그 외 영업 및 관련 종사자 |
| 43-0000 | | 사무 및 행정 지원직 |
| | 43-1000 | 사무 및 행정지원 종사자의 관리자, 사무 및 행정지원 종사자 |
| | 43-2000 | 통신장비 운영자 |
| | 43-3000 | 금융계 직원 |
| | 43-4000 | 정보 및 기록 사무원 |
| | 43-5000 | 물자 기록, 계획, 발송 및 유통 종사자 |
| | 43-6000 | 비서 및 행정 보조원 |
| | 43-9000 | 그 외 사무 및 행정지원 종사자 |
| 45-0000 | | 농업, 어업, 임업직 |
| | 45-1000 | 농업, 어업, 임업 종사자의 관리자 |
| | 45-2000 | 농업 종사자 |
| | 45-3000 | 어업 및 수렵 종사자 |
| | 45-4000 | 삼림, 보존, 벌목 종사자 |
| 47-0000 | | 건설 및 채굴 직종 |
| | 47-1000 | 건설 및 채굴 종사자의 관리자 |
| | 47-2000 | 건설업 종사자 |
| | 47-3000 | 건설업 조수 |
| | 47-4000 | 그 외 건설 및 관련 종사자 |
| | 47-5000 | 채굴 종사자 |
| 49-0000 | | 설비, 관리 및 보수 직종 |
| | 49-1000 | 설비, 관리, 보수 종사자의 관리자 |
| | 49-2000 | 전기 및 전자 장비 정비공, 설비사, 수리공 |
| | 49-3000 | 운송수단 및 이동식 장비 정비공, 설비공, 수리공 |
| | 49-9000 | 그 외 설비, 관리 및 보수 직업 |
| 51-0000 | | 생산직 |
| | 51-1000 | 생산직 종사자의 관리자 |
| | 51-2000 | 조립기술자 |
| | 51-3000 | 식품가공 종사자 |
| | 51-4000 | 금속세공인 및 플라스틱 종사자 |
| | 51-5100 | 인쇄 종사자 |
| | 51-6000 | 섬유, 의류, 가구업체 종사자 |

(다음 쪽에 계속)

**표 2.7 표준직업분류체계: 23개의 주 직업군과 97개의 소직업군(계속)**

| 주 직업군 | 소직업군 | |
|---|---|---|
| | 51-7000 | 목세공인 |
| | 51-8000 | 설비시스템 운영자 |
| | 51-9000 | 그 외 생산 직종 |
| 53-0000 | | 운송 및 물자 운반 직종 |
| | 53-1000 | 운송 및 물자 운반 종사자의 관리자 |
| | 53-2000 | 항공 운송 종사자 |
| | 53-3000 | 차량 운전기사 |
| | 53-4000 | 철도수송 종사자 |
| | 53-5000 | 수상운송 종사자 |
| | 53-6000 | 그 외 운송 종사자 |
| | 53-7000 | 물자 운반 종사자 |
| 55-0000 | | 군 특정직 |
| | 55-1000 | 특수 군장교 및 전술작전 지휘관 |
| | 55-2000 | 일선 군 사병 감독관 |
| | 55-3000 | 군 사병 전술작전 및 공군/무기전문가 및 일반사병 |

출처: Bureau of Labor Statistics of the Standard Occupational Classification Policy Committee(SOCPC), January, 2009.

각 및 화술) 등이 있다. **흥미**는 여섯 가지 Holland 유형(5장 참고)으로 나타낸다. 흥미에는 능력 활용과 성취, 다양성, 보상, 승진 등의 직업가치가 포함된다. **직업가치**는 직업적응 이론의 직업가치에 바탕을 둔다(4장). **작업방식**에는 대인관계 지향, 사회적 영향력, 적응, 독립성, 실용지능에서의 성취가 포함된다.

2. **근로자 요건**(worker requirements)은 전문 지식뿐만 아니라 기본기술을 포함한다. 교육 요건 또한 이 범주에 포함된다. **기본기술**(basic skills)은 독해력과 적극적 경청, 쓰기, 말하기, 수학, 과학을 의미하고, **과정기술**(process skills)에는 비판적 사고와 능동적 학습, 학습전략 및 모니터링이 해당된다. **상호기능적 기술**(cross-functional skills)에는 사회적 기술(설득, 협상, 지시)과 문제 해결, 기술적 능력(검사, 관리, 보수), 판단 및 의사결정, 시간 및 재무 관리가 해당된다. **지식 요건**(knowledge requirements)에는 경영과 공학, 수학 및 의사소통 등의 다양한 분야의 원리와 사실적 정보가 해당된다. **교육 요건**(education requirements)은 특정 분야에서 요구하는 교육 수준이나 경험을 의미한다.
3. **경력 요건**(experience requirements)은 특정한 훈련이나 업무 경험을 일컫는다.

입직에 필요한 기술이나 수행 능력의 수준을 확인하기 위해 면허증이나 자격증이 사용되기도 한다.

4. **특정 직업정보**(occupation-specific information)는 특정 직업에서 수행하는 과제를 포함한다. 여기에는 또한 장비, 도구, 기계, 소프트웨어와 업무를 수행하는 데 필요한 다른 기술적 측면이 포함된다.
5. **노동시장 특성**(workforce characteristics)은 현 노동시장에 존재하는 많은 직종들의 특성에 관한 정보를 포함한다. 또한, 직종별로 미래의 노동 수요에 대한 예측을 포함한다.
6. **직업 요건**(occupation requirements)은 작업 활동의 일반적 유형과 조직의 맥락 및 작업 맥락을 나타낸다. **작업 활동의 일반적 유형**(general types of work activities)은 여러 유형의 직무에서 수행하는 것으로, 직무에 필요한 정보 수집, 정보의 처리 및 평가, 의사결정, 문제해결, 신체적 및 기술적 작업수행, 타인과의 의사소통이 해당된다. **세밀한 작업**(detailed work) 활동은 비행기 엔진 수리같이 몇몇 직업에서 요구하는 매우 특정한 직업 행동을 포함한다. **조직 맥락**(organizational contexts)은 사람들이 업무를 수행하는 방식을 나타낸다. 몇 가지 조직 맥락 요인으로는 근로자가 의사결정에서 행사할 수 있는 통제의 정도, 작업에 사용되는 기술의 다양성, 자율성, 피드백, 근로자 모집 및 선발, 훈련 및 전문성 개발, 보수 및 수당 등이 있다. **작업 맥락**(work contexts)은 근로자가 일을 수행하는 방식에 영향을 미치는 사회적·신체적 요인이다. 여기에는 의사소통 방법, 직무 상호작용, 작업 여건, 직업 재해, 신체적 요구, 업무의 도전성, 작업 진행 속도와 일정이 해당된다.

O*NET에서 활용할 수 있는 정보의 방대한 양에 사용자가 압도당할 수도 있다. 앞서 요약한 정보는 O*NET 자원센터(O*NET Resource Center)의 자료(2011)에서 발췌한 것이다. 내담자가 온라인(www.onetonline.org)으로 O*NET을 이용할 때 직업정보를 탐색할 수도 있고 직업군을 탐색할 수도 있다. 내담자가 직업명을 입력한 후에는 다수의 데이터 서술자 중 선택할 수 있는데, 이 서술자들은 직업의 여러 면면 가운데 앞서 제시한 여섯 가지 범주에 속하는 것에 대해 기술한다. 정보는 『직업 전망서(*Occupational Outlook Handbook*)』(2013)에서처럼 문단으로 제시되는 것이 아니라 목록으로 제공된다. 다음은 15개 데이터 서술자이다.

- 업무
- 도구 및 장비

- 지식
- 기술
- 능력
- 작업 활동
- 작업 맥락
- 직업 영역(Job zone)
- 교육
- 흥미
- 작업 유형
- 직업가치
- 관련 직종
- 임금 및 고용실태
- 부가적 정보

미국 정부에서 제공하는 또 다른 직업분류체계인 『직업탐색 안내서(*Guide for Occupational Exploration*, GOE)』(Farr, Ludden, & Shatkin, 2007)는 DOT 코드의 첫 세 자리와 다소 유사한 세 자리 코드를 사용한다. 차이점은 GOE의 코드는 DOT 코드보다 직업의 흥미 요건과 좀 더 관련되어 있다는 점이다. 이 체계에 포함된 12개 기본 흥미 영역을 표 2.8에 제시하였다. GOE는 348개의 소분류로 직업을 제시하며, 각 코드나 소분류별 직업에 해당되는 DOT 코드가 함께 제시된다. GOE는 내담자에게 직관적으로 이해되기 때문에 DOT를 사용할 때보다 상담자의 도움이 덜 필요하다. 내담자가 O*NET보다 GOE를 사용하는 것이 더 용이하지만, 현재 O*NET을 개정할 계획은 없다.

## ❁ 특성 및 요인 요건

직업정보는 내담자의 개인적 특성과 직접 연관시킬 수 있다. 특정 직종에 요구되는 적성과 성취, 흥미, 가치, 성격에 관한 정보는 직업 관련 팸플릿과 도서에 실려 있다. 예를 들어, 내담자가 변호사는 법률을 공부하고 변론서를 작성해야 한다는 등의 내용을 읽을 때 자신이 그러한 활동에 흥미가 있는지 생각해 볼 수 있다. 직업정보에 어떤 직종에서 요구되는 자격이나 교육 요건이 설명되어 있다면 내담자는 자신이 그 직업을 얻기 위해 필요한 능력을 갖추었는지를 가늠할 수 있다. 근무조건에 관해서도 자신의 성격과 능력에 비추어 그러한 조건이 만족스러울지 판단해 볼 수 있다. 예를 들

**표 2.8 직업탐색체계 안내: 흥미 영역, 직업군 및 하위 직업군**

| | | | |
|---|---|---|---|
| 01 | 예술 | 06.04 | 기본업무: 산업 |
| 01.01 | 문학예술 | 07 | 사업 상세(business detail) |
| 01.02 | 시각예술 | 07.01 | 행정 상세 |
| 01.03 | 공연예술: 드라마 | 07.02 | 수리(mathematical) 상세 |
| 01.04 | 공연예술: 음악 | 07.03 | 재정 실무 |
| 01.05 | 공연예술: 춤 | 07.04 | 구두 커뮤니케이션 |
| 01.06 | 공예 | 07.05 | 기록 처리 |
| 01.07 | 기본예술 | 07.06 | 사무기기 운영 |
| 01.08 | 조형 | 07.07 | 사무처리 |
| 02 | 과학 | 08 | 판매 |
| 02.01 | 자연과학 | 08.01 | 판매 기술(sales technology) |
| 02.02 | 생명과학 | 08.02 | 일반 판매 |
| 02.03 | 의학 | 08.03 | 행상(vending) |
| 02.04 | 실험 기술 | 09 | 편의(accommodating) |
| 03 | 동식물 | 09.01 | 접대 서비스 |
| 03.01 | 관리 업무: 동식물 | 09.02 | 미용 서비스 |
| 03.02 | 일반 감독: 동식물 | 09.03 | 여객 서비스 |
| 03.03 | 동물 조련 및 서비스 | 09.04 | 고객 서비스 |
| 03.04 | 기본업무: 동식물 | 09.05 | 수행 서비스(attendant service) |
| 04 | 보호 | 10 | 복지 및 박애 사업 |
| 04.01 | 안전 및 법률 집행 | 10.01 | 사회복지 사업 |
| 04.02 | 보안 서비스 | 10.02 | 간호, 치료 및 특수교육 사업 |
| 05 | 기계 | 10.03 | 아동 및 성인 돌봄 |
| 05.01 | 엔지니어링 | 11 | 선도하기-영향 미치기 |
| 05.02 | 관리업무: 기계 | 11.01 | 수학 및 통계 |
| 05.03 | 기술공학 | 11.02 | 교육 및 도서관 서비스 |
| 05.04 | 항공 및 수상 운송수단 운영 | 11.03 | 사회조사 |
| 05.05 | 공예기술 | 11.04 | 법률 |
| 05.06 | 시스템 운영 | 11.05 | 기업 경영 |
| 05.07 | 품질관리 | 11.06 | 금융 |
| 05.08 | 육지 및 수상 운송수단 운영 | 11.07 | 서비스 경영 |
| 05.09 | 재료관리 | 11.08 | 커뮤니케이션 |
| 05.10 | 공예 | 11.09 | 홍보 |
| 05.11 | 장비 운영 | 11.10 | 규칙시행 |
| 05.12 | 기본업무: 기계 | 11.11 | 경영관리 |
| 06 | 산업 | 11.12 | 계약과 클레임 |
| 06.01 | 생산기술 | 12 | 신체적 행위 |
| 06.02 | 생산업무 | 12.01 | 스포츠 |
| 06.03 | 품질관리 | 12.02 | 신체 묘기 |

출처: 『직업탐색 안내서(*Guide for Occupational Exploration*)』(1979), 워싱턴: 미국 노동부.

어, 조직화와 청결의 욕구가 강한 사람은 먼지가 쌓여 있고 쓰고 남은 부품이 널려 있는 공장에서 작업하는 일이 불쾌할 수 있다. 급여가 충분한지, 고용 전망이 너무 위태롭지는 않은지를 내담자가 고려해야 한다면 가치관 검증을 해야 할 때이다. 직업 관련 문헌에 제시한 정보를 통해 내담자는 자신의 적성과 성취, 흥미, 가치, 성격이 자료에서 제시된 직업과 잘 맞는지를 평가할 수 있다.

## ❀ 상담자가 알아야 할 사항

수천 개의 직종이 내담자에게 열려 있기 때문에, 상담자는 직종에 대해 반드시 알아두어야 하는 것이 무엇인지를 판단해야 한다. 예를 들어, 상담자가 Strong 흥미검사(SII)를 활용한다면, 내담자의 질문에 답할 수 있도록 이 검사의 직업목록에 있는 모든 직업의 설명 내용을 알아 두면 도움이 된다. 만약 상담자가 성격검사나 군직업적성검사(ASVAB)와 같은 적성검사를 사용한다면, 검사 점수에 부합하는 직업들의 목록을 가까이 두는 것이 좋다. 보통 상담자가 사용하는 직업분류체계는 상담자의 근무처에 있는 직업도서관에서 어떤 분류체계를 사용하느냐에 따라 결정된다. 상담자는 내담자가 직업도서관을 이용하여 직업정보를 얻도록 안내할 수 있다. 직업도서관에서 내담자는 특정한 직업에 대한 정보뿐만 아니라 코드가 유사한 다른 직종들에 대한 정보도 접할 수 있을 것이다. 예를 들어, 앞 세 자리가 045인 DOT 코드로 분류된 직종들을 살펴봄으로써 상담 및 심리학 관련 분야의 여러 직업에 대한 정보를 찾아볼 수 있다. O*NET과 『직업 전망서』(2013)를 비롯하여 많은 다른 자료가 온라인에서 사용 가능하기 때문에 내담자들은 집이나 학교, 도서관에서 컴퓨터를 사용하여 직업정보를 얻을 수 있다.

또한 상담자는 계속 생겨나는 새로운 직종에 대해서도 알고 있어야 한다. '웹 디자이너'와 '정보설계사'는 1960년대에는 존재하지 않았던 직업이다. 많은 직업들이 빠른 속도로 직업시장에 추가되고 있기 때문에 O*NET은 온라인상에서 지속적으로 정보가 최신화되도록 고안되었다. 컴퓨터 버전 O*NET을 때로 서적으로 출판하기도 하지만, 온라인판만큼 데이터가 최신화되어 있지는 않다. O*NET은 노동시장에 등장하는 신종 기술 직종의 급성장을 잘 반영하고 있다.

## ❀ 2단계 사례 예시

잭과 상담자는 잭의 경험과 검사결과(표 2.5 참고)에 대해 논의하면서 잭이 알아보고 싶어 하는 몇 가지의 직종을 추려 낸다. 이 두 사람이 함께 선택한 직종들은 잭의 흥미와 적성, 가치 및 성격에 적합한 것으로 보이는 것이다.

**내1:** 전에도 영업직에 대해 생각해 본 적이 있기는 하지만, 한 번도 심각하게 고려해 보지는 않았어요. 별로 많이 생각해 보진 않았어요. 제가 알고 있는 영업직은 방문판매나 전화판매 정도였고, 전 그런 건 그다지 좋아하지 않거든요.

**상1:** 영업직에도 아주 다양한 직종이 있어요. 잭이 우리 학교 진로도서관에 있는 직업 설명에 대한 정보를 보면서 영업직에 대해 더 많이 알 수 있도록 내가 도와줄 수 있어요. [상담자는 『직업 전망서』 같은 책과 직업에 관한 소책자들이 영업직에 대한 잭의 지식을 넓히는 데 좋은 출발점이 될 수 있다고 생각한다. 상담자가 영업 분야의 모든 직종에 대해 알아야 할 필요는 없다. 그렇지만 상담자가 가능한 한 많은 영업 직종에 대해 알고자 한다면, O*NET에서 원하는 정보를 얻을 수 있을 것이다.]

**내2:** 영업직도 괜찮아 보이지만, 저는 여전히 그림을 그리는 일에 관심이 있어요. 그렇지만 한편으로는 배고픈 예술가가 되고 싶진 않아요. 미술을 활용해서 생계를 꾸리는 방법이 틀림없이 있을 거예요. 졸업하고 취업을 할 수 있을지 정말 걱정스러워요.

**상2:** 그림을 사용하는 여러 가지 직업이 있어요. 어떤 미술 직종은 매우 경쟁적이지만, 그만큼 경쟁적이지 않은 직종들도 있죠. 그래픽 아트가 그런 직업인데, 한번 알아볼 만한 가치가 있을 거예요. [비록 그림을 그려 생계를 유지하는 일이 힘들다 해도, 내담자가 이런 직업이나 이와 같은 다른 직업에 대해 좀 더 알아보는 것을 말리는 것은 적절하지 않다. 상담자는 데생이나 회화, 조각을 비롯하여 다양한 미술 관련 직업에 대해 알아보도록 내담자를 격려하려고 한다.]

**내3:** 대학에서 미술 강좌를 수강한 적은 없지만, 작년에 고등학교에서 미술 선생님과 가까이 지내면서 작업을 했어요. 그쪽으로 한번 알아봐야 할 것 같아요.

**상3:** 그럼 방학 때 그 선생님과 얘기를 나눠 볼 수 있겠군요. [상담자는 잭이 직업정보를 얻도록 격려한다. 검사결과 점수로 보면 미술교육이 다른 직업만큼 잭에게 맞지 않을 수도 있지만, 이러한 판단은 잭 스스로 하도록 격려하는 것이 낫다. 이러한 판단은 미술 교사가 되는 것에 대한 정보를 더 얻은 후에 하는 것이 가장 좋을 것이다.]

**내4:** 생각해 보니 아는 사람들 중에 제가 고려하고 있는 직종에서 일하고 계신 분들이 많네요. 몇 분은 제가 관심 있게 생각하고 있지 않는 직종에 계시고요. 삼촌은 필라델피아에서 캐딜락 자동차 영업을 하고 계세요.

**상4:** 잭은 자동차 영업 쪽으로 생각하고 있진 않지만, 영업직은 흥미 있어 하잖아요. 삼촌과 영업직에 대해 얘기해 볼 수는 있겠네요. [직·간접적인 모든 자원을 통해 정보를 얻는 것이 유익하다.]

**내5:** 네, 삼촌은 저와 비슷한 점이 많아요. 아마도 삼촌은 저한테 영업직이 좋다고 설득하려 드실걸요.

**상5:** 그렇지만 잭은 좋은 정보와 개인적인 견해를 구별할 수 있을 거예요. 또한 삼촌이 하시는 말씀을 영업직에 대한 자료를 통해 얻은 정보와 비교해 볼 수 있을 거예요. [상담자는 어떤 직업에 대한 인상은 주관적이라는 점을 알고 있기 때문에 잭이 책이나 팸플릿 같은 좀 더 객관적인 다른 정보원을 참고하라고 격려한다.]

## 3단계: 자기 및 직업세계에 관한 정보의 통합

특성요인 이론에 따르면 자신에 대한 정보와 직업세계에 대한 정보를 통합하는 이 세 번째 단계는 진로상담의 주요 목표이다. 앞에서 기술한 바와 같이, 많은 검사 매뉴얼에서는 특정한 점수 패턴에 부합하는 직업들을 제시하고 있다. 하지만 뒤에 보게 되겠지만, 자기에 대한 정보와 직업정보를 매칭하는 것은 복잡한 과정이다. 이 세 단계를 하나의 과정으로 결합하는 한 가지 방법은 컴퓨터 기반 진로지도 시스템이다. 두 개의 다른 컴퓨터 기반 진로지도 시스템을 여기서 설명할 것이다. 이력서는 특성요인 이론의 세 번째 단계를 강조하는 또 다른 방법이다. 이력서에는 개인이 이룬 성취가 열거되어 있어 이를 통해 개인이 특정 직종 및 유사한 직종에 대해 얼마나 알고 있는지를 짐작할 수 있다. 이 절에서는 이력서를 사용해서 특성요인 이론의 세 번째 단계를 어떻게 적용하는지를 보여 주고, 이어서 이 단계에서 상담자가 내담자를 도울 수 있는 방안을 제시할 것이다.

직업정보에는 각 직업이 요구하는 적성과 성취, 흥미, 가치, 성격 특성에 관한 자료가 제시되어 있다. 어떤 의미에서는 특성요인 이론의 첫 두 단계에서 매칭이 이루어지는 셈이다. 하지만 실제는 이론만큼 단순하지 않다. 군직업적성검사(ASVAB)로 측정한 개인의 능력은 A라는 어떤 직업군에 적합한 것으로 나타나지만, Strong 흥미검사(SII)로 측정한 흥미는 B라는 또 다른 직업군에 적합한 것으로 나타나고, 16PF로 측정한 성격 특성은 제3의 직업군에 적합한 것으로 나타날 수 있다. 또한 동일한 특성을 측정하더라도 검사도구들 간에 결과가 일치하지 않을 수 있으므로, 검사의 불완전성을 염두에 두고 검사 해석 시 주의해야 한다. 측정도구의 불완전성 외에도 상담자가 주목할 필요가 있는 사실은 의사결정에 유용한 많은 정보가 반드시 검사결과에서 나오는 것은 아니고, 상담 면접을 통해서도 나온다는 점이다.

검사와 인벤토리가 특성을 측정하고 평가하는 유일한 방법은 아니다. 컴퓨터 기반 진로지도 시스템은 특성요인 이론과 잘 맞는다. 이러한 시스템은 흔히 검사와 직업정보를 결합하여 사용자가 자기평가와 직업정보에 대한 개인적 욕구를 충족시킬 수 있게 해준다(Gati & Asulin-Peretz, 2011). 좀 더 종합적인 컴퓨터 기반 진로지도 시스템으로는 이전에 SIGI PLUS(VALPAR, 2007)로 불린 SIGI$^3$와 DISCOVER(ACT, Inc., 2007)가 있다. 이 두 시스템을 이용하여 흥미와 가치 및 능력에 대한 자기평가를 측정할 수 있다. 이 시스템에서는 성격은 측정하지 않지만 직업가치에 대한 평가는 제공한다. 이후 사용자의 능력과 가치 및 흥미에 부합하는 직업정보를 제공하므로 사용자는 자기평가와 매칭이 되는 직종에 대한 정보를 검토해 볼 수 있다. 이 두 시스템 모두 직업 대안들의 목록을 줄여 의사결정을 돕는 기회를 제공한다. 실제로 DISCOVER에서는 앞서 언급한 많은 평가도구에서 얻은 점수를 시스템에 입력하는 기회를 준다.

앞서 언급한 검사도구들과 비교할 때 SIGI$^3$와 DISCOVER가 갖고 있는 한 가지 장점은 컴퓨터 프로그램이 사용자와 상호작용하도록 고안되어 있다는 점이다. 즉, 학생이 몇 가지 질문에 응답하고 정보를 얻으면서 여러 영역 중 원하는 쪽을 선택하여 이동할 수 있다. 이러한 컴퓨터와의 상호작용을 통해 내담자는 즉각적인 피드백을 받는다. 컴퓨터는 다른 검사 대신 사용할 수도 있고, 다른 검사와 함께 사용할 수도 있다. 하지만 검사와 컴퓨터는 모두 원치 않는 직업을 강요하는 부모의 압력과 같이, 어렵고 이례적인 고민이 있는 내담자를 도울 수 없다는 단점이 있다. 컴퓨터 기반 진로지도 시스템이 특성요인 이론의 세 번째 단계의 한 가지 적용 방법이라면 이력서는 또 다른 적용 방법이다.

이력서는 개인이 이룬 성취를 기재한 목록으로 개인이 특정 직종 및 그와 유사한 직종에 능력이 있음을 보여 준다. 어떤 의미에서 이력서는 개인이 특성요인 이론의 3단계를 모두 성공적으로 거쳤다는 것을 보여 준다. 이력서에 대한 정보를 얻을 수 있는 방법은 많다. 웹에서 검색하면 내담자가 자신에 대한 질문에 대답하고 다양한 이력서 양식을 검토할 수 있도록 이끌어 주는 사이트를 수십 개 찾을 수 있다. 이들 사이트는 대부분 유료로 운영된다. 이력서 정보를 검색하면 이력서 견본을 제시하고 개별 이력서를 작성하는 데 필요한 정보를 무료로 제공하는 다른 웹사이트도 찾을 수 있다. 이력서 작성을 집중적으로 다루는 책들도 현재 40여 권 이상이 출간되었다. 어떤 책들은 전반적인 내용을 다루고, 어떤 책들은 특정 직종 분야를 집중적으로 다룬다. 진로선택 및 직업획득에 관한 고등학교와 대학교 수업의 교재용으로 만든 책은 이력서 작성에 한 장 혹은 그 이상의 장을 할애한다. 대부분의 진로센터와 도서관에는 이력서 작성에 필요한 온라인상이나 인쇄된 보조 자료뿐만 아니라 관련 책자가 비치되어 있다. 이력서는 특히 성취와 능력을 강조하면서 개인의 흥미, 성취, 능력 및 가치를 요약한 것으로 볼 수 있다.

## ❀ 상담자가 어떻게 도울 수 있는가

특성요인 이론을 적용하는 상담과정에서는 내담자의 자기평가와 직업정보 사이를 오가게 된다. 직업정보는 많은 부분 상담회기가 아닌 다른 기회를 통해서 얻을 수 있기 때문에 상담회기 중에는 대체로 자기평가에 초점을 둔다.

상담자는 내담자를 돕기 위해 다양한 상담기법을 활용할 수 있다(1장 참고). 따라서 특성요인 이론을 적용한다고 해서 조언과 정보제공 기법만 쓸 필요는 없다. 추론과 감정은 둘 다 진로결정에 중요하다. 내담자가 어떤 감정을 표현할 때 그러한 감정 이면의 사고를 찾아보는 것이 도움이 되기도 한다. 예를 들어, 내담자가 “전 간호사는 되기 싫어요.”라고 말한다면 상담자는 “간호직의 어떤 면이 싫은가요?”, “간호직이 학생에게 맞지 않다고 느끼는 건가요?”처럼 여러 방식으로 반응할 수 있다. 이런 반응을 통해 상담자는 내담자 감정의 원인을 알아낼 수 있다. “전 간호학과에 들어가는 데 필요한 요건을 갖추지 못한 것 같아요.”라고 내담자가 답한다면 상담자는 “간호학과에서 학생을 받아 주지 않을 것이라고 믿고 있군요.”(내용의 반영), “간호학과에 합격할 수 없을까 봐 불안한가 보네요.”(감정의 반영), “무엇 때문에 간호학과에 들어갈 수 없을 거라고 생각하나요?”(개방형 질문)라고 반응할 수 있다. 이러한 반응은 내담자가 간호직에 대한 흥미나 능력을 탐색하도록 돕는 조력기술의 예시이다. 상담자는 내담자와 함께 일정 수준의 이해에 도달할 때까지 내담자의 적성과 성취, 흥미, 능력 및 가치를 반복해서 살펴보면서 상담을 진행할 수 있다.

상담이 진전되는 가운데 내담자의 흥미와 적성, 성취, 가치, 성격에 관한 좀 더 구체적인 정보뿐만 아니라 좀 더 구체적인 직업정보를 많이 수집하는 것도 중요하다. 내담자가 특정 직업 종사자를 만나 이야기를 나누는 것은 정보를 얻는 아주 좋은 방법이다. 그리고 내담자가 자원봉사나 시간제 일과 같은 활동을 해보면 훨씬 더 상세한 정보를 얻을 수 있다. 예를 들어, 내담자가 작업치료사와 영업사원 중 하나를 선택해야 한다면 여름방학 기간에 소매점에서 점원으로 일하면서 동시에 작업치료 현장인 병원에서 자원봉사를 해보는 것이 좋다. 간혹 현직 종사자들의 저조한 사기나 부적절한 행정체계 혹은 비협조적인 동료 등으로 인해 어떤 직종의 전형적인 작업환경을 대표한다고 보기 힘든 곳에서 일하게 되는 문제가 생길 수 있다. 이 경우, 상담자는 내담자가 일반적인 작업환경과 자신이 경험한 작업환경의 특이한 면을 구별할 수 있도록 도와야 한다. 직업경험과 상담회기 중 탐색을 통해 내담자는 자신의 흥미와 능력을 좀 더 명확하게 알게 되면서 진로의사결정으로 나아가게 된다.

하지만 비록 어떤 진로의사결정에 도달하였다 하더라도 그것은 잠정적인 결정에 불과할 수 있다. 내담자는 전 생애에 걸쳐 여러 차례 반복해서 진로상담을 받을 수 있다. 새로운 경험을 통해 내담자의 적성과 성취, 흥미, 가치, 성격이 영향을 받게 되면 이에 따라 특성과 요인에 대한 재평가를 할 수 있을 것이다.

## ❁ 3단계 사례 예시

다음 대화는 잭이 다른 사람들과 이야기를 나누고 관심 있는 직업에 관한 자료를 읽은 후 진행한 상담회기에서 나눈 내용이다.

**내1:** 제가 읽어 본 정보 중 어떤 것은 정말 유익했어요. 그렇게 많은 다양한 영업 직종이 있는 줄은 몰랐어요. 또 그렇게 다양한 곳에서 일할 수 있다는 것도 몰랐고요.

**상1:** 잘됐군요. 많이 알아본 것 같네요. [상담자는 내담자의 정보 수집 활동을 강화한다. 직업정보 없이는 진로상담이 성공할 수 없다.]

**내2:** 미술 수업, 특히 그래픽 아트 쪽으로 더 많이 듣고 싶다는 생각이 들어요. 그래픽 아트가 경쟁적인 분야라는 건 알아요. 읽어 본 자료에 그렇게 나와 있었어요. 하지만 저하고 맞을 것 같아요.

**상2:** 그래픽 아트의 어떤 점이 좋은지 좀 더 말해 보세요. [상담자는 잭이 직업가치척도(SWVI-r)의 경제적 안정성 점수가 낮다는 것을 알고 있다. 잭이 그래픽 아트 분야의 경쟁성에 대해 덜 염려하는 것도 이런 검사결과와 일치하는 것 같다.]

**내3:** 글쎄요. 우선 그림을 그리고 정밀하게 작업하고 새로운 것을 만들어 낼 기회가 있잖아요. 광고 일을 하고 있는 제 모습이 그려져요.

**상3:** 미술 쪽 일이 정말 잘 맞는 것 같네요. [잭은 Kuder 진로탐색검사(KCS)의 예술 영역과 직업가치척도의 창의성 영역에서 높은 점수를 받았는데, 이 결과는 상담자의 이런 진술과 일치한다.]

**내4:** 진로도서관에서 자료를 찾으면서 광고 홍보에 관한 정보를 발견했어요. 그래서 생각을 좀 해봤는데요, 사람들이 어떤 견해를 갖도록 설득하는 데 온갖 방법을 사용할 수 있더라고요. 설득하는 방법이 이렇게 많다는 걸 미처 몰랐어요.

사람들에게 직접 얘기하는 방법도 있지만, 예술적으로도 할 수 있겠더라고요.

**상4:** 그렇게 볼 수 있다니, 기발한 관점이네요. 아마도 이제 잭이 본인의 여러 가지 흥미를 서로 연결시킬 수도 있겠네요. [상담자는 KCS에서 나타난 미술과 영업/관리 분야의 흥미를 결합하는 방안에 대한 내담자의 통찰을 강화하면서, 내담자가 의사결정 과정에서 좀 더 나아가도록 돕는다.]

**내5:** 그런데 홍보나 광고 분야에서 정말 이런 일을 할 수 있는지 궁금해요.

**상5:** 이런 생각에 대해 얘기해 볼 수 있는 사람들을 찾아보세요. [상담자는 책자에 나온 직업정보는 잭의 호기심을 충족시키기에 부족하다는 점을 알고 있다. 상담자는 이제 잭이 의사결정을 명확히 하는 데 도움을 줄 수 있는 추가적인 정보원을 제공할 준비가 되어 있다. 이 과정에서 상담자가 어떻게 내담자의 자기평가와 직업정보 사이를 오가면서 점차적으로 내담자를 의사결정에 가까이 가게 하는지에 주목하라.]

**내6:** 제 친구 아버님이 식품업 홍보회사에서 일하시거든요. 그분과 며칠 전에 얘기해 봤는데 지금은 홍보 쪽이 들어가기가 어렵다고 하시더라고요.

**상6:** 많은 직종들이 일자리가 제한되어 있어 낙담되겠어요. [상담자는 일자리를 구하는 것에 대한 잭의 걱정스러운 마음을 반영한다.]

**내7:** 다른 직종들도 비슷한 답을 들을 것 같아요. 근데 제가 좋은 포트폴리오를 만들고 인턴 자리를 잡을 수 있다면 취업할 가능성을 높일 수 있다고 생각해요.

**상7:** 참 좋은 생각이네요. 잭은 본인이 하고 싶은 걸 하기 위해 필요한 중요한 단계들을 알고 있는 것 같아서 나도 기분이 좋네요. [상담자는 구직에 대한 잭의 계획과 지식을 강화할 기회를 잡는다]

**내8:** 네, 제가 다른 대학 졸업 예정자들이나 이미 홍보나 다른 분야에 있는 사람들과 경쟁해야 한다는 걸 알아요.

**상8:** 잭이 앞으로 들어갈 수도 있는 진로에 관해 좀 더 많은 정보를 얻으려고 애쓰고 있고, 또 경쟁이 심한 직업 시장에 낙심하지 않는 모습을 보니 좋네요.

## 여성에 대한 이론 적용

능력과 성취, 가치, 성격, 흥미에서 성별에 따른 차이는 자주 연구주제가 되어 왔다. 다수의 연구에서 학업 및 직업 성취에서 성차를 야기하는 수학 및 언어 능력의 실제적인 그리고 지각된 남녀 간 차이에 초점을 두었다. 남성과 여성의 가치와 흥미가 점점 더 유사해지고 있지만, 약간의 유의한 성차가 존재한다. 이 절에서는 이러한 문제에 초점을 둔다.

남녀의 능력을 대비해 보면 결과가 복잡하게 나타난다(Watt & Eccles, 2008). 성차를 면밀하게 살펴보면, 어떤 언어기술과 수학기술에서는 여성의 수행이 남성보다 낫고, 또 어떤 언어기술과 수학기술에서는 남성이 여성보다 낫다. 이러한 차이는 사회화 및 뇌 작동과 기능 방식의 생리학적 차이에서 기인한다고 알려져 있다. 성인용 웩슬러 지능검사(WAIS) 4판과 같은 일반적 지능을 측정하는 검사에서는 성별에 따른 유의한 차이가 없었다. 성차보다는 개인차가 훨씬 더 크게 나타났다.

과학, 기술, 공학 및 수학(STEM)은 여성의 대표성이 떨어지는 영역이기 때문에 이 분야에서 종사하는 여성이 주목받아 왔다. Betz와 Fitzgerald(1987)는 수학 전공을 지속한 여성이 그렇지 않은 여성에 비해 진로대안의 폭이 훨씬 더 넓다고 지적하였다. Mau(2003)는 중학교 2학년 학생을 대상으로 한 연구에서 수학 및 과학과 관련된 직업을 추구하는 데 있어 남학생에 비해 여학생의 지속적인 노력이 부족한 것으로 보고하였다. 마찬가지로, 여자 대학생들은 대체로 백인 남자 대학생에 비해 공학 전공을 포기할 가능성이 더 높았다(Dickson, 2010). 수학 자기효능감에서 여학생은 남학생보다 낮은 점수를 받았고, 읽기 자기효능감에서는 남학생과 비슷한 점수를 받았다. 학교와 진로에서 나타나는 이러한 여성 간 성취의 차이는 성공을 거둘 수 있는 능력에 대한 그들의 태도와 관련되어 있다.

자신감과 자기존중감과 같은 성격 요인은 성취와 능력 수준의 성차를 설명하려는 연구의 초점이 되어 왔다. 오스트레일리아와 독일 및 미국에서 수학능력에 대한 청소년의 견해, 즉 자신감을 살펴본 연구에서 중학교 1학년부터 고등학교 3학년에 이르기까지 남학생들은 여학생에 비해 자신의 수학능력을 높게 평가하였다(Nagy et al., 2010). STEM 전공자 중 다른 집단보다 상대적으로 비율이 낮은 민족 및 사회경제적 집단의 여대생들은 또래 남학생에 비해 자신감 수준이 낮았다(Farro, 2010). 이와 관련된 개념으로, 14장의 '사회인지진로 이론'에서 상세히 다룰 자기효능감이 있다. 수학 자기효능감에 관한 연구에서 여성은 남성에 비해 수학능력에 대한 자신감이 부족하고 더 불안해하는 것으로 나타났다(Fouad, Helledy, & Metz, 2003).

진로 관련 활동에 대한 자신감 부족은 수학에만 국한되지 않는다. Read(1994)는 통상적으로 여성 참여율이 낮은 비전통적 훈련 프로그램에 참여한 여성이 전통적으로 여성적인 직종을 위한 훈련 프로그램과 참여자 성비의 균형이 맞는 훈련 프로그램에 참여한 여성에 비해 학교와 직장에서 성공할 수 있다는 자신감이 더 높다고 보고하였다. 만 18세에서 55세 사이의 직장 여성 198명을 대상으로 한 Betsworth(1999)의 연구에서 참여자들은 일반 학습능력, 언어능력, 공간능력, 형태지각, 사무지각, 운동

협응에서 자신의 능력을 상당히 과소평가하는 것으로 나타났다. 201명의 성인을 대상으로 한 Furnham(2002)의 연구에서도 여성은 남성보다 수리능력을 더 낮게 평가하였다. 이러한 연구는 많은 여성에게 자아존중감과 자신감 부족이 더 높은 수준의 학업 및 직업 성취를 방해하고 있음을 보여 준다.

넓은 의미에서 보면 흥미에서 성별에 따른 차이가 발견되었다(Bubany & Hansen, 2011; Tracey, Robbins, & Hofsess, 2005). 흥미검사 결과, 일반적으로 여성이 남성에 비해 예술적, 사무적, 사회적 직업에 더 흥미를 보이는 것으로 밝혀졌다. 이에 비해 과학과 기술 직종에서는 흥미가 더 적은 것으로 나타났다(Fouad, Helledy, & Metz, 2003). 또한, STEM 진로에 대해 남성은 강한 흥미를 보이고 여성은 약한 흥미를 보였는데, 이 두드러진 성차는 1976년과 2004년 사이에 줄어들었다. 1976년과 2004년 사이에 여성들의 흥미변화를 살펴본 결과 기업과 경영 분야에 대한 여성들의 흥미가 증가하였다(Bubany & Hansen, 2011). 흥미 측정에서 제기되는 문제점 중의 하나는 초창기 흥미검사가 성 편향적이었다는 점이다. 예를 들어, 남성과 여성에게 별도의 검사를 사용하였고, 직업명도 우편배달원(mail carrier)보다는 우체부(mailman)처럼 남성 위주였다(Fouad, Helledy, & Metz, 2003). 성 편향적인 요소로 인한 왜곡 없이 더 정확하게 흥미를 측정할 수 있도록 개선되어 왔지만 흥미검사는 여전히 직업에 대한 사회적 가치관을 반영하고 있다. 예컨대, 여성은 교직과 간호직 및 사회복지 분야의 직업을 가져야 한다는 사회적 가치관과 같은 것이다. 상담자는 여성들이 과학과 수학 등의 분야에 대한 직업흥미를 발달시키도록 조력해야 하는 과제를 안고 있다.

일에 대한 남녀의 가치관 차이에 주목한 연구도 있다. Brown(2002a, 2002b)의 이론은 직업가치가 개인의 삶에서 차지하는 역할을 다루고 있는데, 일에 대한 여성 개개인의 태도뿐만 아니라 성역할 고정관념과 여성이 고려할 만한 직업의 범위를 제한하는 것이 끼치는 영향이 이 이론의 중요한 측면 중 하나이다. Luzzo(1994)는 일에 대한 헌신이라는 측면에서 여자 대학생이 남자 대학생보다 일에 더 깊이 헌신하는 것으로 나타났다고 보고하고 있다. 또한 여자 대학생은 남자 대학생에 비해 사람과 관련된 가치와 내재적 가치를 더 높게 평가하였다(Lips, 1992). 이러한 결과는 대학 신입생의 가치관에 대한 Duffy와 Sedlacek(2007)의 연구에서도 뒷받침되고 있다. 비록 다양한 전문직과 직종에서 가치관의 성차가 있지만, 남녀 모두 성취와 급여, 안정성 등에 높은 가치를 두고 있어 직업가치의 성차는 점점 줄어드는 추세이다. Ericksen과 Schultheiss(2009)는 여성이 무역 및 건설을 비롯하여 모든 직업을 고려해야 할 필요성을 다루었다.

능력과 성취, 성격, 흥미 및 가치에서 성차가 존재하지만 흔히 그 차이는 근소한 정도에 불과하다. 오히려 직업군 내의 근로자 간 개인차가 일반적인 남녀 간 차이보다 훨씬 더 크다. 다양한 특성과 요인에서 남녀가 어떻게 다른지를 상담자가 인식하고 있으면 여성 내담자의 교육과 직업 기회를 최대화하면서 여성 내담자에게 주어지는 사회적 압력에 주의를 기울일 수 있다.

## 다문화 집단에 대한 이론 적용

다문화 집단에 속하는 사람들의 특성에 관한 연구는 대부분 상이한 문화집단의 흥미와 직업가치에 초점을 두었다. 이 절에서는 아시아계 미국인과 미국 흑인, 히스패닉/라틴계 미국인 및 미국 원주민의 흥미와 직업가치를 다루고자 한다. 직업가치의 형성은 직업정보의 가용성과 관련이 있다. 직업정보가 모든 미국인에게 동등하게 가용할 것이라고 가정하는 것은 타당하지 않다.

다문화 집단 사람들의 흥미에 관한 연구는 주로 흥미의 측정에 초점을 두고 있다. Fouad(2002)는 Strong 흥미검사(SII)에서 나타나는 미국 흑인과 아시아계 미국인, 유럽계 미국인, 히스패닉/라틴계, 미국 원주민의 흥미 구조를 연구하였다. Tracey 등(2005)이 중학교 2학년과 고등학교 1학년 및 3학년 학생 7만 명의 흥미를 조사한 연구에서는 Fouad(2002)의 연구에서와 마찬가지로 다문화 집단 간에 아주 근소한 차이가 나타났다. 미국 인디언 및 알래스카 원주민, 아시아와 하와이 및 태평양 제도 주민, 흑인 그리고 히스패닉/라틴계 고등학교 학생들을 대상으로 한 연구에서 이들의 흥미가 대학 전공 선택을 예측하는 것으로 밝혀졌다(Diemer, Wang, & Smith, 2010). 중국 대학생의 흥미를 연구한 Tang(2001)은 일반적으로 학생들의 흥미가 Strong 흥미검사의 일반 직업주제(General Occupational Themes), 기본 흥미 척도(Basic Interest Scale)의 구조와 일치한다고 보고하였다. 많은 연구에서 흥미 측정 도구로 Holland 검사(5장)를 사용하였다. 현재로서는 흥미검사가 다문화 집단에 속하는 사람들의 선호를 얼마나 정확하게 측정하는지를 보여 주는 정보가 충분하지 않다.

Axelson(1999)은 다문화 집단의 직업가치에 대한 논의에서 각 문화집단의 다양한 특성을 강조하면서도 특정 문화집단에 속하는 개개인의 행위에 대해 일반화해서는 안 된다고 경고하였다. Lowe(2009)는 아시아계 미국인들이 새로운 문화의 직업가치를 기꺼이 받아들이고 동화한다고 하면서, 이들이 '모범이 되는 소수인종(model minority)'으로 여겨질 때 일어날 수 있는 문제점을 제기하였다. 홍콩 청소년의 직업가치를 연구한 Lau와 Wong(1992)은 이들이 독립성과 순종보다는 개인적 요인 및 유능성 요인과 재미, 안정성에 높은 가치를 둔다고 주장하였다. 이러한 결과는 중국 청소년의 가치관에 대한 전통적인 관점과 대비를 이룬다. 또한 남아시아계 미국인에 대한 한 연구에서는 미국문화를 덜 편하게 느끼는 이들이 좀 더 편하게 느끼는 이들에 비해 전형적인 아시아계 직업에 대한 흥미가 많은 것으로 나타났다(Castelino, 2005).

『미국 흑인을 위한 진로상담(*Career Counseling for African Americans*)』(Walsh, Bingham, Brown, & Ward, 2001)에는 미국 흑인의 진로상담에 영향을 미치는 여러 주제가 제시되어 있다. 노예제도와 미국 흑인에 대한 차별이 이에 미치는 영향에 대한 상담자 인식의 중요성도 이러한 주제에 포함된다. 이 책에서는 Owens, Lacey, Rawls와 Holbert-Quince(2010)가 하였듯이, 미국 흑인의 진로욕구를 평가하고 진로상담 주제를 다루는 방법에 대한 제안도 제시하고 있다. Bingham과 Ward(2001)는 미국 흑인이 타 직종에 비해 사회복지 분야에 편중되어 있는 문제점을 제기하였다. 또한 특성요인 이론 연구에서 충분한 수의 미국 흑인 피험자를 연구대상에 포함하지 않고 있다고 비판하였다. Gowan과 Trevino(1998)는 멕시코계 미국인의 경우 직장 내 여성의 역할에 대해 남성이 여성보다 더 전통적인 견해를 갖고 있다고 보고하였다. 멕시코계 미국 여고생의 교육계획과 진로기대를 설명하는 모형을 개발한 McWhirter, Hackett과 Bandalos(1998)는 이 여고생들의 진로기대를 예측하는 데 있어 문화적 영향이 성별보다 더 중요하다는 증거를 제시하였다. 일반적으로, 멕시코계 미국 고교생은 백인 고교생에 비해 능력과 준비도, 동기 및 지지와 관련된 장벽에 더 많이 부딪힌다(McWhirter, Torres, Salgado, & Valdez, 2007). Zuniga(2005)의 연구에서는 라틴계 남자 청소년의 학업성취를 예측하는 데 있어 특히 중요한 요인은 부모의 관여인 것으로 나타났다.

미국 원주민에 관한 연구 가운데 Juntunen, Barraclough, Broneck, Seibel, Winrow와 Morin(2001)에 따르면 이들의 가치가 미국 내 백인들의 가치와는 다른 것으로 나타났다. 미국 원주민은 공동체 전체와 연관되는 일에 관심을 가지는 경향이 있었다. 자신이 ('백인'과 '인디언'이라는) 두 개의 세상에 살고 있다는 인식도 중요한 것으로 나타났다. Clark(2002)은 직장에서 공동체 의식과 통제감을 느끼고 싶어 하는 미국 원주민의 욕구를 강조하였다. 도시 학교에 다니는 미국 원주민 중학생을 대상으로 한 연구에서는 다양한 진로탐색 기술이 학생들의 흥미와 직업적 자기효능감에 대한 신념 및 다른 긍정적인 특성을 개발하는 데 도움을 주는 것으로 나타났다(Turner, Trotter, Lapan, Czajka, Yang, & Brissett, 2006).

이러한 연구들은 다문화 집단 내에서도 문화적 가치가 다름을 보여 주는 예시라 할 수 있다. 이러한 일반화는 상담자가 한 사회에 존재하는 직업가치의 다양성을 인식하는 데 도움이 된다. 직업가치 및 직업흥미의 차이와 함께 직업정보에 대한 제한된 접근성 문제가 미국 내 비백인계 사람들의 진로선택 과정을 어렵게 만드는 요인으로 작용하고 있다. 상담자가 이러한 정보를 알고 있으면 다문화 집단 내담자의 직업지식과 가치에 대해 임의로 추정하지 않도록 하는 데 도움이 될 것이다.

## 상담자 쟁점

특성요인 이론에 대한 한 가지 우려는 이 이론이 평가를 강조한다는 점이다. 내담자가 상담의 마지막 회기에 "검사결과에 따르면 제가 OO가 되어야 한다는 거네요"라고 말하면서 상담실을 떠나서는 안 될 것이다. 특성요인 상담에서 검사와 인벤토리가 사용되기는 하지만, 검사가 꼭 최종적인 진로선택의 결정요인인 것은 아니다. 어떤 내담자들은 신속한 해결책을 찾고 있기 때문에 진로의사결정을 해야 하는 책임을 피하고 싶어 할 수도 있다. 또한 초보 상담자들은 내용 및 감정의 반영과 같은 좀 더 어려운 상담기술을 사용하기보다는 검사 정보를 제공하는 경우가 흔히 있을 수 있다.

특성요인 이론은 현혹될 정도로 단순해 보이는 이론이다. 따라서 초보 상담자의 경우 상담자는 질문하고 내담자는 답하는 상담양식을 만들어 내기가 쉽다. 또한 검사는 내담자에게 상당히 권위적으로 보일 수 있기 때문에 내담자와 상담자 간의 가벼운 상호작용과 라포 형성을 방해할 수 있다. 하지만 상담자가 검사 정보를 뒤로 하고 충분한 시간을 들여 내담자의 개인적인 관련 경험에 대해 논의하면 내담자가 자신의 진로의사결정에 대한 책임을 지도록 도와줄 수 있다.

특성요인 이론이 현혹되기 쉬울 정도로 단순한 또 다른 이유는 특성요인 이론의 세 가지 기본 원리가 개략적인 틀은 제공하지만 상세한 내용은 많이 제공하지 않기 때문이다. 특성요인 이론은 상담자가 어떤 검사도구를 사용해야 하는가에 대한 지침은 제공하지 않는다. 수백 가지 검사 중 어떤 것을 선택해야 하는지, 또한 어떤 특성과 요인이 가장 중요한지를 결정하는 것은 상담자에게 달려 있다. 개념적으로 볼 때 특성요인 이론은 이 책에서 다루는 대부분의 다른 이론에 비해 상담자에게 제공하는 지침이 적은 편이다.

특성요인 이론은 발달 이론이라기보다는 정적인(static) 이론이다. 즉, 성취와 적성, 흥미, 가치, 성격이 어떻게 발달하고 변화하는가에 초점을 두기보다는 특성과 요인을 파악하는 데 초점을 둔다. 하지만 이렇다고 해서 능력과 흥미, 가치의 발달에 관한 정보가 상담에서 유용하지 않다는 뜻은 아니다. 상담자는 내담자가 자신의 흥미와 능력, 가치를 평가하도록 도울 필요가 있다. 이렇게 할 수 있는 한 가지 방법은 내담자의 흥미와 능력 혹은 가치가 오랜 기간에 걸쳐 어떻게 변화해 왔는지를 논의하는 것이다. 홍미나 적성의 변화를 논하는 것이 특성요인 이론에서 강조되는 부분은 아니지만, 이 이론의 범위 내에서 허용될 수 있을 것이다. 흔히 이전의 선택에 대한 논의를 통해 현재 어떤 선택을 하는 데 유익한 도움을 얻을 수 있다. 즉, 과거의 특성 및 요인과 그 발전 과정은 현재의 특성과 요인을 평가하는 데 유용할 수 있다.

상담자가 직면할 수 있는 또 다른 문제는 상담자와 내담자의 적성과 성취, 홍미, 가치, 성격이 서로 다르다는 점이다. 특히 상담자가 내담자와 아주 다른 직업가치를 갖고 있다면, 상담자는 이런 점을 인정하고 관용적인 자세를 유지할 수 있어야 한다. 상담자는 흔히 이타심과 동료 간의 우호적인 협력관계에 가치를 둔다. 따라서 이러한 요소보다는 상담자가 중시하지 않는 명성이나 관리를 선호하는 내담자를 이해할 수 있도록 주의를 기울여야 할 필요가 있다. 이러한 점과 앞서 언급한 다른 문제들로 인해 특성요인 이론은 상담자가 활용하기에 좀 더 어려운 이론 중의 하나가 될 수도 있다.

## 요약

진로발달 이론 중에서 역사적으로 가장 오래된 것으로 가장 널리 적용되고 있다고 볼 수 있는 특성요인 이론은 개인의 적성과 성취, 홍미, 가치, 성격과 직업에서 요구하는 조건을 매칭하는 데 중점을 둔다. 상담자와 내담자는 관련된 정보를 수집한 다음, 개인과 직업세계 간의 매칭을 위해 함께 노력한다. 이 접근은 적성과 성취, 홍미, 가치, 성격을 측정하는 검사의 활용에 상당히 의존한다. 하지만 특성요인 이론은 검사도구의 선정에 관한 입장이 모호하기 때문에, 상담자는 상담자 본인과 내담자에게 가장 적합해 보이는 도구를 선택할 수 있다. 검사의 선정에 따라 상담자가 사용할 직업분류체계가 결정되기도 한다. 이러한 분류체계는 내담자가 직업정보를 조직화하는 데 도움을 줄 수 있다. 어떤 의미에서는 이력서가 특성요인 이론의 세 번째 단계, 즉 능력, 성취, 홍미, 가치와 직업과의 매칭을 부분적으로나마 나타낸다고 볼 수 있다. 특성요인 이론 분야의 연구는 진로상담 접근방식으로서의 이 이론의 적용 가능성보다는 특성과 요인 자체에 초점을 두었다. 여성과 다문화 집단의 적성과 성취, 홍미, 가치, 성격을 밝히는 연구도 수행되었다. 그러나 앞으로 더 많은 연구가 필요하며, 특히 다문화 집단에 대한 연구가 수행되어야 한다. 이 장에서 설명한 개략적인 특성요인 이론은 Holland(5장)와 Lofquist와 Dawis(4장)에서 제시할, 좀 더 잘 규정된 특성요인 이론의 개요로 볼 수 있다.

# 직업: 정보와 이론

## ✿ 이론의 개요

- 미국의 노동시장
- 사회학적 · 경제학적 접근
- 청소년 고용
- 직업환경이 개인에게 미치는 영향
- 지위획득 이론
- 인적자본 이론
- 노동시장의 구조
- 여성과 직장 내 차별
- 다문화 집단과 직장 내 차별

이 장은 특성요인 이론의 2단계인 '직업세계에 관한 정보의 획득'을 상세하게 기술한다는 점에서 특성요인 이론(2장)의 연장선에 있다. 상담자는 내담자가 흥미와 성격, 가치, 능력을 평가하도록 도울 뿐만 아니라 내담자에게 직업과 노동시장에 대한 정보도 제공해야 한다. 이 장에서는 먼저 산업과 직업의 성장 추세를 포함한 노동시장의 개관을 다루고자 한다. 왜냐하면 이는 성인과 청년에게 영향을 미치기 때문이다. 사회학과 경제학 분야는 직업뿐만 아니라 노동시장의 다양한 측면에 대한 정보를 제공한다. 사회학자와 경제학자는 집단 행동을 연구한다. 반면, 심리학자는 개인이 어떻게 주위 환경에 영향을 미치는지를 연구한다. 이 장을 제외한 거의 모든 다른 장에서는 경제학적 · 사회학적 관점보다는 심리학적 관점에 초점을 두고 있다. 개인의 소득이나 성공에 영향을 미치는 노동시장의 불평등과 장애물을 지적하는 몇몇 모델이나 이론이 여러 연구결과를 바탕으로 개발되어 왔다. 사람들은 미국의 노동시장(그리고 몇몇 다른 국가의 노동시장)을 보면서 흔히 "개인은 혼자 힘으로 성공하거나 실패할 평등한 기회를 갖는다."라는 관점을 견지한다. 하지만 이러한 가정은 흔히 지나치게 단순화된 것이고 사실이 아니다. 개인이 통제할 수 없는 많은 요인이 개인의 최종적인 진로선택과 성공에 영향을 미칠 수 있다. 일자리나 승진에서 다른 사람에게 밀려남으로써 개인의 삶은 크게 영향을 받을 수 있다. 게다가, 어떤 이들은 교육을 가치 있게 여기라는 가르침과 더불어 일관되고 유익한 양육과 학업에 필요한 재정적 지원을 받지만, 어떤 이들은 그렇지 못하다. 성이나 인종으로 인한 차별은 사람들의 직업선택과 재정적 · 개인적 성공에 크게 영향을 미치는 또 다른 변수이다. 미국 노동시장에 관한 기본적인 요소들은 개인이 노동시장에 대처하는 방식에 영향을 미친다. 이 장에서는 먼저 미국 노동시장의 몇 가지 기본적인 사실을 기술하고, 그런 다음 개인이 노동시장에 대처하는 방식에 영향을 미치는 이러한 사실들을 하나씩 살펴보고자 한다.

## 미국의 노동시장

노동시장은 하나의 주(州), 국가, 세계 시민의 요구를 충족시키는 기능을 한다. 직업의 가용성(job availability)은 음식, 거처, 의복, 의료 서비스, 교통수단, 오락, 화재 및 경찰의 보호 등에 대한 개인의 요구와 관련되어 있다. 표 3.1에 제시된 미국 노동시장에 대한 정보는 광범위한 직업군별 2010년 고용 현황과 예상 고용 증감량을 보여 준다. 표 3.1에서는 또한 2020년의 고용 변화량도 예측하고 있는데, 보호 관련직뿐만 아니라 의료 지원 분야, 의료 전문직 및 기술직의 고용량이 가장 크게 증가할 전망이다. 생산(제조)직과 더불어 농업, 수산업, 임업은 2010년과 2020년 사이에 가장 낮은 성장률을 보일 것으로 예측된다.

성장과 대체(growth and replacement) 수요를 살펴보면 전반적인 직업 동향에 대해 더 많은 정보를 얻을 수 있다. **성장**은 기존 근로자를 대체함으로써 충족하는 수요를 넘어 어떤 직종의 요구를 충족시킬 수 있는 신규 근로자 수요를 의미한다. 근로자들은 전직, 은퇴, 학업으로의 복귀, 가사 전담, 혹은 일을 하지 않기로 결정함 등 다양한 이유로 직장을 떠난다. 2010년에서 2020년 사이에 추정되는 약 5,480만 개의 일자리 중 대략 63%는 대체 수요 때문일 것으로 예상된다(『직업 전망서』, 2013). 그림 3.1에서 볼 수 있듯이, 사무 및 행정 지원직과 영업 및 영업 관련직, 음식 준비 및 서빙직을 포함한 분야의 일자리가 가장 크게 늘어날 전망이다. 운송직에서도 일자리 증가가 예상된다. 의료 전문직, 교사, 사서, 컴퓨터 프로그래머, 수학자 등과 같은 전문직 역시 많은 수의 일자리가 있는 분야이다. 일반적으로 대체 수요는 상대적으로 보수가 낮고 훈련 요건이 제한적인 직종에서 가장 높다. 사무직 등과 같은 몇몇 직업은 사무자동화로 인해 성장이 제한적일 수 있다.

**표 3.1** 광범위한 직업군의 고용(2012년) 및 변화 추정치(2010~2020년) 단위: 천 명

| | 고용 | | | | | |
|---|---|---|---|---|---|---|
| | 수 | | % 분포 | | 변화 | |
| 직업군 | 2010 | 2020 | 2010 | 2020 | 수 | % |
| 직업 전체 | 143,068.2 | 163,537.1 | 100.0 | 100.0 | 20,468.9 | 14.3 |
| 관리직 | 8,776.1 | 9,391.9 | 6.1 | 5.7 | 615.8 | 7.0 |
| 경영 및 재무 운용직 | 6,798.2 | 7,961.7 | 4.8 | 4.9 | 1,172.5 | 17.3 |
| 컴퓨터 및 수학 관련직 | 3,542.8 | 4,321.1 | 2.5 | 2.6 | 778.3 | 22.0 |
| 건축 및 공학기술직 | 2,433.4 | 2,686.2 | 1.7 | 1.6 | 252.8 | 10.4 |
| 생명, 자연 및 사회과학직 | 1,228.8 | 1,419.6 | 0.9 | 0.9 | 190.8 | 15.5 |
| 지역 및 사회 서비스직 | 2,402.7 | 2,985.0 | 1.7 | 1.8 | 582.3 | 24.2 |
| 법률직 | 1,221.9 | 1,342.9 | 0.9 | 0.8 | 131.0 | 10.8 |
| 교육, 훈련, 사서직 | 9,193.6 | 10,507.3 | 6.4 | 6.4 | 1,403.7 | 15.3 |
| 예술, 디자인, 연예, 스포츠, 매체 관련직 | 2,708.5 | 3,051.0 | 1.9 | 1.9 | 342.5 | 12.6 |
| 의료 전문직 및 기술직 | 7,799.3 | 9,819.0 | 5.5 | 6.0 | 2,019.1 | 25.9 |
| 의료 지원직 | 4,190.0 | 5,633.7 | 2.9 | 3.4 | 1,443.7 | 34.5 |
| 보호 서비스직 | 3,302.5 | 3,662.0 | 2.3 | 2.2 | 364.5 | 11.0 |
| 음식 준비 및 서빙 관련직 | 11,150.3 | 12,242.8 | 7.8 | 7.5 | 1,092.5 | 9.8 |
| 건물 및 그라운드 청소 및 관리직 | 5,498.5 | 6,162.5 | 3.8 | 3.8 | 664.0 | 12.1 |
| 개인 건강 관리 및 서비스직 | 4,994.7 | 6,331.4 | 3.5 | 3.4 | 1,336.6 | 26.8 |
| 영업 및 영업 관련직 | 14,915.6 | 16,784.7 | 10.4 | 10.3 | 1,869.1 | 12.5 |
| 사무 및 행정 지원직 | 22,602.5 | 24,938.2 | 15.8 | 14.9 | 2,335.7 | 10.3 |
| 농업, 수산업 및 산림직 | 972.1 | 952.6 | 0.7 | 0.6 | −19.4 | −2.0 |
| 건설 및 채취업 | 6,328.0 | 7,735.2 | 4.4 | 4.7 | 1,407.2 | 22.2 |
| 설비, 관리 및 보수직 | 5,428.6 | 6,228.7 | 3.8 | 3.8 | 800.2 | 14.7 |
| 생산직 | 8,594.4 | 8,951.2 | 6.0 | 5.5 | 356.8 | 4.2 |
| dns송 및 물류 운반직 | 9,004.8 | 10,333.4 | 6.3 | 6.3 | 1,328.7 | 14.8 |

주: 반올림 때문에 수치가 100%가 아니거나 총합과 일치하지 않을 수 있음.

출처: 미국 노동부(2012). 국가고용행렬표, 표 1.1(*Monthly Labor Review*, 2012, 1월. 워싱턴: 미국 노동통계국).

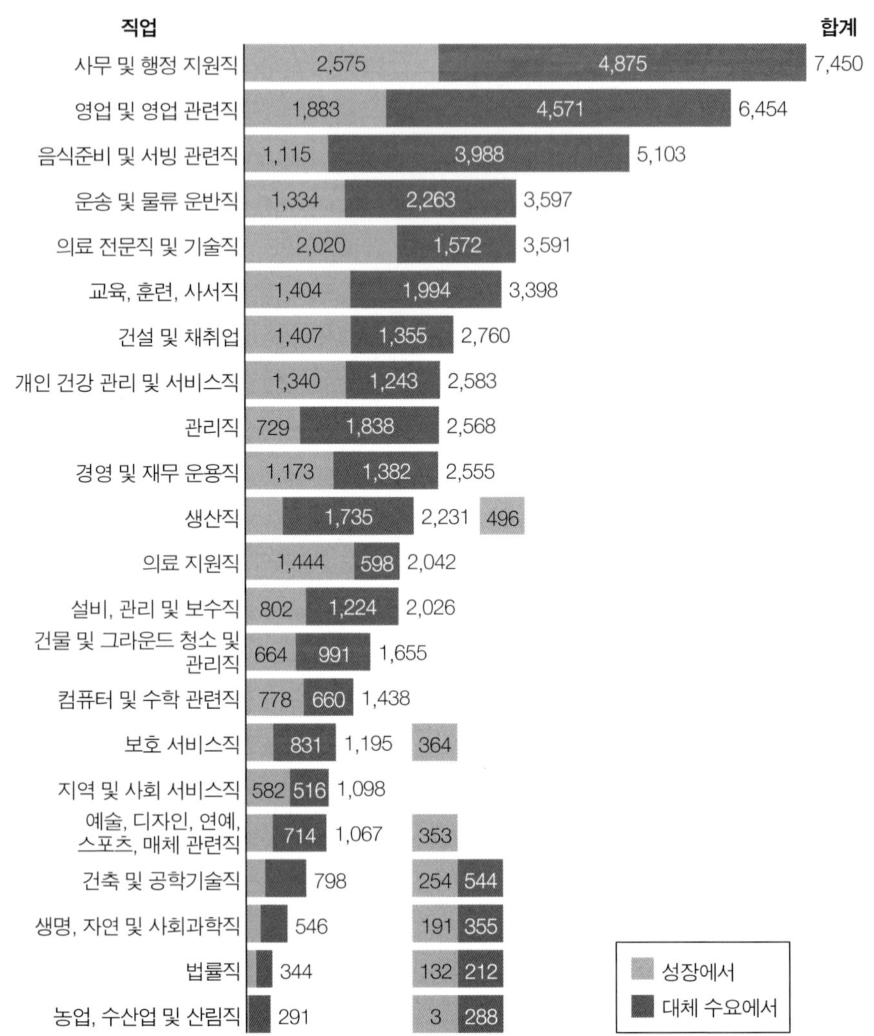


**그림 3.1** 주요 직업군의 일자리 추정치(2010~2020년)(단위: 천 명)

출처: *Occupational Outlook Quarterly*(p. 11)(2011-2012, 겨울호)에서 재구성. 워싱턴: 미국 노동부, 노동통계국.

2010년에서 2020년까지 미국에서 가장 빠르게 성장할 것으로 예측되는 직업은 다양한 직종에 걸쳐 있다. 그림 3.2에서 볼 수 있듯이, 가장 빠른 성장을 보이는 20종의 직업에는 개인 건강 관리 및 재택 건강 보조직이 포함된다. 건설 및 관련 산업의 조력직과 더불어 의료 서비스 분야에서 가장 빠른 성장을 보이는 직업으로는 수의과 기술자와 조수 및 물리치료 보조직이 있다. 건설 및 관련 직종의 예로는 벽돌공, 석공, 목수, 철근공, 수도관 부설공, 배관공, 배관설치공 등이 있으며, 이는 최근 경제적 변화로 인해 적자를 보고 있는 직업들이기도 하다. 생체의학과 관련한 공학 분야 또

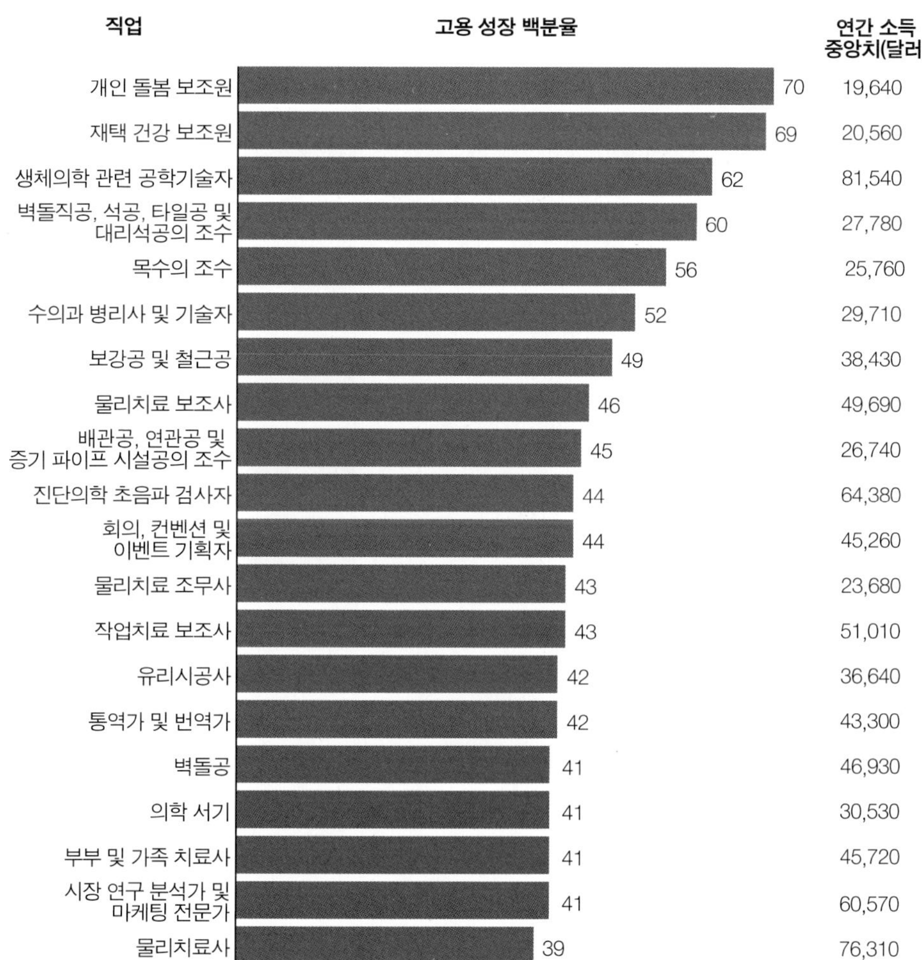


**그림 3.2** 신생 직업군의 고용 성장 백분율(2010~2020년 추정치)과 각 직업의 소득 중앙치

출처: *Occupational Outlook Quarterly*(p. 11)(2011-2012, 겨울호)에서 재구성. 워싱턴: 미국 노동부, 노동통계국.

한 성장할 것이다.

명백히 교육의 양은 소득 및 노동인구에 참여하는 비율과 밀접하게 관련된다. **그림 3.3**은 2011년 고등학교 졸업자(610달러)와 석사학위 취득자(1,253달러) 간의 엄청난 주급의 차이를 보여 준다. 대학 졸업자(1,016달러)의 소득은 고졸 미만 학력자(433달러)보다 평균적으로 두 배가 넘는다. 교육 수준이 높을수록 그 교육 범주에 해당하는 사람들의 노동인구 참여 비율이 낮다. 학력이 고졸 미만인 경우 실업률은 14.5%이며, 이는 대졸자 실업률 4.8%에 비해 상당히 높다. 이러한 자료는 교육의 경제적 가치를 강력하게 보여 준다.

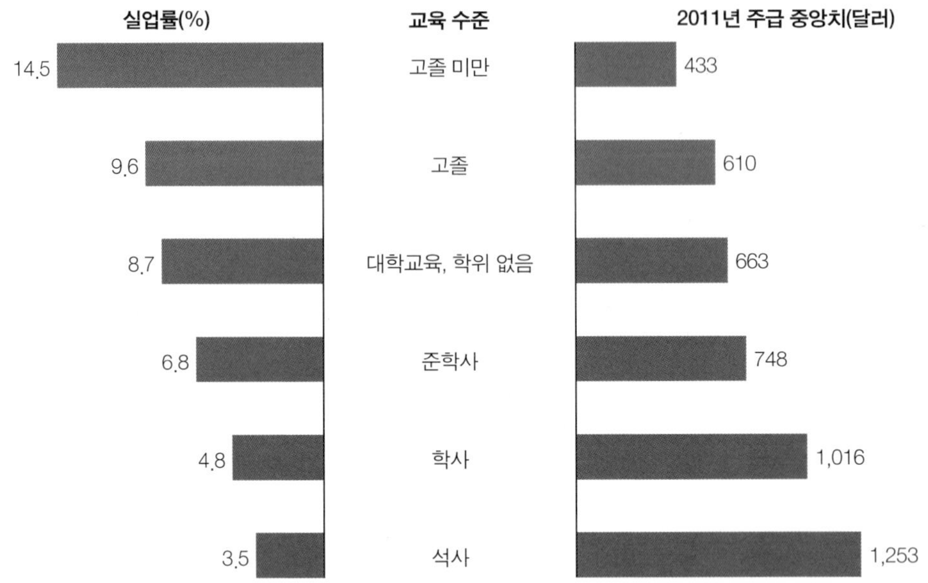


**그림 3.3** 미국 노동시장의 25~64세 실업률 및 최종 학력 수준에 따른 주급 중앙치

출처: 교육성취, 연령, 성 및 인종에 따른 정규직 임금노동자의 통상 주급. Annual average, unpublished Occupation and Industry Table from the Current Population Survey. 실업률(Current Population Survey 표 10). *Employment status of the civilian noninstitutional population by educational attainment, age, sex, race(2012)*. 워싱턴: 미국 노동부, 노동통계국, 2012.

미국 노동시장에 대한 이러한 간략한 개관은 가장 중요한 특징만을 보여 준다. 일반적으로 영업 관련직뿐만 아니라 사무직 및 행정 지원직에서도 고용이 상당히 증가할 것으로 예측된다. 하지만 운송 산업과 음식 준비 및 서비스 직종에서도 상당한 수요가 있을 것이다. 급여와 실업률은 개인이 받은 교육의 유형과 양에 지속적으로 영향을 받을 것이다. 여성과 흑인, 라틴계와 아시아계 미국인의 고용 정보는 이 장의 후반에 더 많이 제시할 것이다. 지역 노동시장에 대한 부가적인 정보는『직업 전망서』(2013)에서 얻을 수 있다. 상담자는 매우 다양한 출처에서 방대한 양의 정보를 얻을 수 있기 때문에 내담자에게 관련성이 매우 높은 정보만을 제시하여 내담자가 정보에 압도되지 않도록 하는 것이 중요하다.

## 사회학적 · 경제학적 접근

노동시장에 대한 정보와 예측 외에도 사회 조직으로서 노동시장에 대한 연구도 있다. 심리학이 주로 개인의 행동에 대한 연구와 관련 있는 반면, 사회학과 경제학은 사회

조직에 대한 연구를 중시한다. 이 책의 다른 장에서는 진로선택과 의사결정을 하는 방식 또는 직업환경에 적응하는 방법을 다룬다. 사회학자와 경제학자는 진로선택의 문제를 완전히 다른 관점에서 접근한다. 사회학자는 인간 사회의 발달 · 조직 · 운용을 연구한다. 경제학자는 재화와 서비스의 생산 · 분배 · 소비를 연구한다. 더 구체적으로 말하자면, 사회학자는 실업과 기업의 임금 분배와 같은 변수뿐만 아니라 직업선택을 예측하는 가정적 · 문화적 요인과 그 외 다른 사회적 요인을 다룬다. 이들은 또한 수백 가지의 다양한 합법적 직업과 불법적 직업의 관습과 상호작용 및 전문적 발달의 양상을 연구한다. 경제학자는 실업, 기업의 임금 분배, 직함(job title), 성, 인종과 같은 요인을 연구하는데, 이는 모두 개인의 진로발달과 직접적으로 연관되는 요인이다. 경제학자와 사회학자 모두 노동시장이나 노동행위를 예측하기 위해 여러 변인 가운데 능력과 흥미, 가치, 진로의사결정을 연구한다. 사회학자와 경제학자는 사회조직에 초점을 두고 상담자는 조직이 아닌 개인을 상담하는 데 초점을 두기 때문에 사회학적 이론과 경제학적 이론은 진로상담에 간접적으로 적용된다.

심리학자와 사회학자는 사회적 요소와 압력이 시간제나 전일제로 일하는 청소년 근로자에게 어떤 영향을 미치는지를 연구해 왔다. 일반적으로 심리학자는 개인이 직업선택이나 직업적응을 통해서 어떻게 환경을 조성하고 바꾸는지를 살펴본다. 청소년/청년의 실업과 시간제 고용 및 불완전 고용에 대한 사회학적 조망은 입직(入職)에 대한 흥미로운 관점을 제공한다. 일부 사회학자와 경제학자는 직장이 개인을 변화시키는 방식을 제시한다. 이러한 상이한 참조 틀은 근로자와 직장에 대한 새로운 통찰을 제공한다.

몇몇 이론은 상당히 많은 연구의 주제가 되어 왔다. 지위획득 모델(status attainment model)은 많은 사회학자들이 연구를 하도록 자극한 이론으로서, 개인의 사회적(특히 가족) 배경을 통해 향후 그 개인이 얻을 직업의 명성 수준을 예측한다. 진로발달과 관련된 주요한 경제학적 이론은 인적자본 이론(human capital theory)이다. 인적자본 이론은 개인이 더 높은 명성과 더 많은 소득을 얻을 수 있는 직업을 갖기 위해 교육과 훈련에 투자한다고 본다. 이 이론에 대한 비판은 노동시장의 구조에 대한 연구로 이어졌다. 연구자들은 노동시장을 몇 개의 부문으로 나누었다. 이 중 가장 낮은 부문의 노동시장은 승진의 기회가 거의 제공되지 않는 저임금 직업들로 구성된다. 가장 높은 부문에서는 이와는 반대 양상이 나타난다.

지위획득 이론 및 인적자본 이론과 관련된 것으로 여성 및 소수민족에 대한 조직적 · 사회적 처우에 대한 연구가 있는데, 이러한 연구는 이 이론들을 비판하고 정교화하고 있다. 많은 연구들이 여성 및 소수민족이 백인 남성과는 다른 형태의 직업에 종사하고 보수를 적게 받으며 승진의 기회가 적다는 것을 보여 주고 있다. 이러한 이론들과 이 이론들로 인해 도출된 연구결과가 진로상담을 개념화하는 방법을 제공하지는 않지만, 상담자에게 진로선택과 직업적응 상담에 적용할 수 있는 직업세계에 대한 통찰은 제공할 수 있다.

## 청소년 고용

청소년은 동질적인 집단이 아니기 때문에 청소년 고용에 대해 개괄적으로 설명하기는 어렵다(Blau & Kahn, 2002; Kerckhoff, 2002; Mortimer, 2003, 2007; Schoon & Silbereisen, 2009). 청소년에 대해 논할 때 연구자들은 흔히 만 15~24세의 연령을 사용하지만, 이러한 연령범위가 일관되게 적용되는 것은 아니다. 서로 다른 쟁점들이 더 어린 '청소년'과 더 나이 든 '청소년'에게 영향을 준다는 것은 놀라운 일이 아니다. 2005년의 경우 미국 학생의 약 10.4%가 고등학교를 중퇴하였는데, 백인 학생 중에서는 6.0%, 아시아계 학생 중에서는 2.7%의 학생만이 중퇴를 한 반면 흑인 학생 중에서는 10.4%, 중남미계 학생 중에서는 22.4%의 학생이 중퇴하였다(학생 활동 및 교육 발전국, 2007). 고등학교 졸업자 가운데는 학교를 졸업하고 전일제로 고용되어 직장생활을 시작하는 청소년도 있지만, 구체적인 취업계획 없이 졸업하는 청소년도 있다. 청소년의 근로 패턴에서는 다양한 유형의 직업을 힘겹게 헤쳐 나가는 패턴과 불확실성이 나타난다(Mortimer, Vuolo, Staff, Wakefield, & Xie, 2008). 고등학교 재학 중 적게 일하고 졸업 후 상급학교에 진학하여 시간제 근무를 하는 패턴이 고등학교 재학 중 장시간 일하는 패턴보다 청소년에게 더 유익할 수 있다(Staff & Mortimer, 2008). 청소년의 근로 동기 또한 사회경제적 지위에 따라 달라진다. 어떤 청소년들은 부모의 수입에 보탬이 되기 위해 혹은 장래 자신의 교육비를 마련하기 위해 일을 하는 반면, 어떤 청소년들은 자동차나 유흥에 쓸 돈을 벌려고 일자리를 찾는다. 이러한 동기의 차이로 인해 일에 대한 태도가 다르게 형성된다.

최근에는 일의 양(근무시간)뿐만 아니라 고용의 질도 관심의 대상이 되고 있다(Cherry, 2001; Mortimer, 2003, 2007; Staff & Schulenberg, 2010). 청소년이 종사하는 직업은 주로 음식 서비스와 소매업처럼 낮은 수준의 서비스 산업에 속한다. 공공 행정, 보건, 사회적 서비스와 교육 분야에서 청소년들에게 입직 가능한 직업은 거의 없다. 그 이유 중 하나로 보건, 사회적 서비스와 교육 분야의 입직 수준이나 직업의 요구조건을 들 수 있다. 시간제 일에 대한 연구(Mortimer, 2003)는 시간제 일이 장래의 취업에 긍정적 영향과 부정적 영향을 미칠 수 있음을 보여 준다. 일의 질에 따라 일이 청소년에게 미치는 영향이 달라질 수 있다(Staff & Schulenberg, 2010). 경제적 어려움이 있는 청소년의 경우, 학업과 병행하여 적정 수준의 시간제 일을 하는 것은 교육적 성취를 예측하는 요인이다(Mortimer, 2007). Stinebrickner(2003)는 대학 신입생이 첫 학기에 일을 하면 학점에 부정적인 영향이 있을 수 있지만, 다양한 개인적 요인으로 인해 많은 청소년들에게 시간제 일이 적절한 경험이 될 수 있다고 보고한다. 고등학생이 일주일에 지나치게 오랜 시간 동안 일하는 것은 학교에서의 문제행동, 사소한 일탈 행위 및 음주와 같은 문제를 초래할 수 있다. 흥미롭게도 많은 양의 일을 하는 것은 적당한 양의 일에 비해 더 높은 범죄율과 더 많은 물질남용을 예측하는데, 이는 부분적으로 재정, 가정 혹은 다른 문제로 인한 것으로 보인다(Staff, Osgood, Schulenberg, Bachman, & Messersmith, 2010). 시간제 취업의 유형도 영향을 미칠 수 있는데, 농장에서 일한 중학교 2학년, 고등학교 1, 3학년 학생들은 대부분 과목에서 시험점수가 떨어졌다(Sakurai, 2006). 어떤 일자리는 개인적 만족도와 일에 대한 태도를 향상시키는 반면, 어떤 일자리는 판에 박힌 똑같은 일의 반복이거나 심지어 청소년을 위험한 근로환경에 노출시킬 수 있다. 청소년기에 배우는 일과 관련된 태도는 이후의 전일제 직업에 대한 태도에 영향을 미칠 수 있다.

시간제 일은 학생에게 자율성을 부여함으로써 도움이 될 수 있다. 시간제 일은 전일제 고용에 비해 시급이 낮기 때문에 고용주들은 시간제 근로자를 선호하기도 한다. 시간제 일의 경우 개인도 자신의 일에 대해 좀 더 많은 통제력을 갖는데, 흔히 자신이 언제 일을 할지를 결정함으로써 이직률도 낮춘다. 또한 일은 개인에게 직무 기술을 사용하고 개발하며, 자신의 일과 동료들과의 관계에 책임감을 갖게 되는 기회를 제공할 수 있다(Mortimer, 2003; Staff et al., 2010).

여러 국가에서 각기 다른 환경에 처한 다양한 청소년을 위해 훈련 프로그램들이 개발되고 있다. 캐나다의 핼리팩스에서 훈련 프로그램에 참여하지 않고 자력으로 살아가는 노숙 청소년들을 살펴본 결과, 이들은 전형적인 직장에서 일하기도 하였지만 동시에 예술작품을 만들거나 팔고, 시낭송을 하거나 음악 공연을 하고, 자동차 창문을 닦거나 구걸하는 등의 비공식적인 일을 하고 있었다(Karabanow, Hughes, & Kidd, 2010). 청소년에게 다양한 기술을 가르쳐 주는 훈련 프로그램을 개발해야 할 필요성이 있다. 대만에서 직업훈련 프로그램에 참여한 청소년들은 프로그램이 일자리를 얻는 데 도움이 되지는 않았지만, 정서적 지지를 제공하고 자기효능감을 높였다고 보고하였다(Chen, 2011). 미국에서는 가정위탁보호 청소년들을 위한 특수 거주 프로그램을 마련하였는데, 프로그램을 수료한 지 3년 후 이들은 법적문제나 노숙생활이 거의 없었으며, 일부는 저임금 일자리를 구하였고, 절반은 대학에 진학하였다(Jones,

2008). 오스트레일리아의 가정위탁보호 청소년들은 자신감과 지지적 관계가 직업을 얻고 일할 기회를 찾는 방법을 배우는 데 도움이 되었다고 보고하였다(Tilbury, Buys, & Creed, 2009). 이러한 프로그램들은 청소년에게 유급 근로경험과 함께 진로 및 기술 교육, 학습 위원회, 개인 및 사례 관리, 고등학교와 전문대학 프로그램과의 연계를 제공할 수도 있다(Heinrich & Holzer, 2011).

청소년들은 성인에 비해 불완전 고용에 처할 가능성이 더 높다. 경험이 더 많거나 현장 훈련을 더 받은 성인은 더 나은 직업을 얻을 수 있다. 때때로 고용주들은 성인 근로자에 비해 청소년이 그만두기 쉽고, 책임감이 적으며, 생산성이 떨어진다고 여긴다. Rosenbaum(1999)에 의하면 고용주들은 청소년, 특히 저소득층의 소수민족 청소년이 효율적으로 일할 것이라고 믿지 않는다. 고용주들은 청소년 근로자에 대해 교사와 상담자로부터 정보를 얻더라도 이러한 정보를 불신하며 고용 면접에서 받는 첫인상에 의존한다(Rosenbaum, 2001). 따라서 청소년들은 일에 대한 태도와 능력에 대한 고정관념에 기반한 일종의 '연령 차별'을 경험할 수 있고 이로 인해 불완전 고용에 직면하게 된다.

자기효능감과 부모의 지지와 같은 여타 개인적 요인들도 청소년이 직장생활로 이행하는 데 한몫을 한다(Vuolo, Mortimer, & Staff, 2010). 일에 대한 자기효능감은 목표를 성취할 수 있다는 자신의 능력에 대한 신념이다. 미고용 상태와 실직 상황에서 청소년들의 자기효능감은 감소하는 경향이 있었다(Cunnien, MartinRogers, & Mortimer, 2009; Mortimer & Kim, 2010). 청소년이 실직을 경험할 때 부모의 지지는 증가하는 것으로 나타났다(Swartz, Kim, Uno, Mortimer, & O'Brien, 2011).

고등학교 여학생은 남학생에 비해 가정생활에 대한 헌신을 더 많이 보여 준다(Mortimer, 2003). Koenigsberg, Garet과 Rosenbaum(1994)과 Rauscher(2011)의 젊은 성인을 대상으로 한 연구에서 자녀를 둔 젊은 직장 여성은 가족을 위한 경제적인 부양보다 자녀양육을 주된 책무로 여기는 것으로 나타났다. 또한 자녀가 있는 젊은 여성은 자녀가 없는 젊은 여성보다 교육 수준 및 직업 안정성이 낮고 자신의 삶에 대한 통제감도 낮았다(Falci, Mortimer, & Noel, 2010). 중국의 농촌 지역에서는 성에 대해 전통적인 가치를 지닌 어머니는 딸에 대한 교육적 포부가 제한적이었다(Zhang, Kao, & Hannum, 2007). 직업시장에서 젊은 남녀의 경험에 대한 성차를 전반적으로 살펴본 결과, 여성이 남성에 비해 자신의 직업을 더 우호적인 시각으로 보는 것으로 나타났다(Mortimer, 2003). 젊은 여성은 젊은 남성에 비해 직장에서 사람들을 돕고 관리자들과도 좋은 관계를 가질 수 있는 기회를 감사하게 여길 가능성이 더 높다. 이러한 결과는 일에 대한 젊은이들의 태도에서 성차의 중요성을 부각시킨다.

최근의 연구는 노동시장에 진입하는 청소년의 경험과 관련하여 민족과 성의 중요성을 보여 준다. 중국에서 민족적 배경은 청년들이 입직하는 직업의 명성 수준에 영향을 미치는 것으로 밝혀졌다(Hannum, 2002). 노르웨이에서는 10대 빈곤 청소년보다 20대 초반의 빈곤 청소년들이 사회적으로 배제되었다(일을 하지 않거나 학교를 다니지 않는다)고 여겨질 가능성이 높았다(Raaum, Rogstad, Roed, & Westlie, 2009). 터키 학생들의 경우 성인기로의 전환에 중요한 열쇠가 되는 것은 유급직장인데, 그 이유는 터키에서는 일을 하지 않는 청소년에게 주어지는 지원이 상대적으로 적기 때문이다(Çelik, 2008). 아프리카의 보츠와나에서는 육체노동에 대한 청소년들의 부정적 시각이 구직 과정에서 문제점으로 작용한다(Osei-Hwedie & Kgwatalala, 2011). 미국에 비해 학교와 일터가 더 긴밀하게 연계되어 있는 독일의 경우, 여성이 첫아이를 임신하기 전에 학업을 마칠 가능성이 더 높다(Mortimer, Oesterle, & Kruger, 2005). 인종차별을 경험하였다고 보고한 젊은 미국 흑인과 라틴계 근로자는 이후에 직장에서 건강과 관련한 제약을 더 많이 경험하였다(Gee & Walsemann, 2009). 또한, 젊은 미국 흑인 여성의 실업률은 젊은 백인 여성보다 더 높다(Reid, 2002). 이는 부분적으로는 젊은 흑인 여성이 경험하는 차별로 인한 것이고, 계절제나 임시직에 더 많이 고용되는 현실과 가족문제로 인한 것이다. 따라서 노동시장에서 청소년이나 청년의 경험은 문화적 · 성별 쟁점에 따라 다양하다. 이에 학교 상담자는 청소년 내담자의 경험에 영향을 미치는 문화적 요인에 주목해야 한다.

이러한 정보는 상담자가 청소년 내담자와 함께 일에 대한 태도와 실제 현실의 직무 요구에 대해 논의하는 것이 중요하다는 것을 시사한다. 내담자가 일에서 얻을 수 있으리라고 기대하는 것이 무엇인지 다루는 것이 도움이 된다. 단지 소득을 얻는 데 그칠 것인가, 아니면 흥미로운 새로운 영역을 탐색하는 기회가 있을 것인가? 학생의 근로경험에 대해 논의할 때는 고용주의 태도, 직장동료와의 관계, 습득한 새로운 기술, 시간제 근로자와 전일제 근로자 모두를 위한 승진기회에 대해 물어보는 것이 좋다.

## 직업환경이 개인에게 미치는 영향

좋은 상품을 만들거나 직무를 훌륭하게 수행하는 것처럼 개인이 일에 영향을 미치듯이, 일도 개인에게 영향을 미친다. 직업이 개인에게 미치는 영향은 Melvin Kohn(2006)의 연구의 초점이다. Kohn과 Schooler(1983), Schooler(1998, 2009) 그리고 Schooler와 Caplan(2008)은 직업과 개인이 상호 간에 미치는 영향을 연구해 왔다.

이들은 복잡한 지적 과제를 효과적으로 다루는 개인의 능력을 증진시키는 데 있어서 복잡한 업무가 어떻게 도움이 되는지를 연구하였다. 거꾸로 말하면, 개인이 더 이상 도전적인 과제를 다루지 않는다면 복잡한 문제를 해결하는 능력을 상실할 수 있다는 것이다.

Kohn과 동료들의 연구는 개인이 도전적이지 않은 직업을 갖게 되면 지적인 기술을 상실할 수도 있다는 것을 보여 준다(Kohn, 2006; Mainquist & Eichorn, 1989; Schooler, Mulatu, & Oates, 1999). Kohn과 Schooler(1978)는 "업무가 사고능력과 독립적인 판단을 요구하는 정도"(p. 30)로 개념 정의한 '실질적 복잡성(substantive complexity)'을 연구하였다. 이들은 근로자의 능력이 업무에 접근하는 방식에 미치는 영향보다 업무의 지적인 요구가 근로자의 지적 능력에 미치는 영향이 더 크다고 보고한다. 추적연구에서는 직업환경이 개인의 심리적 기능에 미치는 영향이, 개인의 심리적 기능이 일에 미치는 영향보다 더 큰 것으로 밝혀졌다(Kohn & Schooler, 1982). 이 이론을 우크라이나와 폴란드의 근로자, 실업자 및 가사노동자들에게 적용한 결과, 이들이 수행한 일이 어떤 일이든지 간에 그 일의 복잡성이 지적 유연성, 자기 주도성 및 안녕감과 관련이 있었다(Kohn et al., 2002). 미국에서 수행된 연구에서는 복잡한 집안일은 남성과 여성 모두의 지적 유연성을 증가시켰지만, 남성의 경우에는 자신감의 감소와 관련이 있었고, 여성의 경우에는 자신감의 증가와 관련이 있었다(Caplan & Schooler, 2006). 미국에서 직장인 남성과 여성을 대상으로 한 전국규모의 종단연구에서 Schooler, Mulatu와 Oates(1999)는 업무의 실질적 복잡성은 연구 참여자의 지적 기능 수준을 유의하게 증가시킨다는 것을 확인하였다. 이 연구에서 연령대별로 집단을 나누었을 때 연령대가 더 높은 집단에서 이러한 경향이 더 분명하게 나타났다. 지적으로 복잡한 과업을 수행하는 것은 직장에서나 퇴직 후나 마찬가지로 노인에게 유익하다(Schooler, 2009). 다음의 예는 업무가 개인에게 미치는 영향을 보여 준다.

페드로는 4년 동안 공장에서 컴퓨터 하드웨어를 조립하는 일을 하였다. 그 후 그는 감독자로 승진하였는데, 이 일은 그가 고등학교를 졸업한 이후 사용하지 않았던 쓰기와 계산 능력을 필요로 하였다. 그의 업무는 매뉴얼을 읽고 직원과 대화한 것을 근거로 하여 독립적인 의사결정을 내리도록 요구하였다. 처음에는 계산능력과 글쓰기 기술을 향상시키기 위해 고군분투하였지만 결과적으로 그의 읽기 능력은 향상되었다. 어떤 의미에서 페드로의 직무는 그가 더 지적인 사람이 되도록 요구하였다고 볼 수 있다. 물론 모든 조직이 이렇게 개인에게 기술을 개발할 기회를 제공하는 것은 아니다.

## 지위획득 이론

지위획득 이론은 직업선택에 영향을 미치는 요인 중 성취와 사회적 지위의 상대적 역할에 관한 쟁점과 관련이 있다. 지위획득 이론에 대한 대부분의 연구는 때로 수직 이동이라 불리는 세대 간 변동에 대한 것으로, 아버지의 직업을 통해 개인의 직업적 역할을 예측하는 데 초점을 둔다. Blau(1956), Blau와 Duncan(1967)의 초기 연구가 특히 주목할 만하다. 이들은 다른 연구자들과 함께 아버지의 직업과 교육 수준을 통해 개인이 갖는 첫 번째 직업의 사회경제적 지위를 예측할 수 있고, 또 이를 통해 현재의 직업도 예측할 수 있음을 밝혔다.

지위획득 모형 및 이와 관련된 문제에 대한 연구가 계속됨에 따라 연구는 점점 더 복잡해지고 있다. 약 60년 전에 창시된 이 이론은 연구자들에게 지능, 교사 영향력, 어머니와 아버지의 직업선택과 같은 변인이 어떻게 개인의 직업선택을 예측할 수 있는가를 연구하는 지침을 제공한다(Hauser, 2005). **그림 3.4**는 가족 지위 및 인지적 기능과 연관된 변인에서 시작하여 궁극적으로 개인의 직업 획득을 예측하는 경로를 간략하게 보여 준다. 가족 지위는 아버지의 직업적 지위와 사회경제적 지위, 소득 및 교육 수준을 포함한다. 두 번째 변인군은 학업 수행(예를 들어, 적성검사와 학교성적)을 측정한다. 이러한 두 부류의 변인은 사회심리적 과정에 영향을 미치는데, 여기에는 청소년의 교육적·직업적 포부, 대학진학에 대한 부모와 교사의 격려 정도, 또래의 대학 진학 계획이 포함된다. 이 사회심리적 과정은 교육적 성취를 예측하는데, 이는 학교교육을 받은 햇수로 측정한다. 학교교육을 받은 햇수는 다시 직업의 지위나

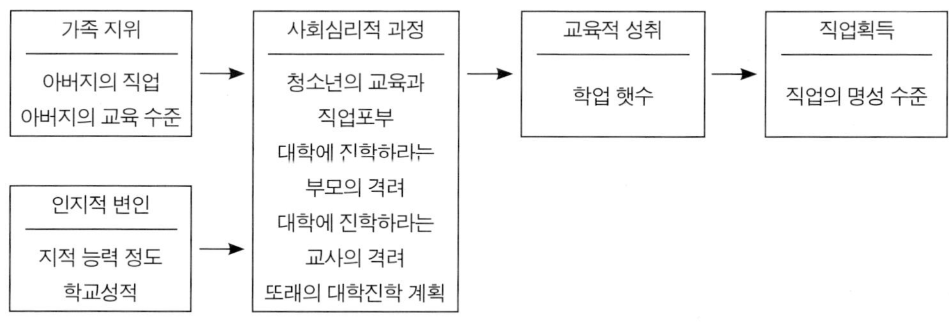


**그림 3.4** Wisconsin 지위획득 모델의 초기 버전의 개요

출처: 『직업과 진로발달의 사회적 조망』(L. Hotchkiss & H. Borow), 『진로선택 및 발달(*Career choice and development*)』(2판, 1990, D. Brown & L. Brooks 외)에서 발췌. Copyright © 1990 by Jossey-Bass, Inc. 허락하에 재인쇄함.

명성 수준으로 측정되는 직업적 성취를 예측한다. 가족배경과 지적 능력 및 다른 요인들의 영향력에 대한 Sheridan(2002)의 연구는 이러한 많은 변인들이 이후 개인의 직업선택에 안정적으로 영향을 미친다는 사실을 확인하였다. 스코틀랜드에서 수행된 한 연구에서는 부의 사회적 계층과 아동기 인지능력이 자녀의 첫 직업과 중년기의 직업적 지위를 예측하는 중요한 요인으로 밝혀졌다(Deary et al., 2005). Wilson(1989)은 청소년이 자신의 미래에 대해 어떤 관점을 가지는가가 학교를 꾸준히 다니는 데에 영향을 미친다고 강조한다. 그는 "[학교에] 남아 있는 것은 이후 진로를 가장 강력하게 결정한다고 알려진 요인"(p. 71)이라고 말한다. 아동의 교육적 기대는 아주 어린 나이에 가족과 다른 사회적 요소의 영향을 받는다는 결론을 내린 좀 더 최근의 연구결과(Bozick, Alexander, Entwisle, Dauber, & Kerr, 2010)는 이러한 결과를 지지한다. 하지만 Duncan(2005)은 지위획득에 대한 자신의 연구를 재평가한 결과, 아버지의 직업이 원래 생각하였던 것만큼 자녀의 직업적 지위를 예측하지는 않는다고 밝혔다.

최근 들어 진로선택과 직업의 지위에 가족이 미치는 영향력이 상당히 주목받고 있다. 어머니의 직업을 아는 것은 아동의 이후 직업성취를 예측하는 데 중요한 요소이다. 4,756명을 대상으로 한 연구에서 어머니의 직업은 아들뿐만 아니라 딸의 직업성취를 예측하는 데 특히 유용하였다(Khazzoom, 1997). Simpson(2003)은 어머니가 자녀의 진로선택에 영향을 주는 방식을 조사한 결과, 어머니는 흔히 공과대학 이외의 전공 선택을 지지하는 반면, 아버지는 공과대학 전공을 지지하였다는 사실을 발견하였다. 어머니는 흔히 정서적 지지를 제공함으로써 자녀의 진로선택에 영향을 준다. Korupp, Ganzeboom과 Van Der Lippe(2002)는 어머니의 정서 및 직업적 지위가 자녀의 직업선택에 중요한 영향을 준다는 사실에 동의하면서도, 부모의 영향력은 시간이 흐르면서 감소한다는 점을 특별히 언급하였다. 5,027명의 네덜란드 학생을 대상으로 연구를 수행한 Korupp, Sanders와 Ganzeboom(2002)은 아버지의 직업지위가 어머니의 직업지위보다 자녀의 직업선택에 더 큰 영향을 준다고 보고하였다. 가족기능을 살펴본 Biblarz와 Raftery(1993)는 부모의 이혼과 별거가 이후 자녀가 가장 높은 지위보다 가장 낮은 지위의 직업에 종사할 가능성을 더 증가시켰다고 보고하였다. 지위획득 이론은 또한 정신장애인들의 직업획득을 예측하는 데에도 적용된다(Shin, 2009). 또한 여성에 대한 가정폭력은 낮은 지위 획득과 저소득의 한 가지 원인이 될 수 있다(Lloyd, 1997). 이러한 연구들은 가족 기대와 가족 기능이 청소년과 성인의 진로계획과 진로고민에 미치는 영향력을 보여 준다.

문화 역시 지위획득 이론에서 주요 요인으로 연구되고 있다. 직업시장에 새로 들어온 6,885명을 대상으로 한 연구에서 Waight(1998)는 미국 흑인과 여성은 인종과

성 문제로 인해 백인 남성과 동일한 수준의 직업적 지위를 획득하지 못한다고 보고하였다. 라틴계 미국인의 경우, 이중언어의 사용은 가족의 상호작용 유형과 관련된 방식으로 남녀 모두에게서 더 높은 지위 획득을 예측하는 요인이었다(Blair & Cobas, 2006). 베트남에서 개인의 직업지위는 공산당의 당원 여부에 의해 결정되는 부모의 지위를 통해 예측할 수 있다(Korinek, 2006). 중국에서도 공산당 당원 여부는 직업성공을 예측하였다(Chen, 2006). Strenze(2006)는 에스토니아와 미국에서 직업성공의 결정요인으로서 정신능력(mental ability)의 역할을 비교하였는데, 그 결과 에스토니아에서는 사회적 지위가 정신능력보다 직업성공을 더 강력하게 예측하였다고 보고하였다. 반면에 미국에서는 정신능력이 사회적 지위보다 직업성공을 더 강하게 예측하는 것으로 나타났다. 덴마크의 청소년들은 자신의 직업적 성취가 부모의 성취에 뒤지지 않는 명성을 가져다주는 진로선택을 하는 경향이 있었다(Davies, Heinesen, & Holm, 2002). 케냐에서는 문화적 요인이 아동의 학교재학 기간과 이후의 직업 획득에 영향을 주었다(Buchmann, 1998). 이러한 문화적 요인에는 가족 소득에 아동이 기여할 것을 기대하는 심리와 직장에서 여성의 차별을 바라보는 시각이 포함된다. 이러한 연구들은 문화적 요인이 어떻게 교육적 · 직업적 계획에 영향을 미치는가에 대한 정보를 제공한다.

비록 지위획득 이론이 직업 획득을 예측하는 데 유용하기는 하지만 이 이론은 또한 비판의 대상이 되고 있기도 하다. Sonnenfeld(1989)에 따르면, 지위획득 이론은 일단 개인이 직장생활을 시작한 이후 발생하는 지위의 변화를 적절하게 설명하지 못하였다. 그는 지위획득 이론이 최근의 자료를 사용하지 않았고 경력 내에서 이루어지는 직업적 지위의 변화를 보지 않는다는 점을 비판한다. 더구나, 지위획득 이론은 성공적인 직업의 정의에 대한 합의를 어렵게 만드는 변동하는 사회적 가치에 주목하지 않는다. 그리고 무엇보다 중요한 것은, Sonnenfeld는 개인의 직업적 성취가 아니라 한 회사 내의 지위를 평가해야 한다고 믿는다는 점이다. 이러한 비판에도 불구하고 지위획득 이론은 진로의사결정 및 직업적응 상담과 관련성이 있다.

지위획득 이론은 심리학 이론이 간과하기 쉬운 중요한 변인에 주목한다. 이 책의 다른 장에서 언급되는 이론가들 중 오직 Gottfredson(2005)만이 진로발달 이론에서 사회적 변인을 다룬다. 지위획득 이론에서 강조하는 변인은 명성의 중요성과 가족의 지위 및 고등교육의 장려이다. 미국은 평등한 기회의 땅으로 여겨지고 있지만, 지위획득 이론에 따르면 실제로 개인의 직업적 지위는 상당 부분 가족의 지위(최근까지는 아버지의 지위)에 의해 결정된다. 지위획득에 대한 연구와 관련하여, 빈곤가정의 건강에 대한 연구는 좋지 않은 건강상태가 사회적 지위의 획득을 제한하는 요인임을 발견하였다(Haas, 2006; Pearlin, Schieman, Fazio, & Meersman, 2005). 지위획득 이론에 대한 이해는 낮은 사회경제적 배경을 가진 내담자를 만나는 상담자에게 도움이 된다. 상담자는 이 이론을 통해 내담자가 가족의 지위보다 훨씬 높은 지위의 직업을 얻는 데 필요한 몇몇 요인에 대해 생각해 볼 수 있다. 앞에서 논의하였듯이, 지위와 관련된 요인 중 하나는 성공에 대한 부모의 격려 부족이다. 낮은 사회경제적 배경을 가진 청소년에게는 고등교육을 받게끔 하는 부모와 또래 및 교사의 격려가 부족할 수 있다. 게다가, 이러한 배경은 명확한 직업적 포부에 제약을 가할 수 있다.

상담자의 과제는 내담자가 자신의 지적 능력을 충분히 활용하는 데 걸림돌이 될 수 있는 사회적 과정을 넘어설 수 있도록 유용한 정보와 지지를 제공하는 것이다. 지위획득 이론은 이에 대한 방법은 설명하지 않는다. 오히려 이 이론은 자신에게는 닫혀 있다고 여기는 노동시장의 영역을 내담자에게 열어 주기 위해 각별한 노력을 기울이는 것이 중요하다고 역설한다. 다음은 사회경제적 배경이 낮은 내담자를 대하는 상담자의 예시이다.

고등학교 2학년인 베티는 만 15세의 미국 흑인으로 시카고에 살고 있다. 어머니는 미혼모이며 시카고 중심가에 있는 대규모 청소회사에서 일한다. 베티에게는 학교에 다니는 두 명의 여동생이 있다. 베티의 언니는 간호사 양성 프로그램에 등록하였다. 베티는 방과 후에 패스트푸드 체인점에서 일하고 있다. 이제 베티는 거의 만 16세가 되어 가기에 학교를 중퇴하고 식당에서 전일제로 일하는 것을 고려하는 중이다. 다음에 제시된 짧은 발췌록에서, 베티는 진로지도 선생님과 이러한 계획에 대해 논의하고 있다.

**내1:** 이 일을 계속해 왔기 때문에 드디어 제가 늘 사고 싶었던 옷도 살 수 있었어요. 엄마도 돈이 필요해서 제 돈을 좀 가져가셨어요.

**상1:** 그래서 네가 도움이 된다고 느꼈을 것 같구나. [상담자는 자신이 생산적이라고 느끼고 있는 베티의 기분에 대해 언급한다.]

**내2:** 네, 학교에서 따분해 보이는 것들을 읽으면서 그냥 빈둥빈둥 앉아 있지 않고, 제 삶에서 의미 있는 뭔가를 하고 있는 것 같아요.

**상2:** 학교가 네겐 의미가 없나 보구나? [상담자는 학교에 대한 베티의 전체적인 관점에 도전하고 싶어 한다.]

**내3:** 음, 그런 것 같아요. 읽기는 꽤 많이 배웠어요. A학점과 B학점을 받았거든요. 저는 모두 다 읽기를 배운 줄 알았어요. 그런데 저랑 같이 일하는 애들 중에는 자기 이름도 겨우 쓰는 애들도 있어요. 그 애들은 메뉴판 읽기도 힘들 거예요.

**상3:** 그게 걔들이 할 수 있는 일에 제약이 될까? [상담자는 베티가 학교교육과 승진의 관계에 대한 자신의 관점을 평가하기를 바란다.]

**내4:** 당연하죠. 그 친구들은 시간당 8달러나 10달러 이상은 못 벌 것 같아요.

**상4:** 너는 이 일에서 얼마나 벌 수 있을 것 같니? [상담자는 전일제 직업으로 패스트푸드 가게 점원의 한계를 다루기 시작한다.]

**내5:** 아마 주급 300달러 정도겠죠.

**상5:** 1년에 대략 15,000달러가 되겠구나. 그 정도면 너한테는 많은 것 같니?

**내6:** 아뇨, 그다지요.

**상6:** 너는 얼마나 벌고 싶니? [상담자는 베티가 자신이 바라는 미래를 생각해 보도록 돕고 있다.]

**내7:** 그보다는 훨씬 더 많이요. 엄마는 1년에 22,000달러 정도 버는데 너무 적어요.

**상7:** 네가 돈을 더 벌려면 뭘 해야 한다고 생각하니?

**내8:** 모두들 저에게 돈을 벌려면 대학에 가야 한다고 해요. 전 절대로 그렇게 못 할 거에요.

**상8:** 왜 안 되지? [상담자는 자신의 능력과 미래의 가능성에 대한 베티의 부정적인 가정에 의문을 제기하려고 한다.]

**내9:** 우리 집에는 대학 보낼 만한 돈이 없어요. 그건 분명해요.

**상9:** 장학금을 받을 수도 있지. 이 학교 졸업생 중에 부모님의 지원을 전혀 받지 못한 학생들도 대학에 가서 잘 생활하고 있거든. 너를 돕기 위해 선생님이 네가 학자금 지원을 받을 수 있는 방법을 알려 주고 진학할 수 있는 학교를 제안할 수 있을 것 같구나. 넌 공부를 잘하잖니. 성적을 봐도 그렇고 선생님들도 그렇게 말씀하시고. 네가 무엇을 하고 싶은지, 어떤 학교를 갈 수 있는지 찾도록 도와줄게. [상담자는 베티가 미래의 선택을 향해 적극적으로 한 걸음 내디딜 수 있도록 직접적인 지지와 격려를 제공한다. 베티는 자신에게 가용한 대안을 인식하지 못하고 있다. 하지만 상담자가 도와줄 것이다.]

**내10:** 선생님은 제가 이걸 할 수 있다고 생각하세요?

**상10:** 그럼. 너에게 그렇게 할 수 있는 방법을 알려 주고 그렇게 하도록 도와줄게.

실천할 수 있는 계획을 갖는 것은 상담자가 베티의 낙담에 맞서는 데 도움이 될 것이다. 상담자는 베티가 선택할 수 있는 대안들을 살펴보도록 힘을 실어 줄 것이다. 상담자는 지역 대학과의 연계를 구축하고 학자금 지원에 대한 정보를 확보해 두었기 때문에 베티에게 자신의 능력을 충분히 사용할 수 없는 직업에 대한 대안을 찾는 방법을 제안할 수 있다.

## 인적자본 이론

개인은 일생 동안 받게 될 소득을 높이기 위해 교육과 훈련에 투자한다는 것이 인적자본 이론의 기본적인 가정이다(Becker, 1964; Wachter, 1974). 경제학에서 인적자본 이론은 기업이나 정부에 영향을 미치는 노동인구의 소득에 주목하는 경향이 있다. 이 책에서는 이 이론이 개인에게 적용되는 부분에 초점을 둘 것이다. 직업소득은 능력과 교육, 훈련이 효율적인 생산을 위한 노력과 결합한 요인의 함수로 간주된다(Beattie, 2002). 교육은 적절한 직업경험과 결합되었을 때, 기대 소득을 산출할 것으로 예상되는 일종의 투자로 여겨진다. 때때로 교육이나 훈련은 고용주가 현장실무 훈련으로 제공할 수 있는데, 이를 통해 개인의 인적자본의 가치가 높아진다(Booth & Katic, 2011). 하지만 이러한 훈련은 질적인 면에서 차이가 있으며, 훈련의 질을 결정하는 요인은 개인이 자신이 받는 훈련에 무엇을 얼마나 투입하는가이다(Felstead, Gallie, Green, & Zhou, 2010). 흔히 개인(그리고 가족)은 개인의 진로 초기에 대학이나 여타 훈련에 돈을 투자한다. 이러한 투자에 대한 이득은 몇 년 후 자신의 일에 대해 보수를 받기 시작하면서 이루어진다. Parent(2002)는 인적자본 이론의 예측력을 연구하고 그 유용성을 지지하였는데, 특히 고졸 학력의 남성에게 잘 적용되는 것으로 나타났다. 인적자본 이론에서는 개인을 하나의 회사로 본다. 즉, 건강 관리와 이사 비용이 개인의 소득창출 능력(earning power)을 높이는 데 도움이 된다면 이러한 비용은 교육비와 마찬가지로 개인의 궁극적인 생애소득을 위한 투자로 볼 수 있다는 것이다.

인적자본 이론은 고등학생과 대학생에게 적용되어 왔다. 예를 들어, Worth(2002)는 학교를 중퇴한 경우는 덜하지만, 청소년들은 대체로 더 나은 직업을 얻기 위해서는 교육에 투자해야 한다는 생각을 고수하는 경향이 있다고 보고하였다. 하지만 5,000명이 넘는 청소년을 조사한 Bedard(2001)의 연구에서는 대학이 포함된 노동환경에 거주하는 청소년들이 대학이 없는 환경에 거주하는 청소년들보다 학교 중퇴율이 높은 것으로 나타났다. 다른 대학으로 편입한 대학생들을 연구한 Hilmer (2002)는 처음 다녔던 대학이나 편입해서 졸업한 대학의 질과는 무관하게 인적자본 이론이 지지되었다고 보고하였다. 슬로베니아에서는 경영학 전공 졸업생의 경우에 출신 학교에 따라 고용률에서 차이가 있었는데, 이는 인적자본 방정식의 또 다른 요인이다(Domadenik, Drame, & Farcnik, 2010). 이처럼 인적자본 이론의 타당성에 대한 검증은 다양한 조건하에서 지속적으로 수행되고 있다.

어떤 면에서 인적자본 이론은 특성요인 이론을 지지하는 것으로 볼 수 있다. 특성요인 이론과 마찬가지로, 인적자본 이론은 직업선택에서 흥미와 능력의 평가가 차지하는 역할을 강조한다. 그러나 인적자본 이론은 장기적인 과정과 투자로서의 진로선택을 강조하고 소득에 초점을 둔다는 점에서 특성요인 이론과 다르다.

상담자는 시간제 일이나 여름방학 중 근로경험이 내담자의 생애소득을 높이는 데 어떻게 도움이 될 것인가의 관점에서 내담자의 선택에 대해 의견을 제시할 때 인적자본 이론에서 추려 낸 정보를 활용할 수 있다. 또한, 자신이 받고 싶은 교육에 투자하기에는 소득이 충분치 않은 사람들은 지금 당장의 일을 투자로 볼 수도 있다. 예를 들어, 의사가 되고 싶지만 필요한 교육비를 마련할 수 없는 사람은 2년제 전문대학에 진학해서 2년 동안 구급 간호사(EMT)로 일하고 다시 1년 동안 대학에서 공부한 후, 2년 동안 의료사로 일하고, 1년 후에 대학과정을 마치고, 3년 동안 정규 간호사로 일하고 나서 의과대학에 진학할 수도 있다. 인적자본 이론의 관점에서 이러한 과정은 신중하게 계획된 장기투자로 볼 수 있다. 하지만 교육 종료 시점에서 나이가 많을수록 투자에서 소득을 얻을 수 있는 시간이 적어진다.

인적자본 이론은 그 목적이 금전적인 보상이라는 점에서 비판받아 왔다. 사람들은 흔히 공직에 선출된다거나, 남들을 돕거나, 여가시간을 갖는 등 금전적 목적과는 다른 목적을 갖는다. 최근 들어 인적자본 이론 연구자들은 일을 금전 외의 이득이 있는 투자로 간주한다. 개인이 높은 소득과 타인을 돕는 것과 같은 다중 목적을 갖고 있는 경우, 이러한 목적을 위해 자신의 능력과 선호 및 가치에 투자하는 일은 훨씬 더 복잡해진다. 따라서 때때로 내담자에 대해 인적자본 이론의 관점에서 생각해 보는 것은 장기간의 투자를 강조하고 개인의 장래 발전을 고려한다는 이점이 있다. 이러한 계획의 측면에서 인적자본 이론은 Donald Super(7장)의 발달 이론과 유사하다.

인적자본 이론은 노동시장이 모든 근로자에게 동등하게 열려 있다고 가정한다. 이러한 가정은 많은 비판을 야기하고 있으며, 인적자본 이론의 과잉 단순화를 입증하려는 많은 연구가 수행된 이유가 되기도 하였다. 예를 들어, Tomaskovic-Devey, Thomas와 Johnson(2002)은 일반적으로 소수민족은 백인에 비해 직업을 구하는 데 시간이 더 오래 걸리고 중요한 현장훈련을 제공하는 직업에 대한 접근성이 낮음을 확인하였다. 이러한 요인은 직업의 유형과 개인이 받을 수 있는 임금에 영향을 미친다. 도시지역의 저소득층 여성은 친구와 가족과 같은 비공식적인 접촉을 통해 직업을 구하는 경향이 있었다(Rankin, 2003). 최근 캐나다로 이민 온 사람들은 종종 본국에서 그들이 받은 교육과 직업이 캐나다의 교육과 직업만큼의 가치를 인정받지 못하는 경험을 하는 것으로 밝혀졌다(Buzdugan & Halli, 2009). 이러한 요소들은 좋은 직업에 대한 접근성을 제한하고 이 때문에 소득을 제한하는데, 이는 인적자본 이론의 정확성에 문제를 제기하는 것이다. 도시지역의 저소득층 가정을 연구한 결과, Coley, Bachman, Votruba-Drzal, Lohman과 Li-Grining(2007)은 교육에 더 많이 투자한 여성은 교육에 더 적게 투자한 여성에 비해 안정적이고 보수가 더 많은 직업을 가질 가능성이 더 높다는 사실을 발견하였다. 인적자본의 관점에서 보면, 여성은 남성에 비해 질적 수준이 낮은 일에 종사하고 상대적으로 저임금을 받는 경향이 있다(Young, 2010). 이와 유사하게 Zhan(2006)은 이전에 교육이나 직업훈련을 받은 미혼모들은 그렇지 않은 미혼모에 비해 더 높은 임금을 받고 있음을 확인하였다. Gheorghiu-Stephens(2005) 역시 구사회주의 국가와 서구 자본주의 국가의 여성 모두 남성에 비해 교육과 훈련에 투자한 혜택을 더 적게 받고 있다고 거론하였다. Bayley(1997)에 의하면, 대학교육을 받은 미국 흑인 여성은 대학교육을 받은 백인 여성에 비해 가정을 꾸리는 일을 미루는 경향이 있었다. 이렇게 함으로써 흑인 여성은 인적자본 이론에 따른 예측대로 교육에 대한 투자에서 자본을 벌어들이고 있었다. 지금까지 살펴본 노동시장의 복잡성은 이 장에서 앞으로 기술할 부분에 대한 논리적 근거를 이룬다. 인적자본 이론은 개인의 소득을 예측하는 데 있어 여성과 다문화 집단에 대한 직업적 차별을 고려하지 않는다. 또한, 일부 연구들은 각기 다른 유형의 조직에서 일어나는 불평등에 초점을 두었다. 이러한 연구는 노동시장 구조의 특징을 탐색하는 연구와 관련이 있다.

## 노동시장의 구조

인적자본 이론은 모든 개인이 노동시장에서 동등한 경쟁의 기회를 가진다고 가정한다. 사회학자와 경제학자는 오래전부터 이것이 사실이 아님을 인식하고 있었다. 특히 빈곤집단과 소외집단은 좀 더 혜택을 누리는 집단과는 다른 유형의 직업에 진출하는 경향이 있다. 예를 들어, 양계 가공업은 처음에는 주로 미국 흑인 여성이 종사하였지만 이후에는 미국 남부 지역에 이주한 사람들이 종사하게 되었다(Schwartzman, 2008). 스웨덴에서 이민자들은 임금이 낮은 직장에서 일하는 경향이 있었다(Aslund & Skans, 2010). 특정 부류의 직업은 유사한 특징을 공유한다. 직업의 유형을 특징짓는 첫 번째 접근법은 이중경제 이론(또는 이중 이론)(dual-economy 또는 dualistic theory)이다(Berger & Piore, 1980). 이중 이론은 원래 서로 다른 두 부류의 노동시장을 기술하는 데 사용되었지만, 점차 노동시장의 다양한 불연속적인 부문을 보는 관점으로 발전하였다. 애초에는, 노동시장의 1차 고용주들(primary employers)은 독점적 · 과점적으로 시장을 점유하고, 선진기술을 사용하고, 국가나 국제적 차원에서 통상에 관여한다고 간주되었다(Brand, 1997). 이러한 대기업들은 2차 노동시장에 비해 더 높은 임금과 직업 안정성 및 더 많은 승진의 기회를 제공하였다. 소매상과 패스트푸드 사업은 2차 노동시장의 예이다. 이러한 직업은 보통 최저임금이나 그보다 약간 더 높은 임금을 주고 승진의 기회를 거의 제공하지 않으며 근로자 교체율도 상대적으로 높다. 1차 노동시장에서 일하였던 근로자들은 2차 노동시장으로 이동할 가능성이 낮았고, 그 반대의 경우도 가능성이 낮다고 가정되었다. 이러한 초기연구 이래로, 연구자들마다 노동시장의 구조를 연구하는 데 다른 접근을 취해 왔다(Kalleberg & Leicht, 2002). 그중 한 가지 접근은 근로자들 자신이 노동시장의 구조를 어떻게 인식하고 있는지를 살펴보는 것이다(Berntson, Sverke, & Marklund, 2006).

몇몇 연구는 이중 이론에서 제시된 것보다 더 복잡한 노동시장의 구조를 밝힌 바 있다. Piore 등(Berger & Piore 1980; Piore, 1975, 1979, 2008; Piore & Sable, 1984)은 노동시장을 세 개의 수준으로 제시하였다. 이들은 2차 노동시장의 직업을 저임금, 열악한 근무환경, 낮은 사회적 지위라는 환경으로 범주화하였다. 이러한 직업에서는 안정성과 승진 기회가 거의 없고 근로자에게 요구되는 기술도 거의 없다. 관리자와의 관계는 개인적이고 비공식적인 경향이 있다. 2차 노동시장의 구성원은 여성과 청소년, 이주민인 경향이 있고 근로자 간의 교체가 빈번하다. 하지만 Chun(2008)은 노동조합이 예전에는 2차 노동시장의 수준이 더 낮은 직종에 종사하는 근로자들의 요구를 다루지 못했지만, 지금은 그들의 요구를 다루고 있다고 보고하였다.

Piore 등은 1차 노동시장을 두 개의 층으로 나눈다. 1차 노동시장의 하층부는 2차 노동시장보다 더 공고한 구조를 유지한다. 여기에 해당하는 직종들은 지위가 더 높고 근무환경이 좋으며, 승진의 기회도 좀 더 있고 보수도 더 낫다. 근로자에게는 더 많은 기술이 요구되며 형식적인 훈련도 더 많이 필요하다. 근로자와 관리자의 관계는 비공식적일 수도 있고, 좀 더 공식적인 노동조합의 통제를 받을 수도 있다. 임금은 고용주에 의해서가 아니라 이미도 단체 교섭을 통해 결정된 것이다. 이와는 달리, 1차 노동시장의 상층부는 관리직과 전문직으로 구성된다. 이러한 직업은 더 높은 임금, 지위, 명성, 안정성과 더 많은 승진의 기회를 제공한다. 이 직업들은 하층부의 직업에 비해 고용 이전에 더 높은 교육 수준을 요구한다. 일반적으로 상층부의 근로자는 하층부의 근로자보다 더 많은 자율성을 가지며, 관리자와 근로자의 관계가 덜 중요하고 덜 형식적이다.

모든 직업이 1차 혹은 2차 노동시장에 들어맞는 것은 아니다. Piore와 동료들은 공예 직종은 분류하기 어렵다고 하였다(Berger & Piore, 1980). 이 직종은 1차 노동시장의 상층부와 하층부 사이에 위치하는 경향이 있다. 공예작업은 흔히 현장에서 학습되고 근로자와 감독자 간의 형식적인 관계가 존재한다는 점에서 하층부의 직종에서 수행되는 일과 유사하다. 하지만 공예가들은 독립적으로 일하는 경향이 있는데, 이는 상층부 직종의 근로자가 가지는 특성이다. 공예일은 숙련 배관공, 전기기사, 배관설치공과 같은 직업을 포함한다. 분류가 어려운 또 다른 직종은 미용실을 소유하고 연간 45,000달러에서 85,000달러(또는 그 이상)을 버는 미국 흑인 여성의 직업이다(Harvey, 2008). 연구의 초점 중 하나는 업무가 어떻게 학습되며, 이러한 학습이 직업시장의 네 개의 층에서 어떻게 적용되는가를 밝히는 데 맞춰져 왔다.

노동시장 업종에 대한 또 다른 분류에는 개발도상국의 경제상황을 기술하는 방법이 포함된다(Hodson & Sullivan, 2008). 3차 산업화는 제조업에 기반을 두지 않은 채 서비스 경제를 발전시킨 국가를 나타낸다. 이런 형태의 노동시장에서 1차 업종은 농업과 광업, 2차 업종은 제조업이고, 3차 업종은 서비스업이다. 서비스 업종에는 하인, 음식점 서빙 직원, 영업사원, 꽃이나 신문 판매와 같은 비숙련직이 포함된다. 미국에서 농업과 광업은 제조업에 비하면 비중이 적다. 개발도상국에서는 흔히 이와는 반대의 상황이 나타나고, 제조업이 농작물과 광물의 가공으로 제한되어 있다. 이로 인해 많은 근로자들이 저임금의 서비스업에 종사하게 되며, 숙련된 기술을 필요로 하는 제조업 분야에 종사하는 근로자들은 상대적으로 적어진다. 예를 들어, 2005년 라틴아메리카와 카리브 해 연안에서는 노동인구의 62.5%가 서비스 부문에 종사하였고 17.1%만이 제조업 분야에 종사하였다(Hodson & Sullivan, 2008). 3차 산업화는 미국과 유럽연합의 노동시장과는 매우 다른 나라들의 노동시장을 보는 관점을 제공한다.

Hodson과 Sullivan(2008)은 혁신과 비주류 분야라는 주요한 두 분야를 살펴봄으로써 노동시장에서 발생할 미래의 변화를 바라보는 방법을 제시한다. 혁신 분야는 기술에 기반을 둔다. 이 분야는 Piore의 1차 노동시장의 상층부와 다소 유사하다. 근로자들은 좋은 교육을 받았을 것이고 보수도 좋을 것이다. 이들은 아마도 팀이나 조직관리에 관여할 것이다. 이들은 심지어 회사의 지분을 소유하고 있을 수도 있다. 새로운 기술의 훈련과 직업 안정성은 혁신 분야의 특징일 것이다. 이와 대조적으로, 이중경제 이론에서 2차 노동시장과 유사한 비주류 분야는 보수가 좋지 않고 혜택도 거의 제공하지 않는다. 비주류 분야에 속하는 직종의 예로는 식당일과 소매상을 들 수 있다. 승진이나 교육의 측면에서 고용주의 도움이나 지원은 거의 없을 가능성이 크다.

다른 연구에서는 노동시장의 다른 분야에 영향을 미칠 수 있는 당면한 쟁점의 몇 가지 예를 제시한다. Giesecke와 Gross(2003)는 임시직 노동시장의 성장에 대해 논의하고, 임시직 노동시장이 어떻게 2차 또는 비주류 노동시장에서 발견된 한계와 유사한 한계를 갖고 있는지 살펴보았다. 또 다른 쟁점은 집에서 일하는 것과 관련된다(Felstead, Jewson, Phizacklea, & Walters, 2002). 집에서 일하는 것은 집에서 1차 분야나 혁신 분야에 해당하는 업무를 수행하는 재택근무뿐만 아니라 2차 분야 혹은 비주류 분야에 해당하는 가정에서의 조립일이나 품팔이도 포함한다. 가정에서 이루어지는 조립일이나 품팔이의 증가는 임시직과 마찬가지로 근로자에게 승진, 수당, 임금 인상이나 교육의 기회를 거의 제공하지 않는다.

상담자는 노동시장의 구조를 이해함으로써 내담자에게 외부적인 요인을 강조할 수 있다. 이 책의 다른 모든 장에서 다루어지는 심리학적 이론은 주로 개인과 개인의 선택을 강조한다. 이 장은 직업세계의 광범위한 분야에서 나타나는 근본적인 차이에 주목한다. 상담자가 다양한 범주의 직업에 따라 고용관행, 근로관계, 승진 가능성과 소득에서 광범위한 차이가 있다는 사실을 인식하는 것은 매우 중요하다. 상담자가 노동시장을 2차, 3차, 4차 분야 혹은 더 많은 분야로 나누어 생각하는 것은 이보다 중요하지는 않다. 분야별 차이점에 대한 정보는 노동시장에 첫걸음을 내딛고 낮은 수준의 직종에서 시작하기 쉬운 청소년을 상담하는 이에게 특히 유용하다. 이러한 정보가 상담에 유용한 이유는 이러한 정보에 기반하여 내담자와 상담자가 노동시장의 더 나은 분야로 어떻게 이동할 수 있는가를 살펴볼 수 있기 때문이다. 상담자는 1차 분야에 해당하는 많은 직업의 경우, 더 많은 교육과 경험 없이는 가질 수 없다는 점을 청소년들이 인식하도록 도울 수 있다. 하지만 직장에서 얻은 경험은 신뢰성이나 협력과 같은 개인적 기술을 개발하는 데 도움이 될 것이다.

지역 고용주에 대한 직업정보도 상담자에게 도움이 된다. 이러한 정보는 특정 직업, 고용관행, 임금 산정 체계 등과 관련하여 지역의 주요 고용주들에 대한 세부적인 지식을 포함한다. 노동시장 구조에 대한 지식은 이러한 정보를 평가하는 근거가 될 수 있다. 상담자는 임금, 직업 안정성, 승진기회, 고용변동 등에 관하여 내담자에게 제공할 수 있는 정보를 얻을 수 있다. 이러한 정보는 임금이 낮고 근로자 간의 교체가 빠르며 승진의 기회가 거의 주어지지 않는, 상대적으로 장래성이 없는 직업이 초래할 수 있는 장기적인 결과를 이해하는 데 도움이 될 것이다.

## 여성과 직장 내 차별

사회학자와 심리학자는 성별이 진로성과에 미치는 영향을 연구해 왔다(Crosby, 2008; Denmark, German, & Brodsky, 2011; Paludi, 2011; Paludi, Paludi, & DeSouza, 2011). 이러한 연구 가운데 일부는 지위획득 이론, 인적자본 이론 또는 노동시장의 구조에 대한 연구의 맥락에서 수행되었다. 다른 연구에서는 더 낮은 임금, 더 적은 승진 기회 및 직업적 분리(occupational segregation)로 이어질 수 있는 성별의 영향을 살펴보았는데, 직장에서의 성별의 영향은 여성이 남성에 비해 더 낮은 명성을 가진 직업에 종사하는 결과를 초래하였다. 여기서는 먼저 직장에서 여성이 경험하는 차별을 살펴볼 것이다.

여성은 직장에서 겪는 차별과 불평등에 대해 지속적으로 염려한다(Kaufman, 2010; Paludi, 2011; Paludi, Paludi, & DeSouza, 2011). 관리직과 건설업계에서 일하는 여성은 성적 불평등이 그들의 일에 대한 태도와 일하는 방식에 영향을 미친다고 생각하였다(King, Hebl, George, & Matusik, 2010). 또 다른 연구는 대기업과 성장세에 있는 기업에서는 여성 관리자가 가장 큰 영향을 미쳤지만, 최고위 경영 의사결정에 대한 여성의 접근성은 지난 몇 년간 감소하였다는 것을 보여 준다(Huffman, Cohen, & Pearlman, 2010). 시간을 들여 다른 여성을 멘토링하였던 경험이 있는 여성은 여성에 대한 차별이 해로우며 사회에 만연해 있다고 지각하는 경향이 있었다. 차별이 만연하지 않다고 지각하는 여성은 다른 사람들을 멘토링한 경험이 적었다(Hersby, Jetten, Ryan, & Schmitt, 2011). Derks, Van Laar, Ellemers와 de Groot(2011)는 경찰고위직 여성을 조사하였는데, 연구자들은 이들을 '여왕벌'로 묘사하였다. 여왕벌은 자신이 다른 여성과 다르기 때문에 성공하였다고 여기는 성공한 여성 경찰관을 말한다. 이와는 대조적으로 여성성을 받아들이는 여성 경찰관들은 다른 여성의 처우를 개선하는 데 관심이 많았다. 이러한 연구는 직장 내 성차별에 대한 관심을 강조하고 있다.

직장 내 차별은 세계적인 관심사로, 미국뿐만 아니라 아프리카와 아시아에서도 새로운 연구가 수행되고 있다. 나이지리아에서 임원직에 대한 연구를 수행한 Akingbade(2010)는 남녀 평가자 모두 고용상황에서 객관성을 견지하려는 시도가 있음에도 불구하고 여성에 대한 편견이 존재함을 보여 준다. 나이지리아의 국가 정책을 살펴본 연구에서도 경제정책에서 여성에 대한 차별이 있음을 보여 주었다(Adeyeye & Akinbamp, 2010). Shah, Habib와 Aamir(2010)는 파키스탄에서 성차별의 원인을 평가한 결과, 여성의 직업역할에 대한 제한이 지역 전통과 이슬람교에 대한 잘못된 해석 및 가부장적 가치에 기인한다고 보았다. 중국에서는 여성이 상대적으로 덜 도전적인 직업에 종사하고 자신이 성차별을 받는다고 여기기 때문에 직업에 대한 헌신도가 남성보다 낮았다(Peng, Ngo, Shi, & Wong, 2009). 중국에서 신입사원 채용 관행을 살펴본 연구에서는 성역할에 대한 고정관념으로 인해 고용 과정에서 여성이 불리한 입장에 처하는 것으로 나타났다(Woodhams, Lupton, & Xian, 2009). 미국에서는 성차별이 있고 낮은 수준의 직종에 종사하는 아프리카계 미국 여성은 더 나은 지위로 승

**표 3.2 인구통계 집단에 따른 실업률(2011년)**

| 연령(세) | 백인 남성 | 백인 여성 | 흑인 남성 | 흑인 여성 | 아시아계 남성 | 아시아계 여성 | 합계 |
|---|---|---|---|---|---|---|---|
| 16~17 | 26.6 | 22.9 | 44.5 | 49.5 | 38.1 | 17.9 | 27.7 |
| 18~19 | 23.5 | 16.7 | 42.5 | 34.8 | 28.8 | 21.6 | 22.9 |
| 20~24 | 13.9 | 11.4 | 27.4 | 23.1 | 11.7 | 10.1 | 14.6 |
| 25~54 | 7.2 | 6.7 | 15.9 | 12.8 | 5.7 | 6.6 | 7.9 |
| 55~64 | 6.6 | 5.8 | 12.7 | 7.4 | 7.3 | 7.9 | 6.6 |
| 총합 | 8.3 | 7.5 | 17.8 | 14.1 | 6.8 | 7.3 | 8.9 |

출처: 미국 노동부 현 인구조사(2011).「성과 인종에 따른 민간인 고용현황(*Employment status of the civilian noninstitutional population by detailed, sex, and race*)」. 표 2. 워싱턴: 미국 노동통계국.

진하려 할 때 차별을 경험하였다(Ortiz & Roscigno, 2009). 승진에서 차별을 경험하는 것 이외에도 여성은 남성에 비해 임금에서도 불이익을 경험하였다.

직장에서 여성의 고용 문제를 이해하는 데는 실업 자료, 다양한 직종에서 여성 분포, 여성의 임금을 살펴보는 것이 도움이 된다. 표 3.2에서 보여 주듯이 미국에서 여성은 남성과 비슷한 실업률을 보이는 경향이 있다. 미국 노동통계국에서 제시한 고용률은 적극적으로 구직 활동을 하고 있는 사람들과 실업수당을 받고 있는 사람들만 포함하고 있다는 사실에 주목하라. 이 통계치는 일할 능력은 있지만 구직에 관심이 없는 사람들과 일하고 싶지만 일자리를 구할 수 없을 것 같아 낙담한 사람들을 배제한 것이다. 실업률은 성별보다는 인종에 따라 현저하게 달라지는 것으로 보이는데, 특히 만 20세 미만 청소년에게서 이러한 경향이 뚜렷하게 나타났다. 그러나 남성과 여성의 실업률이 비슷한데도 불구하고 여성은 남성에 비해 더 빈번하게 노동인구로 진입했다가 빠져나오는 경향이 있는데, 아마 여성은 가정에 대한 책임으로 인해 일시적으로 직장을 그만두어야 하는 상황에 처하기도 할 것이다. 여성은 일자리를 구할 때 남성이 고려하지 않는 직업도 받아들인다. 이런 이유로 여성이 입직하는 직업의 유형은 전형적으로 남성이 많이 종사하는 직업에 비해 보수가 적고 명성도 낮은 경향이 있다.

일반적으로 미국에서 여성의 임금은 백인 남성보다 낮다(표 3.4 참고)(Kaufman, 2010). 이러한 차이는 아시아계 여성과 백인 여성에 비해 흑인 여성과 라틴계 여성에게서 더 뚜렷하게 나타난다. 뉴욕에서 고졸 여성은 고졸 남성에 비해 보수가 높은 직업을 얻을 가능성이 적은데, 그 이유는 이 여성이 고소득 직업을 얻는 데에 필요한 특

**표 3.3 선정된 직업, 성, 인종에 따른 고용 인구(2011년)(단위: 천 명)**

| 직업 | 총 고용인 | 총 비율 | | | |
|---|---|---|---|---|---|
| | | 여성 | 흑인 | 아시아계 | 히스패닉 |
| 공학기술자와 건축가 | 2,785 | 13.6 | 5.2 | 8.8 | 6.4 |
| 의사 | 822 | 33.8 | 5.3 | 16.1 | 6.6 |
| 공인간호사 | 2,706 | 91.1 | 10.4 | 7.3 | 5.1 |
| 관리직 | 15,250 | 38.1 | 7.3 | 5.1 | 7.7 |
| 고등교육기관 교사 | 1,355 | 46.2 | 7.3 | 10.1 | 4.8 |
| 초중등 교사 | 2,848 | 81.7 | 9.8 | 1.6 | 8.0 |
| 변호사 | 1,085 | 31.9 | 5.3 | 4.2 | 3.2 |
| 상담자 | 732 | 69.9 | 18.7 | 2.8 | 11.2 |
| 판매직 | 15,330 | 49.6 | 9.8 | 4.9 | 12.6 |
| 비서, 행정 보조원 | 2,871 | 95.9 | 8.2 | 2.6 | 9.7 |
| 음식 준비원 및 서빙직 | 7,747 | 54.4 | 12.6 | 5.9 | 21.8 |
| 정신간호사 및 재택 건강 보조원 | 1,981 | 87.8 | 33.1 | 4.3 | 13.3 |
| 수위 및 건물 청소원 | 2,186 | 30.3 | 16.6 | 3.1 | 30.4 |
| 가사 및 청소 도우미 | 1,419 | 88.6 | 16.5 | 4.5 | 39.9 |
| 설비, 유지 및 보수직 | 4,883 | 3.5 | 7.9 | 2.9 | 15.8 |
| 트럭 운전기사, 배달 및 영업 사원 | 3,059 | 4.8 | 13.7 | 1.6 | 17.6 |
| 버스기사 | 573 | 43.4 | 24.6 | 1.6 | 12.7 |

출처: 미국 노동부 현 인구조사(2011). 「직업, 성과 인종에 따른 민간인 취업 및 미취업 인구(*Employed and experienced and unemployed persons by occupation, sex, and race*)」. 표 1. 워싱턴: 미국 노동통계국.

정한 직업훈련을 받지 않았기 때문이다(Skinner, 2002). 아동을 대상으로 일하는 여성 근로자들을 분석한 결과, 사람들은 아동을 돌보는 근로자들에 대해 아동을 교육한다기보다 여성의 일을 한다고 인식함으로써 이들의 역할을 평가절하하는 것으로 나타났다(Findlay, Findlay, & Stewart, 2009). 또 다른 연구에서는 자녀가 있는 여성의 임금이 자녀가 없는 여성의 임금보다 낮은 것으로 밝혀졌다. 그리고 남성 평가자들에 비해 여성 평가자들이 자녀가 있는 여성을 다른 근로자들과 비교하여 더 부정적으로 보는 경향이 있었다(Benard & Correll, 2010).

Blau와 Kahn(2003)은 일본과 유럽 국가들을 포함한 22개국 남성과 여성의 급여 차이를 연구한 결과, 격차가 감소하고 있다고 보고하였다. 이는 부분적으로 대부분의 직업에서 급여 범위를 좁히고 있고 기업의 단체 교섭에서 남녀의 임금을 비슷하게 책정하는 경향이 있기 때문이다. Cheung(2002)은 홍콩의 여성에게는 동등한 소득의 결여보다 유급 일자리에 대한 접근성의 결여가 더 문제라고 언급하였다. 브라질의 여성은 그들과 유사한 자격을 갖춘 백인 남성보다 더 적은 보수를 받는다(Lovell, 2006). 네덜란드에서 외향적인 성격은 남성의 경우에는 더 높은 임금과 관계가 있었지만, 여성의 경우에는 그렇지 않았다(Gelissen & de Graaf, 2006). 이렇듯이 여성의 임금 불평등은 문화적 요인에 따라 다양하다.

노동인구에서 여성의 역할을 세부적으로 분석한 연구에서 몇 가지 흥미로운 결과가 밝혀졌다. 12개국에서 상근직 근로자 7,436명의 가치를 연구한 Rowe와 Snizek(1995)는 높은 소득, 해고위험이 없는 안정성, 여가시간, 승진, 성취감을 얼마나 중요하게 여기는가에 있어 남녀 간 차이는 없었다고 보고하였다. 오히려 이들 변인에 대한 가치평가는 연령, 교육, 직업의 명성에 따라 차이를 보였다. Stratton(2003)은 기혼 남성과 기혼 여성이 수행하는 무보수의 가사노동을 분석하였다. 연구결과 여성이 남편보다 집안일에 더 많은 시간을 사용했으며, 이는 심지어 여성이 남편보다 소득이 높은 가정에서도 마찬가지였다. Moe(2003)는 저서『여성, 가족, 그리고 일(*Women, Family, and Work*)』에서 여성이 직장생활을 하면서 얻는 소득과 스트레스에 영향을 미치는 결혼, 집안일, 육아와 같은 특정 요인을 12개의 장에 걸쳐 기술하고 있다.

노동시장에서 여성에 대한 차별이 지속되고 있지만, 1960년대 중반 이래로 직업에서의 성차별 폐지가 점진적으로 이루어지고 있다. 성별 분리(gender segregation)라는 용어는 다양한 직업에서 나타나는 남녀의 분포 차이를 말한다. 표 3.3이 보여주듯이 여성은 공학기술자, 의사, 변호사 등 높은 명성을 가진 고소득 전문직에 종사하는 비율이 35% 미만이고, 공인 간호사, 초등교사와 같이 임금 수준과 명성이 좀 더 낮은 전문직에 종사하는 비율이 80% 이상을 차지한다. 비전문직에서 여성은 비서와 행정 보조원의 96%, 가사도우미와 청소도우미의 88%를 차지한다. 남성은 트럭 운전기사, 설비, 유지, 수리 직종처럼 임금 수준이 좀 더 높은 비전문직에서 지배적이다. 여성이 무역업에 진입하거나 기계공이 된다는 것은 흔히 차별을 당할 수도 있는 일의 세계로 들어간다는 것을 의미한다. 이러한 여성이 갖는 특징으로는 타고난 능력, 높은 자존감, 독립에 대한 욕구, 훌륭한 역할모델과의 만남 등이 있다(Greene & Stitt-Gohdes, 1997). 한편, 대만에서는 성적 분리가 증가하고 있다. 그 이유는 여성이 가정에서 더 많은 시간을 보내기로 선택하였기 때문인데, 경제 발전으로 인해 이런 선택이 좀 더 가능해졌다(Fuess & Hou, 2009).

성적 분리 철폐(gender desegregation)의 원인 중 하나는 서비스 분야의 성장인데, 이러한 성장으로 인해 간호직과 교직 등 전통적으로 여성의 직업이라 여겨졌던 분야에 남성이 진출하게 되었다(Padavic & Reskin, 2002). Cotter, DeFiore, Hermsen,

Kowalewski와 Vanneman(1995)은 전통적인 남성 직업 분야로 여성이 대거 유입되는 것이 전통적인 여성 직업 분야로 들어가는 남성의 증가보다 성적 분리 철폐에 더 강력한 힘이 될 것이라고 제안한다. Cotter 등은 또한 직업에서 성적 분리 철폐가 지속적으로 이루어지는 데 대해 몇 가지 다른 이유를 제시한다. 즉, 직종에서 필요로 하는 인력이 증가함에 따라 남성과 여성 모두 입직하게 되고, 이에 따라 특정 분야에서 분리가 없어진다는 것이다. 평등고용 입법화도 성차별을 줄이는 데 지속적으로 영향을 미치고 있으며, 특히 공공 서비스업에서 큰 영향을 미치고 있다. 또한 일반적으로 여성이 남성보다 보수가 적기 때문에 여성을 더 많이 고용하는 것이 고용주에게 유인책이 된다. 영국의 경우 전통적으로 여성의 직업으로 여겨지는 교직에서 여교사는 남교사에 비해 학교 관리직으로 들어갈 가능성이 더 낮았다(Moreau, Osgood, & Halsall, 2007). Ceci와 Williams(2010)는 여성이 지속적으로 수학과 과학 분야에서 약세를 보이는 이유를 살펴보았다. 그들은 그 원인이 여성의 진로목표 선택과 관계가 있다는 결론을 내렸는데, 그 선택이 자신이 결정한 것인지 다른 사람의 영향을 받은 것인지와는 상관이 없었다. 그리고 수학과 과학 분야에서 여성의 약세가 수학과 과학 능력의 부족이나 성차별에 기인하는 것은 아니었다. 성적 분리가 여전히 존재하지만, 다수의 사회적 영향력이 분리를 폐지하는 데 기여하고 있다.

앞에서 기술한 내용은 심리적 관점보다는 경제적 · 사회적 관점에서 차별을 다루고 있다. 7장에서는 아동의 진로발달에서 성차별의 역할에 대한 Gottfredson의 공헌을 설명한다. 그녀는 아동이 만 6세에서 만 8세 사이에 성역할 지향성을 발달시키며 이는 일생 동안 이루어지는 아동의 진로선택에 중요한 영향을 미친다고 본다. 7장에서는 아동들 사이의, 교육체계 내의 성역할 고정관념에 대한 연구를 살펴본다. 그리고 8장에서는 사회 및 교육 체계에서 청소년이 가지는 성역할 고정관념이 미치는 영향에 대한 사례를 제시한다. 9장에서는 성인기 삶의 다양한 시기에 노동인구 기대(labor force expectations)에 대처하면서 여성이 겪게 되는 몇 가지 어려움을 Donald Super와 다른 이론가들의 관점에서 살펴본다. 10장에서는 여성이 성인기에 경험하기 쉬운 진로위기 중 몇 가지를 설명하고, 직장을 그만두고 재입직하는 일과 성희롱 및 직장 내 차별이 갖는 잠재적인 문제를 제시한다. 이러한 장들은 여성 생애의 다양한 단계에서 성역할 고정관념과 차별이 미치는 영향을 보여 준다. 반면 이 장에서 제시한 사회학적 연구와 경제학적 연구는 직업 획득과 소득에 미치는 차별의 영향을 보여주고 있다.

소득과 직업 획득의 측면에서 성역할 고정관념과 성차별에 대한 정보를 활용하는 것이 상담자에게는 어려울 수도 있다. 사회인지진로 이론가들(14장 참고)은 수학과 과학 등의 학업 영역과 비전통적인 진로를 추구함에 있어서 여성이 보이는 자기효능감의 결여를 다루는 것이 중요하다고 강조한다. 스스로를 제한하는 전제에 도전하고 여성의 강점을 강화하는 것은 진로 자기효능감을 높이는 데 도움이 된다. 진로상담자는 전통적인 성역할과 이러한 성역할에 미치는 사회의 영향을 살펴봄으로써 여성 내담자를 도울 수 있다. 소득과 직업 획득에서 남성과 여성의 실제적 차이를 학습하는 것도 가치 있는 일이다. 때로 상담자는 근무하는 곳에서 교육체계나 사회체계에 영향을 미칠 수 있는 지위에 있다. 예를 들어, 고등학교 진로상담자는 고등학교에서 학생들의 성별에 근거하여 진학지도 또는 진로지도를 하는 교사나 상담자를 파악할 수 있다. 이런 경우 상담자는 이 문제를 바로잡기 위한 조치를 취할 수 있다. Krumboltz(13장)가 사회학습 이론에서 역할모델의 중요성을 설명하면서 제안한 것처럼 성공적인 여성은 다른 여성에게 훌륭한 역할모델이 될 수 있다.

이러한 아이디어들이 유용할 수도 있지만, 여성의 진로문제를 상담할 때 훨씬 더 기본적인 것은 상담자 자신의 편견을 확인하는 일이다. 상담자 역시 남성과 여성을 매우 다르게 대우하는 사회에서 자랐기 때문에 상담에 영향을 주는 사회적 가치를 무의식적으로 발달시켜 왔을 수 있다. 자신의 모습에 당황하지 않으면서 자신의 성 편견을 인정하는 일은 상담자에게 가치 있는 행위이다. 다음 사례에서 상담자는 고정관념을 인정하기 위해 내적 대화를 사용한다.

주디(25세)는 7년 전 고등학교를 졸업한 후 줄곧 같은 회사에서 행정 보조원으로 일하고 있다. 현재 그녀는 결혼하였고 자녀는 없는 상태이며, 자신의 직업에 한계를 느껴 상담을 받게 되었다. 주디는 세련되게 옷을 입고 다니고, 외모에서 자신을 매력적으로 가꾸는 데 시간과 노력을 투자한다는 것이 드러난다. 다음은 주디와의 상담회기에서 발췌한 내용이다.

**내1:** 저와 함께 일하는 사람들은 저한테 잘해 줘요. 그리고 사람들과 함께 얘기하는 것도 재미있고요. 하지만 이젠 제가 하고 있는 일을 제가 좋아하는지 잘 모르겠어요. 매일 같은 일을 반복하거든요. 사실 저는 요즘 그 어느 때보다도 워드 작업을 더 많이 하고 있어요. 상사가 문서화해야 할 테이프를 계속 더 많이 가져다주거든요.

**상1:** 직장에서 돌아가는 상황에 대해 조금 더 말씀해 주시겠어요?

**내2:** 음, 제 상사는 자기 밑에 많은 영업사원을 두고 있는 판매 관리자예요. 저는 영업사원들의 전화를 받고 상사에게 그 내용을 전달하느라 항상 바빠요. 그리고 타이핑해야 할 것도 많고요. 전 일을 꽤 잘해요. 상사도 항상 제가 일을 잘한다고 말하죠. 보수도 꽤 많이 올려 줬죠. 세일즈맨과 견줄 수는 없지만 다른 비서들과 비교해 보면 아주 잘하고 있다고 생각해요. 업무가 조금 느슨하면 일을 더 좋아하겠죠. 그렇지만 제가 좋아하는 다른 일이 있을 것도 같아요.

**상2:** 어떤 다른 대안을 고려하고 있나요? [상담자가 혼잣말을 한다. "이 내담자는 뭐가 불만이라는 거야? 좋은 직업도 갖고 있지, 돈도 꽤 많이 벌고 있지. 그런데 왜 그녀는 직장을 그만두려고 하지? 가만, 내가 지금 무슨 생각을 하고 있는 거지? 왜 내가 내담자 대신 이런저런 가정을 하고 있지? 이 내담자에게 무엇이 최선인지를 결정하는 것은 내 역할이 아니야. 난 지금 행정 보조원으로서의 그녀의 역할에 대해 가정을 하고 있어. 즉 이 일이 그녀에게 좋은 직업이라고."]

**내3:** 확실히는 모르겠어요. 하지만 우리 회사에서 일하는 남자들처럼 영업사원이 되면 어떨까 하고 생각해 봤어요. 저도 그 일을 할 수 있을 것 같은데, 회사에서는 남자만 고용하는 것 같아요.

**상3:** [혼잣말을 한다. "이제 본 궤도로 다시 가보자."] 당신 회사의 영업사원(sales person)이 되는 걸 포함해서 우리는 많은 분야를 고려해 볼 수 있어요. 만약 장애물이 있다면 그걸 헤쳐 나갈 수 있는 방법을 찾아볼 수 있어요. 지금으로서는 어떤 대안도 포기하지 말도록 해요. [상담자는 마지막 말을 하기 전에 주디가 세일즈맨(salesmen)이라는 단어를 사용하였음을 알아차린다. 아마도 주디는 이런 종류의 일이 그녀에게는 열려 있지 않다고 보는 것 같다.]

성역할 고정관념은 많은 문화권에서 만연해 있기 때문에 그러한 가치가 어떻게 상담자에게 영향을 미치는지를 알아차리는 것이 중요하다. 이 사례에서 상담자는 편견이 내담자에게 영향을 미치기 전에 이를 알아차렸다. 상담자가 자신의 편견에서 벗어나지 못한다면 여성 내담자를 도우려는 노력에는 한계가 있을 것이다.

## 다문화 집단과 직장 내 차별

차별은 여성의 직업획득과 소득에 장애물이듯, 다문화 집단에게도 장애가 된다. 인종차별은 소득, 직업과 승진에 대한 접근성, 직업훈련과 교육에 대한 접근성에 영향을 미칠 뿐만 아니라 심리적 건강에도 영향을 줄 수 있다(Blustein, 2008; Light, Roscigno, & Kalev, 2011; Shannon, Rospenda, Richman, & Minich, 2009). 사회학과 경제학 분야에서 이루어지는 많은 연구가 대규모 연구표집에 의존하기 때문에 미국에서 수행되는 대부분의 연구는 미국의 최대 소수집단 가운데 두 집단인 흑인과 중남미계 미국

표 3.4 16세 이상 상근직 근로자의 소득(백인 남성 소득 대비 백분율)(2011년)

| | 주급 중앙치(달러) | 백인 남성 소득 대비 백분율 |
|---|---|---|
| 여성 | | |
| 흑인 | 595 | 70% |
| 히스패닉 또는 라틴계 | 518 | 61% |
| 아시아계 | 751 | 88% |
| 백인 | 703 | 82% |
| 남성 | | |
| 흑인 | 653 | 76% |
| 히스패닉 또는 라틴계 | 571 | 67% |
| 아시아계 | 970 | 113% |
| 백인 | 856 | 100% |

출처: 미국 노동부(2012). 연령, 성, 인종에 따른 정규직 임금 노동자의 통상 주급(히스패닉 또는 라틴계와 비히스패닉 근로자 포함). 워싱턴: 미국 노동통계국.

인에게 초점을 둔다. 따라서 이 절에서 제시되는 대부분의 논의는 흑인과 이들에 비해 조금 비중이 적은 중남미계 미국인에 대한 차별의 양과 속성을 다룬다. 일반적으로 앞 절에서 제시한 인적자본 이론과 지위획득 이론을 여성에게 적용할 때의 효과성에 대한 논쟁은 미국 흑인과 중남미계 미국인에게도 적용된다.

흑인과 중남미계 미국인이 미국에서 경험하는 인종차별은 고용과 임금 통계에 반영되어 있다. 표 3.2에서 볼 수 있듯이 2011년 흑인의 실업률은 백인과 아시아인에 비해 훨씬 더 높았다. 16~17세 흑인 청소년의 실업률은 대략 45%로 매우 높았다. 흑인은 높은 실업률뿐만 아니라 종사하는 직업에서도 매우 다른 양상을 보였다. 표 3.3에서 볼 수 있듯이 중남미계 미국인과 흑인은 고도의 기술을 요하는 숙련직에서 상대적으로 적은 비율을 차지하고(표 3.3 상단을 보라), 반숙련직과 비숙련직에서는 훨씬 더 많은 비율을 차지하는 경향이 있다(표 3.3 하단을 보라). 더구나 흑인 및 멕시코와 여러 중남미 국가에서 온 중남미계 미국인의 급여는 백인이나 아시아계 남성에 비해 대략 25~50% 수준까지 적은 경향이 있다(표 3.4). 실업과 임금에서의 격차를 설명하는 것은 많은 사회학자와 경제학자의 과제가 되고 있다.

많은 연구자들은 다문화 집단에 속하는 사람들이 낮은 실업률과 고임금의 지위가 높은 직업을 갖는 데 어려움을 주는 다양한 요인을 검토하였다. 차별을 평가하기 위해 사회적 배척과 낙인, 직장/학교에서의 차별 및 위협/공격성의 4개 하위 척도를 사용하는 인종차별 설문지(Ethnic Discrimination Questionnaire)가 제작되었다

(Kwok et al., 2011). Quillian(2006)은 미국 흑인과 (연구물의 수는 더 적지만) 중남미계 미국인에 대한 인종차별적 태도를 다룬 연구를 개관하였다. 그 결과, 미국 백인은 모든 사람이 인종과 무관하게 평등하게 대우받아야 한다는 생각을 지지하는 것으로 나타났다. 하지만 이들은 대체로 정형화된 신념을 지지하고 사람들이 인종차별을 경험하다는 사실을 믿지 않았다. 미국 백인들의 일반적인 신념은 흑인과 중남미계 미국인들이 열심히 일하지 않는다는 것이다. 미국이 1964년에 민권법을 통과시켰음에도 불구하고, 기업과 다른 조직에서 약간의 차별 폐지만이 나타났을 뿐이다(Tomaskovic-Devey & Stainback, 2007). 관리직과 관련하여 차별 폐지는 저임금의 산업과 조직 직종에서 주로 이루어져 왔는데, 이런 곳의 관리자들은 대개 자신과 동일한 지위 집단 출신의 사람들을 관리한다. 전문직에서는 노동시장의 다른 분야보다 차별이 더 적었는데, 이는 전문직으로 입직하는 과정의 일부인 대학에서의 차별 폐지 덕분이다(Tomaskovic-Devey et al., 2006; Tomaskovic-Devey & Stainback, 2007). 임금에 대한 최근의 연구는 지속적으로 백인이 흑인이나 중남미계 남성보다 유의하게 소득이 높다는 것을 보여 준다(Tomaskovic-Devey, Thomas & Johnson, 2005). 노동시장 성공에 대한 몇몇 연구를 개관한 Quillian(2006)에 의하면 흑인이나 중남미계 미국인에 비해 백인 지원자가 취업 면접에서 회신을 받고 일자리 제의를 받는 데 성공할 가능성이 높았다. Browne(1999)에 의하면, 교육 수준이 낮은 젊은 흑인 남성의 높은 실업률은 노동시장이 전통적으로 그들의 업종이었던 제조업에서 서비스업으로 이동한 데에도 그 원인이 있다. Browne(1999)은 이력서 상의 내용이 유사한 흑인과 백인 청소년 혹은 백인 성인이 직장을 구할 때 흑인이 더 많은 차별을 경험한다는 결과를 보여 주는 여러 편의 연구물을 요약하였다. 주거에서의 인종차별은 또 다른 요인인데, 이는 어떤 미국인들에게는 도심 외곽에 비해 실업률이 더 높은 도심을 벗어난 곳에서 주택을 찾기가 어렵기 때문이다(Brueckner & Zenou, 2003). 더 나은 지역으로 이사하는 것은 자기효능감 향상뿐만 아니라 경제적 기회를 개선하는 데도 도움이 된다(Rosenbaum, Reynolds, & Deluca, 2002). Quillian(2006)은 주거 및 직장에 있어서 흑인에게 영향을 주는 차별과 여타 문제에 대한 개관을 제공한다.

차별은 미국 흑인이 종사하는 많은 부류의 직업에서 발견된다. 하지만 차별에 대한 보고는 다양한 양상으로 나타난다. 예를 들어, 거주구역이 인종차별을 보고하는 방식에 영향을 미칠 수 있다. 가장 빈곤한 지역에 거주하는 흑인 여성은 다른 지역에 거주하는 흑인 여성보다 인종차별 사례를 더 적게 보고하였다(Dailey, Kasl, Holford, Lewis, & Jones, 2010). 흑인 임원은 흔히 같은 흑인 임원을 대할 때와는 달리 백인 임원을 대할 때는 차별문제를 다루는 데 도움이 되는 다른 대처 방식을 개발한다

(Anderson, 2002). 흑인 임원은 때로 신입사원 모집과 이탈방지, 승진절차뿐만 아니라 소수자 우대정책 규정을 따르는 데 있어서 일관성이 없는 회사와 맞닥뜨리기도 한다(Phelps & Constantine, 2001). 대학 미식축구의 흑인 코치와 백인 코치를 비교하였을 때 흑인 코치가 직업만족도가 낮고 승진기회도 더 적은 것으로 밝혀졌다(Sagas & Cunningham, 2005). NBA의 2부 리그 프로농구 선수의 연봉을 비교하였을 때 비백인 선수의 연봉은 백인 선수의 연봉에 비해 유의하게 낮았다(Kahn & Shah, 2005). 이러한 연구들은 일부 직업에서 미국 흑인이 경험하는 차별의 예라고 할 수 있다.

일부 연구자들은 미국과 그 외 지역에서 미국 흑인의 발전에 영향을 미치는 다양한 정치적 · 경제적 · 심리적 변인을 살펴보았다(Cherry, 2001; Herr, Cramer, & Niles, 2004). 노동시장에서 젊은 흑인 남성의 경험에 대한 논고를 개관한 Skinner(1995)는 인적자본 이론을 비판하고, 이들에게는 고등학교와 대학 교육의 투자에 대한 보상이 감소하고 있다는 결론을 내렸다. 그는 완전 고용과 도시 주택의 개선을 촉진하려는 노력과 함께 주택, 고용, 승진에서의 차별에 주목해야 한다고 주장한다. Skinner는 또한 대도시의 젊은 흑인 남성이 대부분 서비스직(2차 노동시장)에 종사한다는 점에서 이중 노동시장 이론이 지지된다고 본다. Reid(2002)는 젊은 흑인 여성이 임시직에 종사하거나 정리해고를 두려워하거나 여타 이유로 인해 젊은 백인 여성에 비해 정규직을 그만두는 비율이 높다고 지적하였다. 181명의 흑인 근로여성을 대상으로 한 연구에서 많은 스트레스와 직업만족도의 결여는 직장에서의 인종차별과 관련이 있었다(Yamini-Benjamin, 2007). 흑인에 대한 인종차별의 영향은 미국에만 국한되지 않는다. 영국에서 카리브해 출신 흑인 여성은 카리브해 출신 흑인 남성이나 방글라데시인 또는 백인에 비해 인종차별로 인한 직무 스트레스가 더 높았다(Wadsworth et al., 2007). 이와 같이 미국 흑인과 아프리카계의 다른 후손은 노동시장에 진입하면서 많은 장애물에 직면하게 된다. 이러한 장벽의 원인 중 일부는 오랜 역사를 가지고 있다.

Ogbu(1989, 1993, 1997, 2004)에 의하면 미국 흑인 아동의 사회 지향성은 백인 아동과 다른 것으로 밝혀졌다. 나아가 그는 이민자 출신의 소수민족 아동과 노예로 미국에 끌려온 비자발적 소수집단인 미국 흑인 아동의 문화적 지향성을 구분하였다. 그는 미국 흑인 아동이 갖고 있는 관점은 미국 흑인이 직장에서 겪은 과거와 현재의 집합적 경험의 산물로 보았다. 그는 또한 이러한 유산은 하류층뿐만 아니라 중류층 미국 흑인에게도 적용된다고 보았다.

Ogbu(1989, 1993, 1997, 2004)가 제시한 또 다른 관점은 미국 흑인들이 비자발적인 소수민족집단의 신분으로 일을 구하면서 겪은 경험으로 인해 출세하는 것이 중요하다고 믿게 되었다는 것이다. 하지만 이러한 신념이 학업이나 학업을 위한 노력에 전념하는 것으로 이어지지는 않았다. 그는 미국 흑인이 직업 천장(job ceiling; 고소득 직업으로의 진입이 거부됨)을 지각한다고 보았다. 그리고 이러한 지각으로 인해 그들은 교육의 가치를 부정적으로 인식하게 된다. 그는 미국 흑인 청소년들은 학교교육을 개인적 발전의 기회라기보다는 자신의 정체성과 안전에 대한 위협으로 인식한다고 보았다. 그의 연구는 권리의 박탈감과 미국 백인에 대한 불신을 시사한다. 이러한 불신에도 불구하고 젊은 미국 흑인들은 흔히 높은 직업적 희망을 갖는다. Ogbu의 관점은 논쟁을 불러일으키고 있으며, Hubbard(2005)와 Lundy와 Firebaugh(2005)는 Ogbu의 관점에 이의를 제기하였다.

직장에서 일어나는 인종차별을 다룬 몇몇 연구자들은 중남미계 미국인과 다른 소수민족 집단을 연구대상에 포함시켰다. 흑인과 중남미계 청소년을 백인 청소년과 비교한 연구에서 구직 시 경험한 인종차별에 대한 보고는 이후 직장에서 건강과 관련된 제약 경험에 대한 보고를 예측하였다(Gee & Walsemann, 2009). 중남미계 미국인과 미국 흑인, 백인 성인을 대상으로 한 연구에서는 연구 참여자들 중 중남미계 미국인이 흑인이나 백인보다 인종적 괴롭힘(racial harrassment)이나 차별(discrimination)과 연관된 업무 관련 질병이나 부상, 공격을 더 많이 보고했음을 보여 주었다(Shannon et al., 2009). 흑인과 중남미계 미국인 두 집단 모두 법률적 쟁점에 관한 지식에서 개인차가 있었는데, 이는 직장에서 발생하는 인종차별을 보고하는 데 영향을 미쳤다(Hirsh & Kornrich, 2008). 인종차별주의에 대해 보고할 때 흑인, 중남미인, 아시아계 미국인, 아메리카 인디언들은 인종차별보다 인종적 괴롭힘에 대해 이야기하는 것을 더욱 불안해했다(Carter & Forsyth, 2010). 그리고 이들이 문제를 보고할 때는 정신건강 전문가보다 친구나 가족에게 털어놓는 경우가 더 많았다.

상담의 한 가지 중요한 쟁점은 어떻게 미국 흑인(과 다른 소수집단)이 목표를 실현하도록 도울 것인가이다. 직업 관련 태도를 강화하고 풍부한 직업정보를 수집하는 것이 도움이 된다. 소수민족 청소년이 노동시장에서 효과적인 직업태도를 갖추도록 돕기 위해 지역사회와 학교, 부모의 자원을 활용하는 것은 적절한 상담목표가 될 수 있다. 상담자가 당면한 도전과제는 어려운데, 그 이유는 일반적으로 백인에 비해 백인이 아닌 청소년이 상담자원에 대한 접근성이 더 낮기 때문이다.

미국에는 여성에 대한 정형화된 태도가 있는 것처럼 타 민족 집단에 대한 편견이 존재한다. 상담자를 포함하여 사람들이 부적절한 편견과 차별에 노출되지 않거나 영향을 받지 않기는 어려운 일이다. 상담자가 다문화 집단 내담자와의 효과적인 상담을 가로막는 자신의 태도를 인식하고 이에 대처하는 것이 중요하다. 다음의 사례가 보여 주듯이, 때때로 상담자의 반응은 의식적이기보다는 본능적이다.

브라이언은 미국 중서부의 대규모 대학에 다니는 흑인 신입생이다. 그는 미식축구 체육특기자 전형 장학생으로 선발되었으며, 키가 188cm, 체중이 118kg으로 덩치가 크다. 다른 많은 신입생처럼 그는 고등학교에서 대학생활로 이행하는 데 어려움을 겪고 있다. 미식축구 코치가 브라이언이 전공과 과정 이수에 대해 자신 없어 하는 것을 알아차리고 그에게 상담을 권유하였다. 다음 대화는 브라이언과의 상담 면접의 초반부에서 발췌한 부분이다.

**상1:** 브라이언, 내가 뭘 도와줄 수 있을까요?

**내1:** 제가 어려움을 겪을 수 있다는 걸 아시고 코치님이 저를 여기에 보내셨어요.

**상2:** 조금 더 말해 줄 수 있을까요? [대기실에서 브라이언과 함께 상담실로 걸어올 때부터 상담자는 가슴 한가운데서 올라오는 어떤 느낌을 감지한다. 일종의 두려움이 있는데, 이런 느낌에는 아무런 이유가 없는 것 같다. 브라이언은 호감이 가고 친화적이다. 상담자는 그 두려움이 브라이언 때문이라기보다는 피부색깔과 몸의 크기에 대한 오래된 선입견에 기인한다는 것을 알아차린다. 이러한 감정을 알아차리고 나니 상담자의 신체적 불안감이 줄어든다. 상담자는 이완되기 시작하고 해묵은 감정에 맞춰진 초점을 돌려 브라이언에게 집중한다.]

**내2:** 수학에서 D학점, 과학에서 D학점을 받았는데 걱정이 되어서요.

**상3:** 성적을 그렇게 받아서 지금 정말 기분이 안 좋겠군요. 브라이언을 돕기 위해 내가 할 수 있는 일이 뭔지 알아보고 싶네요. [상담자는 상체를 약간 브라이언 쪽으로 기울이면서 그에게 주의를 기울인다. 상담자는 이제 브라이언에게 진정으로 관심을 보이고, 산만하던 주의가 회복되었다.]

모든 상담자가 자신의 감정을 이렇게 빨리 알아차리는 것은 아니다. 어떤 상담자는 자신의 감정을 결코 알아차리지 못할 것이다. 상담자가 편견으로 인해 내담자에게 긴장이나 부정적인 감정을 지속적으로 느낀다면 상담의 효과는 현저히 떨어질 것이다. 만약 상담자가 특정 직업에서는 미국 흑인이 다른 인종보다 낫다고 믿는다면 상담자는 내담자에게 해를 끼칠 수도 있다. 편견의 감정과 신념은 상담자가 다른 어떤 일을 하더라도 상담을 저해할 수 있다.

상담자는 흔히 자신의 편견을 확인하는 것과 더불어, 내담자가 구직 과정이나 직장에서 겪는 차별을 다루도록 도울 필요가 있다. 소수자 우대정책 지침과 고충을 처리하는 법적 절차를 숙지하는 것이 도움이 된다. 직장 내 차별을 다루는 데 있어서 주장 기법이 유용할 수도 있다. 차별을 다루는 사례는 10장에 제시되어 있다.

## 요약

이 책의 다른 장과는 달리, 이 장에서는 직업정보 및 노동시장에 미치는 사회적 · 경제적 요인의 영향에 초점을 두었다. 이러한 영향은 개인의 경력 개발에 영향을 미치기 때문이다. 이 장에서 제시하는 자료는 미국에서 다양한 직업에 종사하는 근로자 수와 향후 10년간 예상되는 직업성장에 대한 전망을 보여 준다. 다양한 사회학적 이론과 경제학적 이론은 노동시장에 대한 각기 다른 관점을 제공한다. 상담자에게 특히 흥미로운 주제는 실업과 불완전 고용이 청소년과 청년에게 미치는 영향에 관한 것이다. 일부 사회학자는 환경이 어떻게 개인에게 영향을 미치는가를 연구하는데, 이는 개인이 선택을 하고 환경에 영향을 미치는 것에 관심이 있는 심리학자의 접근과는 매우 다른 접근이다. 사회학자가 많이 연구하는 지위획득 이론에서는 직업획득에서 부모와 직업포부 변인의 중요성을 강조한다. 경제학자가 개발한 인적자본 이론은 개인이 생애 동안 벌어들이는 소득을 높이기 위해 자기 자신과 교육 및 훈련에 투자한다고 본다. 노동시장 구조에 대한 연구는 각기 다른 임금율과 승진 기회, 직무환경을 제공하는 다양한 부류의 노동시장이 있다고 제안하면서 인적자본 이론에 의문을 제기한다. 여성과 백인이 아닌 인종의 문화권 출신 사람들을 통해 충분히 입증된 차별에 대한 연구 역시 인적자본 이론의 지나친 단순화 문제를 다룬다. 미국에서 일어나는 여성 및 소수집단의 차별에 대한 연구 외에도 각 이론들은 상담자가 상담에서 활용할 수 있는 통찰을 제시한다.

# 직업적응 이론

**✿ 이론의 개요**

**1단계: 능력, 가치, 성격, 흥미 평가하기**
- 능력(GATB)
- 가치와 욕구(MIQ)
- 성격 유형
- 흥미

**2단계: 직업의 요구사항과 조건 평가하기**
- 능력 패턴(GATB)
- 가치 패턴(MJDQ)
- 능력과 가치 패턴의 결합(MOCS)

**3단계: 능력, 가치와 강화요인 매칭하기**
- MIQ, GATB, MOCS의 사용
- 적응 유형

직업적응 이론은 René Dawis, Lloyd Lofquist와 동료들이 35년 이상 수행한 연구에서 파생한 이론이다. 그들의 연구는 미네소타 대학교의 특성요인 이론을 반영한 것으로, 많은 연구를 통해 몇 차례 이론의 수정과 정교화로 이어졌다. 이렇게 발전해 나가는 과정에서 근로장애가 있는(vocationally challenged) 내담자에게 더 나은 재활 서비스를 제공하기 위하여 직업적응 프로젝트가 고안되었다. 미네소타 대학교의 성인 직업평가 클리닉에서는 내담자 치료가 이루어졌고, 직업적응 이론의 일부인 각종 검사의 개발과 채점을 하기 위해 직업심리연구소가 설립되었다. 원래 직업적응 이론은 직업재활 훈련을 받는 내담자의 욕구를 충족시키기 위해 고안되었지만, 지금은 진로선택을 원하거나 직업적응에 어려움을 겪는 성인들에게 적용되고 있다.

직업적응 이론(Dawis & Lofquist, 1984)은 18개의 명제와 추론으로 구성되어 있다. 현재의 이론(Dawis, 2005; Griffin & Hesketh, 2005; Hesketh & Griffin, 2005)은 초기 이론(Dawis, Enlgand, & Lofquist, 1964; Dawis, Lofquist, & Weiss, 1968; Lofquist & Dawis, 1969)을 수정한 연구에 바탕을 두고 있다. 직업적응 이론에서 각 명제는 직업적응의 예측을 목표로 한다. Dawis와 Lofquist(1984)는 직업적응을 “근로자가 직업

환경과 조화를 이루고 이를 유지하기 위해 노력하는 지속적이고 역동적인 과정”(p. 237)으로 정의한다. 즉, 직업적응은 직업에 종사한 시간이나 재직기간을 지표로 사용한다. 직업적응 이론에서 재직기간과 이와 유사한 개념인 직무수행에 두는 관심은 이 이론을 이 책에 기술된 다른 이론과 구별하는 특징이다. 왜냐하면 이 책에서 다루는 다른 이론들은 실제적인 직무수행보다는 진로선택이나 직업적응에 관심이 있기 때문이다.

직업적응(그리고 이에 따른 재직기간)을 예측하는 두 가지 주된 구성요소는 **만족**(satisfaction)과 **충족**(satisfactoriness)이다. **만족**은 자신이 수행하는 일에 대한 개인의 만족을 나타내며, 삶의 만족과 일반적인 안녕감과 관련된다(Fabian, 2009). 반면, **충족**은 개인의 수행에 대한 고용주의 만족이다. 즉, **만족**은 수행하는 일을 통해 개인의 욕구와 요구조건이 충족되는 정도라 할 수 있다. **충족**은 개인이 자신에게 주어진 일을 완수하는 정도에 대한 다른 사람의 평가, 보통 관리자의 평가와 관련되어 있다. 이것은 또한 산업 및 조직심리학자들의 관심사이기도 하다.

Lofquist와 Dawis(1984, p. 217)에 의하면 ‘만족은 직업적응의 핵심 지표’이다. 만족이 중요한 이유는 개인이 보수와 업무 유형 등 직업의 여러 측면에 만족해야 하기 때문이다. 이 장에서는 주로 일에 대한 개인의 만족에 초점을 둔다. 그러나 직업적응 이론은 이직, 잦은 결근, 지각; 일에 대한 헌신; 근로의욕; 직무 생산성의 정도 등을 포함한 만족과 충족의 다른 지표들에도 관심을 둔다. 직무수행의 이러한 측면은 모두 직업적응의 지표이다. 직무환경은 개인의 욕구를 만족시켜야 하며, 근로자는 직업의 요구를 충족시키기 위해 필요한 기술을 갖추어야 한다.

기술(skills)과 욕구(needs)는 직업적 성격(work personality)의 본질로서 관찰 가능한 요소이다. 하지만 서로 다른 종류의 직업에서 요구되는 기술은 수백 가지에 이르고, 이와 마찬가지로 개인의 욕구도 많다. 따라서 기술과 욕구의 측정은 곤란하고도 어려운 일이다. Dawis와 Lofquist(1984)는 능력(abilities)이라는 개념을 제안하였는데, 이때 능력은 많은 직업에서 요구하는 기술의 공통 요소를 결합한 것이다. 이와 유사한 맥락에서 가치(values)는 다양한 욕구를 의미 있는 방식으로 묶는 기능을 한다. 이 연구자들의 이론의 상당 부분은 능력과 가치에 대한 논의와 측정에 관한 것이다. 하지만 이들은 성격 유형과 흥미도 다룬다. 성격 유형과 적응 유형에 관한 실험적 이론은 욕구와 가치에 관한 연구만큼 크게 발달되어 있지는 않다. 그들은 흥미를 능력-가치 관계를 반영하는 하나의 파생된 구성개념으로 간주한다.

이 장에서는 직업적응 이론을 기술할 때 특성요인 이론의 구체적인 적용을 활용하였는데, 이는 2장 ‘특성요인 이론’에서 활용한 것과 유사한 접근이다. 직업적응 이론은 분명하게 정의된 개념을 사용하고 명확한 이론적 모델을 따른다는 점에서 일반적인 특성요인 이론의 구체적인 예시를 제공한다. 이 장의 1절은 능력과 가치, 성격, 흥미의 평가를 다룬다(Parsons 이론의 첫 번째 단계와 유사하다). 능력과 가치는 Lofquist와 Dawis(1984)의 이론에서 중점적으로 강조하는 개념이기 때문에 여기에서도 이 두 요인에 가장 많은 관심을 두었다. 2절(2장과 3장에서 논의한 Parsons 이론의 두 번째 단계와 유사하다)은 직업의 요구사항과 조건에 대한 정보를 다룬다. 이 절에서는 직업이 요구하는 능력 및 개인의 욕구에 대한 강화요인에 대해 논의한다. 3절(Parsons이론의 3단계와 유사하다)은 개인의 능력과 가치를 직업이 요구하는 능력과 직업이 제공하는 강화요인과 매칭하는 것을 살펴본다.

직업적응 이론은 또한 다른 많은 문제뿐만 아니라 동료 및 상사와의 문제, 권태, 직무 요구를 충족시키지 못하는 무능력, 은퇴와 같은 적응문제(Griffin & Hesketh, 2005; Hesketh & Griffin, 2005)를 겪는 내담자를 돕는 일에도 시사점을 준다. 또한 직업적응 이론은 여성과 다문화 집단의 능력 및 가치의 차이에 관한 심리측정 자료도 제공한다. 하지만 직업적응 이론은 집단 간 차이가 아니라 개인 간 차이에 관심을 두기에 이것이 이 이론의 주된 초점은 아니다. 다음에 기술하는 내용은 2장에서 기술한 특성요인 이론의 3단계의 순서를 따른 것이다.

## 1단계: 능력, 가치, 성격, 흥미 평가하기

특성요인 이론과 마찬가지로 가치와 능력의 측정은 직업적응 이론을 이해하는 데 있어 매우 중요하다. 능력을 측정하기 위하여 Dawis와 Lofquist(1984)는 미국 노동부(1982)에서 개발한 일반직업적성검사(General Aptitude Test Battery, GATB)를 사용한다. 이들은 가치와 욕구를 측정하는 도구로 미네소타 중요도 질문지(Minnesota Importance Questionnaire, MIQ; Rounds, Henly, Dawis, Lofquist, & Weiss, 1981)를 개발하였는데, 이 MIQ는 직업적응 이론의 이해와 활용에 중요한 도구이다. 그들은 또한 직업적응과 관련된 것으로서 성격 유형과 적응 유형 척도를 개발하였다(Lawson, 1993). Dawis와 Lofquist(1984)는 흥미를 능력과 가치의 표현으로 보기 때문에, 이들은 능력과 가치의 평가에 초점을 둔다. 다음 절에서는 직업적응 이론의 각 구성요소를 논의하고 설명한다.

## ❁ 능력

Dawis와 Lofquist(1984)는 능력을 '기술에 대한 참조 차원(reference dimensions)'(p. 233)으로 정의한다. 능력은 적성을 포함하는 것으로, 습득한 기술이 아니라 예측되는 기술로 간주된다. Dawis와 Lofquist에게 있어서 능력의 개념은 방대한 직무기술을 개념화하는 데 필요하다. 직무기술에는 타이핑 기술, 음식점 서빙, 치아 교정, 엔진 수리, 대패질하기, 미장 기술, 보험판매 등이 포함될 수 있다. 이러한 직무 기술은 수백, 어쩌면 수천 가지가 있을 것이다. 능력검사는 많은 직무기술에 공통적인 요소를 측정한다. 많은 능력검사는 8개에서 15개 능력 차원을 측정한다. Dawis와 Lofquist(1984)는 능력을 측정하는 도구의 예로 GATB(일반직업적성검사; 미국 노동부, 1982)를 들고 있다. GATB는 고용상담기관에서 광범위하게 사용되고 있다. 예를 들어, GATB의 예언타당도(Farrell & McDaniel, 2001)와 O*NET(*Occupational Information Network* online)(Gore & Hitch, 2005; Jeanneret & Strong, 2003; Rounds & Armstrong, 2005)을 연계한 사용은 최근 연구개발 중이다. GATB 매뉴얼(미국 노동부, 1982)은 무수히 다양한 직업에서 필요로 하는 능력들을 열거한 목록을 제시하고 있다. GATB의 새로운 버전인 **능력 프로파일러**(*Ability Profiler*)는 현재 사용 가능하지만, 직업들이 아직 직업적응 이론과 연결되어 있지 않다. 능력 프로파일러의 하위 척도는 GATB 하위 척도와 매우 유사하며, 아래 GATB 척도의 설명에서 괄호 안에 제시할 것이다. GATB는 다음의 아홉 가지 특정 능력을 측정한다.

G—일반 학습능력[능력 프로파일러에는 없음]: 일반지식과 전반적인 학습능력

V—언어능력[GATB와 능력 프로파일러 둘 다]: 단어와 문단의 이해

N—산수능력[계산]: 기본적인 산술기능을 수행하는 능력

[연산추론]: 문제를 해결하기 위해 정보를 수집하고 분류하는 기술을 포함하여 업무에서 발생할 수 있는 문제를 해결하기 위해 기본적인 수학적 · 논리적 기능을 수행하는 능력

S—공간능력[GATB와 능력 프로파일러 둘 다]: 공간에서 사물을 지각하고 2차원 사물과 3차원 사물 간의 관계를 이해하는 능력

P—형태지각[GATB와 능력 프로파일러 둘 다]: 2차원 또는 3차원 그림에서 세부적인 것을 지각하고 형태와 명암에서 세밀한 차이를 구별하는 능력

Q—사무능력[사무지각]: 단어와 숫자가 포함된 표와 목록에서 차이를 찾아내는 능력

K—눈/손 협응력[운동 협응]: 손동작을 시지각과 협응하는 능력

F—손동작 민첩성[GATB와 능력 프로파일러 둘 다]: 작은 물체를 정확하고 빠르게 옮기는 능력

M—수공능력[GATB와 능력 프로파일러 둘 다]: 손과 팔을 사용하여 사물을 빠르고 능숙하게 다루는 능력

위에 제시된 능력들 이외에 다른 능력도 사용될 수 있겠지만, Dawis와 Lofquist는 직업적응 이론에 이 아홉 가지 능력을 포함시켰다. 직업적응 이론과 부합하는 다른 능력검사를 사용할 수도 있지만 GATB가 가장 실용적이다. 그 이유는 GATB가 상담자에게 직업을 개인의 능력 및 가치와 매칭하는 데 사용할 수 있는 정보를 제공하기 때문이다. 일반적으로 GATB는 많은 직업에서 요구하는 능력을 반영하고, 많은 학업적성검사보다 더 광범위한 기반의 능력들을 측정한다. 예를 들어, 전기기사는 여러 가지 능력 중에서도 계산능력, 형태지각, 눈/손 협응력을 갖출 것으로 기대되는데, 이러한 능력은 모두 GATB(와 능력 프로파일러)에 의해 측정된다.

## ❀ 가치

능력이 많은 직무기술의 정수를 나타내듯이, 가치는 많은 욕구의 묶음을 나타낸다. 수백 가지나 존재할 수 있는 직무기술과는 달리, 욕구의 수는 더 적다. 미네소타 중요도 질문지(MIQ; Rounds, Henly, Dawis, Lofquist, & Weiss, 1981)는 욕구를 측정하는 도구이다. 모든 욕구를 포함하는 것은 아니지만 미네소타 중요도 질문지의 20개 욕구 척도는 중요한 직무 관련 개념의 특징을 나타낸다. 각 척도를 나타내는 진술문과 함께 20개의 욕구 척도가 표 4.1에 실려 있다. 190개의 문항을 이루는 각 진술문은 다른 진술문과 대조를 이루면서 쌍으로 제시된다.

예를 들어, 수검자는 '항상 바쁜 것이 나은지'(활동성) 아니면 '다른 사람을 위한 일을 하는 것이 나은지'(사회봉사)에 대한 질문을 받는다. 각 욕구의 상대적 중요도를 비교함으로써 각 척도의 점수가 결정된다. 이 방법의 단점은 한 척도에 여러 문항을 사용하는 경우에 비해 욕구를 더 좁은 의미로 정의한다는 것이다. 욕구를 정의하는 데 이러한 방법을 선정한 것은 엄격한 측정의 중요성을 강조하는 Dawis와 Lofquist의 이론을 반영한 것이다.

Dawis와 Lofquist(1984)는 요인분석의 통계기술을 사용하여 20가지 욕구로부터 6개의 가치를 도출하였다(표 4.1 참고). 각 가치는 그와 서로 상반되는 가치와 짝을 이룬다. 즉, '성취'는 '편안함'과 부적 상관이 있고, '지위'는 '이타주의'와 매우 다르며, '안전'은 '자율성'과 부적 상관이 있다. 욕구와 가치, 가치와 다른 가치와의 관계는 상

**표 4.1 미네소타 중요도 질문지(MIQ)의 가치, 욕구 척도와 진술문**

| 가치 | 욕구 척도 | 진술문 |
|---|---|---|
| 성취 | 능력의 활용 | 나의 능력을 활용할 수 있는 어떤 일을 할 수 있다. |
| | 성취 | 직업이 나에게 성취감을 줄 수 있을 것이다. |
| 편안함 | 활동성 | 나는 항상 바쁠 것이다. |
| | 독립성 | 나는 혼자 일할 수 있을 것이다. |
| | 다양성 | 나는 매일 다른 일을 할 수 있을 것이다. |
| | 보상 | 나의 보수는 다른 근로자에 비해 양호할 것이다. |
| | 안정성 | 직업은 안정적인 고용을 제공할 것이다. |
| | 근무환경 | 직업은 좋은 근무환경을 갖추고 있을 것이다. |
| 지위 | 승진 | 직업은 승진의 기회를 제공할 것이다. |
| | 인정 | 나는 내가 하는 일에 대해 인정받을 수 있을 것이다. |
| | 권위 | 나는 사람들에게 해야 할 일을 지시할 수 있을 것이다. |
| | 사회적 지위 | 나는 지역사회에서 '중요한 존재'가 될 수 있을 것이다. |
| 이타주의 | 동료 | 나의 동료들은 쉽게 친해질 수 있는 사람들일 것이다. |
| | 도덕적 가치 | 나는 도덕적으로 잘못되었다는 느낌 없이 일할 수 있을 것이다. |
| | 사회봉사 | 나는 다른 사람들을 위한 일을 할 수 있을 것이다. |
| 안전 | 회사정책과 관행 | 회사는 정책을 공정하게 집행할 것이다. |
| | 감독-인간관계 | 나의 상사는 (최고위 경영진과 함께) 직원들을 지원할 것이다. |
| | 감독-기술 | 나의 상사는 부하 직원들을 잘 훈련시킬 것이다. |
| 자율성 | 창의성 | 나는 나의 아이디어를 일부 시도해 볼 수 있을 것이다. |
| | 책임성 | 나는 스스로 결정을 내릴 수 있을 것이다. |

출처: 『직업적응 심리 이론(*A psychological theory of work adjustment*)』, R. V. Dawis and L. H. Lofquist, p. 29. Copyright © 1984, University of Minnesota Press, 허락하에 인용함.

담자에게 MIQ 욕구 척도를 묶고 그로부터 의미를 이끌어 내는 방법을 알려 준다. 각 가치에 대한 설명은 다음과 같다.

**성취(achievement)** 성취는 개인의 능력을 사용하고(능력의 활용) 성취감을 주는 일을 하려는(성취감) 욕구를 반영한다. 예를 들어, 자신의 능력과 자신이 만든 결과물을 자랑스럽게 여기는 목수는 성취에 가치를 둘 것이다.

**편안함(comfort)** 편안함이라는 가치에는 근로자가 직업에서 스트레스를 덜 받도록 해주는 특정 측면들과 관련된 다양한 욕구가 포함되어 있다. 이런 욕구들은 항상 바쁘고(활동성), 혼자 일하고(독립성), 다른 일을 하고(다양성), 양호한 보수를 받는 것(보상)을 비롯하여 매우 다양하다. 편안함의 다른 측면은 지속적인 고용에 대한 욕구(안정성)와 같은 장기적인 것일 수 있다. 조명, 난방, 공간의 크기와 같은 특정한 근무환경도 중요할 수 있다. 이러한 요소는 모두 공통적으로 스트레스가 없는 근무환경, 즉 근로자에게 안정성, 보상과 같은 이득을 주는 환경을 강조한다.

**지위(status)** 지위 가치에서는 개인이 다른 사람들에게 어떻게 인식되는가와 개인이 받는 인정에 강조점을 둔다. 지위는 승진이나 자신이 하는 일에 대한 인정, 또는 좀 더 일반적인 형태로 지역사회에서 중요한 존재가 됨으로써 얻게 되는 명성(사회적 지위)을 통해 얻을 수 있다.

또한, 사람들에게 무엇을 하라고 지시하는 것(권위)은 지위를 얻는 또 다른 방법이다. 어떤 사람에게는 지위욕구가 중요하다는 점을 인정하는 것이 진로선택과 직업불만족과 관련된 문제를 인식하는 데 특히 유익할 수 있다. 예를 들어, 어떤 사람들은 처음에는 어떤 일을 즐기지만, 승진하지 못하고 자신이 하는 일이 인정받지 못한다고 느끼면 일에 대한 흥미를 잃을 수 있다.

**이타주의(altruism)** 이타주의는 지위와 상반되는 개념인데, 이타주의는 자신이 다른 사람들에게 어떻게 인식되는가에 관한 것이 아니라 어떻게 다른 사람들을 돕거나 그들과 함께 일할 수 있는가와 관련되기 때문이다. 다른 사람을 위한 일을 하는 것(사회봉사), 그리고 좀 더 구체적으로 직장에서 동료와 잘 지내는 것(동료)은 직업의 중요한 측면일 수 있다. 특히, 도덕적으로 옳다고 느껴지는 일을 할 수 있음(도덕적 가치)은 만족과 직접적으로 관련된 욕구일 수 있다. 예를 들어, 자신이 느끼기에 해롭거나 가치 없는 제품을 팔도록 요구받는 사람들은 자신의 도덕적 가치가 훼손되므로 그 직업을 그만둘 수밖에 없다고 생각할 수 있다.

**안전(safety)** 안전은 위험한 상황을 피한다는 좁은 의미보다는 질서정연함과 예측 가능성의 중요성을 반영한다는 점에서 좀 더 넓은 의미를 가진다. 안전은 감독자의 지원(감독-인간관계)뿐만 아니라 회사정책의 공정한 집행(회사정책과 관행)을 포함한다. 또한 안전은 동료들이 어떻게 훈련을 받는가(감독-기술)를 포함하는데, 이것은 개인이 직장에서 어떻게 일을 하는지에 영향을 미칠 수 있기 때문이다. 예를 들어, 자동차 조립공장 근로자가 함께 일하는 동료들이 각자의 일을 잘 해낼 것이라고 믿을 수 없고, 관리자들이 생산직 직원에게 훈련과 필요 물품을 제공하는 데 있어서 태만하다고 느낀다면 해당 근로자의 안전의 욕구가 충족되지 않을 것이다.

**자율성(autonomy)** 어떤 사람들은 자신이 상사에게 어떤 대우를 받는가(안전)에 관심이 없다. 오히려 그들은 혼자서 일하는 기회를 원한다. 자율성은 자신이 가진 아이디어를 시도하거나(창의성) 스스로 결정을 내리는 것(책임)을 포함할 수 있다. 예를 들어, 자신의 일을 더 수월하고 더 능률적으로 일할 수 있는 새로운 아이디어를 시도해 보기를 원하는 자동차 조립공장 근로자는 안전보다는 자율성에 더 관심이 있다고 할 수 있다.

이러한 가치와 욕구는 상담자에게 개인의 근로경험을 이해할 수 있는 방법을 제공한다. 이러한 가이드라인이 없으면 직업경험은 서로 관련 없는 일련의 사건들로 보일 수 있다. MIQ는 경험에서 드러나는 욕구의 중요도를 측정하는 도구이다. 예를 들어, 자신의 일에서 많은 것을 성취하고, 다른 사람들을 돕고, 자기 스스로 결정하기(성취, 이타주의, 자율성)를 원하는 사람들은 보수와 안정적인 고용, 자신이 하는 일에 대해 인정받기, 공정한 정책을 시행하는 회사에 다니는 것(편안함, 지위, 안전)에 관심이 있는 사람들과는 다른 직업에서 만족을 얻을 것이다.

## ❁ 성격 유형

Dawis와 Lofquist(1984)에 의하면 성격 유형(personality styles)은 특정한 능력과 가치를 지닌 개인이 자신의 작업환경과 어떻게 상호작용하는가와 관련된 것이다. 그들은 성격 유형을 민첩성(celerity), 페이스(pace), 리듬(rhythm), 지구력(endurance)의 네 가지 특성으로 파악한다. 이 특성들은 사람들이 환경에 반응하는 방식을 나타낸다. 즉, 얼마나 신속하게, 얼마나 강한 강도로, 어떤 특정한 패턴으로, 그리고 얼마나 오랫동안 반응하는가를 의미한다. **민첩성**은 개인이 업무에 접근하는 속도(speed)와 관련된다. **페이스**는 개인이 일을 하는 데 들이는 노력과 관련된다. **리듬**은 개인의 노력 또는 페이스의 패턴이다. **지구력**은 얼마나 오랫동안 과제수행을 지속할 것인가와 관련된다. 따라서 민첩성, 페이스, 리듬, 지구력에서 높은 평가를 받은 사람은 신속하게 일을 하고, 많은 활동에 관여하며, 일관성 있게 일을 하고, 프로젝트를 완수할 것으로 기대할 수 있다. 이러한 직업 성격 유형은 Dawis와 Lofquist의 능력과 가치 개념에 추가적인 흥미로운 개념이지만, 민첩성, 페이스, 리듬, 지구력을 평가하는 데 사용할 수 있는 척도는 없다(Lawson, 1993). "사람들은 어느 한 직업환경에서 보인 직업 성격 유형(민첩성, 페이스, 리듬, 지구력)을 다른 직업환경에서도 유지하는가?"와 같은 질문은 여전히 답을 얻지 못한 채 남아 있다.

## ❁ 흥미

앞서 언급하였듯이, Dawis와 Lofquist(1984)는 흥미가 능력과 가치 관계의 표현이라는 점에서 흥미를 가치와 능력에서 파생된 것으로 간주한다. 이들 입장에서 보면 공학기술자나 벽돌공이 되는 것에 대한 흥미는 개인이 가진 능력과 가치에서 파생되는 것이다. 이들은 흥미검사가 상담에 도움이 될 수 있다고 보지만 이를 직업적응 상담에서 중요한 특징으로 삼지는 않는다. Rounds(1990)는 직업가치와 직업흥미의 상대적 기여를 평가한 자료를 분석한 후, 둘 다 중요하지만 흥미보다는 직업가치가 직업만족을 약간 더 잘 예측한다는 결론을 내렸다. 남녀 간에도 차이가 있는 것으로 나타났다. 이 연구는 가치를 직업만족의 예측에서 중요한 측면으로 보는 Dawis와 Lofquist의 견해를 지지한다.

## ❁ 상담 예시

다음 사례에서는 내담자의 자기평가를 돕기 위해 GATB와 MIQ가 사용된다. 이 장의 후반부에서는 직업정보에 대한 직업적응 이론의 접근을 기술한 후에, 이 내담자의 사례를 지속적으로 논의하면서 직업적응 이론이 어떻게 내담자의 가치와 능력에 대한 정보를 직업정보와 연결하는지 살펴볼 것이다.

위니프레드는 미국 중부에 있는 미주리 주 농촌에서 남편과 함께 살고 있는 45세의 백인 농부이다. 남편은 마을에서 자동차 정비공으로 일하고 있고, 위니프레드는 가족농장을 운영하고 있다. 이 부부에게는 아이가 없지만 10년 전까지는 위탁받은 아이들을 돌보았다. 위니프레드는 20년 동안 옥수수를 재배하고 돼지를 키우면서 농장 일과 운영을 도맡아 해 왔다. 위니프레드는 옥수수를 심고 재배하고 수확하는 일을 주로 책임지고 있다. 돼지에게 사료를 주는 일도 그녀가 주로 맡아서 하는 일이다. 그녀는 농사에 관하여 공식적인 훈련을 받은 적은 없고 대부분 부모님과 특별 농업교육 프로그램을 통해 농사일을 배웠다. 최근에 그녀는 추수를 하다가 허리를 심하게 삐었다. 지난 3년 동안 만성적인 허리통증을 앓아온 데다 이런 일까지 추가되었다. 그녀의 척추 엑스레이를 몇 장 찍었던 의사와 상담한 결과, 위니프레드는 힘든 농사일을 더 이상 할 수 없다는 사실을 알게 되었다. 마침 그녀는 농사일이 불만스럽고 지루하

**표 4.2 위니프레드의 검사 점수**

| | 높음 | 중간 | 낮음 |
|---|---|---|---|
| GATB | 산수능력<br>언어능력<br>공간능력<br>사무능력<br>형태지각 | | 눈/손 협응력<br>손동작 민첩성 |
| MIQ | 능력의 활용<br>성취 | 창의성<br>책임성<br>활동성<br>독립성<br>보상 | |



약어: GATB=General Aptitude Test Battery, MIQ=Minnesota Importance Questionnaire

던 차였다. 위니프레드는 자영업자이기 때문에 자신이 고용주이자 근로자이다. 농부로서의 충족을 측정하는 한 가지 척도는 농장의 생산성이다. 위니프레드는 기상조건이 좋을 때에는 농장이 재정적으로 생산적이도록 운영하였고, 가뭄일 때에도 농장의 지급능력을 유지해 왔다.

위니프레드는 직업재활 상담자와 자신의 고민에 대해 짧게 이야기를 나눈 후 GATB와 MIQ 검사를 받았다. 위니프레드의 검사결과가 표 4.2에 요약되어 있다. 그녀는 산수능력, 공간능력, 형태지삭, 눈/손 협응력과 손동작 민첩성에서 가장 높은 점수를 받았다. MIQ에 나타난 결과를 봤을 때, 그녀에게 가장 높은 욕구는 능력의 활용과 성취였다. 다음 대화에서 위니프레드와 상담자는 검사결과에 대해 논의하고 있다.

**내1:** 이런 검사를 받으니 기분이 이상하네요. 고등학교 때 이번에 제가 받은 적성검사[GATB]와 비슷한 검사를 했던 기억이 나요. 벌써 25년이 지났네요. 제가 이런 걸 다시 보게 되리라고는 생각하지 못했는데. 하지만 블록이나 와셔(역자 주: 볼트나 너트로 물건을 죌 때, 고무나 쇠 따위로 만들어져 너트 밑에 끼우는 둥글고 얇은 물건) 같은 걸 갖고 놀 수 있다는 게 놀라웠어요. [위니프레드는 손동작 민첩성 검사를 언급하고 있다.]

**상1:** 보니까, 잘하시는 것 같았어요. 우리가 함께 살펴볼 정보가 많네요. [상담자는

위니프레드의 능력을 탐색하기를 원하며, 먼저 GATB 결과를 보면서 시작하는 것이 좋을 것 같다.]

**내2:** 남편은 늘 제가 자기보다 트랙터를 더 빨리 고칠 수 있다고 말해요. 일단 시작하면 제 손놀림이 바람처럼 빠르대요.

**상2:** 음, 위니프레드 씨에게는 물체를 시각화하고 도면에 그려진 물체들의 관계를 이해하는 능력도 있네요. [상담자는 위니프레드의 공간능력과 형태지각에 대해 그녀와 이야기하기를 원한다.]

**내3:** 25년 전 여학생이었을 때는 제가 원하던 수업을 들을 수 없었어요. 기술수업은 남학생이 듣는 수업이고 가정과 상업교육은 여학생이 듣는 수업이었죠. 엄마는 제가 비서가 되는 걸 원하셨어요. 비서가 되었다면 얼마나 엉망이었을까요! 저한테 그런 유의 기술이 없다는 걸 알거든요. 심지어 농장에서 그런 일을 해야 했을 때면 돌아 버릴 것 같았어요. 저는 명세서 타이핑을 잘 못하고, 좋아하지도 않아요.

**상3:** 농장에서 당신이 잘하는 일과 잘 못하는 일이 뭔지 좀 더 얘기해 주세요. [지금까지 자신의 능력에 대한 위니프레드의 지각은 GATB 결과와 일치하는 것 같다. 하지만 상담자는 좀 더 점검해 보기를 원한다.]

**내4:** 음, 저는 물건 고치는 걸 잘해요. 남편은 자기가 고등학교 수업에서 기계에 대해 배웠던 것을 저한테 많이 가르쳐 주었어요. 제가 봐도 정말로 제가 잘 익히는 것 같아요. 나중에는 전기에 대해서도 배웠어요. 그게 가장 재미있었던 것 같아요. 남편은 계속해서 제가 정말 잘한다고 말해 줬어요. 제가 생각해도 그런 것 같아요. 그게 잘하는 부분이고요. 못하는 부분은 돌아다니고 물건을 들어 올리는 거예요. 정말로 고통스러워요. 예전에는 아주 힘든 일을 훨씬 더 많이 하곤 했어요. 이제는 다른 사람이나 기계가 그런 일을 대신하는 방법을 찾아요. 선생님도 제가 어떻게 트랙터를 사용하는지 보셔야 하는데. 실제로 트랙터로 설거지를 할 정도라니까요. 트랙터에 부착할 수 있는 온갖 종류의 부가장치가 있는데, 때로 그것들을 연결해서 부착하는 게 정말 어려워요.

**상4:** 농장에서 일한 경험이 정말 당신이 무엇을 할 수 있고 할 수 없는지를 알게 해 준 기회가 된 것 같네요. [자신의 능력에 대한 위니프레드의 지각은 GATB 점수를 확인시켜 준다.]

위니프레드와 상담자는 계속해서 GATB 결과에 대해 논의한 다음, 그녀의 직업가치와 욕구 및 MIQ에 대한 논의로 옮겨 간다. 지금까지의 논의를 통해서도 상담자는 위니프레드에게 성취가 중요하다는 것을 감지한다. 그녀는 자신의 능력과 자신이 해온 일에 대해 자부심을 느끼는 것 같다. 대화는 다음과 같이 계속된다.

**내5:** 저는 농장에서 했던 일을 좋아해요. 제 주변의 많은 친구들이 빈둥빈둥 지내면서 파이를 만들죠. 전 그렇게 못 해요. 처음에는 그 때문에 남편이 힘들어했어요. 지금은 남편도 괜찮다고 해요. 우리는 냉동식품과 디저트 같은 걸 사다 먹는 것도 괜찮다고 생각해요. 남편은 제가 요리를 하지 않아도 개의치 않는 것 같아요. 남편도 요리하는 걸 원치 않고요.

**상5:** 농장에서 많은 일을 하셨군요. 그 밖에 어떤 일을 하셨나요? [상담자는 성취 가치를 감지하고, 더 알아보고 싶어 한다.]

**내6:** 많은 종류의 일을 했어요. 저는 혼자서 일을 많이 하는데, 특히 지난 몇 년 동안 그랬어요. 남편도 농장 일에 흥미를 잃은 것 같아요. 그렇지 않았기를 바라지만요. 저는 그 일을 좋아하는 편이지만, 때로는 부담이 돼요. 무엇을 할지 결정하는 건 괜찮은데, 항상 거기에 있어야 하니 지치게 되는 것 같아요. 농장을 비워 두고 나갈 수가 없잖아요. 몇 번은 떠난 적이 있는데, 다른 가족들이 와 주었죠. 그게 힘들어요. 아시다시피 오랫동안 돼지를 내버려 둘 수 없잖아요.

**상6:** 미네소타 중요도 질문지에 대해 얘기해 보면 좋겠어요. 몇 가지 점수는 위니프레드 씨가 본인에게 중요한 것이라고 말씀하신 내용과 일치하네요. 정말로 활동적이고 혼자 힘으로 일하는 걸 좋아하시는 것 같아요. [위니프레드가 말로 표현한 가치가 MIQ 결과와 일치한다는 것을 확인하였으니 상담이 순조롭게 진행된다.]

**내7:** 제가 MIQ를 어떻게 했는지 결과가 궁금해요. 그건 쉬웠어요. GATB 같지 않았어요.

**상7:** 음, 높게 나온 점수를 보면 위니프레드 씨는 능력을 활용하기를 좋아하고 본인이 하는 일에서 성취감을 얻고 싶어 하시는 것 같군요.

**내8:** 그건 확실해요. 저는 중요하지 않은 일을 하는 건 상상할 수가 없어요. 중요하지 않은 똑같은 일을 몇 번이나 반복해서 하는 건 끔찍할 거예요. 전 제가 진전을 보이고 발전된다고 느끼고 싶어요.

**상8:** 우리가 위니프레드 씨가 하고 싶은 일을 살펴보기 시작할 때 그런 걸 고려할 거예요. [상담자는 위니프레드에게는 성취가 중요하다는 것을 다시 머릿속에 새긴다. 그것과 상반되는 가치인 편안함은 중요하지 않다. 근무환경도 그녀에게 중요하지 않은 것 같다.]

상담자와 위니프레드는 그녀의 능력과 가치, 흥미에 대해 계속해서 이야기한다. 후에 그들은 그녀가 할 수 있을 만한 직업들을 논하고 GATB 결과에 맞는 직업을 찾아볼 것이다.

## 2단계: 직업의 요구사항과 조건 평가하기

개인의 가치와 능력을 측정하는 방법이 있는 것처럼 많은 직업에서 요구하는 능력과 가치를 측정하는 방법도 있다. 간단히 말하자면, 이는 다양한 직업에 종사하고 있는 사람들의 GATB와 MIQ 점수의 평균을 구함으로써 이루어진다. 하지만 민첩성, 페이스, 리듬, 지구력으로 구성된 직업 성격 유형에 대해서는 이러한 정보가 없다. 또한, Dawis와 Lofquist는 직업적응 이론에서 심리측정을 적용할 때 다양한 직업에 종사하고 있는 사람들의 흥미 패턴에 대한 정보를 사용하지 않는다. 그 이유는 앞서 언급했듯이 Lofquist와 Dawis는 흥미를 부차적인 개념으로 보고, 직업 유형이 제공하는 능력과 가치에 대한 정보만으로도 충분하다고 믿기 때문이다. 이 절에서는 능력 패턴(ability patterns)과 가치 패턴(value patterns)을 좀 더 자세히 다룰 것이다.

### ❀ 능력 패턴

직업능력 패턴(Occupational Ability Patterns)은 방대하게 다양한 직업에서 요구하는 중요한 능력을 기술할 목적으로 미국 노동부에 의해 개발되었다. 이를 위해 직무 분석가들은 다양한 직업현장에서 직업을 평가하였다. 이와 함께 각 직업에 종사하는 사람들에게 GATB를 실시하였다. 이러한 두 가지 방법을 통해 직업별로 3개나 4개의 GATB 능력 요건을 개발하였다. 또한 절단점수(cutoff scores)도 정해졌다. 이 점수보다 높은 점수를 받은 사람은 관리자 평정이나 다른 방법을 통해 직무를 성공적으로 수행하였다고 평가된 근로자였다. 이러한 정보를 통해 개인은 자신이 특정 직업에서 성공한 사람들의 능력과 유사한 능력을 갖고 있는지를 평가할 수 있다. 그러나 직업에 대한 절단점수를 정할 때는 점수를 너무 높게 잡지 않는 것이 중요하다. 그 이유는 그렇게 하면 그 직업에 적합할 수 있는 잠재적인 지원자들을 배제할 수도 있기 때문이다.

### ❀ 가치 패턴

직업환경에 따라 개인의 욕구와 가치를 충족시킬 수 있는 정도는 다르다. Lofquist와

**표 4.3 미네소타 직무기술 질문지(MJDQ) 욕구 척도와 진술문**

| 욕구 척도 | 진술문(이 직업에 종사하는 근로자들은...) |
|---|---|
| 능력의 활용 | 자신의 개인적인 능력을 사용한다. |
| 성취 | 성취감을 얻는다. |
| 활동성 | 항상 바쁘다. |
| 승진 | 승진의 기회가 있다. |
| 권위 | 다른 직원에게 할 일을 지시한다. |
| 회사정책과 관행 | 정책을 공정하게 집행하는 회사에서 일한다. |
| 보상 | 다른 근로자에 비해 양호한 보수를 받는다. |
| 동료 | 쉽게 친해질 수 있는 동료가 있다. |
| 창의성 | 자신의 아이디어를 시도해 본다. |
| 독립성 | 혼자 일한다. |
| 도덕적 가치 | 도덕적으로 잘못한다는 느낌 없이 일을 한다. |
| 인정 | 자신이 하는 일에 대해 인정을 받는다. |
| 책임성 | 스스로 결정을 내린다. |
| 안정성 | 안정적인 고용을 보장받는다. |
| 사회봉사 | 다른 사람들을 위해 무언가를 할 수 있는 일이 있다. |
| 사회적 지위 | 지역사회에서 '중요한 사람'의 지위를 가진다. |
| 감독-인간관계 | (최고위 경영진과 함께) 직원들을 지원해 주는 상사가 있다. |
| 감독-기술 | 직원들을 잘 훈련시키는 상사가 있다. |
| 다양성 | 매일 하는 일이 다르다. |
| 근무환경 | 좋은 근무환경을 갖추고 있다. |

출처: 미네소타 직무기술 질문지(Borgen, Weiss, Tinsley, Dawis & Lofquist, 1968a), 미네소타 대학교 심리학과 직업심리연구. 허락하에 게재함.

Dawis는 어떤 직업이 개인의 가치를 어느 정도 강화하는지를 평가하기 위해 직업 강화요인 패턴(Occupational Reinforcer Patterns)의 목록을 개발하였다. 이를 위해 이들은 미네소타 직무기술 질문지(Minnesota Job Description Questionnaire, MJDQ: Borgen, Weiss, Tinsley, Dawis, & Lofquist, 1968a)를 개발하였는데, 이 검사는 특정 직업이 20개 욕구를 각각 얼마나 잘 강화하거나 충족시키는지를 평가한다. MJDQ는 MIQ와 동일한 욕구를 사용한다. 표 4.3에 MJDQ 문항의 내용이 제시되어 있다. 표 4.1과 표 4.3의 문항을 비교해 보면 두 검사의 유사성을 알 수 있다. 예를 들어, MIQ에서는 활동성의 욕구가 '나는 항상 바쁠 것이다'라는 문항으로 측정된다. MJDQ에서는 강화요인으로서의 활동성이 '이 직업에 종사하는 근로자는 항상 바쁘다'라는 문항을 통해 평가된다. 이렇게 개인의 욕구는 직업이 제공하는 강화요인과 매칭된다. 강화요인

**표 4.4 직업적응 이론에서 사용하는 도구**

| 개인에 대한 평가 | 직업에 대한 평가 |
|---|---|
| 능력: 일반직업적성검사(GATB)<br>가치: 미네소타 중요도 질문지(MIQ)<br>성격 유형: 도구가 아직 개발되지 않음 | 능력 패턴: 직업능력 패턴<br>가치 패턴: 미네소타 직무기술 질문지(MJDQ)<br>성격 유형: 도구가 아직 개발되지 않음 |
| 개인과 직업에 대한 평가의 매칭<br>미네소타 직업분류체계(MOCS)<br>적응 유형(도구가 아직 개발되지 않음) | |



패턴을 밝히기 위해 많은 직업이 MJDQ로 평가되었다(Borgen et al., 1968b). Dawis, Dohm과 Jackson(1993)은 직업을 강화요인 체계라고 기술했는데, 이 체계는 예측 가능한 강화요인과 예측 불가능한 강화요인, 자기 강화요인과 자기 외적 강화요인, 사회적 강화요인과 비사회적 강화요인을 각각 대비시켜 제공한다. 강화계획에 대한 이러한 평가는 직업 강화 패턴과 관련이 있지만 이 둘은 서로 다르다. 가치 패턴에 대한 정보를 사용함으로써 상담자는 내담자의 가치가 수많은 직업에서 충족되거나 강화되는 가치와 어느 정도 일치하는지를 알 수 있다.

### 능력과 가치 패턴의 결합

직업능력 패턴과 직업 강화요인 패턴에 관한 정보를 결합하면 직업에 대한 중요한 정보를 얻을 수 있다. 이 결합된 자료가 미네소타 직업분류체계(Minnesota Occupational Classification System, MOCS)를 만드는 데 사용되었다. MOCS 원판에는 337개의 직업이 수록되었다. MOCS의 3차 개정판에는 1,769개의 직업이 수록되어 있다. 개인의 능력과 가치 및 직업장면에서 발견되는 능력과 가치를 평가하는 데 사용되는 도구들 간의 관련성이 표 4.4에 제시되어 있다. 개인적 패턴과 직업적 패턴은 MOCS를 통해 매칭된다. 이에 대해서는 다음 절에서 설명할 것이다.

## 3단계: 능력, 가치와 강화요인 매칭하기

개인의 가치와 능력을 직업능력 패턴 및 직업 강화요인 패턴과 매칭할 때, 상담자는 다음 세 가지 도구 즉, 미네소타 중요도 질문지(MIQ) 보고서 양식, GATB 매뉴얼(미국 노동부, 1982), 미네소타 직업분류체계(MOCS)를 사용할 수 있다. 이러한 도구는 모두 내담자가 좀 더 알아볼 만한 직업을 찾아내는 데 도움이 된다. 또 다른 유용한 개념은 개인과 환경 간 적합성의 정도를 나타내는 적응 유형(adjustment style)이다. 적합성의 정도는 유연성(flexibility), 적극성(activeness), 반응성(reactiveness), 끈기(perseverance)의 네 가지 특성을 통해 설명된다. 이러한 도구들을 통해 내담자와 상담자는 풍부한 정보를 활용하고 직업적 대안의 수를 줄여 나갈 수 있으며, 그 결과 내담자는 감당할 수 있을 만큼의 선택지를 가지게 된다.

내담자는 미네소타 중요도 질문지(MIQ)를 통해 앞서 기술한 6개의 가치와 20개의 욕구 및 90개의 직업상에서 나타난 점수를 얻게 된다. **표 4.5**에는 이 검사결과지의 예가 제시되어 있다. 이 결과지는 검사를 통해 확인된 내담자의 욕구와 매칭되는 강화 패턴을 가진 직업들을 보여 준다. MIQ에 나타난 욕구의 중요성에 대한 개인의 평정과 그 욕구에 대해 특정 직업 종사자들이 부여한 중요성 간의 일치 정도(또는 관계)는 C지수(Correspondence Index; 상응성 지수)로 표시된다. 상관관계보다는 확률에 기초한 P지수와 같은 다른 지수도 사용될 수 있다(Eggerth, 2004). 상담자는 C지수를 사용하여 내담자가 장차 고려해 볼 만한 직업을 찾도록 도울 수 있다. 90개의 직업으

**표 4.5 미네소타 중요도 질문지(MIQ) 결과지 예시(위니프레드의 검사 점수)**

| | C 지표 | 예상 만족도 | | C 지표 | 예상 만족도 |
|---|---|---|---|---|---|
| 군집 A(성취-자율성-이타주의) | .30 | L | 군집 B(성취-편안함) | .15 | L |
| 건축가 | .25 | L | 벽돌공 | −.07 | N |
| 치과의사 | .21 | L | 목수 | .24 | L |
| 주치의 | .21 | L | 석수 | −.16 | N |
| 실내 디자이너/장식가 | .43 | L | 엘리베이터 수리기사 | .48 | L |
| 변호사 | .35 | L | 중장비기사 | .30 | L |
| 목사 | .13 | L | 정원사 | .11 | N |
| 간호사, 직업건강 | .12 | L | 외장이 | −.05 | N |
| 작업치료사 | .33 | L | 기계장치 조립공 | .10 | L |
| 검안사 | .39 | L | 도장공-도배기사 | .11 | L |
| 상담심리학자 | .21 | L | 주형도안가 | .28 | L |
| 레크리에이션 지도자 | .15 | L | 배관설치기사 | .34 | L |
| 언어치료사 | .28 | L | 미장공 | −.13 | N |
| 초등학교 교사 | .23 | L | 배관공 | .37 | L |
| 중등학교 교사 | .28 | L | 개와장 | −.04 | N |
| 직업평가사 | .36 | L | 자동차영업사원 | .43 | L |

(다음 쪽에 계속)

**표 4.5 미네소타 중요도 질문지 결과지 예시(위니프레드의 검사 점수)(계속)**

| 군집 C(성취–자율성–편안함) | .44 | L | 군집 D(성취–지위–편안함) | .57 | S |
|---|---|---|---|---|---|
| 수선재단사 | .27 | L | 공인회계사 | .43 | L |
| 자동차 정비기사 | .25 | L | 민간비행기 부조종사 | .25 | L |
| 이발사 | .46 | L | 호텔, 식당 요리사 | .48 | L |
| 미용사 | .44 | L | 수퍼마켓 매장 관리인 | .39 | L |
| 사례관리사 | .28 | L | 건축제도사 | .41 | L |
| 손해사정사 | .51 | S | 전기기사 | .44 | L |
| 상업미술가, 삽화가 | .56 | S | 토목기사 | .45 | L |
| 전자기기 정비기사 | .39 | L | 시간 연구 공학기술자 | .59 | S |
| 자물쇠 수리기사 | .28 | L | 농기구 수리사 I | .52 | S |
| 관리보수인, 공장 | .41 | L | 전화선 설치 · 수리기사 | .13 | L |
| 기계공학기술자 | .40 | L | 기계제작공 | .54 | S |
| 사무용기기 서비스기사 | .53 | S | 프로그래머(경영, 기술, 과학) | .65 | S |
| 사진제판사 | .54 | S | 판금기사 | .50 | S |
| 부동산 중개업자 | .32 | L | 통계기기 서비스기사 | .56 | S |
| 범용 하드웨어 영업사원 | .15 | L | 전문출판 작가 | .61 | S |
| **군집 E(편안함)** | .19 | L | **군집 F(이타주의–편안함)** | .21 | L |
| 제조 조립공 | .05 | N | 항공기 승무원 | .02 | N |
| 제빵사 | .16 | L | 사무원(일반, 사무실, 민간서비스) | .03 | N |
| 제본업자 | .28 | L | 영양사 | .56 | S |
| 회계장부 관리자 I | .31 | L | 소방관 | .16 | L |
| 버스기사 | .17 | L | 사서 | .28 | L |
| 천공기 조작기사 | .10 | L | 의료기술자 | .21 | L |
| 정육사 | .16 | L | 전문간호사 | .15 | L |
| 우체국 직원 | .13 | L | 잡역부 | −.08 | N |
| 생산보조원(식품) | .24 | L | 물리치료사 | .34 | L |
| 판매, 일반(백화점) | .20 | L | 경찰관 | .13 | L |
| 재봉사 | .03 | N | 행정기관 접수계원 | .29 | L |
| 수리기사(생산라인) | .16 | L | 비서(일반사무실) | .26 | L |
| 전화교환원 | .17 | L | 택시기사 | .12 | L |
| 금전출납계원(은행) | .18 | L | 전화설치사 | .42 | L |
| | | | 웨이터/웨이트리스 | .18 | L |

미네소타 중요도 질문지 프로파일은 90개 대표적인 직업의 직업 강화요인 패턴과 비교된다. C지표는 이 둘의 일치도를 나타낸다. C값이 .50 이상이면 만족(S; Satisfied), .10에서 .49 사이이면 만족할 가능성이 있음(L; Likely Satisfied), .10보다 적으면 만족하지 않음(N; Not Satisfied)을 뜻한다. 직업들은 유사한 직업 강화요인 패턴을 가진 것끼리 묶어 군집을 만든다. 각각의 군집 옆에 적힌 괄호 안의 약자는 제1가치(모두 알파벳 대문자로 제시)와 제2가치를 나타낸다. 예를 들어, 군집 B에 성취–편안함은 성취(ACH)가 제1가치, 편안함(Com)이 제2가치라는 의미이다.

출처: 『직업적응 심리 이론(*A psychological theory of work adjustment*)』, R. V. Dawis and L. H. Lofquist. Copyright © 1984, University of Minnesota Press, 허락하에 인용함.

로 충분치 않은 경우에 상담자는 183개 이상의 직업에 대한 점수가 수록된 상세 결과지를 요청할 수 있다. 내담자와 상담자는 또한 미네소타 직업분류체계(MOCS)를 사용하여 내담자의 능력 점수와 욕구 패턴을 직업과 매칭해 볼 수 있다. MOCS는 1,700개가 넘는 직업의 직업능력 패턴과 직업 강화요인을 수록하고 있기 때문에 특히 유용한 자원이 될 수 있다. 상담자와 내담자는 MIQ 결과지(표 4.5 참고)에 수록된 직업을 검토하고 내담자와 직업군 간의 일치성을 알아볼 수 있다. 이것은 면밀하게 매칭하는 과정이다. 하지만 이것은 개인과 직업환경 간의 일치 정도를 알아보는 유일한 방법은 아니다.

적응 유형(adjustment style)은 개인이 직업환경을 어떻게 대하는지를 나타낸다(Dawis & Lofquist, 1984). 유연성, 적극성, 반응성, 끈기의 개념은 모두 개인과 직업 간의 관계에 대한 것이다. 유연성은 직업의 불쾌하거나 힘든 측면을 견뎌 내는 개인의 능력을 의미한다. 예를 들어, 비좁은 작업환경에서 일해야 하거나, 불쾌감을 주는 상급자와 함께 일해야 하는 상황에서 유연성은 개인에 따라 차이가 있다. 직장에서 불쾌하거나 힘든 상황에 처할 때 사람들은 그 환경을 바꾸려고 시도할 수도 있고(적극성) 자신을 바꾸려고 할 수도 있다(반응성). 예를 들어, 불쾌감을 주는 상사를 상대해야만 하는 사람은 상사와 맞서서 불편함을 해결하려고 노력할 수 있다(적극성). 반면, 어떤 사람은 상사를 무시하고 다른 동료나 업무 자체에 주의를 돌리는 반응을 할 수도 있다. 끈기는 직업을 바꾸기까지 열악한 상황을 얼마나 오래 견뎌 낼 수 있는가를 의미한다. 예를 들어, 어떤 사람은 비좁은 장소나 불쾌감을 주는 상사를 다른 사람보다 더 오래 견뎌 낼 수 있다. 이러한 개념들은 개인이 자신과 직업 간의 갈등을 어떻게 다루는지를 보여 준다. Lawson(1993)은 적응 유형의 네 가지 측면 가운데 세 가지를 측정하는 데 성공하였다. 그녀는 유연성 차원의 정반대 측면을 정하는 경직성 척도(Inflexibility Scale), 적극성의 연속선상에서 상위 차원을 측정하는 성취 척도(Achievement Scale), 건강하지 못한 정신상태의 몇몇 구성요소를 측정하는 반응성 척도(Reactiveness Scale)를 개발하였다. 이러한 척도는 짜증스러운 직무환경에 대한 상이한 해결책을 개념화하는 데 도움이 될 수 있다.

또 다른 접근은 적응적 수행, 변화에 대한 만족, 변화에 대처하는 동안의 안녕감이라는 다른 변인에 초점을 둔다(Griffin & Hesketh, 2005; Hesketh & Griffin, 2005). 일반적으로 이러한 변인들은 개인이 직장 생활에서 일어나는 변화에 어떻게 대처하는가와 관련이 있다. 적응적 수행은 다음 세 변인을 가리킨다.

1. 주도적 행동(proactive behavior): 개인이 직업환경에서 변화를 이루기 위해 취하

는 행동

2. 반응적 행동(reactive behavior): 직업에 적응하기 위해 개인이 스스로를 변화시키는 방식
3. 용인하는 행동(tolerant behavior): 주도적 행동이나 반응적 행동이 효과가 없을 때 개인이 직장에서 힘든 문제들을 참아 내는 방식

변화에 대한 만족은 개인이 변화에 대처하는 도전을 즐길 수 있는 능력을 말한다. 안녕감을 가져오는 요인에는 직장에서의 문제와 더불어 인지적 능력, 성격 요인, 동기적 요인과 같은 개인적 요인이 포함된다. 스트레스를 관리할 수 있는 능력도 개인의 안녕감에 중요하다.

상담자는 개인의 능력과 가치를 직업능력 패턴 및 직업 강화요인 패턴과 매칭함으로써 내담자의 미래 직업만족과 충족의 가능성을 높이려고 한다. 바로 이것이 직업적응 이론의 주된 초점이다. 따라서 상담자는 지금 당장 내담자에게 매력적인 직업보다는 장기적 만족이나 장기간 재직이 확보된 직업을 찾으려고 한다.

위니프레드의 예로 돌아가 보자. 위니프레드와 상담자의 다음 대화는 이러한 개념을 좀 더 자세히 보여 준다.

**내**1: 제가 앞으로 농장 일을 하는 게 어려울 것 같아서, 제가 고려해 볼 수 있는 다른 직업들이 뭘까 궁금하네요.

**상**1: 미네소타 중요도 질문지를 함께 볼까요. [위니프레드의 점수는 표 4.5에 제시되어 있다.] 이 결과지에는 당신에게 만족을 주거나(S) 만족을 줄 가능성이 있는(L) 것으로 예측되는 직업의 목록이 나와 있어요. 우선 S 직업을 볼까요. [상담자는 미네소타 중요도 질문지로 측정된 내담자의 가치와 직업 강화요인 패턴 간의 일치를 다루어 보려고 한다.]

**내**2: 아, 이거 흥미롭네요. 손해사정사가 되고 싶지는 않은 것 같아요. 이 지역에선 수요도 많지 않고요. 상업미술가라……. 이건 흥미롭네요. 이건 꿈의 직업이죠. 저한텐 그런 일을 할 수 있는 능력이 있는 것 같지 않은데. 어머, 보세요. 농기계 수리사도 있어요. 저도 말하자면 이런 일을 하고 있는 셈이죠. 이 부근에선 이런 일에 대한 수요가 있는 걸로 알고 있어요. 제가 가벼운 일을 할 수 있다면 이 일이 저한테 잘 맞을지도 몰라요.

**상**2: 그 직업에 대해 우리가 함께 살펴볼 수 있겠네요. 구체적으로 고용주 몇 사람과 그들이 어떤 일을 하는지에 대해 알아볼 필요가 있겠네요. [상담자는 내담자의 신체조건이 농기계 수리사가 되는 데 방해가 될 수 있다는 점을 우려한

다. 하지만 어떤 고용주들은 물건을 들어 올리거나 서 있지 않아도 되는 일을 맡길 수도 있다.]

**내3:** 저기 시간연구 기술자도 있네요. 어떤 일을 하는 직업인지는 모르겠지만요.

**상3:** 그 직업에 대해서 좀 더 찾아볼 수 있어요. 『직업명 사전』이나 O*NET을 사용하면 좀 더 많은 걸 알 수 있을 겁니다.

**내4:** 우와! 프로그래머, 이런 일은 제가 좋아할 것 같아요. 그런데 제가 공부하러 다시 학교로 돌아갈 수 있을 것 같지는 않네요. 프로그래머에게 필요한 수학적 능력이 저한테 있는지도 모르겠고요.

**상4:** 한번 자세히 살펴볼까요? 당신의 GATB 점수가 프로그래머 점수와 비교하면 어떤지 볼까요. [상담자는 미네소타 직업분류체계를 참조한다.]

**내5:** 그런데 제가 어떤 학교교육을 더 받아야 하나요?

**상5:** 『직업 전망서』에서 한번 찾아볼까요. [내담자와 상담자가 함께 『직업 전망서』를 살펴본다. 그들은 프로그래머라는 직업에 입직하는 데는 여러 가지 길이 있다는 것을 알게 된다.]

내담자와 상담자는 이런 식으로 내담자가 고려해 볼 만한 직업을 계속 살펴본다. 상담자는 내담자에게 처음 보기에 끌리는 직업에 대해 더 알아보도록 자료를 좀 더 읽어 보라고 할 것이다. 상담자는 가능성 있는 직업과 내담자를 매칭하는 방법을 통해 고려해 볼 만한 직업의 수를 대략 15개 정도로 줄여 나간다. 내담자와 상담자는 직업정보를 탐색할 뿐만 아니라 교육의 기회, 신체적 한계로 인한 제약, 급여 및 내담자의 최종 선택에 영향을 줄 만한 다른 문제들도 검토할 것이다. 개인의 직업선택과 직업적응 문제의 해결을 돕는 효과적인 방법으로서 직업적응 이론의 타당성을 뒷받침하는 연구가 250편 이상 수행되었다. 예를 들어, 진로상담을 받은 436명의 성인을 추적 조사한 Breeden(1993)의 연구에서는 2년 후 직업을 바꾼 사람들이 상담 전보다 상담 후에 더 만족한 것으로 밝혀졌다. 고등학교 졸업 후 8년이 지난 사람들을 추적 연구한 Bizot와 Goldman(1993)은 개인의 적성과 직업에서 요구하는 적성 간의 일치는 충족을 예측하는 강력한 요인이며, 그보다 다소 약하기는 하지만 직업의 만족도 잘 예측한다는 사실을 발견하였다. 직업적응 이론은 또한 정신장애가 있는 근로자를 대상으로 17가지 직업욕구의 만족을 예측하는 것으로 밝혀졌다(Melchiori & Church, 1997). 또한, 정신장애가 있는 근로자를 대상으로 한 Chiocchio와 Frigon(2006)의 연구에서는 근로자 만족이 아니라 근로자 수행(충족)이 성공적인 직무배치의 주요한 예측요인으로 밝혀졌다. 이러한 연구들은 진로상담에서 직업적응 이론의 가치를 지지하는 예를 보여 준다.

## 직업적응 상담

직업적응 이론은 개인이 직업에 적응하면서 겪는 문제의 유형을 평가하는 데에도 사용될 수 있다. 개인의 기술이 아직 직무수행에 필요한 기술요건을 충족시킬 만큼 충분히 개발되지 않았을 수 있다. 또한, 직업은 교육이나 능력의 부족으로 인해 개인이 개발할 수 없는 기술을 요구할 수도 있다. 자주 발생하는 문제는 직업환경이 개인의 가치와 욕구를 만족시키지 못한다는 것이다. 또 다른 문제는 개인이 해당 직업이 줄 수 있는 강화요인의 패턴을 이해하지 못하는 데서 생겨난다. 때때로 직업에 대한 불만족은 일 자체보다는 일 외적인 문제에 기인한다. 예를 들어, 가정에서 어려움이 있는 사람이 이런 문제를 직장으로 가져와서 직장생활에도 불만족하게 될 수 있다.

내담자가 직장에서의 문제를 이야기할 때 기본적인 접근방식은 내담자의 직업성격과 직업환경을 평가하는 것이다. 내담자의 직업가치와 욕구는 MIQ를 사용해서 평가할 수 있는데, 만일 이것이 가능하지 않다면 MIQ의 개념적 도식을 사용할 수 있다. 이를 통해 상담자는 상담회기 동안 여섯 가지 가치(성취, 편안함, 지위, 이타주의, 안전, 자율성) 각각의 중요도를 알아볼 수 있다. 또한 상담자는 직업이 제공하는 강화요인의 측면에서 직업환경을 다룸으로써 여섯 가지 가치를 구성하는 20가지 욕구 중 어떤 것이 내담자와 가장 관련 있는 욕구인지를 알아낼 수 있다. 상담자는 각각의 강화요인에 대해 세부적으로 물어볼 필요는 없지만, 20가지 강화요인을 개념적 체계로 사용함으로써 개인에게 가장 중요한 욕구와 직업이 제공하는 강화요인 간의 일치성을 파악할 수 있다.

마찬가지로, GATB에 기술된 아홉 가지 능력을 하나의 기준으로 사용함으로써, 상담자는 내담자가 가진 능력과 직업 자체의 직업능력 패턴을 대략적으로 평가할 수 있다. 그런 다음, 내담자의 능력과 직업이 요구하는 능력 간의 일치성을 평가할 수 있다. 상담자는 GATB와 같은 검사를 사용할 수도 있지만, 검사를 수행하는 데에는 몇 시간이 걸리기 때문에 검사를 사용하지 않을 수도 있다.

개인의 능력 및 가치와 직업이 요구하는 능력 및 강화요인 패턴 사이의 불일치를 평가함으로써 문제에 대한 가능한 해결책을 얻을 수 있다. 직업의 강화요인 패턴에 대한 더욱 깊은 이해를 통해, 내담자는 자신의 만족 수준을 높일 수 있다. 또 다른 가능한 해결책은 업무 자체에 변화를 줌으로써 강화요인 패턴을 바꾸는 것이다. 예를 들어, 독립성에 가치를 두는 사람은 직장에서 혼자 일할 수 있는 방법을 관리자와 의

논할 수 있다. 이러한 해결책이 실패할 경우, 개인은 직업환경 외부에서 강화요인을 찾을 수 있다. 여기에는 취미활동이나 시간제 일, 자원봉사가 포함될 수 있다. 이러한 대안 중 어느 것도 적합하지 않다면 전직을 고려할 수도 있다. 직업적응 이론을 사용할 때 상담자는 애착 이론(가족 및 다른 사람과의 관계에 중점을 두는 이론으로, 12장에서 제시함)도 사용할 수 있다(Renfro-Michel, Burlew, & Robert, 2009).

다음의 사례는 직업적응 상담에서 내담자를 돕기 위해 상담자가 직업적응 이론을 어떻게 활용하는지를 보여 준다. 닉은 37세의 러시아계 미국인 건설노동자인데 직장에서 불만이 점점 커지고 있는 상황에 처해 있다. 그는 주택 건설 회사에서 일하고 있다. 다양한 건설 업무, 특히 목수 일을 하면서 그는 지난 5년 동안 같은 동료들과 함께 팀을 이루어 작업하였다. 그런데 팀의 규모가 커지거나 작아지고 동료들도 다른 직장으로 떠나면서 약간의 변동이 생겼다. 최근에 새로운 감독관이 팀을 맡게 되었다. 닉은 자신이 새 감독관을 싫어한다는 것을 알게 되었고, 직장을 그만두어야 할지 고민하고 있다. 그는 4년 전 결혼생활에 문제가 있었을 때 상담을 받았던 재향군인관리국 상담자에게 도움을 청하였다. 다음은 첫 회기에서 발췌한 내용이다.

**내**1: 새 감독관인 월리 때문에 돌아버리겠어요. 이 사람과는 도저히 같이 일을 못 하겠어요. 도대체 제가 어떻게 해야 할지를 모르겠어요. 이 사람은 아무 말도 안 해요. 다른 감독관들은 지시를 내려 주거든요. 이 작자는 나무토막처럼 서 있기만 해요. 다른 감독관과 일할 때는 늘 내가 어떻게 해야 하는지를 알 수 있었어요. 월리하고 있으면 모르겠어요. 심지어 직접 물어봐도 답을 해주지도 않아요.

**상**1: 닉, 직장에서 하는 일에 대해 좀 더 말해 주세요. [상담자는 닉이 안전에 가치를 둔다는 걸 감지한다. 그는 감독관이 인간관계와 기술적 측면 둘 다에서 부족하다고 느끼는 것 같다. 상담자는 성급하게 결론을 내리기 전에 좀 더 이야기를 들어 보고 싶어 한다.]

**내**2: 음, 우리는 지금 멋진 고급 주택을 짓고 있어요. 우리는 설계도에 따라야 하고 각자 맡은 일을 하고 있는지, 서로 부딪치지 않는지, 방해가 되지 않는지 확인해야 해요. 집의 뼈대를 잡는 일이든, 석고보드를 붙이든 일이든, 뭐든 마찬가지죠. 월리가 하는 일이라고는 주변에서 가만히 서 있는 게 전부예요. 제가 현장에서 일한 지 오래됐기 때문에 어떤 사람들은 저에게 도움을 청해요. 그건 내 임무가 아닌데 말이죠.

**상**2: 당신은 감독관이 되고 싶은 마음은 없나요? [닉은 책임지는 일은 원치 않는 것 같다. 그는 안전과 상반되는 자율성에는 별로 가치를 두지 않는 것 같다. 그런데 그의 감독관은 감독은 많이 하지 않으면서 책임을 강화하는 것 같다.]

**내3:** 네. 그저 제 일을 하고 싶어요. 보수를 받고 싶어요. 늘 똑같은 일만 하고 싶지는 않고요. 계속해서 바쁘게 일하는 건 괜찮은데, 지시받으며 일하길 좋아하는 쪽이죠.

**상3:** 이번 감독관과 일하기 전에는 기대할 수 있는 게 뭔지 알았던 것 같네요. 지금 뭘 해야 하는지 또 앞으로는 뭘 해야 할지를 알 수 있었어요. 지금은 알 수가 없고, 그래서 정말 불만스러운 상황이군요. [닉은 활동적이고 다양한 일을 하며 보상을 받는 것이 필요하다. 이러한 욕구는 닉이 성취와 반대되는 편안함을 높이 평가한다는 걸 보여 준다. 성취감은 그에게 중요하지 않은 것 같다.]

**내4:** 나는 좀 더 편안해지는 법을 찾고 싶어요. 뭘 해야 할지 모른다는 건 끔찍한 일이에요.

닉과 상담자는 안전과 편안함에 대한 닉의 가치가 직장에서 어떻게 충족될 수 있는지 탐색할 것이다. 상담을 통해 얻을 수 있는 한 가지 해결책은 월리에게 더 많은 지시를 받을 수 있는 전략을 논의하는 것이다. 또 다른 가능한 해결책은 닉이 다른 건설 팀으로 옮길 수 있는지를 알아보는 것이다. 또한 상담자는 닉의 적응 유형을 고려해 볼 수도 있다. 닉은 유연해 보이지는 않는다. 또한 근무환경에서 불편함이 크면 그런 상태를 견딜 수 있을 것 같지 않다. 상담자는 닉과 함께 그가 감독관에게 이야기해서 환경을 능동적으로 바꿀 것인지, 아니면 직장 밖 활동이나 동료와의 관계에 초점을 둠으로써 문제에 반응할 것인지를 결정할 것이다. 이런 식으로 직업적응 이론은 닉의 현재 직업적응을 돕기 위해 직업적응의 향상을 돕는 데에 상담자가 사용할 수 있는 개념화 체계를 제공한다.

## 퇴직에 따른 적응

퇴직을 앞두고 사람들은 직업적응과 진로선택 둘 다의 요소가 내포된 문제에 직면하게 된다. 흔히 사람들은 퇴직 때까지 직업환경과의 만족스러운 조화를 유지한다. 즉, 퇴직을 앞둔 이들의 직업만족도는 대개 좋은 편이며, 이들의 능력과 가치는 직업이 요구하는 능력 및 직업이 제공하는 강화요인과 매칭이 된다. 이제 당면한 과제는 '일이 아닌 환경(nonwork environment)'에서 일을 찾는 것이다. 현재 직업이 제공하는 강화요인이 내담자에게 만족스러웠다면 상담자는 일과 관련 없는 환경에서도 그가 이와 유사한 강화요인을 찾도록 도와야 한다.

내담자를 돕기 위해 상담자는 욕구와 가치뿐만 아니라 기술과 능력도 평가해야 한다. 현재 직업에서 개인이 특별히 가치 있게 여기는 측면을 상세히 다루면 이러한 평가를 할 수 있다.

이러한 평가를 실시한 다음, 상담자와 내담자는 개인의 욕구와 능력에 맞는 환경을 찾아볼 것이다. 그런데 퇴직 후 활동에 관하여 체계적으로 정리된 정보가 비교적 적다는 점이 상담자에게 어려움을 줄 수 있다. 직업선택에 관해서는 여러 가지 직업 분류체계와 더불어 참고할 만한 책과 팸플릿이 많지만, 퇴직 후 활동에 대해서는 이에 견줄 만한 분류체계가 없다. 상담자가 퇴직을 앞둔 내담자의 능력과 욕구를 평가하고 이것을 미네소타 직업분류체계와 유사한 체계를 사용하여 매칭하는 것이 바람직하지만, 자원봉사나 퇴직 후 활동을 분류하는 체계가 아직 존재하지 않는다. 하지만 직업적응 이론을 기반으로 하여 일반적인 퇴직 전환 및 적응 체계 모델(Retirement Transition and Adjustment Framework model)이 개발되었다(Hesketh, Griffin, & Loh, 2011). 직업적응 이론처럼 이 모델도 욕구와 가치, 능력, 강화요인을 사용한다.

퇴직에 관해서는 장년층을 상담하는 경우와 퇴직 전환 및 적응 체계(Hesketh et al., 2011)를 검토하는 경우 둘 다 많은 요인을 고려해야 한다. 사람이 나이가 들면 그에 따라 신체능력도 변화한다. 이러한 변화에 대한 평가는 퇴직을 앞둔 근로자를 돕는 데 중요한 측면이다. 이뿐만 아니라 소득에 대한 욕구는 지속될 수 있기 때문에 개인의 재정적인 욕구도 반드시 평가해야 한다. 또한 퇴직자들은 다양한 공동체 활동, 취미생활, 그리고 시간제 일이나 자원봉사 활동의 혜택을 누리기 위해 현재 거주지에서 다른 곳으로 옮기는 일이 어려울 수도 있다. 따라서 진로의사결정이나 직업적응 상담에 비해 퇴직 상담에는 제한적인 요인이 더 많다. 다음 사례는 퇴직 관련 문제를 상담할 때 직업적응 이론을 활용하는 것과 관련된 몇 가지 요인을 자세하게 보여 줄 것이다.

헨리에타는 뉴올리언스에 사는 64세의 흑인으로 초등학교 1학년 교사이다. 그녀는 미망인으로 혼자 살고 있다. 두 자녀는 결혼하였으며 다른 주에 거주한다. 헨리에타는 몇 달 동안 우울해서 상담실을 찾았다. 상담자와 헨리에타가 이야기를 하는 과정에서 은퇴가 임박한 상황에 대해 헨리에타가 몹시 불안해한다는 사실이 분명해졌다.

헨리에타는 늘 어린아이들과 함께 일하는 것을 좋아하였다. 다른 사람을 돕는 일이 그녀에게는 중요하다. 그녀가 가르치는 일을 그토록 좋아하는 이유 중 하나는 동료들 대부분이 그녀와 생각을 공유하기 때문이다. 12년 전 남편이 죽었을 때, 그녀는 교회 일에 적극적으로 참여하게 되었다. 이러한 활동은 그녀가 남편의 죽음을 감당하는 데 도움이 되었다. 헨리에타는 강한 종교적 가치를 갖고 있다. 그녀는 매주 교회 예배에 참석할 뿐만 아니라 교회에서 주관하는 사회봉사 활동에도 참여한다. 헨리에타는 바쁘게 살기를 원한다. 가르치는 일은 그녀에게 엄청난 성취감을 주기 때문에 그녀는 이 일을 몹시 좋아한다. 그녀는 나이 드는 것 때문에 어린 학생들과 멀어질 거라고 느낀 적은 없었다. 해마다 그녀는 새로운 학급을 기대해 왔다.

상담자는 헨리에타가 이타주의에 얼마나 큰 가치를 부여하는지를 알게 된다. 상담자는 1학년 아이들을 가르치는 일이 주는 강화요인이 헨리에타의 도덕적 가치와 사회봉사 욕구와 명확하게 잘 맞는다고 본다. 또한 상담자는 성취가 헨리에타에게 얼마나 중요한지를 평가한다. 상담자와 헨리에타의 과제는 아이들을 가르치는 일과 유사한 강화요인을 줄 수 있는 대안을 논의하는 것이다. 지역 교육청의 퇴직정책 때문에 헨리에타가 65세에 은퇴하는 것이 경제적 측면에서 적절하다. 하지만 그녀는 소득에 보탬이 되도록 계속해서 일할 필요를 느낀다. 더욱이, 그녀는 이웃에 친구들이 많고 교회와도 강한 유대를 맺고 있다. 그녀는 이사할 마음이 없다.

헨리에타와 상담자가 논의한 많은 대안은 그녀가 가진 이타주의와 성취의 가치를 만족시킬 만한 시간제 일이나 자원봉사 활동과 관련된 것이다. 이 중 몇 가지는 그녀가 다니는 교회보다 규모가 큰 인근 교회의 보육시설에서 일하거나 가능하다면 보육활동을 감독하는 일을 하는 것이다. 다른 대안은 근처의 노인센터 일을 돕는 것이다. 헨리에타는 노숙자 돕는 일도 고려해 보지만 교통편이나 안전에 대해 염려한다. 한동안 헨리에타와 이야기를 한 결과 상담자는 헨리에타가 교수법과 인간관계 능력에 대해 교육청에서 상을 받았던 이유를 분명히 알게 된다. 상담자는 헨리에타가 중시하는 이타주의와 성취 가치를 강화할 수 있는 활동에 집중함으로써 어떤 활동이 고려할 만하고 어떤 활동이 매력적이지 않은지를 알 수 있게 된다. 헨리에타는 상담자가 제시한 대안들이 자신의 사회봉사와 성취 욕구를 만족시킬 것으로 보이기 때문에 상담자에게 도움을 받았다고 느낀다.

## 영재 청소년에 대한 이론 적용

직업적응 이론은 어린 영재 청소년에게도 적용되어 왔다. Benbow와 Lubinski는 일부 연구에서는 대학수학능력평가(SAT)에서 언어 370점 이상, 수학 390점 이상, 그리고 또 다른 연구에서는 언어 430점 이상, 수학 500점 이상의 점수를 받은 만 13세 청소년들을 연구하였다(Achter & Lubinski, 2005; Achter, Lubinski, Benbow, & Eftekhari-Sanjoni, 1999; Lubinski & Benbow, 2006; Lubinski, Webb, Morelock, & Benbow, 2001; Schmidt, Lubinski, & Benbow, 1998; Webb, Lubinski, & Benbow, 2002). 이들의 연구는 직업적응 이론의 핵심 개념인 만족과 충족의 개념이 13세 영재 학생들의 교육적 적응과 학업성취에 적용될 수 있다는 점에서 Achter와 Lubinski(2003), Lubinski(2000), Lubinski와 Benbow(2000, 2001)의 관점을 지지한다. 이 연구자들은 직업적응 이론의 기본개념을 채용하여 영재 청소년들의 교육적 강화요인 패턴을 밝히고, 이들이 어떻게 또래에 비해 더 이른 나이에 교육적 · 직업적 선택을 할 수 있는지를 기술하였다. 13세 영재 청소년을 20년 넘게 연구한 Benbow, Lubinski와 이들의 동료들은 직업적응 이론이 영재 학생들의 교육적 · 직업적 선택을 이해하는 데 유용하다고 보았다. 이 연구자들은 직업적응 이론이 유용한 이유를 이 이론이 능력(학업성취검사로 측정되는 충족)과 선호(흥미와 가치 검사로 측정되는 만족)를 고려하기 때문이라고 본다. Lubinski와 Benbow(2000)는 어린 청소년을 상담할 때는 학생들의 감정보다는 효과적인 행동을 강화해야 한다고 제안하는데, 그 까닭은 어린 학생들의 감정은 좀 더 불분명하고 산만하기 때문이다.

## 평가도구의 역할

앞의 예시들은 평가도구를 사용하지 않고도 직업적응 이론을 상담에서 활용할 수 있음을 보여 주지만, 이러한 도구들은 직업적응 이론에서 매우 중요한 요소이다. 특히 진로선택에서 평가는 필수적이다. 또한, 심리측정 도구의 발달은 직업적응 이론의 발달과 밀접하게 관련되어 있다. 직업적응 프로젝드를 통해 개발한 모든 평가도구 가운데 미네소타 중요도 질문지(MIQ)는 상담자들이 가장 많이 사용하는 도구이다. 직업적응 이론을 검증하기 위해 개발된 다른 도구로는 미네소타 직무기술 질문지(MJDQ), 미네소타 만족도 질문지(Minnesota Satisfaction Questionnaire, MSQ), 미네소타 충족도 척도(Minnesota Satisfactoriness Scales, MSS), 생애사 형식의(biographical) 정보 평가지 등이 있다. Dawis와 Lofquist(1984)가 간략하게 기술하였듯이, 이 도구들은 다른 연구와 더불어 대략 35년이 넘는 기간 동안 미네소타 대학교에서 출간된 30편의 학술논문의 주제이다. 이러한 도구의 심리측정적 특성에 대한 연구는 계속되고 있으며(Eggerth, 2004), 재직기간과 같은 개념의 심리측정적 분석도 수행되고 있다(Myors, 1996). 이론 개발에서 검사의 중요성에 대한 이러한 강조는 상담에 대한 Dawis와 Lofquist(1984)의 접근에서도 일관되게 이어지고 있다. Dawis와 Lofquist는 다른 이론가들, 심지어 다른 특성요인 이론가들보다 개인의 특성을 측정하고 이를

| 중요도 \ 만족도 | 낮음 | 보통 | 높음 |
|---|---|---|---|
| 높음 | | | |
| 보통 | | 창의성<br>책임성<br>독립성<br>보상 | 활동성 |
| 낮음 | 능력의 활용<br>성취 | | |

**그림 4.1** 일곱 가지 직업욕구에 대한 위니프레드의 중요도 만족도 격자

출처: Thompson & Blain(1992)

직업정보와 매칭하는 것의 중요성을 더 강조한다. 대부분의 검사나 질문지와는 달리, Dawis와 Lofquist의 자료는 영리를 목적으로 출판되지 않는다(하지만 미네소타 대학교 심리학과의 직업심리연구에서 구입할 수 있다). Dawis(2005)는 이러한 도구가 직업적응 이론에 활용될 수 있지만, 다른 도구들 역시 사용될 수 있음을 강조한다.

평가도구는 각기 다른 도구를 묶어서 사용할 수 있다. 예를 들어, Thompson과 Blain(1992)은 MIQ에서 얻은 정보를 제시할 때 어떻게 격자를 사용할 수 있는지 보여준다. 그들은 낮음, 보통, 높음 범주로 미네소타 중요도 질문지(MIQ)와 미네소타 만족도 질문지(MSQ) 자료를 결합한 3 × 3 격자(**그림 4.1**)를 사용할 것을 제안한다. 이런 방법으로 상담자는 특정 내담자에게 있어서 20가지 욕구의 중요도와 그러한 욕구가 각각 만족되는 정도를 아홉 가지 영역으로 묶을 수 있다.

앞에서 나눈 위니프레드에게 적용하여 이러한 격자의 사용법을 좀 더 자세히 알아볼 수 있다. 위니프레드는 컴퓨터 프로그래밍을 공부하였고 곡물회사에서 5개월 동안 프로그래머로 근무하였다. 그녀는 상담자에게 프로그래밍을 배우는 것은 재미있었지만 현재의 직업은 만족스럽지 않다고 말한다. 상담자는 그녀에게 MSQ 검사를 실시하고, 가장 높은 MIQ 욕구(118쪽, **표 4.2** 참고) 중 일곱 가지를 위니프레드의 MSQ 점수(**그림 4.1** 참고)에 따라 3 × 3 격자 안에 기록한다. 위니프레드는 상담자와 이 점수에 대해 이야기한다. 현재 직업에서는 도전적인 과제가 부족하기 때문에 그녀

가 불만을 느끼고 있음이 더 분명해진다. 그녀는 바쁘게 일하기를 즐기지만(활동성), 자신이 하는 일은 기본적으로 취업 후 첫 몇 개월 동안 사용했던 프로그램을 다시 고쳐 쓰는 것이었다고 느끼고 있다. 그녀는 많은 것을 성취하고 있다거나(성취) 새로운 기술을 사용하고 있다(능력의 활용)는 느낌을 받지 못하고 있는데, 이러한 욕구는 그녀에게 중요하다. 격자를 살펴봄으로써 위니프레드는 상사가 자신에게 더 다양하고 도전적인 업무를 부여하도록 요청하는 것이 중요하다는 결정을 내린다.

## 직업정보의 역할

직업정보는 직업적응 이론을 사용하는 상담자에게 까다로운 과제를 준다. 이 이론을 사용하는 상담자는 대개 MIQ와 GATB를 활용할 것이다. 앞에서 보았듯이, 이러한 검사는 각각 직업유형과 일치하는 직업의 목록을 제공한다. 또한, 미네소타 직업분류체계(MOCS)는 1,700개 이상의 직업에 대해 직업능력 패턴과 직업 강화요인 패턴을 제시한다. 따라서 상담자가 이 체계를 사용하고자 한다면 이 직업들을 설명하는 사용 가능한 정보를 확보하는 것이 중요하다. 한 가지 중요한 참고자료는 12,000개 직업의 정의가 수록된 『직업명 사전(*Dictionary of Occupational Titles*)』이다. 하지만 O*NET이 더 많이 통용되기 때문에 많은 상담자들은 O*NET을 정보원으로 사용할 것이다(Gore & Hitch, 2005). 또한, 내담자가 MIQ와 GATB 결과에 제시된 어떤 직업에 대해서도 더 많이 알 수 있도록, 직업을 좀 더 상세하게 설명하는 팸플릿과 책들이 필요하다. 상담자가 MOCS에 수록된 1,769개 직업을 전부 다 일일이 알아야 하는 것은 아니지만, 이 분류체계가 내담자 개개인에게 구체적으로 직업을 추천하는 데 유용하기 때문에 직업정보에 대한 폭넓은 지식은 상담자에게 도움이 될 수 있다.

## 여성과 다문화 집단에 대한 이론 적용

집단 간 차이는 직업적응 이론의 초점은 아니다. Dawis와 Lofquist(1984)는 집단 간의 사소한 차이보다는 집단 내의 큰 차이에 초점을 둔다. 예를 들어, 성취척도에서 남녀 간 차이는 매우 근소한 반면, 남자와 여자(집단 내)의 성취척도 점수 분포는 광범위하다. Rounds, Dawis와 Lofquist(1979)는 다양한 MIQ 욕구에서 남녀 간에 차이가 있다고 보고한 반면, Flint(1980)는 차이가 거의 없다고 기술하고 있다. Gay, Weiss, Hendel, Dawis와 Lofquist(1971)에 의하면 여자는 남자보다 성취, 활동성, 회사정책과 관행, 동료, 독립성, 근무환경과 같은 욕구에서 더 높은 점수를 받았고, 남자는 여자보다 승진, 권위, 창의성, 책임성, 안전, 사회적 지위와 감독의 욕구에서 더 높은 점수를 받았다. Fitzgerald와 Rounds(1993)는 직업적응 이론과 관련된 변인에서는 성차가 거의 없다는 결론을 내렸다.

GATB 매뉴얼(미국 노동부, 1982)에 의하면 남아는 공간능력에서 여아보다 더 높은 점수를 받지만 형태지각, 사무능력, 눈/손 협응력, 손가락 기민성에서는 여아보다 점수가 더 낮았다. 또 다른 연구에서는 인지능력에서 근소한 성차를 보이고 있다(Fitzgerald & Rounds, 1993). Gustafson(1997)은 인지적 요인이 내재적인 직업만족을 예측하는 데 도움이 될 수 있다고 제안한다. 능력과 욕구 선호도에서 남녀 간에 약간의 차이가 있지만 이런 차이가 상담에 주는 시사점은 미미하다. 미네소타 직업분류체계에서 활용할 수 있는 정보는 남녀 모두에게 동일하게 적용될 수 있다.

직업적응 이론은 이성애자 여성 외에 동성애자 남성과 여성이 경험하는 차별에도 적용할 수 있다. Lyons, Brenner와 Fassinger(2005)는 직업적응 이론이 남녀 동성애자와 양성애자가 직장 내에서 차별을 겪을 수 있는데도 불구하고 이들이 느끼는 직업만족을 예측한다는 것을 보여 주었다. 상담자는 직업적응 이론에서 중요한 두 개념인 강화 가치와 능력개발의 장애요소에 주의를 기울임으로써 여성 동성애자가 직업을 선택하고 직장에서 부딪히는 문제에 적응해 나가는 가운데 경험하는 차별에 대처하도록 도울 수 있다(Degges-White & Shoffner, 2002). 추가적으로, 직업적응 이론은 사례연구에서 자세히 볼 수 있었듯이 에이즈 환자에게도 적용될 수 있다(Dahlbeck & Lease, 2010).

Fitzgerald와 Rounds(1993)는 직업적응 이론이 일반적으로 여성과 관련된 두 가지 문제 즉, 일과 가족의 통합 및 직장 내 성희롱을 아우를 수 있도록 어떻게 확장될 수 있는지를 보여 준다. 예를 들어, 이들은 '편의적이고 탄력적인 근무시간이나 혜택과 같은 변인들'(p. 343; 예를 들어, 아픈 자녀를 돌보기 위한 휴가)을 직업적응 이론의 욕구목록에 추가할 수 있다고 제안한다. 또한, '보상'과 같은 욕구를 확대하여 아픈 자녀를 위한 육아휴가 또는 직장에서 자녀 돌봄과 같은 혜택을 포함시킬 수 있다. 직장 내 성희롱과 관련하여, '회사정책과 관행'에 대한 욕구에 조직이 직장 내 성희롱에 대한 지침을 얼마나 명확하게 마련하고 얼마나 잘 이행하는지를 포함할 수 있다고 제안한다.

Dawis(1992)는 직업적응이 욕구와 가치, 능력 및 기술의 개인차에 초점을 둔다는 점을 분명히 밝히고 있다. 좀 더 구체적으로, Dawis(1994)는 "성, 인종, 출신 국가, 종교, 나이, 성적 지향성과 장애상태는 특정 개인의 기술과 능력, 욕구, 가치, 성격 유형과 적응 유형을 평가하기에는 부정확하고 신뢰롭지 않은 기준으로 간주된다"(p.

41)고 말한다. 이러한 견해에 덧붙여서 Rounds와 Hesketh(1994)는 직업적응 이론을 통해 인종이나 성에 근거한 차별을 다룰 수 있는 방법을 제시한다. 이들은 직업에 대한 욕구와 가치를 확대하여 공정함의 문제를 다루는 다음과 같은 진술문을 포함하도록 할 수 있다고 하였다. 이를테면, "관리자가 상호존중의 환경을 조성한다", "나의 상사와 동료들은 나를 공정하게 대우한다", "승진은 능력에 기반한다", "차별적 관행에 관한 회사정책이 시행되고 있다"(p. 184)와 같은 것이다. 이러한 진술문은 내담자가 직장에서 동료나 관리자, 고객에 의한 차별과 관련된 문제를 논의할 때 상담자에게 직업적응의 문제를 어떻게 개념화할 수 있는가에 대한 아이디어를 제공해 준다. 미국 흑인 근로자를 대상으로 한 연구는 직업만족을 예측하는 데 있어 이들에게 중요한 욕구는 바쁜 활동, 독립성, 보상, 직업 안정성임을 보여 준다. 인종적 풍토는 직업만족의 예측요인으로 드물게 언급되었다(Lyons & O'Brien, 2006). 이러한 내용들은 직업적응 이론이 다문화 집단에 어떻게 활용될 수 있는지를 제시한다.

## 상담자 쟁점

Lofquist와 Dawis(1991)는 『개인-환경-조화 상담의 본질적 요소(*Essentials of Person-Environment-Correspondence Counseling*)』에서 직업적응 이론을 비직업적인 생활영역에 적용하였는데, 이를 개인-환경 조화 이론이라고 한다. Dawis와 Lofquist (1993) 및 Dawis(2005)는 상담과 진로발달 영역에 대한 좀 더 폭넓은 접근으로 직업적응 이론을 확장시키는 것의 가치를 보여 주고 있다. Lofquist와 Dawis는 상담자가 내담자뿐만 아니라 자기 자신을 환경으로 간주하는 것이 도움이 된다는 의견을 제시하였다. 직업환경이 근로자에게 강화요인으로 작용하듯이 내담자와 상담자는 서로에게 강화요인이 될 수 있다. Lofquist와 Dawis는 상담자 훈련 과정에서 상담자가 자신의 욕구와 가치를 확인해야 한다고 제안한다. 상담자는 자신의 욕구와 가치를 자각함으로써 자신이 내담자에게 미칠 수 있는 영향을 이해할 수 있다. 상담회기 내에서 상담자는 내담자의 욕구를 확인할 수 있어야 한다. 예를 들어, 상담자는 사회봉사 욕구(다른 사람을 위한 일 하기)가 높고, 내담자는 책임 욕구(스스로 결정하기)가 높다면, 이타주의적인 상담자는 좌절할 수도 있다. 상담자의 가치(이타주의)와 내담자의 강화 패턴(책임성) 간에 차이가 있다는 것을 인식하면 상담자는 덜 좌절하고 더 효과적으로 상담할 수 있을 것이다. 또 다른 예로, 안전에 대한 가치가 강한 내담자는 비구조화된 방식을 사용하는 상담자에게 실망할 수 있다. Lofquist와 Dawis는 상담자가 자신과 내담자의 기본적인 능력과 강화요인을 확인하는 것이 필요하며, 그래야 효과적인 상담이 이루어질 수 있다고 믿는다. 상담자의 중요한 특성 중 하나는 유연성이다. 내담자의 욕구가 충족될 수 있도록 상담자가 내담자의 환경에 적응할 수 있는 것이 중요하다. 이것은 상담자가 자신의 욕구와 반응 요건을 알고 있을 때 가장 잘 이루어지며, 상담자는 내담자의 욕구를 충족시키기 위해, 필요하다면 자신의 욕구를 보류할 수 있다.

## 요약

Lofquist와 Dawis의 직업적응 이론은 개인의 특성을 구체적으로 명시하고 그 특성을 직업의 요구조건 및 강화요인과 매칭하는 데 강조점을 두었다는 점에서 주목할 만하다. 직업적응 이론은 18개의 이론적 명제로 구성되어 있고, 이 명제들은 여러 연구(Dawis & Lofquist, 1984; Lofquist & Dawis, 1991)에 의해 뒷받침되고 있다. 직업적응 이론은 직업에 대한 적응을 예측하는 데 초점을 둔다. Dawis와 Lofquist의 관점에서는 직업의 능력요건과 강화요인 패턴을 안다면 개인의 능력과 가치를 통해 특정 직업에 대한 직업적응과 재직 기간을 예측할 수 있다고 본다. 직업적응 이론의 주요한 공헌점은 개인의 직업욕구를 측정하는 미네소타 중요도 질문지(MIQ)의 개발이다. 능력에 관한 정보와 더불어 MIQ 점수는 직업능력 패턴 및 직업 강화요인 패턴과 매칭될 수 있다. 이러한 매칭을 통해 개인이 직업선택에서 고려해 볼 만한 특정 직업들을 알 수 있다. 많은 진로발달 이론보다 포괄적인 직업적응 이론은 진로선택뿐만 아니라 다양한 상담 상황을 위한 시사점을 준다. 이 장에서는 직업적응 상담과 퇴직 상담을 다루었다. 직업적응 이론은 어떤 다른 이론보다도 특성요인 이론의 적용을 분명하게 보여 준다.

# Holland 유형 이론

## ✿ 이론의 개요

**여섯 가지 유형**
- 실재형
- 탐구형
- 예술형
- 사회형
- 기업형
- 관습형

**유형의 조합**

**설명적 구성개념**
- 일치성
- 변별성
- 일관성
- 정체성

직업선택과 직업적응 둘 다 개인의 성격을 나타낸다는 것이 바로 John Holland의 관점이다. 사람들은 직업의 선택과 경험을 통해 자기 자신과 자신의 흥미, 가치를 표현한다. Holland의 이론에서는 그가 **고정관념**(stereotype)이라 칭하는, 사람들이 직업에 대해 가지는 인상과 일반화가 대체로 정확하다고 가정한다. Holland는 이러한 고정관념을 연구하고 다듬어서 개인과 직업환경을 특정한 범주에 넣었다.

Holland(1966, 1973, 1985a, 1992, 1997)는 유형 이론을 설명하는 다섯 권의 책을 저술하였다. 각 저서는 모두 이론의 발전과정에서 이전 연구를 최신화하고 정교하게 다듬어서 출간한 것이다. 「직업행동 연구(*The Journal of Vocational Behavior*)」 1999년 8월호에는 진로발달 이론에 기여한 Holland의 40년간 공로를 다루는 논문 12편이 실려 있다. Holland의 공로는 또한 「진로발달 계간지(*The Career Development Quarterly*)」(Gottfredson & Johnstun, 2009; Trusty & Niles, 2009) 2009년 12월호에서도 다루고 있다. Holland 이론의 발전에서 중요한 두 가지 심리검사는 직업선호도검사(Vocational Preference Inventory, VPI; Holland, 1985b)와 진로탐색검사(Self-Directed Search, SDS; Holland, Powell, & Fritzsche, 1994)이다. 이 도구들은 각기 다른

방식으로 개인이 지각한 능력과 흥미를 측정하는데, 이는 개인의 성격에 대한 평가이다. Holland(1997)는 자신의 이론이 진로선택의 근간을 이루는 변인 중 일부만을 설명할 수 있다는 것을 인정하였다. 그는 자신의 이론적 모델이 연령, 성, 사회계층, 지능 및 교육의 영향을 받을 수 있다고 분명히 밝히고 있다. 이러한 이해를 바탕으로, 그는 여섯 가지 유형, 즉 실재형(Realistic), 탐구형(Investigative), 예술형(Artistic), 사회형(Social), 기업형(Enterprising), 관습형(Conventional)의 개발을 통해 개인과 환경이 어떻게 상호작용하는지를 구체적으로 기술하였다. 개인과 환경은 모두 이러한 여섯 가지 유형의 조합으로 이루어져 있다.

## 여섯 가지 유형

다음 절에서는 먼저 여섯 가지 직업환경에 대해 설명하고(Gottfredson & Richards, 1999), 그 환경에 매칭되는 개인의 성격 유형에 대해 기술할 것이다(Armstrong & Rounds, 2010; Low & Rounds, 2006; Spokane & Cruza-Guet, 2005). 다음으로, 상담장면에서 각 유형의 내담자에게 나타날 수 있는 행동양식을 다룬다. 개인과 환경 간의 상호작용을 설명하는 일치성(congruence), 변별성(differentiation)과 같은 중요한 개념에 대해서도 이후에 논의할 것이다. 실제로 개인과 직업환경은 순수하게 한 유형으로 이루어져 있지 않기 때문에 Holland는 세 가지 유형의 조합을 사용하여 설명하는데, 이에 대해서도 나중에 살펴볼 것이다. 여섯 가지 유형 간의 관계는 **그림 5.1**에 제시되어 있다. 이 유형들은 육각형을 이루면서 특정한 위치에 배치되어 있는데, 유형들의 배열에 대해서는 이 장의 뒷부분에서 일관성의 개념을 다룰 때 함께 설명할 것이다.

### ❀ 실재형

**실재형 환경** 실재형(R) 환경은 개인에게 신체적인 활동을 요구한다. 이러한 직업 현장에는 사람이 다루어야 하는 도구나 기계, 동물이 있다. 이런 현장에서는 기계를 고치거나, 전자제품을 수리하거나, 자동차나 트럭을 운전하거나, 가축을 몰거나, 환경의 여타 물리적 측면을 다룰 수 있는 기술적 능력이 요구된다. 사물을 상대로 일하는 능력이 사람들과 상호작용하는 능력보다 더 중요하다. 실재형 환경의 예로는 건설현장, 공장, 자동차 정비소 등이 있으며, 이러한 환경에서는 실재형 사람들이 능숙하게 다루는 기계나 다른 물체가 제공된다. 어떤 실재형 환경은 지붕공사를 하거나 옥외

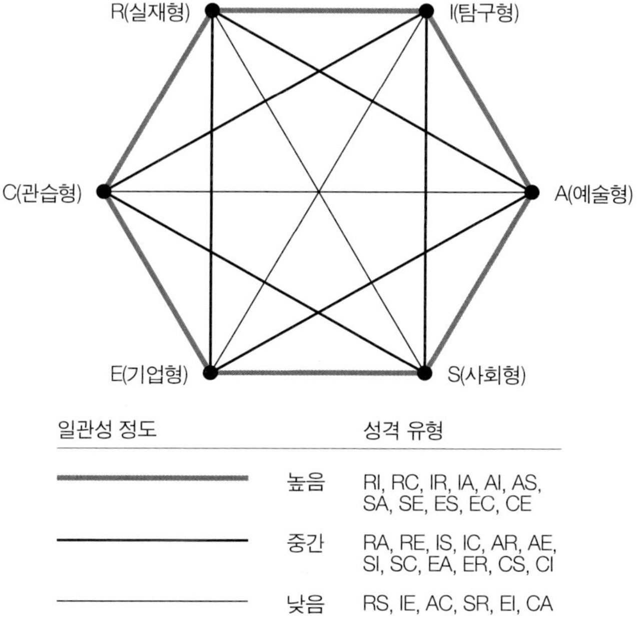


| 일관성 정도 | | 성격 유형 |
|---|---|---|
| (굵은 회색 선) | 높음 | RI, RC, IR, IA, AI, AS, SA, SE, ES, EC, CE |
| (중간 굵기 선) | 중간 | RA, RE, IS, IC, AR, AE, SI, SC, EA, ER, CS, CI |
| (가는 선) | 낮음 | RS, IE, AC, SR, EI, CA |

**그림 5.1** Holland 유형 간 관계

출처: 『직업의 선택(*Making Vocational Choices*)』, 3판, Copyright © 1973, 1985, 1992, 1997 Psychological Assessment Resources, Inc.

페인트칠을 하거나, 배관을 설치하는 활동처럼 상당한 정도의 신체적 민첩성이나 강인함을 요구한다. 따라서 이런 환경은 위험할 수 있고, 다른 직업환경에 비해 신체적 질병이나 사고가 더 많이 발생할 수 있다.

**실재형 성격 유형** 실재형인 사람들은 취미활동을 하거나 일을 할 때 도구나 기계 사용을 즐기는 편이다. 그들은 배관, 지붕공사, 전기제품이나 자동차 수리, 농장일 같은 분야와 그 외 다른 기술 분야에서 능력을 개발하려고 애쓰는 경향이 있다. 흔히 실용적인 과목을 좋아하고 기계적 기술이나 신체적 기술을 가르치는 것을 좋아하는 경향이 있다. 이들은 추상적이고 이론적인 설명을 잘 참지 못하는 편이다. 이들은 종종 문제가 사람에 관한 것이든 기계에 관한 것이든 이에 대해 실용적이거나 문제해결적인 방식으로 접근한다. 이들은 돈, 권력, 지위에 가치를 두는 편으로, 인간관계에는 그다지 가치를 두지 않는다.

**실재형 내담자의 행동 특성** 상담 장면에서 실재형 내담자는 자신의 진로문제를 해결하는 데 도움이 되는 구체적인 제안과 조언과 같은 실제적인 해결방안을 기대한다. 이러한 유형의 내담자는 자신의 진로선택에 대한 감정을 드러내는 것을 꺼리며, 곧바로 진로선택의 문제에 대한 해답으로 넘어가고 싶어 한다. 자신이 즐겨하는 활동 이야기가 나오면 그들은 사냥, 낚시, 자동차 수리 등과 같은 활동에 대해 이야기하기를 즐길 것이다. 그들은 자기가 했던 일 가운데 도구 사용의 능숙함을 보여 주는 경험을 꺼내 놓는 경향이 있다. 또한 그들은 자동차나 라디오, 다른 기계류처럼 자신이 즐겨 손질하면서 시간을 보내는 특정 소유물에 대해 이야기하기도 한다.

여성은 어떤 다른 유형의 환경보다 실재형 환경에서 남자들의 저항과 괴롭힘에 부딪힐 수 있다. 실재형 환경에 속하는 많은 활동과 사람들이 전통적으로 남성적인 경향이 있기 때문에, 실재형 여성들은 자동차 정비, 석탄 채굴, 지붕공사 등의 실재형 직업에 입문하려고 할 때 상당한 정도의 성차별에 봉착할 수 있다. 실재적 유형의 능력을 기르는 과정에서 아버지와 남자형제들의 격려를 받았던 여성은 실재형 직업환경에서 남성의 반발에 부딪힐 때 상처를 입고 화가 날 수도 있다. 이러한 문제를 다룰 때 상담자는 여성에게 민감해야 하며 실재형 흥미와 능력을 갖춘 여성을 지지해야 한다. 물론 모든 실재형 직업에서 그런 문제가 발생하는 것은 아니다. 실재적인 요소가 상당 부분 있지만 전통적으로 남성적이지 않은 직업도 많이 있다. 은세공사, 양재사, 화훼장식가, 재고 조사원과 같은 직업이 그 예이다.

## ✿ 탐구형

**탐구형 환경** 탐구형(I) 환경은 사람들이 수학적 · 과학적인 흥미와 능력을 통해 문제에 대한 해결책을 찾으려고 하는 환경을 말한다. 탐구형 환경에서는 창의적인 문제해결을 위해 복잡하고 추상적인 사고를 이용하는 것이 장려된다. 분석적 사고능력을 사용하는 기회를 제공하는 직업의 예로는 컴퓨터 프로그래머, 의사, 수학자, 생물학자, 과학교사, 수의사, 연구개발 관리자 등이 있다. 이러한 환경에서는 신중하고 비판적인 사고가 높이 평가된다. 이 분야에서 일하는 사람들은 문제의 해결책을 찾기 위해 논리적이고 정확한 체계적 사고를 사용해야 할 것이다. 탐구형 직업은 문제해결을 위해 개인의 지적 능력을 사용하여 독립적으로 일하는 것을 요구한다. 문제해결을 위한 인간관계 기술이 요구되거나 장려되지는 않는다. 또한 기계를 사용해야 할 필요도 없을 것이다. 예를 들어, 컴퓨터 기술자는 기계를 상대로 일하고 기계를 조립하거나 수리하지만(실재형 환경), 컴퓨터 프로그래머는 문제에 대한 해결책을 찾기 위해 논리를 사용한다(탐구형 환경).

**탐구형 성격 유형** 탐구형 사람들은 지적 능력을 사용해야 하는 퍼즐이나 도전을 즐길 것이다. 이들은 학습을 좋아하고, 수학적 · 과학적 문제를 해결하는 자신의 능력에 대해 자신감을 느끼는 경향이 있다. 이들은 흔히 과학에 관한 책을 읽거나 과학적 쟁점에 대해 토론하기를 즐긴다. 또한, 수학적 · 과학적 문제를 해결하기 위해 독립적으로 일하려고 한다. 이들은 수학, 물리학, 화학, 생물, 지질학과 그 외 물리학이나 생물학과 관련되는 과목을 좋아한다. 탐구형인 사람들은 사람들을 관리하거나 개인적인 문제를 직접적으로 다루는 활동은 좋아하지 않지만, 심리적 문제를 분석하거나 해결책을 찾는 활동은 좋아할 수도 있다.

**탐구형 내담자의 행동 특성** 탐구형 성격이 두드러진 내담자는 해답이 없는 문제에 도전하기를 즐기는 경향이 있다. 이들은 흔히 금전적 보상이나 다른 보상이 상대적으로 매우 적은 경우에도 해결해야 할 문제에 자극을 받고 애써 해결책을 찾으려고 한다. 진로문제 해결에 있어서도 이들은 문제를 스스로 해결하고 싶어 하고 그 문제에 대해 감정적이기보다는 이성적인 관점에서 접근하기를 원할 수도 있다. 진로문제 자체가 도전으로 여겨질 경우, 탐구형 내담자는 상담자가 그들에게 무엇을 하라고 말해주는 전문가보다는 동료 탐구자로 보일 때 더 좋은 느낌을 받을 것이다.

## ❁ 예술형

**예술형 환경** 예술형(A) 환경은 자유롭고 개방적이며 창의성과 개인의 표현을 장려하는 환경이다. 이러한 환경은 성과와 해결책을 개발하는 데 있어 많은 자유를 부여한다. 사람들이 창의적이고 관습적이지 않은 방법을 사용하여 자기표현을 할 수 있는 직업에는 음악가, 미술가, 프리랜서 작가가 있다. 이런 작업 현장에서는 출근복장도 자유롭고 정해진 약속시간도 별로 없으며 각자의 시간을 나름대로 알아서 사용하는 것이 허용된다. 또한 이러한 직업환경에서는 논리적인 표현보다 개인적이고 정서적인 표현이 장려된다. 만약 개인이 도구를 사용한다면, 그것은 어떤 과업을 완수하는 수단(예; 전기드릴이나 렌치)이 아니라 자신을 표현하기 위한 것이다(예; 클라리넷이나 페인트 붓).

**예술형 성격 유형** 예술형 사람들은 작곡, 미술, 글쓰기처럼 자유롭고 비체계적인 방식으로 자신을 표현하는 기회를 좋아한다. 이들은 자신을 표현하기 위해 바이올린, 목소리, 조각도구, 워드프로세서와 같은 도구를 사용할 수도 있다. 그리고 이들은 언어, 미술, 음악이나 글쓰기 분야에서 자신의 능력을 향상시키고 싶어 한다. 독창성과 창의성은 표현에서 특히 중요하다. 예술형 사람들이 숫자 따라 그리기(paint-by-numbers kit; 역자 주: 미리 만들어진 밑그림의 숫자가 표시된 부분에 그 숫자에 해당하는 물감을 칠하기만 하면 하나의 완성된 그림이 되도록 개발된 미술용구)를 사용해 보라는 제안을 받는다면 몹시 불쾌감을 느낄 것이다. 이들은 자유롭고 개방적인 방식으로 자신을 표현할 기회를 원하고 또 필요로 하기 때문이다. 순수한 예술형은 기술적인 글쓰기를 싫어하고 시나 소설 쓰기를 더 좋아한다.

**예술형 내담자의 행동 특성** 상담회기에서 예술형 내담자는 흔히 미술이나 음악, 글쓰기가 자신의 삶에서 얼마나 중요한지를 분명하게 말한다. 이들은 활동지와 인쇄물을 사용하는 방식과 대비되는 비구조화된 상담 접근을 선호한다. 또한 이들은 예술작품의 표현과 그것을 만들어 나가는 과정에 대해 말하기를 즐기고, 다른 사람들의 작품에 대해 논평하거나 비평하기를 좋아할 수도 있다. 예술형 사람과 이야기를 하다 보면 이들을 흥분시키는 일은 창의적인 활동에 집중되어 있음을 분명히 알게 된다. 이들은 자신이 독특하며 다른 내담자와 같지 않다는 것을 보여 주기 위해 유머나 다른 표현 방법을 즐겨 사용하기도 한다. 예술형 내담자의 표현은 불분명하거나 어수선하게 보일 수도 있다. 이들은 흔히 자신의 사고과정과 창의적인 과정에 대해 이야기한다. 다른 유형에 비해 예술형 내담자는 진로문제를 논의할 때 더 감정에 의존하고, 선택과정을 논리적이기보다 감정적인 과정으로 보는 경향이 있다.

## ❁ 사회형

**사회형 환경** 사회형(S) 환경은 사람들이 서로에 대해 융통성과 이해심을 갖도록 장려한다. 이런 환경에서 사람들은 개인적인 문제나 진로문제에 도움을 주고 사람들을 가르치며 영성적으로 영향을 주고 사회적 책임을 맡는 활동을 통해 다른 사람들과 함께하는 일을 한다. 사회적 환경에서는 이상주의, 친절, 우정, 관대함과 같은 인간적인 가치를 강조한다. 이러한 이상은 교육, 사회복지사업, 정신건강 분야에서 가장 흔히 볼 수 있다. 이러한 직업의 예로는 초등학교 교사, 특수교육 교사, 고등학교 교사, 결혼생활 상담자, 상담심리학자, 언어치료사, 학교관리자, 정신과 의사가 있다.

**사회형 성격 유형** 사회형 사람들은 다른 이들을 가르치고, 개인적 또는 직업적인 문제에 도움을 주고 개인적 봉사를 함으로써 사람들을 돕는 데 관심이 있다. 이들은 누군가에게 위임하기보다는 토론과 팀워크를 통해 문제를 해결하기를 좋아한다. 또한 본질적으로 윤리적이거나 이상적인 속성을 가진 복잡한 문제에 대해 이야기하고 해결하기를 선호하면서, 흔히 기계를 상대로 하는 일은 선택하지 않고 피한다. 사회형인 사람은 교육, 복지, 정신건강 분야와 같이 언어적 · 사회적 기술을 사용할 수 있는 환경을 찾는다.

**사회형 내담자의 행동 특성** 상담 장면에서 사회형 내담자는 종교, 정치 또는 사회복지사업을 통해 자신의 이상을 표현하고 다른 사람들을 돕고 싶어 한다. 이들은 보통 이타적이기 때문에 자신을 위한 경제적인 성취보다는 더 나은 사회를 위해 이바지하는 데 관심이 있다. 어린아이들을 가르치거나 친구의 개인적인 문제를 돕는 것과 같은 비공식적인 활동에 가치를 두는 편이다. 상담자와 이야기를 할 때면 상담자의 직업(사회적 환경)에 관심을 보이고 상담자의 도움에 고마워한다. 천성적으로 도움이 되려고 하는 면이 있기 때문에 이들은 자신을 돕기 위한 상담자의 계획에 협력하려고 할 것이다. 또한, 사회형의 특성상 이들은 진로 집단상담에 적합한 내담자로, 집단에서 다른 사람들을 돕는 기회를 즐길 수도 있다. 하지만 사회형 내담자는 말하는 것을 중요하게 여기기 때문에 말이 지나치게 많을 수 있고, 이로 인해 상담자는 진로계획 문제를 다룰 때 이들과 다른 집단원들을 돕는 데에 어려움을 겪을 수 있다.

## ❀ 기업형

**기업형 환경** 기업형(E) 환경에서 사람들은 조직이나 개인의 목표를 달성하기 위해 다른 사람들을 관리하고 설득한다. 이 환경은 재정적 · 경제적 문제가 가장 중요하며 보상을 얻기 위해 모험을 감수하기도 하는 환경이다. 이러한 환경에 있는 사람들은 자신감이 있고 사교적이며 주장적인 경향이 있다. 승진과 권력이 중요하며, 설득과 판매가 이루어진다. 기업형 환경의 예로는 영업 활동, 구매, 경영관리, 식당경영, 정치, 부동산 투자, 주식시장, 보험, 로비활동이 있다. 이러한 환경은 권력과 지위, 부를 얻을 수 있는 기회를 제공한다.

**기업형 성격 유형** 기업형 사람들에게는 부를 얻는 것이 특히 중요하다. 이들은 사람들과 함께 있기를 좋아하고, 판매하고 설득하거나 사람들을 이끌기 위해 언어적 기술을 사용하는 것을 좋아한다. 이들은 또한 주장적이고 사람들에게 인기가 있으며 지도자의 자리를 얻으려고 애쓴다. 기업형 사람은 다른 사람들과 함께 일하기를 좋아하지만 사람들을 도와주는 것보다는 설득하고 관리하는 것을 더 좋아한다.

**기업형 내담자의 행동 특성** 기업형 내담자는 확신에 찬 태도로 자신을 표현한다. 이들은 실제 스스로 느끼는 것보다 다른 사람들에게 더 자신감 있게 보일 수도 있다. 어떤 기업형 사람들은 부를 성취하려는 자신의 목표에 대해 아주 솔직한 반면, 어떤 사람들은 그러한 목표가 사회적으로 부적절하다고 여겨서 인정하기를 꺼린다. 사회형 내담자처럼 이들은 상담자에게 많은 말을 하고 과거의 성취에 대해 기꺼이 이야기한다. 하지만 사회적 유형과 달리 이들은 사람들을 돕기보다는 납득시키고 설득하는 데 가치를 둔다. 한편으로, 기업형 내담자는 자신감 때문에 자신의 능력을 정확하게 보지 못하고 자신의 능력을 과대평가할 수도 있다. 이들은 부와 권력, 또는 두 가지 모두를 빨리 얻을 수 없는 말단 지위나 직종(entry-level positions or occupations)을 견디기 힘들어할 수도 있다. 또한 권력과 돈을 위해 경쟁하는 다른 기업형의 사람들과 갈등을 경험할 수도 있다.

## ❀ 관습형

**관습형 환경** 조직과 계획은 관습형(C) 환경을 가장 잘 설명한다. 대부분의 관습적 환경은 기록물을 보관하고 서류를 정리하며 자료를 복사하고 보고서를 체계적으로 정리해야 하는 사무 환경이다. 관습형 환경은 기록물 외에도 부기(簿記)나 회계기록과 같은 수학적 자료를 포함한다. 워드프로세서, 계산기, 복사기는 관습형 환경에서 볼 수 있는 용품이다. 관습형 환경에서 업무수행에 필요한 능력은 사무기술, 조직화하는 능력, 신뢰성 및 지시를 따르는 능력이다.

**관습형 성격 유형** 관습형 사람들은 돈과 신뢰성, 규칙이나 명령을 따르는 능력에 가치를 둔다. 이들은 상황을 통제하에 두기를 선호하고 모호한 요구를 다루는 것을 좋아하지 않는다. 이들은 또한 돈을 벌고 규칙과 규제, 지침을 따르는 가치가 충족되는 사무실 환경을 좋아한다. 이들의 강점은 사무능력과 계산능력이며, 이들은 작업환경에서 간단한 문제를 해결하는 데 이러한 능력을 사용한다. 이들은 다른 사람들과 관계할 때 과업을 달성하고 문제에 대한 조직적 접근을 확립하는 것을 지향하는 경향이 있다.

**관습형 내담자의 행동 특성** 상담 장면에서 관습형 내담자는 자신을 잘 정리되어 있지만 다른 사람의 지시에 의존하는 사람으로 묘사할 것이다. 이들은 주도적으로 새로운 직업이나 진로를 열린 마음으로 탐색하는 데 어려움을 겪을 수 있다. 하지만 이들은 흔히 고등학교 시절의 과외활동과 기업업무에서 발휘한 조직화 능력을 자랑스러워한다. 만약 이들이 직장 경험이 있다면 사무실에서 일하는 기회를 갖고 그러한 근무 경험을 즐겼을 것이다. 만약 관습형이 아닌 환경에서 근무했다면 조직화되지 않은 환경에 좌절감을 느끼고, 자신이 일하는 곳에 일종의 질서를 부여하려고 시도했을 수 있다. 이들은 직업적 가능성을 탐색할 때, 대부분 은행과 같은 금융기관 관련 직종이나 조세 전문가, 재고 관리인, 정보처리사와 같이 계산능력을 사용할 수 있는 직업에 관심과 흥미를 보이는 경향이 있다. 이들은 또한 재무분석이나 회계분석도 흥미 있어 한다. 다른 성격 유형은 이런 직업을 판에 박히거나 따분한 일로 여길 수 있지만 관습적 유형은 조직하고 정리하는 기회를 환영한다.

## 유형의 조합

분명히 어떤 직업환경도 순수하게 한 가지 유형은 아니다. 대부분의 직업환경에는 여러 유형의 조합이 포함되어 있다. Holland는『직업 파인더(*The Occupations Finder*)』(Holland, 2000)에서 직업환경을 기술하고『진로탐색검사 전문가 사용지침서(*Self-Directed Search Professional User's Guide*)』(Holland, Powell, & Fritzsche, 1994)와 함께 출판된『교육 기회 파인더(*The Educational Opportunities Finder*)』(Rosen, Holmberg, & Holland, 1994)에서 훈련환경을 기술하면서, 이러한 각각의 환경을 나타내기 위해 세 자리 코드(three-letter code)를 사용하였다. Holland의『직업 파인더』에는 1,156가지 직업에 대한 세 자리 코드가 제시되어 있고,『교육 기회 파인더』에는 750개가 넘는 교육 프로그램이 제시되어 있다. 예를 들어, 회계장부 업무환경은 전적으로 관습형 환경인 것은 아니다. 일차적으로는 관습형, 이차적으로는 탐구형, 삼차적으로는 사회형이기 때문에 CIS로 간략하게 나타낸다. 환경마다 한두 가지 유형의 지배적인 정도가 다르다. 예를 들어, 경리사원은 일차적으로 관습형인 환경에서 일하지만, 탐정은 사회형 · 실재형 · 기업형 환경에서 일한다. 탐정은 다른 사람을 돕고 싶은 욕구 때문에 사회적이며, 지문 채취 도구나 총을 사용하고 운전하는 것이 중요하다는 점에서 실재적이고, 주장과 설득이 요구되기 때문에 기업적이다. Holland의 다른 책『Holland 직업코드 사전(*Dictionary of Holland Occupational Codes*』(Gottfredson & Holland, 1996a)에는 12,000개가 넘는 직업에 대해 미국 노동부 체계의『직업명 사전』코드를 Holland의 세 자리 코드로 변환시킨 목록이 수록되어 있다. 그러므로 어떤 직업이든 그 직업의 세 자리 코드가 무엇인지 알아볼 수 있다.

어떤 환경도 한 가지 코드만으로 설명할 수 없는 것처럼, 단 한 가지 Holland 심리적 유형에 꼭 들어맞는 사람도 드물다. 사람들은 학교생활과 취미활동, 부모와의 경험을 통해 수많은 상황을 접하면서 특정 유형의 환경에 익숙해지게 된다. 예를 들어, 자동차 수리는 실재적 환경을 접하게 하고, 학교의 동아리 활동에 참여하는 것은 사회적 환경과 관련되며, 그림을 그리는 것은 예술적 환경의 예가 된다. 사람들은 이러한 활동에 노출되면서 특정한 환경에 더 많은 흥미를 갖게 되고 많은 특정한 능력을 기른다. 사람들은 어떤 환경에서는 다른 환경에서보다 더 성공적일 수 있다. 이런 과정을 거치면서 특정한 Holland 유형이 다른 유형보다 더 강해지고 성격 유형도 더욱더 명확해진다. 하지만 내담자가 보는 범주가 상담자가 보는 것과 다를 수도 있다. 예를 들어, 이스라엘의 대학생과 성인을 대상으로 한 연구에서, 이들이 기업형과 관습형 환경을 한 범주로 보는 경향이 있는 것으로 나타났다(Amit & Sagiv, 2009). 또한 이들은 탐구형 환경을 단일한 범주가 아니라 여러 범주로 보는 경향이 있었다.

이러한 유형은 Holland가 개발한 직업선호도검사(Vocational Preference Inventory, VPI)와 진로탐색검사(SDS) 같은 도구로 측정할 수 있다. 이와 함께 Strong 홍미검사(SII)와 같은 다른 검사도 Holland의 유형을 사용하고 있기 때문에 개인의 홍미를 Holland의 세 자리 코드로 나타낼 수 있다. 최근에는 Holland의 여섯 유형을 사용한 그림검사가 개발되었다(Cannon, 2010).

상담자가 내담자의 진로 역사를 듣는 동안 사람과 환경에 대한 여섯 가지 Holland 유형의 측면에서 생각해 보는 것이 유용하다. 내담자가 어떤 특정한 경험을 이야기할 때, 성격 유형과 홍미, 경험 간의 적합성이 분명해질 것이다. 내담자가 다른 주제로 옮겨 가면 또 다른 유형이 나타날 수 있다. 이러한 방식으로 상담자는 내담자에게 우세한 성격 유형이 무엇인지에 대한 감을 잡을 수 있다. 예를 들어, 내담자가 군사활동과 낙하산 타기에 관심이 있다고 말하면 상담자는 이 활동들을 Holland의 실재형 측면에서 개념화한다. 내담자가 고등학교 생물수업에 홍미를 보이고 생물학 심화과정을 듣고 싶다고 말하면 탐구적 활동에 대한 홍미와 능력의 개념이 떠오른다. 상담자가 Holland 이론에 익숙해짐에 따라 활동에 대한 설명이 '떠오르게' 되고, 그 순간 내담자를 묘사하는 적절한 유형을 생각해 내게 된다. 초보 상담자는 Holland 유형과 내담자가 말한 활동을 비교할 수 있도록 Holland 유형을 의식적으로 외우고 기억을 활성화할 필요가 있다. 때로 내담자에게 Holland의 체계를 설명해 주는 것이 유용한데, 이는 내담자에게 자신과 직업세계에 대한 생각을 조직화하는 기회를 제공한다.

## 설명적 구성개념

상담에서 Holland의 유형을 사용하고 개념화하는 데 필요한 네 가지 중요한 구성개념은 일치성, 변별성, 일관성, 정체성이다. 이들은 성격과 환경의 관계(일치성), 유형 내에서 각 유형의 상대적 중요도(변별성), 유형들 간의 관계(일관성)를 나타낸다. 또한 유형과 직접적인 관련은 적지만, 정체성의 개념도 상담자가 알아두는 것이 중요하다.

## ❀ 일치성

일치성(congruence)은 성격과 환경의 관계를 나타낸다. 성격이 환경과 비슷할수록 일치성은 커진다. 사회형인 사람들은 사회적 환경에서 일하기를 즐기며 탐구형인 사람들은 탐구적 환경에서 일하기를 선호한다. 따라서 영업 환경(기업형)에서 일하는 사회형 사람들은 환경이 불일치하다고 느낄 수 있다. 탐구형인 사람들이 예술적 환경에서 일하게 되면 역시 불일치감을 느끼고 미술 혹은 음악 작품 활동에서 요구되는 모호함이나 유연성 때문에 좌절감을 느낄 수 있다. Holland의 세 자리 코드로 표현하자면, SRA 성격은 SRA 환경과 가장 일치성이 높고 SRC 환경과는 일치성이 낮다. 마찬가지로 SRA 유형의 사람에게 SIC 환경은 더 불일치하고, ICR 환경은 매우 불일치한다. 이와 같이 개인과 환경의 세 자리 코드 간 유사성이 줄어들수록 일치성은 감소한다.

**상담을 위한 시사점** 일치성은 상담에서 중요한 개념으로 중요한 상담목표를 제공할 수 있다. 진로선택을 원하는 내담자는 자신의 성격과 일치하는 환경을 찾으려 할 것이다. 이때 상담자의 역할은 내담자의 성격을 평가하고 Holland 유형에 따라 내담자가 적합한 환경을 찾도록 도와주는 것이다. 일치하는 직업을 찾기 위해 노력하는 일이 진로상담 회기의 주된 목표가 된다. 상담자는 Holland의 여섯 유형의 일치성의 측면에서 내담자의 유형과 내담자가 선택 가능한 진로에 대해 고려해야 한다.

**일치성의 예** 다음은 고등학교 2학년 백인 여학생인 제인이 진로상담자와 상담한 회기 중에 나눈 대화이다.

**내1:** 최근에 고등학교 과학 박람회에 출품할 프로젝트를 만드는 친구와 함께 작업을 했어요. 좀 너저분한 일이었어요. 우리는 많은 시간을 들여서 개미를 분류해서 다른 곳에 모아 놓고 다른 지형을 개발했어요. 근데 정말 재미있었어요. 시간이 그렇게 빨리 갈 수 있다는 데 놀랐어요. 사실 집에 늦게 가는 바람에 야단을 맞기도 했어요. 우리는 목요일 밤과 지난 토요일 대부분의 시간 동안 그 일을 했어요.

**상1:** 네가 할 수 있었던 여러 가지 색다른 일에 정말로 매료된 것 같구나. [상담자는 탐구형 활동에 대한 내담자의 흥미가 지속적인 것인지를 알아보려고 내담자가 과학 프로젝트에 대한 흥미에 관해 계속 이야기하도록 격려한다.]

**내2:** 굉장히 재미있었어요. 저는 개미를 관찰하는 게 그렇게 홍미로운 일인지 몰랐어요. 그 때문에 진짜 제가 앞으로 할 일에 대해 생각하게 됐어요. 과학 프로젝트에 대해 진작 생각해 볼걸 싶어요. 하지만 지금은 너무 늦었어요.

**상2:** 만약 지금 과학 프로젝트를 한다면 어떤 걸 할 것 같니? [상담자는 탐구형 활동에 대한 탐색을 계속한다.]

**내3:** 잘 모르겠어요. 아마 생쥐와 생쥐의 행동방식과 관련된 게 아닐까요? 지금 생물학을 듣고 있는데 그 수업이 정말 좋아요. 내년 수강일정에 생물학을 한 과목 더 들을 수 있는 여유가 있으면 좋겠어요.

**상3:** 생물학에 그렇게 흥미가 있어서 너 자신도 놀란 것 같네. [상담자는 탐구형 활동이 내담자에게 얼마나 중요한지, 그리고 이것이 내담자가 최근에야 깨닫게 된 사실인지 알아보려고 한다.]

**내4:** 네, 저도 진짜 놀랐어요. 제가 과학을 이렇게 좋아할 거라고는 한 번도 생각해 본 적이 없어요. 미술을 좋아한다는 건 줄곧 알고 있었지만요. 미술 선생님들께서는 제 작품을 무척 좋아하시고, 저도 그림 그리는 게 재미있어요. 작년 여름에는 미술대회에서 1등상을 받았어요.

**상4:** 신났겠구나. 서로 달라 보이지만 그렇게 즐길 수 있는 일이 있다는 건 멋진 일이지. [내담자의 즐거움을 강화하면서 상담자는 탐구형과 예술형 흥미가 둘 다 있음을 인정한다.]

**내5:** 대학 졸업 후에는 과학과 미술에 관련된 일을 할 수 있으면 좋겠다는 생각을 해 봤어요. 생물학 쪽으로는 생물학자나 유전학자 같은 직업을 생각해 봤는데, 미술로는 무엇을 할 수 있을지 모르겠어요. 때로는 화가나 건축가가 되고 싶다는 생각도 해요.

**상5:** 모두 더 알아볼 만한 직업이지. 지금까지 너 자신에 대해서 이야기한 것과도 분명히 잘 맞고. [상담자는 학생이 언급하는 직업들의 정확한 Holland 코드는 아직 모르지만 그래도 지금까지 거론된 직업이 점차 드러나는 내담자의 성격유형과 일치한다는 점은 알 수 있다. 그러면 상담자는 AI 유형과 일치하는 다른 직업들을 알아볼 수 있다. 더 나아가 상담자는 내담자의 성격을 반영하는 또 다른 Holland 유형이 있는지 살펴볼 기회를 가질 것이다. 만약 있다면, 그러한 추가적인 Holland 유형은 상담자가 내담자의 유형과 일치한다고 볼 만한 다른 직업을 찾는 데 도움이 될 것이다.]

## ❀ 변별성

개인과 환경이 한 유형 또는 두 유형에 분명하게 속하는 정도는 제각각 다르다. 어떤 사람들은 현저히 한 가지 Holland 유형과 유사한 반면, 또 어떤 사람들은 변별이 잘 안 되어 흥미와 능력이 여섯 개 유형 전반에 골고루 걸쳐 있을 수 있다. 하지만 대부분의 사람들에게는 한 가지나 두 가지 혹은 세 가지 유형이 우세하게 나타날 것이다. 예를 들어, 어떤 사람들은 그림을 그리거나 글을 쓰는 일, 사람들을 돕거나 아이들을 지도하는 일, 병원에서 봉사하는 일 등을 즐긴다. 그들은 기계를 다루는 일, 사무업무, 과학, 사업 계통의 일은 싫어한다. 이러한 사람들은 변별되어 있다는 것을 쉽게 확인할 수 있다. 이들의 흥미(사회형, 예술형)가 이들이 싫어하는 일(탐구형, 실재형, 관습형, 기업형)과 명백히 다르기 때문이다. 하지만 어떤 사람들은 온갖 종류의 활동을 즐기고, 또한 그런 일을 다 잘 해낸다. 이러한 사람들은 Holland 체계로는 변별되지 않는다. Holland는 진로탐색검사(SDS)나 직업선호도검사(VPI)에서 가장 높은 유형의 점수에서 가장 낮은 유형의 점수를 빼서 **변별성**(differentiation)을 결정한다. 여섯 가지 유형을 측정하는 검사라면 어떤 것이든지 이렇게 사용될 수 있다. 높은 점수는 변별성이 있는 프로파일을 나타내고 낮은 점수는 변별성이 없는 프로파일을 나타낸다.

사람들이 변별성의 측면에서 제각기 다르듯이 환경도 마찬가지이다. 어떤 환경은 다른 환경보다 다양한 Holland 유형의 환경으로 옮겨 갈 수 있는 여지가 더 많다. 예를 들어, 조립 라인 작업은 대개 사람들에게 실재형 일을 수행할 기회만 허용하는 변별된 환경이다. 반면, 대학에서 일하는 교수는 자신의 학문 분야에서 연구를 하고(탐구형), 학생들을 가르치고 수강 선택을 도와주며(사회형), 경우에 따라 기업체에 자문을 제공하는데(기업형), 이는 변별되지 않은 환경이다. 때때로 환경은 충분히 다양해서(변별되지 않아서) 처음에는 자신의 성격과 환경이 일치하지 않는다고 생각한 사람들도 결국에는 일치성을 제공하는 환경에서 일하는 방법을 찾을 수 있다.

예를 들어, 탐구형(의사에게 우세한 유형)보다 기업형이 우세한 의사는 병원 행정가나 기금 조성자로 일하면서 병원환경에서 다양성을 찾을 수 있고, 이를 통해 자신의 기업형 욕구를 충족시킬 수 있다. 또 다른 예를 들자면, 타이핑, 문서 철하기, 접수 업무 등의 일을 수행해야 하는 행정 보조원은 관습적 욕구와 사회적 욕구를 둘 다 충족시킬 수 있는 기회를 갖지만, 컴퓨터에 데이터를 입력하는 작업을 주로 하는 사람은 관습적 욕구만 충족시킬 수 있다. 이처럼 환경도 변별되는 정도가 다르다.

**상담을 위한 시사점** 변별성이 낮은 사람들은 진로를 결정하는 데 어려움을 겪고 진로상담을 받고자 할 수 있다. 이러한 경우 유익한 한 가지 상담목표는 내담자가 여섯 유형 각각에서 자신의 흥미, 능력, 가치를 구분하고 이에 대한 이해의 폭을 넓혀 가도록 돕는 것이다. 새로운 진로목표를 찾으려고 애쓰는 내담자는 이러한 작업을 통해 자신이 다양한 영역(변별되지 않음)에서 흥미와 능력이 있다는 것을 알게 될 것이다. 이때 상담자의 역할은 내담자의 흥미, 가치, 경험에 대해 더 심도 있게 논의하고 여섯 유형 각각의 다양한 가치를 좀 더 명확하게 해주는 것이다. 또 어떤 내담자는 모든 유형에 걸쳐 흥미가 거의 없고 자신의 능력도 낮게 평가하고 있을 수 있다. 이러한 내담자의 경우, 우울이나 낮은 자존감의 문제를 다룰 필요가 있다. 유형론은 내담자가 인식하지 못하는 흥미 영역을 탐색하는 데 참조 틀의 역할을 한다. 내담자와 함께 취미, 시간제 일, 자원봉사, 전일제 근무, 과외활동이나 여가시간과 관련된 경험을 다루면서 상담자는 Holland의 여섯 가지 성격 유형에 따라 내담자를 개념화할 수 있게 된다. 때로 내담자가 시간제 일이나 자원봉사, 혹은 전일제 근무와 같은 일의 경험이 별로 없어서 더 이상 변별이 가능하지 않는 경우도 있다. 변별성을 찾는 것은 내담자에게 일치하는 직업을 찾는 수단이 될 수 있다.

**변별성의 예** 체스터는 고등학교 2학년 말에 중퇴한 중국계 미국인 청년이다. 그는 지난 3년 동안 자동차 공장의 조립라인에서 일하였다. 체스터는 지역 고등학교에서 야간에 개설한 진로지도 프로그램에서 진로탐색검사(SDS)를 받았다. SDS 검사에서 그가 가장 높은 점수를 받은 유형은 E형이었는데, 이 점수는 그다음으로 높게 나온 R형과 I형의 점수보다 월등히 높았다 다음 대화는 체스터의 진로선택을 돕기 위해 상담자가 진로와 관련한 체스터의 경험과 함께 이러한 정보를 어떻게 활용하는지를 보여 준다.

**내**1: 학교 다닐 때 그냥 흥미 있는 일이 별로 없었어요. 지금 하는 일은 점점 더 지루해지고 있어요. 처음에 자동차 몸체 조립 일을 할 때는 싫지 않았어요. 그때는 일이 재미있었어요. 이제는 그 라인에서 하는 일은 대부분 해봤어요. 그래서 도전이라고는 없어요. 늘 같은 일이 반복되죠.

**상**1: 조립라인 일이 이젠 싫은가 봐요. 그래서 하고 싶은 일이 뭔지 다시 생각해 보게 만들고 있는 것 같네요. [실재형 활동은 이 내담자에게 맞지 않는 것 같다. 내담자의 실재형 흥미가 SDS 점수와 매칭이 되는가?]

**내**2: 네. 제가 훨씬 더 좋아하는 일이 많이 있거든요.

**상**2: 그게 뭔지 얘기해 줄래요? [내담자의 성격과 SDS 점수를 비교해 보려면 여섯 가지 Holland 유형에 따른 내담자의 성격에 대해 더 많은 정보가 필요하다.]

**내**3: 음. 중고차를 고쳐서 팔려고 주말마다 친구와 함께 일을 해요. 재미도 있고 흥미로워요. 가외로 돈을 많이 벌고 있어요.

**상**3: 괜찮은 것 같은데. 좀 더 얘기해 볼래요?

**내4:** 우리는 사람들이 폐차하려고 하는 낡은 차를 가져오죠. 기계적인 문제를 고치고 새로 칠을 해서 손본 후에 온라인으로 팔아요.

**상4:** 그 일에서 당신이 주로 하는 부분은 뭔가요? [실재형 홍미(자동차를 수리하는 측면)와 기업형 홍미(자동차 판매의 예)에 해당할 가능성이 있는 것 같다. 상담자는 이 내담자가 실재형 활동에는 홍미가 없다는 원래의 관점을 수정한다.]

**내5:** 제 친구는 차에 대해 정말 잘 알아요. 저는 단순한 일을 조금 거들어요. 그 친구가 엔진 분해할 때 함께 도운 적은 있어요. 근데 저 혼자서는 그런 건 못 해요. 차를 사겠다는 사람이 있으면 파는 일은 제가 맡죠. 우리가 손댄 물건을 누군가가 사게 만드는 건 저한테는 도전인 셈이에요. 우리에게 훌륭한 제품이 있는 것 같은 느낌이 들고 사람들에게 그것에 대해 알리고 싶어요.

**상5:** 뭔가를 파는 게 새로운 일인가요? [상담자는 내담자의 실재형 홍미와 기업형 홍미를 변별하고, SDS에서 가장 높은 점수가 나왔던 기업형 측면을 따라가며 세부적으로 더 많은 것을 알아보기로 한다.]

**내6:** 아뇨. 예전에도 판매한 적이 있어요. 고등학교 다닐 때 타이어 매장에서 일을 했어요. 트럭과 자동차 타이어 판매와 교체하는 일을 했어요. 새 타이어를 갈아 끼우는 것이 싫지는 않았지만, 손님이 타이어를 선택하고 좋은 제품을 사도록 도와주는 일이 더 홍미로웠어요. 제가 판 것에 대해 판매수당을 받았는데 큰 돈은 아니었지만 좋았어요.

**상6:** 그 일에서 얻을 수 있던 게 많았나 보네요. [상담자는 SDS에서 내담자의 E와 R 점수의 격차가 보여 주는 변별성을 탐색하면서 계속해서 실재형과 기업형 활동에 대한 홍미를 변별한다. 이러한 내용 반영을 통해 변별이 더 분명해진다.]

## ❁ 일관성

일관성(consistency)은 유형들 간의 유사성이나 상이성을 나타낸다. 환경유형이든 성격 유형이든 간에 어떤 유형은 다른 유형에 비해 특정한 유형과 공통점이 더 많다. 예를 들어, **그림 5.1**(143쪽)에서 보는 바와 같이, 사회형과 예술형은 유사하나(인접해 있다). 반면에 사회형과 실재형은 아주 다르며, 기업형과 탐구형도 마찬가지이다. 그림에서 유형들이 서로 인접해 있을수록 유형들의 특징도 더 일관성이 있다. 예를 들어, 사회형인 사람들은 타인을 돕고 팀으로 일하는 것을 좋아하며 사람들과의 상호작용을 중요하게 여기는 경향이 있다. 반면 실재형 사람들은 사람들과 함께 일하기보다는 기계를 다루는 일과 기술적으로 도전적인 과제를 선호한다. 사회형은 보통 기계를 몹시 싫어한다. 즉, 사회형은 실재형보다는 예술형이나 기업형의 사람들과 공통점이 더 많은 경향이 있다. 마찬가지로, 실재형 사람들은 사회형보다는 탐구형, 관습형의 사람들과 공통점이 더 많은 편이다.

일관성은 환경에도 적용된다. 어떤 환경은 일반적으로 일관적이지 않은 기술과 흥미를 요구한다. 예를 들어, 운동 트레이너(SRE)의 경우, 사회적 환경과 실재적 환경 간에는 일관성이 없다. 그러나 운동 트레이너는 부상을 당하고 정서적 · 육체적 스트레스를 겪고 있는 선수를 도와야 한다. 또한, 부상을 치료하기 위해 여러 종류의 정교한 의료 기구를 사용한다. 일반적으로 일관성이 없는 코드로 이루어진 직업은 매우 드물다. 예를 들어, CA로 표기될 수 있는 직업은 없다. 직업환경에 적용할 때 **일관성이 없다**(inconsistent)는 것은 하나의 동일한 직업에서 좀처럼 요구되지 않는 유형의 흥미와 능력을 요구한다는 것을 의미한다. 어떤 직업에서도 창조적이고 예술적인 활동(A)과 계산 기능(C)을 함께 요구하지는 않는다. 그러나 일관성이 낮은 유형을 가진 사람이 자신에게 맞는 특별한 분야를 찾을 수도 있다. 예를 들어, CA유형의 경우 관현악단을 위해 음악 도서관을 조직화하는 일을 즐겨 할 수도 있다.

변별성과 일치성은 상담의 목표가 될 수 있지만, 일관성은 상담의 목표가 아니다. 일관성은 다른 두 개념에 비해 더 미묘한 개념이다. 일관성이 결여되었다고 해서 선택이 잘못되었다는 뜻은 아니다. 예를 들어, 일관성이 낮은 유형(SIC)의 사람이 일관성이 높은 유형(SAI)의 사람에 비해 더 형편없는 진로선택을 하는 것은 아니다. 일관성 개념을 상담에 적용한다면 일관성이 없는 두 가지 혹은 세 가지 Holland 코드에 맞는 환경을 찾기가 어렵다는 것을 상담자가 인식할 수 있을 것이다. 흔히 내담자는 일관성이 없는 유형 둘 다가 아니라, 두 유형 중 한 유형에만 적합한 직업을 선택해야 할 수도 있다. 예를 들어, 예술형과 관습형에서 뚜렷한 흥미와 재능을 보이는 내담자는 낮에는 회계 업무를 하고 밤에는 음악가로 활동할 수도 있다. 이러한 일관성이 없는 두 가지 성격 유형을 결합한 직업을 찾기는 어려운 일이다.

Holland(1997)는 일관성의 두 번째 형태로 **포부의 일관성**(consistency of aspirations)을 제시하였다. 어떤 내담자는 일관성의 정도가 다른, 다양한 꿈이나 포부를 품고 있을 수 있다. 이러한 포부와 꿈의 어떤 코드들은 한 유형 또는 서로 인접해 있는 두 유형에 속할 수 있다. 또 어떤 코드들은 일관되지 않은 유형들에서 발견될 수 있다. 포부의 일관성은 SDS의 백일몽 영역을 통해 측정할 수 있다. 포부나 백일몽은 Holland에게 항상 중요한 개념이었다(Spokane & Cruza-Guet, 2005). 내담자가 무엇을 꿈꾸고 바라며 열망하는지를 아는 것은 진로상담자가 내담자의 Holland 유형과 상담과정 자체를 평가할 때 모두 유용한 정보를 제공한다.

### ❀ 정체성

정체성(identity)은 개인이 가진 현재 및 미래 목표의 명확성과 안정성을 의미한다. 정체성은 또한 직업환경의 안정성을 가리킨다. 정체성이 있는 조직에서는 어떤 직종이나 고용주의 과업과 목표가 크게 변하지 않는다. 정체성은 Holland의 유형론과 직접적인 관계가 없기 때문에 Holland 체계와 관련된 다른 개념들과는 다르다. 정체성은 VPI나 SDS로 측정하지 않고, 『나의 직업 상황(*My Vocational Situation*, MVS)』(Holland, Daiger, & Power, 1980)이라는 세 번째 도구로 측정한다.

MVS 검사로 정체성을 측정한다 하더라도, 상담 면접을 통해 상담자가 내담자의 정체성을 평가하는 것이 도움이 될 수 있다. 이때 상담자는 다음 질문을 고려해야 한다. "이제 우리가 진로상담을 마무리하려고 하는데, 이 내담자는 진로계획과 그에 따르는 여러 가지 준비해야 할 것들에 대해 명확하게 알고 있는가? 또 이러한 계획을 실행할 방법을 알고 있는가?" 예를 들어, 연기자의 길을 가기로 한 사람은 이 분야에 대한 자신의 흥미를 인식해야 할 뿐만 아니라 자신에 대한 연출가나 연기 지도자의 피드백을 평가할 수 있어야 한다. 또한 일자리를 구하는 데 따르는 어려움, 일거리가 없을 때를 대비한 대안적인 진로, 고용에 필요한 연락 취하기 등에 대해 알고 있어야 한다. 계획 없이 직업을 찾기 시작하면 정체성이 불분명해질 수 있기 때문이다. 또 다른 예를 들자면, 어떤 젊은 여성이 돈을 많이 벌고 흥미진진한 사례를 다루기 때문에 변호사가 되기를 원한다면 이 여성은 아직 정체성이 형성되지 않은 것이다. 그녀가 어떻게 변호사가 될 수 있는지, 변호사의 직무를 좋아할 것인지에 관한 정보를 가지고 있을 때 정체성이 좀 더 분명해질 것이다.

정체성은 진로상담의 중요한 목표가 될 수 있다. 일치성 목표가 달성되면 정체성 획득도 이루어질 것이다. 만약 어떤 여성이 지붕을 새로 덮는 일이 자신이 할 수 있고 즐길 수 있는 일이라고 생각하기 때문에(개인과 환경 간의 일치성) 지붕 이는 일을 직업으로 삼기로 결정한다면 정체성이 발달하게 된다. 그리고 이 여성이 일을 하면서 한 직장에서 다른 직장으로 옮겨 가는 가운데 진로목표가 안정되고 자신의 흥미와 능력에 대한 확신이 커질 수 있다.

## Holland의 구성개념에 대한 연구

Holland의 이론에 관한 연구는 600편이 넘는데, 이는 다른 어떤 진로발달 이론에 대한 연구보다 많다. Holland는 자신의 이론을 연구하고 편찬하는 데 큰 영향을 미쳤다. 5권의 저서(1966, 1973, 1985a, 1992, 1997)는 그가 지속적으로 연구하면서 기존의 이론적 구성개념을 정교화하고 추가적으로 개발해 왔음을 보여 준다. 「직업행동 연구(*Journal of Vocational Behavior*)」, 「진로발달 계간(*Career Development Quarterly*)」, 「"(*Journal of Career Assessment*)」, 「진로발달 연구(*Journal of Career Development*)」, 그리고 「교육 및 직업 지도 연구(*International Journal for Educational and Vocational Guidance*)」 등의 학술지에서는 진로발달과 관련된 연구들에 대한 개관연구를 정기적으로 다루고 있다. 이러한 개관연구에서는 학술지의 하나의 주제 영역 전체를 할애하여 Holland 이론에 대한 최근의 연구를 다룬다.

일치성은 Holland의 개념에서 가장 중요하고 가장 광범위하게 연구되는 개념이다. 단순한 개념처럼 보이지만 실제로는 상당히 복잡하다. 예를 들어, Brown과 Gore(1994)는 성격 유형과 고용 간의 일치성을 측정하는 10가지 방법을 평가하였고, Camp와 Chartrand(1992)는 13가지 방법을 검토하였다. 많은 연구에서 일치성을 스트레스, 직무 만족, 성격 변인 등의 다른 중요한 변인과 관련지었다. 9명의 여성과 7명의 남성을 대상으로 복잡성 측정을 평가한 Hoeglund와 Hansen(1999)은 Holland 여섯 유형에 걸쳐 일치성과 만족도 사이에 관련성이 적다는 것을 밝힌 바 있다. 몇몇 연구들을 살펴보면 일치성 척도와 직업만족도 간의 관계는 일치성을 측정하는 방법과 연구 설계에 따라 매우 다르게 나타난다(Spokane, Luchetta, & Richwine, 2002). Eggerth와 Andrew(2006)는 연구에서 사용하는 Holland 코드의 자리 수가 서로 다를 때(역자 주: Holland 이론에서는 세 자리 코드를 사용하지만, 미국의 Strong 흥미검사나 O*NET에서는 한자리에서 세 자리 코드를 배정한다) 일치성을 결정하는 C 지표를 제안했다. 일치성에 대한 일부 연구는 일치성을 다양한 방법으로 연구할 수 있다는 것을 보여 준다. 87개 대학에 재학 중인 80,574명의 학생을 조사한 연구에서는 흥미와 전공의 일치성 정도가 평균 학점을 예측하였다(Tracey & Robbins, 2006). 이보다 연구규모가 작은 어느 한 대학의 연구에서는 탐구형, 사회형, 관습형 유형에서는 흥미와 전공 간에 유의한 관계가 있었지만, 다른 유형에서는 그렇지 않았다(Brown, 2006). 젊은 성인 근로자를 대상으로 한 연구에서는 흥미검사 점수와 현재 직업 간의 일치성이 직업만족과 관계가 있었다(Dik, 2006). 하지만 이러한 관계는 직업에 중요성을 크게 부여하는 사람들보다 적게 부여한 사람들의 경우에 더 밀접한 것으로 나타났다. 한편, 장애가 있는 젊은 성인 중에는 50% 미만이 자신의 Holland 코드와 일치하는 직장에서 일한다고 보고하였다(Turner, Unkefer, Cichy, Peper, & Juang, 2011). 오스트레일리아에서는, 진로탐색검사(SDS)로 측정한 성인 진로전환자의 Holland 유형은 현재 진로선택보다 새로운 예비 진로선택과 더 일치하는 것으로 나타났다

(Donohue, 2006). 일치성을 측정하는 방법에는 여러 가지가 있고, 성격이나 성취 등과 같은 관련 변인도 다양하기 때문에 일치성은 당분간 연구의 주된 초점이 될 것으로 보인다.

또 다른 연구영역은 Holland 성격 유형과 다양한 성격 특성의 관계에 관한 것이다. Holland의 유형론과 가장 자주 비교되는 성격검사는 NEO 5요인 모델(Five-Factor Model, FFM)이다. 이 검사는 '빅 파이브(big five)'로 알려진 다섯 개의 광범위한 요인, 즉 외향성(Extraversion), 신경증(Neuroticism), 우호성(Agreeableness), 성실성(Conscientiousness), 경험에 대한 개방성(Openness to Experience)을 측정한다. 최근 두 편의 메타 분석 연구는 두 검사도구의 관련성을 보여 준다. Barrick, Mount와 Gupta(2003)의 연구와 Larson, Rottinghaus와 Borgen(2002)의 연구에 의하면 Holland의 예술형은 5요인 성격의 개방성과 관계가 있고, 기업형은 외향성과 관계가 있었다. 또한 Larson 등(2002)은 Holland의 사회형이 외향성 및 우호성과 관계가 있고, 탐구형은 개방성과 관계가 있음을 밝히고 있다. 진로 미결정 학생의 전공 선택을 돕는 과정에서 5요인 모델(FFM)이 진로탐색검사(SDS)를 보완하는 도구로 어떻게 사용될 수 있는가를 연구하였을 때 5요인 모델이 줄 수 있는 추가적인 도움은 아주 미미하였고, 진로탐색검사 자체는 단지 부분적으로 도움이 되었다(Crohan, 2006). Holland의 유형론과 5요인 모델의 비교는 최근 연구에서 중요한 영역이다. Carr(2009)는 서로 다른 두 개의 자기애 척도를 사용하여 자기애 척도의 높은 점수가 기업형의 높은 점수와 관련이 있다고 밝힌 바 있다. 몇몇 연구에서는 얼마나 많은 요인이 서로 잘 맞는지를 알아보고 전반적 또는 통합적 모델을 기술하기 위해 Holland 유형론의 통계적 속성을 성격요인 및 능력과 함께 살펴보았다(Armstrong & Rounds, 2008, 2010; Armstrong, Day, McVay, & Rounds, 2008; Tay, Su, & Rounds, 2011; Tracey, 2008).

또한 일부 연구에서는 일관성(Nauta & Kahn, 2007; Sanchez, 2002; Smart, Ethington, & Umbach, 2009)과 변별성(Roberti, Fox, & Tunick, 2003)을 재정의하고 개발하는 데 초점을 맞추고 있지만, 가장 최근에 주목을 받고 있는 것은 직업 정체성이다. Leung, Conoley, Scheel과 Sonnenberg(1992)는 나의 직업상황(My Vocational Situation, MVS) 검사의 직업 정체성 척도(Vocational Identity Scale, VIS) 점수와 일관성 및 변별성 간에 관련이 없다고 보고한다. Toporek과 Pope-Davis(2001)는 직업 정체성 척도의 구조분석을 통해 직업 정체성 척도가 미국 흑인 대학생과 백인 대학생의 정체성을 명확하게 측정하고 있음을 보여 준다. Conneran과 Hartman(1993)에 의하면, 장기간 진로 미결정 상태에 있는 고등학생들은 그렇지 않은 학생들에 비해 일치성과 직업 정체성 수준이 낮았다. 또한 더 높은 수준의 정체성은 더 높은 수준의 진로의사결정 자기효능감 및 흥미의 변별성과 연관이 있었다(Nauta & Kahn, 2007). 일시적으로 미국에 거주하고 있는 일본인 고등학생을 연구한 Ohashi(2009)에 의하면, 진로탐색검사(SDS) 사용 후 직업 정체성 점수가 향상된 학생들은 탐구형 척도에서 높은 점수를 받는 경향이 있었다. 스위스에 거주하는 12세에서 16세 학생들을 대상으로 한 연구에서는 Holland 코드의 첫째 자리를 예측할 수 있는 정도는 독일판 MVS 척도에서 높은 점수를 얻는 것과 관련이 있는 것으로 나타났다(Hirschi & Läge, 2008). 한편, Vondracek과 Skorikov(2007)는 이론적인 차원에서 정체성에 대한 Holland의 정의가 지나치게 단순화되어 있고, 본래 Erik Erikson이 기술한 '정체성'보다 복합성이 떨어진다고 비판하였다.

Holland 이론은 몇 가지 이유로 연구자들의 관심을 끌어 왔다. Holland는 용어를 분명하고 간명하게 정의한다. 그의 이론은 직업상담의 실제와 직접적으로 관련되어 있다. Holland의 개념에 대한 대부분의 연구는 종단연구나 광범위한 추적연구를 필요로 하지 않는다. 또한 Holland는 자신의 이론에 관한 연구에 깊이 관여하고, 자신의 이론과 관련된 연구를 하려는 연구자들에게 도움을 주었다. 일반적으로 Holland 이론에 대한 연구는 상담자에게 Holland의 개념이 장점이 있고 이를 상담의 개념화에 사용될 수 있다는 확신을 준다.

## 직업정보의 역할

Holland의 유형체계는 내담자에게 특히 유용한데, 그 이유는 이 이론이 직업정보를 상담과정에 통합하는 데 도움을 주기 때문이다. Holland는 모든 직업(혹은 환경)을 여섯 유형으로 분류함으로써, 내담자가 모든 직업을 개념화하는 데 사용할 수 있는 간단한 준거 틀을 제공한다. 이러한 체계를 사용하면, 내담자는 "제가 전혀 고려해 보지 않은 직업이 있나요?"와 같은 질문을 하게 될 가능성이 적을 것이다. 이 유형체계를 사용하면 상담자는 직업세계를 명확하게 설명할 수 있게 된다. 내담자와 상담자 모두 1,000개가 넘는 좀 더 일반적인 직업을 확인하기 위해 『직업 파인더』(Holland, 2000)를 사용할 수 있고, 750개가 넘는 교육 프로그램을 확인하기 위해 『교육 기회 파인더』(Rosen, Holmberg, & Holland, 1994)를 사용할 수 있다. 좀 더 자세한 정보를 원한다면, Holland 코드로 분류된 12,099개의 직업이 수록되어 있는 『Holland 직업코드 사전』(Gottfredson & Holland, 1996a)을 참고할 수 있다.

Holland의 유형체계는 상담자가 직업정보를 분류하는 데 유용하다. Holland의 체계는 직업 도서관에서 항목을 분류하는 데도 사용될 수 있지만, 상담자가 여러 환경에서 겪은 내담자의 경험을 분류하는 데도 사용할 수 있다. 예를 들어, 상담자는 피고용인에 대한 요구에 관해 고용주와 이야기하면서 고용주가 기술한 환경을 머릿속에서 분류해 볼 수 있다. 마찬가지로, 내담자가 좋아했거나 싫어했던 직업경험을 말할 때에도 Holland 유형에 따라 환경을 분류해 볼 수 있다. 공장을 방문하고, 직업정보에 관한 자료를 읽고, 다른 상담자와 직업에 관해 이야기하는 등의 경험을 통해 얻은 지식은 Holland 유형에 따라 직업을 확인하는 데 유용하게 사용될 수 있다. 상담자는 Holland 체계를 공식적으로나 비공식적으로 실제에 적용해 봄으로써 점점 더 이 체계에 익숙해지게 될 것이다.

## 평가도구의 역할

Holland 체계에서 검사는 두 가지 목적을 지니고 있다. 첫 번째 용도는 이론의 발전을 위한 것이다. 예를 들어, 직업선호도검사(VPI)는 Holland 이론 이전에 제작되어 개인과 환경을 여섯 유형으로 정의하는 데 부분적으로 기여하였다. 이후 직업선호도검사와 진로탐색검사(SDS)는 Holland 이론을 검증하고 타당화하는 연구도구가 되었다. 검사의 두 번째 용도는 진로 지원이 필요한 사람들을 위한 것이다. 상담자는 VPI와 SDS 및 Holland 유형을 알려 주는 다른 검사를 사용해서 내담자의 성격 유형을 확인해 볼 수 있다. 상담자는 자신이 평가한 내담자의 Holland 유형을 객관적인 검사결과와 비교함으로써 자신의 평가를 확인할 수 있고, 만약 이 둘 간에 불일치가 있다면 그 이유가 무엇인지 알아볼 수 있다. 이렇게 함으로써, 상담자는 내담자의 흥미, 능력, 가치에 대해 더 많은 통찰을 얻을 수 있을 것이다. 평가는 Holland 이론의 발전에 중요한 부분이다. 타당화되고 신뢰할 수 있는 정보를 사용하는 것은 내담자를 조력하는 상담자에게 큰 도움이 될 수 있다.

Holland 유형 이론과 관련하여 몇 개의 검사가 개발되었다. 진로탐색검사(Self-Directed Search-R(regular))의 원래 버전이 나온 이래로 온라인 버전을 비롯하여 몇 가지 다른 버전이 출판되었다. SDS의 캐나다 버전과 스페인 버전이 나왔고 중국 버전도 검증된 바 있다(Yu & Alvi, 1996). 덧붙여서 Wong의 진로흥미검사는 SDS와 다르며 홍콩을 포함한 중국 사회를 위해 개발된 검사이다(Wong & Wong, 2006). 또한, 청소년과 독해 수준이 제한된(초등학교 6학년 수준) 성인을 위하여 SDS보다 쉬운 SDS-E형이 개발되었다. SDS-진로계획검사(SDS-Career Planning)는 더 높은 수준의 전문적 지위를 원하는 성인을 위해 개발되었다. 이 검사에는 백일몽이나 자기평가 영역이 포함되어 있지 않다. SDS-진로탐색자(SDS-Career Explorer)는 중학생의 교육계획과 진로계획을 돕는 데 초점을 둔다. SDS는 자가 채점을 하도록 고안되어 있지만, 컴퓨터용 답지와 해석 보고서를 이용할 수도 있다.

Holland와 동료들은 SDS 외에도 몇몇 유용한 검사를 개발하였다. 진로 태도 및 전략 검사(Career Attitudes and Strategies Inventory, CASI)는 직업에 대한 성인의 관점을 평가하기 위한 것이다. 하위 척도로는 직무 만족도, 업무 몰입도, 기술개발, 우세한 유형, 진로고민, 대인 간 침해, 가족에 대한 책임, 위험감수 방식, 지리적 장벽이 있다(Holland & Gottfredson, 1994). 지위분류검사(Position Classification Inventory, Gottfredson & Holland, 1991)는 Holland 유형에 따라 지위를 분류하기 위해 개발되었다. 84문항으로 이루어진 이 검사는 수행하는 데 10분 정도 걸리는데, 특정 직무에 대한 Holland 코드를 결정하기 위하여 동일한 유형의 일을 하는 많은 사람을 대상으로 실시할 수 있다. 환경 정체성 척도(Environmental Identity Scales, EIS, Gottfredson & Holland, 1996b)는 고용주의 목표와 업무 규칙 및 보수에 관한 명백성과 일관성에 대한 근로자의 관점을 평가한다. RIASEC 활동 목록(RIASEC Activities List; 역자 주: Holland 육각형에서 실재형(R)부터 관습형(C)까지 영어단어의 머리글자를 순서대로 나열한 것임)은 성인의 일상 활동을 Holland의 여섯 가지 범주로 분류하는데, 이는 성인에게 인지적 측면에서 유익한 활동을 분명하게 범주화할 용도로 개발되었다(Parslow, Jorm, Christensen, & Mackinnon, 2006). 이러한 도구들은 Holland와 동료들이 환경뿐만 아니라 개인을 평가하는 측정도구를 개발하는 데도 적극적임을 보여 준다.

## 여성에 대한 이론 적용

Holland 체계는 명확하게 정의된 여섯 가지 유형과 이를 보완하는 일치성, 일관성, 변별성과 같은 설명적 구성개념을 갖고 있기 때문에 많은 연구의 주제가 되어 왔다. 많은 연구는 남녀 모두를 대상으로 하고 있어 Holland 이론이 여성에게도 적합함을 보여 주는 자료를 제공한다. Holland(1997)에 의하면, 남성은 실재형, 탐구형, 기업형 척도에서 점수가 높은 반면, 여성은 사회형, 예술형, 관습형 척도에서 높은 점수를 보인다. 요약 코드에 관한 Holland의 결론은, 미국 내 1억 2,000만 명의 직업선택을 보여 주는 2000년 인구조사 데이터를 분석한 Reardon, Bullock과 Meyer(2007)의 결론과 다소 유사하다. 남성은 주로 실재형(44%, 여성 15%), 기업형(31%, 여성 28%) 직업 범주에 고용된 반면, 여성은 사회형(24%, 남성 8%), 관습형(26%, 남성 6%) 직업군에 더 많이 고용되었다. Murray와 Hall(2001), Roberti, Fox와 Tunick(2003)도 다소 유사한 결과를 보고하고 있다. 중학생의 경우 남학생은 여학생보다 실재형 흥미가 더 높고, 여학생들은 남학생보다 예술형 및 사회형 흥미가 더 높은 것으로 밝혀졌다(Turner, Conkel, Starkey, & Landgraf, 2010). 1976년과 2004년 사이에 수행된 흥미에 관한 연구를 살펴보았을 때, 여성은 기업형 흥미가 증가한 반면, 남성은 실재형과 탐구형 흥미가 감소한 것으로 나타났다(Bubany & Hansen, 2011). Holland 이론을 비판하는 연구자들은 이러한 차별적인 선호도가 여성에 대한 Holland 이론의 편견을 의미한다고 본다. Holland는 자신의 체계가 사회 문화적 기대를 반영하는 것이며 사회문화적 기대를 결정하는 것은 아니라고 하였다.

일치성의 개념에 대한 Holland(1997)의 개관은 SDS나 VPI가 남성과 여성의 직업선택이나 입직을 똑같이 잘 예측할 수 있다는 것을 보여 준다. Holland, Powell과 Fritzsche(1994)에 의하면, 포부와 평가에 대한 예언타당도는 일반적으로 남성보다 여성에게 더 높게 나타나는 경향이 있다. 일관성과 변별성에 관한 연구는 더 적은 편이지만, 성별 변인을 검증했을 때 두 개념에서의 성차는 거의 없는 것 같다. Holland 등(1994)은 성차에 관한 논의에서 "여성은 실재형에서 점수가 낮고 사회형에서 높은 점수를 얻는 것 같다"는 결론을 내렸다(p. 37). 이와 같이 Holland는 문화적 고정관념의 영향을 가장 많이 받는 유형들을 제시하였다.

Holland의 유형론과 이론적 구성개념에 관한 연구는 대개 관련 변인에서 남녀 차이에 관한 쟁점을 다루는 정보를 담고 있다. Lent, Tracey, Brown, Soresi와 Nota(2006)은 Holland 육각형 모형이 일반적으로 남녀 미국인과 이탈리아 중·고등학생의 홍미를 보여 주지만, 이러한 부합성은 이탈리아 남학생보다는 여학생에게 더 두드러지게 나타난다고 보고한다. 중학교 2학년, 고등학교 1학년과 3학년 미국학생 69,987명을 대상으로 한 Darcy와 Tracey(2007)의 연구에서는 Holland의 모형이 흥미 구조를 분석하는 방법에 따라 남녀 모두에게 매우 적합한 것으로 나타났다. Rees(1999)는 Millon의 성격 유형과 Holland의 유형론의 관련성을 살펴보았는데, 그 결과 여성의 관계 지향성은 사회형의 높은 점수와 관련이 있었고, 사회형보다는 낮지만 예술형과도 관련이 있었다. 여성의 독립과 분리 및 자율 지향성은 기업형 및 관습형 척도에서의 높은 점수와 관련이 있었다. 자기효능감의 경우, Holland의 여섯 유형에서는 아주 근소한 성차가 있었다(Betz, Borgen, Kaplan, & Harmon, 1998; Betz, Harmon, & Borgen, 1996). 자기효능감과 역할모델의 영향력은 여대생의 경우 탐구형을 제외하고 여섯 유형에서 모두 진로선택에 영향을 주었다(Quimby & DeSantis, 2006). 고등학생의 자기효능감과 직업흥미 간의 관계를 살펴본 연구에서는 자기효능감이 Holland의 여섯 가지 주제와 모두 정적인 상관이 있었다(Snyder, 2009). 남학생은 여학생보다 실재형 흥미가 높았고, 여학생은 남학생보다 사회형 및 예술형 흥미가 높았다. 중학생의 경우, 소집단으로 컴퓨터를 활용한 진로 개입 및 탐색 활동 참여 경험은 여학생에게 있어서 실재형 직업과 같이 전형적으로 특정 성과 관련되지 않는 Holland 유형에 대한 흥미를 향상시키는 데 도움이 되었다(Turner & Lapan, 2005). 이러한 연구들은 Holland의 이론이 어떻게 남성과 여성에게 다르게 적용되는지를 보여 준다.

## 다문화 집단에 대한 이론 적용

Holland의 이론과 검사도구는 국제적으로 활용되고 있고 미국 내 다문화 집단 사람들에게도 사용되고 있다. 중국, 이스라엘, 프랑스, 나이지리아, 뉴질랜드, 오스트레일리아에서 수행된 연구들(Spokane & Cruza-Guet, 2005)은 Holland의 여섯 범주와 일치성, 일관성, 변별성이라는 구성개념의 사용을 어느 정도 지지하고 있다(일관성과 변별성에 관한 연구물의 수는 상대적으로 적다).

Holland의 육각형 모형이 다양한 문화적 배경을 가진 사람들에게 얼마나 잘 맞는지를 검증하는 연구가 북아메리카에서 수행되고 있다. 흑인과 멕시코계 미국인, 아시아계 미국인, 라틴계 미국인, 미국 원주민 및 백인의 흥미를 비교한 연구에서 Holland의 원형의(circular) 흥미 구조는 이 집단들의 흥미 구조를 나타내는 데 적합하였고, 성차나 인종에 따른 차이는 없었다(Tracey & Robbins, 2005). Swanson (1992)은 Holland의 유형론이 일반적으로 미국 흑인 남자 대학생보다는 여자 대학생에게 더 잘 맞는다고 보고하였다. Kaufman, Ford-Richards와 McLean(1998)에 의하면, 미국 흑인 청소년과 성인은 Strong 흥미검사(SII)의 사회형, 기업형, 관습형 척도에서 더 높은 점수를 받았고, 백인은 실재형과 탐구형 척도에서 더 높은 점수를 받았다. 가난한 도시빈민가의 중학생과 이들보다 부유한 가정의 중학생을 비교한 연구에서는 이 두 집단이 기업형 직업과 사회형 직업 간의 관계를 다르게 보는 것으로 나타났다(Turner & Lapan, 2003). 멕시코계 미국인 고등학생의 경우, 여학생에게서는 RIASEC의 순서가 지지되었지만 남학생에게서는 지지되지 않았다(Flores, Spanierman, Armstrong, & Velez, 2006). 하지만 특정 문화집단에 Holland 유형체계가 적합한가에 대한 정보는 특정 집단에 대한 유용성을 일반화할 수 있을 만큼 충분하지도 않고 일관적이지도 않다.

Holland의 유형론 체계는 북아메리카 이외의 문화권에서도 연구되고 있다. 중국에서의 연구는 일반적으로 Holland의 흥미 구조 모형을 지지하지 않았다. 중국인의 경우, Holland 모형은 미국인에게만큼 잘 맞지 않았다(Long & Tracey, 2006). 홍콩과 중국 본토에서 18~50세의 사람들을 대상으로 흥미 구조를 살펴본 결과 비뚤어진 모양의 RIASEC 육각형 모형이 나타났다(Yang, Stokes, & Hui, 2005). 중국 고등학생의 경우, Holland 유형은 집단으로 묶이는 경향을 보였다. 실재형과 탐구형, 그리고 기업형과 관습형이 각각 하나의 유형으로 묶이고, 예술형은 단독으로 나타나고, 사회형 흥미는 마지막 두 집단에서 나타나는 경향이 있었다(Leung, & Hou, 2005). 진로탐색검사(SDS) 대신 PGI 검사(Personal Globe Inventory)를 사용하였을 때는 앞의 연구결과와 달리 Holland의 모형이 학생들에게 잘 맞는 것으로 나타났다(Long, Watanabe, & Tracey, 2006). 다차원 척도를 사용한 또 다른 연구에서는 RIASEC 유형론의 유형 배열 순서를 지지하였고, 각 유형 간 거리도 동일한 것으로 나타났다(Tang, 2009). 중국에서 수행된 일부 연구는 Holland 모형을 지지하지만, 일부 다른 연구에서는 Holland 모형이 지지되지 않는다.

Holland 모형의 구조는 세계의 다른 많은 지역에서도 연구되고 있다. 하와이 원주민에게서도 Holland 모형이 지지되었다(Oliver & Waehler, 2005). 아일랜드 고등학생에게서도 Holland 모형이 지지되는 것으로 나타났다(Darcy, 2005). 이탈리아 중·고등학생의 경우, 진로탐색 활동에 참여한 학생은 그렇지 않은 학생에 비해 그 다음 해에 실시한 검사에서 RIASEC 모형과 더 잘 맞는 것으로 나타났는데, 이러한 연구결과는 특히 중학생에게 적용되었다(Tracey, Lent, Brown, Soresi, & Nota, 2006). Holland 모형은 크로아티아 청소년 1,866명을 대상으로 한 연구에서도 지지되었다(Šverko & Babarovic, 2006). 하지만 스페인의 바스크 지역에 사는 청소년에게서는 RASIEC 모형이 나타난 반면, 바스크어로 번역된 16PF 청소년 성격검사를 사용한 연구에서는 RIASEC 모형이 지지되지 않았다(Elosua, 2007). 또한, du Toit와 de Bruin(2002) 및 Watson, Stead와 Schonegevel(1998)은 Holland 유형은 남아프리카의 불우한 가정 출신의 흑인 청소년들의 흥미와는 좋은 적합도를 보이지 않았다고 보고하였다. 괌에 살고 있는 차모르족과 필리핀계 고등학생의 경우, Holland의 여섯 가지 유형보다는 세 개나 네 개 혹은 다섯 개 유형 모델이 이들의 흥미를 더 잘 설명하였다(Sanchez, 2002). 필리핀 고등학생을 대상으로 한 또 다른 연구에서는 이들이 Holland 유형과 전반적으로 잘 맞았고 Holland가 보고한 것과 유사한 성차를 보이는 것으로 나타났다(Primavera et al., 2010). 남아시아계 미국인의 경우, 여성은 Holland 육각형 모형이 적합하였지만 남성은 그렇지 않았다(Kantamneni, 2010). 아이슬란드의 대학생을 대상으로 한 연구에서 Einarsdottir, Rounds, Aegisdottir와 Gerstein(2002)은 RIASEC 구조가 남녀 모두에게 잘 맞았다고 보고하였다. 이러한 연구는 Holland 이론을 검증하기 위해 좀 더 최근에 수행된 전형적인 비교문화 연구라 할 수 있다.

미국에서 일하는 다양한 문화집단의 Holland 유형 분포에 대한 정보는 다문화 집단 인구의 고용에 대한 유용한 관점을 제공한다. 인종 집단에 따른 근로자 분포를 살펴본 연구에서 라틴계 남성(71%) 및 흑인 남성(68%)은 백인 남성(54%)보다 실재형 직업에 더 많이 종사하고 있었다(Arbona, 1989). 또한 흑인 남성(10%) 및 라틴계 남성(6%)은 백인 남성(23%)에 비해 기업형 직업에 종사하는 비율이 낮았다. 여성의 경우, 흑인(37%) 및 라틴계 여성(41%)은 백인 여성(24%)에 비해 실재형 직업에 더 많이 종사하고 있었다. 백인 여성(15%)은 흑인(7%)과 라틴계 여성(10%)에 비해 기업형 직업에 더 많이 종사하고 있었다. 이러한 자료를 심층분석한 결과, 흑인 남성과 라틴계 히스패닉 남성은 낮은 수준의 실재형 직업에 더 많이 종사하고 있었다(Arbona, 1989). 이에 대해 Arbona(1989)는 흑인과 라틴계 학생들은 상대적으로 낮은 수준의 직업에 종사하는 역할모델에 노출되었을 것이라고 제언하였다. 이러한 자료는 Holland 이론에 대한 비판이기보다는 사회적 불평등을 확인하는 데 Holland 이론이 유용하다는 것을 보여 준다.

## 상담자 쟁점

각 Holland 유형에 적절한 상담기법과 접근법에 관한 연구는 Holland의 여섯 가지 유형 중 어떤 한 유형이 우세하게 나타나는 내담자에게 가장 적합한 진로상담 방법에 대한 통찰을 제공한다. Boyd와 Cramer(1995)에 의하면, 사회형과 기업형의 대학생들은 회기 수의 제한이 없고 구조화되어 있지 않으며 자기 인식에 초점을 두고 추수 상담의 기회가 있는 상담을 더 선호한다. 이들은 실재형과 관습형의 대학생들에 비해 초점이 덜 구체적인 것을 선호한다. Niles(1993)는 Holland의 여섯 가지 유형의 환경에 상응하는 여섯 가지 상담 접근을 기술한 내용을 보여 주었을 때 특정한 Holland 유형으로 확인된 학생은 자신의 유형과 유사한 상담 접근을 선택하는(강한 정도는 아니지만) 경향이 있었다고 보고하였다. 특히 실재형과 기업형의 남학생에게서 이러한 경향이 나타났고, 탐구형, 예술형, 관습형의 남학생과 여학생의 경우는 대체로 이러한 경향이 덜하였다. Holland 유형이 각기 다른 내담자들에게 Holland 이론을 적용하는 방안은 다음에 다룰 것이다.

내담자의 문제를 개념화하거나 직업정보를 분류하는 법, 내담자 평가에 검사를 포함하는 법 등 Holland 체계에는 상담자에게 도움이 되는 내용이 많이 내재되어 있지만, 여전히 상담자가 맞닥뜨리게 될 문제들이 있다. 이러한 몇 가지 문제들은 일치성과 변별성의 개념으로 설명할 수 있다.

이 장에서는 내담자의 성격과 직업환경 간의 일치성에 초점을 두고 논의를 전개하였다. 보통 내담자와 상담자의 성격 유형은 일치하지 않는다. 상담자에게 가장 일반적인 유형은 SE, SI, SA이다. 대부분의 상담자는 사회적인 유형이 가장 우세하고, 두 번째로 우세한 유형이 기업형, 탐구형 혹은 예술형이다. 이러한 상담자가 주로 실재형이거나 관습형 혹은 실재형과 관습형인 내담자를 만나면 자신의 유형과 정반대이거나 일치하지 않는 유형의 내담자를 대하는 셈이다. 이때 주된 걱정거리는 사람들과 상호작용하고 사람들에게 도움을 주는 일을 가치 있게 여긴다는 측면에서 상담자의 가치가 내담자와 다를 수 있다는 점이다. 이러한 가치의 차이를 상담자가 인식해야만 자신과는 다른 내담자의 흥미, 능력, 가치에 대해 좀 더 개방적이고 이해심 있는 태도를 보일 수 있을 것이다. 어떤 상담자들은 사냥, 낚시, 야외활동, 자동차 수리 등을 존중하지 않을 수 있겠지만, 실재형 내담자는 이런 활동을 중시할 것이다. 불일치하는 유형들 간의 차이를 인식하는 것은 상담을 효과적으로 수행하는 데 도움이 된다.

또 다른 문제는 Holland의 변별성 개념과 관련된다. 상담자는 그들이 선호하는 환경의 유형에 따라 변별될 수 있을 것이다. 상담자는 이미 진로선택을 했기 때문에 자신에게 우세한 두 가지 혹은 세 가지 유형은 선호하고 나머지 세 가지 혹은 네 가지 유형에 대해서는 별로 흥미를 갖지 않는 경향이 있다. 진로선택에 어려움을 겪는 내담자는 어떤 연령층이건 간에 네 가지, 다섯 가지, 혹은 여섯 가지 유형 모두에서 거의 변별되지 않을 수 있다. 예를 들어, 어떤 내담자는 사회적, 실재적, 기업적, 관습적, 예술적 활동에 능력이 있고 이 활동들을 즐길 수 있다. 이런 경우 상담자의 역할은 내담자가 자신의 경험과 소망을 좀 더 변별하도록 도와주는 것인데, 예를 들면 실재적이고 관습적인 활동이 내담자에게 가장 만족스럽다는 것을 확인시켜 주는 것이다. 상담자 자신이 개인적으로 여러 유형을 변별하는 데 어려움이 없는 경우에는 내담자가 유형을 변별하는 데서 어려움을 겪으면 상담자가 좌절감을 느낄 수도 있다. 이러한 차이점을 인식하고 있으면 상담자는 좀 더 참을성을 갖게 될 것이다.

Holland의 성격 이론으로 충분하지 않은 경우가 있다. 예를 들어 『직업 파인더』(Holland, 2000)에는 53개의 RIE, 30개의 REI, 17개의 SEA 직업이 수록되어 있다. Holland 이론은 RIE와 같이 특정한 세 자리 범주 내에서 직업을 선택하는 것에 대해서는 내담자에게 충분한 정보를 제공하지 않는다. 지리적 위치나 Holland 유형이 아닌 다른 성격 요인도 고려할 필요가 있다. 내담자에게 맞는 코드를 찾는 것은 상담에서 중요한 단계이지만, 상담과정의 끝은 아니다. 어떤 내담자의 경우, Holland 이론은 흥미와 재능을 변별하거나 정체감을 개발하는 출발점이 된다. 교육, 능력, 지역 그리고/또는 가족에 대한 개인적 책임감 등과 같은 다른 요인은 성격 유형보다 더 중요하지는 않더라도 성격 유형만큼 중요할 수 있다. Holland의 이론은 내담자의 문제를 개념화하는 유용한 방법이지만, 모든 내담자와 모든 문제, 모든 시기에 적합한 개념체계를 제공하는 것은 아니다.

## 요약

Holland의 유형 이론은 몇 가지 이유로 인해 상담자와 심리학자들에게 널리 받아들여져 왔다. 개념적으로, 여섯 가지 성격 유형—실재형, 탐구형, 예술형, 사회형, 기업형, 관습형—은 이와 상응하는 여섯 가지 환경과 매칭될 수 있기 때문에 사용하기가 쉽다. 보통 개인과 환경은 여섯 가지 범주 가운데 가장 중요한 것, 두 번째로 중요한 것, 그리고 세 번째로 중요한 것으로 기술된다. 개인과 환경을 기술하는 세 자리 코드가 매칭되거나 매칭에 근접하면 일치성이 있는 것이다. Holland의 구성개념에서 가장 중요한 일치성은 내담자의 유형을 평가한 후 내담자의 유형과 적합한 직업을 매칭함으로써 구할 수 있다. 일치성, 포부의 일관성, 변별성과 정체성 등의 다른 구성개념들도 Holland 이론을 개념적으로 사용하는 데 중요하다. Holland의 이론적 구성개념이 명확하게 정의되어 있기 때문에, 여성과 다문화 집단을 비롯하여 모든 사람들에게 이 이론의 적용 가능성을 살펴본 연구가 많이 수행되었다. 또한, 세 자리 코드를 사용하여 개발된 직업분류체계는 상담자에게 또 다른 실제적인 도움을 주고 있다. Holland의 진로탐색검사(SDS)와 직업선호도검사(VPI) 외에도 내담자의 유형을 알아보는 데 유용한 몇몇 검사가 있다. 상담자들 사이의 폭넓은 수용과 이론을 지지하는 많은 연구 덕분에 Holland의 이론은 앞으로도 널리 활용될 것이다.

# Myers-Briggs 유형 이론

### ✿ 이론의 개요

**인식**
감각
직관

**판단**
사고
감정

**외향**

**내향**

**16가지 유형의 조합**

이 책에서 다루는 대부분의 다른 이론과 달리, Myers-Briggs 유형 이론은 진로발달 이론으로 개발된 것이 아니다. 하지만 Myers-Briggs 유형 이론은 진로상담에서 내담자에게 적용 가능하다는 점에서 진로상담자들에게 인기가 있다. Myers-Briggs 유형 이론은 Carl Gustav Jung의 연구에 바탕을 두고 1920년대에 Katharine Briggs가 개발한 심리 이론이다.

Myers-Briggs 유형론의 개발은 다소 특이하다. 따라서 이론을 기술하기 전에 그 기원을 간략히 살펴보는 것이 도움이 될 것이다. Briggs는 심리학자가 아니었지만, 예리하게 사람들을 관찰하는 사람이었다. 그녀는 Jung(1971; 원판은 1921)의 저서 『심리 유형(*Psychological Type*)』을 읽기 전에 이미 그녀 나름으로 인간 행동의 범주를 개발하였다. 이후 Jung의 연구에 매료되면서, 인간 행동의 범주를 더 광범위하게 연구하였다. 그 후 20년 동안 그녀는 사람들을 관찰하고 그들을 Jung의 성격 유형으로 분류하려는 노력을 계속하였다. 1940년대에 Briggs의 외동딸인 Isabel Myers가 Myers-Briggs 유형 지표(Myers-Briggs Type Indicator, MBTI) 개발에 참여하였고, 함께 MBTI에 대한 반응을 분류하고 분석하였다. 1956년 교육 테스팅 서비스(Educational Testing Service)에서 MBTI를 출판했으며, 1962년에 MBTI 매뉴얼이 출판되었다(Myers, 1962). Myers는 미국심리학회에서 강연을 하였고, MBTI는 점차 심리학자들의 주목을 끌었다. 1969년에 Isabel은 Mary McCaulley와 일하기 시작하였고 게인즈빌의 플로리다 대학교에서 유형학 연구소를 설립하였다. 1972년에 이 연구소는 심리 유형 응용센터(Center for the Application of Psychological Type)로 바뀌었고, MBTI 연구를 후원하면서 Myers-Briggs 유형학 발전을 위한 연구 활동을 조직하고 있다. 심리 유형학회(Association for Psychological Type)는 학회지인 「심리 유형 연구(*Journal for Psychological Type*)」와 소식지인 「심리 유형 회보(*Bulletin for Psychological Type*)」를 후원하고 있다. 해를 거듭하면서 심리학자와 상담자 사이에서 Myers-Briggs 유형론의 인기가 높아졌는데도 불구하고, 비판이 없는 것은 아니다. 어떤 심리학자들은 MBTI의 이론과 방법론 모두에 의문을 제기한다. 이러한 비판은 이 장의 후반부에서 좀 더 자세하게 다룰 것이다.

Jung은 『심리 유형(*Psychological Type*)』(1921)에서 개인이 인식과 판단을 사용하는 방식의 차이에 대해 기술하였다. 그는 사람들이 무엇에 주의를 기울이는지와 자신이 본 것에 대해 어떻게 결정하는지에 관심이 있었다. 나아가, 그는 사람들 중에는 외부세계에서 일어나는 일에 주로 관심을 갖는 이들이 있는 반면, 자신의 관점과 생각에 더 관심을 가지는 이들도 있다고 보았다. 이것이 Myers-Briggs 유형론의 토대에 대한 간략한 개요이다. 전체적인 관점에서 Jung의 유형론을 보자면, 이 이론은 성격에 대한 Jung의 이론의 많은 측면 중 단지 하나에 불과하다. 많은 Jung 학파 심리치료자들은 꿈 분석과 성격 유형 이외의 다른 개념에 관심을 갖는다. 그러나 Jung 학파의 이론을 활용하는 많은 심리학자와 상담자는 Myers-Briggs 유형체계라는 제한된 범위 내에서만 이 이론을 활용한다.

진로발달의 맥락에서 보자면, Myers-Briggs 유형체계는 특성요인 이론으로 간주해야 할 것이다. 2장에서 다룬 특성요인 이론에 의하면, 진로선택의 첫 단계는 자신의 태도, 성취, 흥미, 가치, 성격을 명확하게 이해하는 것이다. 그러한 맥락에서 Myers-Briggs 유형 이론은 성격 이론으로 볼 수 있다. 내담자의 진로선택을 돕는 과정에서 Myers-Briggs 이론을 사용하는 상담자는 Myers-Briggs 이론을 성격 이론으로 활용한다. Myers-Briggs 이론을 적성이나 성취, 흥미에 대한 평가 없이 사용하는 경우는 드물다. 물론 Myers-Briggs 이론은 특성요인 이론 이외의 다른 이론과 함께 사용될 수 있다. 하지만 이 이론은 특성요인 모형과 꽤 잘 들어맞는다. MBTI 매뉴얼(Myers, McCaulley, Quenk, & Hammer, 1998)에는 다양한 유형의 사람들이 일하는 환경(또는 직업)에 대한 목록이 실려 있다. 상담자는 개인의 유형에 대한 정보와 더불어 이러한 환경(또는 직업)에 대한 정보를 통해 내담자가 특성요인적 진로선택의 세 번째 단계인 일의 세계와 자신에 대한 정보를 통합할 수 있도록 도울 수 있다. 또한 Myers-Briggs 유형 이론은 유형 개념을 개인과 개인의 직업환경에 적용함으로써 내담자의 직업적응을 돕는 데 사용될 수 있다.

이 장에서는 Myers-Briggs 이론의 기본이 되는 네 가지 양극단의 차원, 즉 외향-내향, 감각-직관, 사고-감정, 판단-인식을 설명한다. Myers-Briggs 유형론에서 다루는 개념의 수가 많지 않은데도 불구하고, 이 이론은 유형 간의 상호관계로 인해 복잡하고 때로 배우기 어렵다. 따라서 이 이론을 이해하기 위해서는 네 가지 양극단의 범주를 이해하고 범주들이 어떻게 함께 작용하는지를 이해해야 한다. 진로의사결정과 직업적응을 위한 상담 예시에서 이러한 구성개념 간의 상호관계를 보여 줄 것이다. MBTI는 Myers-Briggs 유형 이론의 활용에서 아주 중요한 부분이기 때문에 이 장에서 비중 있게 다룰 것이다. 상담자의 MBTI 유형과 내담자 유형 간의 상호작용 또한 흥미로운 결과를 보여 준다. 내용이 복잡하기 때문에 이 장에서 제시하는 정보만으로는 독자들이 상담에서 Myers-Briggs 유형 이론을 사용하기에 불충분하므로, 좀 더 많은 자료를 읽고 공식적인 훈련 과정이나 워크숍에 참가해야 한다.

Myers-Briggs 유형론의 가장 기본적인 두 가지 개념은 인식-판단과 외향-내향이다. 다음 절에서는 개인이 주변 상황을 어떻게 인식하며, 관찰한 것에 대해 어떻게 판단하고 결정하는지를 다룬다. 이것은 또한 세상에 대한 개인의 관점, 즉 외부세계에 초점을 두는가(외향), 아니면 내부세계에 초점을 두는가(내향)와 관련된다. 이것들은 '선호 패턴(preference pattern)' 또는 개인이 결정과 선택을 할 때 선호하는 방식이라고 볼 수 있다.

## 인식과 판단

Myers-Briggs 이론은 개인이 세상을 관찰하고 자신의 인식에 기초하여 결정을 내리는 방식과 관련된다(McCaulley & Moody, 2008; Myers, 1993; Quenk, 2009). 세상을 대하는 첫 번째 단계는 인식이다. 사람들은 정보를 알아차리면서 사건과 사람, 사물, 관념에 대한 인식을 형성한다. 그러고 나서, 관찰한 사건, 사람, 사물, 관념에 대해 결정하거나 결론을 내려야 한다. 이렇게 함으로써 인식된 사건과 관념을 판단하게 된다. Myers에 의하면, 개인의 정신활동 중 많은 부분이 **인식**(perceiving)이나 **판단**(judging) 또는 둘 다에 전념한다고 한다. 예를 들면, 어떤 청소년이 영화를 볼 때 그 청소년은 정보를 받아들이고(인식한다), 그런 다음 그 영화가 좋았는지, 감상할 만하였는지, 유익하였는지 등과 같이 영화에 대한 결정을 내리게 된다(판단한다). 학교와 직장에서 생활하는 동안 개인은 끊임없이 인식하고 판단한다. 인식과 판단에는 각각 두 가지 방식이 있다.

## ❁ 인식의 두 가지 방식

인식에 관한 두 가지 대조적인 방식은 감각(sensing)과 직관(intuition)이다. 감각은 후각, 미각, 촉각과 함께 시각적 · 청각적 과정을 사용하여 정보를 받아들인다. 이와 대조적으로 직관은 Jung 학파의 이론에서 대단히 중요한 개념인 무의식의 사용과 관계가 있다. 직관은 감각처럼 직접적이기보다는 간접적인 인식방법이며 외부의 인식에 관념을 추가한다. 인식에 대한 선호(그리고 Myers-Briggs의 다른 개념)는 선천적인 것으로서 환경과의 상호작용을 통해 학습되는 것이 아니라는 것이 Jung의 신념이며, 이는 Myers-Briggs 이론에 통합되었다.

감각을 선호하는 사람은 주로 듣고 보고 만지는 것을 통해 관찰하기를 좋아한다. 이들의 초점은 주변에서 즉각적으로 일어나는 사태에 맞추어져 있다. 감각을 선호하는 사람은 보통 세부적인 것을 잘 기억하고 분명하게 관찰할 수 있다. 예를 들어, 치과를 방문한 청소년이 감각적 인식을 사용한다면, 그는 치과의사가 사용하는 기구와 치과의사의 행동, 입안에 있는 치료기구의 위치를 잘 알아차릴 것이다. 이러한 일상적인 경험은 궁극적으로는 이후 직업선택에 영향을 줄 것이다. 그때 치과에서 겪은 경험에 관한 세부적인 정보는 기억에 저장된다. 이것은 감각과 상반된 인식방식인 직관과 뚜렷한 대조를 이룬다.

사람들은 통찰을 사용하여 사건의 의미와 관계를 인식하기도 한다. 관찰한 내용과 관념에 대한 이러한 통찰을 직관이라고 한다. 직관은 시각적 · 청각적(그리고 다른) 정보를 근거로 받아들이고 그것을 넘어선다. 직관을 사용하는 사람은 보통 현재 사건이 아니라 미래에 일어날 일이나 사건들을 서로 연관 짓는 데 초점을 둔다. 직관은 구체적이기보다는 추상적이고 상상적이며 때로 창의적이다. 직관을 사용하는 청소년은 치과에 머무르는 동안, 다음번 치과진료가 어떠할지를 상상하거나(현재 진료보다 훨씬 나쁠 수도 있다거나) 치과의사로서 (충치 치료나 다른 치과 업무를 보는) 자신의 모습을 상상할 것이다. 치과의사에 대한 이러한 반응은 위에서 언급한 현실적이고 현재 지향적이며 감각적인 반응과는 확연한 대조를 이룬다. 감각이나 직관을 통해서 관념이 인식된 후에는 그것에 대한 판단이 내려진다.

## ❁ 판단의 두 가지 방식

인식에 두 가지 방식(감각과 직관)이 있는 것처럼, 판단에도 사고(thinking)와 감정(feeling)이라는 두 가지 유형이 있다. 사건을 인식한 후에 개인은 사고나 감정 중 주로 한 가지 방식으로 행동한다. 사고는 관찰된 관념과 사건을 객관적으로 반응하고 분석하는 것을 의미한다. 감정은 주관적인 반응으로서 보통 개인의 가치와 관련된다.

사고를 사용하여 판단할 때 개인은 논리나 분석에 관심을 둔다. 사고형의 사람은 인식된 사건에 대해 판단할 때 객관적인 태도를 취하려고 노력한다. 즉, 사건이나 관념을 공정하게 판단하는 데 관심이 있고, 그 과정에서 자신의 인식을 분석하기 위해 객관적인 비판을 할 수도 있다. 치과의 진료의자에 앉아 있는 청소년의 예로 돌아가자면, 그는 다음에도 비슷한 경험을 할 것인지, 자신이 치과의사가 되고 싶은지, 치과의사의 직무를 수행할 수 있을지, 또는 치과의사가 다음에 무엇을 할 것인지에 대해 판단할 것이다.

감정에 근거한 판단은 관찰한 내용이나 관념에 적용되는 가치를 바탕으로 결정을 내리는 것이다. 감정에 근거한 판단을 할 때 개인은 판단이 미치는 영향에 관심을 가진다. 이들은 기술적 문제와 대조적으로 사람들의 문제에 관심을 둘 가능성이 더 높다. 다시 치과의 진료의자에 앉아 있는 청소년의 예로 돌아가자면, 감정에 근거한 판단은 "누군가를 도와주는 일이지만 그 과정에서 신체적 고통을 줄 수 있는 치과의사가 된다면 어떨까?"라고 궁금해하는 것과 연관된다. 다른 사람들에 대한 이러한 관심은 사고에 근거한 판단을 하는 앞의 예시와 분명한 대비를 이룬다.

## ❁ 인식과 판단의 조합

인식은 판단에 앞서기 때문에 두 기능은 결합된다. Myers 등(1998)과 McCaulley와 Moody(2008)는 인식과 판단의 네 가지 가능한 조합을 다음과 같이 기술한다.

감각-사고(S-T)　　직관-감정(N-F)
감각-감정(S-F)　　직관-사고(N-T)

Myers(1993)에 따르면, 사람들은 이 네 가지 범주 중 하나를 선호한다. 사람이 인식하고 판단하는 방식은 삶의 방식뿐만 아니라 다른 사람들과의 상호작용에도 영향을 미친다. 사건을 인식하고 판단하는 데 감각과 사고 능력을 사용하는 사람들은 직관과 감정을 주로 사용하는 사람들과는 매우 다르다.

**감각과 사고** 인식할 때 감각에 의존하고 판단할 때 사고를 사용하는 사람은 관찰한 내용을 통해 확인할 수 있는 사실을 수집하는 데 초점을 둘 것이다. 그들은 일어난 일을 직접 보거나 그것에 대해 듣기를 원한다. 또한 이익을 계산하거나 기계의 산출량을 평가하고 싶어 할 수도 있다. 이러한 사람들은 아주 현실적이고 실용적이다. 이들은 사실의 분석을 요구하는 직업을 선택하는 경향이 있다. 이러한 직종의 예로는 법무직, 사업경영직, 회계와 회계감사직, 생산직과 구매직무 등이 있다. 자신의 진로를 결정할 때, 이들은 직업과 관련된 문헌이나 다른 사람과의 대화를 통해 얻은 정보를 바탕으로 합리적인 의사결정 과정을 활용할 가능성이 높다.

**감각과 감정** 감각과 감정을 사용하는 사람들은 시각과 청각, 여타 감각을 사용하더라도 감정을 기반으로 결정을 내린다. 이들은 의사결정을 할 때 자신과 다른 사람에게 있어서 감정이 가지는 중요성을 인식한다. 이들은 사람들에게 비중을 두기 때문에 사물보다는 사람을 관찰하는 데 흥미를 보일 것이다. 이들이 추구할 가능성이 있는 직업의 예로는 의료 전문직, 사회사업, 아동교육, 고객 서비스 등이 있다. 진로결정 과정에서 이들은 사람과 직업에 대한 정보에 초점을 두고, 특정 직종의 일을 할 때 날마다 자신이 어떻게 느낄지를 고려한다.

**직관과 감정** 직관적인 사람은 지금 관찰한 내용이나 현재 일어나고 있는 일에 초점을 두기보다는 미래의 가능성에 관심을 갖는다. 이들의 감정적인 관여는 개인적이고 따뜻하며 고무적이다. 이들은 인간적인 욕구를 충족시키기 위해 창의적인 접근을 취하는 경향이 있고 사물에 대한 관심이 적다. 직업의 예로는 성직자, 대학이나 고등학교 수준의 교직, 광고업, 사회 서비스 직종이 있다. 이들은 진로를 결정할 때 자신에게 무엇이 가장 좋은지를 바탕으로 한 직감을 사용한다. 그들은 관찰한 내용 자체를 따져 보기보다는 그것에 대한 자신의 감정을 강조한다.

**직관과 사고** 직관과 사고를 사용하는 사람은 미래에 대한 예감과 예상을 사용한 분석에 근거하여 결정을 내린다. 이들은 문제해결을 즐기며, 특히 이론적인 성격의 문제를 좋아하는 경향이 있다. 이들이 추구하는 직업으로는 과학 연구, 컴퓨팅, 경영(특히 재정) 의사결정, 새로운 프로젝트 개발 등이 있다. 자신의 진로를 결정할 때, 직관과 사고를 사용하는 사람들은 어떤 유형의 직업이 특정한 기회를 제공할지에 대해 생각하면서 자신을 미래에 투영할 것이다. 미래에 대한 예상을 바탕으로 하지만, 이들의 의사결정은 이들 자신에게 논리적이고 분명하다.

## ❁ 두 가지 상담 예시

다음의 간략한 두 가지 상담 예시는 인식과 판단의 두 가지 각기 다른 조합을 상세히 보여 준다. 첫 번째 사례는 감각과 사고에 대한 상담자의 평가를 보여 주고, 두 번째 사례는 직관과 감정에 대한 상담자의 평가를 보여 준다.

샤론은 대학교 2학년 학생으로 경영 직종을 생각하고 있지만 어떤 것을 선택해야 할지 몰라 진로상담을 받고 있다. 다음 대화는 샤론의 상담회기에서 발췌한 것이다.

**내1:** 지난주에 상담한 이후로 많은 직업을 찾아봤어요. 진로 도서관에 가서 주식중개인과 은행원 등에 관한 자료를 읽기 시작했어요. 시간이 부족해서 여섯 가지 직업에 대한 자료만 읽었기 때문에 다시 가보려고 해요.

**상1:** 그렇게 빨리 시작했다니 좋아요. [내담자가 접근하는 방식이 구체적인 것을 보니 그녀는 감각능력을 사용하여 인식하는 것 같다.]

**내2:** 다른 직업은 말할 것도 없고, 주식중개인과 은행원에 관한 팸플릿만 해도 여러 개가 있었어요. 시간을 내서 확실하게 정보를 읽고 따져 보고 싶어요. 제가 읽으면서 메모하는 게 도움이 될까요?

**상2:** 체계적인 방식으로 일처리를 하는 것 같군요. 메모하는 게 잘 맞을 것 같아요. [상담자는 내담자가 사용하는 논리적인 방법을 강화하려고 한다. 이런 방법은 감각과 사고를 사용하는 사람에게 적합하다.]

**내3:** 흥미검사에서 점수가 높게 나온 직업 척도들이 이런 진로들과 맞는다는 걸 알겠어요. 하지만 그런 직업들에 대해 좀 더 많은 걸 알아보고 싶어요. 아버지께도 말씀드려 보려고 해요.

**상3:** 좋은 생각인 것 같군요. 결정을 하기 위해 정말 많은 정보를 모으고 있네요. [직업에 대한 정보를 얻고 수집한 후 분석하는 것이 이 내담자의 방식인 것 같다. 이것은 인식 유형이 감각형이고 판단 유형이 사고형인 내담자에게 적합하다.]

하비는 진로의사결정에 대하여 다른 접근을 사용한다. 샤론과 마찬가지로 대학교 2학년생인 그는 사회과학 분야의 직업을 탐색하고 있고 직관과 감정을 결합한 접근을 사용한다. 다음 대화는 하비의 상담회기 중 일부이다.

**내1:** 학교생활이 너무 지루해요. 밖에 나가서 어떤 일, 뭔가 의미 있는 일을 하고 싶어요. 그냥 시간만 보내고 있는 것 같아요. 하고 있는 일 중에 의미 있는 일이 없어요.

**상1:** 자신이 가치 있는 사람이라고 느끼게 해줄 어떤 일을 지금 하고 있다면 더 행

복할 것 같군요. [내담자의 말에는 좌절의 감정이 강하고, 사태에 대해 관찰한 내용은 빠져 있다.]

**내**2: 네, 뭔가 변화를 가져오는 일을 하고 싶어요. 저는 교내 문맹퇴치센터에서 성인 문맹퇴치 프로젝트에 참여하고 있어요. 아마도 이 일이 제가 가장 많은 것을 얻는 일일 거예요. 수업보다 훨씬 더 많이요. 제가 지금 도와주고 있는 남자분처럼, 성인이 글을 읽도록 도와주면 정말 기분이 좋아요. 이런 일을 더 많이 할 수 있었으면 해요.

**상**2: 다른 사람들에게 영향을 주고 싶어 하는군요. [문맹퇴치센터에서 하는 일에 대한 하비의 인식은 직관적이다. 상담자는 문맹퇴치 프로젝트 관련 일을 판단하는 데 있어 하비에게 감정이 얼마나 중요한지를 알게 된다.]

**내**3: 제가 사람들을 돕고 싶어 한다는 걸 저도 알아요. 그래서 성적을 올리려고 노력하고 있어요. 임상심리학이나 정신의학 쪽으로 가려면 성적을 올려야 하거든요.

**상**3: 들어 보니 힘들 것 같은데도 장차 하고 싶은 일을 위해 정말로 많은 노력을 하고 있는 것 같군요. 비록 확신하고 있는 건 아니지만 말이죠. [미래에 대한 하비의 선택이 아직 결정된 것은 아니지만, 상담자는 하비가 전념하고 있음을 알아차리고 이를 강화하고자 한다.]

하비와 샤론의 차이에 주목해 보자. 샤론의 접근은 현실적이고 체계적이다. 대조적으로 하비에게는 아직 뚜렷하게 드러나진 않지만 사명감이 있고 그는 이에 대한 열정을 보여 준다. 감각-사고 유형과 직관-감정 유형의 이러한 차이는 Myers-Briggs 이론이 진로의사결정을 이해하는 데 어떻게 도움이 될 수 있는지를 보여 주고 있다.

## ❁ 인식 또는 판단에 대한 선호

Myers-Briggs 유형론을 사용할 때, 내담자가 어떻게 인식하고 판단하는지를 이해하는 것뿐만 아니라 둘 중 어느 과정이 더 중요한지를 아는 것도 중요하다. 판단이나 결정에 비해, 주변의 사람과 사물에 대한 인식을 얼마나 중요하게 여기는가는 사람마다 다르다. 어떤 사람들은 상대적으로 적은 양의 사실에 기초해서 결정하는 것을 선호하는 반면(판단), 또 어떤 사람들은 판단하기 전에 많은 사실을 놓고 견주어 보기를 선호한다(인식). 결정을 하기 위해 사람들은 반드시 인식하기를 멈춘 다음 판단해야 한다. 인식형 태도를 가진 사람들은 계속해서 정보를 모으고 결정을 내리지 않는다. 판단형 태도를 가진 사람들은 인식하기를 멈추고 더 이상의 근거를 포함시키지 않고도 결정을 내리는 경향이 있다. 판단을 사용하는 사람들은 자신의 삶에 질서가 있다는 느낌을 가질 것이고, 이에 비해 인식을 사용하는 사람들은 질서에 대한 욕구와 다음에 무엇을 해야 할지 결정하는 것에 대한 욕구가 더 적은 편이다.

## 외향과 내향

개인이 인식과 판단을 사용하는 방식을 이해하는 데 도움이 되는 또 다른 요인은 내향과 외향이다. Jung과 Myers가 사용한 내향과 외향의 의미는 일반적인 내향과 외향의 의미와는 다르다. 일반적인 용어로 보면 내향은 보통 수줍고 조용한 것과 관련이 있는 반면, 외향은 더 큰 소리를 내고 사교적인 것을 가리킨다. 그러나 Jung과 Myers에게 내향과 외향이라는 용어는 개인이 세상과 관계 맺는 방식을 나타낸다. **내향**(introversion)은 자신의 내부세계에 대한 흥미를 바탕으로 인식과 판단을 하는 것을 의미한다. 반대로 **외향**(extraversion)은 외부세계에서 인식과 판단을 사용하는 것을 의미한다. 내향적인 사람에게는 개념과 관념으로 구성된 내부세계가 중요하다. 외향적인 사람에게는 외부세계, 즉 다른 사람들과 사물에 대한 관심이 중요하다. 물론 외향적인 사람과 내향적인 사람 모두 내부와 외부세계에서 살고 있다. 다만 내향적인 사람은 내부세계를, 외향적인 사람은 외부세계를 선호한다는 것이 다를 뿐이다.

외향적인 사람은 보통 행동을 취하기를 좋아한다. 이들은 이야기하고 상호작용을 하면서 사람들이나 사물을 상대로 일하고 싶어 한다. 이들은 메모를 남기기보다는 사람에게 직접 이야기하는 것을 선호한다. 이들에게는 언어적으로나 신체적으로 활동적인 것이 중요하다. 이와는 대조적으로, 내향적인 사람은 성찰하기를 즐긴다. 이들은 행동을 취하기 전에 고심해서 어떤 문제를 풀거나 오랫동안 숙고하기를 좋아한다. 이들은 아마 외향적인 사람보다 더 조용할 수 있는데, 이는 반드시 수줍음 때문이 아니라 내면적으로 처리할 시간이 필요하기 때문이다.

Myers-Briggs 체계에서 내향과 외향은 판단 및 인식과 결합되어 사용된다. 어떤 사람들은 외부세계에서 판단과 인식을 사용하기를 선호하는 반면, 어떤 사람들은 내부세계를 선호한다. 앞에서 언급했던 인식과 판단의 네 가지 유형은 각각 내부세계(내향)나 외부세계(외향) 둘 중 하나를 선호할 것이다.

일에 대한 선호에 있어서, 외향적인 사람은 대체로 사람들과 접촉하는 활동을 좋아하는 반면, 내향적인 사람은 집중할 수 있는 활동을 선호하는 경향이 있다. 따라서 외향적인 사람은 사회 서비스직과 더불어 판매직, 영업관리직을 선호할 것이다. 반대로 내향적인 사람은 혼자 문제를 풀면서 시간을 보내는 과학과 회계 분야의 직업을 선호할 것이다. 내향적인 사람은 외향적인 사람에 비해 세부사항을 다룰 때 좀 더 주의 깊게 처리하는 경향이 있다. 즉, 이들은 오랜 시간 동안 한 가지 과제에 몰두할 수 있다는 점에서 더 많은 인내심을 보여 준다. 내향적인 사람은 팀의 일원으로 일할 필요성을 그다지 느끼지 않는다. 이들은 방해받지 않고 혼자 일하는 것을 선호한다.

## 16가지 유형의 조합

Myers-Briggs의 유형론에서는 판단과 인식의 방식, 판단이나 인식에 대한 선호, 내향이나 외향에 대한 선호가 상호작용하여 서로 다른 16가지 유형을 만들어 낸다. 유형표(하나의 예시로, 표 6.1)는 주로 유형 간의 관계를 기술하는 데 사용된다. 상반되는

**표 6.1 각 유형의 특징**

| | 감각형 | | 직관형 | |
|---|---|---|---|---|
| | ISTJ | ISFJ | INFJ | INTJ |
| 내향 | 조용한, 진지한, 철저함과 신뢰성으로 성공하는. 실용적인, 사실적인, 현실적인, 책임감 있는. 해야 할 일을 논리적으로 결정하는, 방해에도 아랑곳하지 않고 꾸준히 노력하는. 집과 학교, 삶에서 모든 것을 정리하고 조직하는 것을 좋아하는. 전통과 충실성을 중요하게 여기는 | 조용한, 우호적인, 책임감 있는, 양심적인. 의무를 다하는 데 헌신적이고 꾸준한. 철저한, 수고를 아끼지 않는, 정확한. 충실한, 신중한, 자신에게 중요한 사람들에 관한 세부 내용을 알아차리고 이를 기억하는, 다른 사람의 감정에 관심을 갖는. 직상과 집에서 질서 있고 조화로운 환경을 위해 노력하는 | 아이디어, 관계, 물질적 소유를 통해 의미와 관계를 추구하는. 무엇이 사람들에게 동기를 주는지 이해하고 싶어 하는, 타인에 대해 통찰력 있는. 양심적인, 확고한 가치에 헌신하는. 공동의 선을 위해 실천하는 명확한 비전을 제시하는. 비전을 실행하는 데 조직적이고 결단력 있는 | 아이디어를 실행하고 목표를 성취하는 데 독창성과 추진력이 있는. 외부 사태의 패턴을 빨리 파악하는, 설명 가능한 장기적 조망을 개발하는. 헌신적으로 일을 조직하고 완수하는. 회의적인, 독립적인, 지신과 타인에 대한 능력 및 수행의 기준이 높은 |
| | ISTP | ISFP | INFP | INTP |
| | 문제가 생길 때까지는 관용적이고 융통성 있고, 조용한 관찰자이지만, 해결책을 찾기 위해 재빨리 행동하는. 사물의 작동 원리를 분석하고 실제적 문제의 핵심을 가려내기 위해 많은 양의 자료를 쉽게 처리하는. 인과관계에 관심 있는, 논리적 원리에 입각하여 사실을 조직하고, 효율성을 높이 평가하는 | 조용한, 우호적인, 민감하고 친절한. 현재 순간 및 지금 자신의 주변에서 일어나고 있는 일을 즐기는. 자신만의 공간을 갖고 자신만의 시간 프레임 안에서 일하기를 좋아하는. 자신의 가치와 소중한 사람에게 충실하고 헌신적인. 불일치와 갈등을 싫어하는, 자신의 의견이나 가치를 타인에게 강요하지 않는 | 이상주의적인, 자신의 가치와 소중한 사람에게 충실한. 자신의 가치와 일치하는 외적 삶을 원하는. 호기심 있는, 재빨리 가능성을 보는, 아이디어 실행을 위한 촉매자 역할을 할 수 있는. 사람들을 이해하려 하고 사람들이 잠재력을 실현하도록 돕는. 가치가 위협받지 않으면 적응적이고 유연하며 수용적인 | 흥미를 끄는 모든 일에서 논리적 설명을 찾으려고 하는. 이론적이고 추상적인, 사회적 상호작용보다는 개념에 더 관심 있는. 조용한, 침착한, 유연하고 적응적인. 관심분야의 문제해결에 깊이 집중하는 비상한 능력이 있는. 회의적인, 때로는 비판적인, 늘 분석적인 |

(다음 쪽에 계속)

**표 6.1 각 유형의 특징(계속)**

| | ESTP | ESFP | ENFP | ENTP |
|---|---|---|---|---|
| 외향 | 유연하고 관용적인, 즉각적인 결과에 초점을 두고 실용적인 접근을 하는. 이론과 개념적인 설명에 따분해 하는, 문제를 해결하기 위해 활발하게 행동하고 싶어 하는. 지금 여기에 집중하는, 자발적인, 사람들과 함께 활동하는 매 순간을 즐기는. 물질적인 안락과 스타일을 즐기는, 실행하기를 통해 가장 잘 배우는 | 사교적인, 우호적인, 수용적인. 삶과 사람, 물질적 안락을 열광적으로 즐기는. 어떤 일을 만들어내기 위해 사람들과 일하기를 즐기는. 일처리에 있어 상식과 현실적인 접근을 적용하는, 일을 재미있게 만드는. 유연하고 자발적인, 새로운 사람과 환경에 쉽게 적응하는. 사람들과 함께 새로운 기술을 시도함으로써 가장 잘 배우는 | 온정적으로 열성적인, 상상력이 풍부한. 삶이 가능성으로 충만하다고 보는. 사태와 정보를 매우 빨리 연결하는, 자신이 파악한 패턴을 바탕으로 자신감 있게 추진하는. 타인의 긍정을 많이 원하는, 감사와 지지를 기꺼이 제공하는. 자발적이고 유연한, 임시변통하는 능력과 언어적 유창성에 의존하는 | 신속한, 독창적인, 자극을 주는, 기민한, 기탄없는. 새롭고 도전적인 문제 해결에 기지를 발휘하는. 개념적 가능성을 생성하고 이를 전략적으로 분석하는 데 능숙한. 다른 사람의 의중을 잘 읽는. 판에 박힌 일을 지루해하는, 같은 일을 같은 방식으로 하지 않는, 계속해서 새로운 흥미로 옮겨가기 쉬운 |
| | **ESTJ** | **ESFJ** | **ENFJ** | **ENTJ** |
| | 실용적인, 현실적인, 사실적인. 결단력 있는, 결정사항을 실행하기 위해 재빨리 움직이는. 일처리를 위해 프로젝트와 사람들을 조직하는, 성과를 얻기 위해 가능한 한 가장 효율적인 방식에 초점을 두는. 늘 하는 일의 세부사항을 챙기는. 논리적 기준이 명확하고, 체계적으로 이를 따르며 타인도 그렇게 하기를 바라는. 힘있게 계획을 실행하는 | 마음이 따뜻한, 양심적이고 협력적인. 자신의 환경에서 조화를 원하는, 조화를 이루어내기 위해 단호히 노력하는. 과제를 제시간에 정확하게 완수하기 위해 타인과 함께 일하기를 좋아하는. 충실한, 사소한 일이라도 끝까지 수행하는. 일상에서 타인이 필요로 하는 것을 알아차리고 그것을 제공하려고 하는. 자신이 어떤 사람인지와 자신이 기여한 바의 진가를 사람들이 알아주기를 바라는 | 따뜻한, 공감적인, 반응적인, 책임감 있는. 타인의 정서, 욕구, 동기에 잘 조율하는. 모든 사람에게서 잠재력을 발견하는, 타인이 잠재력을 발휘하도록 돕고 싶어 하는, 개인과 집단의 성장을 위한 촉매재 역할을 하는. 충실한, 칭찬과 비판에 반응적인, 사교적인, 집단에서 다른 사람들을 촉진하는, 영감을 주는 지도력을 제공하는 | 솔직한, 결단력 있는, 기꺼이 지도자의 역할을 떠맡는. 비논리적이고 비효율적인 절차와 정책을 재빨리 파악하는, 조직의 문제를 해결하기 위해 종합적인 시스템을 개발하고 실행하는. 장기적 계획과 목표 설정을 즐기는. 대개 박식한, 읽기에 능하며 지식을 확장하고 타인에게 전달하기를 좋아하는. 힘있게 자신의 아이디어를 제시하는 |

출처: 『유형개론(*Introduction to Type*®)』(6판, Isabel Briggs Myers)에서 발췌. CPP, Inc., Mountain View, CA 94043 발행인의 허락하에 수정하여 재구성함. Copyright 1998 by Peter B. Myers & Katharine D. Myers. 저작권 소유. 발행인의 서면동의 없이는 더 이상의 재구성은 허락되지 않음. Myers-Briggs 유형 지표, MBTI, Myers-Briggs, 및 『유형개론』은 미국과 다른 국가에서 Myers-Briggs 유형 지표 트러스트의 등록상표이며, 더 많은 정보를 얻으려면 www.cpp.com을 이용하기 바람.

네 가지 기본적인 차원을 살펴보는 데는 약자를 사용하는 것이 도움이 된다. 다음의 약자는 이 장의 나머지 부분에서도 계속 사용할 것이다.

E—외향 I—내향

| ISTJ | ISFJ | INFJ | INTJ |
|---|---|---|---|
| ISTP | ISFP | INFP | INTP |
| ESTP | ESFP | ENFP | ENTP |
| ESTJ | ESFJ | ENFJ | ENTJ |

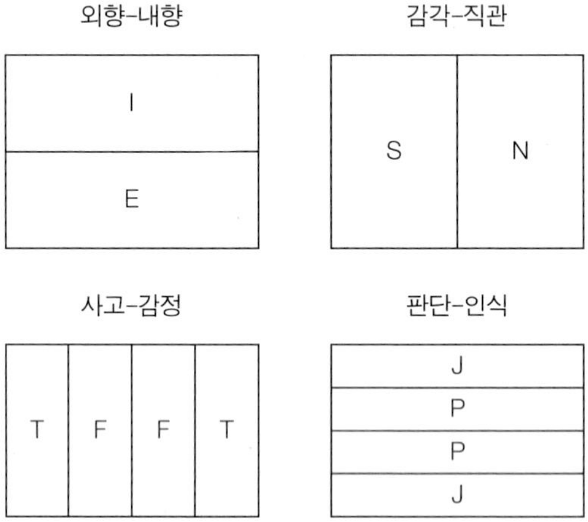

외향–내향

| I |
|---|
| E |

감각–직관

| S | N |
|---|---|

사고–감정

| T | F | F | T |
|---|---|---|---|

판단–인식

| J |
|---|
| P |
| P |
| J |

**그림 6.1 유형 표의 구성**

출처: 『MBTI 매뉴얼(*MBTI® Manual*)』(3판, Isabel Briggs Myers, Mary H. McCaulley, Naomi L. Quenk, Allen L. Hammer)에서 발췌. CPP, Inc., Mountain View, CA 94043 발행인의 허락하에 수정하여 재구성함. Copyright 1998 by Peter B. Myers & Katharine D. Myers. 저작권소유. 발행인의 서면동의 없이는 더 이상의 재구성은 허락되지 않음. Myers-Briggs 유형 지표, MBTI, Myers-Briggs, 및 유형개론은 미국과 다른 국가에서 Myers-Briggs 유형 지표 트러스트의 등록상표이며, 더 많은 정보를 얻으려면 www.cpp.com을 이용하기 바람. 『유형개론(*Introduction to Type®*)』(6판, Isabel Briggs Myers)에서 발췌. CPP, Inc., Mountain View, CA 94043 발행인의 허락하에 수정하여 재구성함. Copyright 1998 by Peter B. Myers & Katharine D. Myers. 저작권 소유. 발행인의 서면동의 없이는 더 이상의 재구성은 허락되지 않음.

S–감각　N–직관
T–사고　F–감정
J–판단　P–인식

그림 6.1은 네 가지 양극단 차원에서 유형의 구성을 상세히 보여 준다. 그림 맨 윗부분은 네 가지 차원의 16가지 조합을 보여 준다. 이 16가지 조합 바로 아래 도식들을 살펴보면 차원들 간의 관계를 더 명확하게 알 수 있다. 16가지 조합 중 내향이 위쪽 절반에 자리하고 있고, 외향이 아래쪽 절반을 차지한다는 점에 주목하라. 감각 기능은 도식에서 왼편을, 직관 기능은 오른편을 차지하고 있다. 이와 마찬가지로, 사고

와 감정 차원 역시 판단과 인식 차원처럼 체계적으로 분포되어 있다. 그림 6.1은 표 6.1에서 설명한 내용의 개요를 보여 준다. 유형표의 이러한 설명을 보면 16가지 유형 각각에 맞는 사람들의 특징을 간략하게 개관할 수 있다. 16가지 유형의 상세 매뉴얼에서, Myers 등(1998)은 각 유형의 정의를 문자 그대로 받아들이면 안 된다고 경고하면서 16가지 유형에 속하는 개인의 일반적인 특성을 기술하였다. Myers 등은 이러한 유형을 사람들이 사용할 수 있는 재능이나 속성으로 본다. 이들은 세상에는 단지 16가지 유형의 사람들만 있으며 한 범주 내에 속하는 모든 사람들은 서로 비슷하다는 생각을 경계한다. 이 16가지 유형은 다양한 문자 조합과 함께 매뉴얼에 훨씬 더 자세히 기술되어 있다. MBTI는 감각과 직관, 사고와 감정, 판단과 인식, 외향과 내향의 네 가지 차원 각각의 점수를 산출한다. Myers-Briggs 이론을 사용할 때 중요한 요소인 MBTI는 나중에 더 자세하게 다룰 것이다. Myers-Briggs 유형론을 사용할 때에는 판단과 인식 과정 중 한 가지가 더 중요할 수 있으며, 유형에 따른 범주화를 해석하는 데 있어 이를 고려하는 것이 중요하다는 것을 알고 있어야 한다.

## 주기능과 부기능

Myers-Briggs 유형 이론을 사용하는 상담자는 감각, 직관, 사고 또는 감정의 과정(또는 결정을 내리는 방식) 중 어느 것이 내담자에게 가장 중요한가를 확인하는 것이 유용하다는 것을 알게 된다. 이는 아마 Myers-Briggs 유형 이론을 배우기 시작하는 사람에게 가장 복잡하고 혼란스러운 개념일 것이다. 가장 중요한 개념을 주된 과정(dominant process)이라고 하고, 두 번째로 중요한 개념을 부차적 과정(auxiliary process)이라고 한다(역자 주: 국내에서는 '주기능', '부기능'이라는 용어가 사용되고 있으므로, 여기에서는 '주기능', '부기능'으로 통일함). 유형 코드의 마지막 문자가 주기능이나 부기능을 결정한다. 이를테면, 마지막 문자가 P라면 인식 양식(감각이나 직관)이 주기능이다. 마지막 문자가 J라면 판단 양식(사고나 감정)이 주기능이 된다.

주기능은 이끄는 기능이다. 즉, 주기능은 장군이고 부기능은 대령이다. 외향형의 경우, 유형 코드의 마지막 문자(J 또는 P)가 어떤 것이 주기능인지를 나타낸다. 따라서 ESTJ 코드를 가진 외향형의 주기능은 T(사고)이고(역자 주: 마지막 문자가 'J'이므로 판단 기능인 'T'가 주기능임) S(감각)는 부기능이 될 것이다. ESTP 코드를 가진 외향형의 주기능은 S(감각)이고 부기능은 T(사고)인데, ESTP는 P(인식)의 점수가 J(판단)의 점수보다 높기 때문이다. 따라서 외향형의 경우 코드의 마지막 문자가 어떤 기능이 가장 중요한지를 나타낸다.

내향형의 경우 주기능은 무엇일까? 이것이 어려운 부분이다. 내향형의 경우, 마지막 문자는 외향형의 경우와는 달리 주기능이 아니라 부기능을 나타낸다. 외향형의 경우, 주기능은 사람과 사물이라는 외부세계에 있다. 내향형의 경우, 주기능은 관념이나 사고의 내부세계에 있다.

내향형의 경우, 코드의 마지막 문자(J 또는 P)는 부기능을 나타낸다. 따라서 ISTJ 코드를 가진 내향형의 주기능은 S(감각)이고, T(사고)는 부기능이다. ISTP 코드를 가진 내향형은 P(인식) 점수가 J(판단)보다 높기 때문에 주기능이 T(사고)이고 부기능이 S(감각)일 것이다. 따라서 내향형의 경우 코드의 마지막 문자는 두 번째로 중요한 기능인 부기능을 나타낸다. 앞에서 논의한 부분은 복잡하다. 주기능과 부기능을 설명하려면 Myers-Briggs 유형론에 정통해야 한다. 이러한 개념을 사용하는 상담자는 경험이 축적됨에 따라 이 개념이 내담자의 의사결정 방식을 이해하는 데 유용하다는 것을 알게 된다. Myers-Briggs 이론을 비판하는 이들은 주기능과 부기능을 뒷받침하는 연구가 거의 없다는 점을 지적한다(Healy, 1989). 반면, 상담과정에서 Myers-Briggs 이론이 유용하다고 여기는 상담자들은 주기능과 부기능의 개념이 필수적이라고 주장한다(이 개념을 이 장에서 설명한 이유이기도 하다). 모든 상담자가 주기능과 부기능의 개념을 적용하는 것은 아니기에, 상담에서 Myers-Briggs 개념화를 보여 주기 위해 이 장에서 사용된 예는 대부분 주기능과 부기능보다는 유형 자체에 초점을 두고 있다.

## 상담에서 Myers-Briggs 유형론의 활용

이 절에서는 두 개의 중요한 진로문제인 진로의사결정과 직업적응을 상세히 보여 수는 예시에 초점을 두었다. 연구자들은 오랜 기간에 걸쳐 Myers-Briggs 유형과 직업선택의 연관성을 보여 주는 상당한 양의 자료를 축적해 왔다. Myers 등(1985)은 유형 매뉴얼에서 많은 다양한 직업에 종사하는 사람들의 유형을 기술하고 있다. 이러한 유형은 주로 네 개의 문자 코드로 수록되어 있다. 더 많은 정보를 얻으려면, 직업군과 직업군 코드에 관한 더 많은 정보가 들어 있는『유형표 지도책(*Atlas of Type Tables*)』(1987)과『직업을 위한 MBTI 유형 일람표(*MBTI Type Tables for Occupations*)』(Schaubhut & Thompson, 2009)를 참조할 수 있다. 이러한 정보의 개요를 보여 주기 위해 **표 6.2**에 각 유형의 사람들이 자주 선택하는 직업의 예를 제시하였다. 어떤 직업은 여러 유형에 걸쳐 있다. 그렇지만 이 표는 특정한 Myers-Briggs 유형과 가장 흔히 연관되는 직업이 무엇인가에 대한 아이디어를 제공한다. 이렇게 유형에 따라 직업을 범주화한 정보는 진로의사결정과 직업적응 상담에서 모두 유용하게 사용될 수 있다.

## 표 6.2 각 유형별로 빈번한 직업선택의 예

| ISTJ | ISFJ | INFJ | INTJ |
|---|---|---|---|
| 회계사<br>회계감사관<br>엔지니어<br>재무관리인<br>경찰<br>철강노동자<br>기술자 | 의료 종사자<br>도서관 사서<br>서비스직 종사자<br>교사 | 예술가<br>성직자<br>음악가<br>정신과의사<br>사회복지사<br>교사<br>작가 | 컴퓨터분석가<br>엔지니어<br>판사<br>변호사<br>오퍼레이션 리서치 연구원<br>과학자<br>사회과학자 |
| **ISTP** | **ISFP** | **INFP** | **INTP** |
| 공예가<br>건설노동자<br>기계공<br>보호 서비스직 종사자<br>통계학자 | 사무직 노동자<br>건설노동자<br>음악가<br>옥외노동자<br>화가<br>재고관리 사무원 | 예술가 및 연예인<br>편집자<br>정신과의사<br>심리학자<br>사회복지사<br>작가 | 예술가<br>컴퓨터분석가<br>엔지니어<br>과학자<br>작가 |
| **ESTP** | **ESFP** | **ENFP** | **ENTP** |
| 회계감사관<br>목수<br>마케팅 직원<br>경찰<br>판매원<br>서비스직 종사자 | 유아교육 종사자<br>탄광 엔지니어<br>비서<br>감독자 | 배우<br>성직자<br>상담자<br>언론인<br>음악가<br>홍보 담당자 | 배우<br>언론인<br>마케팅 직원<br>사진작가<br>판매대리인 |
| **ESTJ** | **ESFJ** | **ENFJ** | **ENTJ** |
| 행정관<br>재무관리인<br>지배인<br>영업사원<br>감독자 | 미용사<br>의료 종사자<br>사무장<br>비서<br>교사 | 배우<br>성직자<br>컨설턴트<br>상담자<br>가정학 연구자<br>음악가<br>교사 | 행정관<br>신용조사 담당자<br>변호사<br>지배인<br>마케팅 직원<br>오퍼레이션 리서치 연구원 |

**출처:** 『MBTI 매뉴얼(*MBTI*® *Manual*)』(3판, Isabel Briggs Myers, Mary H. McCaulley)에서 발췌. CPP, Inc., Mountain View, CA 94043 발행인의 허락하에 수정하여 재구성함. Copyright 1998 by Peter B. Myers & Katharine D. Myers. 저작권소유. 발행인의 서면동의 없이는 더 이상의 재구성은 허락되지 않음. Myers-Briggs 유형 지표, MBTI, Myers-Briggs, 및 유형개론은 미국과 다른 국가에서 Myers-Briggs 유형 지표 트러스트의 등록상표이며, 더 많은 정보를 얻으려면 www.cpp.com을 이용하기 바람. 『유형개론(*Introduction to Type*®)』(6판, Isabel Briggs Myers)에서 발췌. CPP, Inc., Mountain View, CA 94043 발행인의 허락하에 수정하여 재구성함. Copyright 1998 by Peter B. Myers & Katharine D. Myers. 저작권 소유. 발행인의 서면동의 없이는 더 이상의 재구성은 허락되지 않음.

표 6.3 직업환경에서 내향-외향의 영향

| 외향 | 내향 |
|---|---|
| 다양성과 활동을 좋아함 | 집중을 위해 조용한 것을 좋아함 |
| 신속하며, 복잡한 절차를 싫어하는 경향이 있음(특히 ES유형) | 세부적인 것에 주의를 기울이며, 뭉뚱그린 말을 싫어하는 경향이 있음(특히 IS유형) |
| 흔히 사람들을 맞이하는 일을 잘함(특히 EF유형) | 사람들의 이름과 얼굴을 기억하는 일이 어려움(특히 IT유형) |
| 혼자서 오래, 천천히 하는 일을 참지 못함 | 혼자서 오랫동안, 방해받지 않고 한 가지 프로젝트에 몰두하는 것을 꺼리지 않음 |
| 자신의 업무에 포함된 활동과 일의 완수, 다른 사람들이 그 일을 수행하는 방법에 관심이 있음 | 업무 이면의 세부사항, 아이디어에 관심이 있음 |
| 대개 전화를 받느라 일이 중단되는 것을 개의치 않음(특히 EF유형) | 전화로 인해 방해받거나 일이 중단되는 것을 싫어함(특히 IT유형) |
| 신속하게 행동하지만 때로는 충분히 생각하지 않고 행동함 | 행동하기 전에 많이 생각하며, 때로는 생각만 하고 행동을 하지 않음 |
| 주위에 사람들을 두기를 좋아함(특히 EF유형) | 혼자서 만족하면서 일함(특히 IT유형) |
| 대개 자유롭게 의사소통함(특히 EF유형) | 모든 정보가 머릿속에 있기 때문에 타인과 소통하는 데 어려움을 겪음(특히 IT유형) |

출처: 『MBTI 매뉴얼(*MBTI® Manual*)』(3판, Isabel Briggs Myers, Mary H. McCaulley)에서 발췌. CPP, Inc., Mountain View, CA 94043 발행인의 허락하에 수정하여 재구성함. Copyright 1998 by Peter B. Myers & Katharine D. Myers. 저작권소유. 발행인의 서면동의 없이는 더 이상의 재구성은 허락되지 않음. Myers-Briggs 유형 지표, MBTI, Myers-Briggs, 및 유형개론은 미국과 다른 국가에서 Myers-Briggs 유형 지표 트러스트의 등록상표이며, 더 많은 정보를 얻으려면 www.cpp.com을 이용하기 바람. 『유형개론(*Introduction to Type®*)』(6판, Isabel Briggs Myers)에서 발췌. CPP, Inc., Mountain View, CA 94043 발행인의 허락하에 수정하여 재구성함. Copyright 1998 by Peter B. Myers & Katharine D. Myers. 저작권 소유. 발행인의 서면동의 없이는 더 이상의 재구성은 허락되지 않음.

표 6.3에서 표 6.6까지는 상반된 여덟 가지 특성(표 6.3 내향-외향; 표 6.4 감각-직관; 표 6.5 사고-감정; 표 6.6 판단-인식) 각각이 직업환경에 대한 개인의 선호에 어떤 영향을 미치는가를 보여 준다는 점에서 유용하다. 예를 들어, 외향형은 다양성과 활동을 선호하는 반면, 내향형은 조용하고 혼자 일하는 것을 선호한다. 감각형은 정해진 일처리 방식을 좋아하는 반면, 직관형은 같은 일을 반복하는 것을 싫어한다. 사고형은 사람들의 감정보다는 사고에 반응하는 반면, 감정형은 사고보다는 사람들의 가치에 반응하는 경향이 있다. 판단형은 계획에 따라 일할 때 일을 가장 잘하는 반면,

**표 6.4 직업환경에서 감각-직관의 영향**

| 감각형 | 직관형 |
|---|---|
| 지금 여기와 현실에 초점 두는 것을 좋아함 | 미래와 가능성에 초점 두는 것을 좋아함 |
| 문제해결을 위해 전형적인 방식에 의존하며 이러한 접근이 통하지 않는 문제를 싫어함 | 새로운 문제를 특이한 방식으로 해결하기를 좋아하며 판에 박힌 문제해결을 싫어함 |
| 정해진 일처리 순서를 좋아함(특히 SJ유형) | 똑같은 일을 반복적으로 수행하는 것을 싫어함(특히 NP유형) |
| 새로운 기술을 배우기보다는 이미 배운 기술을 사용하고 숙달하는 것을 좋아함 | 새로운 기술을 사용하기보다는 배우는 것을 즐김 |
| 일을 수행하는 데 걸리는 시간에 대한 현실적인 개념을 가지고 좀 더 꾸준히 일함(특히 ISJ 유형) | 열정에 힘입어 솟구치는 정력으로 일하고 중간 중간 느슨한 시기가 있음(특히 ENP유형) |
| 단계적으로 결론에 도달함(특히 ISJ유형) | 신속하게 이해에 도달함(특히 ENP 유형) |
| 일상적인 세부사항을 잘 견딤(특히 ISJ유형) | 일상적인 세부사항을 못견뎌함(특히 ENP유형) |
| 상황이 복잡해지는 것을 못견딤(특히 ES유형) | 복잡한 상황을 잘 견딤(특히 IN 유형) |
| 영감을 받고 고무되는 일이 자주 없고 영감이 있다해도 잘 믿지 않음 | 자료와 무관하게 좋건 나쁘건 자신의 영감을 따름(특히 유형이 부적절하게 개발된 경우) |
| 사실에 관한 실수가 거의 없음 | 사실에 관한 실수가 빈번하며, 큰그림을 선호함 |
| 정밀한 일에 능숙한 경향이 있음(특히 IS유형) | 정확성을 위해 시간을 들이는 것을 싫어함(특히 EN유형) |
| 기존의 것을 개조하여 새로운 것을 창조함 | 개인적인 통찰을 통해 새로운 것을 창조함 |

**출처:** 『MBTI 매뉴얼(*MBTI® Manual*)』(3판, Isabel Briggs Myers, Mary H. McCaulley)에서 발췌. CPP, Inc., Mountain View, CA 94043 발행인의 허락하에 수정하여 재구성함.  Myers-Briggs 유형 지표, MBTI, Myers-Briggs, 및 유형개론은 미국과 다른 국가에서 Myers-Briggs 유형 지표 트러스트의 등록상표이며, 더 많은 정보를 얻으려면 www.cpp.com을 이용하기 바람. 『유형개론(*Introduction to Type®*)』(6판, Isabel Briggs Myers)에서 발췌. CPP, Inc., Mountain View, CA 94043 발행인의 허락하에 수정하여 재구성함. 

인식형은 마지막 순간에도 바꾸는 것을 개의치 않는다. 다음의 사례에서 이 표들에 대해 언급할 것이다.

**표 6.5 직업환경에서 사고-감정의 영향**

| 사고형 | 감정형 |
|---|---|
| 분석하고 논리적으로 정리하기를 좋아함 | 조화를 좋아함 |
| 조화 없이 잘 지낼 수 있음 | 직장에 불화가 있으면 직무 효율성에 심한 지장을 받음 |
| 마음이 확고한 경향이 있음 | 동감하는 경향이 있음 |
| 감정을 쉽게 보여 주지 않으며, 사람들의 감정을 다루는 일을 불편해 함(특히 IT유형) | 사람들과 그들의 감정을 매우 잘 알아차리는 경향이 있음(특히 EF유형) |
| 의식하지 못한 채 사람들의 감정을 상하게 할 수 있음 | 심지어 사소한 것에서도 사람들을 기쁘게 해주는 일을 즐김 |
| 객관적으로 결정을 내리며, 때로는 사람들의 소망에 충분한 주의를 기울이지 않음 | 결정을 내릴 때 자신이나 다른 사람의 개인적인 호불호에 따라 종종 영향을 받음 |
| 일반적인 기준에 따른 공정한 대우를 필요로 함 | 칭찬과 개인적인 관심을 필요로 함 |
| 그렇게 하고 싶지 않더라도, 냉정하게 사람들을 꾸짖을 수 있음 | 사람들에게 불쾌한 일을 말하는 것을 싫어하며 심지어 그런 일을 회피함 |
| 좀 더 분석지향적임—사람들의 생각에 더 쉽게 반응함(특히 IT유형) | 좀 더 사람지향적임—사람들의 가치에 더 쉽게 반응함 |

출처: 『MBTI 매뉴얼(*MBTI® Manual*)』(3판, Isabel Briggs Myers, Mary H. McCaulley)에서 발췌. CPP, Inc., Mountain View, CA 94043 발행인의 허락하에 수정하여 재구성함. Copyright 1998 by Peter B. Myers & Katharine D. Myers. 저작권소유. 발행인의 서면동의 없이는 더 이상의 재구성은 허락되지 않음. Myers-Briggs 유형 지표, MBTI, Myers-Briggs, 및 유형개론은 미국과 다른 국가에서 Myers-Briggs 유형 지표 트러스트의 등록상표이며, 더 많은 정보를 얻으려면 www.cpp.com을 이용하기 바람. 『유형개론(*Introduction to Type®*)』(6판, Isabel Briggs Myers)에서 발췌, CPP, Inc., Mountain View, CA 94043 발행인의 허락하에 수정하여 재구성함. Copyright 1998 by Peter B. Myers & Katharine D. Myers. 저작권 소유. 발행인의 서면동의 없이는 더 이상의 재구성은 허락되지 않음.

## 진로의사결정 상담 예시

에드너는 3년 동안 대규모 군부대에서 현역으로 근무한 후 막 제대한 25세의 흑인 여성이다. 군복무 시절 그녀의 주된 업무는 사무실 관리와 보급물자를 기록하는 일이었다. 에드너는 안정된 직장이었던 군대를 떠나 경쟁적인 직업시장으로 진입하는 것에 대해 염려하고 있다. 비록 군에서의 경험을 좋아하였고 동료들과 보내는 시간을 즐겼지만, 그녀는 기회만 있다면 고등교육을 받아서 일자리를 찾고 싶어 하였다. 그녀는 고등교육을 받기 위해 군의 재정지원을 이용하기로 계획하고 있는데, 이렇게만 된다

**표 6.6 직업환경에서 판단-인식의 영향**

| 판단형 | 인식형 |
|---|---|
| 자신의 일을 계획하고 그 계획을 따를 수 있을 때 가장 일을 잘함 | 변화하는 상황에 잘 적응함 |
| 어떤 일을 해결하고 끝내기를 좋아함 | 일을 수정할 수 있는 여지를 남겨 두기를 선호함 |
| 너무 빨리 결정할 수 있음(특히 EJ유형) | 결정을 지나치게 미룰 수 있음(특히 IP유형) |
| 더 긴급한 일을 위해 진행 중인 프로젝트를 중단하기를 싫어함(특히 ISJ유형) | 너무 많은 프로젝트를 시작해서 마무리하는 데 어려움을 겪을 수 있음(특히 ENP유형) |
| 하던 일을 완수하려는 욕심 때문에 처리해야 하는 새로운 일을 알아차리지 못할 수 있음 | 어떤 순간 더 흥미로운 다른 일을 발견하면 진행 중이던 하기 싫은 일을 미룰 수 있음 |
| 일을 시작하는 데 꼭 필요한 것만을 원함(특히 ESJ 유형) | 새로운 일에 대해 모든 것을 알고자 함(특히 INP유형) |
| 사물이나 상황, 사람에 대해 일단 판단에 도달하면 만족하는 경향이 있음 | 사물이나 상황, 사람에 대해 호기심이 있고 새로운 관점을 환영하는 경향이 있음 |

출처: 『MBTI 매뉴얼(*MBTI® Manual*)』(3판, Isabel Briggs Myers, Mary H. McCaulley)에서 발췌. CPP, Inc., Mountain View, CA 94043 발행인의 허락하에 수정하여 재구성함. Copyright 1998 by Peter B. Myers & Katharine D. Myers. 저작권소유. 발행인의 서면동의 없이는 더 이상의 재구성은 허락되지 않음. Myers-Briggs 유형 지표, MBTI, Myers-Briggs, 및 유형개론은 미국과 다른 국가에서 Myers-Briggs 유형 지표 트러스트의 등록상표이며, 더 많은 정보를 얻으려면 www.cpp.com을 이용하기 바람. 『유형개론(*Introduction to Type®*)』(6판, Isabel Briggs Myers)에서 발췌. CPP, Inc., Mountain View, CA 94043 발행인의 허락하에 수정하여 재구성함. Copyright 1998 by Peter B. Myers & Katharine D. Myers. 저작권 소유. 발행인의 서면동의 없이는 더 이상의 재구성은 허락되지 않음.

면 향후 그녀가 받을 교육의 대부분을 지원받을 수 있을 것이다. 입대하기 전에 그녀는 식당 종업원으로 일하였는데, 이 직업으로 돌아가고 싶어 하지는 않는다. 그녀는 피츠버그에 있는 작은 아파트에서 여동생 부부와 함께 살고 있다. 지금 그녀는 장래 계획을 세우는 데 도움을 얻기 위해 상담을 받기로 결정한다.

다음은 에드너와 상담자의 두 번째 상담 내용의 일부이다. 첫 상담에서 에드너는 일과 관련된 자신의 경험을 자세히 살펴보았고, 즐겼던 활동에 대해 이야기하였다. 첫 회기를 마친 후 곧바로 Strong 흥미검사와 MBTI 검사를 하였다. MBTI 검사결과, 그녀의 유형은 ESFJ(감각을 사용하는 외향적 감정형)인 것으로 나타났다. 마지막 문자 J는 그녀의 주기능이 판단기능인 감정이라는 것을 의미한다. 따라서 그녀의 부기능은 인식기능 중 하나인 감각이다. 따라서 그녀는 다른 사람들을 대할 때에는 주기능인 감정을 사용하고, 그녀의 내면세계를 다룰 때에는 부기능인 감각을 사용한다.

상담자는 에드너와 함께 이러한 정보를 검토하고, Strong 홍미검사결과도 살펴보았다. 에드너는 직업 분야에서 사회형이었는데, 가르치는 일과 사회 서비스직의 기본 홍미 척도에서 높은 점수를 받았다. 직업 척도에서도 높은 점수를 많이 받았다. 그녀의 유형에 적합한 직업의 예는 인사부장, 공무원, 사회복지사, 초등학교 교사이다.

에드너는 상냥한 미소를 띠고 호의적인 태도를 지닌, 부드러운 억양으로 말하는 젊은 여성이다. 다음의 대화는 상담자가 에드너의 진로의사결정 문제를 개념화하는 과정에서 Myers-Briggs 유형론을 사용하는 데 초점을 둔다.

**내1:** 검사를 받아 보는 게 도움이 되네요. 제가 군대에서 했던 일을 좋아하지 않았다는 건 알고 있어요. 재고기록을 점검하고 구매요구서들을 놓치지 않고 파악하는 일은 저에겐 정말 지루했어요. 재미있는 건 사람들이 제가 그 일을 좋아한다고 생각했다는 거예요. 아마도 제가 다른 사람들과 아주 잘 지냈기 때문인 것 같아요. 저와 함께 일했던 다른 여성분들은 매우 좋은 사람들이었어요. 물론 부서 이동이 있었지만 저는 모든 사람들과 잘 지낼 수 있었던 것 같아요.

**상1:** 이야기를 들어 보니, 사람들과 잘 지내는 것이 당신이 일을 하는 데 매우 중요한 것 같군요. [감정은 에드너의 주기능이다. 에드너가 사람들에 대한 자신의 감정을 강조하고 다른 사람들과 잘 지내기를 원하는 것은 놀라운 일이 아니다.]

**내2:** 네, 맞아요. 비우호적인 사람들과 같은 사무실에서 일했던 친구 몇 명을 알고 있는데, 저라면 그런 상황이 아주 싫었을 것 같아요. 저는 제가 하는 일이 사람들과 관련이 많을수록 그 일을 더 좋아하는 것 같아요. 가끔 접수원을 대신해서 일을 했는데 평상시 제 업무보다 그 일이 더 좋았어요. 제 업무가 훈련이 더 필요한 일인데도 말이죠. 종종 사람들이 제 사무실에 와서 담당자를 찾거나 요청서를 찾는 일로 도움을 청하곤 했죠. 제가 도와줄 수 있을 땐 정말 기분이 좋았어요. 하지만 때로는 다른 방식으로 돕고 싶다는 생각을 해요.

**상2:** 어떤 도움을 줄 때 정말로 기분이 좋았나요? [상담자는 에드너가 감정을 중시하는 부분에 대해 언급한다. 그는 어떤 일이 그녀에게 중요한지를 알고 싶다. 그는 그녀의 감정이 주기능인 외부세계에 대해 이야기하는 것보다 그녀의 부기능이며 내면세계를 다루는 감각을 파악하는 것이 더 어려울 것이라 짐작한다.]

**내3:** 저는 아이들을 도와줄 때가 가장 기분이 좋아요. 여동생이 없을 때 제가 집에 있으면 항상 아이들을 도와주거든요. 책 읽는 것도 도와주고, 울면 달래 줘요. 엄마 친구분들은 모두 제가 마음이 여린 사람이라는 걸 아세요. 그분들은 제가 일을 도와줄 거라 믿으시죠.

**상3:** 그런데 본인이 마음이 여린 사람이라는 걸 개의치 않네요. [다시 조점은 에드너가 감정형이라는 것에 맞춰지고 있다.]

**내4:** 네. 상관없어요. Strong 흥미검사 결과를 봤을 때, 가르치는 일이 나온 걸 보고 기뻤어요. 그게 나올 것도 같았고, 나오지 않을 것도 같아서 불안했거든요.

**상4:** 나올 것도 같고 나오지 않을 것도 같다는 게 어떤 뜻인지 말씀해 주시겠어요? [이 부분이 혼란스럽기 때문에 상담자는 에드너가 어떤 것에 대해 복합적인 감정을 갖고 있는지 듣고 싶어 한다.]

**내5:** 그게, 때로 저는 마음 깊은 곳에서 교사가 되고 싶었다고 생각해요.

**상5:** 가르치는 일에 대해 어떻게 생각하는지 말씀해 보세요. [가르치는 일은 ESFJ 유형의 사람들이 흔히 종사하는 직업이다. 표 6.2를 보라.]

**내6:** 아버지는 제가 바로 일하기를 바라셨어요. 우리는 정말로 돈이 없었고, 딸만 넷이었어요. 저는 셋째이고 큰언니는 대학에 진학했어요. 아버지는 저한테 매우 엄격했고 제가 하고 싶은 걸 하도록 허락하지 않으셨어요. 하지만 저는 정말로 아버지를 존경해요. 아버지는 진짜 열심히 일하셨고, 저는 아버지를 정말 기쁘게 해드리고 싶었어요.

**상6:** 하지만 이제는 자신을 기쁘게 해주고 싶은 것 같군요. [순응적이고, 존경하는 사람에게 충실하고 싶어 하는 면은 ESFJ 유형의 특성일 수 있다.]

**내7:** 아버지는 2년 전에 돌아가셨어요. 이런 말 하는 게 싫지만, 사실 어찌된 일인지 약간은 마음이 놓이는 기분이 들어요. 이제 저의 길을 가로막는 장애물이 없는 것 같아서요.

**상7:** 이제 와서 아버지를 비난하기는 힘들죠. [아버지는 그녀의 중요한 일부이기 때문에 상담자는 에드너에게 부드럽게 대하려고 한다.]

**내8:** 제가 즐길 수 있는 일을 하고 싶어요. 이제 돈을 마련할 수 있으니 진학할 수 있다고 생각해요. 정말이지 근사한 일일 것 같아요. 만약 제가 지금처럼 정부의 지원을 받을 수 있었다면 아버지도 반대하지 않으셨을 거예요.

**상8:** 자신에게 유익한 결정을 중요하게 여길 수 있다는 건 무척 좋은 일이죠. [상담자는 에드너가 그녀에 대한 자신의 신뢰를 고맙게 여기기 시작했음을 인식한다. ESFJ 유형의 사람들은 대개 지지를 높이 평가한다는 것을 알기 때문에 그는 더 많은 지지를 제공하기 시작한다. 상담자는 에드너가 아버지의 지지가 없었기 때문에 낙담했다는 것을 안다.]

**내9:** 때때로 마음 깊숙이 어린아이들을 가르치는 일이 저한테는 정말 환상적이라고 생각해요. 어떨 때는 그런 생각을 하면 겁이 나요. 예전에는 가르치는 일이나 그런 쪽으로는 일자리가 많지 않다고 들었거든요. 요즘은 그런 얘기를 많이 듣지는 않아요. 이젠 교직이 다른 많은 직업에 비해 기회가 더 많은 것 같아요.

**상9:** 그래도 지금 가르치는 일을 생각하면 신이 나는 것 같은데요. [다시 한 번 상담자는 에드너 내면의 '이게 맞아'라는 느낌을 강화하고 싶어 한다. 진로선택에 대한 그녀의 판단은 감정에 근거한다. 그녀의 Myers-Briggs 유형 코드와 Strong 흥미검사결과가 그녀가 선호하는 것과 일치한다는 사실은 판단양식의 하나인 사고형과 관련이 있는데, 에드너는 이 기능을 자주 사용하지 않는다.]

**내10:** 맞아요. 그건 제가 하고 싶은 일이라서 신이 납니다. 그리고 제가 군대에서 했던 사무직 같은 직업과 비교해 보면 교사들에게는 좋은 기회가 있는 것 같아요.

**상10:** 직업 전망에 대한 지식과 민간직업에 대한 정보를 그렇게 빨리 얻는 능력이 있다는 게 인상적이군요. [에드너의 외향성이 외부세계에 대해 학습하는 데 유익했을지도 모른다고 생각하면서, 상담자는 이번 기회에 에드너의 진로정보 탐색을 강화한다.]

이 예시에서 Myers-Briggs 유형 지표(MBTI)는 에드너의 장래 진로선택의 문제를 개념화하는 데 있어 상담자를 안내하는 자원의 역할을 하고 있다. 상담자는 그녀에게 전문용어들을 소개하는 대신 Myers-Briggs 이론의 개념적 틀을 상담 작업의 기반으로 사용하기로 한다. 이러한 개념들을 에드너에게 다시 설명하거나 이를 적용하는 것이 도움이 된다고 판단되면 상담자는 그렇게 할 것이다.

## ❁ 직업적응 상담 예시

상담 장면에서 상담자는 흔히 인식기능과 판단기능 중 내담자에게 취약한 요소를 개발하는 것이 유용하다는 것을 알게 된다. 예를 들어, Myers-Briggs 유형이 INTP인 사람은 직관과 사고에 비해 감각과 감정을 덜 사용한다. Myers와 McCaulley(1985, p. 65)는 상담자는 한 번에 한 가지 기능을 다루어야 한다고 제안한다. 예를 들어, 판단기능만 다루어야지 인식기능과 판단기능을 동시에 다루어서는 안 된다는 것이다. 또한, 이 작업은 의식적이고 목적이 명확해야 하며 다른 기능이 이를 방해하게 해서는 안 된다. 직장에서 어려움을 겪는 내담자와 작업할 때, 상담자는 내담자가 그의 성격 측면 중 강하지 않은 기능을 사용하도록 하는 것이 도움이 된다는 것을 종종 발견한다. 이러한 약한 기능을 3차(tertiary) 기능, 열등(inferior) 기능이라고 한다. 3차 기능은 다른 책에 더 자세히 기술되어 있다(예를 들면, Myers et al., 1998; Quenk, 1996). 취약한 기능을 사용하는 예를 다음에 제시하였다.

조지는 미국 남서부에 있는 뉴멕시코 주에서 자란 45세의 미국 원주민이다. 그는 결혼하였고 두 명의 10대 자녀가 있다. 그는 생물학 박사이며 지난 12년 동안 대형 암 연구 병원에서 기초연구를 수행하는 일을 하였다. 그는 2년 전에 연구팀의 책임자가 되었지만, 연구의 진척 상황이 기대에 미치지 못하였다. 그 결과, 5명의 팀원이 서로 불화를 겪었고 팀원 중 2명은 서로 더 이상 말을 하지 않게 되었다. 조지의 상사는 연구에 진척이 없는 상황을 염려하고 있다. 조지의 팀원들은 긴장이 고조되는 팀의 분위기에 대해 상사에게 이야기하였다.

조지는 최근에 가슴의 통증을 호소하였다. 종합검진을 받은 후, 의사는 조지가 직장에서의 문제와 관련하여 도움이 필요하다고 보고 상담자에게 그를 의뢰하였다. 조지와 대화를 나눈 후, 의사는 직장에서 경험하는 긴장이 조지가 겪는 통증의 원인이라고 생각하였다. 조지는 상담을 받는 것이 내키지는 않았지만 자신이 문제를 다룰 수 있어야 한다고 느꼈기 때문에 2회기째 상담에 참여하고 있다. 첫 회기 후에 그는 MBTI 검사를 받았고, 결과는 INTP 유형으로 나왔다. 다음은 조지의 두 번째 상담회기에서 있었던 대화이다.

**내**1: 저는 직장에서 많은 어려움을 겪고 있습니다. 늘 주의가 산만해집니다. 우리는 매우 중요한 연구에 참여하고 있는데, 저와 함께 일하는 직원들은 연구보다는 서로를 비난하는 데 더 많은 시간을 보내고 있는 것 같습니다. 일에 집중이 안 되는데 저는 그게 싫어요. 일과를 마칠 때면 늘 기분이 좋지 않습니다. 일이 잘 풀리길 바라고 있는데, 그렇지가 않아요.

**상**1: 매우 힘든 상황에 놓이신 것 같네요. 선생님도 업무를 수행할 수가 없고, 다른 직원들도 할 일을 못 해내고 있구요. [상담자는 조지의 주기능이 사고라는 것을 알아차린다. 그는 다른 사람의 의견이나 도움 없이 자신의 연구와 직장에서의 문제에 대해 많은 생각을 하고 있다. 이 과정은 내향적인 것으로, 그의 머릿속에서 미뤄지 있다.]

**내**2: 네. 저는 종종 머릿속에서 작업을 합니다. 끊임없이 생각을 합니다. 직장에서도 생각하고 집에서도 생각을 멈출 수가 없습니다. 주의가 산만해지는 제 모습을 보게 됩니다. 아이들도 그걸 알아차리고요.

**상**2: 무엇이 당신을 가장 괴롭히는 것 같습니까? [상담자는 내담자를 도울 수 있는 문제에 초점을 맞추고 싶다.]

**내3:** 새로 박사 학위를 받은 사람들이 있어요. 그들은 이전에는 업무를 잘 수행했지만, 저의 감독하에서는 일해 본 적이 없습니다. 그들은 저에게 말을 많이 하지 않고, 저도 그들에게 말을 많이 하지 않습니다. 제가 뭔가를 해야 한다는 걸 알고 있습니다. 때로 저는 긴장을 느낄 수 있습니다. 때로 그게 가슴에서 느껴집니다.

**상3:** 가슴에서 느껴지는 그 느낌에 대해 좀 더 이야기해 주세요. [상담자는 가장 적게 발달된 기능이자 열등한 기능인 감정에 대해 이야기할 기회를 잡는다. 감정은 조지의 주기능인 사고와 반대되는 기능이다.]

**내4:** 죄어드는 느낌인 것 같습니다. 대개 기분이 언짢고 그러면 아무 말도 하고 싶지 않죠.

**상4:** 중요한 정보네요. [상담자는 조지의 인식과 판단 기능 중 가장 발달되지 않은 감정 기능을 다루고 싶어 한다.]

**내5:** 저도 그게 중요한 것 같습니다. 가끔은 제 연구 외에 다른 일에 집중하는 것이 힘듭니다. 이런 사적인 일들이 저에겐 사소하게 보였어요. 그런데 이제는 그렇지 않다는 걸 깨닫고 있어요. MBTI에 대해 얘기를 나누었을 때 선생님이 하신 말씀을 기억합니다. 저에게 사고가 얼마나 중요한지를 말씀하셨지요. 정말 그렇습니다.

**상5:** 그래요. 조지, 우리가 함께 작업할 수 있는 것 중 한 가지는 사고의 다른 면인 감정을 개발시키는 거예요. [상담자는 MBTI에 대해 길게 토론을 하기보다는 조지가 꺼낸 말을 따라가고 싶어 한다.]

**내6:** 직장에서 일어나는 일이 중요하다는 건 압니다. 그래도 가끔은 저 자신에게 그렇지 않다고 말하려고요.

**상6:** 그것을 알게 되었다니 좋습니다, 조지. 당신의 감정뿐만 아니라 다른 사람의 감정을 인식하는 부분에 대해 좀 더 작업할 수 있을 것 같네요.

**내7:** 그게 저에게는 그냥 편치 않습니다. 때때로 저는 급히 실험실을 거쳐 제 작은 사무실로 달려갑니다. 거기에서는 혼자 일할 수 있거든요. 제가 좀 더 해야 할 필요가 있어요.

**상7:** 좀 더 해야 할 필요가 있다는 게 뭔가요?

**내8:** 실험실에서 각자 자리에서 일하고 있는 사람들에게 제가 말을 걸 필요가 있다는 거죠.

**상8:** 그거 반가운 말씀입니다, 조지. 어떻게 그렇게 할 수 있을까요? [상담자는 조지가 감정 측면을 개발할 필요성을 인식했다는 것이 기쁘다. 상담자는 조지가 감

정기능을 개발하기 위해 무엇을 할 수 있는지 알고 싶다.]

**내9:** 제가 하던 일을 멈추고 그들과 얘기하면서 상황이 어떤지 알아보고, 어쩌면 긴장을 늦출 필요가 있다고 생각해요. 제가 느끼는 긴장이 그들에게 전달될 수도 있다는 생각이 들어요.

**상9:** 그거 일리가 있는 말씀이네요, 조지. 그럴 수도 있겠네요. [조지는 이 시점에서 그의 직관 기능을 이용하고 있는 것일 수도 있다. 상담자는 그 말을 들어서 기쁘지만, 논의하고 있던 감정에 대한 작업으로 되돌아갈 수 있다.]

**내10:** 느긋해질 필요가 있다는 걸 압니다. 실험실에서 누군가와 얘기할 때 긴장을 풀고 지금처럼 그렇게 빨리 벗어나지 않도록 해야겠어요. 그렇게 하려면 어떻게 해야 할까요?

**상10:** 편안한 자세를 취하고, 천천히 숨을 쉬고, 손을 이완시켜 보세요. 느긋하게 해줄 수 있는 것이면 무엇이든 도움이 될 겁니다. [상담자는 정보에 대한 구체적인 요구에 반응하는데, 조지는 사고를 중시하기 때문에 문제해결이 그의 흥미를 끌 수 있는 부분이라는 걸 알기 때문이다.]

**내11:** 간단해 보이네요.

**상11:** 그렇게 간단하지는 않습니다. 오늘 우리는 잠시 후에 몇 가지 이완 기술을 다룰 수 있을 거예요. 느긋해지는 데는 여러 가지 방법이 있습니다. [상담자는 이완이 감정 기능을 다루는 유일한 해법이 되기를 바라지 않는다. 상담자는 조지가 좀 더 느끼고 직장에서 다른 사람들의 감정을 이해할 수 있는 방법으로 되돌아가고자 한다.]

이 예시에서 상담자는 조지의 열등 기능인 감정의 판단기능을 개발하고 강화하려고 애쓴다. MBTI는 상담자에게 조지의 직업적응 문제를 개념화하는 방법을 제공한다. 상담자는 Myers-Briggs 이론에 숙달되어 있었기 때문에, 이론적 개념의 관점에서 조지에 대해 생각해 볼 수 있다. 다음으로, 상담자는 조지의 유형을 자신이 알고 있는 개념과 관련시키고, 이러한 관련성을 상담의 개념화로 통합할 수 있다. 상담자는 조지의 문제가 어려운 것임을 알고 있다. 열등한 기능을 개발하기는 쉽지 않다. 조지와 계속 작업하면서, 상담자는 상황이 나아지도록 하기 위해 조지가 업무환경을 바꿀 수 있는 방법을 찾아볼지도 모른다. 업무환경에 맞추기 위해 그의 유형을 바꾸기보다는 그의 유형에 맞도록 업무환경을 바꾸는 것이 더 쉽다고 상담자가 믿는다면 이렇게 할 것이다(Myers et al., 1985). 업무환경을 바꾸는 방법의 예를 들자면, 팀을 감독하는 일에 대하여 다른 사람들의 도움을 받거나, 그의 업무를 바꾸어 감독 업무를 줄이고 연구 업무를 늘이는 쪽으로 되돌아가는 것이다. 확실히, 조지가 선택한 과학 분야의 일은 INTP 유형의 사람들이 자주 선택하는 직업이다(표 6.2 참고). 사람들을 감독하는 업무에서 조지가 겪는 어려움은 표 6.5에 실린 사고형에 대한 설명과 일치한다. 상담자와 조지는 그 자신이 얼마나 바뀔 수 있고 또 환경이 얼마나 바뀔 수 있을지를 결정해야 한다.

이 장에서 제시한 상담 대화는 진로주제에 대한 상담에서 Myers-Briggs 유형 이론을 사용하는 소수의 예시를 보여 준다. 16가지 유형을 상세하게 설명하는 몇 권의 저서가 있으며, 그 안에는 Myers-Briggs 지표의 개념화를 강조하는 사례 연구가 포함되어 있다. Keirsey와 Bates(1984)는 책에서 기질과 유형에 대해 자세하게 기술하였다. MBTI 이론과 진로와의 관계를 개관하기에 좋은 책으로는 『Myers-Briggs 유형 지표 평가의 요점(*Essential of Myers-Briggs Type Indicator Assessment*)』(Quenk, 2009)이 있다. 특히 직업적응 상담에 도움이 되는 책은 『조직에서의 유형 개론(*Introduction to Type in Organizations*)』(Hirsh & Kummerow, 1998)이다. 진로상담에 특정해서 초점을 둔 책으로는 『당신에게 맞는 일을 하라. 성격 유형의 비밀을 통해 당신에게 완벽한 직업을 발견하라(*Do What You Are: Discover the Perfect Career for You through the Secrets of Personality Type*)』(Tiger & Barron-Tieger, 2011)가 있다. 각기 다른 유형의 사람들이 일처리를 하는 다양한 방식과 업무를 유형에 맞게 바꾸는 방법은 『업무 유형(*WORK-Types*)』(Kummerow, Barger, & Kirby, 1997)에 기술되어 있는 주요 주제이다. Provost(1993)의 저서와 같은 사례집에는 16가지 유형에 대한 다양한 사례가 실려 있는데, 이러한 사례집은 Myers-Briggs 유형 이론을 배우는 상담자에게 특히 유용하다. 아마도 Myers-Briggs 유형 이론에 대한 최고의 개관서는 Isabel Myers가 쓴 『다른 재능(*Gifts Differing*)』(1993)일 것이다. 이러한 책에서는 Myers-Briggs유형체계의 복잡한 내용을 탐색하고 설명하기 위해 수많은 예시와 사례를 활용한다.

## 직업정보의 역할

진로발달의 관점에서 보면 Myers-Briggs 유형 이론은 특성요인 이론의 '매칭 버전'으로 간주될 수도 있다. 상담자는 MBTI(또는 이것의 개념적 체계)를 사용해서 내담자의 MBTI 유형과 직업의 유형을 매칭할 수 있다. 상담자는 표 6.3에서 표 6.6에 걸쳐 제시된 정보와 『MBTI 직업 유형 일람표(*MBTI Type Tables for Occupations*)』(Schaubhut & Thompson, 2009) 등을 활용하여 MBTI 유형에 따라 선호하는 작업환경이 어떤 것인지를 알 수 있다. 개인의 유형에 대한 정보는 어떤 유형이 어떤 작업환경을 가장 자주 선택하는지에 대한 정보와 연결될 수 있다(표 6.2). 하지만 표 6.2에는 약간의 정보만 제시되어 있다. 유형별로 5개에서 7개 직업만 있을 뿐이다. 또한 어떤 직업들의 범주는 과학자, 의료 종사자, 서비스직 종사자처럼 매우 광범위한데, 각 범주는 많은 직업을 포함한다. 또한 어떤 직업들은 하나 이상의 유형에 제시되어 있는데, 배우(ENFP, ENTP, ENFJ), 성직자(INFJ, ENFP, ENFJ)와 같은 직업들이 그 예라 할 수 있다. MBTI 유형 매뉴얼(Myers et al., 1998)에는 여기에서 제시한 것 이외의 다른 직업들과 그 유형에 대한 정보가 더 자세히 실려 있다. 앞에서 제시한 표 6.2에서처럼 어떤 직업은 하나 이상의 여러 유형에 포함될 수 있으며 어떤 직업 범주는 광범위하다.

Myers-Briggs 유형만 사용하여 직업을 분류하고 기술하는 직업정보원은 없다. 하나의 특정한 직업 내에서도 많은 Myers-Briggs 유형이 존재할 수 있기 때문에, 상담자는 오직 특정한 Myers-Briggs 유형만이 특정한 직업에서 일할 수 있다는 인상을 주지 않도록 유의해야 한다. 동일한 직업을 좋아하지만 각기 다른 Myers-Briggs 유형을 가진 사람들은 각자 자신의 유형을 표현할 수 있는 방식으로 업무를 수행하는 경향이 있다. MBTI 유형 매뉴얼에서 Myers 등(1998)은 특정 직업 내에서 다양한 Myers-Briggs 유형의 각기 다른 관점이 주는 이점을 면밀하게 설명하고 있다.

그러나 연구를 통해 각기 다른 유형의 사람들이 정보를 처리하는 방법에 대한 약간의 일반적인 제언을 얻을 수 있다(Myers et al., 1998). 상담자는 감각형 내담자와 직업정보를 논의할 때는 구체적이고 분명한 접근을 취할 수 있는 반면, 직관형 내담자에게는 좀 더 추상적으로 될 수 있다. 사고형 점수가 높은 내담자의 경우, 직업에 대한 자료가 객관적이어야 한다. 감정 기능이 우세한 내담자에게는 직업정보를 내담자의 경험과 관련짓는 것이 가장 도움이 된다. 진로정보를 학습할 때 내향적인 접근을 하는 사람들은 정보를 읽고 그것에 대해 생각하는 데 초점을 둘 것이다. 외향적인 접근을 하는 사람들은 직업에 대해 다른 사람들과 이야기할 것이다. Linnehan과 Blau(1998)가 직업탐색행동을 연구한 결과 외향적인 사람들은 상호교류적인 직업 탐색 활동을 선호하는 반면, 내향적인 사람들은 독립적이거나 사람들과의 접촉이 적은 직업탐색 활동을 선호하였다. 상담자들은 내담자가 내향적 접근과 외향적 접근을 모두 사용하도록 도울 수 있다.

## 평가도구의 역할

MBTI와 Myers-Briggs 유형 이론은 밀접하게 결합되어 있다. Myers-Briggs 유형 이론에 아주 정통한 상담자라도 MBTI 검사를 실시하지 않고 내담자에게 이 이론을 적용하지는 않는다. Lloyd(2008)는 16개 유형의 분류(표 6.1)와 Myers-Briggs 유형 이론 자체의 관계를 설명한다. 이 책에서 논의된 다른 어떤 이론에서보다, MBTI 검사는 상담자가 내담자에게 사용하는 개념화 과정과 밀접하게 연결되어 있다. 420쪽에 달하는 MBTI 매뉴얼(Myers et al., 1998)에서는 Myers-Briggs의 네 차원의 사용을 지지하는 연구에 대해 폭넓게 기술하고 있다. 또한, Thorne과 Gough(1991)는 버클리의 캘리포니아 대학교에 있는 '성격과 사회 연구소'에서 수행한 30년간의 유형 연구를 요약하였고, Hammer(1996)는 MBTI에 대한 10년간의 연구를 정리한 바 있다.

MBTI 매뉴얼에서는 MBTI 검사 M형(Form M)의 구성뿐만 아니라 이전 형식의 MBTI 검사 구성에 대해서도 기술한다. MBTI 매뉴얼(Myers et al., 1998)에는 또한 MBTI의 신뢰도와 타당도에 대한 정보를 제공하는 수백 편의 연구가 소개되어 있다. 그중 몇 편의 연구를 여기서 언급할 것이다. Capraro와 Capraro(2002)에 의하면 MBTI 척도의 검사-재검사 신뢰도와 내적 일치도는 높은 것으로 나타났다. Tischler(1994), Karesh, Pieper와 Holland(1994)의 연구는 MBTI의 상반된 척도들을 지지하는 것으로 밝혀졌지만, Bess와 Harvey(2002)는 이에 대한 의문을 제기하였다. 단축형 MBTI를 개발하려는 시도도 있었다. Harvey, Murray와 Markham(1994)은 서로 다른 세 가지 단축형 척도를 검증하였는데, 원척도에 비해 정보 제공이 미흡하고, 단축형 척도와 원척도 사이에 수용하기 어려운 높은 수준의 불일치가 있음이 밝혀졌다.

MBTI를 다른 성격 척도와 비교하는 연구도 수행되어 왔다. 이러한 연구들은 MBTI의 구인타당도를 제공하며 상담자가 여덟 가지 구성개념을 더 명확하게 이해하는 데 도움을 준다. Loffredo와 Opt(2006)에 의하면 직관형과 사고형에서 높은 점수를 받은 사람들(특히 ENTJ)은 논쟁하기 좋아하는 성향 척도에서 가장 높은 점수를 보였다. NEO 성격검사(Big Five)의 외향성 점수는 MBTI의 외향성과 관계가 있는 것으로 밝혀졌다(Loffredo & Opt, 2006; Tobacyk, Livingston, & Robbins, 2008). 신경증은 MBTI의 어떤 척도와도 상관이 없었다(Furnham, 1996; Frunham, Moutafi, & Crump, 2003). MBTI와 NEO 성격검사 간의 또 다른 비교는『MBTI 매뉴얼』에서 찾아볼 수 있다. 또한『MBTI 매뉴얼』에서는 다른 성격 구인과 척도와의 관계도 보고되어 있다.

일부 연구자들은 진로상담과 MBTI의 관련성을 좀 더 구체적으로 다루고 있다. Barrineau(2005)에 의하면 인식형과 인식형에서 높은 점수를 받은 직관형, 그리고 ENFP유형은 다른 유형에 비해 인문대학을 그만둔 학생들 중에 더 많았다. 대학생 6,280명의 평균 학점을 살펴본 결과, 판단형이 인식형에 비해 전반적으로 더 높은 학점을 받았다(DiRienzo, Das, Synn, Kitts, & McGrath, 2010). 진로 미결정에 대한 연구에서, ISTJ유형과 ISFJ유형 대학생들은 평균적인 대학 신입생에 비해 진로선택에 대한 결정을 내린 경우가 많았고, ENFP유형과 ENFJ유형 대학생들은 진로 미결정자인 경우가 더 많았다(Kelly & Lee, 2005). McCaulley(2000), McCaulley와 Moody(2008)는 진로 서비스에서 MBTI를 활용할 수 있는 몇 가지 방법을 제시하였다. Kennedy와 Kennedy(2004)는 취업상담에서 개인의 선호가 진로선택 유형과 관련되는 부분을 설명하는 데 있어서 MBTI가 어떻게 유용하게 사용될 수 있는지를 제시하였다. 본인이 직접 임원 코칭을 받았던 임원 코치들이 MBTI를 사용하는 것을 다룬 연구에서, Bell(2006)은 이들이 코칭 과정 초기에 MBTI를 사용하는 것이 코칭 과정 후기에 사용하는 것보다 더 유익할 것으로 보았다고 보고하였다. 진로코치들은 상담자들보다 사고(MBTI 유형의 사고형 대 감정형)를 더 많이 사용하는 것으로 밝혀졌는데, 상담자들은 감정을 더 많이 사용하였다(Passmore, Holloway, & Rawle-Cope, 2010). 내담자가 변화에 대한 저항이나 불안, 우울로 인한 문제와 같은 진로장벽을 어떻게 다루는지에 대한 이해를 돕기 위해 MBTI를 사용하였을 때, 사고형과 감정형 점수는 남성 내담자의 진로장벽과 관련이 있었고, 판단형과 인식형 점수는 모든 내담자의 진로장벽과 관련이 있었다(Healy & Woodward, 1998). 이력서 쓰기와 관련해서, MBTI는 이력서 쓰기에 대한 자신감을 다루는 데 있어 내담자가 자신의 심리 유형과 관련된 강점에 초점을 두도록 도울 수 있다(Peterson, 1998). 진로상담은 계속해서 MBTI의 중요한 연구 초점이 되고 있다.

하지만 MBTI에 대한 문제 제기가 없는 것은 아니다. 여러 연구자들은 앞서 제시된 연구결과에 이의를 제기하고 있다. Bayne(2005)는 MBTI의 유용성에 관한 증거의 평가에서 MBTI에 대한 긍정적인 시각을 제시하면서도 좀 더 연구가 필요한 영역도 제안하였다. Healy(1989)는 상담에서 MBTI를 사용하는 것을 반대하였다. 그는 사람들을 16가지 유형으로 분류하는 것이 상담을 향상시킬 것이라는 주장을 뒷받침하는 증거가 제한적이라고 보았는데, 이 의견은 Murray(1990)와 Tischler(1994)의 도전을 받았다. 더 나아가, Healy는 MBTI가 과연 Jung이 정의한 구조를 측정하는가에 대해서도 의문을 제기하였다. 또한 그는 상담에서 MBTI를 사용하는 것이 내담자의 문제에 도움이 된다는 증거가 없다고 보았다. 그러나 Healy와 Woodward(1998)는 내담자의 진로발달을 가로막는 장벽을 다루는 데 있어 MBTI의 가치를 보여 주었다. Pittenger(1993, 2005)는 MBTI의 상담 유용성과 신뢰성 및 타당성이 제한적이라는 증거를 제시하였다. Pittenger(2005)는 또한 상담에서 내담자의 MBTI 유형만 사용하는 것으로는 충분하지 않으며, 상담자는 각 유형에서 내담자가 받은 점수를 활용해야 한다고 제안하였다. 양극단 척도에서 중간에 가까운 점수는 극단에 가까운 점수만큼 내담자와 맞지 않기 때문이다. 일반적으로, MBTI에 관한 연구는 네 가지 차원에 초점을 두며, 주기능과 부기능처럼 상담에서 사용하는 복잡한 개념에는 초점을 두지 않는 경향이 있다. 이러한 비판에도 불구하고, 연구자들은 계속해서 MBTI를 연구하고 발전시키고 있다.

MBTI는 여러 개의 보고서 양식과 채점 체계를 갖추고 있다. MBTI의 표준 형식으로는 『MBTI 진로 보고서(*MBTI Career Report*)』(Hammer & MacDaid, 1994)라고 부르는 특별 보고서를 활용할 수 있다. 여기에는 내담자의 유형과 매칭을 이루는 직업 행동과 선호가 수록되어 있다. 더 많은 하위 척도를 통해 Myers-Briggs의 기본적인 네 가지 차원에 대해 좀 더 많은 정보를 제공하는 두 개의 검사도구가 있다. 『MBTI II단계 프로파일 Q형(*MBTI Step II Profile Form Q*)』(Quenk & Kummerow, 2001)은 MBTI의 세부적인 그래픽 프로파일을 제시한다. 또한 『유형 분화 지표 J형(*Type Differentiation Indicator—Form J*)』(Saunders, Myers, & Briggs, 1989b)은 일곱 가지 부가적인 하위 척도와 더불어, 네 가지 차원에 대해 『MBTI 상세 분석(*MBTI Expanded Analysis*)』(Saunders, Myers, & Briggs, 1989a)에 실린 것과 동일한 20가지의 하위 척도를 포함하고 있다. 이러한 도구들은 상담자에게 유용한 것으로 보인다. 왜냐하면 이 도구들은 MBTI의 개념을 깊이 탐색하도록 돕고 개인이 고려할 만한 직업선택과 이어주는 가교가 되기 때문이다.

## 여성과 다문화 집단에 대한 이론 적용

일반적으로, 문화적 차이와 성차는 최근 Myers-Briggs 유형론 연구에서 많은 주목을 받고 있다. 『MBTI 매뉴얼』(Myers et al., 1998)에서는 여덟 가지 유형의 선호도에 대해 네 가지 수준(약간, 보통, 분명, 매우 분명)에서 남성과 여성의 비율을 보고하였다. 두 가지 다른 MBTI 양식에 할당된 표본 수는 15,000명에서 25,000명 사이였다. 연구 결과 요약을 통해 『MBTI 매뉴얼』에서는 미국 여성의 약 75%가 사고보다는 감정을 선호하고, 미국 남성의 약 56%가 감정보다는 사고를 선호한다고 추정하였다. Laribee(1994)는 감정보다는 사고를 선호할 것으로 예상되는 회계학 전공 학생들을 대상으로 연구하였는데, 그의 연구는 이러한 성차를 보여 주는 또 하나의 결과를 제시한다. 사고에 대한 남성의 선호도는 83~85%이고, 여성의 선호도는 44~63%로 나타났다. 다른 척도에서 나타난 유형별 성별 분포에 따르면, 외향성보다는 내향성을 선호하는 남성이 약간 더 많았고(54%), 내향성보다 외향성을 선호하는 여성이 약간 더 많았다(52%). 감각과 직관의 경우에는 남성(72%)과 여성(75%) 모두가 직관보다는 감각을 선호하였다. 이러한 성차는 미국의 표본을 대표한 것이다(Myers et al., 1998).

『MBTI 매뉴얼』에서는 다문화 상황에서 유형을 사용하는 것을 강조한다(Kirby, Kendall, & Barger, 2007; McCaulley & Moody, 2008). 많은 문화권에서 MBTI 사용을 연구한 결과, Kirby, Kendall과 Barger(2007)는 문화권에 따라 남성과 여성이 선호하는 유형이 다르다는 사실을 발견하였다. 이들은 또한 다른 문화권의 사람들에게 8개의 MBTI 유형과 이 유형들의 조합을 사용하고 해석할 때 문화권마다 중요한 가치를 고려하는 방법을 보여 준다. MBTI(G형)는 영국식 영어, 오스트레일리아식 영어, 말레이시아어, 캐나다식 프랑스어, 중국어, 덴마크어, 네덜란드어, 프랑스어, 핀란드어, 독일어, 이탈리아어, 한국어, 노르웨이어, 포르투갈어, 스페인어, 스페인어/카스티야어, 스웨덴어 등 20개가 넘는 언어로 번역되었다. 이러한 번역본들은 모두 시중에서 구매할 수 있고 신뢰롭고 타당한 것으로 여겨지고 있다. 현재 다른 번역본들이 타당도와 신뢰도를 검증받고 있다. 『MBTI 매뉴얼』에는 캐나다, 오스트레일리아, 뉴질랜드, 싱가포르, 프랑스, 남아프리카, 한국, 일본, 멕시코와 몇몇 라틴아메리카 국가 등 많은 나라의 고등학교, 대학교, 경영 분야 및 다른 집단에서 나타나는 16가지 유형의 조합 분포의 표본이 제시되어 있다. 미국 내에서는 흑인과 스페인계 미국인을 표본으로 한 유형 분포도 보고되어 있다. McCaulley와 Moody(2008)는 MBTI를 다양한 문화권의 내담자에게 사용할 수 있다고 제안한다. Kummerow(2001)는 상담에서 심리 유형을 사용하는 상담자들은 E, S, T, J 유형보다는 I, N, F, P 유형의 내담자를 선호하는 경향이 있고, 이 때문에 소수민족 문화권의 내담자에게 중요하게 여겨지는 특징을 평가절하할 수 있다고 경고한다.

다양한 문화권의 사람들에게서 나타나는 유형 차이에 대한 연구들은 Myers-Briggs 이론에 대한 폭넓은 관심을 보여 주는 예시를 제공한다. MBTI 점수와 특정 유형의 설명에 대한 대학생들의 선호도를 비교한 연구가 이루어지기도 하였다. 미국 흑인 여성은 MBTI에서 ISTJ 범주에 몰려 있는 경향이 있었다(Posey, Thorne, & Carskadon, 1999). 캐나다에서 프랑스어권 배경을 가진 대학생들과 영어권 배경을 가진 대학생들을 비교한 결과, Stalikas, Casas와 Carson(1996)은 영어를 사용하는 학생들이 프랑스어를 사용하는 학생들보다 감정, 직관, 인식에서 좀 더 높은 점수를 얻었다고 보고하였다. 프랑스어를 사용하는 학생들 중에는 많은 학생들이 내향, 감각, 사고, 판단에서 높은 점수를 받았다. 핀란드와 미국의 MBA 전공 학생들의 MBTI 유형을 비교한 결과, Järlström(2005)은 외향, 직관, 감정이 미국 학생들보다 핀란드 학생들에게서 더 우세하다는 사실을 발견하였다. 핀란드의 경영 전공 학생들과 관리자를 비교한 연구에서, 경영 전공 학생들이 기업 관리자보다 ENFP에서 높은 점수를 더 많이 받았다(Järlström & Valkealahti, 2010). 폴란드 대학생을 대상으로 NEO-FFI와

MBTI를 비교한 결과, 이들을 대상으로 한 MBTI 검사의 구인타당도가 지지되는 것으로 밝혀졌다(Tobacyk et al., 2008).

미국 흑인 고등학생과 원주민 고등학생을 비교한 Nuby와 Oxford(1998)에 의하면 흑인 학생들은 원주민 학생들에 비해 판단을 훨씬 더 선호한다. 미국 원주민의 가치를 연구한 Little Soldier(1989)는 협력, 나눔, 확대가족의 중요성을 강조한다. 인디언 보호구역에 거주하지 않는 미국 원주민 대학 신입생 210명을 대상으로 한 Simmons와 Barrineau(1994)의 연구에서는 남학생 중에는 감각형이, 그리고 여학생 중에는 감각형과 감정형이 다른 신입생들과 비교하였을 때 더 높은 비율을 차지하는 것으로 나타났다. 이는 Little Soldier가 보고한 미국 원주민의 가치와 일치하는 선호도라고 볼 수 있다. 앞으로 이와 유사한 연구가 더 많이 보고될 것이다.

Myers-Briggs 유형론의 흥미로운 개념은 유형의 **왜곡**(falsification)이다. 이 개념은 특히 여성과 다문화 집단처럼 때로 억압받고 있는 사람들을 이해하는 데에 적합하다. 유형의 발달은 선천적인 것으로 가정되기 때문에 환경적 영향은 유형을 왜곡시키거나 조작할 수 있다. 특정한 방식으로 반응하라는 가르침을 받은 사람은 한 가지 유형을 학습하고 겉으로 그 유형으로 행동하지만, 내면에서는 그들의 참유형이 좌절되고 있다. 이 흥미로운 임상 개념은 "왜곡된 유형에서 참유형을 어떻게 구분해 낼 수 있는가?"와 같은 어려운 연구 문제를 제시한다. Myers-Briggs 유형론을 사용하는 상담자는 구분할 수 있을지도 모른다. 일부 여성과 소수민족 문화권 사람들이 그들의 참유형에 맞지 않는 특정한 방식으로 행동하도록 사회적인 기대를 받거나 훈련되어 왔는가의 여부는 앞으로 입증되어야 할 것이다.

## 상담자 쟁점

사람들은 어떻게 서로 의사소통하는가? 의사소통 실험실에서 사람들을 관찰한 Luzader(2001)에 의하면, 상대방에게 말을 할 때 상담자를 비롯하여 사람들은 외부세계에서 기능하기 위해 외향성을 사용하고, 글을 쓸 때에는 내부세계에서 기능하며(내향성), 상대방의 말을 들을 때는 부기능을 사용한다.

Myers 등(1998)은 상담자가 내담자와 어떻게 의사소통하는지에 대한 몇 개의 연구를 바탕으로 유형별로 내담자를 다루는 몇 가지 방법을 제안하였다. 이러한 연구는 상담자가 자신과 유형이 다른 내담자를 위해 의사소통 방식을 조정할 필요가 있다는 것을 보여 준다. Yeakley(1982, 1983)는 탐색적 연구를 통해 사업적 관계든, 부부관계든, 두 사람이 동시에 동일한 의사소통 방식을 사용하는 것이 유익하다고 제안한다.

Yeakley는 감각형에게 듣는다는 것은 현실적이고 표면적인 말의 수준에서 듣는 것을 의미한다고 보았다. 반대로, 직관형에게 듣는 일은 표면적인 말 이면의 의미에 귀 기울이기를 요구한다. "상대방이 진정 말하고자 하는 것은 무엇인가?" 또 "그것의 함축된 의미는 무엇인가?" 사고형 사람들의 말을 들을 때, 상담자는 마치 수필을 읽을 때처럼 그들이 하는 말의 구성에 집중해야 한다. 즉, 주요 부분과 덜 중요한 부분, 그리고 전반적인 개념이 무엇인지를 생각해야 한다. 반대로, 감정형 내담자의 말을 듣는다는 것은 내담자에 대한 느낌과 내담자가 전달하는 메시지에 투사된 가치나 감정을 알아차리는 것을 의미한다. 이것이 주는 시사점은 상담자가 자신과 유형이 다른 내담자를 대할 때는 내담자의 유형에 맞추기 위해 자신의 상호작용 방식을 바꾸기 위해 상당한 노력을 기울일 필요가 있다는 것이다. 예를 들어, 인식 양식은 감각형이고 판단 양식은 감정형인 상담자는 인식 양식이 직관형이고 판단 양식이 사고형인 내담자에게 적응하도록 해야 할 것이다.

## 요약

일반적으로 Myers-Briggs 유형 이론은 진로발달 이론으로 간주되지 않지만, 많은 상담자가 이 이론을 그 자체로 사용해 왔다. Myers-Briggs 유형 이론의 일반적인 초점은 사람들이 어떻게 세상을 인식하고 판단하는가에 있다. 여기에는 두 가지 판단 양식(사고와 감정)과 두 가지 인식 양식(감각과 직관)이 있다. 사람들은 하루 일과 중에 인식 기능과 판단 기능을 여러 번 사용해야 한다. 또한 사람들은 내부세계의 관념을 다루고(내향성) 외부세계의 사람들과 사물을 대한다(외향성). 이 장에서는 이러한 유형을 진로의사결정 및 직업적응과 관련짓는 데 초점을 두었다. 네 가지 양극단의 차원을 나타내는 여덟 가지 Myers-Briggs 유형 간의 복잡한 상호작용은 여러 상담 예시를 통해 상세하게 제시하였다. MBTI는 Myers-Briggs 유형 이론에서 핵심적인 부분이기 때문에, 이 검사도구에 대한 비판과 더불어 관련 연구에 대해 논의하였다. 이 장에서 제시된 내용만으로는 독자들이 진로상담에서 MBTI를 사용하기에 충분하지 않다. 『MBTI 매뉴얼』(Myers et al., 1998)을 숙지하고 이와 함께 MBTI 검사의 사용법을 가르쳐 주는 워크숍에 참석할 것을 강력히 추천한다.

# PART 2

# 전 생애 이론

진로발달에 적용되는 전 생애 이론은 개인이 전 생애 동안 진로주제를 다루는 방식의 발전과 변화를 살펴본다. 이 접근은 어느 한 시점에서의 진로문제를 다루는 1부의 이론들과는 현격한 대조를 이룬다. 전 생애 이론은 긴 기간을 다루기 때문에, 이 이론에서 사용되는 구성개념은 유형론이나 특성요인 이론보다 훨씬 더 복잡한 경향이 있다. 따라서 이 책에서는 전 생애 주기를 다루기 위해 4개의 장을 할애하였다. 7장에서는 아동기 진로의사결정의 발달을 다룬다. 여기에는 호기심과 탐색의 발달이 포함되며, 이는 역할모델과 아동이 관찰한 사건을 통한 정보의 획득으로 이어진다. 이러한 접근은 흥미와 자아개념의 발달로 이어지고, 그 결과 계획을 세우고 문제를 해결하는 능력이 생긴다. 힘과 성역할 및 명성에 대한 연구는 아동의 진로발달을 이해하는 또 다른 관점을 제공한다. 8장에서는 청소년기의 흥미와 능력 및 가치의 발달을 다루는데, 이는 진로성숙과 직업 정체성의 발달과 관련된다. 9장에서는 후기 청소년기와 성인기의 진로주제를 논의하며, 발달 단계뿐만 아니라 생애 역할에도 초점을 둔다. 10장에서는 성인기에 흔히 일어나는 진로전환과 위기에 초점을 둔다. 또한, 각 장에서는 생애 각 시기마다 여성 및 다문화 집단과 관련된 특수한 문제를 다룬다.

2부에서는 아동기, 청소년기, 성인기의 상담주제를 다루는 데 필요한 개념적 틀을 제공한다. 2부에서 사용된 이론적 접근은 Donald Super와 동료들의 연구를 기반으로 하고 있다. 하지만 이들이 제시한 전 생애 개념을 보완하기 위해 다른 이론들도 사용하였다. 전 생애 이론을 다루는 각 장의 개념적 기반으로 Super의 이론을 선정한 데는 몇 가지 이유가 있다. 첫째, Super의 전 생애 이론은 생애 전반을 다루는 소수의 발달 이론 중 하나이다. 둘째, Super는 다른 어떤 전 생애 이론가들보다도 자신의 이론의 구성개념을 타당화하는 척도를 더 많이 개발하였고, 그 결과 상담에서 활용할 수 있는 도구를 제공하는 데 더 힘을 쏟았다. 셋째, Super의 발달 이론은 다른 어떤 전 생애 이론보다 이론의 개념과 관련된 연구가 더 많이 수행되어 왔다. 넷째, 특성요인 이론 및 다른 진로발달 이론과 달리, 전 생애 이론들은 어느 정도 서로 유사하다. 이 때문에 상담을 위한 시사점에 관하여 각 생애 이론을 개별적으로 논의한다면 유사한 제안을 하게 될 것이다. 따라서 다른 발달 이론들은 Super의 전 생애 이론을 보충하는 차원에서 2부의 내용에 통합하였다.

여러 이론가들이 삶의 다양한 시점의 진로주제를 이해하는 데 기여해 왔다. Howard와 Walsh는 초기 아동기의 진로발달에서 이루어지는 직업적 추론에 대해 유용한 통찰을 제공한다. 또한, 직업포부에 대한 Gottfredson의 발달 이론은 아동기 성역할 고정관념의 발달에 대한 중요한 통찰을 제공한다. 7장에서 다룰 이 이론은 남성뿐만 아니라 여성의 진로선택의 발달을 이해하는 데에도 유용하다. 8장에서 논의할 Vondracek과 동료들의 이론은 청소년이 진로선택을 하는 데 영향을 미치는 사회적 맥락을 강조함으로써 청소년 발달 연구에서 직업 정체성 개념의 관련성을 보여 준다. 진로발달 이론은 아니지만, Atkinson, Morton과 Sue가 제안한 소수자 정체감 발달 모델은 소수자의 진로발달에 영향을 미치는 전 생애 주제를 개념화하는 데 유용하다. 9장에서 살펴볼 이 이론은 성인의 발달에 초점을 두지만 청소년에게도 적용 가능하다. 10장에서는 진로발달 이론이 아닌 또 다른 이론을 기반으로 성인의 진로위기 및 전환을 살펴본다. 성인의 진로전환을 이해하는 데 유용한 Hopson과 Adams의 이론은 Super의 발달 단계에 통합하였다. 이 이론들을 Super 등의 이론과 결합함으로써, 전 연령대의 내담자를 상담하는 데 필요한 개념적 틀을 제공하고자 한다.

# 아동기 진로발달

## ✿ 이론의 개요

**Super의 아동기 진로발달 모델**
- 호기심
- 탐색
- 정보
- 주요 인물
- 내적 통제 대 외적 통제
- 흥미의 발달
- 시간 조망
- 자아개념

**Super의 하위 단계 수정**
- 순수 연상
- 마술적 사고
- 외부 활동

**Gottfredson의 이론**
- 인지적 성장
- 자기창조
- 제한
- 타협

이 장에서는 아동이 만 12세가 될 때까지 영향을 미치는 진로 관련 사안들을 다룰 것이다. 이 장의 강조점은 진로성숙의 기반에 대한 Super(1990)의 모델과 이와 유사한 최근의 모델(Howard & Walsh, 2010; Howard & Walsh, 2011)에서 설명하는 초등학교에서의 성숙을 촉진하는 활동이다. 이 장에서는 또한 성역할의 발달에 대해서도 다룬다. 하지만 아동기 진로발달에 대한 Super의 모델은 성과 관련된 주제에 대해서는 일반적인 내용만을 다루고 있다. 이에 비해 Gottfredson(1981, 2002, 2005)의 이론은 성역할 고정관념과 진로선택의 관계 및 진로의사결정에서 명성의 역할에 대한 가설을 제시한다. Gottfredson은 또한 복잡한 발달적 · 유전적 요인들이 진로선택에 기여하는 역할도 설명한다. 아울러, 다문화 집단 아동들의 진로발달과 이들에게 직업정보를 제시하는 방법도 살펴볼 것이다. 이러한 제시방법은 교실활동과 학교와 일의 관계에 대한 아이디어를 포함하고 있다. 다문화 집단 아동에 관한 연구는 아동의 성차 관련 주제를 다룬 연구에 비해 그 수가 제한적이지만, 다양한 문화적 배경을 가진 아동들의 진로문제를 개념화하는 데 상담자에게 도움이 되는 정보를 포함하고 있다.

아동의 진로발달에 관한 연구는 어린 아동들을 상담하면서 직업 관련 주제를 다루는 상담자에게 유용한 정보를 제공한다. 아동기 진로발달에 대한 정보는 생애의 다른 시기에 비해 적은 편이지만 관련 연구는 많이 있다. Schultheiss(2008)는 아동기 진로발달 영역에서의 연구와 이론을 위한 제언에 대해 논의한 바 있다. Porfeli, Hartung과 Vondracek(2008)도 아동의 진로발달에 대한 관심이 부족하다고 지적하면서 진로발달에 대한 연구를 제안하였다. Watson과 McMahon(2008)은 아동기 진로발달 연구에서 연구 및 이론에 대한 관점을 다섯 가지로 요약하였다. Turner와 Lapan(2005)은 상담의 관점에서 진로발달 이론과 관련 연구를 모두 검토한 후 상담자와 교사가 아동의 진로발달 및 포부를 지원할 수 있는 방법을 제시하였다.

보통 아동상담의 초점은 진로발달이 아니다. 진로발달은 상당 부분 교실에서 일어나기 때문에, 상담자가 해결해야 할 주된 진로과제는 교사를 위해 혹은 교사와 함께 아동용 진로정보 프로그램을 구성하는 것이다. 상담자는 아동의 이후 진로발달에 의미 있는 방식으로 영향을 미칠 수 있는 기회를 갖는다. 그러나 이러한 상담자 개입의 효과는 몇 년이 지난 후에야 나타날 수도 있다. 이 장에서는 아동에게 직업정보를 전달하는 방법에 대해 Super와 Gottfredson의 진로발달 이론이 주는 시사점을 논의하고, 진로 관련 주제와 관련된 상담을 위한 몇 가지 제안을 덧붙인다. 또한 Super 이론에서는 상담자가 내담자와의 관계에서 자신을 조망해 볼 수 있는 방법을 위한 시사점도 얻을 수 있다. 직업과 평가, 상담자 문제에 대해 발달적 접근을 적용함으로써 상담자는 아동 내담자를 바라보는 일관된 틀을 갖출 수 있을 것이다.

## Super의 아동기 진로발달 모델

이 절에서는 **그림 7.1**에서 제시된 것처럼 아동기 진로발달에 대한 Super(1990, 1994; Savickas, 2002)의 모델을 설명한다. Super는 아동이 계획 세우기, 진로의사결정, 시간 조망을 포함하여 자신에 대한 개념을 어떻게 발달시키는지를 보여 주는 모델을 개발하였다. 이 모델은 흥미와 자기통제의 발달에 대한 설명을 포함한다. 또한, 이 모델은 아동의 기본적 동기가 호기심이라는 것을 인정하는 데서 출발한다. 호기심은 보통 탐색을 통해 충족되는데, 탐색은 결코 멈추지 않는 중요한 진로발달 활동이다. 이러한 탐색적 활동은 정보의 습득으로 이어진다. 이 장에서는 아동이 정보를 어떻게 처리하는지에 대해 몇 가지 관점을 제시한다. 중요한 한 가지 정보원은 주요 인물, 즉 아동이 모방하기로 선택한 인물이다. 흥미는 탐색활동과 역할모델에게서 받은 인상으로부터 얻은 정보를 사용함으로써 발달한다. 아동은 성숙해 나가는 과정에서 자기

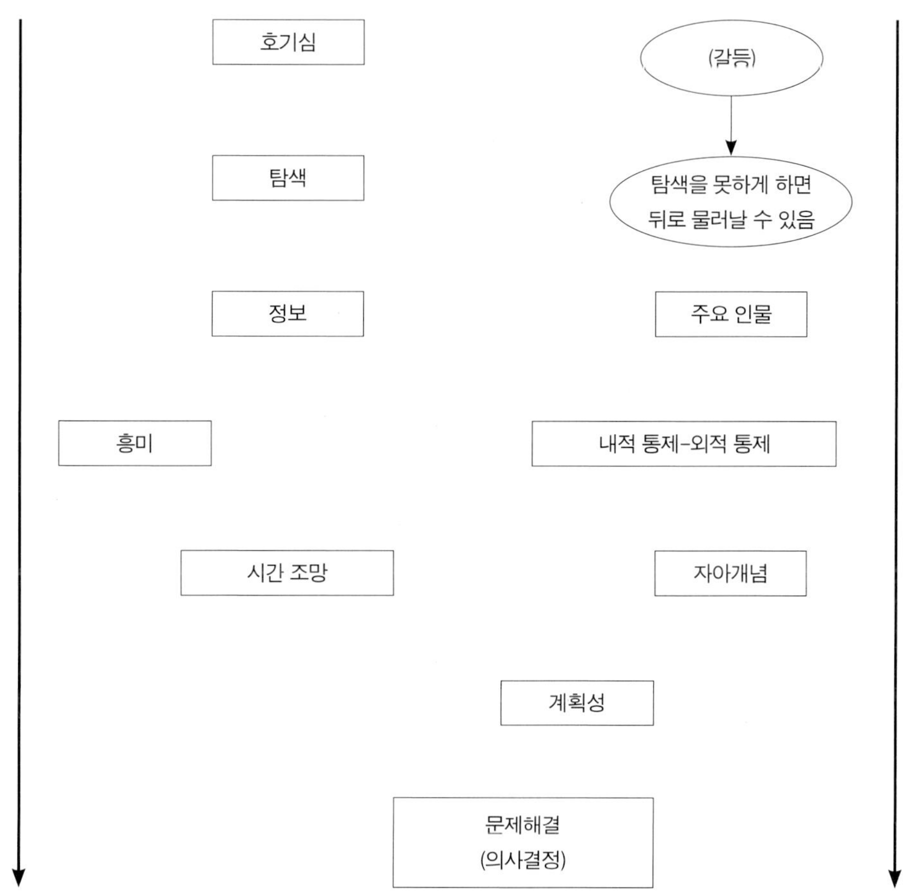


**그림 7.1** 진로성숙의 기반에 대한 개인-환경 상호작용 모델

출처: 『영국의 진로발달(*Career Development in Britain*)』, Watts, A. G., Super, D. E., & Kidd, J. M. (eds., 1981) Copyright © 1981 by Hoson's Press.

자신과 주변사람들의 말에 귀를 기울임으로써 자신의 행동을 통제하는 법을 익히게 된다. 아동이 진로의사결정을 할 수 있으려면 시간 조망(time perspective), 즉 미래에 대한 감각을 발달시켜야 한다. 자아개념의 발달과 함께 시간 조망은 궁극적으로 계획성 있는 진로의사결정으로 이어지게 될 것이다. 자아개념의 발달은 Super의 전 생애 이론에서 매우 중요한 부분이다. 아동의 자아개념은 탐색행동에서 비롯되며, 이는 직업정보의 습득, 주요 인물의 모방, 흥미의 발달로 이어진다.

Super의 아동기 진로발달 모델을 지지하는 몇몇 연구들이 있다(Shultheiss & Stead, 2004a; Schultheiss & Stead, 2004b; Stead & Schultheiss, 2003; Stead & Schultheiss, 2010). 예를 들어, 아동기 진로발달과 관련된 구성개념들의 타당성을 지지하

는 결과가 남아프리카 공화국에서 확인되었다(Stead & Schultheiss, 2010). 미국에서는 시골지역 초등학교 4학년 아동의 경우, 구성개념들 가운데 점수가 가장 낮게 나온 것은 호기심과 정보, 시간 조망 및 주요 인물이었다. 여아들은 호기심에서 남아보다 높은 점수를 보였다(Wood & Kaszubowski, 2008). 한 연구에서는 사회경제적 지위가 낮은 가정의 아동 49명을 대상으로 기술과 흥미뿐만 아니라 학교 및 직업목표에 관한 설문 응답을 분석하였다(Schultheiss, Palma, & Manzi, 2005). 그 결과, 다른 개념들처럼 직접적으로 평가하지 않았던 호기심을 제외하고는 Super 이론의 모든 개념이 지지되는 것으로 나타났다. 다음 절에서는 Super 이론의 각 개념을 상담 예시를 통해 설명하고자 한다.

## ❁ 호기심

호기심은 모든 욕구나 추동 중 가장 기본적인 것 중의 하나로, 유아뿐만 아니라 동물에서도 관찰된다. Berlyne(1960)의 연구를 탐색행동에 대한 논의의 출발점으로 삼은 Jordaan(1963)은 아동의 탐색과 호기심을 이해하는 데 유용한 접근을 제공하였다. Jordaan(1963)에 따르면, 호기심은 개인의 신체적 또는 사회적 욕구에 변화가 있을 때 발달한다. 아동의 호기심은 배고픔, 갈증, 외로움과 그 외의 다른 다양한 자극에 의해 유발된다. 아동은 무엇인가가 불확실하거나 혼란스러울 때 당혹감을 해결하려는 경향이 있다. 지루함 또는 신나는 일이나 자극에 대한 갈망도 호기심을 유발할 수 있다. Jordaan은 호기심을 진로발달과 관련지으면서 동물과 유아 행동에 대한 연구에서 Berlyne(1960)이 제시한 것보다 더 복잡한 자극을 강조하였다. 호기심은 새로운 사물이나 새로운 사람, 또는 새로운 개념에 노출된 아주 어린 아동에게서도 관찰될 수 있다. 무엇인지 모를 새로운 자극에 노출될 때 아동은 이러한 자극을 이해하려고 애쓰거나 새로운 행동을 시도할 것이다. 예를 들어, 어떤 아동은 유아용 놀이상자 안에 있는 장난감 말을 보게 되면 진짜 말을 타고 있다고 상상하면서 그 장난감 말을 타려고 할 수 있다. 또 다른 아동은 막대기를 집어 들고 마치 그것이 야구방망이이고 자신은 야구선수인 것처럼 가장할 수도 있다. Jordaan은 어린 아동에게는 호기심과 환상이 중요하며, 특히 초등학교 저학년 때 촉진되어야 한다고 보았다.

초등학교 상담자가 어린 아동을 위한 진로발달의 목표로 호기심을 받아들이고 이를 촉진하는 것은 적절하지만, 그렇게 하는 것이 단순한 일은 아니다. 학교 상담자들은 흔히 선생님이 지시하는 바를 따르지 않는 아동을 보게 된다. 책을 읽어야 할 때 그림을 그린다거나, 선생님이 말하는 동안 다른 아이와 이야기하는 아이는 호기심을 표현하는 것일 수도 있다. 다시 말해, 호기심이 있다는 것은 종종 문제를 일으킬 수 있다. 문제행동은 하지 않도록 하면서 호기심을 강화하는 일은 어려울 수 있다. 아동이 호기심을 긍정적인 방식으로 표현하는 방법을 찾도록 격려하는 것은 문제행동을 다루는 수단으로서 처벌 사용의 대안이 될 수 있다. 호기심은 이후에 직업적 탐색으로 이어질 수도 있다. 하지만 이처럼 어린 나이에는 호기심에 진로 요소가 들어 있는가는 중요하지 않다.

## ❀ 탐색

아동기에 호기심은 자신의 환경과 집, 학교, 또래 및 부모와의 관계에 대한 탐색으로 이어진다. **호기심**은 지식 또는 새롭거나 특이한 것에 대한 갈망을 나타내는 반면, **탐색**은 찾거나 살펴보는 행동이다. 즉, 호기심은 욕구이고 탐색은 행동이다. 아동에게 놀이와 장난은 탐색행동의 표현이며 호기심 욕구를 충족시키는 데 도움이 되는 활동이다. Jordaan(1963)은 탐색행동을 10가지 차원으로 구분하였다. 이 절에서는 이것을 몇 개의 범주로 묶어서 탐색을 구성하는 중요한 활동의 예시를 제시하고자 한다. 탐색행동은 의도적이고 체계적일 수도 있고, 우연히 일어날 수도 있다. 예를 들어, 아동은 시계가 어떻게 작동하는지를 알아보려고 시계를 분해하였다가 다시 조립할 수도 있고(의도적), 망가진 시계를 발견하고 갖고 놀기 시작할 수도 있다(우연적). 탐색행동은 다른 사람이 시켜서 하게 될 수도 있고 아동이 스스로 할 수도 있다. 때로는 교사가 아동에게 퍼즐조각을 맞춰 보라고 시킬 수도 있고, 아동이 주도적으로 그렇게 해볼 수도 있다. 탐색을 하면서 아동은 현재나 과거의 경험을 활용할 수 있다. 3주 전에 퍼즐을 가지고 놀았던 아동이 이번에도 비슷한 퍼즐을 가지고 놀기로 결정할 수도 있다. 어떤 탐색행동은 아동에게 유익하며 아동의 학습을 돕는다. 또 어떤 탐색행동은 자신의 이름 거꾸로 쓰기와 같이 그저 재미를 얻기 위한 것일 수도 있다. 다른 사람이 시켜서 했던 탐색행동이 이후에는 재미있는 활동이 될 수도 있다. 예를 들어, 의무적으로 책을 읽는다고 해도 책 읽기가 항상 하기 싫은 일인 것은 아니다. 읽기 기술을 어느 정도 익히고 나면 아동 스스로 책을 읽으려 할 것이다. 이러한 놀이행동은 모두 간접적으로만 직업과 관련된다. 하지만 이러한 행동이 복잡해질수록 다양한 직업에서 요구하는 과업과의 관련성이 더 높아질 것이다.

탐색이 좌절되면 아동은 갈등을 경험하고, 또래나 어른들과의 접촉을 줄이고 학교 공부에도 소홀해질 수 있다.(**그림 7.1**을 보면 화살표가 하단에 있는 탐색적이고 계획적인 행동에서 멀어지고 있다.) Chak(2002)은 부모가 어떻게 자녀의 탐색행동을 방해할 수 있는지를 설명하였다. 탐색이 억제당하면 아동은 학습동기를 잃어버리게 될 것이다. 과제 수행에 있어서도 상상력이 빈약해질 수 있다. 또한 교사의 질문에 반응하거나 학급에서 자발적으로 어떤 활동을 하는 일이 줄어들고, 오로지 외적 요인 때문에 정보를 획득하게 된다. 탐색행동을 철회해 버린 아동은 진로 관련 활동에 관한 흥미와 정보가 부족할 것이기 때문에 진로성숙을 발달시키는 데 어려움을 겪게 된다. 물론 대부분의 아동이 탐색과 철회라는 연속선의 한쪽 극단에 있는 것은 아니다. 오히려 아동들은 선택적으로 어떤 활동은 탐색하고 또 어떤 활동은 탐색하지 않는다.

탐색행동은 다른 탐색행동을 토대로 하여 이루어진다. 어떤 유형의 탐색행동이든(그 행동이 자기 자신이나 타인에게 해가 되지 않는 한) 이를 격려하면 궁극적으로는 진로발달 측면에서 긍정적인 결과를 낳는다. 강요하지 않으면서 탐색 과정을 믿어주는 것은 상담자와 교사에게 유용한 목표가 될 수 있다. 예를 들어, 어떤 학생이 초등학교 3학년 때 전화기가 작동하는 방법에 대해 개략적으로 학습한다고 가정해 보자. 이러한 학습은 이후에 교사의 요구와 아동의 자발적인 활동을 통해 더 정교한 지식으로 발전할 것이다. 5학년이 되어 전화기 작동에 대한 세부적인 내용을 배울 때 아동은 전화기에 관한 과거 경험을 활용할 수 있다. 상담자가 학교나 가정에서 일어난 문제에 초점을 두고 아동과 이야기할 때 탐색행동이 차지하는 역할은 미미할지도 모른다. 하지만 이러한 탐색행동을 강화하는 것이 도움이 될 때가 있다. 예를 들어, 미혼모 엄마의 새 남자친구 때문에 불만이 있는 여자아이는 집에서 이야기 책을 읽으면서 새롭게 배운 내용에 대해 이야기할 수 있을 때 삶에 대한 어느 정도의 만족감과 통제감을 느낄 수 있다.

탐색행동이 가족이나 학교 문제에 대한 만병통치약은 아니다. 오히려 그것은 더 많은 탐색행동을 유발하여 궁극적으로는 성공적인 진로계획의 가능성을 높여 줄 수 있는 활동이다. 탐색활동을 하는 과정에서 아동은 환경에 대해 많은 정보를 얻게 된다. 아동이 이러한 정보를 어떻게 학습하고 처리하는가가 다음 절의 주제이다.

## ❀ 정보

분명히 정보의 학습은 아동이 청소년과 성인으로 발달하고 성공하는 데 필수적이다. 이 절에서는 학습 이론을 어떻게 초등학생을 위한 직업정보에 적용할 있는지를 설명하는 데 초점을 두었다. Jean Piaget의 연구에서 반복적으로 강조하는 점은 아동이 그저 지식이 부족한 성인이 아니라는 것이다. 아동이 정보를 처리하는 방식은 발달과정에 따라 차이가 있다는 것이다. 초등학생의 지식 습득에 대한 다양한 이론적 접근을 비교할 수 있도록 Piaget와 Erikson의 연구를 간략히 소개하고자 한다.

Piaget(1977)는 인지발달의 주요 단계를 감각운동기, 전조작기, 구체적 조작기, 형식적 조작기의 4단계로 나누어 설명하였다. 감각운동기(sensorimotor stage)는 출생에서 만 2세까지에 해당되는데, 이때 유아는 주변의 사물과 현상에 주의를 기울이고 이에 반응한다. 주의집중(attending)은 만지기, 보기, 냄새 맡기 등의 감각행위를 말한다. 반응하기(responding)는 물기, 때리기, 소리 지르기 등의 운동 행위를 가리킨다.

전조작적 사고 단계(pre-operational thought period)는 대략 만 2세에서 7세까지에 걸쳐 있다. 이 시기에 아동은 더하기와 빼기를 배우며 유사한 조작을 수행할 수 있게 된다. 7세 이하의 아동은 자아중심적인 특징이 있다. 예를 들어, 교사가 대단히 중요한 과제를 수행할 아동을 학급에서 한 명 선정하겠다고 말하면 모든 아동은 각자 자신이 선택될 것으로 생각하는 경향이 있다. 더구나 어린 아동은 현실과 환상을 구별하기 어렵다. 어린 아동이 저녁 뉴스에서 전쟁 장면을 볼 때, 그 전쟁이 자신이 사는 집으로부터 얼마나 멀리 떨어진 곳에서 일어나는지를 알기는 어려울 것이다. 아동의 자아중심성에 대한 또 다른 예는 '행동의 내면화'로서, 어린 아동이 어떤 행동을 하면서 자기가 하고 있는 그 행위를 다른 사람에게 말하는 것은 아닌데 혼잣말로 소리를 내어 말할 때 일어난다.

인지발달의 세 번째 단계이자 이 장의 내용과 가장 관련성이 높은 단계는 구체적 조작기(concrete operations)이다. 대략 만 7세에서 11세 사이에 있는 이 단계에서 아동은 구체적인 방식으로 사고한다. 이 시기 아동은 어떤 대상을 조작하는 장면을 상상하기 위해 반드시 그 대상을 눈으로 볼 필요는 없지만, 그 대상이 실제로 존재한다는 것은 알고 있어야 한다. 예컨대, 아동은 코끼리 다섯 마리에 세 마리를 더하는 것은 상상할 수 있지만 $5y$에 $3y$를 더할 수는 없다. 추상적으로 사고할 수 있는 능력은 형식적 조작기(formal operations)라 불리는 마지막 단계에서 생기며, 만 12세경에 시작된다. 만 7세에서 11세 사이의 아동에게는 치과의사가 하는 일, 즉 치료기기를 어떻게 사용하고 치아를 어떻게 살펴보는지 등을 배우는 것이 8년간의 고등교육 훈련이 실제로 얼마나 긴 시간인지, 또는 75,000달러의 수입이 무엇을 의미하는지를 이해하는 것보다 더 쉽다. 마찬가지로, 8세 아동은 사회복지사가 말하는 "사람들이 자신에 대해 좀 더 좋은 느낌을 갖도록 돕는다."라는 말이 무슨 뜻인지를 이해하기가 어렵다. 이런 생각은 청소년이 되어야 이해할 가능성이 더 높다.

관점은 다르지만 Piaget와 다소 유사한 결론을 내린 학자는 Erik Erikson(1963)이다. Erikson은 8단계의 심리사회적 발달에서 근면성 대 열등감을 네 번째 단계로 제시한다. 이 단계는 만 6세에서 11세까지에 해당된다. 이 연령대의 아동은 자유롭게 어떤 것을 만들고 조직화할 수 있다. 이러한 활동이 성공적으로 이루어지면 근면함에 대한 감각을 갖게 되고, 성공하지 못하면 열등감을 갖게 된다. 이 단계에서 아동은 정보를 조직화하고 개발하고 적용하면서 성취감을 기르고, 이러한 기술들을 익히지 못하면 실패감을 갖게 된다. 직업정보의 관점에서 보면, 초등학생들에게 직업에 관한 표지를 만들거나 그림을 그리거나, 전기기사가 사용하는 펜치 같은 도구를 사용할 기회가 주어진다면 이들은 성공감을 경험할 수도 있다. 이때, 주어진 활동을 구체적인 수준에서 완수하였다는 점이 높게 평가될 것이다. 구체성에 대한 강조는 Piaget 학습 이론의 세 번째 단계와 다르지 않다. 다음 절에서 논의하겠지만, 아동이 모방하고 관찰할 수 있는 역할모델을 갖는 것은 구체적 사고와 근면성을 강조하는 것과 맥을 같이한다.

## ❁ 주요 인물

성인은 아동이 일의 세계를 배우고 자신의 자아개념을 발달시키는 데 중요한 역할모델이다. 아동에게 중요한 인물로는 부모, 교사, 운동선수나 TV 스타와 같은 유명 인사, 경찰관이나 우편배달원처럼 지역사회에서 접할 수 있는 사람 등이 있다. Trice와 Tillapaugh(1991)의 연구결과는 부모가 아동의 직업관에 미치는 영향을 보여 준다. 즉, 부모의 직업에 대한 아동의 동경은 아동이 지각하기에 부모가 자신의 일에 얼마나 만족하는지에 영향을 받는다는 것이다. 7, 8학년 여학생의 경우 어머니가 매우 중요한 핵심 인물일 수 있는데, 어머니의 교육 수준과 여성에 대한 태도는 여학생의 진로 지향성에 큰 영향을 미친다(Rainey & Borders, 1997). 부모 영향의 중요성을 강조하는 이러한 연구결과는 아동에게 중요한 학습방법이 모방이라고 보는 Bandura (1997)의 입장과 맥을 같이한다. Rich(1979)의 연구에서는 아동은 자신의 지역사회에서 접할 수 있는 직업에 대해 가장 잘 알고 있는 것으로 나타났다. Trice, Hughes, Odom, Woods와 McClellan(1995)도 이러한 결론을 지지한다. 이들은 남학생 중에서 유치원생의 42%, 초등학교 2학년의 40%, 4학년의 47%, 6학년의 36%가 자신이 현재 선택한 진로와 유사한 직업에 종사하는 사람을 알고 있다고 보고하였다. 인구밀도가 높지 않기 때문에 시골에 사는 아동은 도시에 사는 아동에 비해 노출되는 직업의 수가 더 적은 경향이 있다. 아동이 관찰할 수 있는 직종에서 일하는 사람들이 주요 인물이 될 가능성이 있다. 아동은 중요한 타인의 행동을 모방하면서 자신에게 적합해 보이는 면을 선택적으로 채택하거나 버리겠다고 선택할 수 있다. 이러한 과정은 아동의 자아개념 발달의 한 측면이다.

Super는 아동의 자아개념 발달에서 주요 인물의 역할을 강조하였다. 이는 아동이 자신의 역할모델을 관찰하면서 무엇을 배웠는지를 주의 깊게 듣는 것이 중요하다는 점을 상담자에게 분명하게 상기시켜 준다. Gibson(2004)은 역할모델이 아동의 욕구와 바람, 야망을 나타내는 것일 수 있다고 제안한다. 예를 들어, 장거리 트럭 운전기사인 아버지를 둔 아동은 그토록 큰 차량을 능숙하게 다루는 아버지의 기술에 강한 인상을 받거나, 아버지가 먼 지역을 방문한다는 점에 매료되거나, 무거운 물건을 운반하는 아버지의 능력에 감탄하기도 한다. 이러한 생각은 아동의 욕구와 야망을 반영할 수도 있다. 아동과 부모의 상호작용에 따라 이러한 인상 중 어떤 것이든 아동에게 영향을 미칠 수도 있다. 만일 트럭 운전을 모델링하는 사람이 아버지가 아니고 삼촌이나 이웃집 사람이라면 역할모델의 영향은 다를 것이다. 때로 역할모델에 대한 아동의 관찰은 정확하지 않다. 만일 잘못된 정보를 바로잡아 줄 계기가 있다면, 상담자는 다른 주요 인물의 행동 또는 아동이 잘못 알고 있는 주요 인물의 다른 행동에 대해 이야기함으로써 이런 기회를 활용할 수 있다. 아동이 사람들을 관찰할 수 있는 능력이 더 늘어날수록 주요 인물이 아동에게 미치는 영향력은 더 커지며, 이에 따라 자신의 행동에 대한 아동의 통제력도 커진다.

## ❁ 내적 통제 대 외적 통제

아동은 점차적으로 자기 주변에 대한 통제감을 경험하기 시작한다. 아동은 보통 선생님과 부모님이 시키는 대로 행동하는 데 익숙해져 있다. 아동에게 규칙은 따라야 하는 것이다. 초등학생들 스스로 고안한 놀이에서조차 규칙을 따르는 것은 보통 매우 중요하다.

아동이 과제와 프로젝트를 성공적으로 완수하게 되면서 자율성과 미래에 대한 통제감이 발달하게 된다. 상담자에게는 아동의 '통제를 벗어난' 행동이 빈번한 관심사이다. 자기통제가 자아개념과 진로의사결정 능력에 직접적으로 영향을 준다는 생각은 흥미롭다(그림 7.1을 보라). 보통, 교실에서 급우를 때리거나 교사에게 말대답하는 아동을 대할 때 상담자의 관심은 그러한 상황을 통제하는 데 있다. 이때 아동이 자기통제와 외적 통제 간의 균형감을 기르도록 돕는 것이 상담목표가 될 것이다. 이러한 상담목표를 진로성숙과 관련지을 수 있다는 생각이 상담자에게 전혀 떠오르지 않을 수도 있다. 하지만 자기통제가 결국에는 진로계획에 영향을 준다는 개념은 상담자가 아동을 상담할 때 이를 의식적으로 생각하고 있는가와 상관없이 중요하다. 자신의 행동을 통제할 수 있게 되면 아동은 자신이 좋아하는 것과 싫어하는 것을 더 잘 알게 될 수 있다.

## ❀ 흥미의 발달

직업에 대한 아동의 환상이 세상에 대한 정보에 영향을 받게 되면서 이러한 환상은 흥미로 발달하게 된다. 프로 운동선수가 되기를 원하는 아동은 공놀이나 체조와 같은 활동을 즐기게 되고, 예전처럼 환상 속에서 자신이 관중의 찬사를 받는 모습을 상상만 하지는 않는다. 흥미의 발달에서 실제로 운동선수가 될 수 있는 능력이 있는가는 아동에게 중요하지 않다. 어린 아동에게는 미래에 자신이 하고 싶은 일을 막는 어떠한 장벽도 눈에 보이지 않는다. Tracey(2001)는 아동의 흥미 구조를 연구하였다. 초등학교 5학년과 중학교 1학년을 대상으로 한 연구에서 Tracey(2002)는 흥미가 유능감의 발달로 이어지는 것처럼, 자기 유능감의 발달은 흥미의 발달을 촉진한다고 보고하였다. 아동은 나이를 먹으면서 흥미와 유능감 점수가 점차 낮아졌다. 이러한 하락은 거의 예외 없이 모든 Holland 유형에서 나타났다. 이와 같은 결과는 나이를 먹으면서 아동이 자신을 바라보는 관점(자아개념)이 환경과의 관계 속에서 자신을 어떻게 바라보는가에 영향을 받게 됨을 시사한다. 흥미의 발달은 탐색과도 관련되어 있다. 아동이 새로운 행동을 시도하다 보면 어떤 행동은 매력적이지만 어떤 행동은 그렇지 않다. 학교 내외의 활동을 통한 흥미의 발달은 청소년기 의사결정의 중요한 측면이 된다.

아동에게 새로 생겨나는 흥미를 고취하는 것은 진로성숙의 발달에 도움이 된다. 아동의 일상에서 신나는 일에 대해 이야기를 나누는 일은 궁극적으로 진로계획에 도움이 될 수 있다. 초등학생을 만나는 상담자들은 좀처럼 진로주제를 다루지 않기 때문에 흥미에 초점을 두는 것이 중요하지 않게 보일 수도 있다. 또한 상담자와 다른 중요한 역할모델의 영향이 다년간 드러나지 않을 수도 있다. 야구에 대한 흥미, 다친 동물을 도와주면서 느꼈던 흥분감, 최근 동물원 나들이에서의 즐거움에 대해 이야기하는 것은 아동이 자신을 더 중요한 존재로 느끼는 데 유익할 수 있다. 자기 중요성에 대한 이러한 느낌은 장차 아동이 자신이 어떤 사람이며, 자신이 다른 사람들과 어떻게 다른지에 대한 감각을 발달시키는 데 기여할 수 있다. 이러한 자아개념의 발달은 이후의 진로선택 과정에 필수적인 요인이다.

## ❀ 시간 조망

시간 조망을 발달시킨다는 것은 미래에 대한 감각을 발달시키는 것, 즉 6개월이 6년과는 다르다는 사실을 현실적으로 인식하는 것이다. 9세 미만 아동에게 시간 조망은 불가능하지는 않지만 어려운 일이다. 예를 들어, "지금 배를 몰 수 있도록 나는 선장이 되고 싶어요."라고 말하는 아동은 오직 현재에 대한 시간 감각만 가지고 있다. '나중에'라는 것이 얼마나 긴 시간인지에 대한 개념은 시간이 지나면서 발달한다(Ginzberg, Ginsburg, Axelrad, & Herma, 1951). 만 4세에서 8세 사이의 아동 92명을 대상으로 한 Friedman(2002)의 연구에 따르면, 미래 사건에 대한 아동의 지각은 누군가가 아동에게 사건을 묘사하는 방식에 따라 달라진다. 시간 조망 개념이 상담에 주는 시사점은 어린 아동, 특히 4학년 이전의 아동에게 장래 직업을 위한 교육이나 고등교육의 계획에 대해 생각하도록 기대하는 것은 비현실적이라는 것이다. 이보다는 지금 직업과 직무에 대해 알아보고 흥미를 개발하기 시작하며 탐색적 행동을 강화하는 것이 더 중요하다. 미래지향성이 발달하면서 아동은 중학교에서 이후 최종적인 진로선택에 영향을 미칠 교육적 선택을 시작할 수 있도록 '계획성'에 대한 감각을 갖게 된다. 시간에 대한 조망 능력을 발달시키는 것은 청소년에게도 중요한 과업이다. 15~17세 청소년과 성인의 미래 지향성을 발달시키기 위해 고안된 진로 프로그램은 미래에 대한 낙관성과 과거와 미래 사이의 지속성에 대한 감각을 개발하는 데 효과적이었다(Marko & Savickas, 1998).

## ❀ 자아개념과 계획성

자아개념(self-concept)은 Super의 발달 이론의 근저에 있는 개념이다. Super(1953)는 직업 발달을 자아개념을 발달시키고 실현해 나가는 과정으로 기술한다. 그는 자아개념을 개인의 생물학적 특성, 수행하는 사회적 역할, 그리고 타인의 반응에 대한 평가의 결합물로 보았다. 자아개념은 개인이 자기 자신과 자신의 상황을 어떻게 보는가를 의미한다. **그림 7.2**는 Super가 제시한 아치(arch) 모형으로, 여러 요소들로 이루어진 그의 이론(8장과 9장 참고)을 보여 준다. 아치의 상단에 있는 '자기'가 Super 모델의 이맞돌이자 중심이라는 점에 주목하라. 개인이 어떻게 자신을 지각하고 상호작용하는가는 성격과 욕구, 가치, 흥미를 반영한다(**그림 7.2**에서 왼쪽). 이러한 지각은 전 생애에 걸쳐 변화한다. 『진로발달: 자아개념 이론(*Career Development: Self Concept Theory*)』(Super, Starishevsky, Matlin, & Jordaan, 1963)에서 논의된 것처럼, 자아개념의 발달적 속성은 특히 중요하다. Super 등(1963)은 자기분화, 역할놀이, 탐색, 현실검증 등의 과정이 자아개념의 발달로 이어진다고 보았다. 사회와의 상호작용(**그림 7.2**에서 오른쪽)을 통해 개인은 가족과 학교, 친구 및 동료와 교류하게 되는데, 이러한 상호작용은 자아개념의 발달을 가져온다. 자아개념은 자신과 사회에 대한 개인의 견해를 나타내며 주관적인 것이다. 이는 홍미검사나 적성검사처럼 자기에 대한 객관적이거나 외적인 측정을 강조하는 특성요인 이론과 대조를 이룬다. Super가 자아개념에 중점을 둔다는 것은 생애 각 단계마다 중요한 역할과 가치를 평가하는 데 초점을 둔 척도를 개발하였다는 사실에서도 알 수 있다.

자아개념과 약간 다른 용어인 **이미지 규준**(image norms)은 자기를 조직화하는 개념을 바라보는 또 다른 방식을 제공한다. Super의 발달 단계를 이해하는 데 이미지 규준(Giannantonio & Hurley-Hanson, 2006)을 적용해 볼 수 있다. '이미지 규준'이라는 용어는 자기에 대한 이미지의 세 가지 측면, 즉 직업적 고정관념에 대한 인식, 신체적 자기이미지에 대한 인식, 조직적(organizational) 이미지를 포함한다. **직업적 고정관념에 대한 인식**은 특정한 직업을 얻기 위해서는 반드시 어떤 특정한 이미지를 가져야만 한다는 신념을 의미한다. **자기이미지에 대한 인식**은 연령, 성, 인종, 바람직성 등과 같은 특성과 더불어 개인의 신체적 외관에 대한 견해를 포함한다. **조직적 이미지**는 특정 회사나 일에 대한 이미지를 나타낸다. 이미지 규준은 아동이 자기 자신과 직장인 및 직장에 대한 견해를 발달시켜 나가는 과정에서 형성된다. Giannantonio와 Hurley-Hanson(2006)은 이미지 규준을 아동의 진로발달에 대한 Super의 관점과 관련지어, 자아개념이나 이미지 규준이 연령에 따라 어떻게 발달하는지를 설명하였다. 이들은 아동이 가족과 선생님, 또래 및 주변사람들이 직업에 대해 하는 말과 아동 자신에 대해 하는 말을 통해 이미지를 지각한다고 제안하였다. 또한 이미지 규준은 텔레비전과 잡지 그리고 다른 매체를 통해서도 발달한다. 이러한 점을 알고 있으면 상담자는 아동이 자기에 대한 특정 이미지 규준에 도전하도록 도울 수 있다.

자기에 대한 감각은 아동기 후기나 청소년기 초기에 생겨나기 시작한다. 아동은 주위 환경에 대해 더 많은 것을 발견하고 환경 속의 사물과 사람을 탐색하고 싶은 욕구를 따르면서 정보를 학습한다. 그리고 이러한 정보는 자아개념 발달의 토대가 된다. 아동은 자신이 다른 사람들과 어떤 점이 다른지, 또 어떤 점이 같은지를 배우게 된다. 나아가 아동은 자신의 삶에서 중요한 사람들을 관찰함으로써 직업적 역할과 그 밖의 역할을 배우게 된다. 또한 아동은 탐색행동을 통해 주요 인물에 대한 정보와 경험을 얻게 된다. 이러한 정보와 경험은 이후 아동이 어떤 활동에는 홍미를 갖고, 또 어떤 활동에는 홍미를 갖지 않는 데 어떤 역할을 할 것이다. 아동은 자신을 다른 사람들과 다르게 만드는 홍미와 경험에 대한 프로파일을 갖기 시작한다. 자아개념이 발달함에 따라 활동의 극적인 요소와 홍미진진함은 덜 중요해지고 목표의 성취가 더 큰 의미를 가지게 된다. 아동은 이제 계획하고 결정할 수 있는 시점에 도달하게 된다. 물론 모든 아동이 같은 경험을 하는 것은 아니며 모든 아동이 강한 자기감과 계획능력을 발달시킬 수 있는 것도 아니다. 진로성숙의 개인차와 진로성숙의 요소는 8장 '청소년기 진로발달'에서 다룰 것이다.

지금까지 기술한 내용의 핵심은 **그림 7.2**의 상단에서 보여 주듯이 자기감과 '계획성'의 발달을 가져오는 개념들의 중요성을 강조하는 데 있다. 계획을 세우려면 아동은 충분한 정보, 흥미와 활동에 관한 동기, 자신의 미래에 대한 통제감, 미래가 어떠할지에 대한 생각(시간 조망)을 갖추어야 하는데, 이는 **그림 7.1**에 제시되어 있다. 비록 흥미의 발달과 정보의 획득, 시간 조망 능력의 발달이 상담에서 달성할 수 있는 목표가 될 수는 있으나 그 자체가 상담의 목적은 아니다. 즉, 이러한 것들은 계획성과 자기감의 발달로 이어지기 때문에 중요하다. 이러한 주요 개념들은 발달하는 과정 중에 있기 때문에 아동이 계획적인 진로선택을 하는 것은 가능하지 않다. 그보다, 아동은 갖고 있는 정보나 역할모델과의 경험 때문에 어떤 직업에 흥미를 보일 것이다. 따라서 청소년과 성인에게 적용하는 진로상담 방식은 아동에게는 부적절하다. 아동기 진로발달에 대한 Super의 모델을 알고 있으면 상담에서 아동과 다른 주제를 다룰 때도 도움이 된다.

## Super 진로발달 이론의 초기 성장기의 수정

Super(1955)의 아동기 진로발달 단계는 아동의 진로발달에 대한 그의 모델을 활용하고 있다. 단계에 대한 그의 이론은 8장과 9장에서 다룰 것이며, 그때 Super의 전 생애 단계 중 아동기를 제외한 나머지 부분을 기술할 것이다. Super는 성장기(stage of growth)에 대한 설명에서 호기심을 첫 번째 단계로 기술하였다. 호기심을 뒤따르는 것은 환상이다. 환상기는 만 6세 또는 7세까지 지속된다. 만 8세 무렵, 흥미가 발달하면서 직업적 환상을 대체하기 시작한다. 만 11세 무렵에 아동은 유능감과 특정 기술을 습득하는 자신의 능력에 대한 견해를 갖게 된다. 능력기에 대해서는 8장 '청소년기 진로발달'에서 다룰 것이다.

### ❁ Super의 환상 하위 단계의 수정

최근 Howard와 Walsh(2010, 2011)는 아동 및 성인의 직업추론 발달을 여섯 가지 수준으로 제시하였다. 이는 Super의 성장기와 유사하다. 이 장에서는 첫 번째 세 수준을 다루고(1, 2수준을 이 절에서 살펴보고, 3수준을 다음 절에서 살펴본다), 8장에서 4, 5, 6수준을 다룬다. 첫 번째 두 수준, 즉 순수 연상(Pure Association)과 마술적 연결

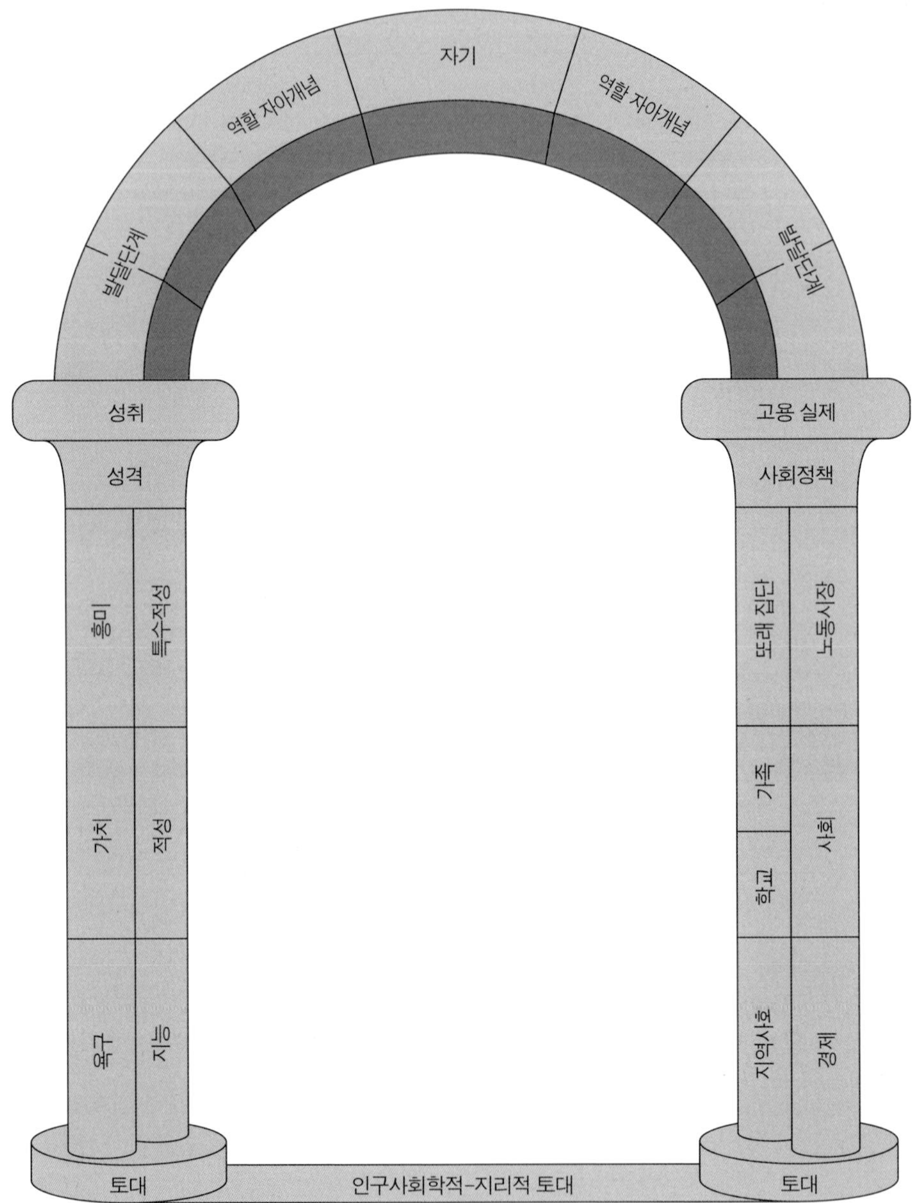


**그림 7.2** 진로결정 요인의 아치 모형

출처: "A Life-Span, Life-Space Approach to Career Development", (Super, 1990) 『진로선택 및 발달: 현대 이론과 실제(*Career choice and development: Applying comtemporary theories to practice*)』(Brown, Brooks, and Associates, 1990)에서 발췌. Copyright © 1990 by Jossey-Bass. John Wiley & Sons, Inc.의 허락하에 재인쇄함.

(Magic Connection)은 Super의 성장기 하위 단계 중 환상기를 확장한다.

**순수 연상(1수준)** 아동에게 진로선택에 대해 물어보면 종종 직업이나 진로를 언급한다. 이 수준에서 아동은 직업의 특성, 즉 어디에서 일하고 어떤 장비가 사용되며 근무 복장이 어떠한지에 대해 말할 수도 있다. 하지만 특정 직업을 어떻게 얻는지에 대해서는 알지 못한다. 예를 들어, 4세인 마리는 유치원 선생님이 되고 싶어 하는데, 이것은 마리가 일주일 내내 접하는 직업이다. 마리는 재미있는 활동과 선생님이 사용하는 장난감을 보고 강한 인상을 받는다. 또한, 마리는 자신과 또래에 비해 선생님이 상대적으로 힘도 세고 더 크다는 점에서도 강한 인상을 받는다. 크기(size)와 힘(power)의 개념은 초기 아동기 진로발달에 대한 Gottfredson의 이론에서 설명하고 있다(230쪽 참고).

**마술적 사고(2수준)** 이 수준에서 아동의 진로선택은 단순하다. 진로선택이 어떻게 이루어지는가에 대해서는 거의 생각하지 않은 채 진로선택이 이루어진다. 마리가 5세가 되었을 때, 왜 유치원 교사가 되고 싶은지를 물어보면 "선생님은 아이들을 도와주니까요."라고 대답한다. 어떻게 교사가 될 거냐는 질문을 받으면 마리는 사람들이 배우도록 도와준다고 대답할지도 모른다. 마리는 어떻게 교사가 되는지를 설명할 수는 없지만, 교사가 무엇을 하는지는 미숙하게나마 알고 있다. 이러한 지식은 1수준에서는 없던 것이다. 기본적으로, 교사가 되려는 마리의 진로선택은 주요 인물인 교사와 그 교사가 사용하는 장난감, 가구 및 교사가 하는 활동에 바탕을 두고 있다. 마리는 상상력을 사용하여 직업에 대한 환상을 품게 된다. 다음 수준과는 달리, 마리는 선생님이 하는 일에 대해서는 흥미를 표현하지 않고, 도구와 활동에 대해 흥미를 표현한다.

## ❁ Super의 흥미 하위 단계의 수정

Super(1955)는 만 7세 무렵 아동은 더 이상 환상을 쫓는 선택을 하지 않고 흥미를 선택의 기반으로 삼는 경향이 있다고 믿었다. 특히, Super는 어린 소년들의 진로선택은 많은 경우 아버지의 직업과 어떤 방식으로든 관련이 있다는 것에 주목하였다. 10세 소년은 현재 자신의 흥미를 바탕으로 아버지의 직업과 같은 분야에 종사하고 싶은지의 여부에 대해 말할 것이다. 아동은 자신의 흥미가 달라질 수 있고 다른 선택을 할 수도 있다는 것을 꽤 잘 알고 있다. 하지만 대안적인 선택에 대한 생각은 모호하고 그에 대한 관심도 없다. 만 11세가 되면, 아동이 자신의 능력을 판단하는 능력이 제한적이기는 하지만 잘 발달되어 있다. 아동은 지역사회를 통해 많은 직업을 어느 정도 접하였을 수도 있다. 아동은 TV에서 그려진 직업의 모습을 보고 형사나 의사가 되는 것에 흥미를 가질 수도 있다. 또한 부모와 친구 부모님의 역할에 주목할 수도 있다. 그리고 아동은 스스로 "이것이 내가 하고 싶을 만한 일인가?"라는 질문을 던질 수 있다. 스포츠 활동에 참여하는 것과 잔디 깎기나 아이 돌보기 같이 아동기에 할 수 있는 일은 아동이 자신의 흥미를 시험해 볼 수 있게 해준다. 자신의 역량을 판단하는 능력이 아직 발달되지 않은 아동은, 예를 들어 프로 운동선수가 되고 싶어 할 수 있지만, 자신의 수행 수준은 아직 고려하지 못한다.

**외부 활동(3수준)** Howard와 Walsh(2010, 2011)는 세 번째 수준인 외부 활동(External Activities)을 아동이 참여하는 활동에 관심을 기울이는 흥미의 발달로 설명한다. 그들은 아동이 어떤 행사나 활동에 참여하고 그 경험과 진로선택의 관련성을 어떻게 보게 되는지를 기술하였다. 또한 아동은 직업을 선택한다고 해서 그 직업을 가질 수 있는 것은 아님을 알게 된다. 예를 들어, 샘이 발레리노나 가수가 되고 싶어 하더라도, 이것이 자신이 앞으로 이런 직업을 가질 수 있다는 뜻은 아님을 알고 있다. 샘은 또한 노래하고 춤추는 것이 가수나 댄서가 될 수 있는 방법이라는 것도 안다. 습득해야 하는 기술을 설명할 수 있는 능력은 이 수준의 한 측면이다. 그러나 샘이 댄서나 가수로서 자신의 능력을 평가할 수 있는 능력은 4수준인 내적 과정(Internal Processes)과 관련되어 있다. 4수준은 청소년기 진로발달과 관련하여 8장에서 살펴볼 것이다.

Super의 진로발달 이론의 성장기를 확장한 Howard와 Walsh(2010, 2011)의 이론은 아동이 진로선택 능력을 어떻게 발달시키는가에 대한 이해를 높여 준다. 다음 절에서는 사례 예시를 통해 아동상담에서 진로주제를 다룰 때 Super의 진로발달 이론을 활용하는 방안을 제시한다. 사례 예시에서는 Howard와 Walsh의 직업추론 수준에 대해서도 언급하였다.

## 아동상담에서 Super의 모델 활용

아동상담에서 흔히 다루는 주제는 학교와 가족이다. 미국학교상담자협회(ASCA, www.schoolcounselor.org)의 국가모델은 상담자가 진로 및 다른 문제를 갖고 있는 초등학교 아동을 돕는 데 활용할 수 있는 방안을 제시하고 있다. 미국에서 초등학교 상담자들이 흔히 직면하는 몇몇 문제로는 정상적인 발달적 문제, 학습 문제, 신경학적 문제를 들 수 있다(Wright, 2012). 의학적인 문제, 기아, 안전하지 못한 환경도 다루어야 할 문제들이다. 약물 및 알코올과 같은 가족문제나 거주지를 자주 옮기는 가족도 상담이 필요할 수 있다(Wright, 2012). 학교에서 발생하는 문제로는 신체적 괴롭힘이나 사이버상의 괴롭힘이 있다. 또 다른 문제로는 고립이나 분노조절 혹은 이후의 어떤 목표를 성취하기 위해 당장의 만족을 지연할 수 없는 것도 있다(Wright, 2012). 이러한 주제를 다룰 때 상담자는 때때로 Super의 아동기 진로발달 모델에 부합하는 의견을 제시할 기회를 갖는다. 이때 상담자는 아동의 탐색행동이나 학교 경험에 대한 반응, 주요 인물에 대한 긍정적 또는 부정적 반응에 관해 논의할 수도 있다. 아동의 제한된 시간 조망 능력에 대한 인식은 상담자가 아동에게서 계획적인 행동을 기대하지 않도록 하는 데 유익하다. Super의 관점은 또한 상담자가 홍미의 발달에 주목하게 한다는 점에서도 유용하다. 다음의 예는 상담자가 표면적으로는 진로선택과 관계없는 주제에 대해 아동과 상담하는 동안 Super의 개념에 관한 지식을 어떻게 통합할 수 있는지를 보여 준다.

아서는 부유층 거주지역인 교외에 위치한 학교에 다니는 4학년 백인 학생이다. 아서의 부모는 캐나다의 토론토에서 자랐다. 아서의 이전 학기 성적은 C 수준이었다. 그는 읽기에서 학급의 다른 아이들에게 뒤처지기 시작하고 있고, 본인도 이런 점을 느끼고 있다. 아서는 또래들과 사회적 접촉이 거의 없는 것 같고, 읽기 과제를 하다가 힘들어지면 쉽게 울어 버린다. 담임 선생님은 아서의 행동이 염려스럽기도 하고 그에게 학습장애가 있을지도 모른다는 생각에 아서를 상담자에게 의뢰하였다. 다음에 제시되고 있는 아서와 상담자 간의 대화는 상담회기의 후반부에서 발췌한 것이다.

**내1:** 전 읽기가 싫어요! 너무 어려워요.

**상1:** 그럼 넌 어떤 걸 좋아하니? [상담자는 읽기에 대한 아서의 좌절감을 충분히 느끼고 아서가 실패감을 느끼지 않는 주제로 넘어가려고 한다. 그들은 이후 읽기 주제로 되돌아갈 것이다.]

**내2:** 전 야구가 좋아요. 학교 끝나고 친구들하고 야구를 해요. 카드 교환도 해요.

**상2:** 어떤 팀 카드를 모으니? [아서는 자신의 홍미를 분명하게 표현할 수 있다. 그리고 홍미에 대해 아서가 말한 것은 Howard와 Walsh의 직업추론 3수준과 일치한다. 상담자는 일단 야구를 하는 것보다 야구 카드를 수집하는 주제를 따라가기로 한다. 상담자는 주로 아서의 홍미 영역을 따라가려고 한다.]

**내3:** 다 모아요. 전 아메리칸 리그가 좋아요. 신입선수와 투수들 스탯(stats)도 좋아해요.

**상3:** 카드 수집을 정말로 좋아하나 보네. [상담자는 아서가 긴장을 풀고 더 열성적으로 이야기하기 시작했다는 점에 주목한다. 또한, 상담자는 아서가 읽기를 요구하는 활동에 흥미가 있다는 걸 알아차리지만, 굳이 언급하지는 않는다. 대신, 상담자는 아서의 탐색행동을 따라간다.]

**내4:** 네, 정말 좋아요. 부모님이 용돈을 주시면 카드를 사죠. 그리고 애들 볼 때마다 교환해요. 다들 제가 거래를 잘한다는 걸 알아요. 때로는 거래할 친구를 찾기 어려울 정도예요. 카드로 꽉 찬 상자도 갖고 있어요.

**상4:** 얘기를 들어 보니 아서가 그 일을 잘하나 보네. [상담자는 읽기의 어려움에서 느끼는 아서의 실패감을 염려하면서, 그의 흥미와 강점 영역을 강화하고자 한다. 아서의 자아개념이 중요하다. 야구 카드를 수집하는 것 자체가 직업과 직접적인 관련성이 있어야 할 필요는 없다.]

**내5:** 네, 저는 카드에 대해서 잘 알고 선수들도 잘 알아요. TV에서 선수들을 보는 걸 좋아해요. 제가 갖고 있는 카드에 나온 선수를 보는 게 재미있어요. 가끔 야구를 할 때면 제가 선수인 척해요.

**상5:** 넌 누구처럼 되고 싶니? [환상 속에서 아서는 주요 인물의 영향을 받는다. 상담자는 이에 대해 좀 더 듣고 싶어 한다.]

**내6:** 레드삭스의 중견수요. 그 선수는 공을 정말 잘 쳐요. 그 선수를 보는 게 좋아요. 저도 그 선수처럼 치고 싶어요. 그 선수 같은 프로 야구선수가 되고 싶어요. 저도 홈런을 치고 타율이 높았으면 좋겠어요. 저는 보스턴 레드삭스 팀에서 뛰고 싶어요. 야구공을 세게 치는 게 정말 좋아요. 공을 잡는 것도 아주 좋고요.

**상6:** 정말 멋진 일인 것 같구나. [상담자는 아서의 시간 조망이 막연하다는 것을 알아차린다. 아서는 조만간 프로 야구선수가 되어 있는 자신을 보는 것 같다. 아직 그러한 능력이 없는 상태에서 시간 조망 능력을 발달시키도록 아서를 압박하고 싶지 않아서 상담자는 야구에 대한 아서의 관심과 탐색을 강화한다. 상담자는 그들이 읽기 문제에서 멀어지고 있음을 알고 있지만, 아서의 자아개념을 강화할 영역에 어느 정도 시간을 들이는 것이 중요하다고 느낀다.]

이 사례에서 상담자는 아서의 탐색행동을 강화하고 아서가 자신에 대해 더 좋은 느낌을 갖도록 도우려고 Super의 개념을 사용하고 있다. 비록 상담의 목표는 아서의 읽기 문제를 돕는 것이고, 앞에서 제시한 대화는 그것과 관련성이 없어 보이지만, 아서가 성공감을 갖도록 돕는 것은 그가 전반적으로 좌절감을 덜 느끼게 할 수 있을 것이다. 상담 면접에서 이후에 상담자는 야구 카드 읽기와 학교 과제 읽기 사이에 유사점을 이끌어 낼 수 있을 것이다. 상담자는 억지로 진로문제를 끌어들이지는 않지만, 주어진 상황의 맥락에서 학생에게 도움이 되는 방식으로 반응하기 위해 Super 이론에 대한 지식을 활용한다. 이 사례는 남아가 전통적으로 남성적인 활동을 선택하고 있다는 점에서 성 고정관념적인 상황을 사용한 예이다. 성역할 고정관념에 관한 문제는 직업선택의 발달에서 중요하다. 다음 절에서는 인지 및 진로발달에 대한 또 다른 관점과 더불어 이 문제를 포괄적으로 다룬다.

## Gottfredson의 자기창조와 제한 및 타협 이론

Super와 마찬가지로, Gottfredson도 자아개념의 발달에 관심을 가진다. 그녀의 진로발달 이론은 사람들이 사회와 자신의 개별성(자신의 가치, 감정, 흥미)의 측면에서 자기 자신을 어떻게 바라보는가를 설명하는 데 도움이 된다. Gottfredson(1981, 2002, 2005)은 아동기와 청소년기에 초점을 둔 진로선택에 관한 발달 이론을 개발하였다. 그녀의 이론은 개인의 심리적 자기가 성과 명성을 포함한 환경적 요인과 상호작용하는 가운데 어떻게 개인이 자기를 만들어 나가는지를 기술한다. 그녀는 이것을 자기창조(self-creation) 이론이라 부른다. 이 이론은 직업선택에서 인지발달이 차지하는 역할에 바탕을 둔다. 즉, 지적 성장의 개인차는 성인기 진로에 막중한 역할을 담당할 수 있다는 것이다. 유전과 환경의 관계는 성격과 흥미뿐만 아니라 인지발달에 영향을 미친다. Gottfredson은 이러한 복잡한 관계를 진로발달 이론에 통합하여 지능, 성격, 흥미의 발달에서 유전적 요인이 차지하는 서로 다른 역할을 설명하였다. 그녀의 이론은 자기에 대한 개념 외에도 개인이 세상을 어떻게 바라보며, 그녀의 용어를 빌자면, 개인이 어떻게 직업에 대한 인지적 지도를 발달시키는가를 다루고 있다. 이 지도를 보면서 길을 찾기 위해 개인은 일상생활에서 어떤 선택을 할 때 그들을 안내하고 많은 일상적인 선택을 통해 발달하는, 계속 성장하는 내면의 나침반을 개발한다. 이 내면의 나침반은 개인의 생물학적 자기와 개인이 세상에서 겪는 경험 간의 상호작용을 반영한다. 그것은 진로발달을 포함하여 많은 발달적 과정을 안내하는 안내자 역할을 한다.

진로를 선택하는 과정은 직업에 대한 인지적 지도의 발달을 포함하는데, 이 지도는 개인의 자아개념으로 통합된다. 따라서 사람들은 어떤 직업이 자신이 보는 자기 모습과 양립 가능한지를 결정해야 한다. 그 직업은 자신에 대한 견해와 양립 가능해야 할 뿐만 아니라 그 개인에게 접근이 용이하거나 획득 가능한 것이어야 한다. 그렇지 않다면 개인은 그런 직업을 구하려 하지 않을 것이다. 양립 가능성 및 접근성과 관계되는 개념이 Gottfredson의 '제한'과 '타협'이라는 개념이다. 제한(circumscription)은 청소년이 자신에게 적합하지 않다고 느끼는 대안들을 배제하는 과정이다. 타협(compromise)은 청소년이 좀 더 쉽게 얻을 수 있는 것을 위해 자신이 좋아하는 대안을 포기하는 과정이다. Gottfredson은 이 두 개념에서 개인이 직업을 선택해야 할 뿐만 아니라(제한), 문화, 차별, 직업시장, 다른 사람들과의 경쟁을 포함한 외부세계의 영향도 다루어야 한다는 것(타협)을 인정한다. Gottfredson의 이론에서는 생물학적 요인이 제한과 타협의 과정에서 어떤 역할을 하는지를 보여 준다.

다음 절에서는 먼저 인지적 성장에 대한 Gottfredson의 관점을 설명하는데, 이 관점은 개인이 어떻게 자기를 창조하는가를 이해하는 틀을 제공한다. 개인은 자신의 지능과 특성, 흥미 및 여타 요인과 상호작용을 해나가는 과정에서 일생 동안 자신을 안내해 줄 내면의 나침반을 발달시킨다. 이런 식으로 개인은 자신만의 독특한 자기를 창조해 나간다. 자기창조와 내면의 나침반이 발달하는 과정의 한 부분을 차지하는 것은 사회적 · 생물학적 요인들이 직업선택에 미치는 영향(제한)과, 개인이 자신에 대해 알고 있는 것을 바탕으로 직업세계와의 관계에서 어떻게 타협하는가이다. 이러한 제한과 타협의 주제를 다룬 다음에는, 사례 예시를 통해 Gottfredson의 이론이 진로상담에 대해 어떤 시사점을 주는지를 살펴볼 것이다.

## ❁ 인지적 성장

직업과 자신에 대한 견해를 매칭하기 위해서 아동은 반드시 자신과 직업세계 둘 다에 대해 배워야 한다. 직업세계에 대해 배우는 과정에서 아동은 직업인지지도(cognitive map of occupations)를 발달시킨다. 같은 지역이나 나라에 살고 있는 아동들의 경우 이 지도는 유사하다. 예를 들어, 프랑스에 살고 있는 아동은 유사한 직업들에 관한 정보에 노출된다. 이 직업들은 모든 면에서는 아니겠지만 어떤 면에서는 나이지리아 아동이 배우는 직업과 유사할 것이다. 반면, 아동이 발달시키는 자아개념은 아동 개개인마다 독특하다. 직업에 대한 인지적 지도와 자신에 대한 개념을 발달시키기 위해 아동은 반드시 학습능력을 개발해야 한다.

Gottfredson(2005)은 학습과정의 특징을 기술하기 위해 인지적 과제에 대한 Bloom의 분류법을 사용한다. 아동이 나이를 먹으면서 숙달하게 되는 학습과제의 개요를 살펴보기 위해 Bloom 분류법의 6수준(Anderson & Krathwol, 2001; Moseley et al., 2005)을 여기에 제시하였다. 과제는 가장 기본적인 것에서 가장 복잡한 순서로 나열되어 있다.

1. 기억하기(remember): 구체적인 사실을 학습하기. 반드시 다른 것과 연관된 것일 필요는 없음.
2. 이해하기(understand): 사물이나 개념 간의 유사성과 차이점을 파악하고 이해하기.
3. 적용하기(apply): 정보를 통해 추론하고 그 정보의 가치를 판단하기.
4. 분석하기(analyze): 어떤 결정의 장단점을 따져 보기 위해 정보에 바탕을 두고 검토하기.
5. 평가하기(evaluate): 어떤 것이 최상의 결정인가를 판단하기 위해 다양한 기준을 사용하기.
6. 창조하기(create): 목표를 달성하기 위해 계획 세우기.

Bloom의 분류법을 사용하면 진로나 직업과 관련된 주제를 다루는 아동의 능력을 이해하는 데 도움이 된다. 아동은 직업에 대해 배우고 장차 직업 요건으로 이어지는 기술을 획득하며, 흥미를 발달시켜 가면서 자신의 경험들을 분석하고 평가할 때 이 인지적 과제를 사용한다.

Gottfredson(2005)은 Bloom의 분류법을 사용하면서, 아동이 나이를 먹으면서 구체적인 사고에서 추상적인 사고로 어떻게 옮겨 갈 수 있는가에 대해서도 논의한다. 앞서 언급하였듯이(211쪽 참고), 이 과정은 Piaget(1977)의 인지발달 4단계인 감각운동기, 전조작기, 구체적 조작기, 형식적 조작기 중 일부이다. Bloom의 분류법과 Piaget의 인지발달 단계는 일반적인 상황과 진로발달에 적용할 때 아동의 학습능력의 발달을 설명하는 데 도움이 된다.

또한 Gottfredson(2005)은 나이가 같은 아동 간에도 학습능력에 상당한 차이가 있다는 점을 지적한다. 인지발달에 관한 연구들을 개관하면서, Gottfredson은 유전적 요인이 아동이 지적으로 발달하는 과정에 중요한 영향을 미친다는 것을 보여 준다. Bloom 분류법에 제시된 과제나 Piaget의 인지발달 단계를 거치는 나이가 아동에 따라 다를 수 있다. 지적인 기술이 매우 발달된 아동은 이러한 기술이 덜 발달된 또래에 비해 환경에서 얻는 정보와 교사가 제공하는 정보를 더 잘 활용할 수 있다. 진로발달의 관점에서 보면, 아동이 환경에서 정보를 받아들일 수 있는 지적 능력이 더 높을수록 **진로성숙**이 발달하였을 가능성이 더 높다. 진로성숙의 개념은 8장 '청소년기 진로발달'에서 상세히 다룰 것이다.

## ❀ 자기창조

Gottfredson(2005)은 가장 최근에 제시한 자신의 이론을 설명하면서 개인이 복잡한 세상에 대처할 때 유전적 혹은 생물학적 요인이 어떻게 개인의 선택에 영향을 미치는지를 자세히 기술하고 있다. 거의 모든 이론가가 환경적 요인이 중요하다고 말하지만, 오직 Gottfredson만이 철저한 연구를 바탕으로 아동의 성장과정에서 생물학적 요인과 환경적 요인이 어떻게 상호작용하는지에 대한 관점을 제시하였다. Gottfredson은 개인이 세계에 대한 단순하고 불완전한 인지지도를 가지고 매우 복잡한 세계에 진입한다고 설명한다. 이 절의 나머지 부분에서는 아동이 성인으로 성장하면서 본성과 양육(유전과 환경)이 상호작용하는 복잡한 방식을 기술할 것이다.

Gottfredson(2005)은 개인이 끊임없이 변화하는 생물학적 자기와 환경 간의 관계에서 능동적으로 참여하는 존재라는 점을 강조한다. 사람들이 형제자매와 공유하는 환경조차도 그들이 성인이 되어 처한 환경에서 보면 아주 달라 보일 수 있다. 부모가 어디에 거주하는지, 부모가 학교교육을 얼마나 받았는지, 얼마나 부모가 부유한지는 어떤 연령대에서 보더라도 개인의 성격 특성에는 별로 영향을 미치지 않는 것처럼 보인다. 더구나, 개인의 지적 능력에 대한 부모의 영향은 개인이 청소년이 되면서 줄어든다.

하지만 흥미와 태도, 기술과 같은 다른 요인은 다른 사람들과 공유하는 환경의 영향을 더 많이 받는다. 직업흥미는 유전과 환경 간의 관계에 영향을 받는다. 흥미는 특히 우리가 사는 세상의 영향을 받는 반면, 기질과 지능은 환경의 영향을 덜 받고 유전자 구성의 영향을 더 많이 받는다. 그 이유 중 하나는 흥미가 스포츠 장비나 악기, 돈 등의 사물을 다루기 때문이다. 사물은 흥미와 태도, 기술의 발달에서만큼 기질과 지능에서 중요한 구성요소는 아니다(L. S. Gottfredson, 개인적인 대화 중에서, 2008. 4. 17). 흥미는 특정 문화권의 사람들이 욕구 충족을 위해 개발하는 인간적 특성과 맞을 때 생겨난다. 매우 특정한 과제들이 각기 다른 문화권의 욕구를 충족시킨다. 예를 들어, 많은 문화권에서 의료 종사자나 교사를 필요로 하지만, 특정 문화권에서만 항해사나 원자 물리학자를 필요로 한다. 많은 청소년들은 특정한 흥미나 능력, 가치를 이끌어 내는 경험이 많지 않다. 예를 들어, 누군가는 큰 배를 조종할 능력이 있을 수 있지만, 책이나 영화를 제외하고는 자신의 문화권에서 큰 배를 접할 기회를 갖지 못할 수 있다. 다른 사람과 공유되지 않은 어떤 사건들은 개인의 발달에 큰 영향을 미치고, 결과적으로 그 사람의 독특성에 이바지한다. 예를 들어, 어떤 청소년이 친구들과 함께 차를 몰고 가다가 차가 고장이 났다고 하자. 다른 누구도 고칠 수 없는 상황에서 자신이 차를 고친다면 이것은 그의 인생에서 중요한 사건일 수 있다. 이 일로 인해 이 청소년은 기계공이나 엔지니어를 진로로 탐색하게 될지도 모른다. Gottfredson은 이러한 **공유되지 않은**(nonshared) 사건의 중요성을 강조한다. 이러한 사건은 사람들이 나이가 들면서 더 흔하게 일어날 수 있다.

사람들이 환경과 상호작용할 때, 유전적 요인에 바탕을 둔 기질은 더 안정적이 되거나 **특성화**(traited)된다. 사람들이 경험을 반복하면 특성이 발달한다. 이것은 사람들이 내향적으로 또는 외향적으로 태어나며, 그것이 장차 그들이 되어갈 모습이라는 의미는 아니다. 그보다는, 특성은 점차 그들이 어떤 사람인가를 더 안정적으로 표현하게 된다. 이런 식으로, 시간이 흐르면서 내향성의 성격 특성을 가진 사람은 그 내향성을 드러낼 수 있는 활동을 더 많이 경험하고 즐길 것이다.

또한, 개인은 다양한 특성을 정의하는 데 도움이 되는 사건을 점차 더 많이 선택할 것이다. 예를 들어, 사람들은 타인과 상호작용할 때 그들이 외향 또는 내향의 어떤 조합물이 되도록 허용하는 상황을 찾게 되는데, 이 조합물은 아주 내향적인 것에서부터 아주 외향적인 것에 이른다. 이런 식으로 **특성**이 발달하며, 유전이 개인에게 미치는 영향은 개인이 나이가 들면서 약해지기보다는 오히려 더 강해진다. 지능에 관한 한, 입양아는 양부모와 닮기보다는 만난 적도 없는 생물학적 친족과 점점 더 닮게 된다(Plomin, DeFries, McClearn, & McGuffin, 2001).

입양아가 입양가족보다 생물학적 가족을 더 닮게 된다는 개념은 일견 부정확한 것처럼 보일 수 있다. Gottfredson(2005)은 **유전자-추동-경험 이론**(genes-drives-experience theory)을 통해 아동의 학습과정을 설명한다. 아동은 나이가 들면서 자신의 환경을 선택하고 관리하고 이해하는 데 있어서 좀 더 능동적인 역할을 맡게 된다. 하지만 자신이 무엇을 해야 하고 자신의 역할을 어떻게 이해해야 하는지에 대한 선택을 할 때 아동은 Gottfredson이 말하는 **내면의 유전적 나침반**(internal genetic compass)의 영향을 받는다. 이 '나침반'은 아동 자신이 전반적으로 무엇을 선호할지에 대한 내면의 안내자이다. 이 나침반은 아동이 어떻게 될 것인가를 정확히 결정하지는 않는다. 왜냐하면 그것은 환경의 영향을 받기 때문이다. 예를 들어, 그리기 능력을 포함한 나침반을 가진 아동은 예술적인 활동을 더 많이 선택할 것이다. 반면, 스포츠 성향을 가진 아동은 스포츠 활동을 더 많이 선택할 것이다. 만약 다른 사람들이 이러한 활동에 속하는 기술을 강화한다면, 지지를 받은 아동은 그러한 활동을 더 많이 선택하게 될 것이다. 개인은 나이가 들면서 자신의 특성에 대한 긍정적 경험과 지지를 더 많이 얻게 되고, 그 결과 타고난 특성을 발달시키게 된다. Gottfredson은 "환경이 부분적으로 유전적인 기원을 갖는다는 것은, 사람들이 획득하는 직업과 학위, 경험하는 주요 생활사건, 제공받는 사회적 지지와 삶의 다른 중요한 측면들이 보통 중간 정도로 유전성이 있음(moderately heritable)을 보여 주는 연구를 통해 확인된다."라고 말한다(2005, p. 76). 앞서 말하였듯이, 흥미는 능동적이고 과제를 수행하며 사물을 다루는 것을 요구하기 때문에 지능이나 기질보다 유전성이 약하다.

개인은 성장하면서 두 가지 요인의 영향을 받는다. 유전(유전적 나침반)은 일생 동안 다른 선택이 아닌 어떤 특정한 선택 쪽으로 개인을 움직이게 하는 안내자이다. 하지만 개인은 자신의 선택에 영향을 미치는 환경적 요인도 다루어야만 한다. 예를 들어, 가족을 부양하면서 의과대학에 진학하고자 하는 것은 불가능하지는 않지만 어려운 일이다. 또는 부모가 2년 동안 실직 상태에 있는 상황은 학비 부담을 고려하여 개인이 다닐 대학을 선택할 때 영향을 미칠 수 있다. 개인은 성장하면서 자기 자신과 자신의 성격, 기술, 흥미와 가치를 관찰한다. Gottfredson은 이 과정을 **자아개념**의 발달이라 부른다. 개인은 자아개념과 환경 간의 상호작용에서 일생 동안 적소(適所; niche)를 찾는다. **적소**는 개인이 점유하는 삶의 자리와 역할이다. 진로를 선택하는 과정은 적소 찾기의 한 방식이다. 개인이 개발할 수 있는 적소는 여전히 많다. 따라서 자기창조의 과정은 개인의 독특한 적소 찾기 패턴의 발달로 이어진다. 환경적 요인이나 사회적 요인이 어떻게 개인의 자기창조에 기여하는가가 다음 절의 주제이다.

## ❁ 제한

제한, 즉 청소년이 자아개념과 맞지 않는 직업적 대안을 배제하는 과정에는 몇 가지 요인이 영향을 미친다. Gottfredson은 추상성을 다루는 능력의 향상이 아동이 세상에 대한 자신의 관점을 이해하고 조직하는 데 큰 영향을 준다고 본다. 또한 아동이 자신을 어떻게 바라보는가는 직업선택에 영향을 미치고, 초기의 직업선택은 마찬가지로 자신을 어떻게 바라보는가에 영향을 미친다. 아동은 사회적 자기(social selves)를 먼저 고려한다. 이 때문에 자신이 지각하는 **사회적 공간**(social space), 즉 적합하거나 양립 가능해 보이는 직종에 맞지 않는 직업들은 배제하기 시작한다. 이때 아동은 성역할과 명성 수준 측면에서 수용할 만하다고 생각하지 않는 직업들을 거부한다. 예를 들면, 트럭기사가 여자에게 적합한 직업이 아니라고 느끼는 여자아이는 이 직업을 고려대상에서 제외할 것이다. 마찬가지로, 남자는 간호직종에 들어가서는 안 된다고 믿는 남자아이는 잠정적인 직업선택에서 이 직업을 배제할 것이다. 아동은 성과 사회적 계층에 대한 관념에 기반하여 직업선택을 배제하면서도, 정작 자신이 이렇게 하고 있다고는 인식하지 못한다. 이후에 자신의 개인적 능력과 흥미에 맞는 직업을 찾을 때,

사람들은 자신이 생각해 볼 수 있는 선택의 범위를 점차 좁혀 나가면서도 자신이 실은 선택을 하고 있다는 사실을 깨닫지 못한다. Gottfredson은 앞서 언급한 아동의 발달 방식에 근거하여 제한의 네 단계를 기술한다. 남아와 여아 모두 인지적 능력에 따라 다음 단계들을 거치는 나이가 제각기 다르다. 다음과 **그림 7.3**에서 제시된 각 단계의 해당 연령은 대략적인 것이다.

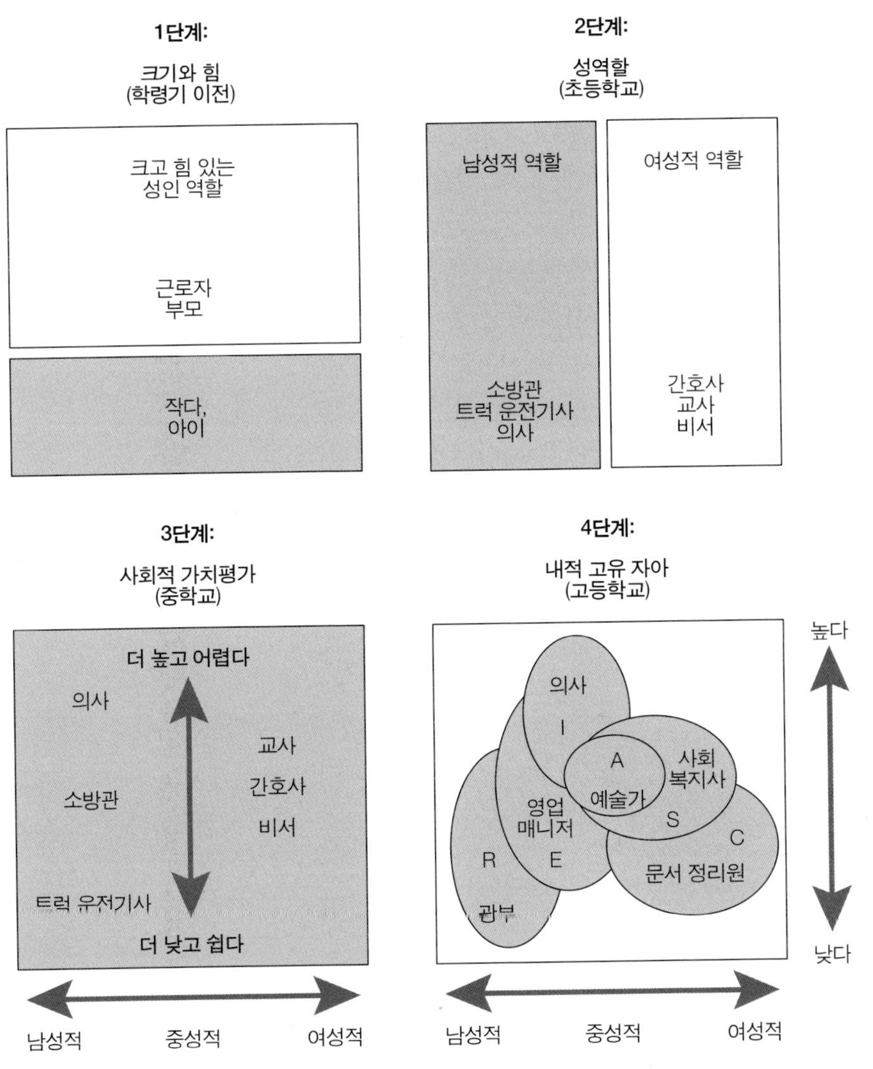


**그림 7.3** Gottfredson의 제한 4단계

출처: "진로지도 및 상담에서 Gottfredson의 제한 및 타협 이론 적용", (pp. 71-100), 『진로발달 및 상담(*Career development and counseling*)』, D. Brown & W. Lent (eds.)에서 발췌. Copyright © 2005 John Wiley & Sons, Inc. 허락하에 재인쇄함.

**1단계: 크기와 힘 지향(만 3~5세)** 이 시기의 아동은 사물을 구체적으로 보는 경향이 있다. 아동은 크다/작다 또는 나이가 많다/적다와 같은 단순한 단어로 사람들을 분류하기 시작한다. 직업을 볼 때 아동은 불도저, 삽, 칠판, 톱, 야구공 등 직업에서 사용되는 물건을 알고 있을 수 있다. 예를 들어, 네 살배기 앨리스는 전기기사인 아버지가 일을 마치고 집에 가져오는 전선과 펜치, 기타 도구를 보게 된다. 이때 앨리스는 체구가 큰 아버지는 이러한 도구를 사용할 수 있지만 체구가 작은 자신은 사용할 수 없음을 알 수도 있다. 이 시기에 앨리스는 남성/여성 또는 명성이 높다/낮다 등의 개념에 대해서는 거의 아는 바가 없을 수 있다.

**2단계: 성역할 지향(만 6~8세)** 초등학교 저학년이 되면 아동은 구체적인 차원으로 사고하고 단순한 구별을 할 수 있다. 예를 들어, 이들은 좋다/나쁘다 또는 쉽다/어렵다는 관점에서 사물을 보게 된다. 이 시기에 아동은 성역할을 인식하게 되고, 직업에 관해서는 자신의 성에 적합하다 또는 적합하지 않다는 식으로 구분해서 볼 것이다. 만 6세에서 8세의 아동은 자신의 성이 우월하다고 믿는다. 이 단계에서는 용인 가능한 성유형 경계(tolerable-sex type boundary)가 발달하는데, 이는 남자아이 또는 여자아이에게만 허용되거나 용인 가능한 직업이 있다는 생각을 말한다. 예를 들어, 일곱 살이 된 앨리스는 전기기사는 남자아이를 위한 직업이며, 따라서 자신에게는 선택범위 밖이라고 믿는다. 앨리스가 속한 문화권에서는 성역할 고정관념으로 인해 이 여아에게 가용한 선택지가 제한되어 있어 이 시기의 앨리스는 전기기사를 자신에게 가능한 직업으로 여기지 않을 것이다. 만약 여덟 살짜리 소년 레이가 비서는 여자아이에게 맞는 일이기 때문에 자신에게 적합하지 않다고 결정한다면 그의 장래 직업생활에서 가능한 한 가지 선택지를 배제한 것이다.

**3단계: 사회적 가치평가 지향(만 9~13세)** 4학년이 되면서 아동은 자신이 또래를 어떻게 생각하고 또래가 자기를 어떻게 생각하는지를 비롯하여 점점 더 또래를 의식하게 되는 경향이 있다. 이 단계에서 아동은 사회적 계층을 좀 더 의식하게 된다. 예를 들어, 아동은 친구가 어떤 옷을 입는지, 친구 부모님이 어떤 차를 운전하는지, 친구가 사는 집이나 동네는 어떤 곳인지 등에 관심을 보일 수 있다. 아이들은 이제 교육과 수입, 직업의 관계를 알아 가게 된다. Gottfredson(2002)은 중학교 2학년 무렵이면 대부분의 학생은 어른이 하는 것과 유사한 방식으로 직업의 명성에 서열을 매길 수 있다고 본다. 일반적으로 성과 문화집단, 직업군에 걸쳐 가장 명성이 높은 직업과 명성이 낮은 직업에 대한 합의가 존재한다. 이 연령대의 아동은 가족이 거부할 부류의 직업이 어떤 것인지 잘 알고 있다. 열 살이 된 앨리스는 농부, 공장노동자, 경비원 등은 부모가 바람직하게 여길 만한 직업이 아니라는 것을 알고 있다. 따라서 이러한 직업은 용인 가능한 수준 경계 밖에 있는 것이다. 앨리스는 이 직업들을 자신에게 적합한 직업으로 고려하지 않을 것이다. 그러나 앨리스가 아홉 살보다 어리다면 이러한 직업을 자기에게 적합한 직업으로 고려하였을 수도 있다. 앨리스가 자신의 사회적 공간 내에서 고려하고 있는 직업의 수는 또래 친구와 다를 수 있다. 예를 들어, 부유한 가정에서 자란 캐런은 자신이 고려할 만한 충분히 높은 수준의 명성 있는 직업의 수는 상대적으로 적다고 배웠을 수도 있다. 반면, 앨리스는 명성이 매우 높은 몇몇 직업은 자신의 용인 가능한 수준 경계에 적합하지 않다고 여길 수 있다. **그림 7.3**에서 3단계(왼쪽 하단)는 중학생이 인식할 때 몇몇 직업이 사회적 가치와 직무 난이도 수준에서 어떻게 평가되는지의 예를 보여 준다.

**4단계: 내적 고유 자아 지향(만 14세 이상)** 이 단계에서 청소년은 이제 어떤 직업이 자신에게 수용할 만한 것인지에 대해 성인과 비슷한 생각을 하게 된다. 청소년은 자신이 다른 사람들에게 얼마나 성적 매력이 있는지, 자신이 어떻게 보이는지 그리고 지위라는 개념에 대해 예리하게 인식하게 된다. 그들은 또한 다른 사람이 자신을 어떻게 보는가에 대해서도 관심을 가지게 된다. 청소년기에는 또래집단에 자신을 맞추는 것이 중요해진다. 청소년은 자신이 스스로를 어떻게 보는가뿐만 아니라 타인이 자신을 어떻게 보는가에 대해서도 관심을 둔다. 10대는 타인에 대한 의무, 장차 자신에게 부양할 가족이 생길 것이라는 개념, 그리고 자신을 돌보는 것의 중요성을 알게 될 것이다. 이전 세 개의 단계에서 아동은 자신에게 적합하지 않을(자신의 사회적 공간을 벗어난) 직업적 가능성은 거부한다. 이 네 번째 단계에서 10대는 수용할 수 있는 대안들 중 어떤 것이 가장 선호되고 접근 가능한지를 확인하려고 애쓴다. 그들은 자신의 가치, 능력, 가족의 요구, 자신의 성격에 대해 알아 가게 되면서 이러한 기준을 모두 충족시키는 선택을 선호하는 경향이 있다. 또한 그들은 **그림 7.3**의 4단계 도식에서 제시한 성과 명성에 근거한 Holland 유형의 배치에서 볼 수 있듯이, 다양한 작업환경 및 자신의 흥미와 능력에 대해 더 잘 인식하게 된다. 예를 들어, 이제 열다섯 살인 앨리스는 직업선택에 대해 생각할 때 음악에 대한 애정(예술형), 생물학과 물리학에서 느끼는 즐거움과 성취(탐구형), 글쓰기를 할 때 얻는 즐거움과 성취를 고려하게 된다. 이러한 선택은 성역할과 명성에 대한 그녀의 견해에 영향을 받는다. 나아가, 이는 음악 적성, 높은 수준의 일반지능, 수학적 능력 등 앨리스가 생물학적으로 타고난 능력의 영향도 받는다. 교사들과 합창 지휘자는 생물학적 기반을 가진 앨리스의 이러한 능력을 강화해 왔다. 앨리스는 교회 성가대에서 솔로를 맡고 있고 생물학과 물리학에서 A학점을 받았으며, 그녀가 수강하고 있는 생물학 고급과정의 강사가 생물학 기초 과정의 실험실 재료를 준비하는 일을 도왔다. 그녀는 또한 영어에서 A학점을 받았고 학교 신문에 기고도 한다. 앨리스는 학교생활을 하면서 이러한 능력을 계속 키워 나가고 있다. 이제 앨리스는 제한의 네 단계를 거쳐 왔고 타협의 과정에 들어가게 된다.

## ❁ 타협

제한의 과정을 통해 개인은 자신에게 맞지 않는 직업을 배제한다. 타협 과정에서 개인은 자신이 아주 선호하는 몇몇 대안을 포기해야 한다. 타협의 한 가지 측면은 어떤 직업이 얼마나 가용하고 접근 가능한가이다. 개인이 가장 선호하는 직업이 주목받기 쉽다. 또한 졸업 등과 같이 의사결정을 해야 할 시기가 가까워지면 개인은 좀 더 기꺼이 자신의 포부 수준을 낮춘다. 어떤 직업을 포기할 것인가를 결정하기 위해 청소년은 교사, 부모, 친구와 그 밖의 다른 사람들에게 조언을 구한다. 이렇게 얻은 조언도 어떤 직업이 적합하고 어떤 직업이 적합하지 않은지에 대한 청소년의 견해에 영향을 미친다. 직업을 선택할 준비가 되면 타협을 고려할 준비도 된 것이다. 타협할 필요가 전혀 없는 상황도 있다. 하지만 많은 사람은 자신의 선택들을 타협하고 자신이 아주 바람직하다고 느끼는 진로선택을 포기해야 할 필요가 있을 것이다.

Gottfredson(2005)은 진로의사결정에서 청소년에게 어려움을 야기하는 타협 과정의 세 요소를 다음의 질문에 대답하는 형식으로 설명한다. (1) 왜 청소년은 자신이 선호하는 직업에 입문하거나 그러한 직업을 얻는 데 필요한 교육을 받는 방법을 잘 모르는가? (2) 개인의 행동은 어떻게 교육적 정보나 직업적 정보의 접근에 영향을 미치는가? (3) 어떤 직업을 선택하는 과정에서 청소년이 1순위로 선택한 직업이나 일을 얻을 수 없을 때, 이들이 가장 기꺼이 포기하려 하거나 제일 포기하기 힘들어하는 요인들은 무엇인가?

1. **왜 청소년은 자신이 선호하는 직업에 입문하거나 그러한 직업을 얻는 데 필요한 교육을 받는 방법을 잘 모르는가?** 개인은 청소년기를 거치면서 자신을 위한 직업의 적합성을 판단할 때 사용하는 사회적 · 심리적 요인을 인식하게 된다. 하지만 Gottfredson은 청소년들이 선호하지 않는 직업에 대해서는 단지 약간의 정보만을 알고 있는 경향이 있고, 주로 친구, 가족이나 시간제 근무와 같은 그들의 소셜 서클(social circle)로부터 직업정보를 구한다고 본다. 청소년들은 흔히 입직하는 방법과 어디에서 어떻게 교육이나 훈련을 받을 수 있는지에 대한 정보가 부족하다. 이러한 정보는 찾기가 어려우며, 곧 낡은 정보가 된다. 이러한 정보를 얻는

데는 매우 많은 시간이 걸릴 수 있기 때문에, 청소년들은 1순위가 아닌 선택에 관한 정보를 굳이 힘들여 찾으려 하지 않을 수도 있다.

2. 개인의 행동은 어떻게 교육적 정보나 직업적 정보의 접근에 영향을 미치는가? 정보가 개인에게 오는 일은 좀처럼 없다. 개인이 적극적으로 정보를 찾아야만 한다. 직업과 훈련 프로그램에 관한 정보를 찾아내기는 어려우며, 정보를 얻으려면 학교 상담사나 도서관 등의 자원을 활용해야 한다. 대학입시나 구직활동에서 경쟁력 있는 지원자가 되려면 개인은 교육기관이나 고용주에게 바람직한 후보자가 되도록 활동이나 일에 참여해야 한다. 어떤 직업은 개인의 거주지와 멀리 떨어진 지역에 있을 수도 있고, 친구나 가족이 알고 있을 법한 일과 매우 다른 것일 수도 있다. 이러한 정보를 얻으려면 청소년이 상당한 노력을 기울여야 할 것이다. 하지만 어떤 청소년들은 정보에 대한 접근이 용이하고 명성이 높은 다양한 직업에 종사하는 사람들을 쉽게 접할 수 있는 환경에서 성장한다.

    Gottfredson은 직업정보를 얻는 다양한 방법을 중요하게 여기지만, 특히 직업 현장 체험을 높이 평가한다(L. S. Gottfredson, 개인적인 대화에서, 2008. 4. 17). 직장에서 누군가를 그림자처럼 따라다니기(shadowing)와 자원봉사나 시간제 일 하기, 용접이나 재봉과 같은 체험수업 듣기, 그리고 특정 직업에서 수행되는 것과 유사한 일의 일부를 해보기 등과 같이 직업을 체험하는 방법은 많이 있다. 이러한 경험은 개인에게 직업인지지도를 개발하는 한 가지 방법을 제공한다. 즉, 실제 일의 일부를 경험해 봄으로써 내면의 나침반은 직업에 관한 자료를 읽거나 시청하거나 듣는 것으로는 얻을 수 없는 의미 있는 자료를 갖게 된다. 다른 사람들이나 여러 활동과의 상호작용을 통해서 사람들은 끊임없이 변화하는 방식으로 자기 자신(자신의 흥미, 능력, 가치)을 창조한다.

3. 어떤 직업을 선택하는 과정에서 청소년이 1순위로 선택한 직업이나 일을 얻을 수 없을 때, 이들이 가장 기꺼이 포기하려 하거나 제일 포기하기 힘들어하는 요인들은 무엇인가? Gottfredson(2005)에 따르면, 청소년은 자아개념의 관점에서 가장 중요성이 덜한 요소들을 포기하고 다른 요인들을 버리면서 자아개념에 부합하는 직업을 찾는다. 그들은 (자신의 사회적 공간 내에서) 자신이 알고 있는 직업 중에서 고르는 경향이 있다. 어떤 직업이 개인의 자아개념과 부합하려면 그것은 직업의 성별 유형, 명성 수준, 수용 가능하다고 보는 직업 분야에 대한 개인의 견해와 맞아야 한다. 개인은 '이만하면 괜찮은' 매치(matches)를 찾는다. 그 이유는 이 정도가 최상의 가능성을 가진 직업보다 결정하기도 쉽고 찾아내기도 쉽기 때문이다.

흔히 사람들은 '이만하면 괜찮은' 직업에 만족하는 것 외에는 대안이 없다. Gottfredson의 이론에 따르면, 이런 경우 그들은 오직 그 직업의 성별 유형과 명성 수준이 수용 가능한 조건에서만 정해진 분야에서 직업을 택할 것이다. 직업의 성별 유형은 자아개념과 가장 밀접하다. 왜냐하면 성별 유형이 명성 수준과 특정 분야에 대한 열망보다 먼저 발달하기 때문이다. 어떤 직업이 수용 가능하려면 그것의 성별 유형이 개인의 요구에 부합하는 것이 중요하다. 이 요구가 충족된다면 그다음으로는 용인 가능한 명성 수준 경계 안에서 들어맞아야 한다. 이 요건이 충족되면 그 직업은 개인이 바라는 적합한 분야에 맞아야 한다.

앨리스에게는 많은 능력과 흥미가 있다. 고등학교 3학년 봄이 다가오면서 앨리스는 대학에서 무엇을 전공하고 싶은지에 대해 생각한다. 앨리스는 이전에 외과의사나 엔지니어가 되는 것을 고려하였다(그림 7.4). 하지만 이 직업들은 자신에게 맞는 것 같지 않다고 여긴다. 여자가 발 들여 놓을 만한 직업 유형인 것 같지 않기 때문이다. 앨리스는 아마 의식하지 못하겠지만, 그녀에게 남성적이라고 느껴지는 직업은 명성 수준이나 흥미분야가 그녀의 용인 가능한 경계를 벗어나는 직업보다 입직할 가능

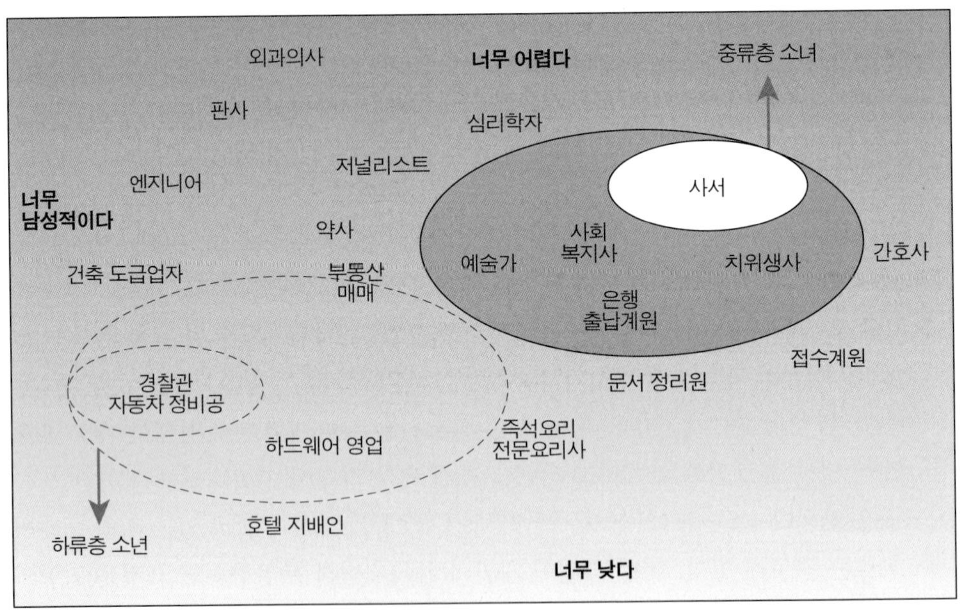


**그림 7.4** Gottfredson 이론의 성유형 및 학업적 어려움에 영향을 받은 앨리스의 직업선택 개요

출처: "진로지도 및 상담에서 Gottfredson의 제한 및 타협 이론 적용", (pp. 71-100), 『진로발달 및 상담(*Career development and counseling*)』, D. Brown & W. Lent (eds.)에서 발췌. Copyright © 2005 John Wiley & Sons, Inc. 허락하에 재인쇄함.

성이 낮을 것이다. 그녀는 음악에 흥미가 있기 때문에 음악가가 되는 것을 고려하고 있다. 하지만 그녀는 자신이 앞으로 음악가라는 지위를 얻을 수 있을 것 같지 않아서 이 대안을 포기한다. 앨리스는 은행 출납계도 생각해 보지만 이 일은 그녀에게 지적으로 도전적인 일이 아닐 것 같다. 대신 앨리스는 도서관학을 전공할 수 있는 대학에 가기로 결정한다. 이처럼 앨리스는 도서관 사서라는 직업을 택하려고 외과의사와 엔지니어라는 좀 더 명성이 높고 남성적인 직업을 포기한다. 그 이유는 이 직업들은 획득하기가 무척 어려울 뿐만 아니라 그녀에게는 너무 남성적인 직업으로 보이기 때문이다. 앨리스와 같은 상황에 있는 청소년이 모두 이와 동일한 선택을 하는 것은 아니다. 어떤 여학생은 외과의사가 되기로 결정하고 외과의사가 남성의 직업이라는 사회적 고정관념에 거슬러 갈 수도 있다. 혹은 상담자와 부모, 교사가 성별에 따른 적합성에 대한 사회적 고정관념과 맞지 않는 직업을 선택하려는 학생들에게 격려를 보낼 수도 있다. 앨리스가 이러한 경험을 거쳐 가는 동안 그녀의 인지지도(자신과 자신의 선택에 대한 견해)도 성장한다. 이전의 경험이 앨리스를 앞으로 이끌고, 그녀는 내면의 나침반의 안내를 받는다.

Gottfresdon의 이론에 바탕을 둔 직업 연구는 대부분 인지적 발달과 환경 및 유전의 역할보다는 제한과 타협에 초점을 두고 있다. 심리학 분야에서는 인지적 발달과 환경 및 유전의 역할에 대한 연구가 많지만, 이 연구들이 진로발달이나 직업적응과 관련되지는 않았다. 또한, Gottfresdon이 자신의 이론에서 수정한 부분 가운데 많은 내용은 인지적 발달과 환경적 · 유전적 요인의 역할에 관한 최근의 연구결과를 반영한다. 제한과 타협은 직업선택을 구체적으로 예측하는 개념이었다. 따라서 직업 연구자들은 이 개념에 가장 많은 관심을 보여 왔다.

앞서 언급하였듯이, 개인은 직업의 성별 유형을 포기하기 전에 흥미와 명성을 포기할 것이다. 즉, 많은 사람에게 중요한 것은 직업의 성별 유형이 자신의 자아개념과 자신에게 적합한 직업에 대한 견해와 일치하는가이다. Gottfresdon(2002)은 타협의 정도와 심각성에 근거해서 다르게 예측한다. **타협**은 성별 유형과 명성, 흥미 간에 거래를 해야 함을 의미한다. 다음은 Gottfredson의 이론을 토대로 하여 개인이 선택지들을 놓고서 어떻게 타협할 것인가를 예측하는 몇 가지 예시를 보여 준다.

- 타협의 정도가 상대적으로 적을 때(즉, 모든 대안이 개인의 사회적 공간 내에 있을 때), 개인은 자신의 흥미와의 적합성을 극대화하는 데 최우선을 둘 것이다.
- 타협이 중간 정도일 때(즉, 모든 대안이 개인의 사회적 공간을 약간 벗어나 있을 때), 개인은 명성이나 성별 유형의 수용 가능성을 포기하기 전에 특정 직업에 대

한 자신의 홍미를 포기할 것이다.

- 타협의 정도가 심할 때(즉, 모든 대안이 개인의 사회적 공간에서 크게 벗어나 있을 때), 개인은 수용 가능한 성별 유형을 유지하기 위해 홍미와 명성을 둘 다 포기할 것이다.

직업홍미는 거의 모든 사람에게 중요하지만, 가용한 대안들의 명성과 성별 유형이 수용할 만한 것이 아니라면 직업홍미는 명성과 성별 유형에 대한 사람들의 관심에 가려질 수 있다.

타협에는 많은 유형이 있고, 나이 든 사람들과 젊은 사람들이 다루는 타협 주제는 각기 다르다. Gottfredson의 이론에 따라 타협을 예측하는 것은 매우 복잡하기 때문에 이론을 검증하기가 어렵다. 그러나 많은 연구자들이 제한과 타협의 개념을 검증하려고 시도하고 있다. 다음 절에서는 Gottfredson의 이론을 타당화하기 위해 수행된 몇몇 연구를 요약하여 제시하였다.

타협에 관한 연구가 항상 Gottfredson(2002, 2005)이 제시한 예측을 검증하는 것은 아니지만, 여러 연구에서 그녀의 예측을 지지하는 경향이 나타난다. Henderson, Hesketh와 Tuffin(1988)에 의하면, 만 6세에서 8세 아동의 진로선택에는 명성보다 성별 유형이 더 많은 영향을 주는 것으로 나타났다. 그러나 만 8세 이후에는 성별 유형보다는 명성이 직업선택에 더 많은 영향을 미쳤다. 2, 4, 6학년 아동을 연구한 Helwig(1998, 2000)은 아동이 고학년이 되면 사회적으로 높이 평가받는 직업을 선택한다고 보고하였다. 이러한 결과는 만 9세 이상의 아동에게는 명성의 중요성이 더 커진다는 Gottfredson의 주장을 지지하는 것이다. Helwig(2001)은 또한 연령이 더 높은 아동을 대상으로 연구를 수행하였다. Gottfredson이 제안한 대로, Helwig(2001)은 만 13세나 14세가 되면 직업포부에서 명성의 비중이 커진다고 보고하였다. 또한 Gottfredson의 예측대로, 만 17세에 접어드는 학생들의 직업선택은 사회적 가치보다 홍미에 대한 높은 관심을 반영하였다. Gottfredson의 이론에서 예측하듯이, 이 학생들이 고교졸업 후 5년이 지나 만 23세가 되었을 때, 직업선택은 아주 다양하고 각자의 홍미와 능력, 경험에 기반을 두고 있는 것으로 나타났다(Helwig, 2008).

소수의 연구에서는 타협의 개념을 좀 더 면밀하게 다루었다. 일부 연구가설은 어린 여자아이와 성인 여성이 비전통적인 직업을 고려하도록 격려하는 일이 왜 어려운가를 직접적으로 다루고 있다. Hesketh와 동료들(Hesketh, Durant, & Pryor, 1990; Hesketh, Elmslie, & Kaldor, 1990)은 진로의사결정에서 홍미가 가장 중요하고 그다음에 명성, 성별 유형이 중요하다고 하였다. 대학생의 진로포부에 관한 또 다른 연구에서는 남녀 학생 모두에게 성별 유형이 홍미나 명성보다 덜 안정적인 것으로 밝혀졌다(Junk & Armstrong, 2010). 119명의 대학생을 연구한 Blanchard와 Lichtenberg(2003)는 진로타협을 거의 하지 않는 학생들은 명성보다는 홍미에 더 비중을 두고, 다음으로 성별 유형을 고려한다고 보고하였다. 타협의 정도가 중상의 범주로 분류되는 학생들의 경우, 명성과 성별 유형 간에는 유의한 차이가 없었지만 이 둘 모두 홍미보다는 더 중요하게 고려되는 요인인 것으로 나타났다. 대학생의 경우 진로타협의 정도가 심각할수록 개인에게 미치는 정서적 영향이 크고 직업에 대한 만족도는 낮은 것으로 나타났다(Tsaousides & Jome, 2008).

Gottfredson(2002)은 이론의 타협 측면을 지지하는 연구결과에서 차이가 나타나는 이유는 부분적으로는 연구에서 조사한 타협이 연구의 주요 주제인가 아니면 부차적인 것인가, 또는 실제적인가 아니면 인위적인가의 여부로 설명될 수 있다고 본다. 타협의 주제를 덜 인위적이고 좀 더 실제적으로 다루기 위한 방안으로, 중학생의 진로선택을 한정할(타협할) 수 있는 요인을 이해하도록 돕기 위해 워크북(*Mapping Vocational Challenges*, MVC)이 고안된 바 있다(Lapan, Loehr-Lapan, & Tupper, 1993; Turner & Lapan, 2005).

## ❁ Super 이론에 대한 Gottfredson 이론의 함의

초기 진로발달에 대한 Super(1990)의 모델(그림 7.1)은 성적 편견을 다루지 않는다. Gottfredson(1981, 2002, 2005)의 이론은 Super의 몇몇 주요 개념과 관련이 있다. 두 이론 다 일관되게 성역할 고정관념에 구속되지 않는 진로탐색의 중요성을 강조한다. 따라서 남녀 아동 모두 뜨개질, 바느질, 스포츠, 과학과 같은 활동을 탐색할 수 있어야 한다. 나아가, 학교에서 제공하는 정보가 성역할 고정관념을 강화해서는 안 된다. 전반적으로 교과서 출판업자들이 전통적인 성역할 고정관념을 강화하지 않는 교과서 삽화를 사용하여 성인과 아동을 보여 준다는 점에서 진전이 이루어지고 있다. 교육체제는 성역할 편견이 없는 정보 제공을 통해 학생들이 성별에 관계없이 폭넓게 다양한 흥미를 발달시킬 수 있는 분위기를 마련할 수 있다. 탐색과 정보가 성 편향적이지 않으면, 아동의 주요 인물 선택도 편향적이지 않을 가능성이 높을 것이다. 이러한 개념들은 궁극적으로 아동의 자아개념과 진로의사결정 능력에 영향을 미칠 것이다.

## ❁ 상담에서 Gottfredson과 Super 개념의 활용

아동상담에서 상담자는 탐색, 주요 인물, 정보와 흥미에 대해 다룰 때 직업적 성역할에 대한 대안적인 정보를 제시할 수 있다. 만일 어떤 어린 여자아이가 곤충을 관찰하고 그것에 대해 공부하기를 좋아하지만, 여자아이는 그런 일을 하지 않는다는 말을 누군가에게 들었다고 하자. 상담자는 그것이 단지 한 사람의 의견이라는 점을 알려주고, 곤충에 대해 학습하면서 이 여자아이가 얻는 즐거움을 강조할 수 있다. 이렇게 함으로써 상담자는 이 소녀에게 이후 생물학에 대한 관심으로 이어질 수도 있는 활동에 대한 대안적인 정보를 제공한다. 성역할 정형화 사례나 정보를 제공하는 주요 인물, 그중에서도 특히 부모를 다루는 일은 좀 더 어렵다. 상담자가 주요 인물의 중요성에 직접 도전하면 실패하기 쉽다. 아동은 그 주요 인물의 말을 믿거나 그 인물과 동일시할 것이기 때문이다. 다음 사례에서 상담자는 이러한 주제를 다룬다.

루시는 텍사스 주의 작은 도시에 사는 초등학교 5학년 백인 여학생이다. 그녀는 얼마 전에 만 11세가 되었고 공부를 잘한다. 과목 담당 교사 중 한 명이 루시를 상담자에게 의뢰하였다. 그 교사는 루시가 영어, 역사, 과학 과목에 흥미를 덜 보이는 이유에 대해 그녀와 간략하게 이야기를 나누었다. 루시는 어깨를 으쓱하고는 그런 과목들이 더 이상 재미가 없다고 말하였다. 상담자는 루시와 대화하면서 지역 병원에서 간호조무사로 일하는 루시의 어머니가 루시의 아버지에게 집을 나가라고 했다는 사실을 알게 된다. 루시의 아버지는 자영업을 하는 회계사이다. 루시는 아버지가 어머니에게 고함을 자주 지르고 집에서 물건을 집어던진다고 말한다. 루시와 이야기하는 동안 상담자는 루시를 돕는 최선의 개입이 무엇인지, 즉 양쪽 부모 모두 또는 한쪽 부모에게 직접 이야기를 해볼 것인지, 루시에게 제안을 할 것인지, 아니면 루시가 집에서 일어나고 있는 일에 대한 감정을 표현하도록 도울지를 결정하려고 애쓴다. 다음은 첫 회기 상담의 중반에 오가는 대화이다.

**내1:** 엄마는 보통 제가 집에 돌아온 직후에 퇴근하세요. 아침 7시부터 오후 3시까지 일하시거든요. 엄마는 예전만큼 저한테 말을 걸지 않아요. 저는 보통 뭘 가지러 냉장고에 가고 엄마는 엄마 방으로 들어가요. 예전에는 그렇지 않았어요.

**상1:** 예전에는 어땠는데? [상담자는 루시에게 무슨 일이 일어나고 있는지, 가족관계가 어떻게 달라졌는지를 알아보려고 한다.]

**내2:** 엄마는 퇴근하시면 저하고 얘기를 했어요. 때로는 학교에 대해서 물으시고 때로는 직장 일에 대해 얘기하셨어요.

**상2:** 어머니와 얘기하면 기분이 좋았겠구나. [상담자는 그 상황에 대해 더 알아보기 위해 루시가 어머니와의 관계에 대해 이야기하도록 격려한다.]

**내3:** 네! 가끔 직장에서 일어난 웃기는 일 같은 것도 얘기해 주셨어요. 엄마는 간호사 일을 안 좋아해요. 항상 무슨 일을 해야 할지 지시받고 고함지르는 환자들을 돌보는 일은 끔찍하다고 해요. 저도 그런 일을 하고 싶지 않을 것 같아요.

**상3:** 그 일의 어떤 점이 그렇게 나빠 보이니? [상담자는 간호직을 여성의 직업으로 강화하고 싶지도 않고 간호직에 대한 루시의 편향된 관점을 강화하고 싶지도 않기 때문에 진퇴양난의 심정이다. 더구나 루시의 어머니는 명백한 주요 인물이다. 그런 인물에게 도전하는 것은 효과가 있을 것 같지 않다. 그래서 상담자는 루시의 견해를 물어본다.]

**내4:** 모르겠어요. 저는 다른 사람을 위해 뭔가 하는 걸 좋아해요. 어린 여동생을 돌보는 게 좋아요. 이제 겨우 세 살인데 때로는 재미있어요. 어떤 때는 말썽꾸러기지만요. 동생도 저하고 노는 걸 좋아해요.

**상4:** 동생과 무얼 하는 걸 좋아하니? [상담자는 루시가 이끄는 대로 따라가기를 원하는 마음에서 루시의 일에 대해 묻는다.]

**내5:** 저는 동생에게 엄마인 척하는 게 좋아요. 동생이 이것저것 하도록 시켜요. 똑바로 행동하게 한다든지, 이야기책을 읽어 주기도 해요. 때로는 엄마가 되고 싶어요. 엄마는 그게 바로 엄마가 줄곧 되고 싶은 거라고 말씀하세요. 일할 필요 없이 말이에요. 저도 일하고 싶지 않아요.

**상5:** 왜 그렇지? [상담자는 루시가 자신의 주요 인물인 어머니에게서 배운 일에 대한 태도와, 여자가 있을 곳은 가정이라는 성역할 고정관념에 대해 염려한다.]

**내6:** 모든 사람이 시키는 대로 해야 하잖아요. 그럼 피곤해져요.

**상6:** 어린아이를 돌보는 것도 일이지. 그런데 너는 그 일을 좋아하는 것 같은데? [루시가 일을 반대하는 어머니의 목소리로 말하는 것을 들었기에 상담자는 일에 대한 루시의 긍정적인 경험을 들어 부드럽게 직면시킨다. 이 경험은 어머니의 경험과 다르기 때문이다. 상담자는 루시가 자신만의 탐색행동을 통해 배우기를 바란다. 비록 아기를 돌보는 일은 누군가가 루시에게 시킨 일이지만, 그 일을 하는 방식은 루시가 스스로 선택한 것이고, 루시는 그 방식을 좋아하는 것 같다. "모든 사람이 직장에서 지시를 받는 것은 아니란다. 어떤 사람들은 다른 사람을 돕고 보살피는 일을 즐기면서 한단다."라고 말하는 것이 효과가 있을 수도 있지만, 이런 반응은 루시 어머니의 견해에 도전하는 것이므로 상담자는 루시가 이를 거부할까 봐 염려스럽다.]

**내7:** 네, 어린 동생이랑 여러 가지 것들을 해보는 게 재미있어요. 가끔은 아빠처럼 물건을 고치려고 애써요. 그러다가 전등을 깨뜨리기도 했어요. 한동안 많이 혼났어요.

**상7:** 어떤 걸 고치는 걸 좋아하니? [전통적으로 여성적인 직업 역할에서 빠져 나올 기회를 잡은 상담자는 루시가 전통적으로 남성적인 활동인 고장 난 것 고치기에 대해 이야기해서 내심 기쁘다. 이제 상담자는 이 주제를 더 탐색할 수 있다. 상담자는 성역할 고정관념이 루시에게 가능한 직업대안의 분야를 한정하거나, 더 심한 경우 그것을 제한할 수 있기 때문에 성역할 고정관념의 영향을 최소화하고자 한다.]

가족에게 일어난 위기와 관련하여 루시를 도와야 하는 긴급한 문제에 비하면 진로주제는 부차적인 것이 분명하다. 그러나 진로주제가 덜 두드러진다 하더라도 그것이 장기적으로 미치는 파급 효과는 크다. 이 짧은 진로 개입은 루시에게 영향을 줄 수도 있다. 즉, 루시가 직업적 가능성을 넓히고, 일에 대한 좀 더 긍정적인 관점을 가지며, 탐색적인 활동을 계속하도록 할 수 있다는 것이다. 상담자의 소망은 루시가 중학교에 진학하면 다른 사람의 말을 경청할 줄 알면서 스스로 의사결정을 할 줄 아는 사람으로 자신을 보게 되는 것이다. 특히 상담자는 정보를 처리하는 측면에서 루시의 발달 단계를 인식하고 있었다. 따라서 대화는 구체적인 수준에 머물렀고 추상적인 개념을 다루지 않았다. 루시가 중학교에 들어가면 추상적인 주제들을 더 잘 다룰 수 있을 것이다.

## 다문화 집단 아동의 진로발달

아동의 진로발달 분야에서 다문화 집단의 아동이 직면하는 주제를 다룬 연구는 거의 없다. 최근의 몇몇 연구는 산업화 사회의 문화와는 다른 문화권의 아동에게 초점을 두고 있다. 한 연구(Torimiro, Dionco-Adetayo, & Okorie, 2003)에서는 유목민에게 있어 동물 사육의 중요성을 기술한다. 아동이 지속적으로 부족 문화에 참여하고자 한다면 동물 사육이 중요하기 때문이다. 연구자들이 만 4세에서 15세 아동 100명을 대상으로 연구한 결과, 이들은 동물 사육 활동에 적극적으로 관여하고 있고 또한 이러한 활동을 긍정적으로 바라보는 것으로 나타났다. 또 다른 연구(Morelli, Rogoff, & Angelillo, 2003)에서는 어른의 일에 대한 접근성이나 특별히 아동을 위한 활동에 대한 접근성에 따라 만 2세에서 3세 아동의 일에 대한 반응이 어떻게 다른지를 조사하였다. 연구자들은 네 집단, 즉 중산층 유럽계 미국인 아동 두 집단, 콩고 민주공화국의 에페족(Efe, 주로 식량을 찾아다니는 부족) 아동 한 집단, 그리고 과테말라의 마야족 아동 한 집단에 속하는 각 3명씩 총 12명의 아동을 연구하였다. 유럽계 미국인 아동은 아동을 위해 특별히 고안된 활동을 더 많이 경험한 반면, 콩고와 과테말라 아동은 어른들이 하는 일에 더 많이 노출되었다. 연구자들은 콩고와 과테말라 아동이 이미 성인이 일하는 모습을 관찰할 수 있는 상황에 참여하고 있기 때문에 특별히 아동에게 맞춘 활동에 참여할 필요가 없을 것이라고 제언하였다. 캘리포니아 주에 거주하는 멕시코와 중앙아메리카 출신의 이주민 아동에 대한 연구에서 Orellana(2001)는 이주민 아동이 가족을 돕기 위해 하는 일을 기술하였다. Orellana는 이 아동들이 하는 일을 자발적인 활동이자 학습의 기회로, 그리고 가정의 문화 및 언어와 외부세계의 문화 및 언어 사이를 오가는 법을 배우는 방식으로 긍정적인 관점에서 볼 수 있다고 제안하였다. 이러한 연구들은 일에 대한 아동의 견해가 문화권 내의 일이나 직업의 위치에 따라 어떻게 달라질 수 있는가에 대해 폭넓은 문화적 조망을 제공한다는 점에서 유용하다.

다른 연구에서는 아동이 어떻게 진로계획에 접근하는지에 대한 통찰을 제공한다. 진로지도는 이탈리아에서 수행된 연구의 특별한 초점이 되어 왔다(Soresi & Nota, 2009). 이탈리아 북부의 만 8세에서 12세 아동을 대상으로 한 연구에서 학생들이 입직할 것으로 예상하는 직업과 흥미나 자신의 유능성에 대한 견해 간에는 아무런 관련성이 없었다. 이는 아동이 계획적인 진로선택을 하기에는 너무 어리다는 것을 시사한다(Primé et al., 2010). 남아프리카의 사회경제적 배경이 낮은 5, 6학년 아동을 대상으로 한 연구에서 대부분의 아동은 Holland 유형 중 사회형과 탐구형을 선호하였고, 또한 이들 중 80%가 높은 지위의 직업을 동경하는 것으로 나타났다(Watson, McMahon, Foxcroft, & Els, 2010). 미국에서 수행된 한 연구에서는 미국 원주민 중학생에게 진로 관련 기술을 가르치는 것이 진로계획에 어떻게 도움이 되는지를 보여 주었다(Turner et al., 2006). 북아메리카 이외의 지역에서 아동의 진로발달에 대한 연구가 늘어나고 있는데, 이는 아동이 어떻게 진로선택을 하는지에 대한 지식을 확장하는 데 도움이 된다.

인종에 따라 직업을 정형화하는 것은 중요한 쟁점이다. 이러한 정형화는 다른 문화권 출신 아동의 직업포부에 영향을 줄 수 있기 때문이다. Bigler, Averhart와 Liben(2003)은 미국 흑인 1학년과 6학년 아동을 대상으로 노동인구에 대한 인식을 연구하였다. 이 연구에서, 아동에게 익숙한 직업과 새롭거나 익숙하지 않은 직업을 평정하게 하였는데, 직업은 각각의 흑인이나 유럽계 미국인(역자 주: 문맥상 백인을 말함), 혹은 흑인과 유럽계 미국인이 함께 있는 삽화로 제시하였다. 흑인 아동은 흑인을 집중적으로 보여 주는 직업(익숙한 직업과 익숙하지 않은 직업 모두)이 유럽계 미국인을 내세운 직업에 비해 명성이 낮다고 평정하였다. 이러한 결과는 1학년과 6학년 아동 모두에게서 나타났다. 하지만 아이들은 어떤 인종집단이 익숙한 직업을 맡아 수행해야 하는가에 관한 질문을 받았을 때 백인과 흑인 모두로 응답하였다(Bigler et al., 2003, p. 577). 이 연구는 유럽계 미국인이 종사하는 직업에 비해 흑인이 종사하는 직업의 지위가 더 낮게 여겨진다는 사실을 보여 준다. 이 연구는 인종에 대한 아동의 인식이 어떤 직업의 바람직성에 대한 인식에 영향을 미칠 수 있음을 보여 준다. 상담자에게는 아동이 인종에 따라 직업을 정형화하는 일을 피하도록 도와주는, 만만치 않은 과제가 주어진다. 상담자는 부모님과 친척, 그리고 그들이 하는 일에 대해 아동과 이야기를 나누면서 이런 과제를 수행할 수 있다. 다음 절에서는, 인종과 민족을 불문하고 모든 아동이 청소년기에 이르렀을 때 진로결정에서 더 나은 위치에 있을 수 있도록 직업정보를 사용할 수 있는 방안을 제시한다.

## 직업정보의 역할

Super와 Gottfredson의 이론은 초등학교 아동에게 직업정보를 전달하는 것에 대해 중요한 함의를 갖는다. 직업정보는 대부분 상담실이 아니라 교실에서 제공된다. 교육체제를 통한 직업정보의 제공을 학교에서 일터로(school-to-work)라고 부른다. 여기서는 직업세계에 대해 학생들을 교육하는 많은 프로그램을 다루기보다는, 초등학교 상담과 진로교육에서 직업정보의 활용을 위한 이론적 함의를 다룬다.

### ❁ 상담에서의 직업정보

아동에게 직업정보를 제공하는 방법에 대한 제언은 발달 이론가들에게서 얻어 낼 수 있다. 학습에 대한 Piaget의 견해에서 얻을 수 있는 제안은 만 12세 미만의 아동에게 주어지는 정보는 구체적이고 분명해야 한다는 것이다. Erikson은 어린 아동에게는 성공과 성취가 중요하다는 점에 초점을 둔다. 따라서 직업에 대한 학습은 아동에게 버거워서는 안 되며 작은 단위로 이루어져야 한다. 어린 아동이 가진 시간 조망의 한계 때문에, 상담자는 미래의 입직보다는 현재 어른이 하는 일에 초점을 두어야 한다. 아동의 인지발달을 강조하는 Gottfredson의 관점은 직업정보에는 성적 편견이 없어야 하며, 용인 가능한 성별 경계(gender tolerance boundaries)를 넓히려는 노력이 포함되어야 한다는 것을 상담자에게 일깨워 준다. 학교 상담자와 아동이 실제로 직업정보에 대해 논의하는 경우는 흔하지 않을 수 있다. 하지만 이러한 대화가 이루어지는 경우 위와 같은 제안들이 도움이 될 수 있을 것이다. 대부분의 직업정보는 일반적으로 수업활동을 통해 제공된다.

## ❁ 아동을 위한 '학교에서 일터로' 프로그램

'학교에서 일터로'(School-to-Work) 프로그램은 개인상담이나 집단 상담이 아니라 교과과정이기 때문에 이 주제를 상세히 다루는 것은 이 책의 범위를 넘어선다. 하지만 이와 관련해서 상담자가 할 수 있는 한 가지 활동은 일과 학교활동을 통합하는 프로그램을 개발하거나 그것에 관해 자문하는 것이다. 미국에서 '학교에서 일터로' 프로그램은 진로 이전 의사결정 과정(pre-career decision-making process)의 매우 중요한 부분이기 때문에 이 프로그램에 대해 논의하는 것이 마땅하다. 이는 부분적으로는 1994년 '학교에서 일터로'의 기회 법령(School-to-Work Opportunities Act)이 제정되었기 때문이기도 하다. 이 법령으로 인해 '학교에서 일터로' 프로그램은 초등학교를 포함한 모든 학교급 수준에서 개발되었다. 미국에서는 대체로 주와 지역 수준에서 프로그램을 위한 기금이 조성되는데, '학교에서 일터로'의 기회 법령 기금이 2001년부로 중단되었기 때문이다.

'학교에서 일터로' 프로그램은 연구의 주제가 되고 있다. 예를 들어, 학교에서 일터로의 전환에 대한 연구를 하기 위해 개인이 학교에서 직장으로 이동하는 데 영향을 미치는 상이한 역할(가족 구성원의 역할 등)을 살펴볼 수 있다(Ng & Feldman, 2007). 기본적인 기술의 숙달이 학교에서 직업으로의 전환에 미치는 영향을 살펴본 연구도 있다(Cieslik & Simpson, 2006). '학교에서 일터로' 프로그램은 미국에서뿐만 아니라 오스트레일리아(Tilbury, Buys, & Creed, 2009; Tilbury, Creed, Buys, & Crawford, 2011), 남아프리카(Nel, van der Westhuyzen, & Uys, 2007), 스위스(Hirschi, 2010)와 대만(Chan & Chadsey, 2006) 등 다른 국가에서도 관심의 대상이 되고 있다. '학교에서 일터로' 사업은 특히 4년제 대학에 진학하지 않는 학생들을 위한 프로그램을 개발하는 데 효과적이었다(Blustein, 2006; Joyce & Neumark, 2001; Solberg, Howard, Blustein, & Close, 2002).

이전에 진로교육으로 불렸던 '학교에서 일터로' 프로그램을 초등학교에서 실시하는 기본적인 방식으로는 다음 세 가지가 있다(Herr, Cramer, & Niles, 2004). 첫 번째 방식은 직업에 대한 영상물과 구술보고의 형태로 직업정보를 수업활동에 포함시키거나 교실 내에 일정 영역을 할애하여 흥미 학습 센터를 만드는 것이다. 두 번째 접근은 덜 형식적인 교실 활동을 포함하는데, 그 예로 직업세계의 용어를 사용하여 짧은 희극 쓰기, 직업 용어와 관련된 십자말풀이(crossword puzzles) 완성하기, 흥미, 능력, 성취 목록을 직업요건과 비교해 보기 등의 집단활동을 들 수 있다. 세 번째 유형은 지역사회와 연계하는 활동으로, 학생들을 교실 밖으로 데리고 나가거나 지역사회를 교실로 가져오는 것이다. 지역사회의 공장에 가서 제조과정의 모든 측면을 관찰하기, 특정 직업의 근로자를 따라다니며 하루 일과를 간접적으로 경험하기 등이 이에 해당된다. Herr 등(2004)은 상담자가 교사와 협력하여 프로그램을 구안할 때 유용한 이러한 활동 80가지를 목록으로 만들었다. 또한 어린 아동을 위한 종합적인 프로그램도 개발된 바 있다(Zunker, 2012).

아동의 진로발달에 대한 Super의 이론은 일과 학교를 관련짓는 아동용 활동 프로그램에 적용할 수 있다. 경험적 진로지도 모델(Experiential Career Guidance Model, Kyle & Hennis, 2000)은 학령기 이전 아동을 위한 활동을 포함하고 있다. 이 프로그램은 아동의 제한된 시간 조망을 고려한다. 이 프로그램의 활동은 가족과 가정에 초점을 두고, 아동이 고객, 사서와 가게주인 등의 역할을 하면서 배울 수 있는 상점과 도서관을 포함한다. 아동 박물관 견학은 아동이 체험활동 놀이나 관찰을 통해 의사소통과 교통수단 및 기타 활동에 대해 배울 수 있도록 도움을 줄 수 있다. Smith(2000)는 만 8세에서 11세 아동을 위해 FOCUS(Finding Out the Child's Underlying Self, 아동의 내재하는 자기 발견하기) 모델을 제안하였는데, 이 모델은 탐색행동과 자아개념의 발달을 강조한다. FOCUS에는 아동의 흥미와 성격, 행동을 평가하는 자료가 포함되어 있다. 게임과 유사한 활동과 연령에 적합한 질문지, 책은 아동이 자기감을 발달시키는 데 도움이 된다. 경험적 진로지도 모델과 FOCUS는 진로탐색에서 아동의 발달 수준과 욕구를 고려한 활동의 두 가지 예라 할 수 있다. 아동을 상담하는 과정에서 진로주제가 나온다면, 상담자는 아동의 발달적 욕구와 아동이 직면할 수 있는 문제를 상담에 적용할 수 있을 것이다.

활동을 구성할 때는 아동의 학습 단계와 정보처리 능력에 맞게 구성하는 것이 바람직하다. 일반적으로, 성공적인 활동은 추상적 기능이 아닌, 구체적인 기능에 초점을 맞춘 것이다. 활동은 보통 시각적인데, 예를 들어 직업에 관한 영상물을 보거나 직업과 관련된 도구를 교실로 가져와 사용해 보는 것이다. 직업 종사자들을 보는 일은 아동에게 주요 인물들을 더 많이 접할 수 있는 기회뿐만 아니라 행동을 따라 해볼 수 있는 기회도 더 많이 제공한다. 공장의 장비나 치과기구를 탐구해 볼 수 있는 기회는 아동이 직업세계에 대한 정보를 얻는 데 도움이 된다. 수의사가 동물을 보여 주고 어떻게 동물을 돌보는지를 보여 주는 것은 수의사가 단순히 자신의 하루 일과에 대해 말하는 것보다 더 유용하고 구체적이다. Gottfredson의 이론에서는 공장 견학을 하거나 외부 강사를 선택할 때 성역할 정형화를 피하도록 주의하는 것이 중요하다고 제안한다. 하지만 이렇게 하는 것이 힘들 때가 종종 있다. 이러한 활동은 상담자나 교사가 교실에서 주도하는 활동에 비해 통제하기가 쉽지 않기 때문이다.

## 평가도구의 역할

초등학교 학생은 흥미와 능력, 가치가 충분히 발달하지 않았기 때문에 이에 대한 평가를 할 때는 신중해야 한다. 따라서 평가보다는 자신과 타인, 직업에 대한 정보의 습득과 자아개념의 발달에 중점을 둔다. 아동은 미래를 볼 수 있어야 하고, 대학이나 일이 시간적으로 얼마나 멀리 있는 것인가에 대한 감을 발달시킬 필요가 있다. 진로평가의 적절한 시기는 어려운 주제이다(좀 더 자세한 논의는 8장 '청소년기 진로발달' 참고). 다양한 진로성숙도 검사가 이러한 준비도를 평가하는 수단으로 활용되고 있다.

아동기 진로발달 척도(Childhood and Career Development Scale, CCDS)는 아동의 진로발달을 평가하는 도구이다(Schultheiss & Stead, 2004a; Stead & Schultheiss, 2003; Stead & Schultheiss, 2010). 앞서 207쪽에서 언급한 것처럼, 이 척도는 Super의 아동기 발달 이론의 여덟 가지 구성개념, 즉 호기심, 탐색, 정보, 주요 인물, 내적 통제 대 외적 통제, 흥미의 발달, 시간 조망 그리고 자아개념 및 계획성을 측정하는 척도를 포함하고 있다. 미국과 남아프리카에서 이 검사는 주로 상담을 위한 도구라기보다는 연구용 도구로 사용되었다.

아동기 진로발달 척도(CCDS)는 특별히 아동용으로 개발된 도구이지만, 몇몇 검사는 연령이 더 높은 학생과 성인을 위해 개발된 것을 아동에게 적합하도록 수정한 것이다. 예를 들어, Holland의 진로탐색검사(Self-Directed Search, SDS)에는 중학생에게 사용할 수 있는 양식(E형)이 있다. Murphy-Meisgeier 유형 지표(MMTIC)는 Myers-Briggs 유형을 평가하는 도구로서, 만 7세에서 13세 아동에게 사용할 수 있다. 아동용 성격검사(Children's Personality Questionnaire)와 같은 성격검사는 사춘기 이전 아동에게 사용할 수 있도록 개발된 것이다.

## 상담자 쟁점

아동은 진로선택 과정의 시작 단계에 있고 상담자는 진로 확립이나 유지 단계에 있기 때문에, 아동을 상대하는 진로상담은 만만치 않을 수 있다. 상담자는 이미 진로의사결정의 과정, 즉 자신들의 능력과 역량, 가치를 평가하고 이를 실행하는 과정을 거쳤다. 하지만 아동은 이러한 단계에서 멀리 떨어져 있다. 아동이 장차 의사결정을 내릴 수 있으려면 훨씬 이전부터 많은 것을 경험하고 정보를 습득할 필요가 있다. 발달 단계에서의 이러한 차이로 인해 상담자의 인내력이 특히 중요하다. 아동은 정보가 없는 성인이 아니라는 Piaget(1977)의 말을 상기하는 것도 꽤 유용하다. 아동의 진로발달에 대한 Super의 설명을 숙지하는 것은 상담자가 아동의 진로발달을 다루는 데 도움이 될 것이다.

## 요약

아동상담에서 진로주제를 다루는 것이 상담자의 임무로 생각되는 일은 매우 드물다. 이 장의 목적은 이것이 아동상담에서 중요한 활동이 되어야 한다는 점을 보여 주는 것이 아니라, 아동상담에서 자연스럽게 진로주제가 나오는 경우에 진로발달에 대해 아동과 이야기하는 효과적인 방식들이 있다는 것을 보여 주는 것이다. 진로성숙의 기반에 대한 Super의 모델은 어떻게 호기심이 탐색으로 이어지는지를 강조한다는 점에서 유용하다. 왜냐하면 호기심에서 비롯된 탐색은 정보습득과 흥미발달을 이끌 수 있기 때문이다. 더 나아가 Super는 자아개념의 발달에서 내적 통제감의 발달과 부모 및 교육자에 대한 존경과 더불어 주요 인물의 중요성을 강조한다. 아동은 미래에 대한 감각과 자기감을 발달시켜 감에 따라 계획하고 결정할 준비를 갖추게 된다. Howard와 Walsh는 Super의 아동발달 단계 중 성장기를 확장하여 그 단계에 순수 연상, 마술적 사고, 외부 활동이라는 세 수준의 직업적 추론을 포함시켰다. Gottfredson의 모델은 아동의 진로발달을 고찰하는 데 있어 성과 명성의 역할을 포함한다. Super와 마찬가지로 Gottfredson도 아동의 인지발달과 학습능력에 주목한다. 유전적 요인과 환경적 요인 간의 복잡한 상호작용은 진로발달과 진로선택의 폭을 좁히는 데(제한하는 데)서 중요한 역할을 한다. 청소년기가 되면, 개인은 타협을 하고 학력과 같이 진로선택에 영향을 미치는 요인을 포기할 수도 있다. '학교에서 일터로' 프로그램은 계속해서 학교에서 중요한 지도방안이 되고 있다. 마지막으로 이 장에서는 Super와 Gottfredson의 이론과 일관된 학교활동을 제안하였다.

Applying Career Development Theory to Counseling

# 청소년기 진로발달

## ✿ 이론의 개요

**청소년기 진로발달에 관한 Super의 성장기 이론**
- 능력의 발달
- 가치의 발달
- 결정화 하위 단계로의 전환

**청소년기 진로발달에 관한 Super의 후기 성장 단계의 수정**
- 내적 과정과 능력
- 상호작용
- 체계적 상호작용

**진로성숙**
- 진로계획
- 진로탐색
- 의사결정
- 직업세계 정보
- 선호 직업군에 대한 지식
- 현실성
- 진로 지향성

**정체성과 맥락**
- 혼미
- 유예
- 유실
- 성취

일부 진로발달 이론가들은 청소년기가 진로선택을 염두에 두고 교육적으로 전념하는 시기라는 점에서 청소년기에 초점을 맞춰 왔다. 생애 단계 이론가들은 개인의 진로선택 과정에 중요한 발달과업을 파악하는 데 도움을 준다. 이 장에서는 먼저 진로의사결정에 영향을 주는 인지적 · 정서적 요인을 설명할 것이다. 다음으로, 청소년기 진로발달 단계에 대한 Super의 이론적 관점에서 능력과 가치의 출현에 대해 논의할 것이다. Howard와 Walsh는 청소년 진로발달에 내적 과정과 능력, 상호작용, 체계적 상호작용이라는 세 수준의 직업적 추론을 포함시켜 Super의 후기 성장기 이론을 수정하였다. 이들의 수정 이론은 Super의 후기 성장기 이론을 유용하게 확장한 관점을 제공한다. 이 장에서는 상담자가 진로성숙(career maturity)의 개념을 사용하여 능력과 가치의 출현을 어떻게 인식할 수 있는지를 예시로 보여 준다. 유사한 분야의 연구로는 정체성 형성에 관한 Erikson의 연구가 있는데, 이 정체성을 직업 정체성이라 한다. 여기에서는 직업 정체성을 이해하는 토대로 James Marcia와 Fred Vondracek의 연구를 적용할 것이다. 여자 청소년이나 다양한 문화적 배경을 가진 청소년 집단에 초점을 두고 이들의 진로발달을 설명하는 이론은 없지만, 이 주제를 탐색한 연구는 많은 편이다. 진로 생애 이론의 다른 분야와 마찬가지로, 다른 청소년에 비해 백인 청소년의 진로발달에 대한 연구가 훨씬 더 많다. 그러나 이러한 추세는 달라지고 있어 여기에서는 아프리카와 아시아, 유럽 및 남아메리카 지역에서 수행된 연구를 논의할 것이다. 이 장에서 제시하는 상담 예시는 Super의 이론과 직업 정체성 이론이 다양한 집단에 어떻게 적용되는지를 보여 준다.

## 청소년기 진로발달에 영향을 미치는 요인

추상적 사고는 진로계획을 크게 촉진한다. Piaget(1977)에 따르면, 문제를 해결하고 계획을 세우는 능력이 발달하는 점진적인 과정은 청소년기에 시작된다. 나이가 들면서 계획 세우기는 좀 더 체계를 갖추게 되고, 그 결과 청소년들은 다양한 상황에 처한 자신에 대해 성찰하고 생각해 보게 된다. 이 시기에 청소년은 몇 년 전에는 상상할 수 없었던, 직장에서 일하고 있는 자신의 모습을 정확하게 그려 볼 수 있다. Piaget(1977)의 인지발달 4단계 중 마지막 단계에 생기는 이 능력을 **형식적 사고**(formal thought)라 한다. 청소년이 언제 추상적으로 사고하는 능력을 발달시키는가는 개인마다 차이가 있다. 게다가 추상적 사고능력을 요구하는 정도는 교과목에 따라 다르다. 예를 들어, 고등학교 2학년의 경우 대수학 수업에서는 추상적인 사고가 필요하지만 생물학에서는 그렇지 않을 수 있다. 논리를 사용하는 능력은 점진적으로 발달한다. 형식적 사고가 나타나기는 하지만, 아동기의 구체적인 조작적 사고의 자기중심성은 빨리 사라지지 않는다. 청소년은 논리적으로 사고하는 능력이 발달하기 때문에 이상주의자가 되기 쉽고, 자신이 속한 세계가 논리적이지 않을 때에도 그것이 논리적이기를 기대한다. 입직과 직업선택의 과정은 청소년이 좀 더 현실적으로 사고하도록 도울 수 있다(Inhelder & Piaget, 1958). 인지적으로 볼 때, 형식적 사고 단계의 청소년은 자신이 옳고 다른 사람들은 틀렸다고 생각하는 경향이 있기 때문에 부모나 교사와 갈등을 일으키기 쉽다. 다소 과장된 면이 있지만, 이는 청소년의 사고가 초등학교 아동의 사고에 비해 더 격동적인 과정이라는 것을 시사한다.

Piaget가 청소년기를 가벼운 격동의 시기라고 했듯이, Erikson(1963) 역시 심리사회적 발달의 관점에서 청소년기를 정체성과 역할 혼미의 시기로 보았다. Erikson(1963)의 발달 단계 중 근면과 성취에 초점을 두는 이전 단계와 달리, 청소년은 더 이상 규칙을 따르거나 생산적인 것에는 관심이 없으며 세상에 의문을 가진다. 신체적 발달 및 어려운 성적 결정 문제(혼전 성관계, 임신, 에이즈)에 노출되는 상황과 더불어 앞으로의 인생에 큰 영향을 줄 수 있는 진로결정 문제가 대두된다. 이르면 중학교에서 청소년은 '취업트랙'과 '대학트랙', 그 외의 다른 트랙 중에서 원하는 것을 정해야 한다. 이러한 의사결정을 다루는 능력은 청소년에 따라 크게 다르다. 진로 이론가들은 흥미, 능력, 가치와 같이 진로선택 과정과 관련된 청소년 발달의 이러한 측면들을 연구하고 있다.

## 청소년기 진로발달에 관한 Super의 성장기 이론

Super(1955)의 이론에서 청소년기 진로발달 단계는 아동기의 호기심과 환상의 단계에 그 기원을 둔다(그림 8.1). 만 8세 무렵부터는 흥미의 발달이 직업에 대한 환상을 대체하기 시작한다. 흥미의 발달은 7장 214쪽에서 기술하였다. 이 절에서는 Howard와 Walsh(2010, 2011)의 직업추론 수준 모델을 적용하여 계속해서 직업발달에 대해 설명할 것이다. 만 11세가 되면 아동은 자신의 능력에 대한 감각을 갖게 되는데, 이것은 특정 기술을 숙달하는 자신의 능력에 대한 견해를 말한다. 흥미와 능력이 발달하는 연령은 아동마다 다르다. 이 때문에 제시된 연령의 범위는 대략적인 것이다. 청소년기에 아이들은 가치체계를 발달시킨다. 가치체계는 청소년기에 발달한다. 가치가 발달하는 시기는 아동에 따라 다르다. 아이들마다 다른 시기에 다른 가치를 발달시킨다. 성장기는 전환기로 나아가는데(만 18세경), 전환기의 청소년에게는 곧 시작될 성인기의 하위 단계인 결정화기에 진입할 준비가 이루어진다.

### ❀ 능력의 발달

Super에 따르면 능력기는 만 11세에서 14세에 걸쳐 있다. 상담자와 대화할 때 청소년은 2년 전에 비해 자신의 능력을 정확하게 평가할 가능성이 더 높을 것이다. 예컨대, 청소년은 "2년 전에는 농구 선수가 되고 싶었어요. 근데 이제는 제가 그만큼 잘하지는 못하리란 걸 알아요."라고 말하거나 또는 "제가 아빠와 같은 엔지니어가 될 수 있을지 잘 모르겠어요. 아주 어려운 수학을 알아야 하니까요."라고 말할 수 있다. 만 11세에서 14세 청소년에게는 직업을 위해 준비하는 데 있어 학교교육이 더욱 중요해진다. 이들은 2년 전에는 교육과정에 관심을 덜 가졌을 것이다. 이 시기에는 시간 조망 능력이 향상되어 청소년은 자신과 자신의 미래에 대해 좀 더 현실적인 관점을 가질 수

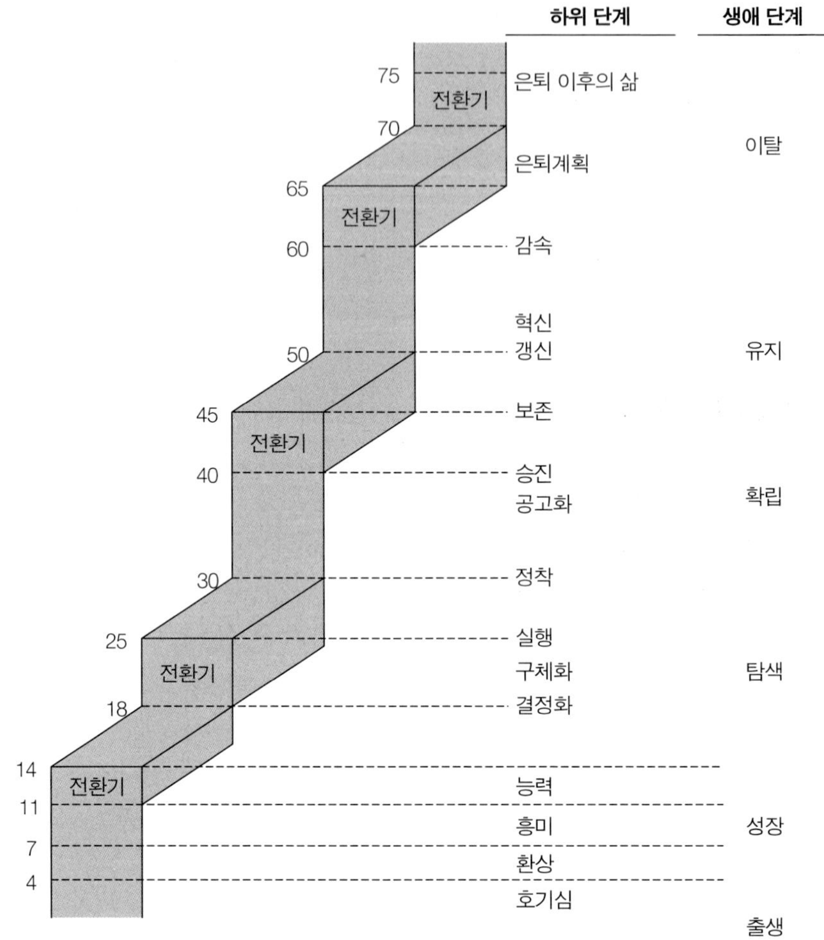


**그림 8.1** 전형적인 발달과업에 근거한 Super의 생애 단계와 하위 단계

출처: 『진로선택과 발달(*Career choice and development*)』, D. Brown, L. Brooks, and Associates. Copyright © 1990 by Jossey-Bass. John Wiley & Sons, Inc.의 허락하에 재인쇄함.

있다.

자신의 역량을 평가할 수 있는 청소년의 능력은 상담자에게 유용할 수 있다. 만약 청소년이 자신의 능력을 평가할 수 없다면, 중학교 3학년 때 교육과정 선택에 대한 결정을 내리기가 어려울 것이다. 이 시기에 청소년은 자신의 흥미나 부모에게 들은 말에 근거하여 선택을 내릴 것이다. 흔히 어린 청소년 자녀를 대신해서 부모가 결정을 내리는 경우가 있는데, 그 이유는 부분적으로 청소년이 자신의 역량을 평가하는 능력을 아직 발달시키지 못하였기 때문이다.

## ❀ 가치의 발달

Super, Thompson과 Lindeman(1988)에 따르면, 전 생애의 다양한 시기에 서로 다른 가치가 나타나고, 그것은 더 중요한 가치로 부상할 수 있다. 만 15~16세가 되면 어떤 청소년들은 진로결정을 할 때 목표와 가치를 고려할 수 있다. 자신의 흥미와 능력, 가치를 어떻게 견주어 봐야 할지는 모를 수 있지만, 이들은 선택을 내리는 데 필요한 기본요소를 갖추고 있다. 청소년은 복잡한 세상에 맞추어 적응하려면 선택을 해야만 한다는 것을 깨닫게 된다. 인지능력이 발달함에 따라 청소년은 "돈을 버는 것이 좋을까? 다른 사람들을 돕는 것이 좋을까?"와 같은 추상적인 질문을 고려하기 시작한다. 사람들을 돕거나 환경보호에 기여하는 데서 얻는 만족감을 신중히 고려하는 것은 2년 전에는 생각하지 못했던 일일 수 있다. 세상에 기여하고 명예로운 사람이 되는 것은 이제 청소년이 고려할 만한 요소이다. 또한 염두에 둔 결혼 상대가 없을지라도 결혼과 생애계획의 주제가 등장할 수 있다. 이러한 추상적 개념화에 힘입어 청소년은 다음 단계로 나아갈 수 있게 된다.

## ❀ 결정화 하위 단계로의 전환

전환기 동안에는 현실 여건이 진로선택에서 중요한 역할을 하기 시작한다. 이 시기는 보통 고등학교의 마지막 학년인 만 17세나 18세에 해당한다. 대학에 진학할 것인지, 또 대학 진학을 선택한다면 무엇을 전공할 것인지에 관한 결정은 청소년이 당면한 현실적인 문제이다. 청소년은 취업 가능성 같은 문제에 관심을 가질 필요가 있음을 인식하게 된다. 그들은 자신이 원하는 대학이나 선택한 분야에 들어가지 못할 수도 있다는 것을 안다. 보통 만 17세나 18세의 청소년들은 향후 몇 년 동안 의대 진학 선택과 같은 결정을 해야 할 필요는 없지만, 의사결정이 임박해 있다는 것은 인식하고 있다. 그들은 자신의 미래를 결정할 수 있고, 지금 당장은 그렇게 할 수 없다 해도 결정을 위해 행동을 취해야 한다는 것도 안다. 이 시기에는 2년 전에 비해 급여, 교육 요건, 근로조건을 고려하는 일이 더 중요해진다. 이 시기는 9장에서 다룰 Super의 탐색기 직전에 나타난다. Howard와 Walsh는 이 전환기에 해당하는 청소년의 직업추론 단계를 상세히 설명하고 있다.

# 청소년기 진로발달에 관한 Super의 후기 성장 단계의 수정

7장에서는 Howard와 Walsh(2010, 2011)가 제안한 추론의 세 수준을 기술하였는데,

이는 Super의 성장기 중 초기 하위 단계를 확장한 것이었다. 이 절에서는 Super의 청소년발달 이론 중 후기 성장기의 하위 단계를 확장한 Howard와 Walsh의 직업추론 세 수준을 기술하고자 한다. Super의 능력(Capacities) 하위 단계는 Howard와 Walsh의 4수준인 내적 과정과 능력(Internal Processes and Capacities)에 상응한다. Super의 가치(Values) 하위 단계는 대략 5수준인 상호작용(Interaction)에 상응하며, Super의 결정화 하위 단계로의 전환은 6수준인 체계적 상호작용(Systemic Interaction)과 거의 같은 시기에 일어난다. 다음은 이 세 수준에 대한 설명이다.

## ❁ 4수준: 내적 과정과 능력

아동은 3수준인 흥미 단계와 4수준인 내적 과정과 능력 단계에서 모두 **시퀀스**(sequence: 역자 주: 수반하여 일어나는 일)를 사용한다. 그들은 특정 활동이나 사건이 진로선택이나 획득으로 이어지는 것을 본다. 따라서 수학을 잘하면 수학을 사용하는 직업으로 이어질 수 있음을 인식한다. 예를 들어, 로라가 수학에 흥미가 있고(3수준) 수학을 잘한다고 생각하면(4수준), 어떤 활동에 대한 참여에서 그러한 활동이 아동에게 주는 의미에 대한 인식으로 넘어가는 시퀀스가 있다.

내적 과정과 능력 단계인 4수준은 대략 만 11세에 시작되는데, 이 무렵 어떤 과제는 잘 수행할 수 있는 능력이 있지만 또 어떤 과제는 수행하는 데 어려움이 있음을 인식하게 된다. 또한 어떤 직업이 어떤 기술을 요구하는지도 인식할 수 있게 된다. 로라는 수학에서 A학점을 받을 뿐만 아니라 선생님에게서도 수준이 높다는 평을 몇 번이나 들었다. 로라는 선생님이 급우들에게 수학을 설명하는 모습을 보고 자신도 조금 그렇게 해본 후에 수하이 어떤 맥락에서 사용되는지를 알게 된다. 또한 그녀는 삼촌이 회계사라는 것을 알고 있고 또 그가 업무에서 숫자를 어떻게 사용하는지도 약간 이해하고 있다.

## ❁ 5수준: 상호작용

대략 만 14세가 되면, 아동은 직업의 가치를 다르게 매기고, 직업이 명성 수준에서 서로 크게 다르다는 것을 볼 수 있다. 이 5수준은 Gottfredson의 제한(circumscription) 가운데 3단계인 사회적 가치평가 지향(230쪽 참고)과 다소 유사하다. 이 단계에서는 사회적 가치의 인식을 강조한다. 이 수준의 학생들은 자신만의 고유한 능력(역량)과 특성, 신체적 특징 및 가치가 있다는 것을 깨달아간다. Gottfredson의 용어로 말하자면, 자기창조(self-creation)가 일어나기 시작한다(226쪽 참고). 이 과정에서 비교적 높은 수준의 직업추론을 바탕으로 잠정적인 진로선택을 해보게 된다.

영어, 스페인어, 독일어를 할 수 있는 중학교 3학년 학생인 디에고의 예를 통해 그의 현재 발달 수준이 어떻게 5수준인 '상호작용'에 맞는지를 살펴보자. 디에고는 자신의 홍미와 능력을 알고 있다. 그는 자신이 구사할 수 있는 세 가지 언어 중 하나로 된 이야기를 다른 언어로 번역할 수 있다. 그는 또한 약간의 어려움은 있지만 한 언어를 다른 언어로 통역할 수 있다. 디에고는 이러한 기술에 자부심을 느낀다. 그는 언어에 대해 그만큼 할 수 있는 사람을 본 적이 없다. 그는 번역가나 통역가로서 자신이 이 세 가지 언어를 사용할 수 있다는 것을 인식하고 있을 뿐만 아니라, 이러한 언어기술을 사용하는 다른 직업에 대해서도 배워 나가고 있다.

## ❀ 6수준: 체계적 상호작용

이 수준의 청소년은 복잡한 진로결정을 내릴 수 있다. 이들은 자동차를 수리하는 일과 자동차 부품을 디자인하는 일을 구별하는 것 등을 통해 자신의 홍미를 평가할 수 있다. 이들은 또한 자신의 능력을 식별하고, 대수학 이외에 삼각법에도 능하다는 것을 인식할 수 있다. 이들은 몇 가지 능력과 홍미가 특정 직업에서 요구된다는 것을 인식하고, 이러한 능력을 개발하는 방법을 찾을 수 있다. 자신의 능력과 홍미를 평가함에 따라, 이들은 또한 관심 두는 특정 직업에서 자신에게 중요한 것이 무엇이며 직업 요건에서 자신의 가치가 어떻게 충족되는지 또는 충족되지 않는지를 알 수 있게 된다. 이들은 노동시장 자체와 직업을 얻을 수 있는 분야에 대한 정확한 인식뿐만 아니라 관심 있는 직업에 대해 정확한 지식을 길러 나간다. 따라서 이들은 직업시장에 진입할 수 있도록 스스로를 대비시키는 높은 수준의 직업준비도를 발달시켜 나간다.

Super의 하위 단계와 Howard와 Walsh의 직업추론 수준 간에는 유사한 측면이 있지만, Howard와 Walsh가 Super에 비해 인지적 추론능력에 더 초점을 둔다는 것이 아마 주된 차이점일 것이다. 또한 Howard와 Walsh는 Linda Gottfredson의 이론과 그 이론에서 명성을 중시하는 부분을 활용한다. Gottfredson의 이론은 Super의 이론에 따라 개발된 것이다. Super, Gottfredson, Howard와 Walsh는 모두 진로발달 모델을 개발할 당시에 얻을 수 있었던 한정된 연구만을 사용하였다. 청소년의 진로의사결정에 대한 이러한 연구의 일부를 여기에 제시하고자 한다.

청소년과 아동이 언제 홍미, 능력, 가치의 발달이라는 과업을 추구하는지를 다루는 연구는 홍미롭다. 만 9세 아동을 연구한 Miller(1977)는 많은 아동이 활동과 직업에 대한 홍미를 진술할 수 있었다고 보고한다. 중학교 2학년과 고등학교 1학년 및 3

학년 학생을 대상으로 한 연구에서는 학년이 올라감에 따라 청소년의 흥미는 더 분화될 뿐만 아니라 대체로 상당히 안정적이었다(Tracey, Robbins, & Hofsess, 2005). 중학교 2학년을 대상으로 한 Hirschi(2010a)의 연구에서는 자신의 흥미에 대해 더 확신이 있고 다양한 분야에 흥미를 가진 학생들이 더 발달된 진로태도를 갖고 있는 것으로 나타났다. Westbrook, Buck, Wynne과 Sanford(1994)에 따르면 청소년은 자신의 학업 적성 평가에서 가장 높은 정확도를 보였고, 특정하거나 특수한 적성에 대한 평가에서는 정확도가 가장 낮았다. 이들은 자신의 특수 적성을 과대평가하는 경향이 있었다. Porfeli(2007)는 상급 학교에 진학할 계획이 없는 고등학생들은 이후 얻을 수 있는 전일제 직업보다 현재 하고 있는 시간제 일을 더 높이 평가한다고 보고하였다. 높은 수준의 학위를 추구하는 학생들은 그렇지 않은 학생들에 비해 가치체계가 더 늦게 발달하는 경향이 있었다. 그 이유는 이들은 상급 학위와 관련된 훈련 프로그램에 참여하는 동안 자신의 진로목표와 관련된 문제에 집중하기 때문이다. 또한 다른 연구에서, Porfeli(2008)는 고등학생들이 졸업이 가까워짐에 따라 현재 하고 있는 시간제 일과 관련된 가치보다 미래의 전일제 직업과 관련된 가치의 영향을 더 많이 받는다는 것을 발견하였다. 스위스의 한 연구에서는 가치에 더 많은 중요성을 부여하는 중학교 2학년 학생들이 그렇지 않은 학생들에 비해 더 긍정적인 진로발달을 보여 주는 것으로 나타났다(Hirschi, 2010b). 이러한 경향은 특히 높은 수입, 여가시간, 직업 안정성과 같은 외재적 가치와는 대조적으로 일의 다양성, 타인을 돕는 것, 흥미로운 일과 같은 내재적 직업가치를 중시하는 경우에 더 뚜렷하게 나타났다. 이러한 연구들은 청소년의 능력, 흥미, 가치의 발달을 평가하려는 시도가 단순하지 않다는 것을 보여 준다. 이 연구들은 특정적이기보다는 전반적으로 진로발달 모델을 지지하는 경향을 보인다.

## ❀ 상담 예시

이 장에서는 흥미와 능력, 가치의 상대적 발달 수준에 대한 평가가 갖는 유용성을 보여 주기 위해 14세인 중학교 3학년 학생 조앤의 사례를 살펴보려고 한다. 조앤은 시카고 교외의 부촌에 사는 미국 흑인 여학생이다. 부모님 두 분 다 광고업계에 종사하고 있다. 아버지는 시카고 회사의 회계담당 임원이고, 어머니는 다른 회사의 시장 조사 연구원이다. 조앤의 첫 두 학기(역자 주: 1년 4학기제 학교) 성적은 주로 A와 B였지만, 조앤의 부모는 딸의 대학 진학 동기가 부족하다고 염려하여 딸에게 진로상담자를 만나보라고 권유하였다. 다음에 제시된 대화는 조앤이 상담자를 만나서 이야기를 시작하는 부분이다.

**상1:** 고등학교를 졸업하면 뭘 하고 싶은지 생각해 본 게 있니? [이 질문은 조앤이 자신의 계획에 대한 이야기를 시작하도록 하기 위한 것이다.]

**내1:** 음, 잘 모르겠는데 생각해 둔 게 있긴 있어요.

**상2:** 계속 얘기해 보렴. 더 듣고 싶구나.

**내2:** 어……, 부모님처럼 광고업 쪽으로 가고 싶어요. 부모님은 아는 사람도 많고 광고 일을 재미있어 하시는 것 같거든요. 가끔 부모님은 함께 작업하신 TV 광고에 대해 말씀하시기도 해요. 때로 아빠는 직접 작업하신 잡지광고도 보여 주세요. 그런데 가끔은 모델이나 배우도 되고 싶고, 친구 엄마처럼 항공 엔지니어가 되고 싶기도 해요. 어떨 때는 모건 선생님처럼 선생님이 되고 싶다는 생각도 들고요. 이분은 영어를 가르쳐 주시는데 정말 대단하세요. 작가도 생각해 봤고요. 잡지에 글을 투고하는 게 재미있을 것 같아요.

**상3:** 광고업의 어떤 점이 끌리는지 더 자세하게 말해 볼래? [한꺼번에 너무 많은 이야기를 들은 상담자는 주제의 폭보다는 깊이에 집중하기로 한다. 상담자는 첫 번째 주제로 돌아가는데 조앤이 이 주제에 대해 자세히 말했기 때문이다. 조앤의 홍미에 대해 더 듣기를 원하면서 상담자는 광고업에 대해 질문한다.]

**내3:** 광고 문구를 쓰고 싶다는 생각을 해요. 재미있을 것 같아요. 가끔 아빠가 저녁 식사 시간에 그런 얘기를 해주시거든요. 엄마처럼 화장지에 대한 연구를 하고 싶은지는 잘 모르겠어요.

**상4:** 영어가 재미있나 보구나. [광고업에 대한 조앤의 홍미를 따라가기 위해 상담자는 이 주제를 좀 더 탐색한다. 상담자는 조앤이 홍미에 대해 광범위하게 얘기하는 것을 들으면서 조앤이 자신의 능력을 얼마나 제대로 평가할 수 있는지 궁금해한다.]

**내4:** 글쓰는 일이 무지 재미있을 것 같아요. 특히 모건 선생님과 함께할 때는요. 선생님은 좋은 과제를 내주세요. 선생님 때문에도 숙제하는 게 좋아요.

**상5:** 글쓰기 성적은 어떠니? [이 질문으로 글쓰기 수행에 대한 조앤의 지각을 알아볼 수도 있다.]

**내5:** 괜찮게 하고 있어요. 모건 선생님도 저를 좋아하시고 제가 써내는 글도 마음에 들어 하시는걸요. 하지만 제가 실제로 얼마나 잘하고 있는지는 모르겠어요.

**상6:** 그게 무슨 말인지 잘 모르겠구나. [상담자는 조앤이 학업적 능력과 직업적 능력을 어느 정도는 구별한다고 생각하지만, 확실히 알지는 못한다.]

**내6:** 어쩌면 학교공부는 괜찮게 할 수 있을 것 같은데, 아빠가 하시는 일은 되게 어려워 보여요. 사람들이 아빠 회사와 손잡고 일하도록 설득하고 그 사람들한테 좋은 광고를 만들어 주려면 엄청 똑똑해야 하거든요.

**상7:** 하고 싶은 일에 대해 계획을 세우는 일이 너에겐 힘든 것 같구나. [조앤은 학교와 직업에서 요구되는 능력을 구별할 수 있는 것 같다. 조앤은 광고업에서 성공하는 데 필요한 능력이 자신에게 있는지는 자신이 아직 모른다는 점을 깨닫고 있는 것 같다. Howard와 Walsh의 수준에서 보면, 그녀는 5수준인 상호작용 혹은 어쩌면 그보다 약간 더 낮은 수준에 있는 것 같다.]

**내7:** 가끔 그게 너무 어려워 보여요. 제가 정신과 의사면 좋겠어요.

**상8:** 그 부분에 대해 좀 더 말해 주렴. [상담자는 이런 생각이 어디에서 왔는지 궁금하다. 조앤의 흥미는 다양하고 끝이 없어 보인다.]

**내8:** 저는 사람들을 돕는 게 정말 좋아요. TV 프로그램에 정신과 의사가 나와서 사람들을 어떻게 돕는지를 본 적이 있는데요, 대단해 보였어요.

**상9:** 사람들을 돕는 일이라고? [상담자는 조앤의 동기에 대해 더 알고 싶어서 더 물어본다.]

**내9:** 네. 그냥 가만히 앉아서 이야기하고 돈도 많이 벌고 하니까 되게 쉽잖아요.

**상10:** 너한테는 재미있어 보이는 모양이구나. [처음에는 조앤에게 어떤 가치로서의 가능성을 보였던 주제가 결국 순진한 흥미에 불과한 것으로 드러났다. 상담자는 조앤이 Howard와 Walsh의 5수준에 있다는 생각에 대해 확신이 줄어들고, 조앤이 내적 과정과 능력의 4수준에 있을 수 있겠다는 생각이 든다.]

조앤은 자신의 능력과 가치관을 확립하는 데 어려움을 보이기 때문에 이 진로상담에서는 검사도구를 사용하는 것이 시기상조일 수 있다. 다음 절에서 기술할 진로성숙도 검사를 사용하는 것이 유용할 수도 있지만, 조앤의 흥미가 다양하고 혼란스럽기 때문에 상담자는 계속해서 조앤의 흥미에 대해 논의하기를 원한다. 이러한 논의를 통해 앞으로 어떻게 진행할지에 대해 더 많은 제안을 얻을 수 있을 것이다. 현재, 상담자의 목표는 진로선택에 초점을 두기보다는 조앤의 진로성숙도를 평가하고 흥미와 능력 및 가치에 대해 개념화하는 작업을 계속해 나가는 것이다.

## 진로성숙

Super(1955)는 직업성숙(vocational maturity)의 다섯 가지 주요 요소를 다음과 같이 제시하였다.

1. 직업선택 지향성: 진로선택과 직업정보의 사용에 대한 관심을 다룬다.

2. 선호 직업에 대한 정보와 계획 수립: 입직하고자 하는 직업에 대해 개인이 가지고 있는 구체적인 정보를 뜻한다.
3. 직업 선호의 일관성: 시간의 경과에 따른 직업선택의 안정성뿐만 아니라 직업 분야와 수준의 일관성과도 관련이 있다.
4. 특성의 구체화: 일에 대한 태도의 일곱 가지 지표를 포함한다.
5. 현명한 직업 선호: 개인의 선택과 능력, 활동, 흥미 간의 관계를 말한다.

진로성숙은 Super의 진로패턴 연구(Career Pattern Study)가 출간한 초기 학술 논문의 주된 관심사였다. 진로패턴 연구는 청소년 집단을 성인기까지 추적한 심층연구이다. Super와 동료들은 직업성숙의 개념을 더 정교하게 다듬었다(Super et al., 1957; Super & Overstreet, 1960). 이 집중적인 연구를 통해 초기의 진로발달검사(Career Development Inventory)가 개발되었고(Super et al., 1971), 그 후 개정판 진로발달검사가 만들어졌다(Thompson & Lindeman, 1981). 이러한 다양한 버전의 진로발달검사에 대한 남아와 여아 및 남녀 성인의 응답 연구를 통해 진로성숙에 관한 Super의 정의를 구성하는 개념들이 발전하였다. 다음에 이러한 개념들을 상세하게 설명하고자 한다.

## ❁ Super의 진로성숙 개념

Super와 동료들은 청소년을 대상으로 한 집중적인 연구 전반에 걸쳐 좋은 선택을 할 수 있는 청소년 개개인의 준비도에 관심을 기울였다. 그들은 학생이 그저 중학교 3학년이 된다고 해서 미래 진로를 계획할 준비가 될 것이라고 가정하지 않는다. 그들은 진로성숙의 개인차를 볼 뿐만 아니라 진로성숙의 각기 다른 구성요소를 확인할 수 있다고 본다. 진로발달검사의 구조를 이용하면 Super의 모델을 이해하는 데 도움이 된다(Thompson & Lindeman, 1981). **그림 8.2**를 가이드로 삼아, 이 절에서는 진로발달검사를 구성하는 다섯 가지 하위 척도, 즉 진로계획, 진로탐색, 의사결정, 직업세계 정보, 선호하는 직업군에 관한 지식에 대해 설명할 것이다. 또한 하위 척도들을 결합한 진로 지향성 총점(Career Orientation Total)에 대해서도 기술할 것이다. 진로성숙에 대해 Super가 내린 정의의 일부이지만 진로발달검사로는 측정되지 않는 개념으로 현실성(realism)이 있다. 상담자는 진로발달검사를 사용하든지, 사용하지 않든지 간에 다음에 설명하는 개념들을 활용하여 내담자의 이야기를 이끌 수 있다.

**진로계획** 진로계획척도(즉, 계획의 개념)는 개인이 다양한 정보탐색 활동에 대해 얼마나 많은 생각을 해보았는지, 그리고 일의 다양한 측면에 대해 자신이 얼마나 많이

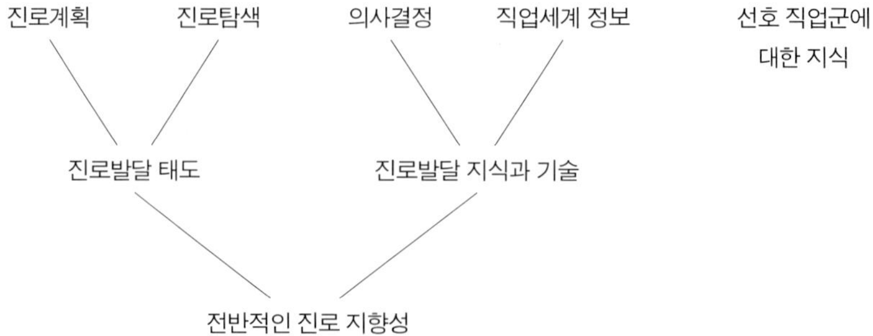


**그림 8.2** 진로발달검사의 하위 척도들 간의 관계

알고 있다고 느끼는지를 측정한다. 이 개념에서는 개인이 수립한 계획의 양이 중요하다. 진로계획에 포함되는 활동으로는 직업정보에 대해 학습하기, 계획에 대해 어른들과 대화하기, 진로의사결정을 돕는 강좌 수강하기, 교과 외 활동이나 시간제 일 또는 방학 기간 중 아르바이트하기, 직업을 위한 훈련이나 교육 받기 등이 있다. 덧붙여서, 이 개념은 근로 조건과 교육 요건, 직업 전망, 다양한 입직 방법 및 승진기회에 대한 지식을 다룬다. **진로계획**은 학생이 이런 활동에 대해 실제로 얼마나 알고 있는가가 아니라, 얼마나 많이 알고 있다고 느끼는가를 말한다. 전자는 직업세계 정보와 선호 직업군 지식 척도에서 다룬다.

학생과 진로계획 활동에 대해 이야기할 때, 학생이 그동안 수행한 일뿐만 아니라 수행하였다고 **생각하는** 일을 알아보는 것도 도움이 된다. 다음 학기에 수강할 과목, 대학 선택, 또는 가능성 있는 대학 전공이나 고등 교육에 대한 생각을 포함하여 미래 계획에 대해 논의하는 것은 모두 진로계획에 기여한다. 내담자가 진로발달검사의 진로계획척도에서 낮은 점수를 받았거나 진로계획에 대한 고려가 부족하다고 상담자가 평가하게 된다면 상담의 다음 단계로 넘어갈 필요가 있다. 이 단계는 계획수립의 토대가 되는 정보를 얻을 수 있는 경험에 대해 좀 더 생각해 보는 것이다.

**진로탐색** 정보를 탐색하거나 찾아보려는 의지가 진로탐색척도의 기본개념이다. 이 하위 척도(그리고 개념)에서는 부모와 친척, 친구, 교사, 상담자, 책, 영화 등의 자원을 자발적으로 활용하려는 학생의 의지를 평가한다. 진로탐색은 이러한 의지 외에도 학생이 이러한 자원으로부터 이미 얼마나 많은 정보를 획득하였는가를 다룬다. 진로계획은 미래에 대해 생각하고 계획하는 것과 관련 있는 반면 진로탐색은 자원의 활용을 다룬다는 점에서 차이가 있지만, 진로탐색과 진로계획 둘 다 일에 대한 태도에 초점을 둔다. Super는 이 두 개념을 묶어서 진로발달 태도라 불렀는데, 진로발달검사에서는 이 개념에 해당하는 점수를 제공한다.

상담자는 종종 학생들이 다양한 이유로 인해, 때로는 직업정보가 필요하지 않다는 태도 때문에, 직업정보를 얻을 수 있는 자원을 활용하기를 꺼리는 모습을 보게 된다. 이 경우 상담자는 이러한 생각을 하는 이유를 탐색해 볼 수 있다. 때때로 학생들은 권위적 인물에게 적대적이며, 부모와 교사, 코치 같은 소중한 특정 자원을 배제한다. 어떤 학생들은 자원 활용하기를 두려워할 수도 있는데, 선생님이나 친척이 자신을 진지하게 받아 주지 않을까 봐 염려하기 때문이다. 진로탐색을 격려하는 것은 학생이 진로선택을 하도록 돕기 전에 해야 할 중요한 활동이다. 많은 경우, 선생님과 이야기해 보고 직업정보가 실린 책이나 다른 자원을 활용할 수 있도록 1주일이나 3개월, 또는 어떤 일정 기간을 준 다음에 다시 상담을 하는 것이 유용한 전략인 경우가 많다. 상담자는 일에 대한 태도에 초점을 맞춤으로써 학생의 진로발달을 돕는 다음 단계를 결정할 수 있다. 그러나 일에 대한 긍정적인 태도만으로는 진로계획을 시작하기에 충분하지 않을 수 있다. 진로의사결정 방법에 대한 지식과 직업정보에 대한 어느 정도의 지식 또한 중요하다.

**의사결정** 학생이 진로의사결정 방법을 반드시 알아야 한다는 생각은 Super의 직업성숙 개념에서 중요하다. 이 개념은 진로계획을 수립하기 위해 지식과 사고를 이용하는 능력과 관련이 있다. 의사결정 척도에서는 학생에게 다른 사람이 진로를 결정해야 하는 상황을 주고 어떤 결정이 최선인지를 평가하라는 질문을 던진다. 이러한 평가 방식의 전제는 만약 다른 사람이 어떻게 진로결정을 해야 하는지를 학생이 안다면 그 학생은 자신을 위해서도 훌륭한 진로결정을 할 수 있으리라는 것이다.

학생에게 진로의사결정을 어떻게 할 계획인지를 물어보는 것은 유용할 수 있다. 어떤 학생은 이 질문에 답하지 못하거나 "모르겠어요. 어떻게든 되겠죠."라는 대답 외에 아무 말도 하지 못할 수도 있다. 이때가 바로 상담자가 진로의사결정 과정에 대해 설명해 줄 수 있는 기회이다. 상담자는 진로의사결정을 위한 다음 단계들이 무엇일지에 초점을 둘 수 있다. 만약 상담자가 진로발달검사를 사용한다면, 왜 어떤 답은 옳고 어떤 답은 틀렸는지를 설명하면서 학생과 함께 검사의 의사결정 부분을 살펴보는 것이 유용할 것이다.

**직업세계 정보** '직업세계 정보'라는 개념에는 두 가지의 기본요소가 있다. 첫 번째 요소는 중요한 발달과업에 대한 지식에 관한 것이다. 즉, 사람들이 언제 자신의 흥미와 능력을 탐색해야 하는지, 자신의 직업에 대해 어떻게 배우는지, 그리고 사람들이 왜 직업을 바꾸는지 등에 대한 지식이다. 이 개념(과 하위 척도)의 두 번째 부분은 구직 행동과 더불어 개인이 선택한 몇 가지 직업의 직무에 대한 지식을 다룬다. Super는 진로의사결정 상담이 효과적으로 수행되려면 상담에 앞서 학생이 직업세계에 대한 정보를 어느 정도 얻는 것이 중요하다고 보았다.

상담자에게는 학생이 일에 대해 알고 있는 정보가 정확한지를 파악하는 것이 도움이 된다. 어떤 학생들은 어떻게 직업을 구하는지 그리고 직업을 구하였을 때 어떻게 행동해야 되는지에 대해 잘못된 정보를 갖고 있다. 또 어떤 학생들은 의사와 법률가, 주식 중개인, 업무 총괄 비서와 같은 사람들이 하는 일에 대해 거의 아는 바가 없다. 텔레비전이나 영화에서 얻은 정보가 부정확한 경우도 종종 있다. 직업세계에 대한 학생들의 부정확한 인식을 바로잡는 것이 상담에서 의사결정을 내리기 이전 과정의 일부가 될 수 있다.

**선호 직업군에 대한 지식** 진로발달검사에서는 학생들에게 선호하는 20개의 직업군을 선택하게 하고, 그런 다음 그들이 선호하는 직업군과 관련된 질문을 던진다. 학생들은 특정한 직종의 책무, 도구와 장비 및 직업에서 요구하는 신체 조건에 대한 질문을 받는다. 덧붙여서, 이들은 아홉 가지 영역, 즉 언어능력, 비언어적 추론, 계산능력, 사무능력, 기계적 능력, 공간능력, 운동협응, 영어능력, 읽기능력에서 자신의 능력을 평가해야 한다. 학생들은 또한 자신이 선호하는 직업에 종사하는 사람들의 흥미를 파악하는 질문도 받는다. 선택할 수 있는 흥미의 범주는 언어, 숫자, 사무, 기계, 과학, 예술/음악, 판촉, 사회활동, 옥외활동이다. 이렇게 함으로써 선호 직업군에 대한 학생들의 지식을 면밀하게 알아볼 수 있다.

학생이 입직하고자 하는 직업에 대해 얼마나 알고 있는지에 관한 정보는 어떤 유형의 상담을 제공해야 하는지를 결정하는 데 대단히 유용하다. 학생과 직업정보에 관해 대화하면서 상담자는 학생의 진로계획에서의 진전 정도를 알 수 있다. 예를 들어, 어떤 학생들은 진로선택에 대해 잘못된 정보를 갖고 있을 수 있다. 어떤 학생들은 너무 순진해서 수의사가 되는 데에는 2년제 대학 이상의 학위는 필요하지 않다고 생각한다. 또 일부 학생들은 경영 분야에서 취업하려면 반드시 경영학 학사 학위가 있어야 된다고 믿고 있을 수 있다. 선호 직업에 대한 지식의 평가는 상담의 중요한 측면을 이룬다. 만약 선호 직업에 대해 학생이 가정하고 있는 것이 무엇인지를 알지 못한다면, 상담자는 실제로는 그렇지 않은 경우에도 학생이 좋은 결정을 내렸다고 여길 수 있다. 좋은 의사결정에 대한 평가는 Super의 또 다른 개념인 '현실성'과 관련된다.

**현실성** 현실성은 진로성숙에 대한 Super의 관점(Super, 1990)의 한 부분이지만 진로발달검사로 평가하지는 않는다. Super는 현실성이 "정서적 · 인지적 측면이 혼합된 실체로서 개인의 적성을 특정 직업 종사자의 전형적인 적성과 비교하듯이 개인적인 자기보고와 객관적인 자료를 통합함으로써 가장 잘 평가할 수 있는 개념이다."(p. 213)라고 기술하였다. 따라서 학생의 선택이 현실적인지 아닌지를 측정하려면 상담자는 학생 개인의 적성이나 성적에 대한 정보와 더불어 직업에서 요구하는 능력에 대해서도 알고 있어야 한다.

진로상담에서 현실성의 개념을 사용하는 데에는 몇 가지 위험이 따른다. 우선 상담자는 학생의 적성과 직업에서 요구되는 적성을 정확하게 평가할 수 있어야 한다. 선택의 현실성에 대한 판단 내리기를 부적절하게 활용하는 경우에는 다음과 같은 말의 원인 제공자가 될 수 있다. "고등학교 때 진로상담 선생님은 나는 절대로 의과대학에 갈 수 없을 거라고 말했지만 난 지금 의대에 다니고 있어", "고등학교 때 진로상담 선생님은 내가 대학을 끝까지 다니지 못할 거라고 말했어. 그런데 난 작년에 졸업했지.", "고등학교 진로상담 선생님이 내가 대학 갈 능력이 없다고 말했으니까 나는 대학에 진학하지 않을 거야." 학생들은 적성에 대한 정보를 잘못 해석하거나 잘못 사용할 수 있기 때문에, 현실성이라는 개념은 매우 신중하게 사용되어야 한다. 부정확한 예측은 개인의 이후 직업선택에 중대한 영향을 미칠 수 있다.

**진로 지향성** 진로 지향성(career orientation)은 앞에서 기술한 개념들을 포괄하는 일반적인 용어이다. 진로 지향성 총점(Career Orientation Total)은 진로계획, 진로탐색, 진로의사결정, 직업세계 정보 척도를 하나의 점수로 합산한 것이다. 여기에는 선호직업군 점수나 측정되지 않는 개념인 현실성은 포함되지 않는다. 하위 척도들을 구체적으로 살펴보기에 앞서 학생들의 진로성숙에 대해 전반적으로 감을 잡는 것이 상담자에게 도움이 될 수 있다. 이는 진로 지향성 측면에서 학생에게 기대할 수 있는 것이 무엇인지에 대해 개략적인 정보를 줄 것이다. 하지만 상담자가 학생과 탐색할 진로성숙 영역을 결정하는 데는 다섯 가지 하위 척도가 더 많은 관련성이 있을 것이다. 아마도 상담자는 학생이 낮은 점수를 받은 영역에 대해 가장 많이 이야기하고 싶을 것이다. 다음의 사례 예시는 상담자가 진로발달검사에서 도출된 진로성숙의 개념과 그 검사 자체를 어떻게 활용하는지를 보여 준다.

**상담에서 진로성숙 개념의 활용** 랠프는 고등학교 1학년인 백인 학생으로, 로드아일랜드 주의 프로비던스에 있는 고등학교에 재학 중이다. 부모님은 이탈리아계 미국인 2세이다. 아버지는 우편집배원이고 어머니는 식당의 서빙 담당 종업원이다. 랠프는 지난 초가을에 같은 반 학생들과 함께 진로발달검사를 받았다. 그는 지금 진로상담자와 자신의 수강계획에 대해 이야기하면서 내년에 어떤 과목을 들을지 결정하려고 한다. 랠프는 과학과 수학에서 C학점을 받았고, 영어와 사회에서는 A학점을 받았다. 그는 방과 후에 패스트푸드 식당에서 일하고 주말에는 형과 함께 형의 자동차를 손질하면서 많은 시간을 보낸다. 다른 고등학교 1학년 학생들과 비교하면 랠프의 진로계획과 진로탐색 점수는 대략 15 백분위점수에 해당한다. 진로발달검사에서 의사결정 점수는 50 백분위점수이고, 직업세계 정보 점수는 45 백분위점수에 해당한다. 선호 직업군 지식 점수와 진로 지향성 총점은 대략 25 백분위점수이다. 다음의 대화는 상담자와 내담자가 인사말을 나눈 후에 시작된 것이다.

**내1:** 내년과 그 이후에 대해 생각해 봐야 한다는 건 알고 있는데, 그럴 시간이 없었어요.

**상1:** 무척 바빴나 보네? [상담자는 랠프가 어떻게 시간을 보내는지 이야기해 보면서 랠프의 진로성숙에 대해 더 알아보고자 한다.]

**내2:** 방과 후에는 저기 큰 길가에 있는 패스트푸드 식당에서 일해요. 밤에는 친구들이랑 놀러 다니고요.

**상2:** 그렇게 지내면 네가 앞으로 하고 싶은 것에 대해 생각할 시간이 조금이라도 나니? [상담자는 랠프가 세웠을지도 모르는 진로계획에 대해 물어보고 싶어 한다. 상담자는 랠프의 진로발달검사 결과를 가지고 있다. 아직 랠프에게 곧바로 검사결과를 알려 주지는 않았다.]

**내3:** 진짜 거기에 대해서는 생각을 많이 안 했어요. 재미있는 일 같진 않거든요. 일을 마치면 좀 피곤해요. 집에 가서 저녁을 먹고 싶어져요. 그러고 나면 밖에 나가고 싶고요. 가끔은 숙제를 하기도 해요. 자주는 아니지만.

**상3:** 네가 무엇을 할지에 대해 누군가와 얘기해 본 적 있니? [상담자는 랠프가 진로계획과 진로탐색척도에서 낮은 점수를 받은 것을 알고 있기 때문에 이 영역에서 향상 가능성이 있는지를 알아보려고 한다.]

**내4:** 별로 없었어요. 부모님은 제가 할 수 있는 게 뭐가 있는지 모르시는 것 같아요. 그냥 제가 열심히 노력해서 월급이 많고 안정적인 괜찮은 직업을 얻어야 한다고만 생각하시죠. 친구들도 뭔가 중요한 건 알고 있는 것 같지 않고요.

**상4:** 네가 무엇을 할 수 있는지에 대해 좀 더 알아보고 싶니? [랠프의 친구들과 친척은 제한적인 정보원일 가능성이 있다. 랠프에게 도움이 될 수 있는 다른 자원이 있을지도 모른다.]

**내5:** 네. 저도 지금보다 무엇인가를 더 해야 한다는 건 알아요. 어디서 배울 수 있을까요?

**상5:** 선생님들과 학교의 진로센터 그리고 어쩌면 부모님 친구분들은 어떨까?

**내6:** 수학선생님께서 수업시간에 회계사를 모셔온 적이 있거든요. 그래서 회계사라는 직업에 대해 약간 알게 되었어요. 그런데 제가 회계사가 되고 싶지 않은 건 분명해요.

**상6:** 그래도 가능성 있는 직업에 대해 조금은 생각해 본 것 같구나. [상담자는 랠프가 시도한 약간의 진로탐색을 강화하고자 한다.]

**내7:** 사실 저한테 더 흥미로운 건, 저도 놀랐는데요, 사회선생님이 하시는 일이에요.

**상7:** 놀랐다고? [랠프는 직업세계의 정보에 대해 조금씩 생각하기 시작하고, 탐색과정에서 주요 인물을 활용하고 있다. 주요 인물의 중요성은 앞장에서 기술한 바 있다.]

**내8:** 네. 저는 가르치는 일 같은 건 전혀 생각해 본 적이 없거든요. 저는 항상 일은 그냥 일이고, 진짜 고생이라고만 생각했어요.

**상8:** 이제는 어쩌면 일이 재미있을 수도 있는 것 같구나. 너는 가르치는 일에 흥미가 있는 것 같네. [상담자는 이러한 태도의 변화에 주목하기를 원하면서 이를 강조한다.]

**내9:** 네. 저는 사람들이 무언가 배우는 걸 도와주는 일이 좋을 것 같다는 생각이 들어요. 사회선생님은 본인이 하시는 일을 정말 좋아하시는 것 같아요, 그건 대단한 일이죠. 집에서는 늘 부모님이 직장에 대해 불평하시는 걸 듣는 게 다거든요.

**상9:** 예전에 비해서 선생님이 하는 일에 대해 더 많이 생각하게 된 것 같구나. [아마도 랠프는 점차 성숙하고 있기 때문에 직업세계의 정보에 대해 더 많이 배우기 시작하고 있는지도 모른다. 그는 지난 11년 동안 교사들을 접해 왔지만, 이제서야 가르치는 일을 직업의 한 가지로 생각하기 시작한다.]

상담자는 진로선택에 대한 생각을 탐색함으로써 랠프가 직업적으로 더 성숙해 가도록 돕고 있다. 상담이 진행되면서 상담자는 몇 가지 결정을 내릴 것이고 랠프도 그럴 것이다. 상담자는 진로발달검사 점수에 대해 랠프와 언제 이야기하는 것이 좋을지, 또한 검사결과를 통해 랠프가 무언가를 배울 수 있도록 어떻게 도울지를 결정할 것이다. 나아가, 상담자는 랠프의 흥미와 적성, 혹은 가치 평가를 해야 할지 여부를 결정할 것이다. 랠프의 입장에서는 진로계획과 직업세계에 대해 계속 생각해 볼지를 결정해야 할 것이다. 상담자는 Super의 진로성숙도 개념을 활용하여 진로의사결정에 대한 랠프의 준비도를 평가할 수 있다. 직업성숙은 청소년의 진로발달을 바라보는 한 가지 방식이고, 직업 정체성은 또 다른 방식이다. 정체감 형성에 관한 Erikson의 관점은 Marcia에 의해 수정되었고 Vondracek 등에 의해 진로발달에 적용되었다.

## 정체성과 맥락

인간 발달에 대한 Erik Erikson(1963, 1968, 1982; Halpern, 2009; Kroger, 2007; Sweitzer, 2011)의 이론은 광범위한 이론으로, 진로발달에 대해 몇 가지 시사점을 갖는다. Erikson의 생애 단계(life-stage) 접근은 다른 어떤 발달 이론보다도 많은 진로 이론가들에게 영향을 미쳤는데, Super도 자신의 이론에 영향을 준 이론으로 자주 인용하였다. 그중에서도 청소년의 정체성 주제에 대한 개념화는 특히 흥미롭다. Erikson의 정체성 단계는 8단계 중 다섯 번째 단계이며, 아동기에 일어나는 네 번째 단계와 성인기에 일어나는 세 번째 단계를 잇는 역할을 한다. 이 절에서는 정체성 단계 및 이 단계와 다른 단계들과의 관계에 초점을 두는데, 이러한 것들이 진로발달에 영향을 미치기 때문이다.

진로발달 이론가들이 Erikson의 모델에 매력을 느끼는 것에 비해 Erikson 이론을 진로발달 주제에 직접 적용하는 경우는 매우 드물다. Munley(1977)는 Erikson의 이론적 구성개념을 진로발달에 적용하려는 노력을 기울였다. Munley(1975)와 여러 학자들(Lewis, 2003; Powers & Griffith, 1993; Savickas, 1985)에 의해 수행된 몇몇 연구는 정체성 위기에 초점을 맞추었다. Fred Vondracek과 동료들은 직업 정체성에 대한 가장 일관된 연구를 수행하였다. 이 연구자들은 정체성의 개념을 정의하고 조사연구와 사례연구를 통해 이를 설명하려고 시도하였다. Erikson은 정체성 위기와 관련된 주제에 대해 자주 언급하였지만 그의 연구는 상담자나 심리치료자에게 분명한 방안을 제시하지는 않는다. Erikson은 정체성 위기에 대해 과학적 관점보다는 예술적 관점을 제시하였다고 볼 수 있다. 내담자의 삶에서 정체성 문제를 기술하는 것은 때로 어려울 수 있다.

연구자들은 Erikson이 제시한 단계를 연구하는 데 상당한 노력을 기울여 왔다. 예를 들어, Zuschlag와 Whitbourne(1994)은 1967년, 1977년, 1988년에 조사하였던 세 집단의 대학생을 연구하였다. 그들은 저학년 학생들에 비해 고학년 학생들이 정서적 · 인지적으로 더 발달하였다는 결론을 내렸다. Marcia, Waterman, Matteson, Archer와 Orlofsky(1993)는 Erikson의 심리사회적 단계, 특히 정체성과 친밀감 연구에 대한 지침을 제공하였다. Marcia(1989, 1998, 1999, 2003)는 Erikson의 이론을 수정하여 정체성 발달의 중요한 측면에 관한 연구가 이루어질 수 있게 하였다. Marcia는 이러한 측면을 정체성 상태(identity statuses)라고 언급하는데, 여기에는 혼미(diffusion), 유예(moratorium), 유실(foreclosure), 성취(achievement)가 포함된다.

Vondracek과 동료들(Vondracek, 2003; Vondracek & Porfeli, 2003; Vondracek & Skorikov, 2007)은 직업성숙보다 Marcia의 혼미, 유예, 유실, 성취 상태를 사용하기를 더 선호한다. Marcia의 정체성이 직업 정체성 발달의 네 수준을 확인하는 데 유용하다고 보기 때문이다. 이들은 구체적 맥락 안에서 정체성 발달을 연구할 때 그것을 가장 잘 이해할 수 있다고 믿는다. 이러한 관점은 이들의 발달적-맥락적 개념의 틀과 일관된 것이다. 이러한 정체성은 면접이나 자아 정체성 상태의 확장된 객관적 측정 검사(Extended Objective Measure of Ego Identity Status; Adams, Bennion, & Huh, 1987; Lloyd, 2008)를 포함하는 자기보고식 설문이나 Shell 청소년 연구(Shell Youth Study; *Jugendwerk der Deutschen Shell*, 1992)의 조사 문항과 같은 설문을 통해 측정할 수 있다. 이 연구들에서 Vondracek과 동료들은 개인적 주제뿐만 아니라 청소년에게 영향을 미치는 정치적 및 사회적 주제도 조사하였다.

확고한 직업 정체성을 발달시켜 나가는 과정에서 청소년은 어느 시기에든 혼미, 유예, 유실, 성취의 네 가지 정체성 상태 중 하나에 속해 있다고 볼 수 있다.

- 혼미(diffusion)는 자신이 원하는 것을 명확히 알지 못하고 미래에 대해서도 관심이 없는 상태를 의미한다. 앞으로의 학업이나 하고 싶은 일에 대해 생각하기보다는 현재 순간만 생각하고 생활하는 것이 혼미의 예이다.
- 유예(moratorium)는 방향을 잡고 싶어서 선택지들을 탐색하지만 아직 원하는 방향을 정하지 못한 시기로, 몇 개월 이상 걸리는 경우가 많다. 이 상태는 흔히 고등학교와 대학교 사이, 또는 대학에서 휴학한 시기에 해당한다. 유예는 자신에게 의미 있는 어떤 활동을 하면서 보낼 때 가장 효과적이다. 환경 개선을 위한 일에 자원하는 것이 식당에서 설거지를 하면서 돈을 버는 것보다 더 의미가 있을 것이다.
- 유실(foreclosure)은 다른 대안을 탐색하지 않은 채 보통 가족 전통에 따라 선택하는 것을 말한다. 자신의 흥미와 가치, 능력에 적합한지를 고려하지 않은 채 가업에 참여하는 것이 유실의 한 예이다.
- 성취(achievement)는 자신이 원하는 것을 알고 직업목표를 달성하기 위해 계획을 세우는 것을 의미한다. 장차 참여할 활동이나 종사할 직업을 결정하기 위해 지금까지의 경험을 고려하는 것은 성취의 한 예이다.

직업 정체성 평가를 위한 새로운 척도가 개발되었다. Profeli, Lee, Vondracek과 Weigold(2011)는 진로탐색과 전념(commitment) 및 재숙고(reconsideration)를 포함하는 모델을 기반으로 한 직업 정체성 상태 평가 검사(Vocational Identity Status Assessment inventory)를 개발하였다. 이 검사는 성취, 유예, 유실, 혼미의 상태뿐만 아니라 진로탐색 과정에 있는 유예(searching moratorium)와 미분화 상태(undifferentiated statuses)도 포함한다. 이 검사를 사용한 연구결과, 성취 상태는 가장 양호한 특성을 보여 주고 혼미 상태는 가장 양호하지 않은 특성을 보여 주기 때문에 이 검사를 통해 안녕감에서의 개인차를 측정할 수 있다.

Vondracek과 동료들은 몇몇 연구에서 직업 정체성 상태를 확인하기 위해 단일 문항을 사용하였다. 가용한 자료의 한계 때문에, 각 상태를 측정하는 단일 문항으로 「Shell 청소년 연구(*Jugendwerk der Deutschen Shell*)」(1992)에서 따온 다음 문장을 사용하였다.

- 혼미: 나는 내가 무엇을 원하는지 모른다. 무슨 일이든 일어나겠지.
- 유예: 나는 내가 무엇을 원하는지 모른다. 하지만 내가 원하는 것을 찾고 싶다.
- 유실: 나는 내가 무엇을 원하는지 안다. 그리고 정해진 길을 따라가고 있다.
- 성취: 나는 내가 무엇을 원하는지 안다. 난 이미 계획을 세워 놓았다.

이 네 가지 상태의 점수는 성별과 문화권에 따라 크게 다를 수 있다. 예를 들어, 코사어(isixhosa)를 쓰는 남아프리카 공화국 청소년의 경우, 남자 청소년의 75%가 정체성 성취로 분류된 반면, 여자 청소년은 35%에 불과하였다(Mdikana, Seabi, Ntshangase, & Sandlana, 2008). 또한, 진로의사결정에서도 여자 청소년은 53%가 정체성 유실로 분류되었는데, 이에 비해 남자 청소년은 15%였다.

아동기와 청소년기에 직업 정체성 발달을 가져오는 데는 여러 요인이 작용한다(Vondracek & Skorikov, 2007). 아동은 가족에게 일어난 직업적 사건을 기억한다. 예를 들어, 부모님이나 소부모님이 직업을 바꾸거나, 해고를 당하거나, 퇴직을 하는 것이 그러한 사건에 해당한다. 또한 가족 구성원은 아이가 자라서 무슨 일을 해야 할지에 대한 견해를 갖고 있을 수 있다. 때로 아동은 이른 시기에 직업을 정하기도 하는데, 이는 정체성 유실 상태의 한 예이다. 아동이 전념할 수는 있으나 입직할 가능성이 낮은 직업의 예로는 가수나 운동선수가 있다. 사춘기에 긍정적인 진로 역할모델이 없거나 자신의 진로선택에 관해 가족이나 주위 사람들의 기대를 받지 못한 청소년은 다음에 무슨 일이 일어날지에 대한 감을 잡지 못할 수 있다. 이것은 정체성 혼미 상태의 한 예이다. 직업선택에서 부모의 압력이 작용하는 경우, 청소년은 정체성 유실 상태로 들어갈 수 있다. 이런 상태는 혼란을 가져올 수 있고, 이로 인해 진로를 찾는 일이 지연되기도 한다. 이때 청소년은 처음에는 진로발달과 간접적으로만 관련되는 활동을 시도할 수 있는데, 이것이 정체성 유예 상태이다. 하지만 정체성 유예 상태로 있는 동안 청소년은 능동적이고 체계적으로 직업정보를 탐색하는 활동을 통해 정체성 성취로 넘어갈 수도 있는데, 성취 상태에서 청소년은 자신의 진로를 위한 계획을 세운다. 직업 정체성을 형성하는 경로는 혼란스러울 수 있고, 도중에 장애물이 있을 수도 있다. 하지만 일반적으로 청소년들이 혼미, 유실, 유예, 성취 상태를 다 거치는 것은 아니다. 이들은 이런 상태들을 앞서 기술한 것과는 다른 순서로 거치기도 하고 반복적으로 경험할 수도 있다.

Vondracek과 동료들은 여러 관점에서 정체성 발달을 살펴보았다. 개인은 직업 정체성이 발달함에 따라 다양한 직업에 대해 긍정적인 태도와 열린 마음을 갖는 경향이 있다. 대학생이 가져 본 직업의 수는 진로의사결정을 할 때 느끼는 효능감뿐만 아니라 직업 정체성도 예측하였다(Stringer & Kerpelman, 2010). 대학생들의 경우, 높은 수준의 정체성 상태는 낮은 수준의 정체성 상태에 비해 의사결정에서의 높은 자기효능감 및 더 분화된 흥미와 관련이 있었다(Nauta & Kahn, 2007). 라틴계 미국인 고등학생의 경우, 재정적 부족이나 가족지지의 결여와 같은 장애물이 많을 때에는 이러한 장애물이 적을 때보다 Holland의 MVS(My Vocational Situation) 검사로 측정한 직업 정체성이 잘 규정되지 않았다(Gushue, Clarke, Pantzer, & Scanlan, 2006). 직업 정체성이 분명한 청소년들이 직업탐색에 더 자발적이었고 일에서 성공할 것이라는 확신도 더 높았다(Vondracek & Skorikov, 1997). 정체성 발달 연구는 또한 직업 영역 이외에 종교, 정치, 생활양식과 대인관계 등의 영역에서도 수행되고 있다. 직업 정체성은 다른 영역의 정체성 발달에 앞서 이루어지기 때문에 이후 정체성의 다른 측면들의 발달에 영향을 미치는 경향이 있다(Skorikov & Vondracek, 1998; Vondracek, 2003). 연구자들은 초기 청소년기의 직업적 발달이 특히 중요하다고 보는데, 이것이 정체성 발달의 다른 영역에 영향을 주기 때문이다. 직업 정체성은 초기 청소년기뿐만 아니라 후기 청소년기에도 중요하며, 청소년들의 개별 연령과 관계가 있다(Johnson, Buboltz, & Nichols, 1999). 하지만 Reizle(2007)의 연구에서는 연령대가 상대적으로 높은 청소년들의 경우, 성인으로서 자신을 보는 견해는 진로상황보다는 연인관계와 가족관계 그리고 가족이 처한 상황에 대한 지각과 더 관련이 있는 것으로 밝혀졌다.

진로성숙에 대한 대부분의 연구가 환경적 요인의 중요성에 주목하지 않는 반면, Vondracek과 동료들은 사회적 · 정치적 · 역사적 요인이 개인과 개인의 직업 정체성에 미치는 영향에 관심을 가진다. 이러한 요인의 예로는 경제적 변화, 지방 및 중앙정부 차원의 사회 및 교육 정책, 직무수행과 일자리 기회에 영향을 미치는 기술의 발달을 들 수 있다. 이렇게 발달의 광범위한 맥락에 초점을 두는 것을 **발달적-맥락적 이론**(developmental-contextual theory)이라고 부른다.

직업 정체성은 교육적 맥락과 광범위한 사회적 맥락 둘 다에서 발달한다(Vondracek & Skorikov, 2007). 청소년은 학교와 여가활동 참여를 통해 흥미와 직업선택을 발달시킨다. 지역사회 서비스와 종교활동 참여 또한 직업 정체성을 발달시키는 데 중요한 측면이다. 독일처럼 직업훈련에 중점을 두는 교육 프로그램이 많은 국가들은, 일반적으로 직업훈련 프로그램보다는 학업 프로그램에 더 중점을 두는 미국과 같은 국가에 비해 직업 정체성을 발달시키기 위한 직업 관련 경험을 더 많이 제공한다. Vondracek과 Skorikov(2007)는 실습생 제도가 직업 정체성을 향상시키는 탁월한 수단이 될 수 있다고 본다. 『성장의 방편: 청소년기 발달 지원으로서 탈바꿈하는 실습생 제도(*The Means to Grow Up: Reinventing Apprenticeship as a Developmental Support in Adolescence*)』(2009)를 집필한 Halpern은 실습생 제도와 관련된 주제를 설명하고, 정체성의 개념을 실습생 제도와 관련지어 논의하였다. 미국에서는 많은 청소년이 방과 후에 시간제 일을 하지만, 다른 많은 국가에서는 그렇지 않다. 그러나 시간제 일은 흔히 조경이나 식당 서빙 등 비숙련 직종에 한정되어 있다. 그러한 일은 직업 정체성을 향상시킬 수 있는 기회를 많이 제공하지 않는다.

광범위한 사회적 요인은 청소년의 직업선택에 영향을 미친다. 직업의 세계화는 각기 다른 국가에서 제공하는 직업의 유형에 영향을 미친다. 기술의 발달과 더불어 새로운 직업이 생겨난다. 색다른 제품과 서비스에 대한 수요의 변화 또한 개인에게 가용한 직업에 영향을 준다. 직업 정체성에 대해 유연한 태도를 가지는 것이 끊임없이 변화하는 세계의 사회적 · 경제적 국면에 적응하는 데 도움이 된다. 이런 식으로 청소년의 직업 정체성은 변화하는 사회의 맥락 안에서 환경적 요소와 상호작용해야 한다.

영국에서 20,000명이 넘는 젊은 성인을 대상으로 초기 청소년기에 시작하여 12년 후에 다시 추적 조사한 결과, 발달적-맥락적 모델에 근거하여 이들의 직업선택을 설명하는 시도가 전반적으로 타당한 것으로 나타났다(Schoon, Martin, & Ross, 2007). Vondracek(Vondracek, Reitzle, & Silbereisen, 1999; Vondracek & Porfeli, 2003; Vondracek & Skorikov, 2007)은 특정한 맥락 내에서 이루어지는 진로선택의 시기의 중요성을 강조하는데, 이는 진로선택 시기가 직업 정체성 발달을 지연시키거나 촉진할 수 있기 때문이다. 예를 들어, 공산주의 체제에서 성장한 동독 청소년은 경제 강국이고 선택의 폭이 넓은 서독의 청소년에 비해 가능한 진로선택지가 적었다. 서독 청소년은 직업 정체성 발달이 더 느렸는데, 이들에게는 선택의 폭이 넓었기 때문이다. 따라서 이들은 동독 청소년에 비해 선택하기가 더 어려웠다(Reitzle, Vondracek, & Silbereisen, 1998; Vondracek & Reitzle, 1998). 캐나다 퀘벡 주의 주류집단 고등학생과 소수집단 고등학생을 비교한 연구에서도 맥락이 직업성숙에 영향을 미치며, 직업성숙의 향상은 소속집단, 연구 참여자의 연령 및 측정 시기에 따라 다른 것으로 나타났다(Perron, Vondracek, Skorikov, Tremblay, & Corbiere, 1998). Schoon과 Parsons (2002)는 열두 살의 연령차가 있는 17,000명이 넘는 사람들을 연구하였다. 이 연구에서는 먼저 태어난 집단보다 나중에 태어난 집단에게서 학력이 더 중요한 것으로 나타났다. 학력에 대한 이러한 요구는 10대의 직업포부와 이후에 갖게 될 직업을 예측하는 데 영향을 주었다. 정체성은 문화적인 사건과 동떨어져 있는 것이 아니라, 사회적 발전의 맥락 내에서 발달한다.

## ❁ 상담 예시

다음 사례는 청소년에게 개인적으로나 진로와 관련해서 부담으로 작용하는 정체성 문제가 상담에서 어떻게 드러나는지를 보여 준다. 정체성 발달에 대한 Erikson과 Marcia의 개념은 상담자가 특정한 시기에 발생하는 위기에서 비롯되는 문제와 어려움을 이해하는 데 도움이 된다.

프랭크는 아직 전공을 정하지 못한 대학 2학년 백인 학생이다. 그는 보스턴에 있는 대학에 다니고 있다. 아버지는 뉴욕에서 변호사로 일하고 어머니는 대규모 은행의 부행장이다. 두 여동생은 아직 고등학생이다. 프랭크는 앞으로 무엇을 할지 한동안 고심해 왔다. 그는 진로목표에 대해 혼란스러워하고 있고, 무엇을 전공해야 할지 어떤 진로를 준비해야 할지 모르기 때문에 대학에서 시간 낭비만 하고 있다고 느꼈다. 그래서 겨울방학을 마치고 학교로 돌아왔을 때 프랭크는 자신이 고민하고 있는 문제에 대해 상담을 받아 보기로 결정하였다. 다음은 상담 첫 회기에서 있었던 대화이다.

**내**1: 제 친구들은 다들 자신이 뭘 해야 하는지 알고 있는 것 같아요. 목표도 있고, 아이디어도 있고요. 제 여자친구는 의예과 학생인데 공부도 엄청 열심히 하고, 자신이 가야 할 길을 알고 있어요. 취업시장 상황을 생각하면 자기가 뭘 하고 싶은지 모르면 곤란하죠.

**상**1: 그럼 본인은 어때요?

**내**2: 모르겠어요. 때로는 진짜 길을 잃은 것 같은 느낌이에요. 제가 이 학교에 속한 사람인가 하는 의문이 들기도 해요. 수업을 듣고 있긴 하지만 그냥 들어야 하니까 듣는 거고, 수업이 중요하다는 느낌이 들지도 않아요.

**상**2: 존재한다는 느낌도, 어떤 것의 일부라는 느낌도 없다는 말이네요. [상담자는 프랭크에게 정체성에 대한 전반적인 느낌이 부족하다는 것을 즉각 알아차린다. 이는 직업을 찾는 데 어려움이 있다는 프랭크의 진술에 의해 더 분명해진다.]

**내3:** 예전에는 지금보다 하고 싶은 일이 더 많았던 것 같아요.

**상3:** 어떤 종류의 일이었나요?

**내4:** 음, 제가 처음 여기 왔을 때는 행진 악대에서 트럼펫을 연주했어요. 그걸 좋아했는데, 얼마 지나니 그것도 별것 아닌 것 같아서 올해는 악대에 참여하지 않았어요. 그런 재미도 작년에 빨리 시들어 버린 것 같아요.

**상4:** 지금은 모든 게 시시한가 봐요. [프랭크에게 명료성이 부족하다는 사실이 다시 드러난다. 이 문제는 Marcia의 정체성 혼미 상태와 유사하다.]

**내5:** 네, '시시하다'는 게 딱 맞는 표현 같아요. 제가 뭘 하고 있는지도 모르겠고, 또 뭘 하든지 간에 제대로 할 수 있는 것 같지도 않아요.

**상5:** 그 말엔 많은 의미가 들어 있는 것 같네요. 한 가지 물어볼게요. 프랭크가 할 수 있는 일은 뭔가요? [프랭크는 유능감의 부족에 대해 이야기하고 있는 것 같다. 그래서 상담자는 프랭크가 다양한 영역을 탐색할 수 있는 정체감 유예 상태로 나아가는 것일 수도 있다고 생각한다.]

**내6:** 고등학교 때는 그런대로 괜찮게 했어요. 특히 음악에서요. 학교의 모든 밴드부와 오케스트라에서 연주했어요. 트럼펫을 정말 좋아했어요. 저는 항상 수석 주자였는데요, 그래서 기분이 좋았어요.

**상6:** 그런데 무슨 일이 있었나요?

**내7:** 네. 고등학교 2학년에서 3학년으로 올라갈 무렵 전국 경연대회에서 오디션을 봤거든요. 근데 떨어졌어요. 처음에는 무척 실망했어요. 그 뒤로는 어떤 것도 그다지 중요한 것 같지 않더라고요. 그 일이 있고 나서는 그렇게 좋아하는 일이 없었어요.

**상7:** 그 일이 프랭크에게는 중요한 사건이었던 것 같네요.[상담자는 이러한 실망감이 프랭크의 정체감에 위협이 된다는 것을 알게 된다. 그런데 이것만으로 프랭크가 지금 겪고 있는 듯한 우울감을 야기할 수 있었는지 궁금하다.]

**내8:** 글쎄요, 저는 개의치 않았던 것 같아요. 다른 사람들도 신경 쓰지 않는 것 같았고요.

**상8:** 더 얘기해 봐요.

**내9:** 음, 제가 보기에 아버지는 늘 음악은 어린아이들이나 하는 일, 쉬운 일이라 생각하셨어요. 무슨 말인지 아시겠죠?

**상9:** 아버지가 어떻게 반응하셨길래? [상담자는 아버지에 대한 프랭크의 분노를 감지하는데, 이런 감정은 정체성이 결여되어 있을 때 충분히 예상할 수 있는 반응이다.]

**내**10: "뻔한 얘기네." 뭐 이런 식이었죠. 아버지는 늘 일에 파묻혀 사시는 것 같았어요. 사무실에서 하던 일을 집으로 갖고 오시죠. 제가 어렸을 적엔 아버지가 하시는 건 일밖에 없다고 생각하곤 했어요.

**상**10: 그럼 일이 불쾌한 어떤 것으로 보였나요? [프랭크가 아버지와 일에 대한 아버지의 견해와 동일시했을 것이라는 생각이 상담자에게 든다.]

**내**11: 그땐 재미있는 게 아무것도 없는 것 같았어요. 사실 학교에 있을 때가 재미있었던 것 같아요. 그게 늘 좀 웃겼어요. 제 친구들은 대부분 빨리 학교 밖으로 나가지 못해 안달이었거든요.

**상**11: 분명히 그게 프랭크한테 영향을 준 것 같네요. [아버지가 일에 전념한 것이 프랭크에게 부정적인 영향을 준 것 같다. 프랭크는 그런 기분을 똑같이 느끼고 싶어 하지 않으며, 아마도 일이란 불쾌한 느낌을 줄 뿐이라고 생각하는 듯하다.]

**내**12: 제가 트럼펫을 다른 사람보다 더 잘 불지 못했을 때는 제가 아무것도 아닌 것 같았어요. 대학에 와서 대학 밴드부에서 연주한다는 신선함이 잠시 있었지만 곧 사그라졌어요.

**상**12: 정말 강력한 느낌이군요. [프랭크는 탐색을 시도해 왔지만 정체감 유예 기간을 잘 활용하려면 격려가 필요할 것 같다.]

프랭크와 상담자는 4회기에 걸쳐 그의 문제를 다룬다. 프랭크는 정체감 유예를 추구하고 있다. 그리고 문제를 해결하려면 시간이 필요하다고 느낀다. 학기가 지나갈수록 학교가 그에게는 점점 더 부질없어지는 것 같다. 프랭크는 학교와 친구들을 통해 자신의 삶에서 의미를 찾으려고 애쓰고 있다. 그는 가을 학기에는 학교를 다니지 않을 계획인데, 삶의 의미를 찾는 노력을 계속할 수 있도록 일을 하려고 한다. 적절한 때에 상담자는 상담과정에서 직업정보를 소개할 것이다. 직업정보와 더 많은 검사를 도입하는 시점은 이후에 고려할 일이다. Super의 이론 및 직업 정체성 이론과 관련된 직업정보와 평가는 다음 절에서 다룰 주제이다.

## 직업정보의 역할

진로발달검사에 대한 설명에서 알 수 있듯이, 직업정보는 Super의 이론에서 매우 중요하다. 이 검사의 진로계획척도에서는 학생들이 다양한 교육적 · 직업적 기회에 대해 얼마나 많이 생각하고 계획하고 있는지를 묻는다. 진로탐색척도에서는 직업정보를 얻기 위해 누구를 찾아갔는지, 누구를 방문할 것인지를 묻는다. 의사결정 척도는 함축적으로 직업정보와 진로의사결정의 통합을 포함하고 있다. 직업세계 정보 및 선호 직업군 지식 척도는 직업에 대한 지식을 측정한다. 분명히, Super의 이론은 자아개념과 직업세계에 관한 정보의 통합에 기반을 두고 있다.

Super의 동료들 가운데 두 연구자(Starishevsky & Matlin, 1963)가 기술한 개념은 자아개념과 직업세계의 관계에 대해 또 다른 관점을 제공한다. 심리대화(psychtalk)와 직업대화(occtalk)라는 개념은 직업과 자기와의 관계를 강조한다. **심리대화**는 적성과 흥미 및 개인의 다른 특징을 기술하기 위해 사용하는 말을 의미한다. **직업대화**는 직업에 대한 말을 일컫는다. Starishevsky와 Matlin(1963)은 직업대화의 말과 심리대화의 말이 서로의 언어로 번역될 수 있다고 믿는다. 예를 들어, 변호사가 되고 싶다는 말은 사회적인 마인드를 가지고 있거나 매우 적극적이라는 말로 옮길 수 있다(p.34). 장차 의사가 되겠다고 말하는 여성은 "나는 머리가 좋고 건강하고 사람들에게 관심이 많아."라고 말하고 있는 셈이다. 마찬가지로, 어떤 사람이 "머리가 좋고 건강하고 사람들에게 관심이 많아."라고 말하면 심리대화이고, "난 의사가 될 거야."라고 말하면 직업대화이다. 직업에 관한 논의가 자기에 대한 신념을 내포하며, 자기에 대한 신념은 직업에 대한 함의를 가질 수 있다는 생각은 상담자에게 유용하게 쓰일 수 있다. 직업대화와 심리대화라는 개념은 Super의 이론에서 매우 다르게 보이는 두 개념을 이어 주는 편리한 다리를 제공한다.

직업 정체성을 발달시켜 나가는 과정에서 개인은 환경으로부터 얻은 정보를 점차 자기감에 통합한다. 정체감 혼미 상태에 있을 때, 개인은 자신의 흥미와 능력에 대해 알게 될 수도 있지만, 이 정보를 자기감으로 통합하지는 않는다. 정체감 유예 상태에 있는 청소년은 여가활동과 일을 경험하고 자기감을 발달시켜 나가기 시작한다. 정체감 유실 상태에서는 직업에 대한 정보를 획득할 수는 있겠지만, 이 정보를 자기감으로 충분히 통합하지는 못한다. 정체감 성취 상태에 있는 청소년은 자신과 직업세계에 대한 정보를 통합하고 이를 토대로 계획을 세운다. Vondracek와 Skorikov(2007)는 직업세계의 변화하는 맥락의 중요성을 강조한다. 문화권에 따라 직업의 변화가 다르다. 나아가, 기술의 변화와 환경적 조건 그리고 새로운 상품과 서비스에 대한 수요는 상담자가 세계적 수준에서 일어나고 있는 직업의 변화를 인식하는 것이 중요하다는 것을 시사한다.

## 평가도구의 역할

평가는 Super의 발달 모델에서 중요한 부분이다. 이 장에서는 진로발달검사를 사용한 진로성숙의 평가를 상세하게 다루고 있다. 오스트레일리아판 진로발달검사도 이용 가능하다(Hughes & Thomas, 2006). 후기 청소년기의 청소년과 성인의 발달 단계뿐만 아니라 일 역할의 중요성을 측정하는 검사는 9장에서 다룰 것이다. 이 검사도구들은 바로 Super의 전 생애 이론에서 나온 것이다. Super는 이러한 검사 외에도 흥미나 능력, 가치를 측정하는 검사와 인벤토리의 활용을 주장한다. Super의 가치척도(Nevill & Super, 1989)와 그 개정판(Zytowski, 2004)은 가치 측정도구의 예다. 최근에는 직업뿐만 아니라 교육, 가족, 건강 및 지역사회 서비스와 관련하여 청소년의 미래 기대를 광범위하게 측정하는 검사 개발을 위한 연구가 칠레의 중학교 1학년에서 고등학교 3학년 학생을 대상으로 이루어졌다(McWhirter & McWhirter, 2008).

Super(1990)와 다른 연구자들(Osborne, Brown, Niles, & Miner, 1997; Niles, 2001; Herr, Cramer, & Niles, 2004)은 진로평가를 위한 진로발달 평가와 상담(Career Development Assessment and Counseling, CDAC)이라 불리는 상세하고 포괄적인 모델을 제시하였다. 이들이 추천하는 일반적인 도구로는 9장에서 제시할 성인 진로관심사 검사(Adult Career Concerns Inventory), 가치척도(Values Scales), 중요성 검사(Salience Inventory)와, Strong 흥미검사(Strong Interest Inventory, SII)와, 257~261쪽에서 기술한 진로발달검사(Career Development Inventory)가 있다. Hartung 등(1998)은 문화적 정체성 척도도 이러한 평가의 일부로 사용해야 한다고 제안한다. 이 모델은 대학진학을 준비하는 청소년뿐만 아니라 취업을 준비하는 청소년(Herr & Niles, 1997)에게도 적용할 수 있다. 내담자가 항상 심층평가를 받을 준비가 되어 있거나 이런 평가에 마음이 열려 있는 것은 아니며, 상담자도 종종 검사에 필요한 시간을 낼 수 없는 경우가 있다. 상담에서는 집단으로 평가를 실시할 수도 있고, 몇 개월이나 몇 년에 걸쳐서 할 수도 있다. Super는 다수의 평가기법을 직접 개발하였고 자신이 개발한 것 외의 다른 많은 평가기법들도 사용할 것을 주창한다. 상담자는 이러한 검사들을 최대로 활용하는 방법이 무엇인지를 판단할 수 있어야 한다.

직업 정체성의 평가는 직업성숙에 비해 주목을 덜 받아 왔다. 혼미, 유예, 유실, 성취 상태를 측정하기 위해 Shell 청소년 연구(266쪽)에서 사용된 네 문항 외에도 Adams(Adams, Bennion, & Huh, 1987; Lloyd, 2008)의 자아 정체성 상태의 확장된 객관적 측정 검사를 사용할 수 있다. 또한, 직업 정체성 상태 평가 검사(Vocational Identity Status Assessment)도 사용할 수 있는데, 여기에는 성취, 유예, 유실 및 미분화 상태뿐만 아니라 탐색이 이루어지고 있는 정체성 유예와 혼미에 관한 척도도 포함되어 있다(Porfeli et al., 2011). 흔히 상담자는 청소년 내담자의 삶에 영향을 미치는 문제들에 대해 함께 대화를 나눔으로써 직업 정체성을 평가한다. 남녀 청소년과 다문화 집단 청소년에 대한 부가적 정보는 발달적 평가와 이론적 개념의 사용에 영향을 미칠 수 있다.

## 청소년기의 성 관련 주제

성역할 고정관념은 아동의 직업선택을 한정시키는 부정적인 영향을 미칠 수 있듯이 청소년에게도 똑같은 영향을 미친다. 이 절에서는 성역할 고정관념이 직업선택과 직업 성공의 포부에 미치는 영향을 보여 주는 조사연구를 살펴보고자 한다. Mendez와 Crawford(2002)는 만 11세부터 14세의 영재 남학생 95명과 여학생 132명의 진로포부를 비교하였는데, 그 결과 영재 여학생이 영재 남학생보다 더 많은 직업에 홍미를 가지고 있다고 보고하였다. 또한 여학생은 전통적으로 남성적인 직업에 관심을 보인 반면, 남학생은 전통적으로 여성적인 직업에 그만큼 홍미를 보이지 않았다. 남학생은 여학생이 바라는 직업에 비해 더 명성이 있고 더 많은 교육을 요구하는 직업을 희망하였다. 장애가 있는 여학생들을 대상으로 한 연구에서는 이들이 8회기의 진로 집단상담에 참여한 후에 연구 초기보다 의사결정에서 더 높은 점수를 받았다(Lusk & Cook, 2009). Lease(2003)는 남자 대학생 354명을 대상으로 전통적 및 비전통적 진로선택에 대해 조사하였다. 사회적 성향이 진보적인 남학생은 사회적 성향이 보수적인 남학생에 비해 전통적으로 여성적인 직업을 선택하는 경향성이 더 높았다. 또한 Lease는 성과 관련하여 비전통적인 직업을 택한 남성의 경우에 사회경제적 지위(SES)가 아닌 교육적 포부의 영향을 받을 수 있다고 보고하였다. 만 18세에서 25세에 이르는 여자 청소년과 젊은 여성을 대상으로 한 연구에서, 남성이 지배적인 분야에서 끝까지 직업포부를 유지하고 싶었지만 직업포부를 바꾼 여성들이 가장 빈번히 제시한 이유로는 '좀 더 융통성 있는 직업을 원한다', '그 직업에 너무 많은 시간을 바쳐야 했다', '물리학이 내재적 가치가 낮다고 보았다' 등이 있었다(Frome, Alfeld, Eccles, & Barber, 2006). 일반적으로 직업포부와 사회경제적 지위가 높은 남성들은 다른 남성에 비해 더 전통적이지 않은 직업을 선택하였다. 이상의 연구에서 알 수 있듯이, 성에 따라 정형화된 직업은 계속해서 청소년이 다루어야 할 쟁점이 되고 있다.

일부 연구는 덜 직접적인 접근을 사용하여 성역할 고정관념이 청소년에게 미치는 영향을 연구하였다. 중학교 1학년을 대상으로 한 연구에서, Robison-Awana, Kehle과 Jenson(1986)은 학생들에게 자기 자신으로서 그리고 반대 성이 되었다고 가정하고 자아존중감 검사에 응답하도록 하였다. 그 결과, 남학생과 여학생 모두 여학생의 자아존중감이 더 낮다고 믿는 것으로 나타났다. Crites의 진로성숙검사(Career

Maturity Inventory)를 사용하여 진로성숙을 측정한 Powell과 Luzzo(1998)에 따르면 만 15세부터 19세의 10대 남자 청소년들은 나이가 비슷한 여자 또래들에 비해 자신이 진로의사결정에 대해 더 많은 통제력을 갖고 있다고 믿고 있었다. Van Buren, Kelly와 Hall(1993)은 비전통적인 직업선택에 대해 교육할 목적으로 중학교 2학년과 고등학교 2학년 학생들에게 다양한 직업을 보여 주는 비디오를 사용하였다. 이 연구자들은 실험 결과, 사회적 직업에 대한 소년들의 흥미가 증가하였다고 보고하였다. Van Buren 등(1993)의 연구는 성적 편견을 탈피한 진로정보를 제공하려는 노력을 나타낸다. 동성애자와 양성애자 청소년에게 성 정체성 관련 주제를 다루는 것은 진로성숙에 부정적인 영향을 줄 수 있다는 증거가 있다. 일부 청소년은 진로문제보다 성 정체성에 관심을 집중하기 때문이다(Schmidt & Nilsson, 2006).

Super(1990)는 진로발달검사에서 나타난 성차를 검토하면서 남학생에 비해 여학생이 진로성숙도 평가에서 약간 더 높은 점수를 얻는 경향이 있다고 밝혔다. 이러한 결과는 Busacca와 Taber(2002), D'Achiardi(2006), Patton과 Creed(2002), Patton, Creed와 Muller(2002), Taveira, Silva, Rodroguez와 Maia(1998)의 연구에서도 뒷받침되고 있다. 하지만 Flouri와 Buchanan(2002)은 진로성숙에서 남학생이 여학생보다 더 높은 점수를 얻는 경향이 있다고 보고하였다. 오스트레일리아의 청소년을 대상으로 한 Patton과 Creed(2001)의 연구에서는 진로성숙검사의 태도 척도에서 만 13세에는 남학생이 더 높은 점수를 얻지만 만 15세와 17세에는 여학생이 더 높은 점수를 얻었다고 보고하였다. 진로성숙검사의 지식 척도에서는 모든 연령대에서 여학생이 더 높은 점수를 얻었다. 진로성숙검사는 청소년들에게 계속 사용되고 있다. 성차에 대한 연구는 진로선택에 있어 다소 예외는 있지만 여학생이 남학생보다 더 일찍 진로성숙을 발달시킨다는 것을 시사한다.

## ❁ 상담 예시

루시는 고등학교 2학년이다. 루시의 상황은 7장에서도 다룬 적이 있다. 7장에서 루시는 만 11세였고 학교 공부에도 영향을 미치고 있는 가정문제에 대해 상담자와 이야기하였다. 이제 루시는 만 15세이다. 현재 상담자는 진로발달검사를 통해 얻은 정보가 없지만, Super의 진로발달 개념을 사용할 수는 있다. 다음 대화는 루시가 진로상담자와 만난 회기 중 한 회기에서 가져온 것이다.

**내1:** 선생님과 얘기해 보고 싶었어요, 내년에 뭘 해야 할지를 잘 모르겠거든요. 2년 후에 여러 학교에 지원해 볼 생각을 하고 있어요. 어쩌면 장학금을 받을 수도 있겠죠. 확신은 없지만요.

**상1:** 그동안 어떤 생각들을 해봤니?

**내2:** 음, 의대에 정말 가고 싶어요. 근데 그럴 형편이 되는지 모르겠어요. 들어갈 수 있을지 자신도 없고요.

**상2:** 뭣 때문에 망설여지니? [상담자는 진로계획을 물어보면서 루시의 불확실성에 대해 더 알아보고자 한다.]

**내3:** 음, 아버지는 제가 빨리 취직하기를 바라실 거예요. 언제까지나 저를 지원해 주고 싶지는 않다고 말씀하셔요. 남자친구도 제가 의대에 진학하면 55살 전에는 우리가 결혼도 못 할 거라고 말하고요.

**상3:** 네가 원하는 것과 다른 사람들이 너에게 바라는 것을 분리하기가 어렵겠구나. [상담자는 주위 사람들이 루시에게 지워 준 부담을 조금이라도 덜어 주고 싶어 한다.]

**내4:** 알아요. 이 문제에 대해 많이 생각해 봤어요. 사람들은 대부분 그저 꿈꾸는 거라고 생각할지도 몰라요. 하지만 저는 수업에서 A와 B를 받았어요. 제 생각에는 해낼 수도 있을 것 같아요. 의대에 가려면 과학에서 최소한 B를 받아야 하고 A도 많이 받아야 한다는 것도 알아요. 훈련을 많이 받아야 한다는 것도 알고요. 대학에는 장학금 제도가 있으니 의대에 필요한 돈을 마련할 수 있을 거예요. 필요한 돈을 벌기 위해 당분간 일을 할 수도 있고요.

**상4:** 대학에 대해 많이 알아본 것 같구나. [루시는 확실히 선호하는 직업에 대한 지식과 요구되는 능력에 대한 정보를 어느 정도는 가지고 있는 것 같다. 나아가 직업세계에 대한 정보도 알고 있는 것 같다.]

**내5:** 네. 우리 집 주치의 선생님이랑 의학에 대해 얘기해 봤거든요. 제 사촌도 다른 병원에서 일하고 있어요. 주치의 선생님은 정말 친절하셨고, 일부러 시간을 내서 저하고 얘기해 주셨어요. 괜찮은 것 같은데, 자신이 없어요. 그만큼 시간이 오래 걸리지 않고 또 들어가기가 더 쉬운 다른 의료 관련 직업들도 있잖아요. 어쩌면 엄마처럼 그냥 간호직으로 갈까 봐요. 간호사가 부족하다고 알고 있거든요. 그게 더 쉽겠죠.

**상5:** 자신에 대해 미심쩍어하는 것 같구나. [루시가 초기 직업탐색을 상당히 많이 했고 의사결정에 대해서도 어느 정도 알고 있다는 것에 상담자는 한 번 더 감명을 받는다. 상담자는 루시의 자아개념이 취약하지만 성장하고 있음을 감지한다.]

**내6:** 이 문제에서 저는 완전히 혼자인 것 같아요. (루시가 울기 시작한다.) 아무도 제가 뭘 해야 할지를 알고 있다고 믿어 주질 않아요. 어떨 때는 주위 사람들이 제가 자기들이 원하는 방식으로 해주기를 바란다는 생각이 들어요.

**상6:** 너 자신이 원하는 대로 하는 게 두려운가 보구나. [루시는 자신감이 많이 부족한 것 같다.]

**내7:** 네, 겁이 나요. 선생님은 제가 옳은 결정을 하고 있다고 생각하세요?

**상7:** 무엇이 옳은 결정인지 알기는 어렵지. 네가 그렇게 많은 사람들과 얘기를 해보고 장래에 대해 그렇게 좋은 정보를 갖고 있다는 것에 정말로 감명을 받았단다. 지지해 주는 사람이 많이 없는 상태에서 어떤 일을 한다는 건 어려운 일이지. [상담자는 어떤 것이 루시에게 '올바른' 결정인지는 모르지만 루시의 진로탐색과 정보추구 노력을 지지해 주고 싶다.]

상담자는 Super의 진로성숙 개념을 잘 알고 문화적 성 편견을 인식하고 있기 때문에 진로선택에 대한 루시의 어려움을 이해할 수 있다. 비록 루시가 진로선택에서 도움을 요청하는 주제는 한정된 것(보건학에서 어떤 분야가 자신에게 옳은 선택인지 확신하지 못함)이지만, 상담은 유익한 역할을 한다. 루시의 의사결정은 부분적으로 진로성숙의 주요 구성요소에 관한 상담자의 지식에 힘입어 지지를 받는다. 이 대화에서 상담의 목표는 루시가 자신의 진로계획과 진로탐색, 의사결정 및 직업세계에 관한 학습에서 자신감을 높이도록 돕는 것이다. 이러한 목표는 분명히 진로성숙에 관한 Super의 이론적 명제와 일치한다.

## 다문화 집단 청소년의 진로발달

다문화 집단 청소년을 포함하는 연구의 한 분야는 진로성숙 개념의 적용 가능성에 관한 것이다. 미국 흑인 고등학생의 경우, Brown(1997)은 진로성숙 지표에서 여학생이 남학생보다 더 높은 점수를 받았다고 보고하였다. 미국의 아시아계 학생은 백인 학생보다 진로성숙 점수가 낮았으며 의사결정 유형 중 의존적 유형을 더 선호하였다(Leong, 1991). 아시아계 미국인의 진로성숙에 대한 논의에서 Leong과 Serifica(1995)는 다양한 문화적 가치가 발달과업에 미치는 영향을 지적하면서 아시아계 미국인에게 Super의 개념을 적용하는 것에 의문을 제기하였다. 인도에서 연구를 수행한 Mathur와 Sharma(2001)는 고등학교 3학년 남학생이 또래 여학생보다 진로 가능성에 대해 더 호의적인 태도를 보이고, 진로발달에 대한 지식도 더 많다는 것을 발견하였다. 인도에서 수행된 또 다른 연구에서는 한 부모 가정에서 자란 청소년이 양친과 함께 사는 청소년보다 직업성숙도 점수가 더 낮다는 결과가 나왔다(Mathur, Jain, Anshu, & Saxena, 2009). 또한, 사별로 인한 한 부모 가정의 청소년은 이혼 가정의 청소년보다 직업성숙도 점수가 더 낮은 것으로 밝혀졌다. 다양한 결과를 보여 주는 이러한 연구들은 다문화 집단 청소년을 대상으로 Super의 진로성숙 개념 적용 가능성에 대한 연구를 더 많이 수행해야 할 필요성이 있음을 시사한다.

연구에서 초점을 두고 있는 또 다른 분야는 다문화 집단 청소년의 직업포부이다(Rojewski, 2005). 대부분의 연구는 미국 청소년의 직업포부에 초점을 두었다. 하지만 Tlhabano와 Schweitzer(2007)는 수단과 소말리아의 난민 청소년을 면담하여 진로포부를 알아보았다. 학업 중단과 이주에 따른 어려움에도 불구하고 난민 청소년들은 높은 수준의 포부를 보였다. 포부는 모국에서 받은 교육과 사회적 기술에 따라 다소 달랐다. 영어 사용의 어려움은 직업적 야망과 관련하여 이들에게 가장 큰 걱정거리였다. 미국 인디언 및 알래스카 원주민, 아시아계/하와이 및 태평양 제도 주민, 흑인, 그리고 라틴계 청소년의 경우, 직업흥미가 대학 전공 부합도를 예측하는 것으로 나타났다(Diemer, Wang, & Smith, 2010). 스위스에서는 중학교 1학년 학생의 82%가 최소한 하나 정도는 현실적인 진로포부를 가지고 있는 것으로 밝혀졌다(Hirschi, 2010c). 이탈리아 중학생의 경우에 목표설정과 동기, 자기효능감은 학업성적 및 진로결정성과 관련이 있었다(Howard, Ferrari, Nota, Solberg, & Soresi, 2009). 이어서 멕시코계 학생들과 흑인 학생들의 포부에 대해 논의하고자 한다.

Arbona(1990)는 멕시코계 미국인을 포함한 히스패닉/라틴계 학생과 흑인 학생은 보통 그들이 실제로 얻게 되는 직업보다 더 명성 있거나 바람직한 직업을 열망한다고 하였다. Caldera, Robitschek, Frame과 Pannell(2003)은 두 집단의 멕시코계 여대생을 연구하였다. 이들은 멕시코계 미국인 여성이 가족 중 대학을 나니게 된 1세대 학생일 수 있다는 점에서 부모의 교육 정도에 주목하는 것이 중요하다고 강조하였다. 또한 이들은 멕시코계 미국인 여대생이 어머니를 직업적 역할모델로 보는지 아니면 어머니의 진로성취를 능가하기를 원하는지에 상담자가 주목해야 한다고 제안하였다. 이와 관련하여 멕시코계 미국인 여대생이 가족으로부터 받을 수 있는 지지를 고려하는 것도 중요하다. 고등학교 2, 3학년 백인 학생과 멕시코계 학생을 연구한 McWhirter(1997)는 멕시코계 학생이 백인 학생보다 미래의 목표를 달성하는 데 있어 더 많은 장벽을 예상한다고 보고하였다. McWhirter, Hackett과 Bandalos(1998)는 고등학생 연령대인 멕시코계 여자 청소년의 진로선택에 대한 이해를 돕기 위한 모델을 개발하면서 성보다는 문화가 진로선택에 더 큰 영향을 미친다는 것을 발견하였다. 이들은 여자 청소년이 명성 있는 직업을 추구하는 데 대한 가족의 지지 결여는 전통적인 멕시코계 미국인의 가치를 고수하는 가정에서 더 자주 나타났다고 보고하였다. Rivera와 Gallimore(2006)는 라틴계 청소년이 진로목표를 향해 노력하도록 돕기 위해서는 유용한 자원을 갖는 것이 중요하다고 강조한다.

흑인 고등학생의 포부와 기대에 대한 연구도 수행되고 있다. 흑인 남자 청소년이 가장 선호하는 세 가지 직업은 전문직, 프로 스포츠, 사업 경영이었고, 여자 청소년의 경우에는 교직과 사회복지 같은 사회적 직종에 대한 선호가 더 높았다(Brown, 1997). Parmer(1993)는 도시빈민가의 흑인 남자 고등학생 2, 3학년의 진로포부를 살펴보았는데, 그 결과 32%의 학생이 10년 후에 프로 운동선수가 되어 있을 가능성이 있거나 가능성이 매우 높다고 생각하는 것으로 나타났다. 그러나 실제로 프로 운동선수가 될 확률은 대략 5만분의 1이었다(Parmer, 1993). 도시에 거주하는 가난한 흑인 미혼모 청소년에 대한 연구에서 Hellenga, Aber와 Rhodes(2002)는 친부모와 함께 살고 학교 성적이 좋으며 진로 멘토가 있는 미혼모 청소년이 그렇지 못한 미혼모에 비해 그들이 얻을 수 있다고 예측되는 기대에 부합하는 직업포부를 가지는 경향이 더 높다고 보고하였다. 이러한 연구들은 상담자가 다양한 문화적 배경을 가진 흑인 혹은 멕시코계 청소년과 직업포부를 논의할 때 고려해야 할 상세한 정보를 제공한다.

## ❀ 사례 예시

채드는 만 15세의 남학생으로, 부모님은 베트남 전쟁 후 대략 15년 뒤에 베트남을 떠나왔다. 그는 지금 로스앤젤레스 근교에서 부모님과 두 남동생, 누나 한 명과 함께 산다. 어머니는 현재 실직 상태이고, 아버지는 렌터카 회사의 사무원이다. 채드는 1년 동안 종종 학교에 결석하였는데, 최근 들어 일주일이나 빠져서 상담자에게 의뢰되었다. 채드가 상담실에 들어서자, 청바지에 검은 티셔츠를 입고 비싼 운동화를 신은 보통 체격의 청년 모습이 상담자 눈에 들어온다. Vondracek과 동료들의 용어를 사용하자면, 상담자는 이 상황의 맥락을 잘 알고 있다. 상담자는 채드의 집 근처를 몇 번 걸어서 지나다녔고, 그 동네의 많은 아이들이 그녀가 일하는 학교에 다니고 있다. 채드가 사는 동네 청소년들의 주된 수입원은 패스트푸드 식당과 식료품 가게에서 일하거나 불법 약물을 판매하는 것이다. 상담자는 채드의 겉모습만 보고 가설을 세우지 않으려고 애쓰며 채드의 말을 들어 보려고 한다. 다음은 채드와 상담자가 나눈 대화이다.

**내**1: (미소를 띠며) 제가 학교에 나왔어야 하는데 그러지 못해 죄송합니다. 많이 아팠어요.

**상**1: 무슨 일이 있었니, 채드? [상담자는 채드와 논쟁하고 싶지 않다. 하지만 액면

그대로 채드의 말을 받아들일 것이라는 인상을 주고 싶지도 않다.]

**내2:** 요즘 힘들어요.

**상2:** 그랬구나. 그동안 무슨 일이 있었는지 말해 줄 수 있겠니?

**내3:** 제가 돈을 좀 벌어야 했어요. 부모님은 저희에게 줄 만큼 돈이 많지 않아서요.

**상3:** 그래서 힘들겠구나. [상담자는 곧바로 즉시 채드를 직면시키고 싶지 않다. 대신, 그보다는 그의 편을 들어 주기로 한다.]

**내4:** 네. 남동생이 다리가 부러졌는데 아버지는 돈을 많이 못 벌거든요. 제가 부업으로 돈을 좀 벌어야 했어요.

**상4:** 마약을 팔아서? [상담자는 본론으로 들어가기로 결정한다. 상담자는 어찌됐든 그녀가 이런 상황을 추측할 수 있음을 채드가 알고 있다고 믿는다.]

**내5:** 네. (방어적으로) 많이는 아니고요. 딱 필요한 만큼만.

**상5:** 앞으로 뭘 하려고 하니? [상담자는 채드가 앞으로 어떤 방향으로 가려고 하는지 채드의 진로를 알아보기 위해 그의 장래에 대해 매우 폭넓고 개방적인 질문을 던진다.]

**내6:** 몰라요. 아마도 취직을 하겠죠. 잘 모르겠어요.

**상6:** 뭘 하고 싶은지 생각해 봤니? [상담자는 채드의 흥미가 어느 정도 발달했는지 알아보려고 한다.]

**내7:** 저는 자동차가 좋아요. 차를 고치는 것, 타고 다니는 것, 차로 경주하는 것도 좋고, 차와 관련된 거면 뭐든 다 좋아요. TV랑 영화도 좋아하고요.

**상7:** 자동차 수리와 관련된 일을 더 하는 것에 대해선 생각해 봤니? [상담자는 직업과 관련성이 가장 많은 활동을 골라 그것에 대해 질문한다.]

**내8:** 직업 기술학교에 내해 생삭해 봤는데, 잘 놀라요. 정비기능사는 돈을 많이 못 벌잖아요.

**상8:** 정비기능사가 돈을 얼마나 버는지 아니? [진로발달검사나 다른 진로성숙검사를 이용할 수 없어서 상담자는 직업세계 정보에 대한 Super의 개념과 관련된 질문을 한다.]

**내9:** 아뇨.

**상9:** 그럼 함께 알아보자.

자동차 정비기능사에 대한 정보를 채드와 함께 살펴보는 동안 상담자 마음속에 몇 가지 질문이 스쳐 지나간다. 내가 채드의 진로계획과 탐색을 도울 수 있을까? 채드는 지금까지 어느 정도나 해보았을까? 직업세계에 대한 채드의 지식은 얼마나 정확할까? 채드는 근로자 역할을 이제 겨우 시작했을 뿐이다. 이 시점에서 굳이 말로 표현하지는 않았지만 상담자는 자신이 어쩌면 생사가 걸린 문제를 다루고 있다고 믿는다. 만약 채드가 계속해서 마약을 판다면 누군가에 의해 살해될 수도 있고 누군가를 살해할 수도 있다. 채드에게 자동차 정비기능사가 되는 일은 짜릿함이나 수입 면에서 마약을 파는 것만큼의 매력이 없을 수도 있다. 상담자는 이런 사실에 대해 채드와 직접 논쟁하고 싶지는 않다. 그렇게 해봐야 자신이 질 것 같은 느낌이 들기 때문이다. 상담자는 채드가 자신의 미래를 신중하게 내다보고, 자긍심과 성취감을 느낄 수 있는 삶을 찾을 수 있는 방법을 알아보려고 애쓰고 있다. 현재 채드는 그에게 충분히 만족감을 주는 결정을 내리지 못하고 있다. 상담자는 채드와의 관계를 발전시켜 그가 계속 상담실에 오고, 그래서 자신이 점차 그에게 영향을 줄 수 있기를 바란다. 채드의 자기인식과 직업적 인식은 제한적이다. 상담자는 미래를 예상할 수 있기에 채드의 앞날을 생각하면 겁이 난다. 청소년에 대한 Super의 전 생애 이론은 만병통치약이 아니다. 하지만 이 이론은 진로의사결정에서 무엇을 알아보아야 할지에 대한 개략적인 지침을 제공한다. 때때로 주어진 상황의 맥락이 너무 열악해서 이론적 개념화가 별 소용이 없기도 하다. 채드의 사례에서 진로의사결정에 대한 Super의 개념은 채드가 계속해서 합법적인 유형의 일을 알아보게 하는 정도의 수준에서 적용 가능할 것이다. 만일 채드가 자동차 정비기능사에 흥미를 갖고 마음에 드는 정비기능사 프로그램을 찾도록 상담자가 돕고 그러한 노력을 지지한다면 채드가 성공할 가능성이 있을지도 모른다. 혹은 상담 결과 채드와 상담자가 처음에는 생각하지 못했던 완전히 다른 어떤 직업목표에 도달할 가능성도 있다.

## 상담자 쟁점

많은 문제들이 청소년 상담을 어렵게 만든다. 이 장의 초반에 제시한 것처럼, 형식적인 사고와 함께 자아중심성(ego centrism)이 생겨난다는 개념(Piaget, 1977)은 내담자가 자기는 옳고 상담자는 틀렸다고 생각할 수도 있음을 시사한다. 더 나아가 Erikson은 청소년들은 정체성을 추구하는 편치 않은 상태에 있을 수도 있다고 하였는데, 이는 청소년이 자신을 어른들로부터 분리하고 어른의 말에 귀를 기울일 가능성이 더 적을 것임을 시사한다. 이와는 대조적으로 상담자는 강한 직업 정체성을 갖고 있을 수 있다. 상담자는 이미 진로를 결정하였고 자신의 직업뿐만 아니라 다른 직업에 대한 정보도 갖고 있기 때문에 상담자가 처한 삶의 상황은 청소년의 상황과 현저하게 다르다. 이러한 요소로 인해 상담자가 내담자의 의사결정 주제에 대하여 공감하는 것이 중요하다. 상담자들이 겪는 낭패 중의 하나는 그들은 내담자의 직업적 향방을 내다볼 수 있다는 것이다. 보통 청소년은 시간 조망이 제한되어 있기 때문에 5년 또는 10년 후 자신의 삶이 어떨지 그려 보기가 어렵다. Super의 전 생애 이론은 상담자의 목표가 내담자의 목표와 얼마나 크게 다를 수 있는지를 알게 해준다. 이러한 지식의 도움으로 상담자는 내담자의 직업적 성숙과 일치하는 한정된 목표를 구성할 수 있다. Vondracek의 직업 정체성 이론 역시 정체성 혼미, 유실, 유예 상태에 있는 내담자를 정체성 성취 상태에 있는 상담자와 대비시키는 관점을 제공한다.

## 요약

Super와 동료들은 청소년을 만나는 상담자를 도울 수 있는 개념과 검사를 제공한다. 10대 청소년 내담자의 흥미, 능력, 가치의 발달을 평가할 수 있다는 것은 상담에 큰 도움이 될 수 있다. Super는 청소년 진로발달 단계인 성장기의 후반부에 능력의 발달과 가치의 발달 및 결정화기 하위 단계로의 전환을 포함하여 기술하였다. Howard와 Walsh는 이 시기에 내적 과정과 능력, 상호작용, 그리고 체계적 상호작용의 세 수준을 포함시킴으로써 Super의 청소년 진로발달의 후기 성장기를 수정한 모델을 개발하였다. 진로계획, 진로탐색, 의사결정, 직업세계 정보와 선호하는 직업군의 지식에 관한 Super의 개념 또한 상담자에게 유용하다.

직업 정체성과 그것이 생겨나는 맥락은 청소년 진로발달에 대한 또 다른 유용한 견해를 제공한다. Vondracek의 발달적-맥락적 이론 내에서 정체성 혼미, 유실, 유예 및 성취 상태의 관점을 가지고 진로발달에 주목하는 것은 상담자에게 유용할 수 있다. 이러한 개념을 통합해서 사용하면 상담자가 학생의 진로 지향성(career orientation)을 평가하는 데 도움이 된다. 성역할 고정관념과 다문화 집단의 청소년이 직면하는 장애물은 부가적인 문제를 제기한다. 상황의 맥락에 대한 지식은 개인의 외적인 조건을 다룬다는 점에서 Super의 이론을 보완하는 유용한 추가적인 관점이다. 청소년기는 진로의사결정 과정에서 매우 중요한 시기이기 때문에 Super와 Vondracek의 두 이론을 모두 적용하는 것이 도움이 될 수 있다.

# 후기 청소년기와 성인기 진로발달

## ✿ 이론의 개요

**역할 중요성**

**생애 역할**
- 학업
- 일
- 지역사회 봉사
- 가정과 가족
- 여가활동

**생애 역할 중요성 지표**
- 참여
- 전념
- 지식
- 가치기대

**성인 생애 단계**
- 탐색
- 성인 진입
- 확립
- 유지
- 이탈
- 재순환

후기 청소년기의 청소년과 성인의 진로발달에 대한 Super의 전 생애 이론에서는 생애 역할과 생애 단계라는 두 가지의 주요 개념이 사용된다. Super는 학업과 일, 지역사회 봉사, 가정과 가족, 여가활동을 개인의 중요한 역할로 보았다. 이러한 역할 중요성(importance) 혹은 현저성(salience)은 개인의 활동 참여 및 헌신 그리고 활동에 부여하는 가치를 통해 알 수 있다. 가치 또한 Super의 이론에서 중요한 요소로서, 이는 가치척도가 여러 개 개발된 것을 통해서도 알 수 있다(Super, 1970; Super & Nevill, 1986, 1989; Zytowski, 2004).

Super의 이론에서 역할은 탐색과 확립, 유지 및 이탈과 같은 진로발달의 기본 단계를 조망할 수 있는 맥락을 구성한다. 탐색 단계는 결정화, 구체화, 실행과 같은 하위 단계를 포함한다. 이어서 Super의 탐색 단계에 유용한 관점을 추가하는 Arnett의 성인 진입기(emerging adulthood)를 설명할 것이다. 다음은 확립 단계로, 이 단계는 정착, 공고화, 승진과 같은 과업을 포함하고 있다. 유지 단계는 고수(holding), 갱신(updating), 혁신(innovating)과 같은 하위 단계로 구성되어 있다. 마지막으로 이탈

(disengagement) 단계는 감속(deceleration), 은퇴계획(retirement planning), 은퇴생활(retirement living)을 포함한다. Super 이론의 한 가지 핵심적인 측면은 이러한 단계들이 전적으로 나이와 관련된 것은 아니라는 점이다. 개인은 삶의 다양한 시기에 이러한 단계들을 재순환하거나 거쳐 갈 수 있다. 이 장에서는 이러한 단계에서 유용하게 사용될 수 있는 상담 개념화에 관한 설명과 예시를 제공한다. 일부 학자들과 연구자들은 각 단계들이 여성 및 다문화 집단에게도 적용이 가능한지 궁금증을 가졌다. 여성을 대상으로 수행한 연구에서는 전 생애 이론 적용에 있어서 고려해야 할 몇 가지 요인을 제시하였다. Atkinson, Morten과 Sue(1998)는 다문화 집단 사람들이 경험하는 일련의 발달 단계를 제안한 바 있다. 이러한 연구는 전 생애에 대한 Super의 관점에 또 하나의 차원을 제공해 준다. 다양한 발달 단계에 있는 사람들을 대할 때 나타나는 발달 주제에 대한 탐색은 상담자가 성인을 상담할 때 당면하는 몇 가지 쟁점을 설명하는 데 도움이 될 것이다.

## 역할 중요성

Super(1990)는 사람들이 자신의 삶에서 일에 중요성을 부여하는 정도가 각기 다르다고 생각하였다. 일은 개인의 삶의 시점에 따라 그 중요성이 달라질 수 있다. 실제로 Nevill과 Super(1986)는 다양한 연령대와 문화적 배경을 가진 사람들이 일에 부여하는 가치가 다름을 보여 주는 역할 중요성 검사의 규준 자료를 제시하였다. 예를 들면, 미국의 고등학생은 공부와 지역사회 봉사보다 일과 가정 및 여가를 더 가치 있게 여기는 경향이 있다. 일반적으로 미국의 대학생도 마찬가지이다. 그러나 미국 성인의 경우에는 공부나 지역사회 봉사 혹은 여가보다는 일과 가족생활에 더 가치를 두는 경향이 있다. 물론 전 연령대에서 개인차가 크게 나타난다는 점은 그리 놀라운 일이 아니다. Super의 진로발달 이론에서 지속적으로 등장하는 개념은 역할(role)이다(Hartung, 2002). Super는 여섯 가지의 주요한 역할, 즉 가사담당자(homemaker), 근로자, 시민, 여가활동인(leisurite), 학생, 자녀 등에 대해 설명하고 있다. 역할 중요성 검사(Salience Inventory, Neveill & Super, 1986)에서는 자녀 역할을 제외한 나머지 다섯 가지 역할의 중요성을 측정한다. 역할에 대한 책임 측면에서 볼 때, 아동기에는 여가활동 참여자와 학생 및 자녀 역할이 특히 중요한 반면에 근로자와 시민 및 가사담당자 역할은 아주 적다. 청소년기에는 시민과 근로자가 좀 더 중요한 역할이 될 수도 있지만, 일반적으로 이러한 역할은 제한적이다. 흔히, 청소년기에 하는 일은 앞으로 갖게 될 최종적인 직업과 직접 연관되지는 않는다. 생애 역할에 있어서 더 많은 선택

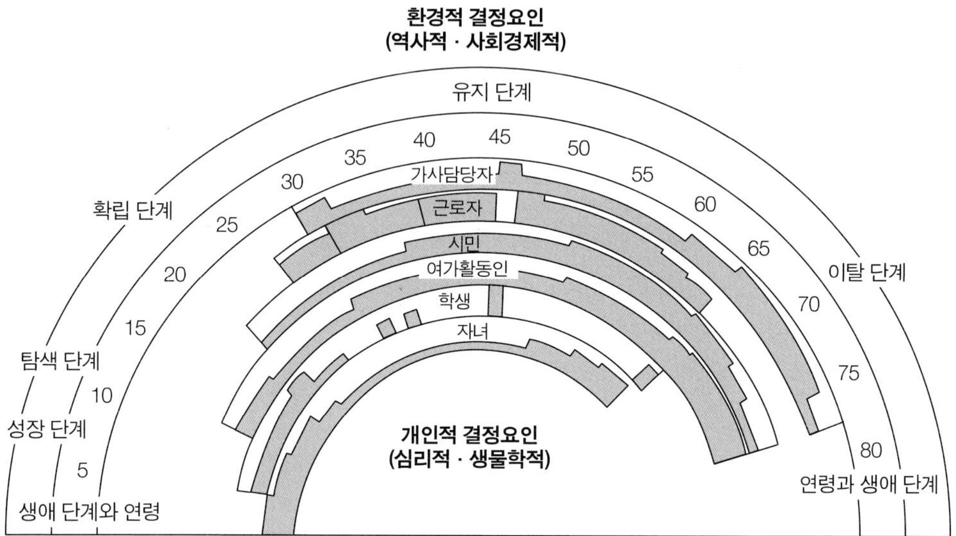


**그림 9.1** 생애와 진로의 무지개 모형: 도식화된 생애 공간에서의 여섯 가지 생애 역할

출처: 『진로선택과 발달(*Career choice and development*)』, D. Brown, L. Brooks, and Associates. Copyright © 1990 by Jossey-Bass. John Wiley & Sons, Inc.의 허락하에 재인쇄함.

권을 갖게 되는 시기는 성인기이다.

Super는 무지개 모형(그림 9.1)을 통해 한 개인의 생애 주기에서 이러한 역할들이 어떻게 달라지는지를 보여 준다. 이 그림은 가상의 인물을 통해 내담자에게 어떻게 무지개 모형을 적용할 수 있는지에 대한 실례를 보여 준다. 각 호에서 음영으로 처리된 부분이 굵을수록 역할의 중요성이 크다. Super와 Nevill(1986)은 "예시 모형에서 묘사된 사람은 22세에 대학을 마치고 곧바로 직장을 갖게 되어, 26세에 결혼하였고, 27세에는 부모가 되었으며, 직장생활 중 간헐적으로 시간제 학생으로 공부를 하다가 47세에 직장을 그만두고 전일제 학생이 되었다. 57세에 부모님을 잃었고, 67세에 은퇴하였으며, 78세에는 배우자를 잃고, 81세에 사망하였다."(p. 3)라고 설명하였다. 생애 역할 개념은 발달 단계와 함께 많은 진로상담 상황에서 유용하게 쓰일 수 있다.

Nevill과 Super(1986)는 역할 중요성 검사를 통해 생애 역할의 세 가지 측면, 즉 전념(commitment), 참여(participation), 그리고 가치기대(value expectations)를 측정한다. 또한 역할 중요성 검사로 직접 측정할 수는 없으나, 일 역할 중요성(work salience)의 또 한 가지 주요한 측면은 생애 역할에 대한 지식이다. 여기서는 우선 역할 중요성 검사를 통해 측정하는 생애 역할을 기술하고 이후 이러한 생애 역할의 중요성을 나타내는 또 다른 지표를 살펴보고자 한다.

## ❀ 생애 역할

**학업** 학업에는 전 생애에 걸쳐 일어나는 수많은 활동이 포함된다. 학령기에는 수업을 듣고 학교에 가고 도서관이나 집에서 공부하는 것 등이 학업에 포함된다. 사람들은 인생의 어떤 시점에서든 공부를 계속하기로 선택할 수 있다. 가끔 신문에는 여든 살이 된 노인들이 고등학교 졸업장이나 대학 학위를 받았다는 기사가 실리기도 한다. 많은 사람들은 자기만족 혹은 직장에서의 승진이나 성공을 위해 인생의 어떤 단계에서 시간제 교육을 받기도 한다.

**일** 일은 아동기에 시작될 수 있다. 아동이 부모를 도와 집안일을 하거나, 잔디를 깎거나, 신문배달이나 아기 돌보기 같은 일을 맡을 수도 있다. 청소년은 흔히 방과 후나 방학 동안 혹은 학기 내내 시간제 일을 한다. 많은 성인은 삶의 다양한 시기에 한 군데 혹은 그 이상의 직장에서 일한다. 은퇴 후에는 젊었을 때에 비해 보수나 영리를 목적으로 일하는 시간이 줄어든다.

**지역사회 봉사** 지역사회 봉사는 광범위한 사회적 · 정치적 · 종교적 자원봉사 집단을 망라한다. 아동은 흔히 보이스카우트나 걸스카우트, 남아나 여아 클럽(boys' or girls' club) 등에 참여한다. 이러한 단체가 추구하는 목적의 일부는 필요한 사람들에게 직접 봉사하는 활동을 하거나 성금이나 물품을 모으는 간접적인 봉사활동을 하는 것이다. 이러한 단체는 봉사를 목적으로 하는 남학생이나 여학생 사교클럽을 포함하여 다양한 형태로 청소년에게 열려 있다. 청소년 단체에서 하는 구체적인 활동에는 비문해자에게 글을 가르쳐 주거나 주변 환경을 정화하거나 병원에서 자원봉사하는 일 등이 있다. 이러한 봉사 단체의 활동은 정당이나 노동조합 참여와 더불어 성인도 전 생애에 걸쳐 참여할 수 있다.

**가정과 가족** 가정과 가족의 역할은 개인의 연령에 따라 크게 달라질 수 있다. 아동은 자기 방 정리나 설거지, 잔디 깎기 등을 통해 집안일을 거들 수 있다. 청소년은 좀 더 어려운 일을 하고, 아기 돌보기와 같은 더 많은 책임이 따르는 일을 함으로써 더 큰 책임을 맡을 수도 있다. 성인에게는 자녀와 가정에 대한 책임이 그 이전보다 훨씬 더 중요해진다. 성인은 자녀뿐만 아니라 연로한 부모도 돌봐야 할 수도 있다. 성인이 노년기에 접어들면 가정과 가족에 대한 책임이 증가할 수도 있고 혹은 현저하게 줄어들 수도 있다. 예컨대 조부모가 되었을 때 자녀 및 손자와 함께 살 수도 있고, 요양시설에서 지내거나 혼자 살 수도 있다.

**여가활동** 여가의 속성과 중요성은 전 생애에 걸쳐 매우 다양하게 나타난다. 여가는 아동기와 청소년기에 특별히 중요하고 높이 평가되는 활동이다. 여가에는 텔레비전 시청과 독서 같은 정적인 활동뿐만 아니라, 스포츠 같은 활동적인 것도 포함된다. 생활체육(lifetime sports)은 신체적인 활동량이 비교적 적고 동참자의 수가 적어도 가능한 운동을 지칭한다. 따라서 성인은 생애의 다양한 시기에 생활체육에 손쉽게 참여할 수 있다. 축구와 농구를 골프와 테니스, 볼링과 비교해 보라. 한편, 성인의 여가활동은 좀 더 세련되고 지적인 활동으로 바뀔 수 있다. 예컨대 성인은 공연장이나 박물관에 가거나, 독서를 하거나 주식 및 채권에 투자하거나, 혹은 종교적 주제 토론 모임에 참여하는 등의 활동을 하면서 여가를 보낼 수 있다.

Liptak(2000)은 여가를 매우 중요하게 여기고 진로발달의 여가 이론(leisure theory)을 제시한 바 있다. 흔히 여가는 일의 대체 활동 및 새로운 활동을 시도하는 한 가지 방법과 같은 역할을 한다. Liptak의 이론은 부분적으로 전 생애에 걸친 놀이의 중요성에 근거를 두고 있다. 그의 이론에서는 인생의 여러 단계에서 여가가 갖는 중요성을 보여 준다. 초기 아동기에는 부모가 아동의 놀이와 호기심을 발달시키는 데 중요한 영향을 미친다. 만 6~12세에는 학교나 방과 후 활동이 놀이나 여가활동을 통해 인지기능과 운동기능을 발달시킬 수 있는 기회를 제공한다. 청소년기에는 운동과 동아리 활동, 취미생활과 같은 개별 혹은 집단 활동이 개인의 흥미와 능력을 정교화하는 데 도움을 준다. 만 19~25세가 되면 일이나 학업과 관련된 여가활동 기회를 만들 수 있다. 성인기에는 여가의 초점이 일이나 가족과 연관된 활동으로 옮겨 갈 수 있다. 은퇴 후에는 흥미와 기량을 발휘하는 통로로서 흔히 여가가 일보다 훨씬 더 중요한 역할을 하게 된다. Liptak의 관점에 따르면, 진로발달에 있어서 여가가 일보다 더 중요한 역할을 할 수 있는데, 특히 생애의 시작과 마지막 시기에 그러하다. 여가에 대한 또 다른 관점(Trenberth & Dewe, 2002)에서는 여가의 유익에 따라 여가를 다음 두 가지 유형으로 나눈다. 하나는 활동적·도전적인 여가이고 다른 하나는 정적이거나 심신을 회복시키는 여가이다. 여가활동은 직장 스트레스를 줄여 주는 역할을 하는데, 다양한 여가활동이 다양한 유형의 스트레스를 줄일 수 있는 것으로 나타났다(Trenberth & Dewe, 2005).

## ❁ 생애 역할의 중요성을 나타내는 지표

생애 역할의 중요성은 개인의 생애 동안 변화하고, 어떤 역할에 관여하는 속성 또한 달라진다. 관여(involvement)의 속성은 참여(participation), 전념(commitment), 지식

(knowledge), 가치기대(values expectations)로 측정할 수 있다.

**참여** 어떤 역할에 대한 참여는 다양한 형태를 띨 수 있다. 어떤 것에 시간을 보내거나, 수행수준을 향상시키거나, 어떤 일을 완수하거나, 어떤 활동과 관련된 단체에 적극적으로 참여하거나, 아니면 그저 활동적인 것 등이 여기에 포함된다. 다소 덜 직접적인 참여 방식은 어떤 활동에 대해 다른 사람에게 이야기하거나 책 읽기를 통한 것이다. 참여 개념은 특히 유용하다. 왜냐하면 이것은 개인이 어떤 활동이 자신에게 중요하다고 말하는 것이 아니라, 그 사람의 실제 행동을 측정하는 것이기 때문이다. 예를 들면, 어떤 사람은 자신이 종교에 전념하고 있다고 말하지만 실제로는 기도를 하거나 교회에 가는(참여하는) 일이 전혀 없을 수도 있다.

**전념** 전념은 보통 앞으로의 계획과 관련된다. 이것은 관여하고 싶거나 활동적이고 싶다는 바람일 수도 있다. 또한 현재와 관련되기도 하는데, 이는 자신이 잘하고 있거나 전념하고 있는 데 대해 자부심을 느끼는 상태이다. 그리고 덜 직접적인 방식의 전념은 어떤 일에 능숙하거나 조예가 깊은 사람을 선망하는 것이다.

**지식** 어떤 역할을 직접 경험하거나 간접적으로 관찰하기를 통해 역할에 관한 정보를 획득하는 것은 역할 중요성의 인지적인 측면인 지식을 가져다준다. 아동의 지식은 여가나 공부에 한정될 수 있다. 아동은 오직 관찰을 통해서만 부모 역할에 대한 지식을 얻다가 한참 후에야 그 역할을 직접 경험하게 될 것이다. 고등학교에서 급식 배급자로 일하는 학생이 갖는 근로자 역할에 대한 지식은, 이 학생이 15년 후에 엔지니어나 의사가 되었을 때 갖는 지식과 크게 다를 것이다. 역할 중요성 검사는 지식을 측정하지 않는다. 이 때문에 근로자 역할에 대한 지식은 진로발달검사(Career Development Inventory)와 그 하위 척도인 의사결정, 직업세계 정보, 선호 직업군에 대한 지식 척도를 통해서 측정할 수 있다(8장 참고). 그러나 상담자는 내담자와 함께 학업이나 여가 혹은 지역사회 봉사 역할 등에 대해 이야기하는 동안 역할에 대한 내담자의 지식을 평가하는 일이 유용하다고 판단할 수 있다. 예를 들면, 대학 신입생은 종종 그들이 곧 직면하게 될, 고등학교 때와는 다른 학습자 역할의 변화에 대한 지식이 거의 없다. 그러나 그들은 변화된 역할에 전념하게 되고 곧 참여하게 될 것이다. 지식과 전념 및 참여와 함께 가치기대는 역할 중요성의 구성요소이다.

**가치기대** 가치기대는 이론적으로 전념의 개념과 유사한데, 다양한 가치 욕구 충족을 위해 여러 가지 역할을 수행할 수 있는 기회와 관련성이 있다. 많은 가치는 진로 주제와 연관된다. 가치는 Super가 개발한 두 가지 도구, 즉 가치척도(Values Scale,

Super & Nevill, 1989; Zytowski, 2004)와 역할 중요성 검사(Nevill & Super, 1986)로 측정할 수 있다. 2장에서 Super의 직업가치척도 개정판(SWVI-r)에 대해 기술한 바 있다(Zytowski, 2004). 여기에서는 Super의 이론을 좀 더 정확하게 살펴볼 수 있도록 가치척도 전체 버전을 사용하고자 한다. 가치척도에는 21개의 각기 다른 가치가 들어 있고, 이 중 14가지는 역할 중요성 검사의 가치기대 척도(Value Expectation Scale)에서도 사용된다. 다음에 제시되는 목록은 이 14가지 가치기대가 어떻게 다섯 가지 생애 역할을 통해 충족될 수 있는지를 보여 준다. 나머지 가치기대는 이후에 제시할 것이다. 상담자는 이 가치목록을 면밀히 살펴봄으로써, 이러한 가치들이 내담자와 어떤 관련성이 있는지를 파악한 다음 내담자 진로문제를 개념화할 때 많은 가치 중 어떤 것에 초점을 맞출 지를 결정할 수 있다. 14가지의 가치기대는 다음과 같다.

- 능력 활용(ability utilization): 어떤 사람들은 수행하는 역할과는 상관없이 자신의 기술과 지식을 활용하는 데 가치를 둔다. 이는 능력의 개발을 위해 일을 하거나 공부하는 것일 수 있다. 또한 지역사회 봉사활동이나 좋은 부모가 되는 데 자신의 기술을 적용하는 일일 수도 있다.
- 성취감(achievement): 수행하는 역할이 무엇이든 간에, 성취감이란 좋은 결과를 만들어 냈다는 느낌을 일컫는다. 여기에 가치를 두는 사람은 일이나 학업에 대한 기준이 높다. 만약 수행하고 있는 역할이 여가라면, 이때 성취감은 운동이나 음악에서 의미 있는 어떤 것을 달성하였다는 느낌을 뜻한다.
- 심미(aesthetics): 심미는 자신이 선택한 역할에서 아름다움을 발견하는 것이다. 심미는 보통 그림을 그린다거나, 작곡을 한다거나, 시를 쓰는 활동을 통해 충족되는 예술적인 가치와 관련이 있다.
- 이타주의(altruism): 이타주의는 어려움을 겪고 있는 사람들을 돕는 것을 뜻하는데, 이 욕구는 여러 가지 역할을 통해 충족할 수 있다. 사람들은 자신의 가족 또는 일터(예: 사회복지사)에서 문제를 갖고 있는 사람들을 도울 수 있다. 또한 적십자사와 같이 다른 사람들을 돕는 일을 주목적으로 하는 많은 지역사회 기관에서 활동할 수도 있다. 운동 코칭은 여가활동을 하면서 다른 사람을 돕는 한 가지 방식이다.
- 자율성(autonomy): 어떤 사람들은 혼자 독립적으로 일할 수 있는 기회를 중시한다. 이런 가치기대를 가진 사람들은 학업과 운동 그리고 가정을 어떻게 이끌어 갈 것인가에 대해 스스로 결정을 내리고 싶어 할 수 있다.
- 창의성(creativity): 새로운 것을 발견하거나 만들어 내는 것은 다양한 상황에서

중요한 가치를 지닐 수 있다. 어떤 사람들에게는 취미 활동이나 공동체, 조직에서 새로운 아이디어를 시도해 볼 수 있다는 것이 직장에서 신제품을 만들어 내는 것만큼 중요할 수 있다.

- 경제적 보상(economic rewards): 높은 생활수준을 유지하고 원하는 물건을 가지려면 일 역할을 통한 소득이 필요하다. 비록 학업이 결과적으로 높은 소득으로 이어질 수도 있고 어떤 사람들은 부유한 집안이 소득의 원천이 될 수도 있지만, 경제적 보상을 얻을 수 있는 주된 역할은 일이다.
- 생활양식(life style): 자신의 활동을 계획하는 일, 즉 자신이 원하는 방식으로 삶을 영위하는 것이 어떤 사람들에게는 가장 중요한 가치일 수 있다. 학업은 혼자 하는 활동이기 때문에 자신이 원하는 방식으로 공부하는 일은 쉬운 편이다. 어떤 여가활동은 다른 사람들의 욕구와 무관하게 선택할 수 있다. 그러나 일은 다른 사람들과 함께하는 경우가 가장 많은 역할이다. 그리고 지역사회 봉사활동과 가족생활에서도 본인과 비슷하게 느끼는 사람을 찾지 못한다면, 자신이 원하는 대로 삶을 사는 것이 확실히 힘들 수 있다.
- 신체적 활동(physical activity): 학업에서 신체적 활동성을 갖기는 어렵지만, 다른 역할에서는 신체적인 활동의 기회가 주어진다. 예를 들어 어떤 사람들은 교회나 지역사회 봉사센터 건물의 수리작업을 도움으로써 지역사회 봉사활동에 참여할 수 있다. 또한 가족과 함께 여행을 하거나 보트를 타거나 혹은 뭔가를 만드는 작업을 함으로써 활동성을 선택할 수 있다.
- 명성(prestige): 개인이 성취한 부분에 대해 인정받을 수 있는 기회를 제공하는 역할은 많이 있다. 명성은 대개 일 역할과 관련되어 있지만, 교사는 좋은 학생을 인정해 줄 수 있고 지역사회는 시민의 공로를 인정할 수도 있다. 또한 아내나 남편은 배우자를, 자녀는 부모를 인정할 수 있다.
- 모험(risk): 어떤 사람들은 위험하거나 자극적인 도전을 즐긴다. 여가활동은 이러한 기회를 제공한다. 산악 등반, 윈드서핑, 낙하산 점프 등과 같은 활동이 이에 해당한다. 직업으로는 통나무 벌채, 고층건물 건설, 경주용 자동차 운전 등이 자극의 또 다른 출구를 제공한다. 지역사회 봉사나 학업 혹은 가정과 가족에서 경험하는 모험은 좀 더 심리적이고 덜 신체적인 경향이 있다. 학업에서는 어려운 강좌를 수강하거나 시험 하루 전날 밤까지 공부하지 않고 꾸물거리거나, 마지막 순간까지 보고서 쓰기를 미루는 등이 모험이라 할 수 있다. 그리고 가정과 가족생활에서 행하는 모험으로는 누군가에게 깜짝 선물을 주는 것이나 좀 더 부정적인 측면으로는 외도하는 행위를 들 수 있다.

- 사회적 상호작용(social interaction): 다른 사람들과 함께하고 무리를 지어 일하기는 모든 역할에서 가능하다. 어떤 사람들은 여러 명과 함께 모여 공부하기를 선호하고 또 어떤 사람들은 프로젝트를 진행할 때 팀의 일원으로 작업하기를 즐긴다. 지역사회 봉사활동은 확실히 이런 기회를 제공한다. 어떤 사람들에게는 휴가를 재미있게 보내거나 방에 페인트칠을 하기 위해 자녀 및 배우자와 함께 작업하는 일이 즐거움을 주는 활동이다. 여가활동 역시 파티나 운동 및 친구 방문과 같은 다양한 형태의 사회적 상호작용을 위한 기회를 제공한다.
- 다양성(variety): 어떤 사람들은 업무 활동을 바꿀 수 있다는 데에서 즐거움을 얻는다. 일 이외의 다른 역할에서 다양성을 충족하는 예로는 과목을 바꾸어 가며 공부하거나 직장에서 하는 과업의 유형을 바꾸는 것을 들 수 있다. 매우 다양한 운동이나 지역사회 봉사조직에 참여하는 행위 역시 이러한 욕구를 충족시키는 한 가지 방법이다. 가정에서는 자녀나 여러 친척과 함께 요리와 청소 및 사회적 교류를 하면서 시간을 보낼 수 있다.
- 작업조건(working conditions): 어떤 사람들에게는 공부하기에 적절한 조명, 쾌적하게 꾸며진 집, 스포츠 활동을 위한 꼭 맞는 장비를 갖추는 것이 필수조건이다. 또한 적정한 조도와 쾌적한 온도, 좋은 장비 등을 포함한 작업 조건은 지역사회 단체에서나 작업장에서 일하는 데 중요한 요소가 될 수 있다.

상담에서 Super 이론을 적용할 때, 상담자는 경우에 따라 역할 중요성 검사를 활용할 수 있다. 내담자가 중요하게 여기는 역할은 어떤 것인지, 역할을 통해 충족되는 기대가치는 무엇인지를 평가하는 것은 매우 유용할 수 있다. 이러한 평가를 위해 상담자는 가치척도(Values Scale, VS)를 사용할 수 있을 것이다. 미네소타 중요도 검사를 사용할 수도 있지만 Hackbarth와 Mathay(1991)는 이 두 검사의 비슷한 하위 척도 간의 상관관계가 낮거나 보통 수준이라는 연구결과를 도출한 바 있다. 앞서 제시한 가치기대 목록에 포함된 가치들은 역할 중요성 검사에 들어 있지만 이 검사에서 측정하지는 않는데, 가치척도(VS)는 이러한 가치들 외에도 권위(다른 사람들에게 해야 할 일을 지시하는 것), 개인의 발전(한 사람으로서 발전하는 것), 사회적 관계(친구와 함께하기), 문화적 정체성(인종과 종교가 같은 사람들과 함께하기), 신체적 힘(육체적으로 고된 일하기), 그리고 경제적 안정성(안정된 정규직 고용 상태)의 개념을 포함한다. 상담자가 내담자와 함께 흥미와 가치를 논의하는 작업을 돕기 위해 가치를 Holland 유형(5장)과 관련시켜 본 연구도 수행되었다(Rottinghaus & Zytowski, 2006). 이 연구의 결과는 동일한 활동에 참여하고 흥미가 비슷한 내담자들이 제각기 다른 욕구와 가치를 충족시킬 수 있다는 것을 시사하였다. 역할 중요성 척도(Niles & Goodnough, 1996; Nevill & Calvert, 1996)와 가치척도(Niles & Goodnough, 1996; Nevill & Kruse, 1996)를 검토한 문헌에서 이러한 도구의 타당성, 특히 다문화 집단 사람들에게 적용될 때의 타당성을 보여 주는 추가적인 증거를 찾을 수 있다. 이 연구자들은 또한 이러한 도구들이 상담에서 적용될 수 있는 방안을 제안하였다.

Super의 개념을 처음 적용하는 상담자는 먼저 역할 중요성 척도에서 측정하고 있는 다섯 가지 역할에 익숙해지는 것이 좋을 것이다. 또한 가치를 다음 절에서 논의할 주제인 진로 단계에 통합시키는 작업도 유용할 수 있다. 이후 상담자는 상담회기 중에 사용할 수 있도록 가치척도에 포함된 가치목록을 외울 수도 있을 것이다. 이 장에서는 이러한 구성개념들의 유용성에 대한 이해를 돕기 위해, 역할 중요성 검사와 가치 검사의 구성개념을 다음에 기술할 4개의 주요 성인 생애 단계별 상담 주제를 다루는 사례 예시에 통합하였다.

## 성인 생애 단계

생애 단계 및 하위 단계 개념은 Super의 전 생애 이론의 핵심이다. 그림 9.2는 다양한 연령과 관련된 생애 단계와 하위 단계를 묘사하고 있다. 7장 '아동기 진로발달'에서는 성장기의 여러 과업을 설명하였다. 8장 '청소년기 진로발달'은 탐색 단계 동안 이루어지는 흥미와 능력 및 가치의 발달에 초점을 두었다. 진로의사결정에서 언제, 어떻게 흥미와 능력이 나타나는가는 진로성숙의 한 측면인데, 이것은 Super 이론의 일부 개념이다. 이 장에서는 후기 청소년기나 초기 성인기에 이루어질 수 있는 좀 더 심화된 탐색에 대해 기술하고자 한다. 탐색 단계에는 결정화(crystallizing), 즉 직업선택하기, 그 선택을 좀 더 구체화하기, 그리고 어떤 직업을 찾고 선택함으로써 선택 실행하기가 포함된다. 아울러 자신의 직업에서 입지를 확립하고, 지위를 유지하고, 직업세계에서 물러나는 다른 단계들에 대해서도 논의하도록 하겠다.

생애 단계 및 하위 단계에 대한 Super(1990)의 개념은 연령과 관계가 있기도 하고 그렇지 않기도 하기 때문에 혼란을 줄 수 있다. 사람들이 탐색과 확립, 유지, 이탈 혹은 은퇴 단계를 통과하는 전형적인 시기가 있다는 점에서 생애 단계는 연령과 관련된다. 그러나 한 개인이 생애 동안 거의 어떤 시기에도 이러한 단계 중 어느 하나를 경험하는 것 또한 가능하다. 더욱이 어떤 사람들은 어느 한 시점에 동시에 여러 단계에 관여되어 있을 수도 있다. Super(1990)는 5개의 주요 생애 단계를 설명하기 위해서 **대순환**(maxicycle)이라는 용어를 도입하였다. 이에 비해 **소순환**(minicycle)은 대순환

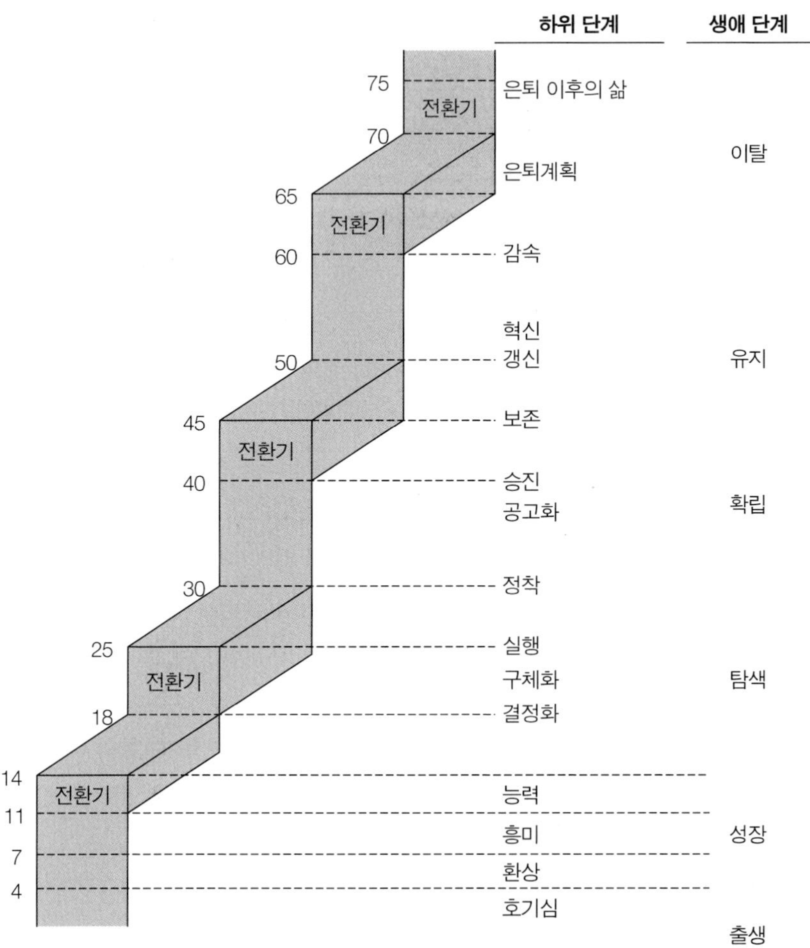


**그림 9.2** 전형적인 발달과업에 근거한 생애 단계와 하위 단계

출처: 『진로선택과 발달(*Career choice and development*)』, D. Brown, L. Brooks, and Associates. Copyright © 1990 by Jossey-Bass. John Wiley & Sons, Inc.의 허락하에 재인쇄함.

의 어떤 단계 안에서 일어날 수 있는 성장과 탐색, 확립, 유지 및 이탈을 설명하기 위한 용어이다. 예를 들면, 42세의 치과의사는 확립 단계에 있을 수 있다. 그녀는 병원 실무에 있어서 안정화와 승진에 대한 관심은 상대적으로 적어지고, 자신의 실무 수준을 유지하는 방법을 탐색하면서 점진적으로 확립 단계를 벗어나 유지 단계로 진입할 수 있다. 또는 좀 더 극적인 예로, 다른 진로를 모색하기 시작하여, 예술가가 되고 싶다는 것을 알게 되면서 치과업무에서 벗어날 수도 있다. 이러한 예시들은 대순환 안에서 일어나는 소순환을 보여 준다. 소순환의 개념은 Super 이론의 역동적인 특성을 부각시킨다. 전 생애에 걸쳐서 사람들은 제각기 새로운 단계로 옮겨 감에 따라 새로운 생각과 활동을 끊임없이 시도한다. 하지만 여기에서는 일관성과 명확성을 위해, 일반인들이 전형적으로 거쳐 가는 대순환의 생애 단계 및 하위 단계를 먼저 제시하려고 한다. 그러고 나서, 삶의 다양한 시기에 이러한 단계들을 거치는 것을 지칭하는 **재순환**(recycling)에 대해 논의할 것이다.

Super의 생애 단계 이론은 오랜 역사를 가지고 있다. 여기에서는 1951년 진로 패턴 연구(Career Pattern Study; Super et al., 1957)에서 시작된 생애 단계 이론 연구를 소개한다. Super의 저서, 『진로심리(*The Psychology of Careers*)』(1957)에는 Super의 생각에 대한 좀 더 일반적인 설명이 제시되어 있고, Gribbons와 Lohnes(1968)와 Crites(1979) 및 Super(Thompson & Lindeman, 1981)의 저서에는 직업성숙에 관한 방대한 양의 연구와 성숙 및 생애 단계의 개념을 기술하기 위해 개발된 측정도구들이 제시되어 있다. Super는 청소년을 연구한 이후에 성인의 발달을 측정하고 규정할 수 있는 도구를 개발하는 데 상당한 관심을 기울였다(Super & Kidd, 1979; Super & Knasel, 1979).

Super, Thompson과 Lindeman(1988)은 이러한 연구를 바탕으로 생애 단계를 개념화하는 데 유용한 성인 진로관심사 검사(Adult Career Concerns Inventory, ACCI)를 개발하였다. 생애 단계의 타당성을 보여 주는 연구의 예로 Smart와 Peterson(1994)의 연구를 꼽을 수 있다. 이 연구에서는 ACCI로 오스트레일리아의 219명의 남자, 238명의 여자 성인을 정확하게 분류할 수 있는 것으로 나타났다. 직업에서 유지와 재순환, 혁신의 패턴은 성인에게 중요한 탐색활동이며 ACCI가 초점을 두는 부분이다(Herr, Cramer, & Niles, 2004; Niles, Anderson, Hartung, & Staton, 1999). Niles와 동료들의 연구(Niles, Anderson, & Goodnough, 1998)에서는 탐색행동을 연구하는 수단으로 ACCI를 활용하는 데 초점을 맞추었는데, 그 결과 ACCI의 한 버전으로 Super의 단계 개념과 일관된 행동반응 척도를 개발하게 되었다(Niles, Lewis, & Hartung, 1997). 한 연구에서는 요청하지 않아도 구직 정보를 받기 때문에 일자리를 알아볼 필요가 없다는 사람들의 경우, 그들이 처해 있는 단계에 따라 비구직자들 중에도 다양한 경로가 존재한다는 사실을 발견하였다(McDonald, 2005). 탐색 단계에 있는 사람들은 흔히 재학 중에 일자리를 얻는다. 요청하지 않아도 주어지는 구직 정보를 활용하여 일자리를 바꾸는, 확립 또는 유지 단계에 있는 사람들은 대체로 이전까지 가족을 돌보았고 직장 경험이 별로 없는 여성이거나 자신이 속한 분야에서 잘 알려져 있는 고도로 숙련된 남성이었다. Lahner(2005)는 정리해고를 단행하였던 회사의 직원과 그렇지 않은 회사의 직원을 비교해 보았을 때, 해고전력이 있는 회사에 재직하면서 탐색 단계에 있는 많은 직원들이 그렇지 않은 회사의 직원에 비해 직업만족도와 안전감이 떨어진다는 것을 발견하였다. Super의 생애 단계 및 하위 단계는 다음 절에서 자세히 살펴보도록 하겠다.

## ❀ 탐색

Super(1957)에 따르면, 탐색 단계는 만 15세부터 25세에 걸쳐 있다. 이 단계에서 각 개인은 직업정보에 대한 좀 더 나은 아이디어를 얻고, 진로대안들을 선택하여 직업을 결정하고 일을 시작하는 등의 노력을 하게 된다. 탐색 단계에는 결정화, 구체화, 실행의 하위 단계가 있다. 최근에 Jeffrey Arnett(Arnett, 2000, 2004, 2011; Arnett & Brody, 2008; Cronce & Corbin, 2010)은 대략 만 18세에서 20대 후반 연령대를 아우르는 특정 단계를 제안하면서 이를 성인 진입기(emerging adulthood)라 명명하였다. 성인 진입기는 진로발달 주제뿐만 아니라 사랑과 결혼, 생활계획과 일반적 정체성 탐색과 같은 주제를 포함하는 심리적 단계를 말한다. 성인 진입기를 여기에 포함시킨 이유는 이 단계가 Super의 단계 이론 발달 이후 일어난 중요한 문화적 변화를 반영하기 때문이다. 하나의 발달 단계로서 성인 진입기는 최근 떠오르는 진로발달 주제를 설명하는 데 활용될 것이다.

**결정화** 결정화는 사람들이 자신이 하고 싶은 일이 무엇인지를 명확히 하는 단계이다. 사람들은 자신에게 적합한 초보 수준의 일을 배우고, 흥미를 느끼는 직업에서 요구하는 기술이 무엇인지를 배운다. 많은 고등학생들이 이 단계를 거친다. 능력과 흥미, 가치의 실현과 관련하여 8장에서 기술한 내용 가운데 많은 부분이 이 단계에 적용될 수 있다. 일의 경험과 지식은 개인이 선택 대안을 좁히는 데 도움이 된다. 한 개인이 직업 분야를 바꿀 때는—성인은 어떤 시점에서든 이렇게 할 수 있는데—흥미와 능력 및 가치를 재검토하기 위해 이 단계를 거치는 재순환을 할 가능성이 높다.

**구체화** 미국 대학 졸업생의 경우, 구체화는 20대 초반에 이루어진다. 고등학교 졸업 후 곧바로 직장을 구하는 경우에 구체화가 좀 더 일찍 일어날 수 있다. 이 젊은이들이 첫 번째 전일제 직업을 선택하려면 고용주를 찾기 위해 자신의 선호를 구체화할 필요가 있기 때문이다. 또한 대학원에 진학하거나 소아간호학이나 고급전기공학 등과 같은 전문교육을 전공하기 위해서도 자신이 좋아하는 것을 구체화해야 한다. 어떤 사람들은 직종을 구체화해야 하는 반면에 또 어떤 사람들은 어떤 직종 내에서 업무를 구체화해야 한다. 사람들에 따라서 선택한 직종에서 시간제 근무나 여름방학 중 단기간 근무를 하고 싶어 할 수도 있다. 예컨대, 학생들은 병원에서 시간제로 간호보조사로 일하는 경험을 통해 자신의 선택이 적절한지 확인해 볼 수 있다.

**실행** 실행은 일을 시작하기 전에 마지막으로 거치는 단계이다. 여기서 사람들은 자신의 진로 목적을 실현하기 위한 계획을 세운다. 그들은 직업을 구하는 데 도움이 될 만한 사람들을 만남으로써 네트워크를 구축하기 시작할 수 있다. 대학의 진로계획 및 취업 지원센터에 있는 상담자를 만나 이야기를 하는 것도 이 단계에 속한다. 또한 이력서를 쓰거나 취업 면접을 보거나, 잠재적 고용주들 가운데 누구를 선택할지를 결정하는 등의 활동도 포함된다.

**사례 예시** 다음은 탐색 단계의 예시를 보여 주는 사례이다. 이 사례에는 역할 중요성 검사와 가치척도, 성인 진로관심사 검사(ACCI), Strong 흥미검사(SII)의 사용을 포함시켰다. ACCI(Super, Thompson, & Lindeman, 1988)로는 각 생애 발달 단계와 하위 단계에 대한 점수를 매긴다. 상담자는 이러한 검사도구들의 점수와 개념을 사용하고 진로발달 평가 및 상담(Career Development Assessment and Counseling, C-DAC)과 유사한 상담모델을 활용하여 내담자의 문제에 대해 생각해 볼 수 있을 것이다(Hartung et al., 1998; Herr, Cramer, & Niles, 2004; Super, Osborne, Walsh, Brown, & Niles, 1992).

벤은 현재 3학년 2학기를 보내고 있는 백인 대학생이다. 그의 아버지는 증권 중개인이고 그의 어머니는 비행기 항공권 판매인이다. 그는 대도시에 있는 일류 대학교에서 경영학을 전공하고 있으며 그곳에서 약 50마일 떨어진 곳에 살고 있다. 그는 경영 분야 안에서 어떤 진로방향을 택해야 할지, 경영과 관련된 진로를 선택하는 것이 맞는지 확신이 들지 않아 상담센터를 방문하게 되었다. 첫 회기에서 상담자는 벤이 성인 진로관심사 검사, 가치척도, 역할 중요성 검사, Strong 흥미검사를 받도록 하였다. 표 9.1에 요약되어 있는 결과를 보면, 벤은 결정화와 구체화 및 실행 하위 단계에 관한 많은 진로관심사를 갖고 있다. 이에 비해 확립 및 유지, 이탈 단계와 같은 다른 단계에 대해서는 거의 관심이 없거나 전무하다. 역할 중요성 검사 점수를 보면 벤은 여가활동에서 참여와 전념, 가치기대 점수가 매우 높다. 학업 점수에서는 참여와 전념이 중간 수준이고 가치기대는 낮다. 일 역할 점수 또한 참여와 전념, 및 가치기대 모두 중간 수준이다. 마찬가지로 지역사회 봉사, 가정 및 가족 척도 점수도 가정 및 가족 척도의 가치기대 점수가 높은 것을 제외하고는 모두 낮거나 중간 수준이다. 가치척도에서는 경제적 보상, 승진, 명성, 모험에서 높은 점수를 받았다. Strong 흥미검사의 결과를 요약하면, 벤은 운동과 영업, 법률과 정치에서 높은 흥미를 보였으며, 직업 척도에서는 몇 개의 경영 업종에서 점수가 높게 나왔다. 그는 마케팅 관리직이나 인적 자원 관리자, 신용관리자와 유사한 흥미를 갖고 있다. 벤은 먼저 상담자와 한 차례 만나 면담을 하고 이러한 검사를 받은 후 결과에 대한 면담을 위해 다시 상담센터에 왔다. Super의 많은 개념을 예시를 통해 보여 주기 위해 상담자와 벤이 나눈 대화의 여러 부분을 발췌하였다.

**내1:** 검사를 많이 받았는데 어떻게 나왔는지 궁금하네요.

**상1:** 우리가 할 수 있는 만큼 최대한 살펴보겠지만 오늘 다 끝낼 수 없을지도 몰라요. 사실 아마도 끝내긴 힘들 거예요. [논의할 자료가 많을 뿐만 아니라 상담자는 벤이 진로결정에서 중요한 순간에 있다는 것을 알고 있기 때문에 급히 서두르고 싶지 않다.]

**내2:** 네, 좋아요. 검사결과를 보니 생각이 정말 많아지네요.

**상2:** 어떤 생각이 드나요?

**내3:** 내가 무엇을 할지에 대해 진지하게 생각하게 되었어요. 1년 후면 졸업하는데, 이에 대한 생각을 진짜 많이 안 해봤거든요. 친구들과 이야기를 좀 나눈 적은 있지만 주로 이런저런 회사 이름을 대고 누가 가장 좋은 차를 갖게 될지, 뭐 그런 이야기를 나누는 정도였어요.

**상3:** 하지만 학생은 관심 있어 하네요. [상담자는 벤이 진로상담을 받게 된 동기가 궁금하다. 하지만 벤이 성인 진로관심사 검사에서 높은 점수를 받았다는 것을 떠올린다. 검사결과는 벤이 실제로 진로에 대한 관심이 많음을 시사한다.]

**내4:** 친구들과는 농담을 하고 그러지만, 가끔씩 1년 후에 어떻게 될까를 생각하면 불안해져요. 마치 모든 게 그냥 끝날 것 같고 그다음엔 텅 빈 것같이 아무것도 없을 것 같아요.

**상4:** 그렇군요. 자, 이제 검사결과를 하나씩 살펴볼까요? [상담자는 벤에게 성인 진로관심사 검사결과를 보여 준다.]

**내5:** 탐색 하위 단계 점수가 모두 높게 나왔네요. 이게 무슨 뜻이죠?

**상5:** 벤이 지금 하고 싶은 일이 무엇인지에 대한 확신이 없고, 직업에 대해 꽤 걱정이 많고, 어떻게 해야 일자리를 구할 수 있는지 궁금해하는 것 같네요.

**내6:** 네. 그 말씀이 다 맞아요. 그런데 저는 늘 그것들을 뒤죽박죽 섞인 하나의 큰 고민거리로 생각했거든요, 세 가지 다른 단계가 아니라.

**상6:** 그렇죠. 자신이 원하는 일을 정하고 일자리를 구하는 일을 한꺼번에 다 하는 건 어렵죠. [상담자는 벤이 이 과정을 진지하게 받아들이고 한 번에 하나씩 생각할 필요가 있음을 이해하는 것 같아 만족스럽다.]

벤과 상담자는 성인 진로관심사 검사의 결과와 그것의 의미에 대해서 대화를 이어간다. 다음 대화는 이러한 논의의 일부를 발췌한 것이다.

**상7:** 벤의 삶에서 일 역할이 갖는 의미에 대해서도 이야기해 보고 싶었어요.

**내7:** 저는 돈을 많이 벌기 위해서는 일을 열심히 해야만 한다고 알고 있어요.

**상8:** 입사한 첫 해에 10만 달러를 번다면 그 돈으로 뭘 하고 싶은가요? [상담자는 벤의 역할 가치가 역할 중요성 검사결과와 같은지를 알아보고 싶어서 벤이 참여하고 전념하려는 영역이 어떤 것인지 확인해 보려고 한다.]

**내8:** 보트와 스포츠카, 가장 좋은 오디오를 할부로 사겠어요. 또 경주용 오토바이를 정말 좋아하니까 그것도 새 걸로 하나 살 거예요. 할 수 있는 한 느긋하게 즐기면서 지낼 거예요.

**상9:** 정말로 재미있게 살고 싶은가 봐요. [참여와 전념, 가치기대의 측면에서 볼 때 여가활동의 중요성이 확실히 드러난다. 상담자는 학업과 일에 대한 벤의 전념 수준에도 관심이 있다.]

**내9:** 네. 학교는 너무 지루해요. 저는 여름이 좋아요. 그냥 일만 하고 느긋하게 지낼 수 있잖아요. 호텔 수영장 구조대원으로 일을 하는데, 호텔은 사람들로 북적이지만 수영장은 대체로 그다지 붐비지 않거든요. 그래서 편안하게 있으면서 사람들하고 농담도 하고 재미있게 시간을 보내요. 뭐 대단한 직업은 아니지만 보수는 괜찮은 편이에요.

**상10:** 벤에게는 보수가 중요한 것 같네요. [상담자는 벤이 가지고 있는 직업가치를 탐색하기 시작한다.]

**내10:** 네. 정말 그렇죠. 언젠가 근사한 가정을 꾸리고 여가 시간을 내어 가족과 함께 이것저것 할 수 있으면 좋겠어요. 당분간은 가정을 갖고 싶어 할지 확실히 모르겠지만 그래도 언젠가는 가질 거예요.

**상11:** 미래에 대해서 점점 더 많은 생각을 하기 시작하는 것 같네요. [상담자는 역할 중요성 검사의 가정과 가족 하위 척도에서 가치기대 점수는 높지만 참여와 전념 점수는 높지 않았다는 점에 주목한다. 이러한 검사결과는 벤의 진술과 일치하는데, 가정과 가족은 벤에게 당장의 전념 대상은 아니지만 언젠가는 그렇게 될 수 있기 때문이다.]

벤과 상담자는 계획과 목표에 대한 논의를 이어 간다. 이들은 이제 Strong 홍미검사에 대한 이야기를 할 준비를 하고 있다. 상담자는 벤이 Strong 홍미검사를 제대로 이해할 수 있는 맥락을 제시하려고 홍미검사의 목적을 설명한다.

**상**12: 자, 홍미검사결과를 살펴봅시다. 홍미나 진로에 대해 이야기해 보면 벤에게 일이 어떤 중요성을 갖는지 이해하는 데 도움이 되죠. [상담자는 Strong 홍미검사의 가치를 과장하고 싶지 않아서 이 검사를 제대로 이해할 수 있는 맥락을 설정하기를 원한다.]

**내**12: 네. 결과가 어떻게 나왔는지 궁금해요.

**상**13: 이걸 보면, 벤은 일을 어떤 목적을 위한 수단으로 여기는 것 같다는 점을 염두에 두는 것이 좋겠어요. 벤은 확실히 일을 통해 얻을 수 있는 것들을 원하네요. 이 검사는 벤의 홍미와 다양한 직종에서 일하는 사람들의 홍미가 얼마나 유사한가를 이해하는 데 도움이 될 거예요.

**내**13: 말씀하신 것처럼, 이 부분이 중요한 것 같아요. 그동안은 제가 일해서 버는 돈으로 하고 싶은 일에 대해 생각을 많이 해서 무엇을 할 것인지에 대해서는 관심을 적게 뒀거든요.

**상**14: 기본 홍미 영역에서는 운동과 영업에 홍미가 높은 것으로 나왔어요. [상담자는 기본 홍미 척도에서 점수가 가장 높은 두 개의 영역에 대한 이야기로 논의를 시작한다.]

**내**14: 네. 저는 테니스, 농구, 배구, 보트 경주, 자동차 경주와 같은 재미있는 활동이 정말 좋아요.

**상**15: 그럴 것 같네요. 벤이 받은 가치척도의 결과를 보면 모험도 중요한 것 같아요. [상담자는 여러 검사의 결과를 서로 통합해서 벤에 대해 좀 더 분명한 그림을 그리려고 한다.]

**내**15: 저는 영업에 홍미가 있어요. 이전에 생각해 본 적은 한 번도 없어요. 근데 제가 좋아할 것 같다는 생각이 들어요. 정말 도전적인 일이거든요. 한번은 여름에 가전제품 판매점에서 일할 때 제가 할 수 있는 한 많이 팔려고 노력했어요. 그때 커미션도 받았어요. 그때 정말 일을 잘했어요.

**상**16: 그때 해낸 일에서 큰 만족감을 느꼈던 것 같네요. [상담자는 벤의 이야기를 듣고 그에게 성취가 얼마나 중요한지를 알아차리고 그것을 강화한다. 이때 상담자는 벤의 가치가 자신의 가치와 상당히 다르다는 것을 깨닫는다. 상담자가 중시하는 가치는 좀 더 이타적이고 창의적인 것인 반면, 벤은 성취와 경제적 보상을 지향한다. 하지만 상담자는 두 사람의 가치가 이렇게 다르다고 해서 벤을 낮게 평가하고 싶지는 않다.]

예시 상담처럼 네 가지의 각기 다른 검사를 사용한 상담에서 검사에 대해 논의하

**표 9.1 벤의 네 가지 검사의 결과 요약**

| 검사 | 높은 점수 |
|---|---|
| 성인 진로관심사 검사 | 결정화<br>구체화<br>실행 |
| 역할 중요성 검사 | 여가<br>참여<br>전념<br>가치기대<br>가정과 가족<br>가치기대 |
| 가치척도 | 경제적 보상<br>승진<br>명성<br>모험 |
| Strong 흥미검사 | 기본 흥미<br>운동<br>영업<br>법률 및 정치<br>직업 척도<br>인적자원관리<br>신용관리<br>마케팅관리 |



는 과정 전반을 제대로 보여 주기란 불가능하다. 하지만 이러한 예시를 제공하는 목적은 상담자가 탐색 단계에 있는 내담자를 돕기 위해 Super의 발달적 개념과 검사도구를 어떻게 활용하는지를 보여 주는 데 있다. 탐색 단계에서 중요한 주제들은 확립 단계의 주제들과 매우 다를 수 있다.

## 성인 진입기

Arnett의 이론은 Super 이론의 특정 단계는 아니지만 Super의 탐색 단계의 업데이트 혹은 좀 더 새로운 견해로 볼 수 있다. Arnett(2004, 2011)은 성인으로 이행하는 과정이 청소년기와 성인 진입기(emerging adulthood) 이후의 초기 성인기와 어떻게 다른

지를 보여 주는 다섯 가지 특징에 대해 설명하였다. 이것은 정체성 탐색의 시기, 불안정의 시기, 자기 초점의 시기, 어중간하게 끼어 있는 느낌이 드는 시기, 그리고 가능성의 시기이다. 먼저 **정체성의 시기**(age of identity)는 젊은이들이 일과 사랑에 대해 중요한 선택을 할 때를 말한다. 일과 관련하여 젊은이들은 기회가 주어진다면 자기 자신에 대한 비전과 점점 더 잘 맞는 일을 선택한다. 이 시기는 또한 **불안정의 시기**(age of instability)로, 이때 젊은이들은 연애 대상을 바꿀 뿐만 아니라 직업을 바꾸거나 대학이나 대학원 혹은 다른 교육 영역에서 새로운 분야의 학문을 시도할 수도 있다. 그리고 이 시기는 자신이나 타인에 대해 책임져야 할 일이 더 적기 때문에 **자기 초점의 시기**(self-focused age)라 볼 수 있다. 이들은 아직 가족에 대한 의무를 지고 있지 않기에, 타인에게는 그렇지 않지만 자신에게는 중대한 영향을 미칠 결정에 초점을 둔다. 다음으로 삶의 이 시기를 **어중간하게 끼어 있는 느낌이 드는 시기**(age of feeling in-between)라 부르는 까닭은 젊은이들이 자신은 청소년도 성인도 아닌, 성인이 되어 가는 과정에 있다고 느끼기 때문이다. 마지막으로 **가능성의 시기**(age of possibilities)라 부르는 이유는, 지금 일어나고 있는 것과 상관없이 젊은이들은 삶이 좋아질 것이라 믿기 때문이다. 이러한 특징들은 청소년과 성인에게서도 발견되지만 성인 진입기에서 가장 두드러진다(Arnett, 2004, 2011).

성인 진입기에 관한 연구는 원래 미국에서 시작되었다(Arnett, 2000). 하지만 그 이후 이 단계에 대한 연구가 전 세계 많은 나라에서 이루어졌다(Arnett, 2011). 유럽의 여러 나라에서 수행된 연구에서는 앞서 설명했던 다섯 가지 특징을 지지하는 결과가 보고되었는데, 때로는 미국에서 수행된 연구보다 더 명확한 결과가 나타났다. 그러나 집단주의와 가족에 대한 의무를 강조하는 역사적 배경을 가진 아시아 국가의 경우 성인 진입기 패턴이 정확하게 들어맞지는 않는다. 또한 여러 아시아 국가에서는 부모가 교육 관련 선택을 정해 주지만 유럽이나 미국에서는 진입기에 있는 성인들이 스스로 선택을 한다. 개발도상국의 경우 성인 진입기의 패턴은 부유층에서만 발견되는데, 그 이유는 가난한 젊은이들은 자신과 가족을 부양해야 할 필요성으로 인해 더 잘 사는 또래들보다 좀 더 일찍 노동시장에 뛰어들 수밖에 없기 때문이다. 미국이나 유럽의 경우 성인 진입기에 속한 젊은이들은 성취감을 주는 일자리를 찾는 경향이 있으며, 자신의 흥미와 가치 그리고 능력에 적합한 일자리를 찾고자 일자리를 옮겨 가기도 한다.

Arnett의 성인 진입기와 Super의 탐색 단계는 상호 보완적인 면이 있다. Super가 결정화와 구체화, 실행 하위 단계에서 개인의 진로선택을 강조하는 반면, Arnett은 가족관계와 연인관계와 같은 다른 심리적 요인들에 대해 설명한다. Arnett의 불안정 시기와 자기초점 단계는 Super의 결정화와 구체화, 실행 단계보다 더 많은 자기 의문과 불안정을 시사하는 불안정한 상태와 변화에 대한 설명을 제공한다. 반면에 결정화와 구체화, 실행을 포함하는 Super의 하위 단계들은 Arnett의 성인 진입 단계에는 없는 흥미와 능력, 가치 그리고 직업세계에 대한 지식의 점진적인 성장을 시사한다. 이 두 이론 모두 Super의 확립 단계를 조망할 수 있는 기반을 제공한다. 확립 단계는 좀 더 일반적인 전 생애 관점에서 볼 때 성인기의 첫 단계로 볼 수 있다.

## ❁ 확립

확립 단계는 일반적으로 만 25세에서 대략 45세까지 걸쳐 있다. 일반적으로 확립은 한 사람이 자신의 직업생활의 출발을 뜻할 수 있는, 어떤 직종에서 일하기 시작함으로써 자신의 일자리에서 자리를 잡아 가는 것을 의미한다. 숙련직과 관리직, 전문직에서 확립은 아마도 오랜 기간 안정적으로 유지될 직종에서 일하는 것을 뜻할 것이다. 반숙련 혹은 미숙련 직종 종사자의 경우, 확립이란 특정한 직업이나 기관에서 자리 잡게 될 것이라는 뜻이 아니라, 삶의 대부분 기간 동안 일할 것임을 시사한다(Super, Thompson, & Lindeman, 1988). **안정화**(stablilizing), **공고화**(consolidating), **승진**(advancing)의 하위 단계는 직업생활이 시작되고 난 이후에 이루어지는 진로행동을 나타낸다.

다른 단계에서도 마찬가지이지만 확립 단계에서는 가치가 중요하다. Johnson(2001)은 고등학교 졸업반일 때와 확립 단계(대략 만 31세 또는 32세)일 때의 가치 변화에 대한 연구를 통해 청소년기를 지난 이후 개개인마다 다양한 가치들의 중요성이 어떻게 달라지는지를 확인하였다. Johnson은 탐색 단계와 확립 단계에 해당하는 시기에 성공적인 경험을 통해서 개인의 가치가 강화됨에 따라 어떻게 특정 가치들이 더 강해지는지를 보여 주었다.

**안정화** 어떤 직종에서 일하기 시작하려면 최소한의 영속성이 요구된다. 개인은 자신이 주어진 일자리에서 몇 개월 이상은 일할 수 있다는 것을 알 필요가 있다. 안정화는 사람들이 각자 일을 시작한 분야에서 일을 지속할 수 있도록 어떤 직업에 안착하고 직무에서 요구하는 것을 충족시킬 수 있는 것과 관련된다. 이 시기에 사람들은 장기적으로 볼 때 자신이 주어진 직종에서 계속 일하는 데 필요한 능력이 있는지에 대해 염려할 수도 있다. 일에 대해 좀 더 편안해지면서 사람들은 입지를 굳혀 가기 시작한다.

**공고화** 사람들이 흔히 20대 후반이나 30대 초반에 직장에서 자신의 지위를 안정화하고 나면 공고화가 이루어지기 시작할 수 있다. 이때 사람들은 자신의 일이나 직업에 대해 좀 더 편안해지기 시작하고, 유능하고 다른 사람들이 의지할 수 있는 믿을 만한 생산자로 알려지기를 원한다. 이 단계에서 사람들은 상사나 동료가 자신이 일을 잘 해낼 수 있다는 것을 알아주기를 바란다. 자신의 지위를 공고화하고 안정감을 느끼게 되면 더 높은 지위로의 승진을 고려해 볼 수 있다.

**승진** 승진은 확립 단계의 어느 때나 일어날 수 있지만, 대체로 안정화와 공고화가 일어난 후에 이루어진다. 승진은 더 많은 급여와 함께 좀 더 많은 책임이 주어지는 지위로 올라가는 것을 뜻한다. 특히, 기업에서는 더 권위 있는 직위로 승진하는 데 대한 관심이 높다. 이를 위해 사람들은 흔히 다른 사람들보다 앞서 나가고 자신의 진급 가능성을 높일 수 있는 방법에 대한 계획을 세운다. 또한 자신이 일을 잘하며 더 많은 책임을 감당할 수 있다는 것을 상사가 알아주기를 바란다.

**사례 예시** 6장과 7장에서 거론하였던 루시는 이제 만 28세의 물리치료사로 척추에 손상을 입은 사람들을 치료하고 있다. 그녀는 대도시에서 살고 있고 미혼 상태이며 유명한 병원에서 다른 많은 물리치료사들과 함께 일하고 있다. 루시가 상담을 받기로 한 이유는 개인적인 삶이나 자신이 하는 일에서 행복하지 않아서이다. 그녀는 최근에 3년 동안 사귀던 남자친구와 헤어졌고, 그와 사귀는 동안 다른 친구들과의 관계에 신경을 쓰지 못했기 때문에 지금은 외로움을 느끼고 있는 상태이다. 그녀는 의과대학에 진학하고 싶었지만 학비를 마련할 수 있을지 고민스러웠고, 또한 대학 졸업 후에 4년이나 더 학교에 남아 공부할 수 있을지에 대해서도 걱정을 했다. 또한 그 당시에는 생계를 위해 당장 돈을 벌어야 하는 상황이었다. 이제 그녀는 과거에 내린 그 결정에 의문을 갖고 있고 의대 지원을 놓고 결정하려고 노력하는 중이다. 그녀는 보건 분야에서 진로를 선택하고 싶다는 것은 분명하지만 의대 지원에 대해서는 주저하고 있다. 그녀는 현재 하고 있는 일에서 좌절감을 느끼고 있는데, 그 이유는 상사들의 유능성에 대해 의문이 들고, 물리치료사의 임무가 제한적이라고 느껴지기 때문이다. 그녀는 의사가 환자들을 내할 때처럼 자신도 환자에 대해 좀 더 많은 책임을 갖게 되면 더 행복할 수 있지 않을까 하고 궁금해한다.

루시의 상담자는 역할 중요성 검사와 가치척도, 성인 진로관심사 검사(ACCI)를 사용하기로 하였다. 상담자는 이러한 검사도구들을 통해 루시가 자신의 삶에서 일이 갖는 중요성과 자신에게 소중한 가치 그리고 가장 중요한 발달적 관심사를 이해하는 데 도움을 줄 수 있기를 바란다. 검사결과를 보면 루시의 역할 중요성 검사의 참여 점수와 전념 및 가치기대 점수 간에 차이가 있다(표 9.2). 루시에게는 일에 대한 참여가

**표 9.2 루시의 세 가지 검사의 결과 요약**

| 검사 | 높은 점수 |
|---|---|
| 역할 중요성 검사 | 일<br>참여<br>전념<br>가치기대<br>여가<br>참여<br>가정과 가족<br>전념<br>가치기대 |
| 가치척도 | 자율성<br>생활양식<br>사회적 상호작용<br>성취 |
| 성인 진로관심사 검사 | 결정화<br>안정화 |



우선이고, 그다음이 여가활동, 이어서 가정과 가족 순으로 나타났다. 가치척도에서는 자율성과 생활양식, 사회적 상호작용, 성취에서 점수가 높게 나왔다. 성인 진로관심사 검사결과를 보면, 루시는 결정화에 상당한 관심이 있고, 안정화에도 관심이 많다는 것을 알 수 있다. 그 외의 발달 단계에 대해서는 거의 관심이 없거나 약간의 관심이 있을 뿐이다. 루시는 첫 번째 상담회기에서 외로움과 사회적 고립에 대한 염려에 대해 이야기하였는데, 두 번째 회기 초반부에 상담자에게 진로 고민을 꺼내 놓는다. 상담자는 역할 중요성 검사와 성인 진로관심사 검사의 결과에 대해서 루시와 이야기를 나눈다. 다음의 대화는 루시의 검사결과에 대한 이들의 논의를 재구성한 것이다.

**내**1: 저한테 일은 정말 중요해요. 병원에 취직한 것만으로도 뭔가를 성취했다는 느낌이 들어요. 제가 스스로를 책임질 수 있다는 것을 다른 사람들에게 보여 줬잖아요.

**상**1: 자리를 잡고 홀로 서기를 할 수 있다는 것이 중요하다는 말씀이군요. [상담자는 루시가 안정화에 대해서 말하고 있다고 보고, 이런 논의와 안정화 척도에서 나타난 루시의 높은 점수 간에 일치성이 있음을 알아차린다.]

**내2:** 정말이지 그건 저한테 중요해요. 이제는 맥스와 헤어졌으니 훨씬 더 중요하죠. 우리가 진짜 결혼할 거라고 생각한 적도 있었어요. 그런데 남자친구가 계속해서 저한테 거리를 두더니 결국에는 바람을 피우고 있다는 것까지 제가 알게 되었을 때 더 이상 참을 수 없었어요. 그때는 일이 제가 가진 전부인 것처럼 느껴졌어요.

**상2:** 이제 결혼하고 가정을 갖게 될지 알 수 없다는 생각이 들면 겁이 나죠. [상담자는 루시에게 가정과 가족 역할이 중요하다는 것을 알고 있기에 그녀가 얼마나 깊이 영향을 받았을지를 이해한다. 지금 그녀는 이러한 역할을 상상하는 것도 힘든 것 같다.]

**내3:** 너무 힘들었어요. 이제는 직장에서 다른 사람들이 뭘 하고 있는지 훨씬 더 많이 알아차리는 것 같아요. 그냥 환자들에 대해서만 그렇다는 게 아니라 다른 사람들은 집에 가면 무엇을 할까에 대해서 제가 때때로 생각해 본다는 뜻이에요. 맥스와 같이 살 때는 그런 것에 대해서 생각해 본 적이 없었어요.

**상3:** 당신 자신에 대해서도, 또 앞으로 무엇을 할 것인가에 대해서도 생각이 더 많아지고 있다는 말씀이네요. [한 가지 중요한 역할, 즉 가정과 가족으로 이어질 관계에 참여하기에서 발생한 문제가 다른 중요한 역할들에 의문을 갖게 된 데에 영향을 끼친 것으로 보인다.]

**내4:** 같이 일하는 사람들을 정말 좋아하고 여전히 그 사람들과 함께 있는 것이 즐겁지만 그 사람들이랑 좀 더 동떨어져 있다는 느낌이 들어요. 그 사람들이 가고 있는 방향과 제가 가고 있는 방향이 보여요. 제가 옳은 방향으로 가고 있는지 궁금해요.

**상4:** 의대에 대해 좀 더 얘기를 해봐야 할 것 같네요. 지난 시간에 그 얘기를 꺼냈었죠. [자신의 선택에 대해 의문을 갖고 결정화 단계로 돌아가고 싶어 한다는 점에서 루시는 재순환하기를 바라는 것 같다. 게다가 루시는 사회적 상호작용을 중시한다. 이와 관련해서 루시가 한 말은 가치척도의 높은 점수로 확인된다.]

**내5:** 네. 이제 물리치료사와 의사에 대해서 이전에 알고 있던 것보다 더 많은 것을 배우고 있으니까 의문을 갖게 되네요.

**상5:** 단순히 인턴십을 통해서 얻은 것보다 실제 경험을 더 많이 하고 있다는 말씀이네요. [상담자는 루시의 직업세계 정보(8장에서 논의된 개념)가 어떻게 늘어났는지 또한 그녀가 어떻게 해서 새로운 정보를 갖고 직업선택의 질문으로 되돌아가기를 원하는지를 들어본다.]

**내6:** 저는 정말 어떤 사람에게도 의지하고 싶지 않아요. 제가 원하는 것을 하고 싶어요.

**상6:** 그게 뭐죠? [루시의 자율성이 분명하게 드러난다. 그녀는 자신이 누구인지, 자신이 무엇을 원하는지를 명확히 알고 있는 것 같다.]

**내7:** 의사가 되는 것, 심하게 다친 사람들과 함께 일하는 게 저한테는 아주 매력적이에요. 저는 그 일을 할 수 있다고 생각해요.

**상7:** 당신은 그걸 원하면서도 두려워하는 것 같네요. [상담자는 안정화와 결정화 사이의 불안정한 흔들림을 이해하기에 루시가 한 가지 일에 착수하고 그 일을 좋아하기 시작하지만 동시에 좀 더 가능성이 있는 다른 진로도 보고 있다고 생각한다. 어떤 면에서 물리치료사에서 의사로의 전환은 진로 변경이 아니라 승진으로 간주할 수도 있다. 그렇게 본다면 이런 진로전환은 덜 충격적인 일일 수 있다. 하지만 몇 년 동안 학업으로 돌아가는 것은 승진 이상의 일이다.]

상담자는 루시가 관계와 진로 고민을 해결하도록 돕기 위해 Super의 검사도구와 개념들을 사용함으로써 하나의 체계적인 틀을 갖게 된다. 내담자가 현재 처한 생애 단계와 내담자가 생애 단계들 사이를 왔다 갔다 하는 움직임을 확인할 수 있다면, 이러한 지식은 개인의 삶에서 일어나는 변화의 의미를 이해하는 데 도움이 된다. 더군다나 개인의 삶에서 일의 역할은 달라질 수 있다는 것을 알고, 그 역할을 가정과 가족, 여가와 지역사회 봉사, 학업과 같은 다른 역할의 측면에서 살펴보는 것도 상당히 도움이 될 수 있다. 루시의 가치관은 결정을 내리는 데 중요하다. Super의 가치 개념은 루시가 현재 고민하고 있는 중요한 문제들을 명명하는 한 가지 방법을 제공한다.

## ❁ 유지

사람들은 대략 만 45세에서 65세까지 더 이상 직장에서 승진하지는 않지만 자신의 지위를 유지하는 상황에 처할 수 있다. 물론 개인의 신체적 능력과 회사의 정책, 개인의 재정 상황 및 동기에 따라 다를 수 있다. Power와 Rothausen(2003)은 21세기의 일에 대한 연구에서 사람들이 고용주보다는 다른 정보원으로부터 그들의 일에 영향을 끼칠 수 있는 변화에 대해 알아보는 것이 중요하다고 지적하였다. 그들은 유지(그리고 확립) 단계에 있는 사람들에게 다음과 같은 질문을 스스로에게 던질 것을 제안하였다. 내가 지금 하고 있는 일은 몇 년 후에도 여전히 일자리가 있을까? 자동화나 전산화가 내 일에 어떤 영향을 미칠까? 나와 같은 유형의 일을 하는 사람들은 어떤 주제에 관심을 두고 있는가? 나와 같은 유형의 일을 하는 사람들은 어떤 종류의 문제를 해결하려고 노력하고 있는가? 이런 질문은 유지 단계의 하위 단계인 고수(holding), 갱신

(updating), 혁신(innovating) 단계에서 제기될 수 있는 것이다. 이 하위 단계들은 유지 단계의 의미를 좀 더 세밀하게 보여 주는 데 도움이 되기 때문에 상담자에게 유용할 수 있다.

**고수** 어느 정도 성공을 거두면 사람들은 자신의 지위를 고수하는 데 관심을 둔다. 이는 자신의 지위에서 일어나는 변화에 적응하기 위해 새로운 것을 배우고 동료들이 관여하는 활동이 무엇인지를 알고 있는 것을 의미한다. 일부 회사에서 직원들에게 강요하는 조기퇴직이나 잠재적인 대량 해고 가능성은 그들에게 위협으로 보일 수 있다. 이것은 사람들이 직장에서 자신의 자리를 고수하고자 하는 충분한 동기가 된다.

**갱신** 많은 분야에서는 자신의 일자리를 고수하는 것만으로는 충분하지 않다. 예컨대, 건강과 교육 분야 종사자들은 흔히 해당 직종에서 자신의 지위를 유지하기 위해 계속교육 프로그램(continuing education programs)에 참여할 것을 요구받는다. 직업인들은 이러한 프로그램에 참여함으로써 그 분야에서 일어나는 변화에 맞게 지식과 기술을 갱신할 수 있다. 계속교육 세미나보다 덜 형식적인 활동으로는 종사하는 분야의 새로운 발전 동향을 살피기 위해 전문적인 모임에 참석하거나 동료나 고객을 만나고 지식을 최신 정보로 갱신해 줄 수 있는 사람들을 만나는 것 등이 포함된다.

**혁신** 혁신은 갱신과 다소 유사한 개념으로 개인이 자신의 일에서 진전하는 것을 지칭한다. 어떤 일에서는 새로운 것을 배우는 것, 즉 갱신만으로는 충분하지 않고, 그 분야에 새로운 기여를 하는 것이 중요할 수 있다. 그러기 위해서는 해당 분야의 변화에 발맞춰 새로운 기술을 개발해야 한다. 때로는 직무수행을 향상시키는 새로운 방식이나 배워야 할 새로운 직무 영역을 찾아낼 수 있다. 혁신은 유지의 개념과 모순된 것처럼 들릴 수 있다. 하지만 대부분의 직종, 특히 수준 높은 직종에서는 종사자들이 계속해서 새로운 것을 배우지 않는다면 현재 일자리를 유지하지 못하고 쇠퇴하여 자리를 잃을 위험에 처할 것이다.

**사례 예시** Super 검사도구의 사용 여부를 떠나 Super 이론의 진로발달 단계를 알고 있는 것이 상담자에게 도움이 된다. 다음 사례는 만 57세의 보험판매원인 리처드에 관한 것이다. 그는 정신과 의사에게 이따금 요통을 느끼고 전신 피로에 시달리고 있다고 이야기하고 있다. 담당 의사는 Super의 검사도구에 대해서는 잘 알지 못하지만 생애 단계 이론에는 익숙하다.

**내1:** 예전보다 훨씬 더 피곤한 것 같아요.

**상1:** 전에 말씀드린 대로 검사결과에서는 어떤 문제점도 발견하지 못했어요. 요즘 생활은 어떠세요? [의사는 리처드의 이야기를 좀 들어본 다음 그녀가 도움을 줄 수 있는지 알아보기로 결정한다. 어쩌면 리처드를 상담자나 다른 심리학자, 정신과 의사에게 의뢰하거나 본인이 직접 도와줄 수도 있을 것이다.]

**내2:** 제 쌍둥이 아들은 각자 새 직장에서 일을 잘하고 있고요. 아내 역시 자기가 하는 일을 좋아해요. 우리 가족은 다들 잘하고 있어요.

**상2:** 그런데 선생님 본인은 어떤가요?

**내3:** 집에서는 좋아요. 손자가 두 명 생겼는데, 정말 좋아요. 하지만 직장에서는 하는 일이 늘 똑같아요.

**상3:** 그래서 어떤가요? [의사는 리처드가 가족에 대해서는 만족하고 있는 것 같아서 일 역할에 대해서 알고 싶어 한다.]

**내4:** 재미가 없어요. 항상 똑같은 고객을 대하죠. 고객 계좌를 갱신해 주는 대가로 약간의 커미션을 받아요. 제 고객은 자기 친구들을 제게 소개시켜 주곤 해요. 그럼 새로운 고객이 생기는 거죠. 제 영업은 이제 상당히 자리가 잡혀서 예전에 했던 것처럼 일하지 않아도 돼요.

**상4:** 말씀을 들어 보니 그 일이 그다지 재미있지 않은가 보네요. [의사는 리처드가 유지 단계에 어떻게 대처하고 있는지 물어보면서 그가 지식의 갱신이나 혁신은 차치하더라도 일하고 있는 분야에서 자기 자리를 고수하고 있는지 궁금해한다.]

**내5:** 예. 일이 좀 지루해요. 세미나가 있고 거기 가면 늘 자료를 받는데, 항상 똑같아요. 절반은 읽어 보지도 않아요.

**상5:** 읽지 않으시는 이유는 뭔가요? [의사는 지식을 갱신하고 혁신하는 것의 가치를 알고 있다. 그녀는 리처드에게 이 점을 이해시킬 수 있기를 바란다.]

**내6:** 모르겠어요. 회사에 들어온 지 얼마 되지도 않는 사람들이 저한테 뭘 해야 한다, 그걸 어떤 식으로 해야 한다고 지시를 해요. 20년 동안이나 이 회사를 위해 일한 저한테 말이에요.

**상6:** 그 사람들이 선생님한테 뭘 하라고 지시하는 게 정말 못마땅하신 것 같네요. 마치 존중받지 못한다는 느낌을 받으시는 것 같아요. [의사는 리처드의 분개심을 탐색하려고 한다. 그녀가 보기에는 이 감정이 업무에서의 발전을 저해하고 전신 피로감에 영향을 끼치고 있는 것 같다.]

이 예시에서 정신과 의사는 생애 단계에 대한 약간의 지식에 힘입어 내담자에게 민감하게 반응하고 그의 관심사를 탐색할 수 있음을 알 수 있다. 이후 이 의사는 리처드가 상담을 받도록 다른 곳으로 의뢰하기로 결정할 수도 있다. 지금으로서는 내담자에게 중요한 심리적 문제를 진단하기 위해 성인기 진로발달과 다양한 생애 역할의 중요성에 대한 지식을 활용하고 있다.

## ❀ 이탈

유지 단계에 있는 사람들은 각자 속한 분야의 지식을 갱신하고 혁신을 이루기 위한 노력을 기울이지 않는다면 일자리를 잃을 위험에 처한다. 앞서 살펴본 예시에서 리처드가 그러한 상황에 놓여 있을 수 있다. 리처드는 이미 은퇴기에 접어들었을 수도 있다. 때로는 신체적 한계 때문에 일자리를 떠나야 하는 경우도 있다. 예를 들면, 건설과 페인트칠 및 조립라인 작업과 같이 일종의 육체노동이 요구되는 일을 한 50, 60대의 근로자들은 이전만큼 장시간에 걸쳐 또는 신속하게 일할 수 없다는 것을 알게 된다. Super(1957)는 원래 이 단계에 '쇠퇴한다(decline)'는 명칭을 부여하였는데, 이 단어가 많은 사람들에게 부정적인 어감을 주었기 때문에 명칭을 바꾸었다. 비록 이 연령 집단에 속하는 사람들의 신체적인 능력과 기억력은 저하될 수 있지만, 이 연령대는 또한 지혜와 관련이 있다. 사람들은 성장을 위해 계속해서 정신적인 능력을 사용하면서 동시에 다양한 활동에서 물러날 수 있다. 이탈(disengagement)의 하위 단계인 감속(decelerating), 은퇴계획(retirement planning), 은퇴생활(retirement living)은 늘 그런 것은 아니지만 장년층 성인들이 흔히 고려하는 과제라 할 수 있다.

**감속** 자신의 업무 책임을 점차 줄여 가는 것이 감속의 의미이다. 어떤 사람들에게 이것은 업무를 수행하는 좀 더 쉬운 방법을 찾거나 업무 시간을 줄이는 것을 뜻할 수 있다. 또 어떤 사람들은 젊었을 때만큼 오랫동안 어떤 일에 집중하기가 어렵다는 것을 알게 된다. 직장에서 일어나는 어려운 문제에서 물러나고 마감날짜의 압박을 피하고 싶어 하는 것은 감속의 신호이다.

**은퇴계획** 어떤 사람들은 일찌감치 은퇴계획을 세우기 시작하기도 하지만 거의 모든 사람들은 인생 후반기에 이르러 은퇴계획을 직접 세워야 하는 상황에 부딪힌다. 이 과제에는 재정계획과 퇴직 후 활동계획 등이 포함된다. 친구와 현 직장의 퇴직 자문 상담자 및 다른 사람들과 이야기해 보면 이러한 과정에서 도움을 얻을 수 있다. 어떤 사람들은 새로운 시간제 일자리나 자원봉사 일을 선택하기도 한다. 이러한 사람들은 결정화 하위 단계로 되돌아가 자신의 흥미와 신체적·정신적 능력 및 가치를 재평가한다.

**은퇴생활** 은퇴생활은 60대 후반 연령대에 있는 사람들에게 보편적이다. 이들은 흔히 생애 역할에서 변화를 경험한다. 여가와 가족과 가정, 지역사회 봉사의 중요성이 커지는 반면, 일의 중요성은 감소할 것이다. 은퇴생활의 중요한 측면은 개인이 사는 곳과 친구 및 은퇴로 인해 생겨난 자유시간의 활용이다.

노령인구가 증가함(2015년에는 인구의 26.8%가 55세 이상일 것으로 추정됨, U.S. Census, 2012)에 따라 퇴직에 당면한 사람들의 문제를 다루어야 할 필요성이 더욱 커지고 있다. 캐나다에서 관리직 35명을 대상으로 한 연구는 다음과 같이 은퇴에 대한 네 가지 긍정적인 은유를 제공한다. 이 네 가지는 새로운 지평 탐색하기, 의미 추구하기, 각자 나름대로 기여하기, 발 뻗고 쉬기이다(Sargent, Bataille, Vough, & Lee, 2011). 『활기찬 은퇴: 당신의 정체성과 관계 그리고 목적을 새롭게 하기』라는 저서에는 은퇴를 앞두고 있는 사람들을 위한 제안이 제시되어 있다(Schlossberg, 2009). 퇴직을 강요당하고 있다고 믿는 은퇴자들은 퇴직이 자발적이라고 느끼는 사람들에 비해 알코올 사용이 증가하는 것으로 나타났다(Bacharach, Bamberger, Biron, & Horowitz-Rozen, 2008). 양호한 건강상태는 종종 만족스러운 은퇴의 중요한 요인이다(Golberg & Beitz, 2007). 자신의 직장을 떠나면서 긍정적인 경험을 갖는 것은 은퇴에 대한 적응을 예측하는 요인이었다(Donaldson, Earl, & Muratore, 2010; Wong & Earl, 2009). 개인적으로 높은 숙달감을 갖는 것 또한 은퇴에 대한 적응을 예측하는데 기여하였다(Donaldson et al., 2010). 최근에 연구자들은 전통적으로 연구 대상에 포함되지 않았던 집단, 예컨대 동성애자와 양성애자 및 성 전환자(Kimmel, Rose, & David, 2006), 지적장애가 있는 성인(Cordes & Howard, 2005)의 은퇴문제를 연구하고 있다.

## ❁ 재순환

Super는 모든 사람이 여기에서 기술한 질서정연한 순서대로 이러한 단계들을 거치는 것은 아님을 인식하였다. 많은 사람들이 생애의 다양한 시점에서 진로계획을 재평가하고, 다양한 단계를 거치며 재순환을 경험한다. 재평가와 재순환을 하는 동안 사람들은 탐색 단계로 다시 돌아가 자신의 가치와 흥미 및 능력을 재평가하기도 한다. 이렇듯 이전에 거쳐 왔던 어떤 단계로 되돌아가는 것을 재순환한다고 한다. 오스트레일리아 남성을 대상으로 한 연구에서 Smart와 Peterson(1997)은 재순환의 개념을 확인하였다. 이들의 연구에서 진로를 변경하는 과정에 있는 남성들은 그렇지 않은 사람들보다 Super의 탐색 단계와 관련된 관심을 더 많이 보이는 것으로 나타났다. Super (Super, Thompson, & Lindeman, 1990)는 성인 진로관심사 검사에서 수검자의 재순환 상태를 진단하기 위해 하나의 항목을 사용한다. 이 항목은 재순환의 개념을 너무나 명확하게 기술하기 때문에 다섯 가지 선택지와 함께 다음에 인용하였다(Super, Thompson, & Lindeman, 1988).

> 많은 사람들은 한동안 어떤 분야에서 일을 한 후에 급여나 만족도, 성장을 위한 기회, 혹은 직장 폐쇄 등과 같은 이유로 다른 직장으로 옮긴다. 이러한 전환이 동일한 분야에서 단지 직장만 바꾸는 수준이 아니라 분야 자체를 바꾸는 것이면 이를 흔히 '진로변경'이라고 부른다. 다음은 진로변경의 다양한 단계를 나타내는 다섯 개의 문장이다. 이 가운데 당신의 현재 상황을 가장 잘 묘사하는 문장을 선택하시오.
>
> 1. 나는 진로변경을 고려하고 있지 않다.
> 2. 나는 진로변경을 해야 할지 말아야 할지를 고려하고 있는 중이다.
> 3. 나는 진로변경을 할 계획이며 이직할 분야를 고르고 있는 중이다.
> 4. 나는 새로운 분야를 선택했고 그 분야에서 일을 시작하려고 애쓰고 있다.
> 5. 나는 최근에 진로를 변경했으며 새로운 분야에서 정착하고 있는 중이다.

다음의 대화는 미국 남서부에 위치한 중소도시의 한 신문사에 다니는 만 64세 신문기자 매슈와 그 신문사의 인사부에 있는 은퇴 상담자 간의 첫 면접의 일부이다. 매슈는 만 12세가 되었을 때 텍사스로 이주한 멕시코계 미국인으로, 37년 동안 현 직장에서 일해 왔다. 이 신문사는 지난 25년 동안 연금제도를 시행해 오고 있는데, 매슈도 이 제도에 가입되어 있다. 매슈의 업무는 기동력을 요구하는데, 자치주 전역을 다니면서 정치가 및 경찰과 인터뷰를 해야 한다. 지난 15년 동안 매슈는 몸무게가 상당히 늘어났고 3년 전에는 심혈관 우회 수술을 받았다. 그는 체력이 예전 같지 않다는 것을 알고 있고, 일과가 끝날 무렵에는 극도의 피로를 느낀다. 그는 은퇴를 고대해 왔다. 상담자와 매슈는 은퇴계획 중 재정적인 측면을 검토하고 있다. 다음은 상담자가 매슈의 은퇴계획에 대한 질문을 하면서 나누는 대화이다.

**내1:** 저는 정말 긴장을 풀고 마음 편히 한가롭게 앉아서 쉬기를 고대해 왔어요. 이제 일을 그만둘 때가 온 것 같아요. 건강도 예전 같지가 않고요. 좀 편하게 살고 싶어요. 앞으로 9개월 동안은 주당 30시간 정도만 일할 계획이에요. 편집장도 괜찮다고 하면서 걱정하지 말라고 해요.

**상1:** 그리고 그 후에는요? [상담자는 Super의 검사도구를 쓰지는 않았지만 Super의 생애 단계 이론에 대한 지식을 사용하여, 매슈가 이탈 단계의 감속 하위 단계에 대해 이야기하고 있다는 것을 인식한다. 매슈는 은퇴계획과 은퇴생활이 아니라 주로 감속에 초점을 맞추고 있는 듯하다.]

**내2:** 주택 대출금도 이제 다 갚았고. 아내는 앞으로 몇 년은 더 일할 거고요. 저는 그저 느긋하게 앉아서 텔레비전이나 볼 거예요.

**상2:** 그게 선생님한테는 즐거운 일로 보이는가요? [활동적인 일 역할에서 활동성이 거의 없는 매우 수동적인 역할로 가기를 기대하는 것은 비현실적일 수 있다.]

**내3:** 음, 제가 그것만 하겠다는 건 아니죠.

**상3:** 그 밖에 어떤 일을 하실 건가요?

**내4:** 제가 항상 하고 싶었던 것은 글을 못 읽는 성인들과 영어를 배우는 데 어려움을 겪는 사람들을 위해 문해교육을 하는 거예요. 실제로 저 역시 어렸을 때 문해교육의 도움으로 영어를 빨리 배울 수 있었어요. 제가 기억하기로 고등학생이었을 때, 백인 아이들보다 제 영어 점수가 더 높았어요. 영어는 제 모국어가 아니었는데도 말이죠. 저는 주변에서 영어를 읽거나 말하지 못해서 고통을 겪고 있는 사람들을 정말 많이 봤어요.

**상4:** 그 일에 대해 한동안 생각해 보신 것 같군요. [활동적인 일 역할에서 활동적인 지역사회 봉사 역할로 옮겨 가는 것은 수월한 전환으로 보인다.]

**내5:** 기사를 쓰기 위해 영어를 잘 못하거나 엉터리 영어를 쓰는 사람을 인터뷰해야 할 때면 문해교육에 대해 상당히 많은 생각을 하게 되죠. 사무실에 오는 젊은 이들에게 제가 점점 더 조언을 많이 하는 모습을 보게 돼요.

**상5:** 가르치는 것을 좋아하시는 것 같네요. [매슈가 현재 하고 있는 일에서 느끼는 흥미와는 또 다른 흥미를 확인하면, 그런 정보는 매슈와 상담자가 결정화 단계로 재순환할 때 도움이 될 수 있다. 이것은 극적인 재순환은 아니다. 왜냐하면 매슈는 조금이나마 누군가를 가르칠 수 있는 기회를 가졌으며, 그 일에 대해 얼마간 생각해 보았기 때문이다.]

**내6:** 음, 저는 누구를 가르칠 기회가 많지는 않았지만, 비공식적으로는 가르치고 있죠. 다만 고약하게 가르치지 않으려고 노력해요. 대부분의 기자들은 자신만의 스타일이 있고 누군가에게 뭘 하라고 지시받는 걸 좋아하지 않아요. 저보다 가진 게 없는 다른 멕시코계 미국인들을 위해 무언가를 하고 싶어요.

**상6:** 그들을 돕는 게 선생님에게는 매우 의미 있는 일일 것 같네요. [매슈가 가진 이타주의와 문화적 정체성의 가치가 긍정적인 의미에서 자신의 역할을 지역사회

봉사로 바꾸려고 하는 소망의 근간을 이루고 있다.]

이 간단한 사례를 통하여 Super의 생애 단계와 역할 중요성 개념이 유용하다는 것을 확인할 수 있다. 이러한 개념들이 없다면 상담자는 매슈를 돕기 위해 무엇을 살펴야 할지를 판단할 때 그저 자신의 직관에만 의존하였을 것이다. 상담자는 Super와 동료들이 수행한 작업의 일부인 광범위한 연구와 발전된 개념을 이용할 수 없었을 것이다. 이것은 Super의 이론이 유일한 이론이라는 뜻은 아니다. Levinson, Darrow, Klein, Levinson과 McKye(1978) 그리고 Erikson(1963)의 이론과 같은 다른 이론들도 있다. 하지만 이들의 이론은 Super의 이론만큼 많은 연구를 창출하지는 않았고, 진로발달과 직접적으로 관련되어 있지도 않다. 그렇다 하더라도 이 이론들 가운데 어떤 것이라도 사용하는 것이 오로지 직감에만 의존하는 것보다는 아마 더 나을 것이다.

## 여성의 생애 단계

Super의 이론은 원래 백인 중산층의 남자 청소년을 대상으로 시작되었지만, Super는 여성의 진로패턴에도 관심을 두었다. 그는 다음과 같이 여성의 진로패턴을 일곱 가지로 제안하였다(Super, 1957, pp. 76-78).

1. 안정적인 전업주부 진로패턴(stable homemaking career pattern): 학교졸업 후 바로 결혼해서 그 이후로 의미 있는 직업경험을 하지 않는다.
2. 전통적 진로패턴(conventional career pattern): 고등학교나 대학 졸업 후 취업을 하지만 결혼 후에는 가사에 전념하기 위해 일을 그만둔다.
3. 일 지속형 진로패턴(stable working career pattern): 고등학교나 대학 졸업 후 전 생애에 걸쳐 일을 지속한다.
4. 일-가사 양립 진로패턴(double-track pattern): 전 생애에 걸쳐 일과 가사를 병행한다.
5. 단절 진로패턴(interrupted career pattern): 일을 하다가 결혼을 하면서 직장을 그만두고 전업주부가 된 후 아이들이 성장하여 스스로 돌볼 수 있게 되면 다시 일을 시작한다.
6. 불안정한 진로패턴(unstable career pattern): 일을 하다가 중단하고 다시 시작하였다가 중단하고 또 다시 일자리를 얻는 주기를 거듭해서 반복한다.
7. 다중 시도 진로패턴(multiple-trial career pattern): 일은 하지만 어떤 진로를 확고히 하지는 않는다. 생애 동안 서로 연관이 없는 수없이 많은 직업을 가진다.

1990년에 Super는 40년 전과 현재 여성의 진로패턴은 다르다고 지적하였다. 사회의 많은 변화로 말미암아 여성은 더욱 광범위한 직업 분야로 진입하게 되었다. Fassinger(2005)는 다양한 이론적 관점에서 여성의 진로발달을 살펴보고, 여성에 대한 사회적 영향이 그들의 진로발달에 어떻게 영향을 미치는지를 기술하였다. Coogan과 Chen(2007)은 Super의 전 생애 이론을 살펴본 후 진로문제를 가진 여성을 조력하는 상담자를 위해 몇 가지 제안을 하였다. 이 연구자들은 여성이 다중 역할과 다른 사람의 영향에 대처하면서 갖게 되는 고민을 논의하였다. Vincent, Peplau와 Hill(1998)은 14년 동안 105명의 여성을 관찰한 연구에서, 여성의 진로행동은 성역할에 대한 그들의 견해와, 14년 전 관찰된 남자친구와 부모가 그들에 대해 갖고 있던 선호에 대한 인식에 의해 예측된다고 밝혔다. 여자 청소년의 경우, 일과 육아를 병행하는 것을 생각할 때, 어머니가 되어 자녀양육을 위해 일을 포기해야 한다는 압박감을 다루는 데 어려움을 겪을 수 있다(Marks & Houston, 2002). 연구결과에 따르면, 여성은 많은 역할을 하는 존재로 자신을 보며, 또 이러한 인식에는 몇 가지 이유가 있다.

부부의 이중수입은 맞벌이 부부라는 패턴의 변화로 인해 연구의 초점이 되었다. 1970년대 미국에서는 남편이 유일한 수입원인 가정이 56%였으나, 2001년에는 25%였다. 1970년대에는 여성이 유일한 수입원인 가정이 4%에 불과하였지만 2001년에는 12%였다(Raley, Mattingly, & Bianchi, 2006). 이전에 비해 일하는 여성이 늘어남에 따라 여성의 삶에서 일이 미치는 영향을 살펴보는 것이 중요해졌다.

한 연구에서는 이중 진로 여성(dual career woman)에 초점을 두고, 여성이 진로와 일을 관리하는 데 유용하다고 지각하는 요인을 밝힌 바 있다(Jackson & Scharman, 2002). Jackson과 Scharman은 아이가 있으면서 주당 30시간 이하로 일하는 여성에 초점을 두고, 여성이 육아와 일을 결합하는 데 도움이 되는 여섯 가지 일반적인 주제를 기술하였다.

1. 일과 가족에 대해 배우자와 함께 의사결정하기
2. 근무 스케줄에 대한 창의적인 대안책 개발하기
3. 자신의 일 즐기기
4. 일과 가사를 병행할 수 있다는 것에 긍정적인 느낌 갖기
5. 일과 가족에 대한 소망과 책임이 어떻게 달라질지에 대해 확정 짓지 않기
6. 어떤 것(아이들과 함께 있는 시간, 개인적인 시간)을 얻기 위해 다른 어떤 것(돈, 승진)을 포기하기

Jackson과 Scharman(2002)은 유자녀 직장 여성에게 성공한다는 것은 무엇인가

를 알아보았다. Cron(2001)에 따르면, 일하는 젊은 어머니들에게 직업만족과 관련하여 가장 크게 문제가 되는 사안은 직장이 아니라 결혼관계에서 생기는 문제였다. Cron은 일에 만족하지 못하는 여성에게는 집에서 해야 할 일이 무엇인지, 누가 그 일을 해야 할지에 대해 배우자와 함께 협의하고, 육아분담과 결혼생활을 개선하는 데 도움이 될 만한 다른 사항들에 대해 계획을 세움으로써 배우자와의 의사소통을 향상시키는 것이 도움이 된다고 제안하였다. Cinamon(2010)은 이스라엘 여성을 대상으로 일과 가정에서의 역할과 관련하여 일 지향(work oriented), 가족 지향(family oriented), 개인 지향(individual oriented), 지향 없음(no oriented)의 네 가지 유형을 확인하였다. 또한 맞벌이하는 동성애 커플, 개인이 수행하는 많은 역할, 즉 근로자, 부모, 의붓부모, 배우자 및 양육자 역할에도 연구 관심이 주어졌다(Perrone, 2005).

몇몇 연구자는 과학이나 공학 계열의 진로에 진입하거나 진입하지 않은 여성의 진로선택을 조사하였다. Brown, Eisenberg와 Sawilowsky(1997)는 공학계열(전통적으로 여성에게 닫혀 있는 분야)을 택한 여성의 진로선택에는 수학교육(전통적으로 여성에게 개방된 분야)을 택한 여성에 비해 여성 자신의 성공에 대한 기대가 중요한 역할을 한다고 보고하였다. Helen Farmer는 여성과 여성의 진로발달에 대해 몇 개의 종단연구를 실시하였다. Farmer(1997a)는 남성은 수학과 과학 교육과정에서 성희롱과 차별을 경험하지 않는 데 반해, 여성은 이런 것을 경험한다고 보고하였다. 또 다른 연구(Farmer, 1997b)에서는 여성이 과학에서 다른 분야로 직업포부를 바꾸는 여러 가지 이유를 제시하였다. 이러한 이유로는 '별 생각 없이 인기 있는 진로를 선택함', '자신의 흥미와 성격에 더 잘 맞는 진로를 찾음', '너무 많은 진로장벽을 극복해야 함', '진로목표를 변경하게 만든 하나 또는 그 이상의 결정적인 사건을 경험함' 등이 있다. 또 다른 연구에서는 수학을 아주 잘하는 13세 청소년 1,100명을 추적 조사하였다(Webb, Lubinski, & Benbow, 2002). 만 33세를 기준으로 봤을 때, 비과학 분야에서 학위를 취득한 사람들 중에는 남성보다는 여성이 더 많았다. 그러나 비과학 전공자 상당수가 최종적으로 과학이나 수학 분야 직업을 선택하였다. 마찬가지로 수학이나 과학을 전공한 사람들 가운데 많은 수가 최종적으로 다른 분야의 직업을 선택하였다.

Bardwick(1980)은 여성이 성인기 삶의 여러 시점에서 겪는 전형적인 경험이 무엇인지 알아보았다. 이 연구의 결과를 Super의 생애 단계와 비교해 보면 유익한 통찰을 얻을 수 있다. Super는 확립 단계를 개인이 선택한 진로에서 정착하고, 자신의 이익을 공고히 하며 그 분야에서 더 나아가기 위해 준비하는 시기로 특징지은 반면, Bardwick은 30대와 40대 사이의 직장 여성 가운데 상당수가 더 이상 임신을 미루고 싶지 않은 것에 대해 고민하고 있다고 기술하였다. Bardwick은 많은 여성이 전문가로서의 역할과 여성으로서의 역할 간에 균형을 잡는 데 관심을 둔다고 보았다. 일부 여성의 경우에 중년에 전문가로서 성공을 거두는 것은 독립성을 가져오기보다 오히려 의존성을 높이는 것으로 보였다. Super는 유지 단계를 자신이 얻은 것을 고수하고 직업기술을 갱신하거나 혁신하는 시기로 기술하였으나, Bardwick은 40세와 50세 사이(후기 확립 단계나 초기 유지 단계)의 여성은 더 큰 자율성을 발달시키고 더 독립적으로 되어간다고 하였다. 이때는 아이를 양육하기 위해 직업을 포기하였던 여성이 다시 일자리로 복귀하는 시기이다. Bardwick은 50세 이상의 여성에 대해서는 유지가 아닌 진로성취의 시기로 기술하였다. 일부 여성의 경우, 남편의 은퇴나 죽음을 계기로 창의적이고 자율적인 삶의 기회가 더 많이 열릴 수 있다. 이스라엘의 50~60대 여성은 자원봉사를 하면서 여자 청소년보다 더 큰 만족과 권능감(empowerment)을 경험한다고 보고하였다(Kulik, 2010). 직업경험에서 성별에 따른 차이가 존재하기는 하지만, 초기 직업경험과 50대와 60대의 직업경험 간의 관계는 남녀 모두 비슷한 것으로 나타났다(Raymo, Warren, Sweeney, Hauser, & Ho, 2010). 그러나 성역할은 가족에 영향을 미치는 만큼 지속적으로 변화하고 직업적 주제에 영향을 미친다(Perrone, Wright, & Jackson, 2009). 여성의 일 패턴(working patterns)에 대한 Bardwick의 연구는 결혼과 가정에 관한 여성의 고민에 초점을 두었고, 주로 중산층과 중상류층 여성을 대상으로 한 것이다. 이와는 대조적으로 여성 진로패턴에 대한 또 다른 모델에서는 스웨덴 여성의 직업을 Bardwick의 모델과는 아주 다르게 설명하였다. 이 모델에서는 여성의 진로패턴을 지위 상승 진로패턴과 안정적인 진로패턴 및 지위하강 진로패턴으로 제시하였다(Huang & Sverke, 2007). 여기에서 Bardwick이 제시한 단계를 Super의 단계와 대비시킨 이유는 여성의 진로신택에 결혼과 가족이 미치는 영향을 바라보는 데 다양한 관점이 있음을 상담자에게 상기시켜 주려는 것이다.

여성에게 Super의 이론을 적용할 때, 학업, 일, 지역사회 봉사, 가정과 가족, 여가라는 Super의 다섯 가지 역할을 사용하면 좀 더 쉽게 접근할 수 있다. 성인이 이와 같은 다양한 역할에 참여하는 양상을 조사해 본 결과, 남성은 일이나 여가활동에 더 많이 참여하는 반면, 여성은 여가와 가족의 역할에 더 많이 참여하는 것으로 나타났다(Perrone, Webb, & Blalock, 2005). Brott(2005)는 내담자와 함께 생애 역할을 탐색할 때 가계도와 생애 곡선(둘 다 11장에 제시되어 있음) 기법 활용을 제안하였다. 이러한 기법들은 내담자가 다양한 생애 역할에 대한 자신의 관점을 창의적으로 탐색하는 데 도움을 준다.

생애 단계 이론의 여성 집단 적용 가능성의 주제는 아마도 당분간은 계속해서 어려운 문제로 남을 것이다. Pavalko와 Gong(2005)은 여성이 중년기에 갖는 경험이 개인에 따라 크게 다르고, 어떤 경험은 인종과 사회계층 변인에 영향을 받기 때문에 이런 맥락에서 단계모델을 활용하는 데 어려움이 있음을 강조하였다. Vandewater와 Stewart(1997)는 래드클리프 대학 졸업생을 대상으로 한 몇 개의 연구에서 도출한 세 가지의 서로 다른 진로 접근방식을 제시하였다. 지속적 진로 전념형(continuous career commitment)의 여성은 안정적이고 사회적으로 지위가 높은 직업을 추구하였다. 이러한 여성은 다른 집단의 여성이 결혼한 만큼 결혼하였지만 자녀의 수는 더 적었다. 이들은 일과 가족에 헌신적인 삶을 살고 있었다. 대안적인 전념형(alternative commitment)의 여성은 전통적인 여성적 역할을 받아들이고 사회적 가치를 추구하였다. 이들은 예술가, 간호사, 사회복지사와 같이 전통적인 여성의 직업을 가졌다. 중년기 진로형(midlife career)의 여성은 대학 졸업 후 전통적인 역할을 떠맡았지만 자녀가 성장함에 따라 높은 수준의 직업을 추구하였다. 이러한 패턴들은 여성이 일과 가정을 통합시키는 방법에 대한 또 다른 관점을 제시하며, Bardwick(1980)과 Super 등(1992)의 관점과 다소 유사한 측면이 있다. 생애 역할의 중요성에 대한 남성과 여성의 인식에서 나타나는 이러한 차이를 고려할 때, 상담자는 분명히 전 생애 이론의 복잡성을 인식할 필요가 있다. 이 장에서 제시한 모든 상담 예시에서는 내담자가 하는 이야기를 귀담아듣고 내담자에 대한 사례 개념화에 무리하게 전 생애 이론을 적용하려고 애쓰지 않는 상담자의 모습을 보여 준다.

여성에게 적용된 진로발달에 대한 또 다른 관점으로는 생태학적 관점이 있다(Betz, 2002; Cook, Heppner, & O'Brien, 2002a, 2002b, 2005; Heppner, Davidson, & Scott, 2003). 생태학적 관점은 특히 환경의 역할을 강조하면서 사람과 환경 사이의 관계에 주목한다. 즉, 생태학적 관점에서는 문화적 · 정치적 · 교육적 체계 및 그 외 다른 체계와 같이 개개인에게 영향을 미치는 보다 광범위한 사회 · 문화적 요인에 주목한다. 이에 비해 대부분의 다른 진로발달 이론들은 사회 · 문화적 요인보다 흥미와 능력 및 가치에 더 초점을 맞춘다. 생태학적 접근방식에서 상담자는 여성이 자신의 선택을 명료화하도록 도울 뿐만 아니라 여성의 결정을 지지하고, 여성이 가지고 있는 다양한 역할(엄마, 근로자 등)을 잘 다룰 수 있도록 돕는다. 덧붙여, 생태학적 관점을 가진 상담자는 여성이 좋은 보육 지원을 받고, 일터에서 생기는 문제들(예를 들어 성희롱)을 처리하고, 남성과 동일한 임금을 받을 수 있도록 돕는다. Betz(2008)는 여성이 진로선택을 할 때 진로장벽에 대처하도록 돕고 적절할 때 지지를 제공하는 것의 중요성을 논의하였다.

다음 사례에서는 생태학적 관점을 사용하는 상담자가 내담자의 선택에 대한 지지를 제공할 뿐만 아니라 육아와 같은 주제를 다룬다는 것을 보여 준다.

질은 38세 백인 여성으로 트럭 기사와 결혼하였다. 그녀의 세 자녀들은 10대이며 학교에 다니고 있다. 지난 4년 동안 질은 지역의 전문대학에서 수업을 듣고 있다. 그녀는 이제 4년제 대학에 진학하고 싶지만 교직과정에 등록해야 할지 경영학 과정에 등록해야 할지 확신이 서지 않는다. 그녀는 교직을 약간 더 선호하지만 이 교과과정에서는 기존 학점 중 일부가 인정되지 않아 과정을 마치는 데 시간이 더 오래 걸리고 또 집 가까이에서 일자리를 구하기 힘들 것 같아서 걱정이 된다. 남편은 그녀가 교육을 더 받고 싶어 하는 것은 봐주지만 그가 아이들과 함께 있어야 하는 시간이 늘어나서 그녀가 아이들에게 관심이 부족한 것에 대해서는 불평을 한다. 질은 남편의 압박에 지쳤고 하루 빨리 학업을 마쳐서 남편이 더 이상 그녀를 괴롭히지 않기를 바란다. 하지만 그녀는 현재 하고 있는 공부를 진정으로 즐기고 있고, 자신을 유능한 사람으로 보는 견해도 확고해지고 있다.

몇 가지 전 생애 이론의 관점에서 질의 사례에 대해 여러 가지 논평을 할 수 있다. 먼저 Super의 이론적 관점에서 보면, 질은 일과 가정 및 가족에 전념하고 있기 때문에 학업에 대한 참여와 가정 및 가족생활 참여 간의 균형을 맞추려고 애쓰고 있다. 그녀는 자율성과 개인적인 발전, 명성 그리고 성취에 가치를 둔다. 생애 단계의 관점에서 보면, 그녀는 결정화 단계를 재순환하고 있다. 그녀는 그녀보다 18살 어린 학생들과 비교하여 가족에게 더 많이 헌신하고 더 큰 책임을 느낀다. 그녀가 자신의 능력, 흥미 그리고 가치를 결정화하는 데 약간의 도움을 받는다면 그녀에게 유익한 경험이 될 것이다. 그녀의 아이들이 10대라는 점에서 그녀는 Bardwick이 묘사한 30~40세 여성의 상황과는 맞지 않는다. 하지만 질은 40~50세 여성에 관한 Bardwick의 설명과 다소 유사한 점이 있다. 생태학적 관점은 교육에 대한 질의 열망이 갖는 중요성과, 양육 및 이와 관련된 주제에 관한 남편의 성역할 가치로 인한 스트레스를 강조한다. 이러한 견해는 각각 질이 직면한 문제들을 이해하는 유용한 방식을 제공한다.

## 다문화 집단 성인의 생애 단계

대학생과 성인에 대한 최근의 연구에서는 다문화 집단 사람들, 특히 미국 흑인의 진로발달에 초점을 맞추고 있다. 흑인 대학생들의 경우, 일을 중요시하는 것은 진로성숙과 관련이 있었다. 일반적으로 흑인 학생들은 가정과 가족 역할을 일이나 학업 역할보다 더 중요하게 여겼다(Naidoo, Bowman, & Gerstein, 1998). 사례 연구 접근을 사용한 Chung, Baskin과 Case(1999)의 연구에서는 미국 흑인 남성의 진로발달에서 재정적 지원과 아버지의 역할모델링이 갖는 중요성을 보여 주었다. 심지어 아버지가 역할모델이 될 수 없는 상황에 있는 경우에도 이 연구의 표본인 흑인 성인 남성에게는 다른 흑인 남성들이 긍정적인 역할모델이 되었던 것으로 나타났다. 한편, 평균연령 40세인 미국 흑인 여성 14명을 대상으로 한 연구에서는 여러 가지 유형의 가족 경험이 이들의 진로발달에 영향을 미치는 것으로 나타났다(Pearson & Bieschke, 2001). 이 연구에 참여한 여성들은 가족 구성원, 특히 주요 양육자가 상당한 지지를 제공하였다고 보고하였다. 일을 성공적으로 완수하였을 때 인정받는 것도 중요한 것으로 나타났고, 이와 함께 가족이 교육에 가치를 두는 것도 중요하였다. 연구자들은 흑인의 진로발달이 다른 인종 집단과 어떻게 다를 수 있는가에 관심을 두었을 뿐만 아니라 흑인에게 중요한 수많은 진로주제를 확인하였다(Belgrave & Allison, 2010).

라틴계나 미국 원주민 집단에 대한 연구 또한 다문화 집단 사람들의 진로발달에 대한 지식에 기여하고 있다. Gowan과 Trevine(1998)은 직장에서 여성의 역할에 대한 태도 및 맞벌이 부부의 양육 책임에 대한 견해와 관련하여 멕시코계 미국인 남성과 여성의 태도를 비교하였는데, 그 결과 멕시코계 미국인 남성이 여성보다 더 전통적인 관점을 지닌 것으로 밝혀졌다. 20명의 성공한 라틴계 미국인 여성에 대한 연구에서는 두 문화를 연결할 필요성이 있음을 보고하였다(Gomez et al., 2001). 라틴계 여성 문화에서 가족이 갖는 중요성 때문에 가족의 지지에 의존하는 것이 중요하였지만, 교사와 같은 비전통적인 역할모델도 중요하였다. 이 연구에 참여한 여성들은 자신의 진로경로는 계획된 것이 아니라고 말하였다. 하지만 연구자들은 낙관주의와 열정 그리고 끈기가 이들이 진로목표를 성취하는 데 도움이 되었다고 보고하였다.

또 다른 다문화 집단을 대상으로 한 연구에서는 다양한 교육적 배경을 가진 18명의 북아메리카 평원 인디언(North American Plains Indians)에게 가족과 공동체의 지지가 중요한 역할을 한다는 것이 밝혀졌다(Juntunen et al., 2001). Brown과 Lavish(2006)는 미국 원주민 대학생의 생애 역할을 조사하여 생애 역할 중요성(참여, 전념, 가치)의 지표가 지역사회 봉사 역할보다는 일 역할에서 더 중요하다고 보고하였다. 그러나 가정과 가족역할에 참여하고 전념하는 것은 일 역할에서보다 더 강한 것으로 나타났다. 그리고 가정과의 유대를 유지하고, 가정 및 더 큰 문화권의 상이한 가치체계를 다루는 것이 성공적인 진로발달의 중요한 요인이었다. 이와 같은 연구결과는 기존의 성인 진로발달 이론을 다문화 집단 사람들에게 적용할 수 있는지를 검증하거나 새로운 이론을 개발하는 데 사용할 수 있는 정보를 제공한다.

이러한 연구 노력과 더불어, 다문화 집단에 이론과 평가기법 및 새로운 접근법들을 적용하려는 노력이 지속되어 왔다. Super의 진로발달 평가 및 상담(Career-Development Assessment and Counseling, C-DAC) 시스템은 문화적으로 민감한 개입을 포함할 수 있도록 확장되었다(Hartung et al., 1998; Herr, Cramer, & Niles, 2004). C-DAC 시스템은 내담자에게 보편적인 요인과 집단 (다문화) 요인 및 개인적 요인 간 상호작용에 대한 주목을 포함한다. 또한 C-DAC 모델은 내담자가 자신의 문화적 배경과 주류문화를 통합한 정도(문화변용, acculturation)에도 주목한다. 그리고 C-DAC 모델은 많은 비백인 문화에서 발견되는, 개인보다는 집단을 중시하는 집단주의를 다룬다. 일부 연구자들(McCollum, 1998; Walsh & Bingham, 2001)은 미국 흑인을 상담하는 전략에 대한 좀 더 폭넓은 관점을 개발하였다. 이들은 진로상담에 대한 흑인 내담자의 접근 가능성과 같은 특정한 주제뿐만 아니라 사회적 · 정치적 · 문화적 주제들을 다루었다. 직업기회 인식 척도(Perceived Occupational Opportunity Scale)와 직업차별 인식 척도(Perceived Occupational Discrimination Scale)는 미국 흑인들이 직업세계에 진입하는 과정에서 부딪히게 되는 장애요인에 대한 인식을 측정하기 위해 개발되었다(Chung & Harmon, 1999; Burkard, Boticki, & Madson, 2002; Ford, 2010). 이러한 접근방식들은 모두 다문화 집단에 이론을 적용하는 데 있어 혁신적이다. 이러한 적용 가운데서도 C-DAC 모델이 Super의 이론과 가장 밀접하게 관련되어 있다.

각 문화집단마다 진로 이론, 이 장의 경우에는 생애 단계 이론의 적용을 부적합하게 만드는 어떤 측면이 있다는 주장도 가능하다. 그 좋은 예로 아프리카 중심주의(Africentrism)와 유럽 중심주의(Eurocenrism)를 비교한 Cheatham(1990; Belgrave & Allison, 2010)의 사상을 꼽을 수 있다. Cheatham은 미국 흑인의 문화는 상호 의존적이고 공동체 중심이며 집단 내 다른 사람에게 관심을 갖는 것을 개인의 자율성이나 경쟁보다 중시한다는 점에서 미국의 주류문화와는 차이가 있다고 주장하였다. 이러한 특징은 앞서 C-DAC 문화적으로 민감한 모델에서 설명한 '집단주의'와 유사하다(Hartung et al., 1998). 많은 조력 직종을 포함하여 사회과학과 행동과학 분야에서 흑인의 비율이 높다는 점에서 이러한 문화적 차이가 나타난다. 또한 Cheatham은 아프리카 중심주의는 흑인의 경영 방식과 동료들과의 관계에서 나타나는 차이를 설명할 수 있다고 하였다. Cheatham의 연구 이후로 아프리카 중심주의를 측정하는 몇 가지 척도가 개발되었다(Utsey, Belvet, & Fischer, 2009). 아프리카 인종 정체성에 대한 투사적 척도(projective measure of African racial identity, Azibo, 2006)와 인종 간 정체성 척도(Cross Racial Identity Scale, Worrell & Watson, 2008) 그리고 인종 정체성 척도(Racial Identity Scale, Cokley, 2005; Lott, 2011)가 그것이다. Byars-Winston(2010)은 흑인 내담자와 진로상담을 할 때 상담자는 흑인 정체성과 관련된 주제에 주의를 기울여야 한다고 제안하였다. 이러한 주제에는 다음 세 가지 요인이 포함된다. 첫째, 흑인 내담자가 어느 정도 다른 흑인들과 유대관계를 맺고 있는가[유대 맺기(bonding)], 둘째, 흑인 내담자가 흑인이 아닌 사람들을 어떻게 대하는가[다리 놓기(bridging)], 셋째, 흑인 내담자가 어떻게 인종차별로부터 내적으로 자신을 보호하는가[완충하기(buffering)]이다. 정체성 문제를 개념화하는 또 다른 접근은 주류문화에 속하지 않은 모든 집단에 영향을 미치는 발달적 관심사를 살펴보는 것이다.

소수민족 정체성 발달 모델(Atkinson et al., 1998; Diller, 2011)을 사용하면 다양한 문화집단에 Super의 이론적 개념을 적용하는 데 도움을 받을 수 있다. 이 모델에 대한 연구는 거의 없지만 이 모델이 Super의 생애 단계 이론과 균형을 이룬다는 점에서 여기에 포함시켰다. 소수민족 정체성 발달 모델은 진로나 연령과 관련된 이론이 아니기 때문에 이 책에서 기술한 다른 이론이나 모델에 비해 활용 면에서는 다소 덜 구체적이다. 표 9.3에 기술된 바와 같이 소수민족 정체성 발달 모델은 소수민족에 속한 개인이 자기, 같은 소수민족 사람들, 다른 소수민족 사람들, 주류집단에 대해 갖고 있는 태도를 중요시한다. Atkinson 등(1998)은 각 개인이 자신과 다른 사람들에 대한 태도를 다루면서 거쳐 나가는 5단계를 기술하였다. 1단계는 순응(conformity) 단계

**표 9.3 소수민족의 정체성 발달 모델 개요**

| 소수민족 발달 단계 | 자기에 대한 태도 | 같은 소수민족 사람들에 대한 태도 | 다른 소수민족 사람들에 대한 태도 | 주류집단에 대한 태도 |
|---|---|---|---|---|
| 1단계: 순응 | 자기 경시 | 집단 경시 | 차별적인 | 집단 인정 |
| 2단계: 부조화 | 자기 경시와 자기 인정 간의 갈등 | 집단 경시와 집단 인정 간의 갈등 | 소수민족 내 지배층의 지배적인 견해와 공유된 경험의 느낌 간의 갈등 | 집단 인정과 집단 경시 간의 갈등 |
| 3단계: 저항과 몰입 | 자기 인정 | 집단 인정 | 다른 소수민족 경험에 대한 공감과 문화 중심주의 간의 갈등 | 집단 경시 |
| 4단계: 내성 | 자기 인정의 근거에 대한 관심 | 명백한 인정에 의한 관심 | 타인을 판단함에 있어서 민족 중심주의에 근거한 관심 | 집단 경시의 근거에 대한 관심 |
| 5단계: 상승 작용하는 명료화와 자각 | 자기 인정 | 집단 인정 | 집단 인정 | 선택적 인정 |

출처: *Counseling American Minorites*, 6th ed., Donald R. Atkinson, George Morten, and Deald Wing Sue., Copyright © 1997. McGraw-Hill Companies의 허락하에 재인쇄함.

로, 일반적으로 소수민족 사람은 자신이 속한 문화의 가치보다 주류문화의 가치를 더 선호한다. 2단계는 부조화(dissonance) 단계로, 소수민족 사람은 정보와 경험을 통해 자신이 속한 소수민족 문화의 가치와 주류문화 가치 간의 갈등과 혼란을 겪는다. 3단계는 저항과 몰입(resistance and immersion)의 단계로, 주류문화를 거부하고 소수민족의 문화를 받아들인다. 4단계는 내성(introspection)의 단계로, 소수민족 사람은 자신의 문화에 대한 전적인 수용에 의문을 갖기 시작한다. 5단계는 상승 작용하는 명료화와 자각(synergetic articulation and awareness)의 단계로, 소수민족 사람들은 주류집단과 다른 소수민족 집단들의 문화적 가치를 모두 받아들이고 결합한다. 이들은 모든 종류의 억압을 철폐하고자 하는 열망을 키워 간다.

Atkinson 등(1998)은 이 모델을 설명하면서 모든 소수민족 사람들이 1단계에서 시작하거나 5단계에 도달하는 것은 아님을 분명히 한다. 게다가 표 9.3에 제시된 것처럼 모든 단계를 순서대로 경험하는 것도 아니다. 하지만 소수민족 사람들의 생애에 있어서 어떤 시점에서든지 이러한 주제들이 나타날 수 있다는 점을 깨닫고 있으면, 이러한 이해는 Super의 발달 이론을 소수민족 집단 구성원들에게 적용하는 데 있어서 효과성을 높일 것이다.

Super의 전 생애 이론과 소수민족 정체성 발달 이론을 통합하는 예시를 보여 주기 위해 Super의 기본적인 진로발달 단계마다 몇 가지 사례를 제시하고자 한다. 먼저 탐색 단계에서 상담자는 내담자의 능력과 흥미, 가치에 대한 평가를 직업정보와 함께 고려할 필요가 있을 뿐만 아니라 자신과 다른 사람들에 대한 내담자의 태도가 어떤지 알고 있어야 한다. 이를테면, 순응 단계에 있는 사람들은 자기 경시적인 태도를 가지고 있을 수 있기 때문에 능력과 흥미, 가치를 적절하게 평가하기가 어려울 수 있다. 또한 순응 단계에 있는 어떤 사람들은 직장에 작용하고 있는 실제 차별의 존재에 관심을 갖는 대신에 자신이 직면하는 문제에 대해 스스로를 비난할지도 모른다. 저항과 몰입의 단계에 있는 사람은 직업세계에 관한 상담자의 조언과 정보를 과도하게 의심할 수 있다. 또한 이 단계에 있는 어떤 사람이 주류집단에 속한 고용주를 상대해야 한다면 자신의 진로선택을 실행해 나가는 과정에서 어려움을 겪을 수도 있다. 조직의 동료들과 상사에게 저항하거나 그들에 대해 늘 화가 나 있는 상태라면 조직 내에서 자신의 입지를 만들기가 매우 어려울 수 있다. 마찬가지로, 개인의 지식을 갱신하고 혁신해 나가는 유지 단계에서 자신이 일하고 있는 조직의 가치를 존중하지 않는 자세는 정체성의 혼란을 야기할 수 있다. 만일 개인이 부조화 단계 또는 저항과 몰입의 단계에 있으면서 Super의 이탈 단계를 거치고 있다면, 이러한 상태는 심각한 정신적 충격을 주는 과정이 될 수도 있다. 이러한 경우 진로의 끝지점에서 심한 고립감을 느끼거나 제대로 평가받지 못한다는 느낌을 가질 수 있다. 그리고 Super의 진로발달 단계 중 어떤 단계에서든지 간에 소수집단에 속하는 사람이 현재 부조화를 경험하고 있는 상태에 있다면 주류집단의 구성원에 비해 자신의 직업과 그 직업이 지지하는 주류문화 가치에 적응해 나가는 과정에서 해결해야 할 문제가 더 많을 것이다. 이러한 측면에서 볼 때 Atkinson 등(1998)은 다문화 집단 사람들의 진로주제에 차원성(dimensionality)을 추가하는 모델을 제공한다고 볼 수 있다.

## 상담자 쟁점

상담자와 내담자의 전 생애 발달을 비교하여 살펴봄으로써 상담자가 부딪힐 수 있는 잠재적인 어려움을 확인할 수 있다. 예를 들면, 막 대학원 과정을 마치고 Super의 실행 하위 단계에 있는 상담자가 은퇴를 계획하고 있는 내담자를 만날 수 있다. 상담자와 내담자 둘 다 연령 차이를 걱정할 수 있다. 내담자는 "이 상담자가 어떻게 나를 도울 수 있을까? 이 사람은 직장생활을 해본 적도 없고, 가정을 꾸려 자녀가 성인이 될 때까지 키운 경험도 없잖아. 그런데 은퇴한다는 게 뭔지 어떻게 알겠어?"라는 생각을 할 수 있다. 초보 상담자도 이러한 감정을 공유할 수 있다. 이러한 염려에 대한 해답은 내담자 관심사의 내용과 느낌에 귀 기울임으로써 내담자의 독특한 상황을 이해할 수 있는 상담자의 능력에서 찾을 수 있다. 또한 상담자는 퇴직 수당, 연금계획 정보, 다른 구체적인 정보와 같은 은퇴 상황의 맥락에 대한 지식을 가짐으로써 이러한 비판에 대응할 수 있다. 더욱이 상담자가 이탈 단계에 있는 사람들의 전 생애 발달 주제를 알고 있으면 좀 더 편한 마음으로 상담 장면에 임할 수 있을 것이다.

이와는 달리, 상담자가 이탈 단계에 있고 내담자가 탐색 단계에 있다면 또 다른 유형의 문제가 발생할 것이다. 젊은 내담자는 이제 막 그의 진로를 시작하는 지점에 있기 때문에 65세의 상담자가 어떻게 자신을 도울 수 있는지 의문을 가질 수 있다. 이번에도 상담자가 진로발달 주제 및 직업정보에 대한 내담자의 지식을 이해한다면 나이 장벽을 극복하는 데 도움을 얻을 것이다. 상담자가 전 생애 과정에서 이탈(disengagment) 국면에 있다 해도 이것이 상담 장면에서 내담자로부터 이탈할(disengage) 것임을 뜻하지는 않는다. 훌륭한 상담자의 표식 중 하나는 효과적인 상담을 할 수 있도록 잠시 자기 삶의 문제를 제쳐 놓을 수 있는 능력이다. 만일 상담자 자신의 생애 역할이나 생애 단계로 인해, 상담자가 내담자의 말에 귀 기울이고 내담자를 돕는 능력 발휘가 저해된다면 상담자는 자신이 상담을 받고 일시적으로나 영구적으로 상담자의 역할을 그만둘 것을 고려해 보아야 한다.

## 요약

성인을 위한 진로발달 주제는 대단히 복잡할 수 있다. 성인기에 학업, 일, 지역사회 봉사, 가정과 가족, 여가 역할에 대한 전념과 참여 및 이 역할들에 두는 가치는 공부를 하고 여가활동을 하는 데 대부분의 시간을 보내는 청소년기와 아동기에 비해 훨씬 더 어려울 수 있다. 전 생애에 걸쳐 이러한 역할들이 갖는 중요성은 달라지고 생애 단계에 따라 다양하게 나타날 것이다.

사람들이 처음으로 자신이 즐기는 유형의 일을 탐색하고 여러 직업들 중에서 하나를 선택하려고 할 때, 그들은 자신의 진로선택을 결정화하고 구체화하며 실행하는 하위 단계를 거쳐 나갈 것이다. Arnett의 성인 진입기는 Super의 탐색 단계에 유용한 추가적인 관점을 제공한다. 이 관점은 탐색 단계에서 확립 단계로의 전환에 영향을 미치는 몇몇 심리적 요인에 초점을 두었다. 확립 단계는 개인이 직장에서 자신의 위치를 확보하려고 애쓰고 믿을 만한 사람이 되려고 노력하며, 또한 일하고 있는 분야에서 진전을 이루는 법을 배워 나가는 등의 노력에서 나타나듯이 안정성을 포함하는 단계이다. 조직에서 어떤 위치를 유지하는 데에는 지식을 갱신하고 새로운 과정이나 아이디어를 혁신시키는 노력이 요구된다. 이는 자신을 탐색하거나 확립하려고 할 때와는 다른 유형의 스트레스와 갈등을 야기할 것이다. 또한 자신의 진로에서 이탈 또는 은퇴하는 과정은 개인이 이전과는 다르게 자신의 생애 역할을 바라보게 만든다. 혹은 생애 어느 시점이라도 개인은 자신의 진로나 생활양식에서 스스로 변화를 원하거나 변화를 강요받을 수 있다. 이러한 상황은 이전에 거쳐 나간 진로발달 단계로 되돌아가 재순환해야 한다는 것을 뜻한다. 어떤 사람들에게 이것은 큰 정신적 충격을 주는 사건으로 상당히 어려운 문제가 될 수 있다. 이러한 과정에서 일어나는 진로위기나 진로전환은 10장에서 다룰 주제이다.

# 성인기 진로위기와 전환

## ✿ 이론의 개요

**전환의 유형**

**진로전환**
- 만화경 진로
- 무경계 진로
- 프로티언 진로
- 진로전환검사
- 비규범적 진로사건
- 지속되는 직장문제

**전환과 위기 모델**

**Hopson과 Adams의 성인 전환 모델**
- 부동화
- 최소화
- 자기 회의
- 내려놓기
- 시험해 보기
- 의미 추구
- 내면화

**여성에게 영향을 미치는 진로위기**
- 노동시장으로의 일시적 재진입과 이탈
- 성희롱

**다문화 집단에 영향을 미치는 진로위기**

이 장에서는 남성과 여성 및 다문화 집단에 속하는 사람들에게 영향을 미치는 진로위기와 전환을 포함한 성인 진로발달 주제를 다룬다. 발달 단계 이론의 관점에서 전환이란 한 단계에서 다른 단계로의 이동을 의미한다. 진로전환은 꽤 순조롭게 이루어질 수 있다. 이러한 예로는 개인이 자신의 진로패턴에서 갑작스러운 변화를 별로 경험하지 않는 상황에서 확립 단계에서 유지 단계로 전환하는 경우를 들 수 있다. 앞으로 이 장에서 설명할 전환은 만화경 진로(kaleidoscope career)와 무경계 진로(boundaryless career), 프로티언 진로(protean career), 진로전환검사, 비규범적 진로사건, 지속되는 직장문제를 포함한다. 위기는 전환보다 좀 더 부정적인 용어로, 갑작스럽게 발생한 문제를 다룰 수 있는 새로운 방법을 개발해야 하는 상황을 말한다. Moos와 Schaefer(1986) 그리고 Regehr(2011)가 내린 위기의 정의에서는 갑작스러움과 혼란을 초래하는 측면을 강조한다. 이 장에서는 진로위기에 초점을 둔다. 즉, 사람들에게 상당한 어려움을 야기하고 이들이 상담실을 찾게 만드는 문제 상황을 다룬다. 이보다 덜 극적인 전환도 다룰 것이다. 이 장에서는 이러한 위기와 전환을 Super의 전 생애 단계들의 맥락에서 설명할 것이다.

개인이 위기나 전환에 어떻게 대처하는지를 설명하는 여러 가지 모델이 있다(Fouad & Bynner, 2008; Haynie, 2011; Schneider, 2009; Zikic, 2009). 이 장에서는 이 가운데 몇 가지를 제시하지만, 진로위기와 전환에 대한 내담자의 반응을 개념화하기 위해 주로 Hopson과 Adams(1977)의 모델을 사용할 것이다. 그리고 사례 예시를 제시하여 내담자가 부동화와 최소화, 자기 회의, 내려놓기, 시험해 보기, 의미 추구, 내면화 가운데 어떤 전환 단계에 있는지를 확인할 것이다. 어떤 진로위기는 차별을 경험하는 여성과 소수집단 사람들에게 주로 발생하는 경향이 있다. 이러한 특정한 상황 또한 Hopson과 Adams의 전환 이론의 맥락에서 검토할 것이다.

## 전환의 유형

관련 문헌 검토를 통해 Schlossberg(1984, 2009)는 다음 네 가지 전환 유형을 확인하였다. 예상된 사건, 예상하지 못한 사건, '만성적 불편 상황', 불발 사건이 그것이다. 예상된 사건은 고등학교 졸업, 결혼, 취업, 퇴직과 같이 대부분 사람들의 생애에서 일어나는 사건을 말한다. 예상하지 못한 전환은 기대하지 않은 사건을 말한다. 가족의 갑작스러운 죽음, 직장에서 해고되거나 자리를 옮기는 것 등이 이에 해당한다. Hopson과 Adams(1977)는 예상된 위기를 예측 가능한 것으로, 예상하지 못한 위기를 예측할 수 없는 것으로 보았다. '만성적 불편 상황(chronic hassles)'은 긴 통근시간, 비합리적인 상사, 마감시간 압박에 대한 걱정, 만족스럽지 못한 물리적 여건과 같은 상황을 말한다. 불발 사건(nonevent)은 개인이 자신에게 일어나기를 바라지만 결코 일어나지 않는 것을 의미한다. 어떤 사람들에게 이것은 원하였지만 이루어지지 않은 승진이나 희망 지역으로의 전근일 수 있다. 여성에게 일반적으로 나타나는 불발 사건으로는 노동시장에 진입하거나 노동시장을 떠날 수 있는 능력을 갖는 것이다. 어떤 여성은 일을 그만두고 가족과 시간을 보내거나 다른 것을 추구하는 데 좀 더 많은 시간을 보내고 싶지만 경제적인 여건 때문에 원하는 대로 하지 못한다. 또 어떤 여성은 자녀가 성장하면서 노동시장에 들어가고 싶어 하지만 계속되는 가사책임이나 자신감 부족으로 그렇게 하기를 망설인다.

Hopson과 Adams(1977)가 언급한 또 다른 범주의 전환은 자발적 전환과 비자발적 전환이다. 자발적인 전환(voluntary transition)의 예로는 회계사를 그만두고 배우가 되려고 결심하는 경우이다. 비자발적인 전환(involuntary transition)은 직장에서 해고나 일시 해고를 당하는 경우이다. 예상된 전환이 비자발적인 것일 수 있다. 예를 들어, 새로운 영업 지역으로 발령 나는 사건은 자발적인 것이 아닐 수 있지만 당사자가 6개월 이전에 이러한 상황을 알고 있었을 수도 있다. 예상하지 못한 전환도 자발적인 것일 수 있다. 예를 들어, 불확실한 상황에서 어떤 업무를 맡겠다고 자원하는 일은 이러한 업무가 앞으로 몇 달 동안 자신의 삶에 어떠한 영향을 미칠지를 알지 못하는 불확실성을 가져올 수 있다. Fouad와 Bynner(2008)는 자발적 전환을 흔히 성공적인 직업적응을 예측할 수 있는 요인으로 보았다. 일반적으로 위기는 예상치 못하고 비자발적 사건인 경향이 있다. 직장에서 해고되거나 급격하게 바뀐 업무를 맡게 되거나, 직장에서 업무의 홍수에 봉착하는 것 등이 그 예이다. 이러한 유형의 전환도 유용한 범주로 분류할 수 있는데, 다음 절에서 이에 대해 설명하고자 한다.

## 진로전환의 범주와 접근방식

Schlossberg(1984, 2009)는 개인의 생애 역할에 부담을 주는 다양한 사건을 분류하여 개인의 진로와 결혼, 부모 역할에 압박을 주는 공통적인 생애 사건을 제시하였다. 진로사건은 비규범적 사건, 규범적 역할 전환, 지속되는 직장문제의 세 영역으로 분류되었다. 규범적 전환(normative transitions)은 예측 가능하고 자발적인 경향이 있다. 처음으로 전일제 직업을 갖거나 출산 후 노동시장에 재진입하는 상황은 몇 주 또는 몇 달 전에 예측할 수 있는 사건이다. 이와 같은 사건은 Super의 탐색 단계에서 일어난다. 규범적 역할 전환에 해당하는 또 다른 예는 역할 상실이다. 이는 어떤 직업 유지에서 은퇴로의 이동을 뜻할 수 있다. Super의 이론에 따르면, 역할 상실은 유지 단계에서 이탈 단계로의 이동(은퇴의 관점에서)으로 간주될 수 있다. 규범적 전환은 예측하지 못하였을 때에만 위기가 되는 경향이 있다. 예를 들면, 퇴직이 임박한데도 이를 무시하고 미리 은퇴계획을 세워 놓지 않은 사람은 퇴직으로 인한 불가피한 역할 변화에 충격을 받을 수 있다. 상담자가 다양한 전환을 다루어야 하는 내담자를 도울 수 있는 방법에는 다양한 직업주제가 포함될 수 있다. 예컨대, 내담자 기술에 대한 효과적인 평가, 재정 관리, 실직으로 인한 진로 정체감 상실, 젊음을 지향하는 문화와의 상호작용 등이 이러한 주제이다(Bobek & Robbins, 2005; Zikic, 2009). Schlossberg (2004, 2009)는 은퇴에 관한 글에서 은퇴로의 전환이 갖는 긍정적인 측면에 초점을 맞추었다.

은퇴 대처에서 Schlossberg(2004)가 강조하는 바는 4S, 즉 상황(situation), 자기

(self), 지지(support), 전략(strategy)이다. **상황**과 관련해서 그녀는 은퇴자들에게 전환의 유형을 평가해 보라고 말한다. 이것은 긍정적인가, 아니면 부정적인가? 자발적인가, 아니면 비자발적인가? 은퇴하기에 적절한 시기인가, 좋지 않은 시기인가? 당신은 전환 과정의 어느 지점에 위치해 있는가? 그리고 Schlossberg가 말하는 **자기**는 정서적 자기와 대처 강점 및 약점뿐만 아니라 나이, 성별, 건강, 문화와 같은 특징을 의미한다. **지지**는 가족과 동료, 친구와 타인들에게서 받는 도움이나 도움의 결여를 말한다. Schlossberg는 어떻게 다양한 사람들이 은퇴자에게 지지를 제공하는지, 그리고 이러한 지지가 어떻게 변화에 도움이 되는지, 아니면 그것을 저해하는지를 묻는다. 변화에 대처하는 **전략**들은 많이 있다. 그런데 어떤 전략이 어떤 특정한 상황에 처한 어떤 사람에게 가장 효과적인가?

전환에 관한 Schlossberg의 4S 접근은 은퇴자를 돕기 위해 고안된 것이지만, 이 접근은 개인의 삶에서 일어나는 변화에 대한 체계적인 대처 방법이기 때문에 다른 전환에 직면한 사람들에게도 적용될 수 있다.

Schlossber(2009)는 매터링(mattering), 즉 개인이 자신에게 중요한 사람들과 자기 삶의 목적을 발견하는 것의 중요성을 강조한다. 『활기찬 은퇴(*Revitalizing Retirement*)』(2009)라는 저서에서 그녀는 삶에서 행복을 발견하는 것에 초점을 둔다. 4S는 행복을 발견하는 한 가지 방법이다. 목적과 행복에 대한 강조는 일과 관련된 삶의 영역에서 진로전환 모델의 토대를 이룬다. Schlossberg가 은퇴에 집중하였다면, 몇몇 다른 연구자들은 현직에 있는 동안 일어나는 전환에 초점을 두었다. 이 중에서 3개의 모델을 다음에 설명할 것이다.

기술이 발전하고 무역이 세계화되면서 개인의 진로를 관리하는 새로운 방법들이 확인되고 있다. 이 절에서는 세 가지 상이한 유형의 진로 모델을 기술할 것이다. 이 세 가지 모델은 모두 노동시장의 구조에서 나타나는 최근의 변화를 반영하며, 특히 경영 분야의 일에 초점을 두고 있다. 세 가지 진로 모델은 만화경 진로, 무경계 진로, 프로티언 진로이다. 만화경 진로를 추구하는 사람들은 진정성이 있고, 그들에게 최선인 것을 좇아 행동하며, 삶의 조화를 추구하고, 그들의 진로에서 도전을 추구한다. 무경계 진로는 임시적인 업무와 회사 내에서 다른 지위나 지역으로의 전환 그리고 이런 유형의 빈번한 이동을 포함한다. 프로티언 진로는 개인이 적응적이고, 융통성 있으며, 다재다능하고, 가치를 기반으로 선택을 하도록 요구한다. 이와 같은 세 가지 진로의 유형은 진로전환검사와 비규범적 진로사건, 지속되는 직장문제와 함께 이번 절에서 좀 더 자세하게 설명하고자 한다.

## ❀ 만화경 진로

Maniero와 Sullivan(2006)은 저서『직장 이탈 반란: 사람들은 왜 만화경 진로를 위해 회사를 떠나는가(*The Opt-Out Revolt: Why People Are Leaving Companies to Create Kaleidoscope Careers*)』에서 남성과 여성이 어떻게 다양한 방식을 사용하여 자신만의 진로를 만들어 내는지를 기술하였다. 만화경이라는 용어가 진로를 설명하는 데 사용된 이유는, 만화경에는 동시에 변화하고 움직이는 다채로운 색의 많은 조각들이 있기 때문이다. 이와 비슷하게 사람들은 날마다, 흔히 다른 결정에 영향을 미치는 많은 결정을 내린다. 만화경 진로를 추구하는 사람들이 이러한 결정을 내릴 때면, 그 결정은 진정성이 있고, 균형이 잡혀 있으며 도전적일 수 있다. 진정성(authenticity)이라 함은 진실되게 행동하고, 자신의 강점과 약점을 알고 있으며, 의사결정에서 정확한 정보를 활용하는 것을 뜻한다. 진정성과 관련하여 다음과 같은 질문을 던질 수 있다. "이 결정은 나와 가족과 동료와 친구들에게 좋은 것인가?" 균형은 개인의 삶에서 욕구와 요구를 견주어 보는 것을 말한다. 이때 다음과 같이 물어볼 수 있다. "만일 내가 다른 도시에서 일해야 하는 이 직업을 택하면 나는 행복할까? 내 아이들에게는 어떤 영향을 미칠까? 부모님에게는 어떤 영향을 미칠까?" 도전은 배우고자 하는 욕구, 신나고 자극적인 일을 하고자 하는 욕구를 의미한다. 새로운 상품을 디자인하거나 어떤 일을 하기 위한 새로운 방법을 찾거나, 타인에게 어떤 것을 설명하기 위해 새로운 접근법을 택하는 것이 스스로에게 도전하기의 실례가 될 수 있다. 이런 식으로 진정성 있고, 개인의 삶에서 여러 결정에 균형을 이루고 스스로에게 도전하는 것은 모두 역동적인 진로(만화경 진로)를 개발하는 방식이다. X세대(25~43세)와 베이비 붐 세대(44~62세)를 비교한 연구에서는 젊은이들이 중년세대보다 진정성과 균형에 대한 욕구가 훨씬 더 높다는 사실이 밝혀졌다(Sullivan, 2009). 만화경 모델과 같은 이론은 여성의 진로발달을 설명하는 데 자주 사용되나 남성에게도 일반적으로 적용될 수 있는 것으로 보인다(Sullivan, 2009).

여성의 진로발달은 남성의 진로발달보다 가족과 그 외 다른 주제의 영향을 더 많이 받기 때문에, 만화경 모델은 여성에게 특히 적용 가능성이 높다(Sullivan & Mainiero, 2007). 만 64~84세 여성 14명을 대상으로 한 연구에서 이 여성들은 각자의 삶에서 진정성과 균형, 도전의 예라고 할 수 있는 의미 있는 사건에 대해 기술하였다. 만화경 모델은 가정에서 여성의 역할을 인정하는 프로그램에 대한 합당한 근거를 제공함으로써 조직과 인적자원 관리 담당자에게 유용하게 사용될 수 있다(Sullivan & Mainiero, 2007, 2008). 예컨대 조직은 일자리를 나누고 시간제로 일하거나 재택 근무를 할 기회를 제공할 수 있다(Sullivan & Mainiero, 2007). 만화경 모델은 여성뿐만 아니라 남성에게도 적용될 수 있지만, 이 모델은 여성에게 직업 주제가 갖는 복잡성을 고려한다.

## ❀ 무경계 진로

여러 연구자들(Briscoe & Hall, 2006; Mirvis & Hall, 1994; Sullivan, 1999, 2011; Sullivan & Arthur, 2006)은 **무경계 진로**(boundaryless career)에 대하여 묘사하였다. 이 진로 유형에서는 잦은 직무 순환과 임시 임무, 회사 내 다른 부서로의 이동이 있을 수 있으며, 과거보다 더 빈번한 전환 경험이 나타난다. 무경계 진로가 진화하는 양상의 일부는 개인이 수행하는 일의 성격과 동료와의 관계 둘 다에서 복잡성이 증가하는 데서 드러난다(Lissack & Roos, 1999). 무경계 진로라는 개념에는 독립적으로 일하는 기업 자문가도 포함된다(Cohen & Mallon, 1999). 이런 사람들은 재택근무를 하면서 인터넷을 통해 동료와 의사소통을 하고 다른 동료들과 여러 개의 과제를 진행한다. 무경계 진로를 추구하는 과정에서 성공하려면 사람들은 각자 일하는 분야에서 유능성을 길러가면서 '원리 알기(know why)', '시기 알기(know when)', '방법 알기(know how)'를 해나가야 한다(Eby, Butts, & Lockwood, 2003). 하지만 이들이 자기 자신에게만 의존할 경우에는 소외감을 느끼고, 이로 인해 직업 불안정감이 고조될 수 있다. Colakoglu(2011)는 MBA 프로그램 재학생과 졸업생을 대상으로 한 연구에서 '원리 알기'와 '방법 알기'의 중요성을 지지하는 연구결과를 도출하였다. 추가적으로 직업 불안정감은 직업만족도와 원리 알기 및 방법 알기와 부적 상관이 있음을 확인하였다. 낙관성은 무경계 진로와 관련이 있는 것으로 나타났는데, 그 이유는 사람들이 구조화되지 않은 진로를 다루려면 유연하고 융통성이 있어야 하기 때문이다(Higgins, Dobrow, & Roloff, 2010). 낙관성에 대한 연구는 가족과 타인의 지지가 무경계 진로를 추구하는 데에 있어 낙관성과 관련 있음을 보여 준다(Higgins et al., 2010). 무경계 진로 개념은 비즈니스 직종에 종사하는 사람들과 일부 다른 사람들에게 적용되지만, 모든 사람에게 적용되지는 않을 수 있다. 일부 연구자들은 무경계 진로 개념의 문화적 한계점과 그 외 다른 한계점을 살펴보았다. 예컨대, Briscoe와 Finkelstein(2009)은 일에 대해 무경계 태도를 가진 피고용인이 자신의 일에 전념하는 자세가 결여되어 있을 것으로 고용주가 예상해서는 안 된다고 경고하였다. Rodrigues와 Guest(2010)는 21세기에서 일은 복잡하지만 경계가 있는 전통적인 모델은 여전히 일에 대한 접근을 설명하는 데 있어서 나름의 자리를 차지하고 있다고 주장하였다. 나이지리아의 정보와 커뮤니케이션 기술 분야 종사자에 대한 한 연구에서는 여성에 대한 차별과 피고용인의 자질에 대한 인식이 기술 산업에서 무경계 진로발달을 저해하는 것으로 밝혀졌다(Ituma & Simpson, 2009). 무경계 진로가 전통적인 '경계 지어진(boundaried)' 진로와 공존할 수 있다는 제안은 두 개념 모두 유용할 수 있다는 것을 보여 준다.

## ❁ 프로티언 진로

Birscoe와 Hall(2006)은 무경계 진로와 관련된 프로티언 진로의 경로에 대해 기술하였다. *protean*이라는 단어는 고대 그리스 신화에서 바다의 신인 프로테우스로부터 유래되었다. 이 신은 다양한 형태로 변신할 수 있는 존재로 알려져 있다. 따라서 *protean*이라는 단어는 유연성, 적응성, 다재다능함과 같은 성격 특성과 연관된 형용사가 되었다. 자신의 진로와 관련하여 프로티언 태도를 가진 사람들은 자기 주도적이고 개인적 가치에 기반하여 결정을 내린다. 무경계 진로와 유사하게, 프로티언 진로를 추구하는 사람들은 직장 내에서 그리고 직장 간에 유동적으로 이동하는 모습을 보일 것이다. 무경계 진로와 프로티언 진로의 특성을 측정하기 위한 척도가 각각 개발되었다(Briscoe, Hall, & Frautschy DeMuth, 2006). 무경계라는 개념을 측정하는 척도는 무경계 환경에 대한 태도와 조직 내에서와 조직 간의 유동적인 이동에 대한 선호도를 측정한다. 프로티언 진로태도를 측정하는 척도들은 자신의 진로에 대한 자기 주도적인 관리와 진로선택에서의 가치지향성을 포함한다. 일에 대한 프로티언 진로태도 연구에 의하면, 이러한 태도는 직업성공과 관련된다는 것을 보여 준다(De Vos & Soens, 2008). 한국 직장인에 대한 연구에서는 프로티언 진로 개념이 현대의 직업환경에서 점점 더 적절한 것으로 여겨졌다(Park, 2009). 프로티언 진로와 무경계 진로는 둘 다 조직이 좀 더 유연해지고 임시직과 계약직 근로자를 더 많이 채용하며, 개인에게 재택근무 기회를 더 많이 제공하면서 발생한 진로경로라 볼 수 있다. 만화경 진로와 무경계 진로 및 프로티언 진로는 개인이 진로문제를 다루는 방식에 대한 서로 연관된 세 가지 관점이다. 다른 관점들은 특정 유형의 전환에 대해 검사를 사용하여 규정함으로써 이러한 유형을 살펴보았다.

## ❁ 진로전환검사

Heppner, Multon과 Johnston(1994)은 개인 스스로가 진로전환을 이루었다고 믿고 있는 정도를 평가하기 위해 진로전환검사(Career Transitions Inventory)를 개발하였다. 진로전환검사의 5개 하위 척도는 준비성, 자신감, 통제감, 지각된 지지, 결정 독립성이다(Heppner, 1998). 준비성(readiness)은 개인이 진로전환을 하려고 동기화되어 있는 정도를 나타낸다. 자신감(confidence)은 성공적인 전환을 할 수 있다는 자기효능감을 말한다. 통제감(control)은 스스로 의사결정을 할 수 있다고 느끼는 정도를 나타낸다. 지각된 지지(perceived support)는 가족이나 친구로부터 받고 있다고 느끼는 지지의 정도이다. 결정 독립성(decision independence)은 주로 자신의 욕구에 따라 결정을 내리는 정도 혹은 다른 사람의 욕구나 바람을 고려하는 정도를 나타낸다. 신경증과 경험에 대한 개방성과 같은 특정 변인들은 진로전환검사 점수와 관련이 있는 것으로 나타나(Heppner, Fuller, & Multon, 1998), 이러한 주제들에 대한 논의와 탐색을 위한 장을 열었다. 진로전환검사는 상담자가 내담자들이 힘들어하거나 걱정하는 전환의 중요한 측면을 확인하는 데 도움을 줄 수 있다.

## ❁ 비규범적 진로사건

비규범적 진로전환은 규범적 전환보다 위기가 될 가능성이 훨씬 더 높다. 아마도 가장 심각한 어려움을 초래하면서도 가장 흔히 일어나는 사건은 실직일 것이다. 해고나 일시 해고를 당하는 것은 많은 사람에게 충격적인 경험이다. 그러나 개인의 생애 역할 가운데 일 역할이 중요한 것이 아니라면 이러한 사건이 덜 충격적일 수도 있다. 만약 어떤 사람이 일에 가치를 두지 않고 생계를 위해 다른 사람이나 저금에 의존한다면 가족이나 여가, 지역사회 봉사 역할이 그 사람의 욕구를 충족시킬 것이다. 그러나 확립 단계와 유지 단계에 있는 많은 사람은 일 역할을 높이 평가한다. 확립과 유지라는 용어에는 안정성이 내포되어 있다. 개인의 진로가 일의 중단으로 인해 단절되면 안정성이 불안정성으로 바뀔 수 있다. 만약 경력의 시작 단계(탐색 단계)에서 해고되거나 계획된 퇴직(이탈 단계) 6개월 전에 해고된다면, 이로 인한 혼란을 다루기가 좀 더 수월할 것이다. 다른 비규범적 사건으로는 승진이나 다른 직업으로의 전환 혹은 좌천이 있다. 이런 변동은 중단보다는 덜 극단적이지만, 확립 단계와 유지 단계에서 가장 강력한 영향을 줄 수 있다. 흔히 그렇듯이 이러한 사건이 예상된 것이 아닌 경우 규범적이고 지속되는 직장문제보다 훨씬 큰 정신적 외상을 입힐 수 있다.

## ❁ 지속되는 직장문제

지속되는 직장문제는 오랫동안 지속된 진로문제가 누적된 결과 전환 위기를 초래할 수 있는 문제이다. 한 가지 예로 물리적으로 열악한 작업환경을 들 수 있다. 불편할 정도로 덥거나 추운 건물, 밀집된 공간이나 유해한 여건에서 일하는 것 등이 이에 포함될 수 있다. 벌목꾼, 농장 노동자, 화학물질 노동자와 같은 사람들은 불쾌감을 주는 작업환경을 계속해서 마주해야 할 것이다. 또 다른 유형의 진로문제는 직무 압박감이다. 이러한 압박은 저널리스트가 꼭 지켜야 하는 마감 시간과 같은 업무 마감시간의 형태를 띨 수도 있고, 해마다 매출을 높여야 하는 것과 같이 생산에 대한 압박일 수도 있다. 임금 감소, 성과급 비율 축소, 휴가일 감소, 성과에 대한 관리자의 인정 부족, 덜 흥미로운 업무 배정 등 직업에서 얻는 보상이 줄어들면 곤란한 문제가 생길 수 있다. 작은 문제에서 시작하였지만 중대한 문제로 커질 수 있는 또 다른 주요 직장문제는 동료 및 상사와의 관계이다. 매일 함께 일해야만 하는 사람들과 잘 지내지 못하면 감정적인 중압감이 생길 수 있다. 이러한 상황이 지속된다면 개인은 이 상황을 어떻게 바꿀지를 결정해야 한다. 그런데 변화를 위한 시도가 실패하면 개인은 스트레스를 견디면서 지낼 것인지, 아니면 다른 직업으로 바꿀 것인지를 결정해야만 한다. 이러한 지속되는 문제는 해고 통지를 받는 것과 같은 비규범적 사건에 비해 더 오랜 기간에 걸쳐 일어나는 사건이기는 하지만, 개인에게 일 역할이 지극히 중요한 경우에는 가장 중대한 문제가 된다. 게다가 비규범적 전환과 마찬가지로, 지속되는 문제들은 확립 단계와 유지 단계 동안에 가장 파괴적이다. 다음 절에서는 이러한 지속되는 문제와 비규범적 전환, 규범적 전환에 사람들이 어떻게 대응하는지에 초점을 둘 것이다.

## 전환과 위기 모델

위기나 전환에 대한 반응은 오랜 시간에 걸쳐 일어난다. Moos와 Tsu(1976)는 이러한 반응에서 다음 두 가지 기본적인 국면을 확인하였다. 첫 번째 국면에서는 위기에 수반되는 스트레스를 다루고 줄이는 것을 지향하고, 두 번째 국면에서는 정상적인 생활로 돌아갈 수 있도록 위기의 세세한 부분을 다루는 것을 지향한다. 이러한 설명과 이와 유사한 다른 설명들은 위기에 대한 사람들의 일반적인 반응을 요약한 것이라 할 수 있다(Regehr, 2011). 진로위기에 대한 개인의 반응을 좀 더 면밀히 살펴본다면 이러한 반응을 좀 더 상세하게 설명하는 데 도움을 줄 것이다.

연구자들은 사람들이 실직에 대한 반응으로 대개 우울과 불안 그리고 자존감 저하를 보인다고 보고한다. Donahue(2010)는 106명의 남녀를 대상으로 한 연구에서, 일자리의 상실이 사랑하는 사람이 죽었을 때 발생하는 사별보다 더 강렬한 수준의 우울을 유발할 수 있음을 발견하였다. 81,000명 이상의 표본을 사용한 연구에서는 실직이나 실업 상태를 경험해 본 적이 있는 우울한 사람들이 고용 상태에 있는 우울한 사람들에 비해 우울한 정도가 유의하게 더 높은 것으로 나타났다(Libby, Ghushchyan,

McQueen, & Campbell, 2010). 만 55~65세의 직장인을 대상으로 한 연구에서는 실직에 대한 주관적인 예상이 실직 그 자체만큼이나 우울을 예측하였다(Mandal, Ayyagari, & Gallo, 2011). 만 30~45세의 이스라엘 여성 134명을 조사한 연구에서는 여성이 실직을 도전보다 위협으로 여길수록 정서적 스트레스가 더 커지는 것으로 나타났다(Nuttman-Shwartz, Gadot, & Kacen, 2009). 실직으로 인해 고통을 경험한 스웨덴 성인을 12년에 걸쳐서 조사한 연구에서는 남성보다 여성이 정신과적 입원 경험이 더 많았다(Donahue, 2010). Falba, Teng, Sindelar와 Gallo(2005)는 실직 스트레스가 흡연 행동을 증가시키는 경향이 있으며, 특히 연로한 근로자들 사이에서 이러한 경향이 두드러진다는 것을 발견하였다. 근로자가 수입이 없거나 적을 때에는 담뱃값이 무시하기 힘든 경제적 부담이 되는데도 불구하고, 흡연을 통해 스트레스를 줄이는 것이 그 비용만큼의 가치가 있었음이 분명하다.

실직은 개인에게 우울감을 야기할 뿐만 아니라 일관성과 신체적 건강, 대처기술, 음주에 영향을 미치는 것과 같이 개인에게 또 다른 영향을 준다. 실직은 구직활동에 대한 열의의 감소, 시간관리의 어려움, 타인의 지지 감소 및 대처기술 저하를 가져올 수 있다(Wanberg, Kammeyer-Mueller, & Shi, 2002). 일관성을 갖는다는 것은 자신과 자신을 둘러싼 세계에 대한 자신감을 느끼는 것으로, 이로 인해 개인은 자신의 삶을 이해할 수 있고 관리할 수 있는 것으로 경험한다(Vastamäki, Moser, & Paul, 2009). 미취업 상태에 있는 핀란드인 74명을 대상으로 이들이 어떤 방법으로 일자리를 찾는지를 연구한 결과, 전직 지원 집단(outplacement group)에 참여한 이들의 일관성이 유의하게 향상되었다(Vastamäki et al., 2009). 또 다른 연구에서는 일관성이 실직을 경험한 후 일자리나 교육훈련을 찾을 수 있음을 예측한다는 것을 보여 주었다(Vastamäki, Paul, & Moser, 2011). 그리고 일부 연구에서는 미취업 상태가 신체적 건강에 미치는 영향을 조사하였다. Salm(2009)은 실직이 연로한 근로자들의 신체적 건강에 영향을 미치지 않는다는 것을 확인하였다. 그러나 Eliason과 Storrie(2009)는 실직이 심혈관 질환의 발생률을 증가시킨다는 것을 발견하였다. 실직은 실직 전에 음주를 하던 사람들과 음주를 하지 않던 사람들 모두에게서 알코올 사용을 증가시키는 경향이 있었다(Gallo, Bradley, Siegel, & Kasl, 2001). 이러한 결과는 암담해 보이지만 모든 사람들이 실직에 부정적인 반응을 보이는 것은 아니다.

종종 긍정적인 변화와 성장이 비자발적 직업전환과 함께 일어난다. Malen과 Stroh(1998)는 비자발적으로 실직한 관리자들에 대한 연구에서, 여성이 새로운 일을 찾고 일자리를 구하는 능력에 대한 자기 확신이 남성보다 부족하다는 것을 관찰하였다. 자신을 긍정적으로 평가할 수 있는 것은 실직에 잘 대처하는 데 중요한 요인이었다. 또한 사회적 지지를 얻고 재정적 도움을 얻는 증상 중심적 전략에 초점을 두는 것이 아니라 일자리를 찾고 교육을 받고 재취업하는 것과 같은 문제 중심적 전략도 중요한 요인이었다(Leana, Feldman, & Tan, 1998; Zikic & Klehe, 2006). 실직한 22명의 관리자 및 전문가에 대한 집중 연구에서 개인이 자신에 대한 견해를 제고하도록 돕는 다음의 다섯 가지 전략이 발견되었다.

1. 실직의 의미를 재정의하기
2. 자신의 성취를 깨닫기
3. 시간을 재구조화하기
4. 자신의 책무성을 높이기 위해 동반자 관계 맺기
5. 다른 사람 돕기(Garrett-Peters, 2009)

비자발적인 직업의 변화 후에 긍정적인 성장이 이루어질 수도 있지만, 종종 심각한 반응이 일어나 당사자가 전직 지원 상담자의 도움을 구할 수 있다.

전직 지원 상담자는 보통 여러 가지 기능을 한다. 그들은 사람들이 경력 단절로 인한 충격과 부정적인 정서적 영향에 대처하도록 돕는다. 또한 사람들이 자신의 현재 상황과 능력, 가치, 흥미를 평가하도록 돕는다. 또 이러한 개인적 정보를 토대로 내담자가 진로목표를 설정하고 건설적인 구직 전략을 개발하도록 돕는다. 이때 직업탐색은 내담자들의 요구에 따라 실직 전과 유사한 직업을 찾는 것일 수도 있고, 새로운 훈련과 교육으로 이어질 수도 있다. 전직 지원 상담자가 흔히 가르치는 기술은 이력서 쓰기, 면접 기술, 직업이나 교육기회 찾기이다. 어떤 상황에서는 전직 지원 상담자가 직접 회사를 위해 일할 수도 있고, 회사에 의해 자문 역할을 해주는 조건으로만 계약된 상담자로 일할 수도 있다. 아주 흔하지는 않지만 개인이 비자발적인 전환을 다루는 데 도움을 받기 위해 전직 지원 상담자에게 개별적인 서비스를 청할 수도 있다.

전직 지원 상담에 관한 연구에 따르면 전문직 종사자들에게 전직 지원 상담자의 조력이 효과적인 것으로 나타났다. 전직 지원 상담을 받은 전문직 종사자들의 수입은 이전 소득과 성별, 이전 직장에서의 재직기간과 관련이 있었다(Edwards et al., 1998). 한 연구에서는 53명의 회사 임원들을 전직 지원 서비스에서부터 재취업 시작까지 추적 조사하였다. 이들의 성공에 기여한 요인은 친화성과 성실성, 새로운 일자리로 전환하는 동안과 그 이후에 겪은 경험에 대한 개방성이었다(Martin & Lekan, 2008). 일자리를 찾고 있는 회사 임원들을 돕기 위해 고안된 또 다른 프로그램에서는 그들이 좀 더 책임감을 갖고, 정서적 지지나 네트워킹의 기회를 발견하며, 자신의 경험을 다루도록 도움을 제공하였다(Kondo, 2009). 프로그램에 참여한 임원들이 이러한 서비스를 받지 않은 통제집단보다 이러한 목표를 성취하는 데 있어 더 성공적이었다. 전직 지원 서비스를 제공하는 사람들은 서비스의 효과성을 밝히기 위해 종종 자신이 제공한 서비스를 평가한다.

전직 지원 상담에 대한 일부 접근은 성인 진로발달에 대한 Super의 이론에 영향을 받았지만 대부분의 접근은 하나의 이론적 접근을 따르지는 않는다(Aquilanti & Leroux, 1999). 전직 지원 상담 내용과 인종적 태도에 관련된 연구들은 전직 지원 상담자가 제공하는 서비스에 관하여 좀 더 많은 정보를 제공한다. 이러한 연구의 일례로, 실직한 내담자의 정서적 욕구를 다루는 것은 전직 지원 상담의 한 가지 측면으로서 많은 내담자가 유익하다고 느끼지만 항상 받지는 않는 것으로 확인되었다(Butterfield & Borgen, 2005). Likier(2005)는 전직 지원 상담자의 인종적 태도를 조사한 결과, 다른 상담자에 비해 더 젊고 다문화적이면서 전문적인 훈련을 더 많이 받은 상담자가 인종적 정체성과 문화적인 변인들을 내담자 평가에 더 잘 통합할 수 있다는 것을 발견했다. 다양한 이유로 일자리를 잃은 사람들에게는 전직 지원 상담이 미래의 직업으로 전환하는 데 도움을 줄 수 있는 수단으로 계속 이용될 것이다.

## Hopson과 Adams의 성인 전환 모델

성인의 전환 대처에 관한 어떤 모델도 모든 사람들에게 맞지는 않다. 많은 심리학자들이 사용해 온 한 가지 모델은 Hopson과 Adams(1977)의 모델이다. Brammer와 Abrego(1981)는 전환에 대처하는 전략에 이 모델을 차용하였다. 진로전환의 측면에서 Perosa와 Perosa(1983, 1985, 1987, 1997)는 이 모델이 성인의 진로위기를 이해하는 데 적합하다고 보았다. Hopson(1981)은 Hopson과 Adams(1977)의 이전 모델을 약간 개정하였다. 이 절에서는 이 개정된 모델을 소개할 것인데, 이와 함께 성인의 진로위기와 전환에서 이 모델을 개념화 체계로 사용한 예시를 제시할 것이다.

그림 10.1은 각 단계 및 국면이 기분과 시간과 갖는 관련성을 보여 주면서 이 모델의 7단계를 제시하고 있다. 개인이 처음에 우울한 기분인지, 흥분한 상태인지는 전환의 속성에 달려 있다. 다른 단계들은 다양한 정도의 우울이나 긍정적 감정과 연관된다. 이 7개의 각 단계를 기술하기 위해, 23년 동안 재직한 회사가 파산하여 문을 닫게 되어 담임 목사에게 도움을 청하고 있는 한 남자의 사례를 계속 사용할 것이다. 만 55세의 백인 남성 존은 전국에서 자전거 부품 주문을 받는 회사의 영업사원으로 열심히 일해 온 사람이다.

## ❀ 부동화

자신이 해고되었다는 것을 알았을 때 받는 첫 충격이 부동화(immobilization)의 한 예이다. 당사자는 압도당하고 계획을 세울 수 없으며, 심지어 말문이 막힐 수도 있다. 부동화 기간은 순식간일 수도 있고 몇 개월이 될 수도 있다. 이 기간이 얼마나 오랫동안 지속될지는 사건의 성질과 개인의 심리적 성향에 따라 다르다.

상사에게 회사가 2주 내로 문을 닫는다는 것을 처음 들었을 때 존은 할 말을 잃었다. 그는 혼잣말로 "믿을 수가 없어. 믿을 수 없어."를 되풀이하였다. 그는 그날 오후 3시 30분에 자신의 자리로 돌아갔다. 그날 남은 근무시간 동안 그는 평상시처럼 전화를 받았지만 겨우 고객의 말을 알아들을 수 있었다. 그의 목소리는 공허하였고, 몇 년간 알고 지내온 몇몇 고객과 일상적인 대화를 나누지도 않았다. 그리고 평상시처럼 자전거 액세서리나 부품 재고에 대해서도 물어보지 않았다. 일이 끝난 뒤 그는 집으로 돌아와서 소파에 주저앉았다. 이것은 그답지 않은 행동이었다. 퇴근 후 먼저 집에 와 있던 그의 아내는 그의 표정을 보고 놀랐다. 만일 그에게 일어난 사건이 승진이나 아주 원하던 업무를 맡는 것과 같은 행복한 일이었다면, 그가 경험하는 느낌은 절망이라기보다 의기양양함이었을 것이다(그림 10.1 참고).

## ❀ 최소화

최소화(minimization)란 일어난 변화를 실제보다 더 작아 보이게 만들고 싶은 욕구를 의미한다. 종종 사람들은 변화가 일어나고 있다는 것조차 부인하거나, 그런 일은 진짜 별일이 아니고 어쨌거나 다 잘 될 것이라고 스스로에게 말할 것이다.

다음날 존이 회사에 출근하였을 때, 물리적인 면에서는 모든 것이 평상시와 같았다. 건물도 그 자리에 그대로 서 있었고 그의 책상도 제자리에 있었다. 그는 옆자리의 동료 영업사원들에게 말을 걸었으나, 그들과 그 소식에 관해 이야기를 나눌 기회를 갖기도 전에 전화벨이 울리기 시작하였다. 그날은 바쁜 날이었다. 평소에도 존은 일 때문에 동료들과 이야기할 시간이 거의 없었지만, 그날 아침에는 그럴 시간이 전혀 없었다. 정오에 영업사원 절반이 점심을 먹으러 나갔고, 나머지 반이 전화업무를 도맡았다. 존은 동료들과 함께 나갔고 폐업에 대해 이야기를 나누었다. 대부분이 놀랐고, 회사의 재정 상태가 양호하였으며 재고가 충분이 있는 것 같다고 말하였다. 그들은 회사가 왜 문을 닫아야 하는지 이해할 수 없었다. 몇몇 사람은 아마도 며칠 안에 회사가 어떻게 해서든 정상화될 것이라는 말을 들을 수 있을 것이라고 말하였다. 존은 이런 말에 고무되었다. 그는 다른 사람들도 이 상황을 그와 같은 식으로 본다는 사

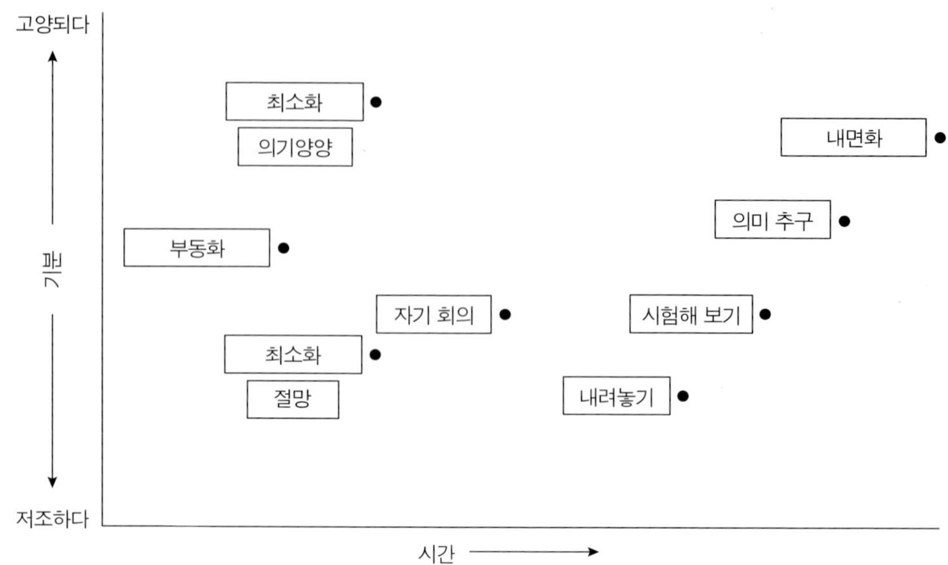


**그림 10.1** 전환에 따른 단계에 관한 7단계 모델

출처: *Transition: Understanding and managing personal changing*, by J. Adams, I. Hayes, and B. Hopson, p. 38. Copyright © 1977.

실에 조금은 기분이 좋아졌다. 존 혼자만 공장의 폐업을 부인하고 있는 것이 아니라 그의 동료 중 일부도 그렇게 하고 있었다.

그날 저녁 7시경, 존은 목사의 전화를 받았다. 그는 그날 아내가 목사에게 전화하였다는 것을 알았기에 그다지 놀라지 않았다. 다음은 그들이 나눈 대화의 일부이다.

**내1:** 어제 다른 사람들처럼 저도 충격을 받았어요. 회사가 이렇게 오랫동안 잘 운영되고 있었는데 폐업한다니 믿을 수가 없네요.

**상1:** 들어 보니 안타깝네요. 당신에게는 아주 나쁜 소식이군요. [이 교회의 신도 중에 존과 똑같이 실직을 경험한 사람들이 있지만, 목사는 이 사태가 존을 얼마나 꼼짝하지 못하게 만들었는지를 알아차리면서 그의 고유한 경험에 초점을 두려고 한다.]

**내2:** 그런데 그렇게 나쁘지 않을 수도 있어요. 어쩌면 회사가 계속 운영되고 사람이 회사를 인수할 가능성도 있을지 몰라요.

**상2:** 네. 그러면 당신의 기분이 훨씬 나아지겠군요. [상황이 확실하지 않았다면 회사가 직원들에게 2주 후에 폐업한다는 것을 통보하지 않았으리라는 것을 알기 때문에, 목사는 존처럼 희망적이지 않다. 목사는 지금 존이 부인하고 있음을 인식하고 있다. 그는 실직하거나, 사랑하는 사람을 잃거나, 다른 중요한 상실을 경험한 교인들을 만나면서 이런 부인을 많이 경험해 봤기 때문이다. 그는 지금은 공장이 재가동될 가능성에 대해 존과 논쟁할 때가 아니라는 것을 알고 있다.]

**내3:** 잘 해결되기를 바라죠. 만약 일이 잘 안 된다면 저한테는 끔찍한 재앙이죠. 불행일 거에요.

**상3:** 알아요, 당신은 일에 많은 걸 쏟았죠. [이 위기가 얼마나 비극적인지 너무나 확연하다.]

**내4:** 회사가 계속 유지된다면, 저는 정년퇴직까지 12년을 더 다닐 수 있어요.

**상4:** 당신은 그 회사가 꼭 필요하다고 느끼고 있군요. [지금 목사에게는 존의 절망감에 머무르는 것이 매우 중요해 보인다.]

## ❁ 자기 회의

이 단계에서는 여러 가지 감정이 나타날 수 있다. 흔히 일어나는 한 가지 감정은 자신과 자신 및 가족을 부양할 능력을 믿지 못하는 자기 회의(self-doubt)이다. 그 밖의 흔한 반응으로는 무슨 일이 일어날지 모르는 것에서 오는 불안, 미래에 대한 두려움, 슬픔, 분노 등이 있다.

존의 경우, 며칠이 지난 뒤에 주된 감정은 분노였다. 재고 처리 계획이 세워지고 있다는 사실을 알았을 때, 회사가 존속될 가능성이 그에게 희박해 보이기 시작하였다. 그날 밤 존은 집에 돌아와 목사에게 전화를 걸었다. 15년간 알고 지낸 사이기에 존은 목사에게서 편안함을 느꼈고, 언제든지 전화해도 좋다는 격려를 받은 바 있었다. 그들의 대화는 다음과 같다.

**내1:** 회사는 저에게 전혀 기회를 주지 않았어요. 그토록 많은 시간을 회사에 바쳤는데 저는 무슨 일이 일어나고 있는지 알아볼 기회조차 얻지 못했어요. 그들은 마지막 순간까지 저에게 아무 말도 안 해줬어요. 정말 나쁜 놈들이에요! 어떻게 그럴 수 있는지 이해할 수가 없네요.

**상1:** 그들에게 많이 화가 났군요. 당신의 목소리에서 그걸 느낄 수가 있어요. [존은 몹시 화났지만 목사에게 무례를 범하지 않기 위해 말의 수위를 낮춘다.]

**내2:** 그들이 왜 그렇게 하는지 이해가 안 돼요. 바보같으니라고! 그들을 위해 일하고 돈을 벌게 해준 사람들에 대해서도 전혀 신경도 안 쓰는 것 같아요. 물론 저 혼자만은 아니에요. 다른 많은 사람들도 회사를 위해 오랫동안 일해 왔어요.

아주 고약한 짓이죠.

**상2:** 당신은 회사를 위해 그토록 일했는데 그들이 배신한 것 같은 기분이겠군요. [목사는 그저 존이 느끼는 분노에 머물고 그것을 직면하지는 않으려 한다. 목사는 존이 다른 어떤 말도 듣고 싶지 않는다는 것을 느낀다.]

## ❁ 내려놓기

앞서 제시된 **그림 10.1**에서 볼 수 있듯이 개인은 다음 단계에서 화, 긴장, 좌절감 또는 다른 감정을 내려놓기 시작한다. 이 단계는 자신에게 실제로 일어나고 있는 것을 받아들이는 시기이다. 이제 본래 상황에서 자신을 떼어놓고 미래를 바라보기 시작한다.

하루하루가 지나면서 회사가 문을 닫게 되리라는 것이 분명해졌다. 존은 앞으로 자신에게 어떤 일이 생길지에 대해 생각해 보기 시작한다. 소수의 직원만이 남아 공장 폐업 처리를 한다고 한다. 누군가가 공장을 살 것이라는 소식은 없다. 회사는 전 직원에게 2주 분량의 퇴직수당을 주지만 다른 지원은 전혀 하지 않는다. 존이 연금에 넣어 둔 돈은 폐업의 영향을 받지 않을 것이다. 금요일 저녁에 귀가하면서 존은 미래에 대해 생각하기 시작한다. 그날 저녁 그는 지역신문의 구인광고를 훑어본다. 다음 날에는 인접한 도시에서 발행된 신문을 사러 나간다. 월요일에 일자리를 찾아볼 계획이다. 집에서 그는 자신이 할 수 있는 일이 무엇인지 또 잘하는 일이 무엇인지에 대해 생각하기 시작한다. Super의 생애 주기 관점에서 보면, 지금 존은 유지 단계에서 탐색 단계로 재순환을 하는 것이다. 이것은 비자발적이고 예측 불가능한 사건이었지만, 존은 분노와 임박한 공장 폐업을 필사적으로 부인하려는 시도를 내려놓고 있다. 존에게는 이따금 하는 취미활동들이 있다. 이제 이런 것들이 잠재적인 진로방향이 된다. 또한 존은 그가 사는 도시에서 형편이 어려운 가정을 도왔던 교회 일에 대해서도 생각한다. 그의 여가활동과 지역사회 봉사활동은 이제 새로운 진로 가능성이 될 수 있다.

## ❁ 시험해 보기

이 시점에서 사람들은 에너지의 분출, 즉 "난 이제 해낼 수 있어."라는 느낌을 가질 수 있다. 사실 때때로 그들은 상황이 어떤 식으로 되어야 한다는 식으로 말할 것이다. 그들은 같은 처지에 있는 다른 사람들에게 조언을 줄 수도 있다. 진로상황에서 그들은 어떻게 네트워크(즉, 특정 분야의 주요 인사에게 말해 보기)를 구축하고 앞으로 어떻게 나아갈지에 대한 아이디어를 갖고 있을 수도 있다.

일요일에 예배가 끝난 뒤, 존은 어떻게 적응하고 있는지를 묻는 목사와 짧게 이야기를 나눈다.

**내**1: 지금은 상황이 많이 괜찮아지고 있어요. 이번 주에 여러 방면으로 알아볼 계획이에요. 하루 이틀 시간을 내어 몇몇 옛 친구들에게 얘기해 볼 생각입니다. 자동차 정비소를 열거나 기계부품 영업사원으로 일하는 것에 대한 아이디어가 있거든요. 아직은 아무에게도 말 안 했지만요.

**상**1: 열의가 있으신 걸 보니 좋네요. [존이 회사 부도에 대한 집착에서 벗어나고 있다는 말을 들으니 안심이 된다. 어떤 사람들은 부인 단계에 머물거나 몇 주 동안 회사에 대해 극도로 분노한다. 그렇지만 존이 새로 찾은 자신감은 현실성 있게 들리지 않는다. 그것은 어쩌면 금방 사라질지도 모른다. 그래도 이것이 시작이다.]

**내**2: 제가 무언가 찾을 수 있으면 좋겠습니다. 무엇을 할지 생각해 본 게 참 오랜만입니다. 제가 이런 상황에 처하게 되리라곤 전혀 생각하지 못했어요. 그래도 새로운 가능성을 생각해 보니 그렇게 나쁘지만은 않네요.

**상**2: 새로운 가능성을 생각하신다는 말씀을 들으니 기쁘군요. 그런 활력을 보니 좋습니다. [이것은 새로운 활동의 탐색을 격려하는 말이다. 활동 탐색은 존이 직업을 찾는 것뿐만 아니라 마음의 평화도 찾아 나가도록 도움을 줄 것이다.]

## ❀ 의미 추구

의미 추구(search for meaning) 단계에서, 개인은 사건들이 어떻게 다르고 왜 다른지 이해하고자 한다. 이는 다른 사람의 감정뿐만 아니라 자신의 감정도 이해하려고 노력하는 인지적 과정이다.

회사에서 맡은 일을 끝내고 새로운 할 일을 찾느라 한 주를 보낸 후 존은 유망한 일을 찾아다니느라 바쁘다. 그는 일자리를 위해 자동차 부품 매장을 방문하고 하드웨어 제조업자를 만나 보았다. 그는 주유소나 자동차 정비소를 개업할 가능성을 알아보는 일을 시작하였는데, 이 대안에 대해 좀 더 알아갈수록 필요한 경험이나 자본이 자신에게는 없음을 느꼈다. 또한 그는 다른 사람의 가게에서 일할 마음의 준비도 되어 있지 않았다. 그렇게 일하면 경제적인 보상뿐만 아니라 명성도 한 단계 낮아지는 것이라고 생각하였다. 그는 23년 동안의 자전거 부품 영업사원 경험을 통해 발달시킨 기술을 사용하는 쪽이 더 편하게 느껴진다. 존은 Super의 탐색 단계로 재순환하면서 자신의 흥미, 능력, 가치를 재고한다. 이것은 그가 오랫동안 하지 않았던 일이다. 그는 이렇게 하면서 실직을 자신을 향상시킬 수 있는 도전과 기회로 보았다. 회사가 무너진 이유에 대한 그의 이해도 좀 더 분명해졌다. 이제 그는 회사의 재정 상황에 대해 더 많은 정보를 갖게 되었을 뿐만 아니라 지난 3주 동안 일어난 조치에 대해서도 더 객관적인 관점을 가지고 화도 덜 낼 수 있게 되었다.

## ❁ 내면화

전환에 대처하는 마지막 단계인 내면화(internalization)는 가치와 생활양식의 변화를 의미한다. 사람들은 어려운 위기를 겪어 냄으로써 새로운 대처기술을 발달시키고 정서적으로나 영적으로 혹은 인지적으로 성장할 수도 있다.

실직한 지 3개월 후에 존은 목사에게 그동안의 진전 상황에 대해 이야기하려고 전화를 걸었다.

**내**1: 목사님, 두 달이 넘게 걸렸지만, 드디어 저를 향상시키고 한 단계 올려 주리라 생각되는 일을 찾았습니다. 아주 규모가 큰 자동차 부품 대리점에서 1주일 전부터 일하기 시작했습니다. 제가 맡은 일은 이전처럼 영업이지만 다른 직원들을 관리하는 일도 주어졌어요. 이건 제가 옛날 직장에서 비공식적으로만 했던 일이에요. 이제는 그런 기회를 정말 잡고 싶어요. 다 좋아지고 있어요.

**상**1: 그런 것 같네요. 좋은 소식을 들어서 참 좋아요.

**내**2: 몇 달 동안 힘들었어요. 실직한 지 두 달째가 됐을 때에는 정말 우울하더라고요. 취직할 능력에 대한 자신감도 잃기 시작했지요. 저 같은 늙은이를 누가 고용할까 의심이 들었어요. 그렇지만 저는 진짜 계속 노력했어요. 상황이 실망스럽긴 했지만요. 제 아내가 정말 도움이 됐어요. 격려도 많이 해주고요.

**상**2: 오르막 내리막이 꽤 힘들었던 것 같네요. [존의 말소리가 몇 달 전과는 상당히 달라진 것처럼 들린다. 그의 목소리에서 공황 상태와 분노, 긴장은 사라졌다. 그는 다행스럽게도 위기를 잘 해결한 것처럼 보인다.]

**내**3: 어떤 날은 가능성을 생각하면서 들뜬 기분이었고 또 어떤 날은 그렇지 않았어요. 하지만 저는 제가 할 수 있는 일과 할 수 없는 일에 대해 생각할 수 있었어요. 개인 사업을 꿈꾸었었는데 제가 재정적으로 감당할 수도 없고, 어쩌면 제가 사업에 필요할 만큼의 에너지를 쏟아부을 수도 없을 거라는 걸 깨닫는 데에는 시간이 좀 걸렸어요.

**상**3: 자신과 미래에 대해 정말 많은 생각을 하셨네요. [존의 의미 추구는 쉬운 것이 아니었다. 또한 이러한 추구는 꾸준히 진전하는 과정이 아니라 간헐적으로 이루어졌다.]

**내4:** 그동안 힘들었죠. 그런데 제가 지금 어디에 있는지를 생각해 보면 3개월 전보다는 훨씬 나아진 것 같아요. 제 자신에 대해 더 확신이 들어요. 만약 이런 일이 저에게 또 일어난다면, 그때는 훨씬 쉬울 거예요. 제가 전에 그토록 두려워했던 일들, 즉 일자리를 잃고 새로운 일자리를 찾아야 하는 일 같은 것이 이제는 그렇게 두렵지는 않아요. 이제는 제가 무엇을 할 수 있는지를 전보다 더 잘 아는 것 같아요.

**상4:** 대단하시네요. [존이 이렇게 말하는 것을 들으니 기분이 정말 좋다. 존은 전환을 삶에 통합하고 있다. 결과적으로 그는 위기 이전보다 자신을 더 좋게 느끼고 있다. 그는 과거의 두려움과 불안을 넘어서서 직업전환을 훌륭하게 해결하였다.]

모든 위기 사례가 이 예시처럼 Hopson과 Adams(1977)의 7단계 전환 모델을 정확하게 따르는 것은 아니다. 존의 사례는 각 단계의 순서를 상세하게 설명하기 위해 제시한 것이다. 많은 사람의 상황은 다음 절에 제시될 예시에서 볼 수 있듯이 모델과 깔끔하게 맞아떨어지지는 않는다. 분명히 모든 사람이 더 나은 직업을 찾음으로써 직업위기를 해결할 수 있는 것은 아니다. 직업위기에 직면한 사람들 가운데 일부는 신체적 질병을 얻거나 자살을 시도하거나 임시직이나 전보다 못한 일밖에 찾지 못하거나 아예 직업을 얻지 못하기도 한다. Hopson과 Adams의 전환 모델이 갖는 장점은 전환 과정에서 무엇을 예상할 수 있는가에 대한 아이디어를 상담자가 얻을 수 있다는 점이다. 예를 들면, 만약 내담자가 두 번째 단계에 있는 동안 자신의 직업이 정말 중요하다는 사실을 부인한다면, Hopson과 Adams의 모델은 상담자가 내담자의 진술이 오랫동안 사실일 것이라고 믿지 않으면서도 이를 수용하는 데 도움이 된다. 상담자는 부인을 한 단계로 받아들인다. 내담자의 경험이 Hopson과 Adams의 모델과 맞지 않다고 해도 억지로 끼워 맞추려고 시도할 필요는 없다. 특히 다음 절에서 기술되는 여성과 다문화 집단 사람들에게 적용되는 진로 관련 위기는 이 모델과 맞지 않는 경우도 흔히 있다.

## 여성에게 영향을 미치는 진로위기

일반적인 세 가지 유형의 진로위기는 남성보다 여성에게 더 큰 영향을 준다. 여성은 남성보다 차별을 경험하기가 더 쉽고, 자녀양육과 가정문제를 기반으로 하여 의사결정을 하며, 성희롱을 당할 가능성이 더 높다(Fassinger, 2008). 차별이 있을 경우, 그것은 보통 예측하지 못하고 비자발적인 사건이다. 차별의 영향은 이 절의 후반부와 사회학적 및 경제학적 진로발달 이론을 다루는 3장에서 예시를 통해 자세히 논의할 것이다. 노동시장을 이탈하고 재진입하는 것 또는 전일제 일을 그만두고 시간제 일을 하는 것과 같은 전환은 여성이 삶의 다양한 시점에 자녀와 가족을 고려해서 내리는 결정이다. 9장에서는 여성의 삶의 여러 시기에 나타나는 자녀양육과 가정 관련 주제들에 관한 Bardwick(1980)의 관점을 Super의 전 생애 이론과 연관시켜 설명하였다. 여성의 삶에서 일어나는 이러한 전환은 예측 가능하고 자발적인 경향이 있다. 그러나 항상 이런 것은 아니고, 유형과는 상관없이 전환은 어려운 위기가 될 수도 있다. 극적이고 예측 불가능하며 비자발적인 전환의 예는 성희롱이다. 성희롱은 개인적, 직업적으로 심각한 결과를 가져오기 때문에 매우 파괴적인 경험이 될 수 있다. Betz(2005)와 Markert(2010), Roscigno(2007)는 차별과 자녀양육이 노동시장 참여에 미치는 영향 및 성희롱에 관한 연구를 기술하였다. 다음 절에서는 진로와 가정 간의 관계와 성희롱의 영향을 Hopson과 Adams(1977)의 이론적 맥락에서 살펴볼 것이다.

## ❀ 노동시장으로의 일시적 재진입과 이탈

여성은 노동시장에 진입하고 나가는 데에 있어서 다양한 패턴을 따른다. 많은 여성의 경우 노동시장에서 빠져나가는 것은 비교적 쉽다. 일부 여성은 원래 자리로의 복귀가 허용되는 출산휴가 제도를 이용한다. 이와는 대조적으로, 일부 여성은 지위를 보장받을 수 있는 기간보다 더 오래 쉬고 싶어 한다. 이런 경우 여성은 구직 과정을 처음부터 다시 거쳐야 하며, 일자리를 찾는 데 어려움을 겪는다. 또 다른 문제는 어머니의 실직이 아이에게 미치는 영향이다. 일부 여성의 경우, 노동시장을 떠나기 전에는 만족스러웠던 진로가 더 이상 만족감을 주지 않을 수도 있다. 결혼과 직장을 동시에 관리한다는 것은 사회적 관계를 제한하고, 가사나 다른 활동들을 조직화하고 위임하는 일이 증가하며, 시간제로 일하거나 재택근무를 허용하는 유연성 있는 직업을 개발시키는 것을 의미할 수 있다.

2007년 말부터 시작해서 2012년을 넘어서까지 지속적으로 영향을 끼치고 있는 '대침체(Great Recession, 역자 주: 2009년 9월 서브프라임 모기지 사태 이후 미국과 전 세계가 겪고 있는 경제 침체 상황을 1930년대 대공황에 빗대어 일컫는 말)'는 여성의 노동시장 재진입을 이전보다 더 어렵게 만들었다. 이로 인해, 가족 내에서 실업의 문제가 더 만연하게 되었다. 남편이 실직하면 여성은 좀 더 노동시간을 더 늘리고 일자리를 찾는 경향이 있었다. 이는 때때로 가족 내에서 잠재적인 갈등의 근원이 되었다(Mattingly & Smith, 2010). 남편은 일하고 아내는 자녀를 양육해야 한다는 전통적인 성역할을 중시하는 가족의 경우, 남성의 실직은 상당한 가족 갈등을 유발하였다(Sherman, 2009). 실직에 대한 태도에서 자녀가 있는 여성과 자녀가 있는 남성 간에 차이가 나타났다. 실직에 대해 자녀가 있는 여성은 자녀를 양육할 기회로, 남성의 경우는 패배로 생각하였다(Forret, Sullivan, & Mainiero, 2010). 한 연구에서는 여성이 유방암 진단을 받았을 때, 10%가 유방암 치료로 인해 일자리를 잃거나 그만둔다는 것을 발견하였다. 이 여성들 중 24.1%는 라틴계였고, 10.1%는 흑인이었으며 6.1%는 백인이었다(Mujahid et al., 2011). 미국의 농촌지역에서는 취업한 어머니들이 미취업 어머니보다 나이가 더 많고 더 많은 교육을 받았으며 덜 우울한 경향이 있었다(Mammen, Lass, & Seiling, 2009).

미국 내에서 실업률이 증가한 결과로 발생한 또 다른 문제는 부모의 실직, 특히 어머니의 실직이 자녀에게 미치는 영향과 관련된 것이다. 한 연구에서는 부모의 실직이 자녀의 반사회적 행동과 불안, 우울 그리고 낮은 독해점수의 빈도를 증가시킨다는 사실을 발견하였다(Wightman, 2010). 또 다른 연구에서는 어머니의 실직이 자녀의 문제행동 증가에는 영향을 미쳤으나 긍정적인 사회적 행동에 대해서는 중립적이라는 결과가 나왔다(Hill, Morris, Castells, & Walker, 2011). Kalil과 Wightman(2011)은 어머니의 실직이 자녀의 교육에 미치는 영향을 조사한 결과, 어머니의 실직은 자녀의 중등 교육기관 등록률을 떨어뜨리는 효과가 있음을 확인하였다. 이 연구결과들은 노동시장을 떠나는 것이 여성 자신뿐만 아니라 자녀에게도 영향을 미칠 수 있다는 사실을 보여 준다.

여성을 위한 해결책 중의 하나는 자기 고용(self-employment)이다. 그러나 혼자 일하는 것이 항상 일과 가족을 결합하는 좋은 방법인 것은 아니다(Taniguchi, 2002). 만 25~28세의 여성들의 경우, 노동시장에 머물기로 선택하는 것은 그들의 직장경험과 직장생활을 하는 시기, 직장경험에 대한 긍정적인 인상에 영향을 받았다(Alon, Donahoe, & Tienda, 2001). 반면에 은퇴를 결정하였지만 노동시장으로 돌아온 연령대가 더 높은 여성은 대체로 재정적 필요에 의해 그렇게 하였다(Choi, 2001).

여성의 노동시장 재진입을 연구할 때에는 문화적 요인을 고려하는 것도 매우 중요하다. 미국에서 흑인 여성과 라틴계 여성은 백인 여성보다 좀 더 빠르게 노동시장을 떠나고 재진입한다. 이러한 상황은 흑인 여성이 이전 직업에서 얻은 보상이 백인 여성에 비해 더 적은데도 그러하다(Taniguchi & Rosenfeld, 2002). Yu(2006)는 대만에 거주하는 여성이 일본에 있는 여성보다 결혼이나 임신으로 인해 노동시장을 더 오랜 기간 떠나 있는 경향이 있다고 보고하였다. 일본 여성은 노동시장을 짧은 기간 동안만 떠났다가 보통 그들의 이전 직업으로 다시 돌아간다. 이러한 재진입 패턴 차이의 부분적인 이유는, 남성이 여성보다 훨씬 많은 월급을 받는 일본과는 달리, 대만에서는 남성과 여성의 월급이 거의 비슷하기 때문일 수 있다.

Hopson과 Adams(1977)가 언급한 단계는 여성이 노동시장을 떠나고 재진입할 때 겪을 수도 있다. 하지만 일부 여성에게는 노동시장의 진입 혹은 재진입이 큰 정신적 충격을 받는 경험일 수 있다. 특히 재진입의 이유가 이혼이나 남편의 사망 때문이라면, 여성은 가족의 생존뿐만 아니라 자신의 수입과 생존에 대한 책임도 혼자 떠맡아야 하는 힘들고 낯선 입장에 처한 자신을 발견하게 된다. 학업을 위해 학교로 돌아가겠다는 결정도 위기를 가져올 수 있다. 훗날 소득이 늘어날 가능성은 있지만, 학비는 경제적 부담이 될 수 있다. 새로운 진로나 새로운 훈련 또는 학업을 다시 시작하기로 결정하는 것은 Super의 탐색 단계로 되돌아간다는 뜻이기도 하다. 노동시장에 재진입하려는 여성과 이야기할 때, 상담자는 전환 기간 동안 그들의 자존감에 변동이 있는지 관심을 두고 살펴볼 수 있다.

일례로, 아이를 갖기 전 초등학교 교사로 7년 동안 일한 메리의 사례를 살펴보자. 그녀는 6년 동안 가정을 돌보고 두 어린 자녀와 함께 집에 있기로 결정하였다. 그 뒤 아이들이 각각 만 4세, 6세가 되었을 때 학교로 돌아가기로 결심하였다. 그래서 메리는 2월에 이전에 근무하였던 학교의 교장에게 연락을 취해 그해 9월부터 다시 아이들을 가르치기로 합의를 보았다. 그녀는 다시 일한다는 생각에 기분이 들떠서 자녀들을 학교와 방과 후 프로그램에 보낼 준비를 하였다.

이에 비해, 레이철은 네 명의 자녀를 키우기 전에 교사로 6년간 근무하였다. 결혼한 지 20년 되던 해에 남편이 갑자기 사망하여 그녀에게는 얼마 없는 경제적 자원과 두 명의 고등학생, 두 명의 대학생 자녀가 남겨졌다. 그녀는 가르치는 일을 싫어하였고 다시 일하겠다는 계획은 갖고 있지 않았던 상태였다. 레이철은 이제 남편의 죽음과 재취업의 필요성이라는 두 가지 위기를 다루고 있었다. 레이철의 부동화 단계는 4주간 지속되었다. 그녀는 남편의 갑작스러운 죽음으로 인한 충격에 빠져 있었다. 그녀는 부인이나 최소화 단계는 경험하지 않았으나 그 대신 우울해졌고, 더 이상 살 이유를 찾지 못하였다. 친척들이 자녀양육에 도움을 주었으나 어떤 이들은 레이철의 상태에 대해 인내심을 잃게 되었다. 결국 레이철은 깊은 슬픔을 어느 정도 내려놓고 아이들을 위한 계획을 세우기 시작하였다. 그녀는 일자리를 찾으려고 시도하였고, 마침내 슈퍼마켓 계산원으로 일하게 되었다. 당시 그녀는 자신의 흥미나 능력, 가치를 활용할 여력이 없었다. 계산원으로 일한 지 1년 후, 그녀는 흥미를 가질 만한 직업을 찾는 데 도움을 얻으려고 진로상담을 받으러 왔다. 남편이 죽은 지 1년 6개월이 지난 후, 그녀는 내려놓기와 시험해 보기 단계를 왔다 갔다 하다가, 결국은 그녀에게 가장 알맞은 것이 무엇인지를 탐색하기 시작하였다. 위의 두 사례는 여성이 노동시장으로 재진입할 때 보일 수 있는 반응의 큰 폭을 보여 준다.

## ❁ 성희롱

성희롱(sexual harassment)은 그 속성에 따라 한 개인의 진로와 심리적 건강을 위협하는 예상치 못한 비자발적인 위기가 될 수 있다. 이 절에서는 성희롱을 정의하고 성희롱에 대해서 사람들이 갖고 있는 인식의 차이를 논할 것이다. 또한 피해자가 누구이며, 성희롱이 그들에게 어떤 영향을 주는지 그리고 성희롱에 어떠한 단계를 거치며 반응하는지를 살펴볼 것이다. 또한 직장에서의 성희롱을 다룬 사례들을 제시할 것이다.

성희롱이란 개인의 직무수행을 방해하는 성적 위협과 성 상납, 성적 농담이나 말, 그리고 접촉을 포함하는 성차별의 한 형태이다(Betz, 2005; Berdahl & Raver, 2011; Markert, 2010; Roscigno, 2007). 성적으로 넌지시 빗대어 하는 말이나 성적인 농담도 성희롱으로 간주되는가? 이런 의문에 대하여 Till(1980)은 성희롱의 5수준을 기술하였고, Fitzgerald와 Shullman(1985)은 이에 기반하여 성적 경험 질문지를 개발하였다. 다음은 심각성 정도에 따라 순서대로 제시한 것이며, 이러한 수준들은 여성이 경험할 수 있는 성희롱의 다양한 유형을 정의하는 데 유용하다(DeSouza & Solberg, 2003). 각 수준은 다음과 같다.

1수준–성희롱(gender harassment): 성희롱은 본질적으로 성차별적인 말이나 비접촉 행동을 가리킨다. 외설적인 이야기를 듣는다거나 무례하고 성차별적인 발언을 듣도록 요구당하는 것 등이 그 예이다.

2수준–유혹 행동(seductive behavior): 유혹 행동에는 부적절한 성적 접근이 포함된다. 여성의 성생활에 대해 이야기하려고 하거나 여성에게 성적인 관심을 표하는 것을 말한다.

3수준–성 상납(sexual bribery): 어떤 보상의 대가로 성적 행위를 요구하는 것을 말한다. 상급자가 제공하는 대가는 흔히 학점 올려 주기, 급료 인상, 승진 같은 것일 수 있다.

4수준–성적 강압(sexual coercion): 성적 강압은 징계의 위협으로 성적인 행위를 강요한다는 점에서 성 상납과 정반대이다. 예를 들어, 만약 어떤 여성이 성행위를 하지 않을 경우에는 수업에서 실격 점수를 받을 것이라거나 실직하거나 좌천될 것이라는 말을 들었다면, 성적 강압을 받은 것이다. 이러한 모든 결과는 잠재적으로 여성의 진로를 위협한다.

5수준—성폭력(sexual assault): 성폭력은 접촉하려는 강압적인 시도, 움켜잡기, 애무, 키스 등을 포함한다.

이러한 정의는 사람들이 성희롱을 인식하는 다양한 방식에 대한 유용한 관점을 제공한다. 성희롱에 대한 남성과 여성의 관점이 상당히 다르다는 것은 그리 놀라운 일이 아니다(Levy, 2002; Markert, 2010; Roscigno, 2007). 성희롱에 대한 태도에 영향을 미치는 변인들은 신체적 접촉의 정도뿐만 아니라 가해자와 피해자의 성별도 포함한다(Gordon, Cohen, Grauer, & Rogelberg, 2005). 일반적으로 여자 학부생이 남자 학부생보다 특정 사건으로 인해 더 불쾌감을 느끼고 이를 성희롱이라 이름 붙이는 경향이 있었다(Sears, Intrieri, & Papini, 2011). 남성 그리고 성별에 상관없이 상급자는 여성 동료나 여성 피해자보다 성희롱에 대해 피해자를 비난하는 경향성이 더 높았다. 그러나 성희롱이 심각한 수준일 때는 남성과 여성 모두 그 행동이 괴롭힘이라는 것에 동의할 것이다. 문제가 되는 행동이 로맨틱하거나 유혹적으로 보일 때에는 남성과 여성 모두 이것이 성희롱인지 아닌지를 결정하기가 어려울 수 있다. O'Hare와 O'Donohue(1998)는 좀 더 전문적이고 규제가 잘 되어 있는 환경보다는 비전문적이고 성차별적인 분위기가 있고 직원 고충 처리를 위한 회사정책에 대한 지식이 거의 없는 직업환경에서 성희롱이 더 잘 발생하는 경향이 있다고 보고하였다. 전문직 종사자와의 면담에서 몇몇 사람들은 이성 동료와 친구 관계를 발전시키는 것을 우려하였는데, 그 이유는 이러한 행동이 성희롱으로 해석될 것을 걱정하기 때문이었다(Elsesser & Peplau, 2006). 성희롱에 대해 질문하는 방식이 결과에 영향을 미칠 수 있다. 사람들은 조사 의뢰 기관이 중립적인 연구소라고 들었을 때와 여성주의 단체로 들었을 때 성희롱에 대한 질문에 다르게 응답하였다(Galesic & Tourangeau, 2007).

성희롱의 정의에 대한 다양한 인식에 영향을 미치는 다양한 요인을 감안할 때 성희롱의 발생빈도를 측정하기는 어렵다. 매사추세츠 주 보스턴 시의 노동조합원들 중 26%의 여성과 22%의 남성이 성희롱을 경험하였다고 보고하였다(Krieger et al., 2006). 미국 여성을 대상으로 한 55개의 표본(총 연구 참여자 86,000명)을 메타 분석한 결과, 여성의 58%가 그들이 보기에 성희롱으로 불릴 가능성이 있는 행동을 보고하였다(Ilies, Hauserman, Schwochau, & Stibal, 2003). 전체 표본의 24%는 직장에서 성희롱을 당한 적이 있다고 보고하였다. 성희롱의 증거는 성희롱이 발생하는 나라에 따라 다양하였다(DeSouza & Solberg, 2003). 오스트레일리아에 있는 간호사를 대상으로 한 연구에서, 지난 2년 내에 성희롱을 경험하였다고 보고한 비율이 남성은 34%였던 것에 반해 여성은 60%였다(Cogin & Fish, 2009). 성희롱 빈도에 대한 연구에서 알 수 있듯이, 성희롱에 대한 보고는 어디서 어떻게 조사하는가에 따라 다를 수 있다.

성희롱의 빈도를 감안할 때 누가 성희롱을 당할 가능성이 가장 높을까? DeFour, David, Diaz와 Thompkins(2003)는 남성이 성희롱을 당하였다고 보고하는 경우는 가장 심각성이 낮은 수준을 제외하면 무척 드물다고 보고하였다. 동성에 의한 성희롱 빈도 또한 상대적으로 낮았다. 하지만 미국 군대에서는 성희롱이 보고되었다(Settles, Buchanan, & Colar, 2011). 성희롱을 경험한 여성은 성희롱을 경험한 이전에는 성희롱이라고 분류하지 않았을 행동을 성희롱이라고 부르는 경향이 있다(Fitzgerald & Ormerod, 1993). 성희롱을 줄이기 위해 직원 교육을 실시할 수도 있다. Schweinle과 Roseman(2011)은 여성의 생각과 감정에 대한 남성의 공감을 향상시킬 수 있는 프로그램 개발의 중요성을 보여 주었다.

연령과 문화적 배경의 측면에서, 여성은 모든 연령대와 문화권에서 성희롱을 보고하였다(Roscigno, 2007). 대부분의 연구는 성인 여성의 성희롱을 다루었지만 몇몇 연구는 10대 소녀들이 초기 직업경험에서 겪은 성희롱을 조사하였다(Fineran & Gruber, 2009; Sears et al., 2011). 유색인종 여성이 경험한 성희롱 발생빈도에서의 차이(Buchanan & West, 2010)와 동성애 여성의 경험에 대한 약간의 정보도 있다. 두 집단의 여성 모두 성별뿐만 아니라 그들의 인종이나 성적 선호 때문에 괴롭힘을 당할 수 있다. 많은 직종에 걸쳐 일본과 미국에서의 성희롱을 비교하였을 때 일본에서는 상대적으로 더 젊은 여성, 미국에서는 더 나이 든 여성이 성희롱을 보고하였다(Uggen & Shinohara, 2009). 미국의 흑인 여대생은 인종적 고정관념 또는 인종적 외양에 근거한 성적 관심을 받은 적이 있음을 보고하였다(Mecca & Rubin, 1999). 미국의 흑인 성인 여성을 대상으로 한 연구에서, Buchanan과 Ormerod(2002)는 희롱은 사회적, 성적 속성을 함께 띠고 있는 경우가 빈번하여 이 두 가지 유형의 희롱을 떼어 놓기가 종종 어렵다고 보고하였다. 성희롱을 경험한 라틴계 여성은 성희롱을 당하지 않은 라틴계 여성보다 직업 불만족과 더 낮은 업무 몰입도, 더 많은 신체적 증상을 보고하였다(Cortina, Fitzgerald, & Drasgow, 2002). 캘리포니아 주의 농장에서 일하는 멕시코계 여성은 인종차별을 동반한 성적 강압과 성희롱을 포함하여 높은 비율의 성희롱을 보고하였다(Waugh, 2006). 브라질의 국내 근로자를 대상으로 한 연구에서는 연구 참여자 중 24%가 그 전년도에 성희롱이 일어났다고 보고하였다(DeSouza & Cerqueira, 2009). 터키에서는 여의사의 67%가 환자나 환자의 친척으로부터 일정 수준의 성희롱을 당했다고 보고하였다(Ulusoy, Swigart, & Erdemir, 2011).

직업군에 따라 성희롱 발생빈도의 차이가 있는지를 알아보기 위해 다양한 연구가 수행되었다. 여성 변호사의 경우에 개업 변호사의 66%, 회사나 공공 법인기관에서 일하는 변호사의 50%가 2년 동안 성희롱을 경험하거나 목격하였다고 보고하였다(Laband & Lentz, 1998). 패션 소매 업체에서 전일제나 시간제로 일한 경험이 있는 의류학과와 섬유학과 여학생 144명을 대상으로 조사한 결과, 73.6%가 최소 한 번의 성희롱을 경험하였다(Leslie & Hauck, 2005). 장애를 가진 학생의 교사를 조사했을 때, 이들 중 40%는 직장에서 성희롱을 경험하였는데 성희롱 중 74%는 학생들에 의한 것이었다. 대부분의 성희롱은 언어적인 것이었다(Heath, Young, Ashbaker, & Smith, 2005). 대형 식료품 체인에서 일하는 여성은 보건 산업 및 경영에서 전문 서비스직에 종사하는 여성과 더불어 고객과 소비자로부터 성희롱을 경험하였는데, 이는 업무 만족도 저하로 이어졌다(Gettman & Gelfand, 2007). 네덜란드의 여자 경찰 1,295명을 연구한 결과, 이들 중 64%가 적어도 한 번은 성희롱을 경험하였는데, 대부분 언어적인 성희롱이었다(de Haas & Timmerman, 2010). 22명의 미국 흑인 여성 소방관을 면담한 Yoder와 Aniakudo(1995)는 이들 중 20명이 성희롱을 보고하였고 16명은 원하지 않는 성적 접촉을 경험한 것으로 보고하였다고 밝혔다. 연구 보고에 따르면 성희롱 발생빈도는 직업 현장의 남자 근로자 수가 아니라 해당 직종의 집단이 남성에 의해 지배되는 정도와 관련이 있다(Gruber, 2003). 성희롱은 미국 군대에서 심각한 문제가 되고 있어 지도부의 모든 수준에서 적절한 조치가 촉구된다. 28,000명이 넘는 군병력을 대상으로 한 연구에서, 상관이 성희롱을 용인하지 않을 것으로 남성이 인식하고 있을 때 성희롱이 덜 발생한다는 것을 발견하였다(Fitzgerald, Drasgow, & Magley, 1999). 11,521명의 여성 사병과 장교를 4년의 기간에 걸쳐 조사한 결과, 군에 종사하는 여성이 재지원하지 않기로 결정하게 만드는 한 가지 중요한 요인은 성희롱이었다(Sims, Drasgow, & Fitzgerald, 2005).

성희롱 피해자는 성희롱 사건에 어떻게 반응하는가? Fitzgerald와 Ormerod(1993)는 성희롱 피해자의 반응을 요약하여 내적 중심 전략과 외적 중심 전략이라는 두 개의 주요 범주로 구분하였다. 내적 중심 전략은 Hopson과 Adams가 관찰한 것처럼 성희롱 행위를 최소화하거나 그 행위가 진짜 불쾌했다는 것을 부인하는 것과 같은 전략을 포함한다. 또 다른 내적 중심 전략으로는 희롱을 참는 것, 가해자의 행동을 눈감아 주는 것("그가 진짜 그러려고 했던 것은 아니야."), 사건에 대한 책임을 자신이 지려고 하는 것("내가 다른 옷을 입었어야 했어.")이 있다. 외적 중심 전략은 성희롱을 하는 사람을 피하거나 회유하는 것을 포함한다. 다른 전략은 희롱을 하는 사람을 직면하고 그 사람에게 그런 행위를 원치 않는다고 말하는 것과 같이 더 주장적인 것이다. Yoder와 Aniakudo(1995)는 그들 연구에 참여한 여자 소방관의 절반 가량이 성희롱에 공격적인 말로 대응하였고 일부는 가해자를 벽에 밀치는 것과 같이 신체적인 반응을 보였다고 보고하였다. 다른 외적 반응에는 적합한 상급자와 같이 소속 기관으로부터 지지를 얻고 친구나 가족으로부터 사회적 지지를 구하는 것 등이 포함된다. 이러한 사건은 관리자 및 동료와의 관계를 포함한 다른 직업 관련 태도와 전반적인 직업만족도에 영향을 준다(Berdahl & Raver, 2011; Lundberg-Love & Marmion, 2003).

Gutek과 Koss(1993), Berdahl과 Raver(2011)는 성희롱이 여성의 신체적 · 정신적 안녕뿐만 아니라 진로에 어떻게 영향을 미치는지를 보여 주었다. 1,500명 이상의 대학 교직원을 대상으로 한 연구에 따르면, 성희롱은 질병이나 상해, 또는 폭행당한 빈도와 관련이 있었다(Roscigno, 2007). 미국의 실적제 보호위원회(U. S. Merit Systems Protection Board)(1981)의 연구에 따르면, 36,000명이 넘는 연방 직원이 성희롱을 보고한 후 회사를 그만두거나 전근 조치되거나 재발령을 받거나 해고되었다. 17,000명 이상이 포함된 대규모 메타 분석은 성희롱이 외상 후 스트레스 장애를 포함한 심리적 질병과 관련이 있음을 보여 주었다(Willness, Steel, & Lee, 2007). 다른 연구에서는 동료관계와 회사에 대한 충성도에 미치는 부정적 영향을 보여 주었다. Lundberg-Love와 Marmion(2003)은 성희롱이 자존감과 삶의 만족도에 부정적인 영향을 미친다는 것을 보여 주는 연구들을 요약하였다. 피해자가 보고하는 신체적인 증상에는 위장병, 이 갈기, 구토, 불면증 등이 포함되었다. 뿐만 아니라 성희롱은 섭식 장애를 일으키는 원인 중 하나일 수 있다(Harned & Fitzgerald, 2002).

성희롱은 보통 한 번 일어나고 마는 사건이 아니라 몇 주나 몇 달에 걸쳐 일어나는 일련의 사건이다. Gutek과 Koss(1993)는 시간의 흐름에 따라 발생하는 성희롱에 대한 반응을 혼란과 자책, 두려움과 불안, 우울과 분노, 환멸이라는 네 단계로 서술하였다. 성희롱으로 인해 소송을 제기한 72명의 여성을 연구한 Wright와 Fitzgerald (2007) 또한 Gutek과 Koss가 규정한 다음의 네 가지 범주와 유사한 네 가지 서로 다른 정서적 군집을 발견하였다.

- **혼란과 자책:** 여성은 성희롱을 당한 것에 대해 책임을 떠맡으려 한다. 자신이 성희롱을 막을 능력이 없었다는 것 때문에 마음이 상하고, 성추행 상황은 더 나빠지기 시작할 수 있다.
- **두려움과 불안:** 자신의 진로나 안전에 대한 두려움은 여성이 집까지 운전하기나 전화 받기를 겁내게 만들고 또한 직무수행에 영향을 미칠 수도 있다. 직장 출근

과 업무 집중도에 타격을 줄 수도 있다.

- 우울과 분노: 자신에게는 성희롱에 대한 책임이 없다는 것을 알게 되었을 때 여성은 불안해지고 더 많이 분노하게 될 것이다. 만약 고소를 한다면 직장 상황은 악화될 수 있고, 여성은 자신의 직무에서의 진전에 대해 절망감을 느낄 수 있다.
- 환멸: 가해자를 고발하는 과정은 길고 고되며 항상 성공적인 결과를 낳는 것도 아니다. 많은 조직에서는 성희롱을 고발하기로 선택한 여성을 지원하지 않는다.

이상의 단계는 Hopson과 Adams가 제안한 단계와 약간의 유사점이 있다. 그러나 이 단계들은 Hopson과 Adams의 단계와는 달리 조직의 지지나 사회적 지지를 가정하지 않는다는 점에서 차이가 있다. 상사나 동료에게 성희롱을 당하였을 때 여성은 종종 무력감을 느끼며, 조직 내 다른 동료나 상사의 지지를 거의 받지 못한다고 느낀다. 여성은 성희롱을 보고하지 않을 수도 있는데, 그 이유는 조직이 성희롱을 최소화하려 하거나 보복 조치를 취할지도 모른다고 생각하기 때문이다(Bergman, Langhout, Palmieri, Cortina, & Fitzgerald, 2002). 직장 내 성희롱을 예방하고 이를 다루고자 하는 사람들에게는 『성희롱의 사회적 영향: 조직과 학자를 위한 자원 매뉴얼(*The Social Impact of Sexual Harassment: A Resource Manual for Organizations and Scholars*)』(Markert, 2010)과 『차별의 얼굴: 인종과 성은 일과 가정생활에 어떻게 영향을 미치는가(*The Face of Discrimination: How Race and Gender Impact Work and Home Lives*)』(Roscigno, 2007)가 도움이 될 것이다. 다음의 예에서 내담자는 성희롱이 일어나는 상황에 단호하고 힘 있게 대처하고 있다. 그녀는 이 상황을 잘 처리하고 있기 때문에, 그녀가 이 사건을 처리하는 과정은 Gutek과 Koss의 모델보다 Hopson과 Adams의 모델에 더 가깝다.

로버타는 뉴욕의 대형 법률회사에서 일하고 있는 만 30세의 변호사이다. 뉴욕의 가난한 푸에르토리코 이민 가족의 다섯 자녀 중 한 명인 그녀는 자신이 노력해서 받은 장학금의 도움으로 대학과 로스쿨을 다녔다. 로버타의 전문 분야는 세금문제이고, 그녀는 자신이 받고 있는 수련에 만족하고 있으며, 6개월 전에 입사한 회사에서 진급할 기회를 고대하고 있다. 그녀는 졸업 후 3년 동안 작은 법률회사에서 일하면서 한계를 느꼈다. 그녀는 새로운 회사에 오는 조건으로 상당한 봉급 인상을 제안받았다. 어느 날 그녀가 책상 밑으로 떨어진 연필을 집으려고 몸을 숙이는데 세법 부서장인 직속 상사가 그녀의 엉덩이를 가볍게 만진다. 그녀는 그 일로 충격을 받고 일을 계속하지만, 시간이 갈수록 점점 더 화가 난다. 그녀가 일을 마치고 퇴근하려는데 상사가 "코트 입는 거 도와줄게."라고 말한다. 그녀가 대답하기도 전에 그는 그녀가 코트 입는 것을 도와주는데 그의 손이 그녀의 가슴을 스친다. 그녀는 그에게 냉담하게 말한다. "그러지 마시죠. 그 손 치워요." 그러자 그는 "불평하지 마. 난 아무 뜻도 없었어."라고 대답한다. 그녀는 부들부들 떨면서 직장을 나와 자신의 아파트로 돌아와서 그녀가 다니던 대학에 소수집단 우대정책 책임자(affirmative action officer)인 믿을 만한 친구에게 전화를 건다. 다음 대화는 통화 내용의 일부이다.

**내**1: 오늘 일어난 일을 믿을 수가 없어. 너한테 말해야겠어. 내가 이 회사에 오고 나서 여태까지 나한테 거의 말도 걸지 않던 상사가 오늘 나를 두 번이나 건드렸어. 내 엉덩이랑 가슴. 너 이게 믿겨지니? 그러더니 그 바보 같은 자식이 뻔뻔스럽게 "불평하지 마!" 그러는 거야. 자기가 뭔데 그러는 거야?

**상**1: 끔찍한 일이네! 진짜 기분 나빴겠다. [친구는 전에 이와 같은 상황을 다룬 적이 있기 때문에, 그런 상황을 다루는 방법을 알고 있지만 지금은 그런 제안을 할 때가 아님을 깨닫는다. 친구는 로버타가 충격에서 벗어났고 자신에게 일어난 일을 최소화하지 않고, 우울한 상태가 아니라 화가 났다는 것을 인식하고 먼저 로버타의 이야기를 듣기를 원한다. 로버타의 반응이 Hopson과 Adams의 전환 이론에 깔끔하게 맞아떨어지지 않는다는 것은 중요하지 않다.]

**내**2: 이런 일이 생길지는 정말 몰랐어. 그 멍청이! 자기가 뭐라고 생각하기에 나를 그딴 식으로 만질 수 있어!

**상**2: 네가 이렇게 화난 목소리는 처음 들어 봐. 진짜 엄청 화가 났구나. [상담자는 로버타의 분노를 알아차리고 이 단계를 넘어갈 때가 되면 로버타가 그것을 알 수 있을 것이라 생각하면서 그녀의 말을 경청한다.]

45분간의 대화 끝에 로버타는 마침내 "내가 이 일에 대해 뭔가를 해야 한다는 걸 알겠어. 내가 오늘밤 늦게 다시 전화해도 되겠니? 좀 앉아 있어야겠어."라고 말한다. 그녀의 친구는 이에 동의한다. 그날 밤 늦게 그들은 조치 가능한 행동에 대해 의논한다. 그들은 그 상사를 어떻게 직면할지, 회사 내 다른 누군가에게 말할지, 어떻게 진행할 것인지 의논한다. 이렇게 함으로써 로버타는 그 상황에 대한 자신의 반응을 다룰 수 있도록 그것을 내려놓는다. 일 역할에 깊이 전념하고 있고 또한 확립 단계가 시작하는 시점에 있기 때문에 로버타는 지금 그녀의 진로를 안정화하기 시작하기보다는 극도로 안정을 뒤흔드는 사건에 대처해야만 한다. 문제가 이상적으로 해결된다면, 그녀의 상사는 처벌을 받고 그의 행동은 중지될 것이다. 하지만 오히려 로버타가 일자리를 잃고 법률회사를 상대로 긴 소송을 벌여야 할 가능성도 존재한다. 이런 사건에서 파생되는 잠재적인 결과는 그녀의 경력 이동성뿐만 아니라 그녀의 자존감에도 영향을 줄 수 있다. 만일 해고된다면 비록 그 상황이 자신이 만들어 낸 것은 아니더라도 로버타는 많은 자문을 하게 될 것이다.

## 다문화 집단에 영향을 미치는 진로위기

차별은 소수집단에 속하는 사람의 진로발달에서 주요 문제인 것으로 확인되어 왔다. Roscigno(2007)와 Fassinger(2008), Light, Roscigno와 Kalev(2011)는 인종적(그리고 성적) 불평등이 미국 내 다문화 집단 성인이 겪는 차별에 어떻게 영향을 주는 지를 설명하였다. 차별에 대해서는 3장에서도 미국 노동시장의 사회적 구조 측면에서 논의한 바 있다. 차별은 개인이 진로발달 과정에서 확립이나 유지 국면에 있고, 일이 개인의 자존감에 중요한 부분일 때 특히 위협적이다. 몇몇 연구는 직장에서의 인종차별이 미치는 영향과 그것이 향후 건강 문제와 관련해서 미치는 영향을 살펴보았다. 차별의 직접적인 경험은 흑인과 라틴계 남성과 여성 그리고 아시아계 미국인 및 미국 원주민 사이의 정서적 스트레스와 관련이 있었다(Carter & Forsyth, 2010). 히스패닉 근로자 사이에서 인종차별은 업무 관련 질병과 상해 또는 폭행과 관련이 있었다(Shannon, Rospenda, Richman, & Minich, 2009). 일본으로 돌아가는 일본계 브라질 사람 사이에서 인종차별은 건강문제와 관련 있었는데, 특히 교육 수준이 가장 낮은 일본인의 경우에 그러한 경향이 더 두드러졌다(Asakura, Gee, Nakayama, & Niwa, 2008).

인종차별은 미국에서 특별히 주목하고 있는 문제인데, 특히 흑인과 관련 있다. Burlew와 Johnson(1992)은 이 주제에 대해 흥미로운 접근을 취하고 있다. 그들은 미국 흑인 여성 사이에서 진로 성공을 위해 나아가는 과정에 걸림돌이 되는 장벽을 비교하였다. 이들은 상담, 교육과 같은 전통적으로 여성적인 직업을 가진 흑인 여성은 변호사, 엔지니어, 의사와 같은 비전통적인 직업을 가진 흑인 여성보다 인종차별과 성차별, 결혼생활 불화, 그들의 능력에 대한 동료의 의심과 같이 성공에 방해가 되는 장벽을 더 적게 경험하였다고 보고하였다. Phelps와 Constantine(2001)은 미국 흑인이 대부분의 주요 직업 장면에서 경력의 진전을 가로막는 장벽을 계속해서 경험한다고 기술하였다. 직장에서의 차별은 흑인에게 장애가 될 뿐만 아니라 편집증을 포함하여 만성적인 정신과적 증상을 야기하였다(Palmer, 2006). 이러한 장벽을 다루기 위해, 가족의 욕구를 인식하는 직장과 직업을 갖기 위한 교육의 필요성을 인식하는 가족 모두가 직업으로의 전환을 이루는 과정에서 도움을 줄 수 있다(Thompson, 2005). 다른 연구에 따르면, 미국 대학의 흑인 남자 운동선수는 대학 운동 코치로서 성공하는 데 있어 상당한 인종차별적 장애를 목격하였다고 하였다(Cunningham & Singer,

2010). 선택에 대한 각기 다른 장벽은 여러 가지 문화적 주제에 영향을 받는 다양한 전환과 위기를 가져올 수 있다.

차별은 여러 형태를 띨 수 있다. 백화점에서 한 고객이 다른 고객에게 인종적 폄하 발언을 하는 것을 우연히 들은 직원은 그 말이 자신에게 한 것이 아니라 해도 불쾌감을 느낀다. 새로운 문화권으로 오게 된 이민자는 차별에 직면하고 사회의 다른 구성원보다 더 형편없는 대우를 받는다. 인종차별 때문에 승진, 탐나는 과제, 급여 인상 또는 다른 혜택을 거부당하는 경험은 개인에게 큰 충격을 줄 수 있다. 차별을 당하면 개인은 Hopson과 Adams가 기술한 바와 같이 위기를 겪기 쉽다. 개인이 이러한 위기를 어떻게 다루는지는 부분적으로 상황, 관리자, 개인의 기질에 달려 있다. Atkinson, Morten과 Sue(1998)가 제안한 모델(9장 321쪽의 표 9.3을 보라)은 차별로 야기된 직업 관련 위기를 개인이 어떻게 다루는지 묘사하고 있다(Diller, 2011). 예를 들어, 1단계 순응에 해당하는 사람은 백인 상사에게 차별을 당할 때 자기 자신을 탓하는 반면, 3단계 저항과 몰입에 해당하는 사람은 백인 상사를 대할 때 자기 통제력을 잃고 분노한다. 5단계의 상승 작용하는 명료화와 자각에 해당하는 사람은 차별적인 상황을 개선하기 위해서 상사와 필요하다면 다른 사람들까지도 효과적으로 대할 수 있다.

방금 기술한 사람들은 Hopson과 Adams의 단계를 각기 다르게 겪을 수도 있다. Atkinson 등이 제시한 모델의 1단계에 있는 사람들은 Hopson과 Adams의 1, 2단계에 한동안 갇혀 있을 수 있다. 말하자면 차별로 인해 충격을 받고 그것을 최소화, 즉 본질적으로 차별의 중요성을 부인하는 것이다. Atkinson 등이 제시한 모델의 3단계에 있는 사람은 Hopson과 Adams 모델의 3단계인 자기 회의로 빠르게 이동하여 엄청난 분노를 느낄 수 있다(Diller, 2011). 그리고 이 단계를 넘어서지 못할 수도 있다. 반면 5단계에 있는 사람은 Hopson과 Adams의 부동화, 최소화, 자기 회의 단계를 빠르게 통과하거나 아예 이들 단계를 다 건너뛰고 내려놓기와 시험해 보기 단계로 나아갈 수도 있다. 궁극적으로 차별적인 상황을 긍정적으로 극복한 자기 자신에 대해 더 좋은 감정을 갖게 될 수 있다. 그러나 차별의 본실은 소수집단 사람이 아무리 자신의 의사를 명확히 표현하고 깨어 있다 하더라도, '주류집단'은 자신의 힘을 파괴적으로 행사할 수 있다는 것이다.

차별이 위기가 된 로버타의 사례는 '이중위험(double jeopardy)'이라는 개념의 예시를 보여 준다. 이 맥락에서 이중위험이란, 소수집단의 여성이 자신이 여성이라는 것과 주류문화와 문화적으로 다르다는 것의 두 가지 이유 때문에 직업적 장벽에 직면하게 될 수 있다는 사실을 뜻한다.

로버타는 성적으로 부적절한 행동을 하는 상사와의 상황에 긍정적인 방식으로 대처할 수 있었다. 그녀는 자신을 고용한 법률 파트너 중 한 명과 그 일에 대해 의논하였다. 그 사건이 일어난 지 3주 뒤에 그 문제의 상사는 회사를 떠났다. 로버타는 회사 내의 다른 두 명의 여성도 비슷한 일을 겪었다는 소문을 들었지만 진솔한 설명은 듣지 못하였다.

로버타는 그 회사에서 계속 일하면서 점점 더 비중 있는 업무를 맡게 되었으며, 대규모 법인 계좌와 부유한 고객의 세금 분야를 책임지게 되었다. 세금 부서의 선임 한 명이 그만두고 다른 회사로 가게 되면서, 그가 관리하던 계좌가 부서원들에게 나누어졌다. 로버타가 그 회사에서 관리하는 가장 큰 계정 중 하나인 도우 주식회사의 세금 관련 업무를 맡은 지 2주 만에, 그녀는 그 일이 다른 사람에게 넘겨졌다는 말을 듣게 되었다. 로버타가 새로 온 상사에게 왜 자신이 그 계좌를 더 이상 맡을 수 없는지에 대해 물었을 때, 그는 당황하면서 그녀에게 부족한 전문성을 다른 사람이 갖고 있다고 설명하였다. 로버타는 상사가 말한 사람이 사실은 자신보다 더 전문성을 갖춘 사람이 아니라는 것과 도우 주식회사가 차별적이라는 평을 가지고 있음을 알고 있었다.

무슨 일이 일어나고 있는지를 깨달았을 때 그녀가 보인 즉각적인 반응은 충격이었다. 살아오는 동안 푸에르토리코인이라는 이유로 몇 번의 인종차별을 경험한 그녀는 인도주의적이고 지적이라 믿었던 사람들 사이에서도 이런 일이 발생한다는 사실에 놀랐다. Atkinson 등(1998)이 기술한 단계를 거쳐 5단계인 상승 작용하는 명료화와 자각에 도달한 로버타는 이 상황을 최소화하지도 않았고 자기 의심이나 우울감에 빠짐으로써 상황에 대한 책임을 자신에게 돌리지도 않았다. 그녀는 이전에 대기업 측에서 소수집단 우대정책을 시행한다고 하면서도 실제로는 그렇게 하지 않는 위선을 목격한 바 있다. 로버타는 이 상황에 대처하기 위한 여러 가지 전략에 대해 상사와 의논할 수 있었다. 그녀는 계좌 관리자를 바꾸지 않고 그 계좌를 계속 자신에게 맡기는 방안에 대해 상사와 이야기를 나누었다. 그는 그녀의 조언을 받아들여 이 문제를 논의하기 위해 도우 주식회사 대리인을 만났다. 그녀는 자신이 이 상황에 대처한 방식과 그녀의 조언을 상사가 존중해 준 것으로 인해 힘을 얻었다.

## 상담자 쟁점

진로위기나 전환에 처한 내담자를 대할 때 상담자는 두 가지 주요 문제에 봉착한다. 첫 번째 문제는 상담자 자신이 과거에 전환을 겪었을 때의 경험과 관련이 있다. 두 번째 문제는 상담자 자신이 위기에 처한 상황에서 내담자를 상담하는 것과 관련된다.

첫 번째 문제와 관련하여, 상담자는 사람마다 위기를 다르게 경험한다는 것을 기억할 필요가 있다. 한때 해고당한 경험이 있다 하더라도 상담자는 당시 내담자와 다른 전 생애 단계에 있었을 수 있다. 전환의 다른 단계를 경험하고 상이한 생애 역할을 중시하였다면 상담자의 반응은 내담자와 달랐을 것이다. 전환과 관련된 자신의 경험에서 상담자가 배울 수 있는 한 가지 유용한 아이디어는 어느 누구도 다른 사람을 전환의 다음 단계로 옮겨 놓을 수는 없다는 점이다. 위기를 겪고 있는 사람은 자신의 고유한 속도로 단계를 통과한다.

두 번째 문제는 상담자 자신이 위기 상황에 처하였을 때 어떻게 반응하느냐에 대한 것이다. 위기와 전환은 에너지와 시간을 많이 소모하게 할 수 있다. 이혼 과정에 있거나 실직을 앞두고 있는 상담자는 다른 것을 생각할 여력이 거의 없을지도 모른다. 이때 상담자가 상담을 받는 것은 종종 큰 도움이 된다. 하지만 때때로 그것만으로는 충분하지 않고, 상담자가 일시적으로나 영구적으로 상담 상황을 떠날 수도 있다. 특히 Hopson과 Adams의 처음 세 단계는 자기 몰입을 많이 요구한다. 이에 비해 내려놓기, 시험해 보기, 의미 추구, 내면화의 단계는 앞의 세 단계보다 자기 몰입을 덜 요구한다.

## 요약

진로위기와 전환은 예측한 것이 아니고 비자발적일 때 가장 다루기 어려운 경향이 있다. 이 장에서는 만화경 진로와 무경계 진로, 프로티언 진로, 진로전환검사, 비규범적 진로사건과 지속적 직업문제를 포함한 여러 유형의 전환에 대해 설명하였다. 더욱이 개인에게 일 역할의 중요성이 크고 개인이 Super의 확립과 유지 단계에 있을 때, 이러한 다양한 전환이 경험되면 상당한 정신적 외상을 초래할 수 있다. Hopson과 Adams (1977)는 진로전환에 적용될 수 있는, 위기 이해를 위한 7단계 모델을 제시하였다. 이 단계에는 부동화, 최소화, 자기 회의, 내려놓기, 시험해 보기, 의미 추구, 내면화가 포함된다.

여성과 다른 문화권 출신 사람은 성인기 삶의 전환이나 위기의 한 유형으로서 백인 남성은 경험하지 않는 차별을 경험할 수도 있다. 게다가 여성은 자녀양육으로 인해 노동시장에 재진입하거나 노동시장을 떠나는 것과 같은 어려운 상황에 처할 수 있다. 또한 성희롱은 전 생애의 어느 시점에 발생하든지 간에 여성의 진로발달과 자존감에 치명적일 수 있다. 아주 다양한 진로 관련 전환에 대응하는 것은 성인 근로자를 상담하는 상담자나 치료자에게 상당히 자주 있는 일이다.

# PART 3
# 특수 초점 이론

진로선택 과정을 바라보는 다양한 방식을 대변하는 몇 가지 이론이 개발되어 왔다. 이 이론들 중 상당수가 심리학적 이론을 채택하고 그것을 진로발달에 적용하였다. 11장에서는 Cochran의 내러티브 접근과 Savickas의 진로구성 이론을 진로발달에 적용한다. 둘 다 세상에 대한 내담자의 인식을 이해하는 것을 강조하는 구성주의 접근이다. 12장은 진로선택에서 관계(부모, 가족, 교사, 친구 등)가 갖는 중요성을 설명한다. Susan Phillips와 동료의 연구는 진로의사결정에 있어서 사람들이 타인에게 어떤 식으로 영향을 받는지를 다룬다. 내담자의 삶에서 다른 사람들이 미치는 영향에 주목하는 것은 진로상담에 유익할 수 있다. 이 주제는 일에 대한 Blustein의 관계 이론에 직접적으로 영향을 받은 것이다. 심리학에서 학습 이론과 행동주의적 접근 또한 진로발달 이론에 영향을 미친다. 13장에서 다룰 진로발달에 대한 Krumboltz의 사회학습 이론은 우연한 사건의 활용에 초점을 둔다. 14장에서 제시할 사회인지진로 이론은 개인이 자신의 진로선택에 대한 지지와 장벽을 다룰 때 자기효능감이 갖는 중요성을 보여 준다. 15장에서는 두 가지 각기 다른 진로의사결정 이론에 대해 기술한다. 영적인 접근을 취하는 상담자는 진로결정을 할 때 개인의 가치와 믿음을 강조한다.

반면 인지정보처리 이론은 사람들이 자신의 사고과정을 이해하고 바꿈으로써 어떻게 진로의사결정을 향상시킬 수 있는지를 연구한다. 이처럼 각 장은 상담에서 유용하게 활용될 수 있는 중요한 관점을 제공한다.

Applying Career Development Theory to Counseling

# 진로발달에 대한 구성주의와 내러티브 접근

## ✿ 이론의 개요

**내러티브 상담**

**Cochran의 내러티브 진로상담**
- 진로문제 정교화하기
- 생애사 구성하기
- 미래 내러티브 이끌어 내기
- 실재 구성
- 삶의 구조 바꾸기
- 역할 실연하기
- 결정 구체화하기

**Savickas의 진로구성 이론**
- 직업적 성격-Holland 이론
- 진로적응력의 발달과업
- 진로적응력의 차원
- 삶의 주제
- 진로구성 면접과 이론을 활용한 진로상담

내러티브 치료(narrative therapy)는 **구성주의**(constructivism)에서 출발하였다. 구성주의는 **포스트모더니즘**이라는 철학적 견해에서 발전해 나온 심리학적 접근이다. 포스트모던 철학을 따르는 이론가는 사람들이 자신만의 현실이나 진리를 구성하거나 인식하며, 고정된 진리는 존재하지 않는다고 본다(Neimeyer & Stewart, 2002). 포스트모더니즘은 모더니즘에 대한 반동이다. **모더니즘**은 과학적 증거를 강조하고 기술과학의 발전을 반영하는 **합리주의적**(rationalist) 접근이다. 포스트모더니즘은 심리학자와 상담자, 철학자 및 다른 사람들이 사람마다 자신에게 무엇이 실재인가에 대한 각자의 구성개념이나 관점을 가질 수 있다고 인식하는 다문화적으로 다양한 세계를 반영한다.

이러한 포스트모더니즘과 관련 있는 접근이 구성주의이다. 구성주의자는 개인이 삶에서 일어나는 사건과 관계에 대한 자신만의 견해를 만들어 나간다고 본다. 구성주의 상담자는 내담자가 자신의 문제에 부여하는 의미에 주목할 뿐만 아니라 내담자가 자신의 문제를 의미 있지만 더 이상 유용하지 않은 선택으로 보도록 돕는다. 구성주의 상담자는 내담자가 자신의 문제에 자기 나름의 질서를 부여하는 방식과 타인과의 경험을 통해 의미를 이끌어 내는 방식을 다룬다.

세상에 대한 개인의 견해를 구성하는 데 있어서 구성주의와 사회적 구성주의라는 다소 다른 두 가지 관점이 있다. 상담과 치료에서 구성주의 이론의 기원은 George Kelly(1955; Fransella, Dalton, & Weselby, 2007)의 연구에서 찾을 수 있다. Kelly에 의하면 개인적 구성개념(personal constructs)은 개인이 자신의 삶을 해석하고 바라보는 방식이고 또한 개인의 진로는 각자의 삶에 역할 명료성과 의미를 부여하는 중요한 수단이다. 이렇듯 개인이 어떻게 생각하는지 또 학습한 것을 어떻게 처리하는지에 초점을 두는 것을 **구성주의**라 한다. **사회적 구성주의**는 타인과의 상호작용이 세상에 대한 개인의 견해와 그러한 견해의 결과로 취하는 행동에 어떻게 영향을 미치는가에 초점을 둔다(Del Corso & Rehfuss, 2011; Hartung & Taber, 2008; Hartung, 2011; Young & Collin, 2004; Young, Marshall, Valach, et al., 2011). 따라서 사회 구성주의 이론가는 개인이 어떻게 직업세계에 자신을 맞추는지 또한 어떻게 직업세계를 자기 삶에 맞추는지를 살펴본다(Brott, 2005; Chen, 2006; Savickas, 2002, 2005a, 2005b, 2011a, 2011b, 2011c; Stebleton, 2010).

진로상담에 대한 구성주의적 접근에 관한 연구는 대부분 1980년대부터 이루어졌다. 그 이유는 직업 구조가 1970년대부터 변화하였기 때문이다. 사람이 평생 하나의 직업과 직장에서만 종사하던 시기가 있었다. 그러나 이제는 직원에 대한 회사의 충실성은 덜 하고, '인원감축'이 점점 증가하고 있으며, 시간제나 자문위원 신분으로 고용된 근로자가 늘어나고 있다. Savickas(2005b, 2011a)가 지적한 것처럼, 사람들은 직업을 점점 더 빈번하게 바꾸고 있기 때문에 개인과 일자리의 매칭이라는 개념은 더 이상 예전만큼 매력적이지 않다. 회사가 개인의 경력을 관리해 주는 주체가 아니라 개인이 스스로 자신의 경력을 관리해야 한다. 상담자는 단지 내담자가 조직을 이해하도록 도와줌으로써가 아니라 자신의 삶에서 의미를 찾도록 도와줌으로써 내담자에게 도움이 될 수 있다. 포스트모던 시대에서 진로 분야는 이제 1970년대 이전에는 발생하지 않았던 변화와 변동을 맞이하고 있다. 따라서 진로상담자는 평생직장이 아니라 개개인에게 의미를 부여하는 방도로서의 진로에 초점을 두어야 한다.

이 장은 진로상담에 대한 각기 다른 두 개의 구성주의 관점을 제시한다. 하나는 내러티브 상담이며 다른 하나는 진로구성 이론이다. 이 두 가지 접근은 각각 내담자의 가치나 구성개념(개인이 세상을 바라보는 방식)에 대한 이해를 강조한다는 점에서 맥을 같이 한다. 내러티브 접근에서는 내담자를 이야기의 능동적인 주체자로 여긴다. Cochran(1997)의 7개 에피소드 상담기법은 내담자가 자신의 진로 이야기를 얼마나 능동적으로 이해하고 이런 이해를 미래 진로를 구성하는 데 얼마나 능동적으로 적용할 수 있는지를 보여 준다. 진로구성 이론(Savickas 2002, 2005a, 2011a, 2012)은 내담자 평가 및 진로상담 진행 방식에 영향을 미친 진로상담의 내러티브 접근에 기반한 통합적인 치료를 개발하기 위한 것으로, Super와 Holland 및 다른 이론에서 필요한 요소를 뽑아 왔다. Savickas는 자신의 이론을 Sigmund Freud와 동시대 인물이었던 Alfred Adler의 심리치료 이론에 영향을 받은 구조화된 접근이라고 설명한다. Cochran은 진로상담의 방법으로 내러티브 이외에 다른 이론은 사용하지 않았는데, 이 점에서 Cochran과 Savickas의 접근은 차이가 있다. Savickas는 내러티브 상담을 다른 진로발달 이론과 통합시켰다. Savickas는 내러티브 치료자들로부터 이론적 사상이 내담자의 이야기와 역사 이해를 방해하도록 허용한다는 비판을 받았다. Savickas는 그의 이론에서 내담자의 이야기에 귀를 기울이는 것이 최우선이고, 그는 상담자와 내담자 모두에게 내담자에 대해 생각하는 좀 더 많은 방식을 제공하기 위해 이론을 사용한다는 것을 보여 줌으로써 이러한 비판에 반박한다. 그러므로 Cochran과 Savickas 둘 다 상담을 위한 제안과 더불어 내담자를 이해하는 방법도 제시하였다.

## 내러티브 상담

내러티브 상담에서 내담자는 자신의 과거와 현재의 진로발달에 대해 이야기하거나 말하고 미래 진로를 구성한다. 내담자가 자신의 삶에 대해, 그리고 어떻게 자신의 일 역할을 실행해 왔는지를 설명하는 것을 들으면 상담자는 내담자의 미래 진로결정을 지원하는 데 유용한 도움을 얻을 수 있다. 이것은 어떻게 내담자들이 자신의 세계와 의도적으로 상호작용하고 이러한 상호작용을 통해 무엇을 배우는지에 주의를 기울이는 능동적인 접근이다(Young et al., 2008; Young, Marshall, Foulkes et al., 2011; Young, Marshall, & Valach, 2007). 내러티브 모델은 사람들이 자신의 삶을 연기해 보는 연극이나 사이코 드라마 모델과 유사하다. 진로를 하나의 이야기로 보는 것이다.

Brott(2001, 2005)과 Cochran(1991, 1994, 1997)은 내담자의 진로를 하나의 이야기에 비유하는 것이 상담을 위한 훌륭한 비유라고 제안하였다. 내담자가 자신의 삶이나 진로에 대해 말할 때 중요하다고 느끼는 것과 중요하지 않다고 느끼는 것이 무엇인지에 주의를 기울임으로써 이러한 이야기에서 의미를 이끌어 낼 수 있다. 이야기처럼 진로도 '행위'와 '시간'이라는 두 가지 중요한 요소를 포함한다. 내담자는 시간의 틀 안에서 자신의 환경과 더불어 행동하거나 상호작용한다.

내담자의 진로를 이야기 혹은 심지어 소설로 본다면 문학 비평에서 도출된 개념을 적용해 볼 수 있다(Jepsen, 1992). 이야기의 내레이터 혹은 작가(내담자)는 **행위자**(agent)라 부른다. 그리고 연극의 배경이나 무대 장면과 매우 유사한 이야기가 전개되는 **장면**(setting)이 있다. 그러나 이 장면은 또한 가족과 친구 및 직장 동료와 같은 주요 인물을 포함한다. 연극이나 이야기처럼, 여기에는 또한 행위자(내담자)의 욕구를 만족시킬 목표에 도달하기 위하여 계획된 **행동**(action)이 있다. 이때 행위자(내담자)는 목표에 도달하기 위해 **도구**(instrument)를 사용한다. 도구에는 개인의 능력이나 친구, 가족 혹은 고용주가 포함된다. 이것은 등장인물들이 목표를 성취하기 위해 서로 상호작용하고, 주인공(주요 인물)이 목표를 성취하기 위해 환경(장면) 속에서 다른 사람들과 상호작용할 때 어떤 행동이 일어나는 소설과 유사하다. Jepsen의 관점에 따르면, 도구와 목표가 불일치할 때나 행위와 목표가 불일치할 때, 또는 내담자(행위자)와 목표가 불일치할 때 문제가 발생한다.

Savickas(2011b)는 구성주의 관점과 더불어 발달적 관점을 통해 내담자(행위자)의 역할을 바라본다. Savickas의 관점에 따르면, 개인은 먼저 행위자로 시작하고, 두 번째로 주체자가 되고, 세 번째로 작가가 된다. **행위자**(actor)로서, 아이들은 가정에서 이후에는 학교에서 역할을 수행한다. 아이들은 가족 구성원 및 또래에게 특정한 방식으로 **행동한다**. 아이들은 이러한 방식으로 타인과 상호작용하면서 그들의 성격을 개발해 나간다. 이들은 나이를 먹으면서, 자신을 위한 목표를 설정하고 이러한 목표 달성에서 진전을 이루기 시작한다. 이런 방식으로 이들은 자신의 행동을 조절하는 주체자가 된다. 다음으로 이들은 각자 삶의 작가가 된다. 이들은 자신만의 독특한 이야기를 말할 수 있도록 **행동**과 **주체성**(agency)을 통합한다. **작가**로서 이들은 자신이 살고 있는 이야기가 무엇인지를 깨닫게 된다.

진로 스토리에 문제가 있을 때, 진로 미결정과 같은 의사결정에 대한 어려움이 흔히 발생한다. 내러티브 관점에서는 미결정을 긍정적으로 볼 수 있다. 즉, 내담자가 변화를 이루기 위한 과정에 있다는 하나의 신호로 볼 수 있다. 내담자는 자신의 삶의 이야기에서 자신이 어디에 있는지에 대한 감각을 잃어 가고 있고, 자신이 어디로 가고 있는지, 또 자신의 목표가 무엇인지에 대한 명료한 생각이 없다. 행동하기(직업선택) 전에 미결정을 살펴보고 떠오르는 의미를 감지함으로써 내담자는 자신의 진로패턴에 대한 더 풍부한 감각을 가질 수 있다. 진로 미결정은 내담자에게 일어나는 어떤 수동적인 사태가 아니라 일종의 능동적인 과정으로 볼 수 있다. Cochran(1991)은 **흔들림**(wavering)이라는 용어를 사용한다. 내담자가 앞뒤로 흔들릴 때는 자신의 진로경로에서 의미를 찾는 방향으로 움직이고 있다는 것이다. 이것은 상담자에게 내담자가 자신의 욕구와 가치 및 포부를 명료화하도록 돕는 기회를 준다. 즉, 어떤 이야기에 멈춤이 있는데, 이때 상담자의 역할은 내담자가 자기 이야기의 향후 방향을 정하고 이야기의 플롯(plot)을 명료화하도록 돕는 것이다. 이것은 장면의 변화(예컨대, 다른 진로나 직업 혹은 타지역으로의 이사)와 이러한 장면이나 상황에 도달하는 방법에 대한 계획을 뜻할 수 있다.

Cochran과 Savickas는 내담자가 자신의 이야기를 갖고 작업하는 것을 돕기 위해 어떤 접근을 적용하는데, 이 접근은 Savickas가 제안한 **생애 설계**(life designing) 개념의 일부이다(Savickas et al., 2009; Savickas, 2012). 이 접근은 구성하기(constructing), 해체하기(deconstructing), 재구성하기(reconstructing), 상호 구성하기(co-constructing)라는 네 개의 국면을 통한 이야기의 구성에 주목한다. **구성**은 **소서사**(miconarratives)라고 불리는 작은 이야기들로 시작한다. 이러한 이야기들은 내담자가 어떻게 자기 자신과 자신의 정체성 및 진로에 대한 견해를 조직화하는지를 상담자가 보는 데 도움이 된다. 소서사를 들으면서 상담자는 그 이야기 속에서 문화적 장벽뿐만 아니라 자기비판과 자기제한을 나타내는 부분에 귀 기울임으로써 이야기를 **해체한다**. 그런 다음 상담자와 내담자는 이 소서사를 긍정적인 결과가 들어 있고 내담자의 가치와 강점이 포함된 이야기로 **재구성**한다. 상호 구성에서는 많은 소서사에서 **대서사**(macronarratives)가 드러나며, 내담자와 상담자는 내담자 삶의 잠정적인 그림과 진로주제(현재와 미래)를 발전시켜 나간다. **상호 구성**의 결과로 내담자는 진로전망에 대한 새로운 견해를 갖게 되며, 일자리에 지원하고 노동시장에 진입하는 도전을 마주할 준비가 된다. 구성하기, 해체하기, 재구성하기, 상호 구성하기는 내담자의 스토리텔링(storytelling) 및 목표에 대한 논의에 모두 적용된다.

## ❁ 스토리텔링

내러티브 상담에서 내담자와 상담자는 모두 내담자의 이야기 내레이션(narration)을 통해 배운나. 이야기처럼, 내담자의 내레이션은 시작과 중간 및 끝이 있다. 시작 부분에서는 어렵거나 힘든 상황이 묘사된다. 이것은 이야기의 중간과 끝을 위한 동기를 제공한다. 이야기의 중간 부분에서 내담자는 장애물과 개인적 목표 달성을 위한 노력에 사용할 수 있는 도구를 묘사한다. 이야기의 끝 부분에서 내담자와 상담자는 만족감을 주고 내담자를 충족시킬 목표에 도달하는 데 도움이 될 해결책을 개발하기 위해 함께 작업한다. 이러한 접근을 사용할 때 내러티브 상담에 함축된 몇 가지 목표를 고려할 수 있다.

## ❁ 내러티브 상담에서의 평가 목표

상담자는 이야기의 상당 부분을 듣는 가운데 의미 있는 자료를 골라낸다. 상담자가 어떤 자료가 중요하고 어떤 자료가 덜 중요한지를 인식하기 위해서는 어떤 지침이 필요하다. 어떤 의미에서 상담자는 편집자와 같다. 상담자는 이야기의 의미 있는 부분을 순서대로 배열하고 어떤 것은 강조하며 어떤 것은 삭제한다. 편집된 이야기는 내담자의 과거의 삶에 대한 강조와 현재 내담자가 자신을 보는 방식 및 미래계획과 욕구를 포함한다. 편집자로서 상담자는 내담자 삶의 패턴을 평가하는 데 있어서 몇 가지 목표를 갖고 있다.

내담자의 내러티브를 들을 때 한 가지 목표는 내담자 삶에서 어떤 패턴을 파악하는 것이다. 상담자는 사건의 연대순이 아니라 사건의 의미에 초점을 둔다. 예를 들어, 사건의 연대기는 "2000년 11월 3일 철물점에서 일하기 시작하여 2001년 4월 17일에 그만두었다."가 될 수 있다. 이와 대조적으로, 이야기는 "2000년 11월 3일 철물점에서 일을 시작했다. 나는 동료들은 좋아했지만 사장은 좋아하지 않았다. 2001년 4월 17일, 금고에서 탄약을 훔친 일로 해고당했다."가 된다. 이 짧은 이야기에는 사건 연대기에 함축된 것보다 훨씬 더 많은 정보가 들어 있다. 절도를 한 것과 사장을 좋아하지 않았다는 것은 일자리를 갖고 있는 것과 해고당한 것을 연결시켜 준다. 그러나 여전히 더 많은 정보가 필요하다. 이처럼 이야기는 의미와 사건을 설명한다. 이런 짧은 이야기는 상담자가 개인의 삶의 패턴을 파악하려고 듣는 많은 이야기 중 하나일 것이다. 여기에 제시된 짧은 플롯 외에도 많은 플롯이 있을 것이다.

또 다른 평가 목표는 내담자와 상담자가 내담자의 정체성에 대한 감을 잡는 것이다(LaPointe, 2010; Savickas, 2011c). 내담자의 정체성은 내담자가 하는 이야기와 이야기를 하는 데 대한 접근방식 이 두 가지로 구성된다. 내담자는 이야기에서 능동적인 존재이며, 이야기의 주인공 또는 객체이다. 이러한 방식으로 내담자의 성격이 형성된다. 내담자의 성격에 대한 상담자의 견해는 **객체**(object)이다. 상담자는 내담자가 자신의 이야기를 하는 방식을 통해 내담자에 대해 배운다. 이야기가 간략하고 뚝뚝 끊어지는가? 내담자가 자신을 깎아내리는가? 변명을 하고 있는가? 이런 식으로 자기 자신에 대한 내담자의 개념은 **주체**(subject)가 된다. 내담자가 자신의 이야기를 진술하는 것을 듣고 이야기의 전개에 귀 기울이면 상담자는 내담자가 어떤 사람인지, 즉 내담자의 **정체성**이나 정체감에 대한 감을 잡는 데 도움을 얻는다. 이야기를 하고 그것을 내담자의 정체감에 맞게 만들어 가는 과정을 Savickas(2011b)는 **프로젝트**라고 부른다. Cochran의 7개 에피소드 상담기법과 Savickas의 진로구성 이론에서는 모두 내담자가 정체감을 형성할 수 있도록 돕는 것이 중요하다.

내러티브를 듣고 그것을 평가하는 데 있어서 또 한 가지 목표는 미래에 대한 내담자의 목표에 대해 알아 가는 것이다. 상담이 끝나 갈 때, 이야기의 줄거리는 과거와 현재를 넘어 미래로 확장되어 있어야 한다. 이를 위해 상담자는 내담자가 자신에게 가용한 선택지를 명료화하도록 도울 필요가 있다. 대안적 선택을 만들어 내고 결정할 사안들을 설명하는 것이 과제에 포함될 것이다. 이 과정에 유익한 도구로는 직업에 대한 백일몽 기술하기, 미래 자서전 쓰기, 유언장 등이 있다(Savickas, 1991). 이 시점에서 초점이 평가에서 상담으로 바뀐다. 분명히 평가 단계를 거치는 동안 상담의 어떤 측면이 드러날 수 있는데, 평가 국면을 통해 내담자가 자기 자신과 자신의 기술, 흥미, 능력, 욕구들에 대해 더 많이 알아가기 때문이다.

## Cochran의 내러티브 진로상담

내러티브 상담을 진로상담에 적용하는 방법을 이해하기 위해 이 절에서는 Cochran (1997)의 접근에 대해 설명하고자 한다. 이 접근은『진로상담: 내러티브 접근(*Career Counseling: A Narrative Approach*)』이라는 그의 저서에 기술되어 있다. 이 책에서 Cochran은 내러티브 관점을 사용한 진로상담의 7개 '에피소드' 또는 국면을 설명한다. 첫 3개의 에피소드인 진로문제 정교화하기, 생애사 구성하기, 미래 내러티브 시작하기에서는 진로 내러티브에서 의미를 추출하는 것을 강조한다. 네 번째에서 여섯 번째 에피소드는 각각 실재 구성, 삶의 구조 바꾸기, 역할 실연하기인데, 실연과 적극적인 태도에 초점을 둔다. 일곱 번째 에피소드는 결정의 구체화를 일컫는다. 7개 에피소드는 다음과 같다.

1. 진로문제 정교화하기
2. 생애사 구성하기
3. 미래 내러티브 이끌어 내기
4. 실재 구성
5. 삶의 구조 바꾸기
6. 역할 실연하기
7. 결정 구체화하기

Cochran의 내러티브 진로상담 접근을 보여 주는 예시로 여기에서는 데니스의 상황을 사용하고자 한다.

25세 백인 남성인 데니스는 현재 직장이 불만족스러워서 진로상담을 받으려고 왔다. 그는 고등학생 시절부터 일을 하다 말다 하였던 식료품 가게에서 부지배인으로 일하고 있다. 그는 만 18세에 고등학교를 졸업하고 해군에 지원하여 통신병으로 근무하였다. 그리고 만 22세에 해군을 떠났다. 처음에 데니스는 해군에 입대하면 재미있을 것 같고 세상을 볼 수 있는 기회도 얻을 수 있을 것 같았다. 그러나 그는 통신기술자로서 해야 하는, 그가 보기에는 상당히 반복적인 일에 대해서는 준비가 되어 있지 않았다. 그는 사관생 양성 프로그램에 들어가지 않은 것에 대해서는 다소 후회를 하였지만 해군을 떠나기로 결심하였다. 해군을 떠나 아이오와 주에 있는 집으로 돌아온 후에 데니스는 고등학생 시절에 일하였던 슈퍼마켓으로 돌아왔다. 그는 여가 시간 대부분을 자동차 경주를 하고 지역의 자동차 경주를 위한 준비를 하는 데 보내고 있다. 그는 슈퍼마켓이나 소매업 분야에서 관리자 직위로 올라갈 수 있도록 대학에 가면 좋겠다고 생각하지만 확신이 서지 않는다. 내러티브 상담은 아주 세밀한 접근이기 때문에 여기에서는 상담자와의 상호작용 일부만 제시한다.

## ❀ 진로문제 정교화하기

내러티브 상담의 첫 단계는 내담자의 관심사를 명료화하는 것이다. 현재 상황과 내담자가 원하는 것 사이의 괴리가 상담의 시작이다(Cochran, 1985). 상담이 성립하려면 반드시 이상과 현실 간의 괴리가 있어야 하고 이러한 불일치에 대해 내담자는 무언가 하기를 원해야 한다. 또한 내담자는 그 간격을 메우는 방법에 대한 확신이 없어야 한다. 만일 내담자가 확신이 있다면 상담이 필요 없을 것이다. 진로문제를 정교화하기 위해 상담자와 내담자는 지금의 현실과 미래의 이상 간에 빈틈을 채우려고 노력한다.

문제를 정교화하고 이런 틈을 채우는 방법에는 여러 가지가 있다. 내담자의 이야기에 대해 상담자가 보이는 흥미는 상담자가 내담자 및 내담자가 상담자와 공유하는 문제에 관심이 있다는 것을 보여 준다. 비록 진로문제를 정교화하는 데에는 일상적인 대화가 주된 방법이지만 다른 방법도 있다. 다음에 설명할 직업 카드 분류는 내담자가 자신의 삶을 바라보는 데 있어서 사용하는 구성개념을 상담자와 내담자가 이해할 수 있게 도와준다.

직업 카드 분류(Vocational Card Sort, VCS)는 Tyler(1961)가 개발하고 이후 Dolliver(1967)가 수정 · 보완한 것이다. VCS는 100장의 카드로 되어 있는데, 한 면에는 직업의 이름이 적혀 있고 다른 면에는 직업정보, 예컨대 직업에 대한 기술과 입사 조건 등이 적혀 있다. 일부 상담자는 직업명만 제시하거나 다른 정보를 사용하는 자신만의 카드 분류를 개발하였다. 일반적으로 이런 카드 분류는 60~100개 정도의 카드를 포함한다. 상담자는 내담자에게 카드를 세 무더기로 분류해 보라고 요청한다. 즉, 내담자가 고려하거나 수용할 만하다고 생각하는 직업, 선택하지 않을 것 같은 직업, 그리고 선택이 불확실한 직업으로 분류하도록 한다. 일부 상담자는 특정 직업군에서 가능한 진로를 선택하도록 하기 위해 카드 분류 기법을 사용하기도 한다. 그러나 Cochran(1997)은 내담자와 상담자가 고려할 구성개념과 가치를 끌어내기 위하여 카드 분류를 사용한다.

구성주의 접근을 카드 분류에 사용할 때, 상담자는 먼저 내담자에게 카드 뭉치를 '수용한다', '어쩌면', '거부한다'로 나누도록 요청한다. 그러고 난 후 수용이나 거절로 분류된 카드 더미를 갖고 내담자가 그 안에서 원하는 만큼 최대한 많은 더미로 나누어 보게 하는데, 이러한 유목화를 통해 내담자가 거부하는(또는 수용하는) 공통적인 이유가 드러난다. 내담자가 카드 뭉치를 여러 개의 더미로 나누면, 상담자는 각 더미에 포함된 직업들 간에 어떤 공통점이 있는지 물어본다. 그다음 상담자는 내담자에게 "어떠한 점 때문에 이들 직업을 거부(또는 수용)하나요?"라고 질문한다.

내담자가 일단의 직업을 거부 또는 수용하는 이유에 대해 말하면, 상담자는 내담자가 하는 말에 대해 추가 질문을 하거나 요약한다. 상담자는 내담자에게 중요한 가치 또는 구성개념이 무엇인지 알아내려고 시도한다. 수용과 거부로 분류된 카드 더미에 대해 다음에 제시되는 절차를 거친다. Cochran(1997, p. 45)은 이러한 절차를 거친 결과로 얻은 구성개념의 예를 몇 가지 제시하였다.

나 자신이 되기, 좀 더 개인주의적인 vs. 지나치게 순응적인, 지나치게 통제적인

기계와 전기 관련 실무에 자신 있는 vs. 예술적인 일에 대한 재능 부족

권위와 명성, 존경받는 것 vs. 제약받는, 무시당함

좋은 결과에 대한 공을 인정받을 수 있음 vs. 나쁜 결과를 책임져야 하는 것에 대한 누려움

이런 방식으로 카드 분류를 사용하면 상담자와 내담자는 이러한 절차를 거친 결과 도출된 구성개념에 대해 논의할 수 있다. 또한 이들은 수용이나 거부 더미에 포함된 여러 직업에 대해 논의하고 이 직업이 구성개념과 어떻게 맞는지에 대해서도 논의할 수 있다. 그 결과 내담자는 직업에 대해서 배우고 자신에 대해서도 배운다.

또 다른 기법은 그림 그리기이다. 그림 그리기는 보통 내담자를 이완시키거나 심상기법(Dail, 1989)을 사용하게 하면서 시작하는 직관적인 접근이다. 내담자는 '내가

무엇인가'를 나타내는, 즉 현재 내담자가 마주하고 있는 실제 상황의 표상을 나타내는 그림이나 상징을 그리라는 지시를 받는다. 또 다른 두 가지 그림은 '되고 싶은 나'와 '나를 방해하는 것'인데, 이 그림들은 이야기의 중간 부분을 나타낸다. 네 번째 그림인 '무엇으로 장애물을 극복할 것인가?'는 이야기의 결말, 즉 내담자가 미래에 어떻게 되고 싶은지를 알아내는 데 활용할 수 있다. 이러한 접근은 내담자 평가에 대한 Cochran(1997)의 내러티브 접근과 아주 잘 맞다.

내러티브 접근과 잘 맞는 또 하나의 기법은 일화(anecdotes) 기법이다. 일화란 내담자가 해주는 짧은 이야기로 상담자가 내담자 삶의 면면을 이해하는 데 도움이 된다. 내담자가 일화를 말하면, 이어서 상담자와 내담자는 이 일화의 중요성 및 그것이 진로패턴과 얼마나 맞는지를 알아보기 위해 함께 작업한다. 이 이야기를 해석하면서 상담자는 일반화를 하는 것이 아니라 최대한 정확한 해석을 하고자 한다.

다음 예시에서는 데니스가 상담자에게 한 일화를 말하고 있다.

**내1:** 제가 가게 일을 마치고 집에 오면 아버지는 항상 본인이 뭘 다 아시는 것처럼 한 말씀 하세요.

**상1:** 아, 그래요. 더 자세히 말씀해 보세요. [상담자는 길이가 짧더라도 이 이야기를 더 듣기를 원한다.]

**내2:** 그러니까, 며칠 전에 퇴근하고 집에 왔는데 아버지가 "그 썩은 사과들은 다 어떻게 지내고 있냐?"라고 하시더라고요.

**상2:** 그 말씀은 당신에게 여러 가지 의미가 있었겠군요.

**내3:** 네. 아버지는 제가 함께 일하는 사람들을 좋게 생각하지 않아요. 제가 여전히 농산물 코너나 다른 코너에서 일하고 있는 마흔 살의 아저씨와 아줌마들에 대해 말하는 걸 들으셨는데, 아버지는 이분들이 삶에서 뭘 이뤄 놓은 게 없다고 생각하세요. 한 남자에 대해서도 뭐라 하시는데, 제 생각에는 한동안 감옥에 갔다가 지금 가게에서 일하고 있는 분인 것 같아요. 거기다가 채소와 과일 자체의 품질에 대해서도 저를 놀리는 걸 즐기세요. 아버지가 정말 짜증 나게 할 때가 있어요.

**상3:** 당신의 일과 동료에 대한 아버지의 부정적인 말을 듣는 일에 질렸나 봐요.

**내4:** 진짜 그래요. 이런 일이 자꾸자꾸 일어나요. 그러다 보니 아버지가 저에 대한 신뢰 그리고 제가 살아가면서 잘할 수 있는 능력에 대한 신뢰가 없다는 생각이 들어요.

**상4:** 그건 정말 당신의 아픈 곳을 찌르는군요. 진짜 마음 상하는 부분이죠. [상담자는 데니스 스스로도 똑같은 감정을 어느 정도 갖고 있고 아버지가 이 주제를 건드려서 그를 괴롭힌다는 것을 알아차린다.]

**내5:** 네. 아시겠지만 저에게 진전이 없고 제 삶을 위해 뭔가 더 하지 않고 있는 것 같아 걱정이에요. 제가 하는 것에 대해 아버지가 뭐라고 하시는 말씀을 들으면 때로는 저 자신을 위해 해야 할 일에 힘쓰기보다 아버지에게 화를 내는 쪽으로 마음을 뺏기게 돼요.

데니스는 이와 유사한 많은 다른 일화를 상담자와 나눈다. 데니스와 상담자는 그런 사건들이 한데 엮어져서 어떻게 하나의 주제와 맞아떨어지는지를 살펴보는 작업을 함께 해나간다.

내담자와 함께 사용할 수 있는 또 다른 기법은 이력서이다(Toporek & Flamer, 2009). 이력서는 Cochran의 첫 에피소드가 아니라 마지막 에피소드 동안 사용해야 하는 것처럼 보일 수도 있지만, 각각의 직업을 하나의 장(chapter)으로 본다면 개인의 직업 생활의 장을 확인하기 위해 그것을 사용할 수 있다. 이력서를 놓고 내담자와 논의하면서 상담자는 애매하거나 혼란스러운 부분을 찾아봄으로써 이력서를 해체할 수 있고, 내담자와 논의할 수 있는 약점이나 실패감이 있는지를 확인할 수 있다. 이를 통해 이야기를 공동 구성하여(다시 써서) 정교화하고 탐색할 필요가 있는 관심 영역을 알아볼 수 있다. 또한 논의에서 제외된 기존의 강점을 탐색하고 강화할 수 있다. 이 방법은 상당한 직업경험이 있는 내담자에게 특히 유용할 수 있다.

직업 카드 분류, 그림 그리기, 검사, 일화 같은 기법을 통해 상담자는 내담자가 자신의 진로문제를 정교화하도록 돕는다. Cochran(1997)은 또한 흥미검사와 가치검사 및 능력검사는 다른 출처에서 얻은 정보와 통합할 수 있는 내담자 정보를 제공하는 데 유용할 수 있다고 하였다. 이 모든 것이 내담자가 다음 단계를 준비하도록 돕는데, 이것은 생애사를 구성하는 것이다.

## ❁ 생애사 구성하기

내담자의 생애사를 탐색하는 데는 두 가지 기본적인 의도가 있다. 첫 번째 의도는 특성요인 이론의 첫 단계와 유사한 것으로, 내담자의 흥미, 가치, 능력 및 동기에 관한 정보를 모으기 위한 것이다. 두 번째 의도는 대부분의 다른 이론과는 달리, 개인이 자기 삶의 이야기를 선택하고 조직하는 방식에 주목하기 위한 것이다. 상담자는 사람들이 자신의 과거 활동과 자신이 어떤 유형의 사람인지를 설명하는 방식에 귀를 기울인다. 아마도 생애사를 알아보는 가장 일반적인 방법은 사람들에게 자기 삶의 중요한 사건들을 설명하고 그것의 의미에 대해 말하도록 요청하는 것일 것이다. 흔히 상담자는 내담자에게 마치 다른 사람에 대해 말하듯이 3인칭 관점에서 자신의 삶을 설명하도록 요구한다. 그러나 1인칭 관점을 사용하는 것도 중요하다. 이를 통해 이야기에 더 많은 의미를 부여할 수 있기 때문이다.

Cochran(1997)은 상담자가 내담자가 자신의 이야기에 더 많은 의미를 부여하도록 도울 수 있는 여러 가지 방법을 제안하였다. 상담자는 내담자 경험의 패턴을 구성하는 작업을 돕기 위해 내담자가 이야기를 하는 동안 적절한 시점에 내담자가 긍정적인 의미나 부정적인 의미에 주의를 기울이도록 지적할 수 있다. 또한 Cochran은 내담자가 자신의 약점을 곱씹는 경우가 너무도 많으므로, 상담자는 내담자의 강점을 강조하라고 제안하였다. 내담자가 미래에 대한 소망을 나타낼 때 상담자가 이에 대해 언급하는 것이 특히 유익하다. Cochran은 강점을 강조하고 미래를 내다봄으로써 내담자의 이야기를 재구성한다. 각색(dramatization)은 이야기의 의미 발견을 자극하는 효과적인 방법이다. 이 방법을 사용할 때 상담자는 이야기의 내레이터가 되어 내담자를 제3자로 칭할 수 있다. 예컨대 상담자는 데니스에게 이 방법을 쓸 수도 있다.

> 여덟 살 소년이 학교에서 집으로 걸어가고 있다. 골목대장 윌리가 그를 쫓아와 그의 집에서 한 블록 떨어진 곳에서 그를 마구 때린다. 집으로 가는 일은 안전한 피난처처럼 느껴져야 하지만 그렇지가 않다. 아버지가 집에 오면 어떤 일이 일어날지 걱정이 된다. 아버지가 화를 많이 낼까? 혹은 그를 야단칠까? 그래서 그는 TV를 본다. 그리고 그가 보는 만화와 TV 프로그램에 대한 공상에 빠진다. 그는 자신을 잊지만 다 잊은 것은 아니다. 광고가 나오는 동안 소년은 윌리가 내일은 무슨 짓을 할지 또 오늘밤 아버지가 집에 오면 그에게 뭐라고 말할지 걱정이 된다.

데니스에 대해 3인칭으로 이야기함으로써 상담자는 이 사건의 정서적인 측면을 부각시키고, 어떤 패턴을 밝힐 수 있도록 그것을 다른 사건들과 연관되도록 설정한다. 생애사 작성하기의 다른 측면들은 성격과 스토리의 연속성을 다룬다. 상담자는 대부분의 사건에서 발견할 수 있는 개인의 특성에 주목한다. 이것은 내담자와 상담자가 주목해야 할 어떤 패턴 혹은 주제를 제공한다. 내담자는 수동적인 피해자가 아니라 사건을 책임지는 주인공이다.

내담자에게 생애사를 기술하도록 요청하는 것과 더불어, 상담자는 생애사를 구성하기 위해 여러 가지 기법을 사용할 수 있다. 이런 기법 중 다섯 가지는 성공경험, 생애선(lifeline), 커리어-오-그램(Career-O-Gram), 진로 가계도(career genogram), 삶의 장(life chapters)이다.

1. 성공경험: 강점이나 성공경험의 목록을 만들기 위해 상담자는 내담자에게 즐겁고 성취감을 느꼈던 활동의 목록을 작성하도록 한다. 강점에는 기초 능력이나 기술, 특별한 지식 또는 정직함과 같은 성격 특성이 포함된다. 강점 목록을 사용할 때 상담자는 강점들이 서로 유사한지 혹은 다른지를 살피고 강점들 간에 존재하는 패턴을 발견하기 위해 도표를 만들어 볼 수도 있다.
2. 생애선: 생애선을 그릴 때 내담자는 먼저 종이 한가운데 가로로 긴 선을 그린다. 그런 다음 삶의 중요한 경험을 기록하고 종이에 연대기순으로 적어 넣는다. 생애선의 각 점에는 특정한 사건을 나타내기 위해 이름을 붙인다. 이 생애선은 사건뿐만 아니라 사건과 관련된 생각과 감정까지 포함한다. Mayo(2001)는 이것을 확장시킨 버전으로 '삶의 스토리 내러티브'라는 기법을 만들었다. 이것은 개인이 비판적으로 검토한 과거와 현재, 가능성 있는 미래 사건에 대한 철저한 분석이다. Mayo는 이것을 전 생애 발달 심리학 과정의 일부로 사용한다.
3. 커리어-오-그램: 커리어-오-그램은 생애선 같은 하나의 선이라기보다는 개인의 발달에서 중요한 요소들을 여러 개의 범주로 나누고 범주들 간에 관련성이 있는 경우에 연결고리가 존재하는 곳을 표시하기 위해 한 범주에서 다른 범주로 선을 그려 넣는 것이다(Thorngren & Feit, 2001). 중요한 범주로는 주요 목표나 실제 종사하였던 직업, 대인관계, 의미 있는 경험, 일반적인 주제가 있다. 커리어-오-그램을 사용할 때 상담자는 내담자 삶의 경험에 대한 정보를 통합한 다음 내담자가 진로목표 달성을 위해 실행할 수 있도록 결정하는 과정을 명료화하는 작업을 돕는다.
4. 진로 가계도: Di Fabio(2010)는 가계도 개념을 정교화하여 내담자가 친척들의 삶의 이야기와 진로를 깊이 생각해 보게 함으로써 진로 가계도를 개발하였다. 각 가족 구성원을 위한 좌우명을 만든 다음 친가와 외가의 전반적인 좌우명을 정한다. 이러한 정보를 개인이 자신의 포부와 속성에 대해 성찰한 내용과 결합한다. Di Fabio는 진로 가계도의 주요 부분을 통합하기 위해 보석함이나 거울, 양피지와 같은 비유를 활용한다.
5. 삶의 장: 삶의 장에서는 내담자에게 자신의 삶이 책이고 삶에서 중요한 장(chapter)의 제목을 붙인다고 상상해 보게 한다. 이때 내담자에게 유치원, 초등학교, 군대 훈련 같은 흔한 단어는 사용하지 말라고 한다. 이보다는 내담자에게 독특한 제목을 사용해야 한다. 데니스의 경우, '골목대장 윌리', '달아나기 위한 뜀박질', '첫사랑' 그 외 내담자와 상담자에게 의미 있는 다른 제목을 붙일 수 있다. 그런 다음 상담자는 데니스 삶의 각 장이나 시기가 갈등과 목표, 의미 있는 영향, 흥미,

기술과 어떤 관련성이 있는지에 대해 물어볼 수 있다.

이러한 연습은 모두 과거 사건에 그리고 그 정도는 제한적이지만 현재 사건에 초점을 둔다. 각 기법은 내담자가 삶의 경험에서 의미를 이끌어 내기 위해 이야기를 하도록 돕는 서로 다른 방법을 제공한다.

## ❁ 미래 내러티브 이끌어 내기

미래 내러티브를 구성할 때 내담자는 미래에도 나타날 자신의 강점과 흥미와 가치를 고려한다. 이 단계는 내담자의 강점과 흥미 및 가치를 평가하는 데 초점을 둔다. 이때 사용하는 여러 기법은 생애사를 구성할 때 필요한 기법들의 연장이다. 여기에는 성공경험과 생애선, 커리어-오-그램, 삶의 장 기법이 포함된다. 성공경험 활동에서 내담자는 자신의 미래 삶에서 과연 무엇이 성공인지를 생각해 볼 수 있다. 그들은 또한 과거 사건에서 강점을 확인하고 이러한 강점을 가장 잘 사용할 수 있는 활동을 생각해 볼 수도 있다. 생애선 활동에서는 생애선을 미래로 확장시켜 자신의 삶을 더 온전하게 만들어 줄 것으로 기대하고 개인이 소망하는 경험을 찾아볼 수 있다. 커리어-오-그램 활동에서는 개인이 소망하는 미래 직업이나 의미 있는 사건을 예측해 볼 수 있다. 이러한 경험들은 현재의 욕구와 강점, 그리고 갈등 해결을 반영한다.

삶의 장에 대해서도 유사한 접근을 적용할 수 있다. 내담자는 자신에게 중요한 성취를 뜻하는 장의 제목들을 만들어 낼 수 있다. 만약 내담자가 장에 부정적인 제목을 붙인다면, 긍정적인 제목으로 바꾸게 할 수 있다. 예를 들어, 데니스가 '승진하기에는 경험 부족'이라고 제목을 붙였다면, 이는 '승진할 수 있을 만큼 배우기'로 고칠 수 있다. 데니스의 경우, 미래 내러티브에서 장의 제목은 '코너 관리하기', '매장 관리하기', '아버지의 성질 관리하기', '가정 이루기'를 포함할 수 있다. 이런 제목은 상담자와 내담자에게 이를 탐색하고 여기에 의미를 부여하는 기회를 제공한다.

미래 진로 자서전(Future Career Autobiography)은 삶의 장 활동과 유사하지만 더 간결하다(Rehfuss, 2009). 이 기법은 내러티브 형식으로 된 개인의 가치 및 선택과 더불어 사적인 선호와 진로 선호를 포함한다. 이는 진로탐색 강좌의 가치를 평가하는 사전/사후 측정도구로서 예비 연구에서 활용되고 있다. 진로 자서전에서 관찰된 변화는 진로선택 과정에서의 진전과 일관된 것으로 나타났다(Rehfuss, 2009).

미래 내러티브 이끌어 내기에 자주 사용하는 한 가지 기법은 유도된 환상(guided fantasy)이다. 유도된 환상은 기술적이거나 평가적이거나, 아니면 이 둘을 조합한 것일 수 있다. 보통 유도된 환상은 마지막 시점을 표현할 때가 많다. 예를 들면, 상담자는 시상식이나 은퇴식 및 자신의 장례식에 가는 환상을 제시할 수 있다. 이런 환상의 목적의 일부는 내담자가 이루고 싶어 하는 성취에 대해 성찰하도록 도와주는 것이다. 이러한 기법을 사용할 때(Cochran, 1997, p. 88), 상담자는 먼저 내담자가 긴장을 풀도록 돕고 그런 다음 환상을 이야기해 주는데, 내담자는 이 이야기를 상상하면서 환상의 부분 부분을 채운다. 상담자는 환상에 대해 해석을 할 수도 있다.

유도된 환상과 다른 활동에 더하여 Cochran(1997)은 글로 쓴 내러티브 개요(written and narrative outline)를 추천한다. 보고서는 내담자와 협력해서 작성한다. 여기에는 사명, 강점, 일에 대한 욕구, 취약점, 가능성이라는 5개의 영역이 있다. 사명 진술문(mission statement)은 내담자의 미래에 대한 목표를 집약한 것이다. 다음으로 강점 목록은 보통 성취에 대한 내담자 자신의 표현을 반영하여 몇 개의 영역으로 구분한다. 일에 대한 욕구 영역은 내담자의 직업가치를 반영하며 수행을 촉진하기 위해 내담자가 필요로 하는 것에 초점을 둔다. 그다음으로는 내담자의 취약점, 즉 내담자의 목표 달성을 저해할 수 있는 특성에 초점을 둔다. 마지막으로 내담자에게 직업 가능성이나 관련 분야 설명 목록을 제시한다.

내담자는 보고서를 받으면 이것을 읽고 질문하거나 의견을 제시할 기회를 갖게 된다. 이어서 상담자는 보고서를 말로 설명할 수도 있다. 이때 상담자는 "내가 당신의 가치를 정확하게 전달했나요?", "내가 당신의 취약점을 정확하게 나타냈다고 생각하시나요?", "덧붙이고 싶은 취약점은 없습니까?"와 같은 질문을 던진다. 이런 식으로, 이 과정은 상호 협조적이고 상담자의 인상이나 견해에 의해 한정되지 않는다. 내러티브 보고서의 결말을 짓고 나면 상담자와 내담자는 **내러티브 현실화하기**(actualizing the narrative)라고 불리는 좀 더 능동적인 과정으로 나아갈 수 있다. 보고서 쓰기로 상담을 끝낸다면 목표와 가치, 흥미, 능력, 강점, 및 약점을 기술하기만 하고 더 나아가지는 않는 셈이다. 세 가지 유형의 실연을 통해 내담자는 현실을 구성하고, 삶의 구조를 바꾸고, 역할을 실연한다.

## ❁ 실재 구성

행동은 내러티브 진로상담에서 중요한 구성요소이다. 문제가 직업적응이든 의사결정이든 간에 개인은 대본을 실연할 필요가 있다. 즉, 다양한 행동을 시도할 필요가 있는 것이다. 더 적극적으로 탐색할수록 성공적인 결과를 얻을 가능성이 더 높다. 직업에 대한 설명 자료를 읽어 보는 것은 좋은 출발점이다. 하지만 자료 읽기는 직업정보를 얻기 위해 어떤 분야에서 일하고 있는 사람들과 이야기하거나 그들을 인터뷰하는 것만큼 풍부한 경험은 아니다. 읽기보다 더 능동적인 활동으로는 봉사 활동, 직장 방문, 친구와 토론하기, 친구와 하루에 한 가지 직업 체험하기 등이 있다. 능동적인 탐색에는 세 가지 중요한 목적이 있다. 첫째, 내담자를 현실세계에 몰입시키는 것이다. 내담자는 무언가를 해야 하고, 무언가를 확인해 보아야 한다. 둘째, 내담자가 다양한 출처에서 정보를 얻고 많은 정보원과 이야기를 나누면서 정보를 평가할 수 있게 하는 것이다. 셋째, 다양한 직업에 종사하는 사람들과 함께 해당 직업에 대해 대화하면서 내담자가 그 직종에서 일하는 자신의 모습을 상상해 보도록 하는 것이다. 이런 과정을 거치면 내담자는 사람들과 면담을 하고 이야기를 나누기 시작할 때보다 가능한 직업적 선택에 대해 더 명확한 생각을 갖게 된다.

데니스의 경우, 실재 구성(reality construction)은 가게에서 그가 알고 있는 익숙한 사람들의 범위를 넘어서는 것을 뜻하였다. 대형 생활용품 매장에서 일하는 데니스의 친구는 데니스가 그곳 매니저와 이야기할 수 있도록 만남을 주선해 주었다. 은행 업무도 데니스가 고려하였던 직종인데, 그는 고객 서비스와 여신 심사역(loan officer)에 대해 알고 싶었다. 그래서 그의 거래 은행의 부지점장과 지점장을 만날 약속을 잡았다. 또한 아버지의 회계사와도 만나서 그가 하는 일과 고객과의 관계에 대해 이야기를 나누었다. 데니스에게 새로운 것은 그가 참여한 활동의 양이었다. 이전에는 퇴근 후 그저 집에 가서 TV를 보고, 가끔 몇몇 친구에게 전화를 거는 일이 전부였다. 많은 사람들과 대화하면서 그는 자신의 삶의 방향에 대해 더 많은 통제감을 갖게 되었다.

## ❁ 삶의 구조 바꾸기

진로상담을 신청할 때 내담자는 어떤 변화를 기대한다. 대개 변화는 상황이나 자기 자신, 또는 이 둘 다에서 일어난다. 직업적응 상담에서 내담자는 흔히 자신이 일하는 방식이나 누구와 함께 일할지와 관련해서 어떤 긍정적인 변화를 이루기를 기대한다. 진로의사결정 상담에서 내담자가 기대하는 바는 현재 자신이 처한 상황과는 다른 새로운 장면에 있는 것이다. 변화와 함께 훈련이나 급여 인상, 또는 인정받는 것과 같은 새로운 기회가 주어진다. 하지만 변화는 실패의 두려움, 일을 잘 못해 낼 것에 대한 불안 등과 같은 좀 더 부정적인 측면을 야기할 수도 있다.

삶의 구조를 바꿀 때 흔히 어떤 주제가 드러난다. Cochran(1992)은 이런 주제를 **진로 프로젝트**(career project)라 부른다. 사람들은 자신의 진로와 직·간접적으로 관련된 많은 다양한 과업을 수행한다. 그들은 친구를 사귀고 시험을 치르고 공과금을 내는 등의 활동을 한다. 이러한 것들은 서로 관련이 없는 과업처럼 보일 수도 있다.

그러나 사람들이 이런 과업에 접근하는 방식에서 드러나는 주제들이 있을 수 있다. 만약 사람들이 자신이 다른 사람들과 상호작용하고 재정을 관리하는 등의 방식에 대해 좋은 감정을 느낀다면, 그들은 자신이 하는 일이 갖는 의미에 대해 긍정적인 느낌을 받을 것이다.

데니스의 경우에는 활동에 접근할 때 일정한 정도의 조심스러움이 있었다. 그는 일을 하기 전에 자신이 무엇을 해야 하는지를 확실히 이해하고 싶어 하였다. 그는 대부분의 사람보다 더 신중하기 때문에 동료들보다 더 많은 질문을 할 것이다. 친구 관계에서도 그는 친구들이 자신에게 관심을 갖고 있다는 것과 그가 그들에게 의지할 수 있다는 느낌을 받고 싶어 하였다. 재정적인 면에서 데니스는 납입날짜에 맞춰 공과금을 내고 과소비를 하지 않으려고 조심하였다. 그의 진로 프로젝트는 잠정적으로 조심성으로 요약될 수 있는데, 이것은 직업의 적절성에 대해 그가 갖고 있는 염려를 시사한다. 좀 더 많은 사건과 정보를 끌어낸다면 그의 개인적 주제나 진로 프로젝트가 무엇인지를 명료화하거나 변경하는 데 도움이 될 수 있다(Valach & Young, 2009; Young, Valach, & Collin, 2002).

## ❀ 역할 실연하기

시도해 보기 또는 역할 실연하기는 자신이 바라는 목표를 가능하게 만들려고 시도하는 한 가지 방법이다. 이렇게 함으로써 사람들은 의미 있고 즐거운 활동을 시도해 본다. 때로는 어떤 활동이 최선일지 명확하지 않아서 사람들은 여러 가지 활동을 시도한다. 또한 어떤 활동은 즉각적으로 달성할 수 없는 것일 수도 있다. 모든 사람이 성공한 운동선수로 시작할 수는 없다. 사람들은 어떤 역할을 성취하기 위해 노력하지만, 결과적으로 성공할 수도 있고 성공하지 못할 수도 있다.

흔히 사람들은 작은 역할에서 시작하는데, 이것이 더 많은 역할 실연을 위한 다른 기회로 발전한다. 예를 들어, 데니스는 퇴근 후 저녁 시간에 YMCA에서 운동을 하곤 하였다. 그는 스포츠 센터 소장과 함께 몇몇 아이들에게 장비를 사용하는 방법을 가르쳐 주다가 친한 사이가 되었다. 소장은 그에게 9~12세 소년을 위한 활동을 조직하는 일을 도와줄 수 있는지 물어보았다. 데니스는 그 아이디어가 마음에 들었고 소년들을 위한 몇 가지 스포츠 행사를 조직하는 일에 시간제로 자원봉사를 하였다. 어느 날 저녁, 그는 한 소년의 아버지와 소년들이 참여하고 있는 활동에 대해서 대화를 나누었다. 그 아버지는 데니스에게 주말에 가끔 축구 코칭을 해줄 수 있는지 물어보았다. 데니스는 그 일이 재미있을 것이라 생각하였고, 한 시즌 동안 그 일을 맡아서 해보았다. 한 가지 역할을 실연하기, 즉 YMCA에 가는 것을 통해 데니스는 다른 역할들을 실연하는 위치에 자신을 두었다. 그는 자신의 행동을 통해서 존재하고 있던 가능성들을 발견하였는데, 이것은 그가 계획할 수 있는 성질의 것은 아니었다. 이것은 데니스의 이후 진로발달에 직접적인 영향을 미칠 수도 있고 그렇지 않을 수도 있다.

## ❀ 결정 구체화하기

구체화(crystallization)는 내담자의 진로문제와 이상적이거나 가능성 있는 해결책 간의 괴리가 줄어들 때 이루어진다. 때때로 구체화는 내담자가 이전의 6개 에피소드를 경험할 때 일어난다. 여러 직업 가운데 하나를 선택하는 것은 의도적인 과정이라기보다는 이전의 6개 에피소드에서 기술한 방식에 따라 활동한 결과 자연스럽게 나오는 과정이다.

모든 의사결정에서 어떤 특정한 선택에 초점을 둘 필요는 없다. 어떤 사람들은 직업적 가능성을 탐색하는 것만으로도 충분하다. 예를 들어, 미국 대학의 신입생은 즉각적으로 전공이나 직업적 대안을 결정하기보다는 기회를 탐색하는 위치에 있을 수 있다. 또 어떤 경우에는 진로문제가 상사와 잘 지내는 방법을 찾는 것과 같이 직업 적응과 관련된 것일 수도 있다.

Cochran(1997)은 다음 세 가지 방법을 통해 구체화를 촉진할 수 있다고 믿는다. 이것은 장애물을 확인하고 제거하기, 기회 실현하기, 진로결정에 대해 성찰하기이다. 때때로 선택을 구체화하는 과정에서 직업을 획득하는 능력에 대한 확신 부족과 같은 내적인 장애물이 존재한다. 또 어떤 경우에는 특정 직업을 선택하라는 부모의 압력과 같은 외적 요인이 작용한다. 이러한 장애물은 새로운 이야기를 시작하여 낡은 이야기에서 자신을 꺼낼 기회가 된다. 그리고 사람들은 어떤 선택을 실현함으로써 새로운 역할과 새로운 기회를 이용한다. 상담자는 내담자가 하는 일에서 새로운 도전을 받아들이도록 격려할 수 있다. 세 번째로 내담자는 보통 직업을 선택하는 경험을 성찰해 볼 수 있다. 내러티브 진로상담 과정을 논의하는 것은 진로선택 문제를 다른 관점에서 보게 해주는 탁월한 방법이다.

진로선택을 구체화하는 과정에서 데니스는 내 · 외적 장애물을 모두 다루었다. 데니스에게 한 가지 외적 장벽은 그가 현재 하는 일이 아닌 다른 직업에서 성공할 가능성이 없다고 하는 아버지의 말이었다. 데니스는 내적 장애물을 표현할 때 아버지의 말씀과 비슷한 느낌을 갖고 있었는데, 이로 인해 그는 자신이 더 높은 수준의 관리 업무를 감당할 수 있을지 고민하였다. 그러나 데니스는 직장에서 다른 사람들을 관리하는 자신의 능력과 직업 면담에서 알게 된 관리 책임의 유형에 대해 생각하였을 때 자신이 그러한 관리 업무를 성공적으로 수행할 수 있다고 믿었다. 상담자와 이에 대해 논의하면서, 데니스는 자기 회의의 상당 부분이 아버지의 비판에서 나왔다는 것과, 또한 그가 실제로 관리직에 있게 되었을 때 임무를 잘 처리할 수 있었다는 것도 알게 되었다. 내러티브 상담에 포함된 이전의 6개 에피소드를 검토한 것이 데니스가 자신의 진로선택에 대한 새로운 관점을 가지는 데 도움이 되었다. 그는 현재 경영학 학위를 딸 수 있는 대학 수업을 듣게 되어 신이 난 상태이며 더 많은 관리 책임이 주어지는 새로운 직업을 찾고 있다.

내러티브 진로상담에 대한 Cochran(1997)의 접근은 자신의 이야기를 하는 데 있어서 내담자의 능동적인 역할에 초점을 둔다. Cochran에 따르면 상담과정은 7개 '에피소드'를 포함한다. 처음 세 개의 에피소드에서 내담자는 진로문제를 능동적으로 정교화하고 자신의 삶에 대한 이야기를 하고(삶 구성하기), 미래를 살펴봄(미래 내러티브 구성하기)으로써 자신의 삶의 의미를 찾는다. 그리고 자신의 과거에 대한 이야기를 하고 자신의 미래에 대한 이야기를 구성한 후에 내담자는 세 개의 실연 에피소드로 이동할 수 있다. 즉, 실재 구성, 삶의 구조 바꾸기, 역할 실연하기로 나아간다. 이러한 세 개의 에피소드가 완성되면 내담자는 결정의 구체화로 나아갈 수 있다.

## Savickas의 진로구성 이론

Cochran의 관점은 심리적 구성주의에서 비롯된 반면, Savickas는 진로 이론을 사회적 구성주의 관점에서 바라보았다. 그는 Holland의 육각형과 Super의 단계를 사회적 구성(social construction)으로 보고, 이것을 내담자의 관점으로 보는 데 더 관심을 두었고, 과학적 관점으로 보는 데에는 상대적으로 관심을 적게 두었다. 사람들은 진로와 관련된 행동에 의미를 부여함으로써 각자의 진로를 구성한다. Savickas(2005a, 2005b; 2008; 2011a, 2011b)에게 중요한 것은 개인이 당면한 환경과 사건에 대한 적응이다. 중요한 것은 삶의 단계나 성숙 그 자체보다 적응이다. 개인이 여러 선택을 하고 자기 삶의 내러티브나 이야기를 만들어 나가는 가운데 개인의 진로가 전개된다. 진로는 개인이 이루어 가는 하나의 구성이다. 개인의 진로는 검사의 점수나 고용주 또는 가족의 의견으로 만들어지는 것이 아니다. 개인의 진로의 구성은 전 생애를 거쳐 변화하고 끊임없이 발전하고 있다. 자신의 진로 이야기를 할 때 사람들은 하나의 내러티브를 만들어 내는데, 이것은 본질적으로 자신의 진로에 대한 그들 자신의 견해이다. 상담자는 내담자와 이야기를 나누면서 이 내러티브에 귀를 기울인다. Savickas는 그의 이론에서 내담자 내러티브의 4개 영역을 살펴본다. 진로구성 이론은 이 영역들에 대한 메타 이론이다. 메타 이론이란 기존의 이론에서 도출된 포괄적인 이론을 뜻한다. 다음 절에서는 내담자 내러티브의 4개 영역, 즉 직업적 성격, 발달과업, 진로적 응력의 차원, 삶의 주제를 설명할 것이다.

## ❀ 직업적 성격-Holland 이론

Holland 성격 이론은 개인의 능력과 욕구, 가치 및 흥미 등의 특성을 포함하는데, 이는 5장에서 상세하게 기술한 바 있다. Savickas(2005a, 2005b, 2011a)는 Holland 이론이 직업을 평가하거나 개인의 독특성 및 주관적 자기를 나타내는 개인의 여러 측면을 요약하는 데 매우 유용하다고 생각한다. Holland와 마찬가지로 Savickas는 세 자리 코드를 사용한다(149쪽). 최근의 진로구성 이론에 따르면, 흥미 유형이나 성격 유형은 사회적으로 구성된 태도와 흥미 및 능력이 한데 모인 것이다. 본질적으로, 이들은 개인의 사회적 평판과 자아개념을 의미한다. Savickas의 관점에 따르면, Holland 이론은 역동적이고 변화하는 것이고, 안정적인 특성을 나타내는 것이 아니다. Savickas는 자신의 이론에서 개인의 성격이 다른 사람과 비교해서 어떤지에는 관심을 두지 않고 Holland 이론이 어떻게 내담자와 상담자가 내담자의 이야기를 이해하는 데 도움이 되는지에 관심을 갖는다. 고려하고 탐색해 볼 수 있는 어떤 가능성을 만드는 데 Holland 유형을 활용할 수 있다. 내담자의 미래를 예측할 목적으로 Holland 유형을 사용해서는 안 된다. 상담자는 또한 내담자에게 직업세계를 설명하기 위해 Holland 이론을 활용할 수 있다(160쪽). Holland 유형이 직업세계에 대한 정보를 분류하는 하나의 체계적 방법이 되는 것이다. Holland 이론은 사람들이 직업세계를 이해하도록 도울 뿐만 아니라 직업세계를 그들 자신의 직업적 성격(흥미, 태도, 능력, 가치)과 연결시키는 데 도움을 준다. 진로구성 이론 관점에서 본 여섯 가지 Holland 유형을 다음에 간략하게 기술하였다.

실재형: 내담자의 이야기에서 취미활동이나 일을 할 때 도구나 기계를 사용하거나 혹은 배관설비나 지붕 공사와 같은 일을 하는 것에 대한 말이 나오는 것이 이 유형의 공통된 주제이다. 수리나 농사와 같이 실제적이고 기계적 또는 물리적 기술을 사용하는 것도 이야기에서 발견될 수 있다.

탐구형: 탐구형 사람들의 내러티브에는 지적인 도전이나 퍼즐 즐기기, 과학적 또는 기계적인 문제해결을 좋아하기, 그리고 과학 관련 책을 읽거나 과학에 대해

언급하기가 포함될 것이다. 이야기에서 내담자는 독립적으로 과학적 문제를 해결하는 데 관심을 보일 것이다.

예술형: 창의적인 활동은 예술형 사람들의 이야기에서 중요한 측면이다. 창의적인 표현으로는 미술, 음악, 글쓰기, 요리 또는 이와 유사한 유형의 창의적 활동이 있다. 예술형 사람들은 악기를 연주하고 그림을 그리고 요리하기를 즐기고 재능을 보였을 것이다. 그들이 자신의 이야기를 할 때면 예술 작품을 만들어 내는 일에 대한 흥분이 드러날 것이다.

사회형: 사회형 사람들은 타인을 가르치거나 개인적인 문제가 있는 사람을 돕는 것에 대해 말할 것이다. 또한 그들은 의학적 문제를 갖고 있는 사람들을 돕는 것과 같은 개인적 서비스를 제공하는 일을 즐길 것이다. 그들은 자신의 이야기에서 어떤 문제에 직면하였을 때 복잡하거나 이상주의적인 문제를 의논하고 해결하기를 즐기는 경향이 있다.

기업형: 돈을 버는 것이 기업형 사람들의 내러티브에서 중요한 측면인 경우가 많다. 판매나 설득하기, 다른 사람들 관리하기도 이야기의 일부를 차지할 것이다.

관습형: 관습형 사람들은 일할 때 조직하고 계획하는 것을 선호하기 때문에, 내러티브에서도 사무를 보거나 보고서를 정리하거나 또는 회계 기록 같은 숫자와 관련된 일을 하는 것에 대해 이야기하면서 이런 주제에 대해 언급할 것이다.

진로구성 이론을 이해하는 데에 개인의 내러티브와 관련시켜 Holland 유형을 바라보는 Savickas의 견해와 성격을 하나의 특성과 요인 이론으로 기술하는 Holland의 견해 간에 존재하는, 때로는 미묘한 차이점에 주목하는 것도 도움이 된다. Holland의 관점에서 보면 그의 개념은 반드시 측정해야 하고 통계 분석을 사용하여 서로 간의 관련성을 확인하는 것이다. 이에 비해 Savickas는 내담자가 어떻게 자신을 구성하고 진로를 구축해 왔는지에 관한 내러티브를 이해하기 위해서 Holland의 유형을 활용하는 것에 집중한다.

## ❁ 진로적응력의 발달과업

사람들은 평생 동안 나이가 들어 감에 따라 학교에서 일터로, 궁극적으로는 은퇴에 이르는 과정에서 변화에 적응해야 한다. 진로적응력(career adaptability)은 사람들이 각자 자신의 진로를 어떻게 구성하고 관리해 나가는지와 관련 있다. 앞에서 논의한 직업적 성격은 사람들이 어떤 진로를 선택할 것인지와 관계가 있다. 진로적응력과 관련된 논의를 가장 잘 이끌어 내는 질문은 "당신은 어떻게 그 직업에 종사하기로 결정했습니까?"이다(Savickas, 2005b, p. 48). 개인이 학교나 직장에서의 어려움을 어떻게 다루는가에 대한 논의는 진로적응력과 관련 있다. 진로적응력은 개인 내적인 문제 및 사회나 직업세계와 관련된 문제를 다루는 것을 말한다. 진로적응력을 다룰 때 사람들은 몇 가지 발달과업에 직면하게 된다. Savickas는 발달과업을 체계화하는 데 있어서 Super의 생애 단계 이론을 차용하였다(292쪽). 생애 주기의 단계는 성장과 탐색, 확립, 유지, 이탈을 포함한다. Savickas 이론의 관리 과업(management task)은 Super의 이론에서는 유지 단계로 불리는 것이다. 나이가 들면서 사람들은 직업 사다리를 올라간다. 이들의 이야기는 경제적으로 그리고 다른 면에서 성공을 이끈 진전의 증거를 보여 줄 것이다. 그러나 일부 사람들은 장벽에 부딪혀 표류하거나 정체되기도 한다. 상담자는 보통 내담자가 발달과업과 관련된 이야기를 가지고 작업함으로써 이러한 장벽을 다루도록 돕는다. 다음 절에서는 진로구성 이론의 관점에서 바라보는 발달적 과업을 기술한다.

**성장** 만 15세 미만의 아동이나 청소년이 다루는 이야기는 학교 체제와 가족 및 친구와 관련된 것이다. 이들의 흥미와 능력, 가치는 달라지고 있다. 흥미가 환상보다 더 풍부하게 발달할 수 있기 때문에 이야기에는 보통 이러한 변화가 반영된다. 아이들은 이후 자신의 능력을 판단하는 능력을 발달시킨다. 이들의 이야기는 교사와 또래, 부모, 형제들을 대하는 문제와 관련하여 그들의 성장 수준을 반영한다.

**탐색** 대략 만 15세에부터 25세까지 사람은 수많은 직업 가능성을 탐색한다. 이들의 이야기는 이들이 하고 싶은 일이 무엇인지, 초보적인 수준의 일자리를 어떻게 알아보는지, 시간제 일자리에서는 어떻게 일을 하였는지, 더 많은 교육을 받고 싶어 하는지 그렇지 않은지를 명료화하는 것과 관련된다. 이는 이들의 진로방향을 구체화하는 작업으로 바뀐다. 처음으로 갖게 된 전일제 직업 및 직장 상사와 동료들과의 만남의 유형에 대해 말하는 것이 이 발달과업에서의 이야기를 구성한다.

**확립** 일반적으로 만 25세에서 45세 사이에 나타나는 확립에 관한 이야기는 개인이 자신의 일에서 진전을 이루는 것을 가리킨다. 이때 이야기는 일에서 안정감을 느끼는 것과 일의 기본적인 요구사항을 숙지하는 것, 그리고 일에 대해 장기적인 관점에서 생각하는 것과 관련된다. 대개 사람들은 이러한 발달과업을 거치면서 자신의 일에 훨씬 더 편안함을 느끼고 다른 사람들이 자신을 믿을 만한 사람으로 평가해 주기를 바란다. 이 발달과업의 끝 부분에서 나오는 이야기에는 승진과 급여 인상이 반영될 것이다.

**유지** 만 45세에서 65세 사이의 이야기는 보통 개인이 자신의 일을 고수하면서 동시에 일에서 요구하는 것에 대해 더 많이 배우고 새로운 기술적 진보를 다루는 것을 포함한다. 이 발달과업에 속하는 사람은 혁신적인 변화를 이루고 다른 사람에게 자신의 성과를 어떻게 향상시킬 수 있는지를 보여 준다.

**이탈** 대략 65세경, 하지만 보통 이보다 이르거나 늦은 시기에 사람들은 건강문제나 육체적 한계로 인한 실직 가능성에 대해 생각하게 된다. 이들은 또한 일의 속도를 늦추거나 시간제로 일한다. 은퇴를 계획하거나 실제 은퇴하는 것에 대한 생각은 사람들이 인생의 이 시점에서 상담자와 의논할 수 있는 과업이다.

이것은 개인이 적응해야 할 일반적인 발달과업이지만 모든 사람이 같은 나이에 이러한 과업에 직면하는 것은 아니고 또 모든 과업에 직면하는 것도 아니다. 어떤 사람들은 재순환하여 새로운 직업 찾기를 선택하기 때문에 앞서 제시한 것과는 다른 나이에 이러한 발달과업을 대할 수 있다. 또한 노동시장이 한때 보장하였던 유형의 안정성을 더 이상 제공하지 않게 되면서 사람들은 현재 근무하는 회사의 이야기보다 그들 자신의 진로 이야기에 좀 더 초점을 맞춘다. 앞서 제시한 내용은 9장(후기 청소년기의 청소년과 성인의 진로발달)에서 논의한 것과 유사하지만 여기에서는 다른 사람들의 비교가 아니라 개인이 말하는 내러티브 또는 이야기에 강조점을 두고 있다.

## ❁ 진로적응력의 차원

Savickas는 진로적응력의 발달과업뿐만 아니라 적응의 과정에도 관심을 가진다. Donald Super는 청소년의 진로성숙에 관한 심리학적 개념을 발전시킨 반면(319쪽), Savickas는 이와 유사한 심리 · 사회적 개념으로 적응력을 사용하였다. 그는 이 개념을 그저 청소년의 학교에서 일터로의 전환 동안만이 아니라 전 생애에 걸쳐 개인이 직업전환을 이룰 때마다 사용할 수 있다고 보았다. 심리 · 사회적 적응력은 한 개인을 지칭하는 반면, 진로와 같은 심리적 성숙은 다른 사람들과의 비교를 포함한다. Savickas는 심리 · 사회적 진로발달을 개개인마다 독특하면서도 반드시 일련의 정해진 순서에 따라 이동하지 않는 하나의 과정으로 보았다. 이러한 관점은 상대적으로 이직률이 높은 직업에 특히 잘 맞는다. 또한 기술적 진보 및 세계적 차원에서 일어나고 있는 수요와 공급에서의 변화로 인해 직업현장에서도 나타난 변화를 잘 설명한다. Savickas에 따르면 진로적응력은 개인이 현재의 발달과업과 직업위기를 어떻게 다루는가를 보여 주는 구성개념이다. 진로적응력은 개인이 현재 하고 있는 일과 다른 요구사항들을 다루면서 자아개념을 구현하도록 돕는다. Savickas는 진로적응력의 차원으로 걱정(concern), 통제력(control), 호기심(curiosity), 확신(confidence)을 제시하였다. 이에 대해서는 다음에 좀 더 자세히 설명하였다. 이 차원들은 현재의 직업요구에 대처하고 발달과업을 다룰 수 있는 개인의 준비성을 나타낸다.

**걱정** 사람들은 진로선택이나 직업적응의 문제에 스스로가 무관심한 것이나 이를 다루는 실행력이 부족한 것이 걱정될 때, 그들에게 미래가 있다고 느껴지는지 스스로에게 물어볼 수 있다. 이러한 걱정에 주의를 기울일 때 사람들은 미래를 위한 계획을 세우고 걱정을 다루기 위해 필요한 준비가 무엇인지 자각하게 될 것이다. 상담자는 사람들이 자신의 미래를 더 낙관적으로 대하고 더 세밀하고 보도록 지원하고, 계획 세우기에 대한 긍정적 태도를 강화하며 미래를 위한 계획과 행동 간의 관련성을 고찰하도록 조력함으로써 내담자에게 도움이 될 수 있다. 계획 세우기 기술을 연습하는 것은 사람들이 미래에 대한 걱정에 대처할 때 유용할 수 있다.

**통제력** 사람들은 삶의 다양한 시점에서 자신의 행동에 대한 통제력이 상대적으로 거의 없다고 느끼고 좀 더 결단력을 갖고 결정을 내릴 필요성을 자각하지 못할 수도 있다. 그들은 스스로에게 "내가 나의 미래를 통제할 수 있을까?"라는 질문을 던질 수 있다. 또 어떤 때에는 자신의 미래에 대한 통제력을 행사하면서 자기주장과 자기절제를 잘할 수 있다. 상담자는 내담자에게 주장기술을 가르치고, 내담자가 의사결정 방법을 개발하도록 돕고, 자신의 행동에 책임을 지도록 지지함으로써 이러한 통제에 대해 도움을 줄 수 있다. 자기관리 전략과 시간관리 기법 또한 진로 미결정을 다루고 자신의 문제에 대해 통제력을 가지는 데 도움이 될 수 있다.

**호기심** 사람들은 자신의 미래에 대해 호기심을 가질 수 있다. 그들은 자신의 선택에 의문을 갖고 자신이 선택하려는 것이 그들에게 적절한 것인지 궁금해하기 시작한다. 이러한 탐구심은 변화를 이루기 위한 탐색과 행동으로 이어질 수 있다. 탐색하고자 하는 의지가 있는 사람이라면 기꺼이 새로운 가능성을 시험해 보고 새로운 직업적 대안에 대해 알아보며 위험을 무릅쓰고, 또는 다양한 종류의 자원봉사 또는 시간제 일을 하려고 할 것이다. 상담자들은 사람들이 자신의 가치를 명료화하고, 흥미검사를 받고, 대학 전공이나 직업 변경 가능성에 대해 논의하도록 조력함으로써 변화의 불확실성을 다루는 데 도움을 줄 수 있다. 또한 상담자는 탐색을 장려할 수 있다. 이러한 탐색에는 시험 삼아 어떤 일을 해보기, 근로자를 그림자처럼 뒤따라 다니기(shadowing), 직업 팸플릿을 읽거나 인터넷에서 직업 검색하기, 자원봉사 활동하기, 시간제 일하기 등이 포함된다. 직업적 가능성에 대해 논의할 때, Holland의 육각형 이론을 사용하는 것은 직업탐색을 체계화하는 데 유용할 수 있다.

**확신** 아무리 사람들이 탐색할 용의가 있고 이를 위한 조치를 취하려 해도, 가끔은 가능성을 충분히 탐색하기에는 확신이 부족할 때가 있다. 사람들은 자신이 정말 해낼 수 있을지 의문을 가지기도 한다. 그들은 자신의 문제를 다루고 해결하기를 원하지만 자존감이나 자기효능감이 낮아서 그렇게 하기를 두려워할 수도 있다. 사람들은 일상에서 부딪히는 문제를 다룰 수 있게 되면서 일반적으로 자기 확신을 키워 나간다. 일상의 작은 문제를 다룸으로써 사람들은 자신감과 성공, 더 큰 문제도 다룰 수 있는 능력에 대한 믿음을 경험하기 시작한다. 잘못된 신념은 자신감의 부족을 야기할 수도 있다. 상담자는 내담자와 지지적인 관계를 발전시킴으로써 내담자가 자기효능감, 자기수용, 자기존중을 발달시키는 데에 도움을 줄 수 있다. 지지, 격려, 그리고 불안 감소 훈련도 도움이 될 수 있다. 내담자는 현재 문제를 다루는 것뿐만 아니라 미래 문제를 다룰 때 사용할 수 있는 대처 태도를 발달시키는 데 대해서도 자신감을 가질 수 있다.

내담자가 자신의 이야기를 하는 동안 상담자는 무관심, 우유부단, 호기심 부족, 확신의 결여와 같은 문제들이 진로탐색과 다른 진로과제를 방해하는지를 평가할 수 있다. 일부 상담자는 Super의 진로발달검사(8장)나 Krumboltz의 진로신념검사(13장)를 사용하기로 선택할 수도 있다. 많은 상담자는 이 절에서 논의한 적응력의 개념을 활용하여 내담자가 말하는 이야기의 의미를 이해하려고 노력할 것이다. 적응력의 개념은 내담자가 진로선택이나 직업적응을 계속해서 탐색하기에 충분한 관심이나 통제, 호기심 또는 확신을 갖고 있는지를 상담자가 판단하는 데 도움이 된다. 만일 내담자가 준비되어 있지 않다면 상담자는 상담을 계속하기 전에 그 문제를 먼저 다룰 수 있다. 적응력은 삶의 주제, 즉 사람들이 이야기를 통해 표현하는 주제에 상담자가 귀를 기울일 때 찾아봐야 할 하나의 요소이다. 자기(심리적 성격)와 사회(심리적 적응력) 간의 상호작용이 이야기를 만들어 낸다. Savickas는 성격 유형과 진환 과업을 접목시키기 위해 이야기의 주제에 초점을 둠으로써 일관성 있고 지속적인 이야기라는 접착제를 사용한다.

## ❀ 삶의 주제

진로구성 이론의 주요소는 삶의 주제라는 개념인데, 이는 Adler의 생활양식이라는 개념에서 나온 것이다(Savickas, 1988, 1989; Sharf, 2012). Adler 이론은 진로구성 이론의 중요한 부분이다. Alfred Adler는 Freud와 동시대인이었다. 그는 1870년에 태어났고 Freud처럼 오스트리아의 빈 근처에서 살았다. 그는 Freud의 정신분석적 사상에 영향을 받았지만, Freud와 결별하고 오늘날까지도 상담과 심리치료에서 활용되고 있는 실제적인 사상을 개발하였다. 그의 생활양식 개념은 사람들이 왜 자신의 방식대로 진로선택을 하는지를 설명하는 데 도움을 준다. 다음 절에서 설명하겠지만, Savickas는 Adler 학파의 여러 개념을 자신의 이론으로 끌어 왔다. 개인의 생활양식을 아는 것은 개인의 삶의 기본적인 주제를 이해하는 수단을 제공한다. 생활양식은 사람들마다 각기 다른 중요한 개념이며, 사례 예시는 생활양식을 구체적으로 보여 주는 데 도움이 된다. 생활양식을 결정할 때 초기 회상을 사용하면 삶에서 사람들에게 중요한 주제 또는 주제들을 발견하는 데 도움을 얻을 수 있다.

**생활양식** Adler에 따르면 생활양식은 전형적으로 만 4세에서 6세 사이에 발달한다. Adler는 아이들이 서로 상호작용하는 것을 관찰하였고, 그 연령대에 아이들이 보이는 행동이 이후 삶에서 그들에게 영향을 준다고 믿었다. 그는 아이들이 열등감을 보상하려는 것을 보았고, 열등과 우월의 주제가 그들의 생활양식에서 의미 있는 역할을 할 중요한 개념이라고 생각하였다. Adler는 현재 사람들이 삶을 사는 방식은 흔히 아동기에 이미 뚜렷하게 나타났던 초기 생활양식의 반영이라고 보았다. 예컨대, 어떤 성인이 직업상황에서 사람들을 자기 뜻대로 조종하는 식으로 대한다면 이는 아마 아동기에 발달한 양식일 것이다.

Adler 이론은 특정한 생활양식 목록을 사용하지는 않는다. 그보다는 아동기 시절을 포함해서 내담자의 삶의 이야기에 귀 기울임으로써 개인의 생활양식을 관찰한다. Mwita(2004)는 마틴 루서 킹이 인종적 · 사회적 정의를 추구하는 데 있어서 그의 초기 경험이 그의 성격과 리더십 양식에 어떤 영향을 미쳤는지를 보여 주는 실례를 제시하였다. 마틴 루서 킹이 묘사한 한 기억은 그가 아주 어렸을 때 일어났던 일이었다. 그는 신발가게에서 점원이 그와 그의 아버지에게 '흑인'이 앉는 자리에 앉으라고 말하자 아버지가 화가 나서 마틴에게 신발을 사주지 않았던 것을 떠올렸다. 이 이야기의 주제는 삶을 통틀어서 킹에게 중요한 주제가 되었던 초기 기억의 한 예이다. 다음에 삶의 주제를 개발하는 데 있어서 초기 기억(early recollections)의 역할을 설명하고자 한다.

**초기 기억** Adler 학파 이론가에게 초기 기억은 개인의 생활양식을 결정짓는 하나의 중요한 측면이다. 초기 기억은 내담자가 회상하는 사건에 대한 기억이다. 이것은 보고(reports)와는 다른데, 보고는 어린 시절 내담자에 대하여 다른 사람이 회상하는 사건이다. 초기 기억이 중요한 이유는 그것이 내담자의 삶에 영향을 미쳐 왔기 때문이다. 초기 기억을 수집할 때 상담자는 보통 다음과 같이 질문할 수 있다. "당신의 가장 어렸을 적 기억을 떠올려 볼 수 있나요? 가장 초기의 구체적인 기억으로서 누군가에게 들었던 것이 아니라 당신이 기억하면서 당신에게 일어났던 어떤 것부터 시작해 보세요." 내담자가 그 기억을 회상하고 나면 상담자는 내담자에게 아주 어렸을 때 일어났던 일에 대한 다른 구체적인 기억을 회상하도록 요청한다. 어떤 상담자는 3개 또는 4개의 기억을 요구하고 또 어떤 상담자는 더 많이 요구한다. 예컨대 Maree(2010)는 오래 지속된 내담자의 몰두를 이해하려는 시도로 세 일화 기법(Three Anecdotes Technique)을 사용하였는데, 이 기법은 내담자에게 초기 기억 세 가지를 회상하도록 요청하는 것이다. Adler 학파 이론가는 만 4세에서 5세경에 일어났던 사건에 대한 초기 기억이 보통 가장 유용하다고 생각한다. 왜냐하면 이 사건들은 생활양식이 결정화되고 있던 때에 발생하였기 때문이다. 생활양식이 결정되고 있을 때 초기 기억은 전체 과정이 아니라 과정의 일부이다. 초기 기억은 내담자의 기억을 나타낸다. 이것은 동일한 사건에 대해 다른 사람들이 기억하는 것과 다를 수 있다. 본질적으로는, 초기 기억은 개인의 삶에 대한 이야기의 한 부분이다.

Savickas에게 중요한 또 다른 개념은 Adler가 기술한 다섯 가지 주요 삶의 과제이다. 이 과제들은 서로 밀접한 관련이 있으며, 이 중 하나가 바로 일이다.

**다섯 가지 주요 삶의 과업** 생활양식을 결정하는 데 있어 Adler 학파는 서로 연관된 다섯 가지 주요 과업에 주의를 기울이는데, 그것은 자기발달, 영적 발달, 직업, 사회, 사랑이다(Sharf, 2012). Adler가 말하길, "유익한 직업생활을 영위하는 사람은 발전하는 인간 사회의 중심에 살고 있으며 사회 향상에 도움을 준다(Ansbacher & Ansbacher, 1956, p. 32). Adler에게 있어서 일(직업)은 흔히 사회적 관심을 반영하는 삶의 중요한 과업이었다. Adler 이론의 또 다른 중요한 개념인 사회적 관심은 생활양식의 중요한 측면이다. 온전한 삶을 위해서는 다른 사람과 긍정적으로 또 성공적으로 상호작용해야 하기 때문이다. 직업이나 일은 다른 사람을 위해 수행하는 과업이다. Adler는 그저 다른 사람을 조종하거나 돈을 벌어들이는 것이 아니라 다른 사람을 돕고자 하는 것이 건강한 생활양식에서 중요한 요인이라고 느꼈다. 다섯 가지 과제는 개인의 자기발달이 애정관계, 일, 사회를 대하는 방식과 관련된다는 점에서 서로 밀접한 관계에 있다고 할 수 있다. Adler는 대부분의 심리치료자보다도 일에 더 많은 관심을 가졌는데, 그 이유는 일이 성격과 삶의 만족 모두를 반영한다고 보았기 때문이다.

Savickas는 Adler 이론의 일 과업에 초점을 두기는 하였지만 그렇다고 해서 다른 과업을 배제하지는 않았다. 그는 진로상담 과정을 사람들이 현재 하고 있는 생각이나 심취해 있는 것을 앞으로 사회에서 하거나 참여할 어떤 직업으로 전환하도록 돕는 일로 보았다. Del Corso, Rehfuss와 Galvin(2011)은 일의 속성은 항상 변하며 일의 변화에 유연하게 대처하고 적응력을 갖출 필요가 있다고 강조하였다. Savickas의 적응력 개념은 383쪽에서 논의한 바 있다. Savickas는 상담자가 그저 검사로만 흥미를 평가하기보다는, 어떻게 다양한 직업이 개인이 생각하고 있거나 심취해 있는 것을 표현하는 수단이 될 수 있는지를 내담자가 인식하도록 조력함으로써 새로운 흥미를 만들어 내는 데 도움을 주어야 한다고 믿었다. 이런 식의 흥미 개발은 진로선택 문제에 대한 답으로 이어질 수 있다. 본질적으로 Savickas는 내담자가 자신에게 중요한(matter) 것이 무엇인지를 발견하도록 돕기를 원한다. **매터링**(mattering) 개념은 개인의 삶의 이야기에서 중요한 요소이다. 상담자는 내담자가 삶에서 하는 일에 의미와 목적을 부여하도록 도우려고 애쓴다. 이런 의미는 대부분 일과 다른 삶의 과업에 대한 논의를 통해 찾을 수 있다. 이러한 의미와 목적은 삶의 주제나 생활양식을 반영한다.

## ❁ 진로구성 면접을 활용한 진로상담

대부분의 진로상담과는 달리, 진로구성 모델은 구조화된 평가 면접을 사용한다. **진로양식 면접**(Career Style Interview)(Savickas, 1989)이라 불리는 이 면접은 상담자가 개인의 생활양식을 확인하는 데 유용하고, 내담자에게 물어볼 일련의 질문을 제공한다. 면접에서 상담자는 주제들 간에 어떤 일관성이 있는지를 찾아본다. Savickas는 마틴 루서 킹의 이야기에서 나타난 것처럼 진로상담 과정은 개인이 심취해 있는 어떤 것을 직업으로 전환시키는 과정이라 믿는다. 진로양식 면접은 이를 위한 하나의 수단을 제공한다. 다음의 예에서 상담자는 직업적 성격 유형, 진로적응력, 내담자의 삶의 주제를 평가한다. 먼저 티퍼니와의 진로양식 면접 결과의 개요를 제시할 것이다. 그런 후에 진로구성 이론을 활용하는 상담자라면 아마도 하게 될 질문의 유형을 설명할 것이다. 마지막으로 진로구성 모델을 활용한 상담이 어떤 식으로 전개되어 내담자가 문제에 대해 조치를 취하도록 돕는지를 보여 줄 것이다.

티퍼니는 만 25세 여성이며 4년 전에 영문학 학위를 받고 대학을 졸업하였다. 그녀의 아버지는 흑인이고 어머니는 백인이다. 그녀에게는 시카고에 있는 대학에 다니는 4학년 남동생이 있다. 그녀는 현재 시카고에 있는 출판사에서 부편집자로 일하고 있다. 그녀가 자신의 진로에 만족감을 느끼지 못한지는 대략 2년 정도 된다. 그녀는 변화를 시도하기를 망설여 왔기 때문에 약간 우울한 상태이며, 대학원에 진학하고 진로방향을 바꾸는 일을 미루고 있다. 그녀는 점점 더 자신의 일에서 지루함을 느끼게 되어 상담을 받아야겠다고 생각하였다. 그녀는 가르치는 일, 사회복지, 영업, 관리를 포함해서 몇 개의 진로 가능성을 고려해 보았다. 이런 가능성 각각에 대해 그녀가 긍정적으로 고려할 이유가 있지만 동시에 거부할 이유도 있어 그녀는 정체 상태에 있는 느낌이 든다. 상담자는 티퍼니에게 진로양식 면접을 실시하였다. 다음에 이 면접 결과의 일부를 제시하였다.

## ❁ 티퍼니의 진로양식 면접

**3명의 역할모델:**

앤절라 랜즈베리―그녀는 자신이 맡은 역할에 정말 생명을 불어넣는 훌륭한 여배우이다. 또한 그녀는 함께 작업하는 다른 남자 배우와 여자배우에게 좋은 영향을 주는 것 같다.

마틴 루서 킹 주니어―그는 진정으로 다른 사람들에게 많은 관심을 가졌다. 또한 정말 효과적으로 변화를 이루었다. 나는 그를 매우 존경한다.

우리 이모 리타―리타 이모는 어린 아동과 함께 일하는 심리학자이다. 에너지가 넘치고 함께하는 아이들을 정말 아낀다. 이모가 하는 일에 대해 얘기해 보고 싶다.

**잡지:**

「와이어드(*Wired*)」―나는 기술에 흥미가 있고, 사람들이 더 잘 소통하도록 돕기 위해 기술로 할 수 있는 일에 관심이 많다.

「사이콜로지 투데이(*Psychology Today*)」―나는 고등학생 때부터 늘 심리학에 관심이 있었다. 리타 이모에게 영향을 받아서 여기에 관심을 갖게 된 것 같다. 심리학은 내가 인간의 행동을 이해하기 쉬운 방식으로 이해하는 데 정말 도움이 된다.

「뉴요커(*The New Yorker*)」―만화와 이야기가 정말 창의적이다. 나도 이런 사람들처럼 그리거나 글을 쓸 수 있으면 좋겠다.

**좋아하는 TV 쇼:**

《스타트렉(*Star Trek*)》―계속 재방송을 본다. 다양한 인종과 문화를 탐험한다는 설정이 좋다. 나는 예전의 스타트렉이 그렇게 폭력적이지 않아서 더 좋다.

**좋아하는 책:**

『해리포터』 시리즈—시리즈 전체를 다 읽었다. 나는 해리와 친구들에 대한 창의적인 접근에 정말 감탄한다. 이야기가 재미있고 흥미진진하다. 다른 많은 독자보다 나이가 많기는 하지만 나는 계속해서 이 책 시리즈를 다 읽었다.

**취미:**

독서—나는 소설 읽기를 좋아한다. 『해리포터』뿐만 아니라 모든 종류의 이야기를 다 좋아한다. 연애, 공상과학, 여행이 들어 있는 이야기 등.

빅 시스터 프로그램 참여—나는 시카고에 있는 두 명의 자매를 맡게 되었다. 나는 그 아이들을 여러 군데 데려가고 아이들의 문제에 대해 이야기 나누는 일을 즐긴다. 우리는 같이 재미있게 시간을 보내는데, 아이들이 나를 존경하는 것 같다.

**좋아하는 속담:**

"할 만할 가치가 있는 일이라면 잘할 가치가 있다." 어머니가 나에게 하시던 말씀이다. 이 말 때문에 내가 변화를 무서워한다는 생각도 든다. 잘 풀리지 않을 수도 있는 어떤 새로운 일을 시도하기를 내가 가끔 두려워하기 때문이다.

**학교에서 좋아한 과목**

역사와 영어—나는 다른 나라의 사람들에게 어떤 일이 일어났는지, 각 나라가 어떻게 지금처럼 발전하게 되었는지에 대해 듣고 싶다. 나는 영어 수업을 좋아했다. 내가 이야기를 좋아하기 때문이다. 나는 읽는 것을 좋아하고 또 읽은 것에 대해 보고서를 작성하는 것을 좋아한다. 대학 때보다 고등학교 때 영어를 더 좋아했다는 생각이 든다. 아마도 고등학교 때는 과제 부담이 덜했기 때문이었던 같다.

4개의 초기 기억과 제목

1. 컬러 콜라주 만들기
   세 살 때 유치원에서 아주 커다란 여러 장의 종이 위에 핑거 페인팅을 했던 기억이 난다. 나는 노란색의 커다란 소용돌이를 그린 다음 손을 씻고, 커다란 빨간색 소용돌이를 그리고 난 후 다시 손을 씻고, 초록색 소용돌이를 그렸다. 난 그게 너무 좋았다. 그 색깔이 모두 나에게 매우 의미 있었다. 모두 아주 밝은 색깔이었다.
2. 피부색의 차이 알아차리기
   그때는 추수감사절이었는데, 어머니 가족과 아버지 가족이 저녁 식사를 위해 다 모였던 것으로 생각한다. 그때까지 어머니 가족은 백인이고 아버지 가족은 흑인이라는 사실이 한 번도 내 마음에 떠오르지 않았다. 나는 어머니 가족은 그분들끼리, 또 아버지 가족도 그분들끼리 이야기했고, 모두 다 친절했지만 서로 그다지 섞이지는 않는다는 것을 알아차렸다. 내가 더 이전에 피부색과 인종 차이를 인식했을 수도 있지만 나에게는 이 기억이 가장 뚜렷하게 떠오른다.

3. 아빠 일 돕기
   내가 네 살쯤 되었을 때, 나는 작은 장난감 잔디깎이 기계를 가지고 뜰에서 아버지를 따라다니곤 했다. 나는 정말 아버지를 도와드리고 싶었다. 나는 장난감 잔디깎이 기계가 작동하지 않는다는 것을 몰랐다. 아버지는 내가 얼마나 일을 잘하고 있는지 또 나와 함께 잔디를 깎으니 얼마나 좋은지에 대해 늘 말씀해 주셨다. 아마 아버지는 다른 때에도 마찬가지로 그러셨을 것 같다. 아버지는 당신이 하는 일을 나도 하도록 격려해 주셨다.
4. 따돌림을 당한 아이 가엾게 여기기
   유치원 때가 기억난다. 다섯 살쯤이었을 것이다. 우리는 교정에 나가 있었는데, 교정 주변은 붉은 색 벽돌담으로 둘러싸여 있었다. 넓은 풀밭과 시멘트 바닥의 놀이터가 있었는데 학교와 가까이 있었다. 어쨌든, 운동장 한가운데에서 10명이나 15명쯤 되는 무리가 공인지 뭔지를 가지고 놀고 있었던 것이 기억난다. 그리고 이들과는 멀리 떨어져서 나무 아래 구석에 작은 소녀가 있었다. 같은 반 아이였지 싶은데, 친구로 지냈던 기억은 없다. 어쨌거나 그 아이는 나무 아래에서 울고 있거나 아주 슬픈 표정으로 서 있었다. 나는 그 아이의 슬픔에 대해 뭔가 해주고 싶었다.

티퍼니가 진로양식 면접을 끝낸 후, 상담자는 그녀에게 진로관심사와 관련된 질문을 하였다. 이 질문은 Savickas(2005a)의 이론에 따른 것이다.

**상**1: 미루기 행동이 처음으로 거론되었을 때의 상황은 어땠나요?

**내**1: 어머니가 실망하셨죠. 왜냐하면 제가 출판사 일을 못마땅해하면서도 아무것도 하지 않는 것 같았거든요.

**상**2: 미래의 진로계획에 대해 미결정 상태인 것에 대해서는 어떤 느낌이 들어요?

**내**2: 초조하죠. 아무 진전이 없는 내 자신이 못마땅하고요. 어떤 진전을 보여야 한다고 생각해요.

**상**3: 이런 감정에 대해 뭐가 떠오르는 게 있나요?

**내**3: 마치 다람쥐 쳇바퀴 도는 것 같아요. 아무 진전이 없는 것 같아요. 그리고 이런 게 싫어요.

**상**4: 이런 걸 똑같이 느꼈던 어떤 사건이 있었다면 말씀해 주세요.

**내4:** 직장에서 저는 파일을 철하고 서류를 복사하고 원고를 읽거든요, 매일매일 반복해서요. 끝도 없는 지루한 일이죠.

**상5:** 이런 생활에 대해 어떤 점이 제일 괴롭나요?

**내5:** 가끔은 이 일을 영원히, 제가 죽을 때까지 계속 할 것 같다는 생각이 들어요. 정말 공허한 느낌이죠. 나는 그게 너무 싫어요.

**상6:** 당신의 진로선택에서 중요한 삶의 이야기를 좀 해주세요.

**내6:** 고등학생 때 미루는 습관이 있었어요. 학교로 가는 스쿨버스 안에서 수학 숙제를 하고, 밤늦게 그것도 항상 마지막 순간에 영어 과제를 했죠. 하지만 친구에 관해선 결코 미루는 일이 없었어요. 친구들과 전화로 얘기하고 때로는 뭐라도 도움을 주려고 친구 집에 가기도 했죠. 제 과제는 언제나 뒷전이었어요. 어머니는 제가 그런 걸 안 좋아하셨어요.

## ❁ 진로구성 이론을 활용한 진로상담

진로구성 이론은 진로평가와 진로상담에서 내담자가 하는 이야기에 초점을 둔다. 이야기는 때로는 아주 짧고 때로는 좀 더 길다. 진로구성 이론에서는 이야기를 하는 동안 개인의 진정한 자기가 나온다고 한다. 사람들은 자신에게 중요하고 의미 있는 것에 대해 말할 것이다. Savickas(2005a, 2005b, 2011a)는 상담자가 내담자와 동일한 언어를 사용할 것을 제안했다. 예컨대 내담자가 즐겨 사용하는 단어나 비유 같은 것이다. Savickas는 진로구성 이론이 Holland 모델 같은 성격 유형, 발달과업(Super의 단계), 적응력을 다룰 수 있는 장점을 갖고 있다고 보는데, 이러한 개념들은 내담자가 자신의 이야기를 표현하는 것과 관련 있기 때문이다. Savickas는 진로구성 틀을 강조하는 7단계의 해석 절차를 사용한다. 상담자가 진로 유형 면접에서 티퍼니에게 어떻게 말할지를 보여 주면서 이 단계들을 설명할 것이다. 이 단계들은 순차적일 필요는 없지만, 이 구조는 Savickas(2005a)가 제안한 것이다.

**상담목표 검토하기** 첫 단계는 내담자의 목표를 검토하는 것이다. 내담자가 상담을 통해 얻고 싶은 것이 무엇인지를 말하면 이것은 상담자에게 내담자의 내러티브를 어떻게 보아야 할지에 대한 견해를 제공한다. 티퍼니는 새로운 진로선택을 하고 싶어 한다. 그러나 그녀는 또한 자신의 미루는 버릇을 염려하고 있으며 선택하고 난 후 후속 조치를 못할까 봐 걱정하고 있다. 이것은 상담자에게 적응력에 관한 두 가지 문제에 주목하라는 신호를 준다. 티퍼니는 결단력을 발휘해서 선택을 해야 하는 상황에서 자신의 결정에 대한 확신이 부족하고 또한 자기 자신을 통제할 수 있는 능력을 걱정할 수 있다. 상담자는 또한 과거 의사결정에 대해 티퍼니가 하는 이야기에 주의를 기울일 수 있다.

**동사에 주의 기울이기** 동사는 행동 단어이다. 이야기에서 동사는 움직임이나 방향 또는 움직임의 부족을 시사한다. Savickas는 첫 번째 초기 기억에 나타나는 첫 번째 동사에 주목한다. 그러고 나서 그 첫 번째 기억에 담긴 다른 동사들에도 주의를 기울이고, 그런 다음 다른 기억으로 옮겨 간다. 이 과정에서 만일 주제가 드러난다면, 그것을 기록해 둔다. 이 동사들은 삶의 주제 또는 주제들에 관한 실마리를 제공할 것이다. 동사에 주의를 기울임으로써 상담자는 자신이 들을 필요가 있는 이야기를 내담자가 하고 있다는 것을 알 수 있다. 첫 번째 기억에서 티퍼니는 '기억하다'라는 단어를 사용하였다. 이는 사려 깊음을 시사한다. 두 번째 동사는 '페인트(역자 주: 그림 물감으로 그린다는 뜻)'이다. 이 말은 창조에 대한 열망과 그녀에게 예술적 흥미가 있음을 시사한다. 두 번째 기억에서 사용된 세 개의 동사는 '생각하다', '알아차리다', '떠오르다'이다. 이 모든 단어는 사려 깊음과 관찰을 시사한다. 세 번째 기억에서 등장하는 '따르다', '돕다'라는 동사는 다른 사람들과의 연결 및 누군가를 도와주는 관계를 시사한다. 도움의 주제는 네 번째 기억에서 다시 보이는데, 여기에서는 다른 사람을 보고 '슬퍼하는' 것이 가장 의미 있는 행동이다.

**기억의 표제 검토하기** 상담자는 티퍼니에게 각 기억마다 하나의 동사를 포함하여 사람의 마음을 끄는 표제를 만들어 보게 하였다. 이런 표제는 이야기를 압축한다. 또한 표제는 내담자에게 적합한 주제에 대한 아이디어를 제시한다. 첫 번째 표제는 '만들기'라는 단어를 포함하는데, 이는 생산성을 시사한다. 두 번째 표제는 '알아차리기'라는 단어를 사용하는데, 이는 주변에 대한 주의 집중을 시사한다. 마지막 두 기억은 '돕기'와 '가엾게 여기기(feeling sorry)'라는 단어를 사용한다. 두 단어 모두 타인에 대한 관심을 시사한다.

**심취하고 있는 것에서 직업으로 이동하기** 상담자는 티퍼니가 진로를 구성함에 있어서 문제를 어떻게 해결하는지, 그리고 어떻게 직업이 그녀가 문제를 극복하는 데 도움을 줄 것인지를 이해하고 싶어 한다. Savickas는 상담자에게 이야기 분석에서 내담자가 심취해 있는 일에서 직업으로 옮겨 가는 데 초점을 둘 것을 제안한다. 이것이 삶의 주제의 본질일 것이다. 그런 후에 상담자는 티퍼니의 초기 기억을 그녀의 역할모델과 비교할 것이다. 그녀의 첫 기억은 '창조하기'를 시사한다. 그녀의 첫 역할모델은 유명한 여배우인 앤절라 랜즈베리로, 티퍼니는 이 인물에 대해 창의적이고 생산적인 것을 연상하였다. 마틴 루서 킹과 리타 이모 두 사람 다 다른 사람을 관찰하고 개인적 또는 사회적 문제를 겪고 있는 사람을 돕고자 하며 그들을 돕기 위해 무언가를 하는 사람이다. 이 주제는 티퍼니의 마지막 세 개의 초기 기억과 관련 있다. 이는 티퍼니가 자신의 삶에서 앞으로 나아가길 원하며 다른 사람을 돕고자 한다는 것을 시사하며, 사회적 관심이라는 Adler 개념의 명백한 예를 보여 준다.

**어떤 계획을 시사해 주는 역할모델** 역할모델의 선택은 이들이 내담자가 닮고 싶어 하는 사람이라는 것을 나타낸다. 따라서 내담자는 자신의 삶을 역할모델이 한 것처럼 이끌어 가고 싶어 할 것이다. 본질적으로 역할모델은 삶이나 진로를 위한 계획을 암시한다. 세 명의 역할모델에 대한 티퍼니의 언급은 그녀가 삶에서 생산적이기를 원하고 세상에서 변화를 이루고 싶어 한다는 것을 암시한다. 그녀는 이모의 에너지와 마틴 루서 킹의 효능성을 동경한다. 두 인물 다 진정으로 타인을 아끼는 사람으로 여겨지고 있는데, 이것은 티퍼니에게 중요한 주제이다. 그녀는 현재 자신의 삶에서는 이러한 특성들을 느끼지 못하고 있지만 장차 이쪽으로 나아가기를 원한다. 티퍼니에게 유능하다는 느낌은 개인적 또는 사회적 문제를 가진 사람들을 돕는 데서 나올 수 있다.

**적응력 프로파일링** 진로구성 이론에서 상담자는 내담자가 들려준 이야기에서 내담자가 어떻게 대처하는지를 찾아본다. 진로적응력이라는 개념은 대처 전략을 이해하는 데 유용하다. 내담자의 적응력은 처음에는 분명하지 않지만, 초기 기억이나 진로양식 면접의 다른 부분, 또는 상담자와 논의하는 내용에서 드러날 수 있다. 티퍼니는 자신감을 올리고 싶어 한다. 그녀는 자신의 삶에 대해 우유부단하고, 삶에 대한 통제력이 상대적으로 부족하다고 느껴 도움을 받으려고 상담자를 찾았다. 상담자는 이를 알아차리고, 그녀의 우유부단함을 긍정적인 신호로 본다. 티퍼니는 변화에 대한 두려움을 다루고 있어 격려가 필요하다. 상담자는 티퍼니가 자신의 삶의 이야기를 살펴보고 행동을 취하도록 도울 것이다. 여기에서 우유부단함은 약점이 아니라 강점으로 여겨진다. 상담자는 현재의 문제와 사회적 관심 모두가 티퍼니가 선택한 역할모델에 나타나 있음을 본다. 이는 티퍼니에게 자신의 삶에 대한 통제를 회복하고 자신감을 높이도록 노력하겠다는 의지가 있음을 시사한다.

**직업적 성격 평가하기** 진로구성 이론에서는 Holland의 여섯 가지 성격 유형을 이야기에 대한 내담자의 견해를 바라보는 하나의 방식으로 본다. 진로양식 면접에서 얻은 정보는 어느 유형이 내담자와 가장 유사한지를 결정할 때 사용될 수 있다. 여섯 가지 성격 유형에 대한 정보를 얻기 위해 상담자는 질문을 더 해볼 수도 있다. 진로탐색검사(Self-Directed Search, SDS)나 Strong 흥미검사(SII)도 내담자의 직업적 성격에 대한 정보를 얻는 하나의 방법이다. 티퍼니의 경우에는 Holland의 여섯 가지 유형 중 사회형이 가장 두드러지는 것처럼 보인다. 개인적인 문제를 갖고 있는 사람들을 돕고 그들의 삶을 바꾸는 데 뚜렷한 흥미가 있는 것 같다. 아마 티퍼니의 두 번째 Holland 유형은 예술형일 것이다. 이 시점에서 티퍼니가 제시한 자료에는 다른 네 가지 유형 어떤 것에 대한 흥미를 시사하는 것은 별로 없다. 더 논의를 해보면 그녀의 직업적 성격에 다른 유형들도 나타난다는 것이 드러날 수도 있다.

**정교한 성공 공식 만들기** 지금까지 설명한 7단계는 성공 공식을 만드는 데 필요한 정보를 제공한다. Savickas는 상담자가 성공 공식을 만들어 내담자와 함께 초안을 검토할 수 있도록 해야 한다고 제안한다. 그는 성공 공식 개발에 있어서 Haldane(1975)의 접근에 착안하였다. 이 접근은 믿을 만한 강점을 구체화하고 분명히 하는 데 초점을 둔다. 따라서 성공 공식은 직업적 성격의 강조와 함께 티퍼니의 강점에 초점을 둘 것이다. 그런데 이러한 강점은 진로양식 면접에서 얻은 정보를 분석함으로써 결정된다. 표 11.1에 여섯 가지 Holland 유형 각각에 대한 티퍼니의 강점이 기록되어 있다.

티퍼니의 경우, Holland 유형에서 사회형과 예술형에 초점을 둠으로써 성공 공식의 첫 번째 초안을 잡았다. 상담자가 작성한 내용은 다음과 같다.

> 당신은 개인적인 문제를 가진 사람을 돕고 그들의 삶을 향상시킬 수 있는 서비스를 제공할 때 행복과 성공감을 느낍니다. 이런 일을 할 때 당신은 민감해지려고 애쓰고 사람들이 자신의 삶을 향상시킬 수 있도록 도움을 주는 프로그램을 설계하려고 합니다.

티퍼니는 이 초안을 읽은 후 이 글이 자신에게 맞지만 그녀가 돕고 싶어 하는 사람들이 어떤 사람인지 또 어떻게 그들을 돕고 싶은지 알아보고 싶다고 말한다

**삶의 초상** 성공 공식은 좀 더 포괄적인 내담자의 초상을 그리는 출발점이다. Savickas는 진로양식 면접에서 나온 정보를 활용하여 내담자에 대해 생각해 볼 것을 제안한다. 이러한 생각 외에도, 내담자에 대한 상담자 자신의 반응과 느낌이 삶의 초상(life portrait)을 작성하는 데 도움이 될 수 있다. 이 초상은 내담자의 정서적 실재와 주제를 강조하는 데 그 목적이 있다. 삶의 초상은 "나는 누구인가?", "내가 추구하는 것은 무엇인가?" 그리고 "어떻게 하면 내가 성장하고 존재를 꽃피울 수 있을까"와 같은 물음에 답하고자 한다. 삶의 초상에서는 삶의 주제가 내담자에게 적합한지 확인하기 위해 이를 반복하고 강조한다. 삶의 주제는 내담자가 들려준 아주 다양한 진로 이

**표 11.1 성공 공식 요소**

| 현실형 | 탐구형 | 예술형 |
|---|---|---|
| 도구로 작업하기<br>손을 사용하면서 생각하기<br>기계적 능력 사용하기<br>신체적 기술 활용하기<br>옥외에서 일하기<br>동물과 함께 일하기<br>자연과 함께 일하기<br>기술 발휘하기 | 문제 해결하기<br>과학과 관련된 일 하기<br>수학과 관련된 일 하기<br>논리 사용하기<br>아이디어 연구하기<br>사물의 작동 원리 알아내기<br>이해<br>상황 분석하기<br>발견하기 | 독립적인<br>감정 나누기<br>민감한<br>그림 그리기<br>악기 연주하기<br>글쓰기<br>예술적 재능 활용하기<br>꾸미기<br>디자인하기 |
| **사회형** | **기업형** | **관습형** |
| 다른 사람 돕기<br>사람들과 함께 일하기<br>서비스 제공하기<br>사교적이고 유쾌하다<br>아이 돌보기<br>노인 돕기<br>가르치기<br>상담하기<br>조언하기 | 결정내리기<br>다른 사람 설득하기<br>집단 이끌기<br>힘 사용하기<br>열정적으로 행동하기<br>물건 판매하기<br>관심의 중심에 있기<br>역동적이다<br>다양성 추구하기 | 팀의 일원이 되기<br>데이터 기록하기<br>타이핑하기<br>자료 조직화하기<br>정해진 일과 확보하기<br>자신에게 기대되는 일이 무엇인지 이해하기<br>순서대로 일 처리하기<br>파트너와 함께 일하기 |

출처: Savicas, M. L., (1989). "Career-style assessment and counseling," T. Sweeney (Ed.), *Adlerian counseling: A practical approach for a new decade* (3rd ed.) (pp. 289-320). Mark Savicas의 허락하에 재인쇄함.

야기를 다 모을 것이다. 때때로 진로 이야기는 상충되는 정보나 견해를 담고 있다. 삶의 초상에서는 이러한 상이한 견해를 서로 이어 주고 연관성 없는 일련의 아이디어가 아닌 어떤 주제를 제시하려고 한다. 삶의 초상은 내담자의 삶의 어떤 지배적인 열정을 나타낼 수 있어야 한다(Savickas, 2005a, 2011a). 내담자는 결정하기를 바란다. 삶의 초상은 내담자가 여러 선택 중에서 결정하는 데 도움이 될 것이다. 삶의 초상을 작성한 후 내담자와 상담자는 함께 그것을 살펴본다. 삶의 초상에서는 증상에서 강점으로 초점이 움직인다. 이를 통해 내담자는 자신이 과거의 문제를 극복하고 그것에 대해 무언가를 할 수 있다고 느낄 것이다. 상담자는 스토리텔러이고 내담자는 편집자이다. 내담자는 상담자가 들려주는 이야기를 최대한 정확하게 자기 자신에게 맞게끔 편집할 것이다. 분명한 이야기를 재진술하는 것이 도움이 될 수 있다. 내담자의 삶의 초상에 나타나는 모든 측면을 인정하는 것이 중요하기 때문이다. 상담자는 내담자에 대해 호기심을 갖고, 절대 확신하지 않는다. 상담자는 "내가 놓치고 있는 것이 무엇일까?"라고 자문할 것이다. 삶의 초상은 잠정적인 스케치일 뿐, 상담자가 자신이 생각하는 삶의 초상을 내담자에게 단정적으로 해주는 것이 아니다. 그것은 내담자가 느끼기에 정확한 삶의 초상을 나타내야 한다.

상담자는 티퍼니의 삶의 초상을 이와 같은 방식으로 논의할 것이다. 다음의 예에서 삶의 초상은 티퍼니 초기 기억에 초점을 둔 진로양식 면접에서 제공된 제한적인 정보를 기반으로 한 것이다.

**상1:** 티퍼니, 내가 생각해 낸 당신의 삶의 초상을 들려주려고 해요. 이게 최종적인 것은 아니에요. 당신이 여기에 의견을 주면 정말 좋겠어요. 동의하지 않으면 그렇다고 꼭 알려 주세요.

당신은 다른 사람들에 대한 관심이 많아요. 특히 다른 사람들에게 받아들여지지 않거나 다른 사람과 잘 어울리지 못하는 사람을 염려하죠. 당신은 곤경에 처한 사람을 돕고 싶어 해요. 만일 당신이 이러한 관심과 함께 당신이 가진 창의성을 활용할 수 있다면 당신도 만족할 거예요. 다른 사람을 돕고 그들 삶에 관여하고자 하는 바람은 사람들이 당신과 교류하거나 다른 상황에 있을 때 당신이 그들을 관찰하고자 하는 소망에서 비롯된 것입니다. 비록 당신은 자신의 능력에 의구심을 갖고 있고, 이것이 당신이 정말로 하고 싶어 하는 일을 하는 데 방해가 될 수도 있지만, 당신은 다른 사람을 도울 수 있도록 자신의 삶에서 변화를 이루어 내려는 바람을 갖고 있어요. 지금 당신은 우울해요. 도서 편집자 일이 맞지 않기 때문이죠. 당신은 당신의 일에 생명을 불어넣을 수 있는 열정과 느낌을 활용하지 않고 있어요.

**내1:** 선생님은 저에게 중요한 게 뭔지를 파악하신 것 같아요. 제가 얼마나 두려워하고 있는지에 대해서도 얘기하시고요. 안정적인 직장을 떠나 대학원에 가는 것도 두렵고 심리학자나 사회복지사가 되면 소득이 줄어드는 것도 두려워요. 또 덧붙이고 싶은 건 창의성을 강조하는 부분이에요. 저는 뭔가를 창조하는 게 좋고 여전히 그림 그리는 게 좋아요. 항상 그랬듯이요. 그런데 그건 선생님이 제 삶의 초상에서 묘사하신 것만큼은 안 중요할 거예요.

**상2:** 향후에 무엇을 할 것인지에 대해 생각이 많은가 봐요.

**내2:** 네. 선생님이랑 제 삶과 제게 중요한 것에 대해 탐색할 때마다 제가 하고 싶은 것을 찾으려는 동기가 점점 강해져요. 그런데도 여전히 두렵긴 해요.

**상3:** 그 두려움이 이해가 되네요. 당신은 나무 그늘 아래에 앉아 있다가 일어나서 삶의 한가운데로 걸어가기를 주저하고 있네요. 하지만 이제 당신은 자신 이야기를 들려주면서 스스로를 돕기 위해 행동을 취할 수 있도록 당신의 강점과 자원을 개발하고 있어요. [Savickas(2005a)는 나무 밑에 앉아 있는 소녀라는 비유를 사용한다. 이는 내담자가 새로운 방향으로 나아가려 하면서 마음고생을 하고 있음을 명확하게 하기 위한 방법이다. 또한 이는 진로상담을 받고자 했을 때 이미 나무가 주는 안정성에서 떨어져 나오기 시작했다는 것을 내담자에게 말해 주는 방법이다.]

**내3:** 그걸 재미있게 표현하시네요. 제 자신을 자유롭게 하기 위해 제가 진전을 좀 보이고 있다는 느낌이 진짜 들어요.

**상4:** 당신이 앞으로 나아가는 걸 돕기 위해 우리가 당신의 자원을 살펴봤잖아요. 당신은 본인이 하고 싶은 게 뭔지를 알아보겠다는 투지가 있어요. 또한 당신에게 다른 사람들과 함께 일하고 그들이 당신의 노력을 높이 평가하게 만드는 능력이 있다는 것도 입증했죠. 당신이 열심히 일한다는 것 또한 당신의 또 다른 능력이죠. [진로구성 이론에서 Savickas는 내담자의 강점을 지지하고 격려하는 것의 중요성을 강조한다.]

**내4:** 변화를 도모하고 가능한 직업 대안으로 조력 전문직을 찾는 데 따르는 위험을 감수해야겠다는 의지가 더 생긴다는 게 저에게 도움이 돼요.

**상5:** 처음에는 움직이는 걸 꺼려하고 방향에 대한 확신도 부족했는데 지금은 그런 게 시작 단계에 대한 생각으로 바뀌었네요. 사실 당신은 고통받는 사람들이 자신의 삶을 더 밝은 색으로 칠하기 위해 필요한 조치를 취하는 법을 배우도록 돕는 데 재능이 있는 것 같아요. [Savickas는 자신의 연구에서 문제를 해결책의 일부로 본다. 이는 내담자가 하고 있는 바를 바라보고, 우유부단하다고 비난하지 않는 매우 긍정적인 방식이다. 오히려 이 방식은 그녀가 행동을 취할 수 있도록 격려한다.]

이 시점에서 상담자와 티퍼니는 부편집자의 위치에 머무는 것이 그녀를 위해 좋은 해결책이 아니며 그녀의 플롯이나 이야기와는 맞지 않다는 결론에 도달하였다. 그녀는 또한 미루는 버릇을 다루는 데 있어서 어느 정도 진전을 보이고 있으며, 변화를 꾀할 생각에 더 흥분이 된다는 것을 분명히 하였다. 이제 그녀는 조력 전문직 중 어떤 유형의 직업을 고려할 것인지를 좀 더 구체적으로 명료화하기를 원한다. 그녀는 또한 자신의 목표에 도달하기 위해 몇 년 동안 대학원에 다닐 용의가 있는지도 생각해 볼 필요가 있다.

상담자는 티퍼니에게 그녀가 활용할 수 있는 두 가지 자원을 보여 준다. 먼저, 그녀는 상이한 Holland 코드와 매칭되는 직종의 목록을 찾아 주기 위해 개발된 직업 파인더(Occupation Finder)를 활용할 수 있다. 다음으로는『직업 전망서』(2013)인데, 이것은 책자나 온라인으로 볼 수 있다. 상담자는 티퍼니가 자신의 삶의 이야기에 가장 잘 맞는 직업이 어느 것인지에 대한 아이디어를 얻도록 다음 상담 시간 전까지 이 두 자료를 검토해 보기를 제안한다.

다음 시간에 티퍼니는 진로에 대한 아이디어를 얻기 위해 직업 파인더를 찾아보았는데『직업 전망서』가 아주 유용하였다고 말하였다. 그녀는 사회복지와 정신의학, 임상 심리학, 작업치료 및 직업 재활 직종에 대해 이야기하면서 몹시 즐거워하였다. 그녀는 이 모든 직업들이 사회형인 자신의 직업 성격과 어떻게 관련이 되는지를 분명히 설명할 수 있었다. 가장 홍미가 가는 다섯 가지 직종을 비교하는 가운데, 그녀는 자신의 삶의 계획과 맞는 직업뿐만 아니라 맞지 않는 직업들까지도 그 면면을 확인할 수 있었다. 티퍼니가 정신의학과 임상심리를 선택한다면 대학원에서 6년 이상의 훈련을 받아야 할 것이다. 이 분야는 지금보다 더 많은 소득을 얻을 수 있지만, 재정적으로나 일하고 싶다는 열망의 측면에서나 투자할 만한 가치가 있어 보이지는 않았다. 그리고 티퍼니는 작업 치료와 직업 재활 상담의 일부인 의료 장면에는 그다지 홍미가 없었다. 사회복지는 그녀에게 점점 더 매력적으로 다가왔다. 그녀는 스스로 학교에서 사회복지사로 있는 어머니 친구분과 이야기를 해보려는 행동을 취하였다. 티퍼니는 친구분으로부터 들은 사회복지 업무와 다양한 문화적 배경을 가진 아이들과 함께 일할 수 있는 기회에 홍미가 있었다. 티퍼니는 어머니 친구분과 그분이 일하는 학교에 방문할 약속을 잡았다. 상담자는 티퍼니가 어떻게 미루는 습관을 극복하였는지 그리고 그녀가 가능성 있는 변화에 얼마나 즐거워하는지에 감명받았다. 상담자는 스스로에게 매우 만족스러운 방식으로 자신의 이야기를 채워 나간 티퍼니의 행동을 격려하고 강화해 주었다.

이 사례를 통해 진로구성 이론에서 내담자의 역할이 중요하다는 것을 보여 주고자 하였다. 상담자는 내담자의 삶에서 다음 장(chapter)이 무엇일지 추측할 수도 있겠지만 그것은 중요하지 않다. 내담자의 다음 행동이나 최종 선택을 예측할 수 있는 것은 중요하지 않다. 중요한 것은 내담자가 자신에게 만족스러운 방식으로 이야기를 발전시키도록 돕고, 미래를 관리할 수 있는 자신의 능력을 좀 더 통제하고 확신할 수 있게 되도록 돕는 것이다. 자신의 직업 성격과 선호하는 직업환경을 아는 것은 내담자가 자신에게 만족스러운 행동을 취하는 데 도움이 될 수 있다. 성공 공식과 삶의 초상은 내담자가 삶의 과제를 좀 더 의미 있고 만족스럽게 하기 위해 자신의 삶을 변화시키는 방법을 명료화하고 이러한 방법을 검토하도록 상담자가 격려하는 수단이다.

Savickas는 진로구성 이론에서 다양한 기법을 활용한다. Savickas와 Hartung(2012)은 저서『나의 진로 이야기: 생애-진로 성공을 위한 자서전 워크북(*My Career Story: An Autobiographical Workbook for Life-Career Success*)』에서 이러한 다양한 기법을 제시하였다. 이들 외에도 이러한 기법과 이와 유사한 기법의 유용성을 발견한 상담자들이 있다. 예를 들면 Severy(2008)는 '내러티브 주제: 초기 아동기 기억', '내러티브 주제: 자서전', '주요 타자: 당신의 등장인물 배역 정하기'와 같은 내러티브의 주제 및 Savickas가 사용한 것과 유사한 몇 개의 다른 활동을 활용하는 온라인 진로상담 개입법을 개발하였다. Reid와 West(2011)는 내러티브 기법을 사용한 또 다른 연구에서 Savickas가 설명한 역할모델과 잡지, 취미, 책, 삶의 좌우명 같은 평가 요목을 사용하였다. 이런 식으로, 상담자는 Savickas의 내러티브 접근을 각자의 상담에 적용하고 활용할 수 있을 것이다.

## 평가도구의 역할

표준화된 흥미검사와 가치관검사, 능력검사 및 성취검사는 구성주의 진로상담에서 큰 역할을 차지하지 않는다. 구성주의 상담자는 내담자가 실재를 어떻게 보는가에 관심이 있기 때문에, 모든 사람을 위해 사용하는 검사를 적용하는 것은 내담자가 지각하는 세계를 이해하는 데는 도움이 되지 않을 수도 있다. Cochran(1997)은 그의 내러티브 모델의 첫 번째 에피소드에서, 진로문제를 정교화하기 위해 전통적인 검사를 직업 카드 분류, 그림 그리기, 일화기법 같은 구성주의적 방법과 어떻게 통합시킬 수 있는지를 보여 주었다. Savickas(2005b)는 내담자가 검사를 원할 경우, 진로탐색검사나 Strong 흥미검사를 사용한다. Savickas의 진로양식 면접은 내담자의 이야기를 이해하는 데 사용되는 주요한 평가도구이다. 질적 진로평가에 대한 고찰에서 Whiston과 Rahardja(2005)는 구성주의 접근 활용의 이점에 대해 논의하였다. 그들은 구성주의 접근이 세상에 대한 개인의 견해가 끊임없이 변화하며 역사적 · 문화적 사건에 영향을 받는다는 것을 인정한다고 강조한다. 덧붙여서 구성주의 접근은 문화적 주제가 내담자에게 미치는 영향을 이해하는 탁월한 방법이다. 이 점에 대해서는 Guichard와 Lenz(2005)도 구성주의는 각 내담자가 세상을 보는 방식을 강조하기 때문에 다문화 집단에 활용할 수 있다고 제안하면서 언급한 바 있다. 이 장에서는 언급하지 않았지만 구성주의 상담자가 활용하는 몇 가지 구성주의 평가 방법이 있다(Schultheiss, 2005). 여기에는 내담자의 진로 내러티브 발달에 영향을 준 요인을 이해하기 위해 부모의 영향을 회고하면서 구성하는 방법이 포함된다. 부모와 청소년이 진로문제에 대해 대화를 나누는 모습을 비디오로 촬영하고 청소년의 진로목표와 다른 진로주제에 관해 부모와 청소년이 함께 논의해 보게 하는 기법도 유용할 수 있다(Domene, Socholotiuk, & Young, 2011; Marshall, Young, Domene, & Zaidman-Zait, 2008).

구성주의 및 내러티브 진로상담자는 진로문제에 대한 내담자의 인식과 그들이 세상을 바라보는 데 사용하는 구성개념을 이해하는 것에 초점을 두기 때문에, 내담자에게 검사 개발자의 구성개념을 부여하는 검사도구를 사용하는 데 주의를 기울여야 한다.

## 직업정보의 역할

구성주의 및 내러티브 진로상담자는 사람들이 자기 자신을 바라보는 데 사용하는 구성개념뿐만 아니라 주변 세계를 보는 데 사용하는 구성개념에도 관심을 갖는다. 이 장에서 논의한 두 접근은 직업정보를 진로상담에 통합하는 것에 관해 비슷하지만 다소 상이한 관점을 갖고 있다.

Cochran(1997)은 내담자가 수행하는 행위의 중요성을 강조한다. 그의 모델에서 내담자는 자신의 이야기를 한 후에 세 가지 실연(enactment) 에피소드에 관여한다. 이 세 가지는 모두 능동적인 탐색과 직업에 대한 조사를 포함한다. 내담자가 직업정보를 읽어 보는 것만으로는 충분하지 않다. 실재 구성 에피소드에서, 내담자는 자원봉사를 하거나 직장에서 일하고 있는 사람들을 방문하거나 직장인을 면접하거나, 친척이나 친구와 함께 직업에 대해 상의할 수도 있다. 삶의 구조 바꾸기 에피소드에서는 내담자가 자신이 하는 일에 초점을 두고, 그 일이 자신의 삶에 미치는 영향을 면밀하게 살펴본다. 이러한 새로운 활동을 시도하는 가운데 내담자의 삶은 변화하고, 내담자는 상이한 직업적 과업에 자신이 어떻게 반응하는지를 점검해 볼 수 있다. 역할 실연 에피소드에서 내담자는 자신이 탐색하고 싶은 역할을 한번 체험해 본다. 데니스가 상이한 관리직 과업을 어떻게 시도해 보았는지에 관한 예시가 376쪽에 제시되어 있다. 이는 관련 직업정보에 대한 데니스의 지식을 증진시켰다.

Savickas(2005b, 2011a)는 진로구성 이론에서 진로양식 면접을 실시한 다음 직업정보를 진로상담 과정에 통합한다. 그는 Holland 이론을 사용하면서 내담자가 직업 파인더를 직업정보에 대한 가교로 활용하도록 한다. 티퍼니의 예에서는 직업정보를 얻는 자원으로 『직업 전망서』(2013)를 언급하였다. 하지만 진로구성 이론 상담자는 O*NET(Occupational Information Network)과 『직업탐색 가이드』, 진로 안내 책자 및 팸플릿, 다른 직업정보를 활용하기도 한다. 개인의 진로에 관한 이야기를 온전히 구성하기 위해서는 직업에 대해 더 많은 것을 찾아보는 실제 행동을 하는 것이 필요하다. 이러한 행동의 예로는 친구와 부모의 친구, 이전 직장의 고용주, 그리고 다른 사람들과의 네트워킹을 들 수 있는데, 이런 사람들은 개인이 여러 직종이 자기 이야기의 플롯에 맞는지를 살펴볼 수 있도록 직업에 관한 충분한 정보를 찾는 것을 도와줄 수 있다.

## 여성과 다문화 집단에 대한 이론 적용

구성주의적 관점에서 보자면 문화와 성은 내담자 행위의 맥락 안에서 상호작용하는 변인이다(Young et al., 2007; Young, Marshall, Valach et al., 2011). 따라서 이야기나 역사는 문화적인 맥락 안에서 존재한다. 어떤 행위를 어떻게 보는가에 대해서는 다양한 문화적 해석이 있을 수 있다. 예를 들면, 동료를 팔로 감싸는 행위는 우호적인 격려로도, 성희롱으로도 볼 수 있다. 개인의 문화적인 배경이 그러한 사건을 어떻게 해석하느냐에 영향을 줄 수 있다. 성과 문화 모두 개인이 태도와 기술 및 가치관을 발달시켜 나가는 방식을 이끄는 역할을 한다(Cochran, 1997). 예를 들어, 북아메리카에서는 여자는 남자만큼 수학을 잘하지 못한다는 문화적 고정관념이 있다. 다른 문화적 내러티브는, 아시아인들은 모든 분야 중에서 과학을 가장 선호한다는 것과 같은 특정한 견해를 제시할 수도 있다. Cochran은 문화적 내러티브는 사람들이 배우는 것의 한 가지 측면일 뿐이라고 경고한다. 어떤 문화적 체계는 직업적 기대와 밀접한 관련이 있다. 예를 들어, 인도의 카스트 제도는 보통 특정 유형의 직업과 연결되는데, 그 직업이 경비업무이든 소규모 사업이든, 아니면 다른 직종이든 간에 마찬가지이다.

진로상담에 대한 구성주의 접근은 내담자를 바라보는 열려 있는 관점을 제공한다. 여기에서 초점을 두는 것은 내담자가 세상을 어떻게 보는가이다. 따라서 상담자는 자신의 문화적 관점이 내담자의 내러티브를 이해하는 데 방해가 되지는 않는지 주의 깊게 관찰한다. Guichard와 Lenz(2005)는 전 세계적인 관점에서 진로 이론을 검토하면서 개인의 내러티브를 중시하는 구성주의적 관점이 일과 관련된 다양한 문화적 태도와 전통을 다루는 데 있어서 어떤 식으로 소중한 자산이 될 수 있는지를 보여주었다. 재능 있는 여자 청소년과의 상담에서 직업 카드 분류와 생애선 및 이와 유사한 기법과 같은 구성주의적 기법 활용이 이들이 자신의 삶의 이야기를 탐색하고 새로운 행동을 고려하도록 돕는 하나의 방안으로 제안되었다(Maxwell, 2007). 노동시장으로 재진입하는 어머니에게 구성주의 접근은 새로운 진로 경로를 탐색하는 데 도움이 될 수 있다(Locke & Gibbons, 2008). Cuzzocrea(2011)는 영국과 이탈리아의 청소년을 연구하였다. 영국 청소년은 일에 관심이 있었고, 스스로를 근로자로 보았다. 이에 비해 이탈리아 청소년은 영국 청소년에 비해 스스로를 더 오랜 기간 일에 전념하지 않고 확신이 없는 상태로 있을 것으로 보았다. Young 등(2007)은 캐나다 원주민을 대상으로 한 연구에서 가족이 그들의 청소년 구성원에 대한 프로젝트를 구성하는 동안 보여 준 행동에 초점을 두었다. 또한 Young(2009)은 행위나 활동의 장(field)으로서 가변적이고 복잡한 캐나다 문화에 대해 기술하였다. 예컨대, Young은 '대화 서클(talking circle)'의 효과성을 관찰하였는데, 이것은 청소년과 그의 가족이 성인으로의 발달에 도움을 주는 인물로 선택한 일단의 사람을 말한다.

Young과 동료들은 청소년의 진로 프로젝트를 연구하였다. 그들은 **진로 프로젝트**(career project)를 청소년의 진로선택과 관련하여 청소년과 부모가 취하는 일련의 행동이라고 보았다(Young et al., 2001, 2006, 2007). Young 등(2001)은 6개월 동안 20쌍(각 쌍은 한 명의 청소년과 부모 중 한 명으로 구성됨)을 대상으로 각 쌍의 부모-청소년 간의 대화를 비디오로 녹화하여 연구하였다. 그들은 진로 프로젝트가 대인관계, 정체성, 양육, 문화라는 네 가지의 다른 의미 있는 프로젝트와 관련이 있다는 것을 발견하였다. Young, Valach, Ball, Turkel과 Wong(2003)은 이후 중국계 캐나다인 부모-청소년 여섯 쌍을 연구하였다. 연구팀은 이들의 진로 프로젝트가 다른 프로젝트들, 특히 문화적 프로젝트와 밀접하게 관련된다는 것을 발견하였다. 중국계 캐나다인 부모-청소년 쌍의 진로 프로젝트는 청소년의 흥미와 미래 목표 둘 다와 관련하여 주로 부모가 결정을 내리고 청소년은 수용하는 것으로 나타났다. 전형적으로 중국계 캐나다인 부모는 진로목표를 구조화하고, 목표 달성에 도움이 될 만한 행동을 취할 필요성을 느끼고 있었다. 또 다른 19쌍의 부모-청소년 연구에서는 진로발달 목표와 행동이 부모-청소년 관계에서 그것이 얼마나 중요한가에 따라서 다양하다는 것이 발견되었다(Young et al., 2006). 모자(母子) 집단에서는 진로탐색을 포함하는 프로젝트가 일반적이었던 반면, 모녀(母女) 집단에서는 프로젝트 내에서 갈등과 갈등 회피가 더 일반적이었다(Domene, Arim, & Young, 2007). 10쌍의 모녀와 8쌍의 모자를 대상으로 한 연구에서는 성공적인 성인으로 성장하도록 노력하는 작업과 관련하여 모녀 쌍이 모자 쌍보다 이러한 프로젝트를 경험할 때 좀 더 적극적이었으며 갈등이 더 적었다(Domene et al., 2011). 이런 결과는 진로 프로젝트 구성에서 부모의 역할과 함께 진로목표의 발달에서 문화와 가족관계가 갖는 중요성을 강조한다.

구성주의 및 내러티브 진로상담자는 문화에 대한 이야기뿐만 아니라 이야기를 구성하는 문화적 요소에도 주의를 기울인다. 이런 구성개념은 상담자가 내담자의 가치체계를 이해하는 데 도움을 줄 수 있다. 각 내담자의 이야기는 그것이 성이나 문화, 또는 어떤 다른 주제와 관련되어 있든 간에 내담자의 실재 구성을 지각하는 한 가지 방식을 제공한다.

## 상담자 쟁점

진로상담에 대한 구성주의 및 내러티브 접근은 내담자가 실재를 보는 방식을 이해하는 데 초점을 두기 때문에, 상담자가 자신만의 실재 구성을 자각하고 이것과 내담자의 의미 있는 구성개념 간의 관계를 알아차리는 것이 중요하다. 예를 들어, 만약 직업의 명성이 상담자에게는 문제가 되지 않지만 내담자에게는 문제가 된다면, 상담자의 가치가 명성을 중시하는 내담자의 가치를 방해하지 않도록 하는 것이 중요하다.

상담자 쟁점에 대해 이 장에서 논의한 두 가지 접근은 몇 가지 측면에서 차이가 있다. 진로상담에서 내러티브 접근을 활용할 때 상담자는 내담자의 이야기에 초점을 둔다. 내담자의 개인사를 들으면서 상담자는 자신의 개인사를 떠올리고 이 둘 간의 차이점을 볼 수도 있다. 이러한 차이점을 알아차리는 것은 이 차이점이 내담자 이야기에 대한 상담자의 지각에 어떤 영향을 주는가에 따라 상담자에게 유리할 수도 있고 불리할 수도 있다. Savickas의 진로구성 이론에서는 내담자를 대하는 데 적용하는 명확한 구조가 있다. 이로 인해 상담자는 그 구조에 맞는 질문을 하는 지시적인 역할을 하는 입장에 놓이게 된다. 따라서 Savickas가 하듯이, 내담자를 위해 만든 성공 공식과 삶의 초상을 제시하는 것과 같이 상담자가 내담자에 대해 이해한 것과 내담자의 이야기를 요약한 것에 대해 내담자가 어떤 논평을 하도록 계속 요청함으로써 내담자를 존중하는 청중이 되려는 자세를 견지하는 것이 도움이 된다. 내담자를 내러티브 플롯의 작가로 인정함으로써, 상담자는 청중의 한 사람으로 내담자에게 맞지 않는 부분을 내담자 이야기에 보태는 일을 피하려고 노력한다.

## 요약

이 장은 구성주의 진로상담에 대한 두 개의 각기 다른 접근에 초점을 두고 있다. 내러티브 진로상담과 진로구성 이론 둘 다 실재에 대한 내담자의 인식에 주의를 기울인다는 공통점이 있다.

진로상담에 대한 내러티브 접근은 내담자의 이야기를 진로상담의 초점으로 여긴다. 이 접근에서는 내담자를 자신의 환경을 변화시키는 데 책임이 있는 능동적인 배우로 본다. Cochran은 상담자가 내담자와 작업하는 데 사용하는 일곱 가지 에피소드를 제시한다. 앞부분의 세 개 에피소드는 진로 내러티브 구성에 관한 것으로, 진로 문제 정교화하기, 생애사 구성하기, 미래 내러티브 이끌어 내기를 포함한다. 그다음 세 가지 에피소드는 실재 구성, 삶의 구조 바꾸기, 역할 실연하기로, 실연을 강조한다. 마지막 에피소드는 진로결정을 구체화하기이다.

진로구성 이론은 내담자를 이해하기 위해 다른 이론을 활용하는 메타 이론이다. Holland 이론은 내담자의 직업적 성격에 초점을 두고 이야기를 듣기 위해 활용된다. Super의 단계 이론(292쪽)은 진로적응력을 포함한 Savickas의 전통적 과업의 토대로 활용된다. 전환을 다루는 진로(심리사회적) 적응력의 차원은 진로성숙에 대한 Super의 견해를 수정한 중요한 개념이다. Adler의 상담 및 심리치료 이론은 삶의 주제라는 개념의 원천이다. 진로구성 이론에서 사용되는 평가 방법은 진로양식 면접이라고 불린다. 여기에는 역할모델, 좋아하는 잡지, TV 쇼, 책, 취미, 좋아하는 속담, 교과목에 대한 질문이 포함되어 있다. 과거 사건에 대한 초기 기억도 진로양식 면접의 중요한 측면이다. 직업적 성격, 진로적응력 및 삶의 주제를 논의하는 일곱 가지 기법을 이 장에서 기술하였다. 이들 모두 내담자의 내러티브 또는 이야기를 이해하고 내담자가 진로선택과 관련된 실제 행동을 취할 수 있도록 돕는 데 기반을 두고 있다.

이 두 가지 접근은 진로상담 과정을 바라보는 서로 다른 관점을 제공한다. 이 두 접근의 한 가지 중요한 특성은 내담자가 자신의 실재를 구성하도록 돕기 위해 상담자가 사용하는 구체적인 평가와 진로상담 기법이다. 이 두 접근 간의 차이점은 주로 자신의 가치나 구성개념 체계에 대한 내담자의 지각을 평가하는 방식과 다른 진로 이론을 상담과정에 통합하는가의 여부에 관련된 것이다. Cochran의 내러티브 접근은 다른 이론을 활용하지 않지만 Savickas의 진로구성 이론은 다른 이론에서 나온 개념을 통합한다.

# 진로발달에 대한 관계적 접근

### ✿ 이론의 개요

**Roe의 성격발달 이론**

**애착 이론**
- 안정형
- 불안정-양가형
- 회피형

**부모와 자녀 간 진로 상호작용**

**가족체계 치료**

**Phillps의 발달적-관계적 모델**
- 타인의 행동
- 자기 주도

**Blustein의 일의 관계 이론**

진로발달 연구자가 관심을 보여 온 질문은 다음과 같다. 부모와 그 외 다른 사람들은 아동의 직업선택에 어떤 영향을 미치는가? 자녀양육 경험과 가족은 아동의 진로선택과 의사결정 유형에 어떠한 영향을 미치는가? 아동의 진로발달에 타인이 미치는 영향을 연구해 온 대부분의 이론가는 부모의 영향에 초점을 두었지만, 일부 이론가는 형제와 다른 가족 구성원, 친구, 교사 및 그 외 다른 사람이 진로선택과 진로발달에 미치는 영향을 살펴보았다. 부모가 진로발달에 미치는 영향에 대한 연구의 원동력은 개인의 발달에 대한 정신역동적 설명에 관한 Sigmund Freud의 연구와 그가 미친 영향에 기인한다. Freud의 이론에 영향을 받은 Anne Roe는 Freud의 정신분석과 유사하게 아동기 발달에 부모가 미치는 영향의 중요성에 초점을 둔 진로발달 이론을 개발한 최초의 연구자이다. Roe는 부모의 자녀양육방식이 개인의 직업선택에 미치는 영향을 예견하고자 하는 이론을 제안하였다. 그녀의 이론은 50년 이상 상당히 주목받았지만, 1980년대 이후로는 관심을 끌지 못하였고 이 장에서는 간략하게 요약할 것이다.

Freud와 정신분석학자의 영향을 받고 생겨난 또 다른 이론은 애착 이론인데, 이 이론은 부모에 대한 자녀의 애착을 살펴본다. 애착 이론은 발달심리학자로부터 많은 주목을 받았지만, 사람들이 어떻게 진로선택을 하는지를 예측하는 데에도 활용되고 있다. 가족을 연구하는 심리학자와 가족을 치료하는 치료자는 가족 구성원 간의 상호작용이 아동의 진로선택에 어떻게 영향을 미치는지를 연구해 왔다. 이것은 Richard Young과 동료들이 특히 초점을 두었던 주제이다. 청소년과 아동의 진로발달에서 넓은 의미의 부모 역할에 관한 연구를 종합적으로 검토할 때 포함되는 주제에는 부모가 자녀와 함께하는 활동, 진로정보 자원으로서의 부모, 아동의 진로문제에 대한 부모의 반응, 부모가 자녀에게 가용한 정도(availability)가 포함된다(Bryant, Zvonkovic, & Reynolds, 2006; Young, Marshall, Valach et al., 2011).

이런 접근이 아동과 청소년의 진로의사결정에 대한 부모와 가족의 관여에 주목하였다면, Susan Phillips와 동료들은 좀 더 폭넓은 접근을 시도하였다. 이들은 형제자매와 친구, 확대 가족 및 그 밖의 많은 다른 사람이 청소년과 성인의 진로의사결정 과정에 어떤 영향을 미치는지를 연구하였다. 이들은 많은 유형의 관계가 진로선택 과정을 이해하기 위해 고려해야 할 중요한 요인이라고 보았다. 이들은 두 가지 주제를 확인하였다. 첫 번째 주제는 사람들이 타인의 의사결정에 어떻게 관여하는가에 관한 것이고, 두 번째 주제는 진로결정을 내리기 위해 노력할 때 사람들이 다른 사람을 찾는 방식에 관한 것이다.

David Blustein은 일의 관계 이론(relational theory of working)을 제안하였다. 그는 사람들이 타인과 관계를 맺는 동안 일에 대해 어떻게 생각하는지, 일을 하는 동안 타인과 관계 맺는 것에 대해 어떻게 생각하는지 설명한다. 그는 타인과 관계하는 것이 왜 일에서 그토록 중요한 부분인지를 보여 준다. 만일 개인이 좋아하지 않거나 가치 있게 여기지 않는 직업에 종사하고 있다면, 타인과 유용한 접촉과 관계를 맺는 것이 일에 의미를 더해 줄 수 있다. 그는 돌봄에 대해 논의하면서 삶의 다른 영역뿐만 아니라 직장에서 다른 사람들을 돌보는 것이 어떻게 우리가 하는 일에 더 많은 의미를 부여하는지를 보여 준다.

이 장에서는 이 모든 접근에 대하여 논의하려고 한다. 먼저 진로발달과 관련된 애착 이론을 개관할 것이다. 다음으로 가족체계 이론과 부모-자녀 간 상호작용에 대한 연구가 어떻게 진로발달에 대한 이해에 기여하는지를 기술할 것이다. 그러고 나서 Susan Phillips와 동료들의 발달적-관계적 모델을 설명할 것이다. 마지막으로 진로의사결정을 내리는 동안, 그리고 일 자체에서 다른 사람들과 관계하는 것의 중요성을 강조한 Blustein의 이론을 소개할 것이다. 이 장에서는 또한 진로발달에서 관계적 의사결정에 대한 이들의 접근을 기술하고 이들의 이론이 진로상담에 어떻게 적용될 수 있는지를 보여 주는 예시를 제시할 것이다.

## Roe의 성격발달 이론

Roe는 생물학적, 사회학적, 심리학적인 개인차를 기반으로 하여 직업선택을 예측하는 이론을 발전시켰다. 좀 더 구체적으로 그녀는 자녀와 부모 간의 상호작용에서 발달한 심리학적 욕구에 근거하여 직업선택을 예측하는 데 초점을 맞추었다. 그녀는 특정한 직업군에 있는 사람들이 양육된 방식에 있어서 비슷한 배경을 가지고 있다는 것을 보여 주려고 하였다. 이러한 이론을 정립하기 위해 그녀는 부모 자녀 관계와 특정 직업군을 연결시킬 수 있도록 직업분류체계를 개발하였다.

또한 Roe(Roe, 1957; Roe & Lunneborg, 1990)는 초기 부모 자녀 관계를 세 가지 유형으로 분류하였는데, 각 유형은 다시 두 가지 하위 유형으로 나뉜다. Roe는 자녀에 대한 부모의 특정한 행동방식보다 부모의 태도에 더 관심을 두었다. 그녀의 분류체계는 자녀를 향한(또는 자녀를 멀리하는) 태도를 다루고 있다. 다음에 여섯 가지 부모의 태도를 간단히 제시한다.

**자녀에 대한 집중**(concentration on the child): Roe는 자녀에 대한 두 가지 유형의 정서적 집중을 설명하였다. 부모는 과잉보호적이거나 과잉요구적 태도를 가질 수 있다. **과잉보호적**(overprotective) 부모는 자녀에게 의존성을 조장하고 자녀의 호기심과 탐색을 제한한다. **과잉요구적**(overdemanding) 부모는 자녀에게 완벽함을 요구하고 탁월한 수행을 기대하며 높은 행동기준을 설정한다.

**자녀 회피**(avoidance of the child): Roe는 두 가지 방식의 회피를 제안하였다. **정서적으로 거부당하는**(emotionally rejected) 아이는 부모에게 비난이나 처벌을 받고 사랑과 애정을 받지 못한다. **방치되는**(neglected) 아이는 부모가 자기 자신의 문제나 다른 자녀 또는 일에 신경을 쓰는 것과 같은 다양한 이유로 인해 돌봄을 받지 못할 수 있다.

**자녀 수용**(acceptance of the child): 이 유형의 부모는 상대적으로 긴장이 없는 환경을 조성하면서 자녀에게 의존보다는 자립을 장려하고 자녀를 방치하거나 거부하지 않는다. **일상적 수용**(casual acceptance)은 최소한의 애정을 주면서 부모로서 절제된 태도를 보이는 것을 말한다. 반면에 **애정 어린 수용**(loving acceptance)은 자녀에 대한 더 온정적인 태도를 보이는 동시에 의존성을 조장하여 자녀의 자원을 저해하지는 않는 것을 의미한다.

Roe 이론은 부모에 대한 아동의 애착을 바라보는 관점과 함께 아동의 진로선택에 대한 부모의 영향에 관하여 흥미로운 견해를 제공한다. 그런데 이러한 이론을 뒷받침할 연구결과는 거의 없는 실정이다. 이러한 경험적 지지의 부족으로 인해 후속 연구를 하거나 이 이론을 상담 장면에 적용하는 것에 대한 흥미가 크게 줄어들었다.

## 애착 이론

Roe가 부모와 자녀의 상호작용에 근거하여 예측을 하려고 시도하였듯이 애착 이론가들도 이와 유사한 의도를 갖고 있다. 간단히 말해서, 애착 이론은 개인의 삶을 형성하는 데 있어 애착(주로 부모에 대한 애착)이 수행하는 역할을 연구한다(Obegi & Berant, 2009). 애착 이론은 정신분석에서 발달한 대상관계 이론에서 파생한 이론으로(Sharf, 2012), 유아가 다른 사람들, 특히 어머니와 맺는 관계를 강조한다. 가장 잘 알려진 애착 이론가인 Bowlby(1973, 1980, 1982)는 인간의 발달에 있어 애착과 분리 및 상실의 중요성을 연구하였다. 초기 아동기의 어머니와 자녀 간의 관계 및 이 관계가 정신병리에 미치는 영향에 관심을 두는 대상관계 이론가와는 달리, 몇몇 애착 이론가는 정신병적 문제로 진단받지 않은 아동에게 애착이 미치는 영향을 연구해 왔다. 다른 애착 이론가들은 전 생애에 초점을 두었다. Bowlby는 특히 타인에 대한 개인의 관점과 더불어 스스로가 가치 있는 존재라는 개인의 감각과 자신의 능력에 대한 관점이 어떻게 발달하는지에 관심을 가졌다. Bowlby에 따르면 이러한 발달에 가장 중요한 것은 어머니와 아버지 같은 '애착 인물'의 역할이다. 애착을 연구하기 위해 Ainsworth, Blehar, Waters와 Wall(1978)은 유아의 애착 행동을 관찰하기 위해 '낯선 상황' 실험을 사용하였다. 이 실험은 어머니가 아동과 같이 있다가 방 밖으로 나간 후 다시 들어 왔을 때, 낯선 사람이 들어 왔을 때, 그리고 아동이 혼자 있을 때 아동이 보이는 반응을 비간섭적 관찰방법을 통해 살펴보는 것이다. 이러한 관찰을 통해 안정형, 불안정-양가형, 회피형이라는 세 가지 반응 유형이 발견되었다.

안정형(secure pattern): 유아는 양육자에게 반응을 보이고 탐색행동을 계속할 수 있다(7장에서 기술한 것처럼 이는 진로발달에서 중요한 특성이다). 안정감을 경험하는 유아는 세상에 있는 사람이나 사물과 상호작용을 잘 할 수 있게 된다.

불안정-양가형(anxious-ambivalent pattern): 이 유형의 유아는 양육자를 비일관적인 존재로 경험하기 때문에 불안해한다. 또한 이들은 타인에 대한 견해뿐만 아니라 자신에 대한 견해도 불확실하다. 이러한 불안과 불확실성은 보통 탐색행동을 감소시킨다.

회피형(avoidant pattern): 이 유형의 유아는 성인의 보살핌을 무시하거나 거부한다. Ainsworth 등(1987)은 이런 아동이 이 세상에서 자신이 혼자라는 느낌과 타인을 신뢰할 수 없다는 느낌을 발달시킬 것이라고 하였다.

많은 연구에서 이러한 유형이 생후 6년까지 안정적이며 유아의 기분이나 기질과는 다르다는 것을 보여 주었다(Obegi & Berant, 2009). 애착 유형은 가정 내 스트레스가 적은 가족보다 스트레스가 많은 가족에서 좀 더 일관적이지 않은 경향이 있다. 다른 연구자들은 이러한 애착 유형을 수정하여 한두 가지 유형을 추가하였다. 애착 유형이 시사하는 바는 6세까지 안정 애착 유형을 형성한 아동은 다른 사람과의 관계를 기꺼이 탐색하고 사물이나 동물과도 기꺼이 놀이를 하려고 하는데, 이러한 활동은 궁극적으로 그들을 둘러싼 세상과 직업세계에 대한 친숙성을 높여 준다는 것이다. 그러나 이러한 추측을 뒷받침할 수 있는 직접적인 증거는 없다. 왜냐하면 Roe의 이론과 마찬가지로 애착 이론은 장기간에 걸쳐 행동을 예측해야 하는 어려운 과제를 안고 있기 때문이다. 이러한 유형의 종단연구는 드물다.

Wright와 Perrone(2008)은 몇 개의 연구를 검토한 결과 애착 이론이 진로발달에서 관계의 역할을 이해하는 데 어떻게 유용할 수 있는지를 보여 주었다. 여기에서 특히 중요한 것은 학습과 관련된 탐색과 애착 간의 관계이다. 안정 애착 청소년과 성인은 세상을 좀 더 자유롭게 탐색할 수 있고, 그 결과 생애 전반에 걸쳐 직업만족과 관련된 사회적 유능성을 발달시켜 나갈 수 있다(Lucas, 1999). 또 다른 연구 영역은 진로성숙과 애착 간의 관계이다. 사회적 지지가 강한 경우 사회적 지지가 약할 때만큼 진로성숙의 영향력이 크지 않은 것으로 나타났다(Gallo, 2009). 부모와 강한 애착을 형성했고 좀 더 책임감 있고 독립적인 대학생은 그렇지 않은 대학생보다 유용한 진로결정을 내리기 위해 긍정적인 방식으로 타인을 관여시키는 경향성이 더 높았다(Gravino, 2002). 부모에 대한 애착을 강하게 느끼는 청소년일수록 진로선택을 더 쉽게 내렸다(Vignoli, 2009). 그러나 Lease와 Dahlbeck(2009)은 애착 유형이 여성의 자기효능감은 예측하였지만, 남성의 경우는 그렇지 않았다는 사실을 발견하였다. 만 32세에서 34세 사이의 성인을 대상으로 개방형 질문지에 이들이 작성한 답변을 분석한 연구에서는 부모에 대한 애착이 진로문제에 영향을 미친다는 사실을 보여 주었다(Perrone et al., 2007).

일부 연구는 아버지와 어머니 모두와의 분리 및 이들에 대한 애착과 직업발달 간의 관련성에 대한 정보를 추가로 제시한다. 진로 미결정은 애착 안정성과 애착 불안,

아버지 및 어머니와의 분리, 아버지와 어머니로부터의 갈등적 독립과 관련이 있는 것으로 나타났다(Tokar, Withrow, Hall, & Moradi, 2003). 대학생을 대상으로 한 이 연구에 따르면, 어머니로부터 긍정적인 의미로 분리되었다고 느끼는 학생은 어머니와의 분리를 불안해하거나 부정적인 의미로 분리되었다고 느끼는 학생에 비해 진로선택에 있어서 덜 우유부단하고, 좀 더 확신을 갖고 있었다. 그러나 아버지로부터의 적절한 분리는 진로 미결정의 증가와 관련이 있었다. 이 연구는 부모와의 애착 관계가 진로 미결정에 관련해서 갖는 복잡성을 보여 준다. Downing과 Nauta(2010)는 애착 불안이 높은 대학생이 애착 불안이 낮은 대학생보다 개인적-정서적 진로 미결정을 경험할 가능성이 더 높을 수 있다고 제안하였다. 이는 대인 간 친밀성과 위험을 감수할 만큼의 충분한 안정감을 느끼지 못하는 것 때문일 수 있다. Scott과 Church(2001)는 이혼가정의 대학생이 일반가정의 대학생보다 좀 더 정서적으로 독립적이고 부모에 대한 애착을 덜 느낀다고 보고하였다는 결과를 제시하였다. 또 다른 애착 연구에 따르면, 아버지가 아닌 어머니에 대한 애착이 좀 더 충분한 진로탐색에 기여하는 것으로 보였다(Felsman & Blustein, 1999). 어머니에 대한 애착도 중요하지만 또래에 대한 애착도 주변 환경의 탐색을 증가시키고, 진로선택에 전념하는 데에 좀 더 진전을 보이는 것과 관련이 있었다. Germeijs와 Verschueren(2009)은 고등학교 3학년 학생들을 세 차례 조사한 결과, 아버지가 아닌 어머니와의 애착관계에서 더 높은 수준의 안정감을 느꼈던 학생들이 다른 학생들에 비해 자기 자신과 진로선택에 대한 탐색을 훨씬 더 많이 한다는 것을 발견하였다. Tyson(1999)에 따르면 어머니와 아버지에 대한 애착의 평가는 상이한 유형의 진로 미결정과 관련이 있었는데, 여기에는 진로선택에 대한 불안과 전반적 우유부단함, 진로정보의 필요성 및 자신에 대한 더 많은 지식의 필요성이 포함된다. 이러한 연구들은 분리와 애착의 개념이 진로발달 과정에 대한 지식에 보탬이 될 수 있음을 시사하지만, 상담자에게 실제적인 제안을 할 수 있을 만큼 연구결과가 충분히 구체적이지는 않다.

진로발달에 적용하였을 때 애착 이론은 진로선택에 대한 구체적인 예측은 할 수 없지만 사람들이 어떻게 결정을 내리고 어떻게 진로를 추구하는가에 관한 시사점을 줄 수는 있다. 연구가 제한적이고, 예측이 진로발달과 단지 부분적인 관련성만을 갖고 있기 때문에 상담 적용을 위한 제안은 대체로 일반적일 수밖에 없다. Downing과 Nauta(2010), Tokar 등(2003)은 개인이 타인과 맺는 관계를 분리와 애착의 관점에서 이해하는 것이 진로선택과 직업적응 문제를 다루는 데 유용하다고 본다. 특히 청소년의 삶에서 문제를 야기하는 부모와의 분리와 애착의 주제를 논의하는 것은 불안을 유발하는 진로탐색과 선택의 문제를 청소년이 다룰 수 있도록 안정감을 발달시키는 데 도움이 된다. 자신의 진로선택을 불안해하는 내담자를 대할 때 상담자는 부모와의 현재 및 과거 관계에서 어려운 점에 대해 물어보는 것이 유용하다는 것을 발견할 것이다. 이런 경우 상담자는 내담자가 자신의 진로결정을 탐색하면서 안정감을 느끼고 덜 불안해하도록 해주는 존재가 될 수 있다. 예를 들어, 내담자의 부모가 이혼 절차를 밟고 있거나 이전에 이혼한 경우, 내담자는 부모와 형제자매 및 교육이나 진로의사와 관련된 결정을 다루는 방법을 결정하는 데 확신이 없을 수 있다. 애착은 또한 상담자가 내담자에게 어떻게 지각될지에 영향을 줄 수 있다. 사회 불안 점수가 높은 내담자라도 상담자가 안전한 관계를 제공했다고 믿으면 상담관계에서 안정감을 느끼지 못한 유사한 내담자보다 좀 더 진로를 탐색하였다(Littman-Ovadia, 2008). 다른 연구들은 애착이 아니라 부모와 청소년 자녀 간 상호작용을 검토하면서 이들이 진로선택에 대해 대화하는 방식에 초점을 두었다.

## 부모와 자녀 간 진로 상호작용

비교적 최근의 연구는 청소년의 진로발달에 대한 부모의 영향을 살펴본 Richard Young과 동료들의 작업에 초점을 두고 있다(Collin & Guichard, 2011; Valach & Young, 2009; Young, Marshall, Valach et al., 2011; Young & Valach, 2009; Young, Valach, & Collin, 2002; Young, Valach, & Marshall, 2007). Young과 동료들은 부모와 자녀 간의 대화를 탐구한 이 연구를 실행 프로젝트법(Action Project Method)이라 불렀다(Young, Valach, & Domene, 2005). 이들은 부모와 자녀가 진로의사결정 및 의견 일치와 불일치 영역을 어떻게 지각하는지를 설명할 때 **맥락적 실행 이론**(contextual action theory)이라는 용어를 사용하였는데, 이 개념은 문화적 다양성에 민감한 설명을 개발할 때 특히 유용하다(Young, Marshall, & Valach, 2007). 부모와 자녀의 지각에 대한 이러한 강조는 11장에서 설명한 구성주의적인 관점을 반영한다. 비디오에 녹화된 부모와 자녀 간 진로 관련 대화 연구에서 Young과 동료들(Collin & Guichard, 2011; Domene, Arim, & Young, 2007; Young et al., 1997, 2001, 2006; Young, Marshall, Valach et al., 2011)은 부모와 청소년 자녀의 대화에서 일어나는 감정과 정서에 초점을 맞추었다. Young 등(1997)은 부모와 자녀가 대화에서 공감대를 형성하거나 합의점을 만들기 위해 어떻게 노력하는지를 보여 준다. 이후의 연구에서 Young 등(2001)은 가족이 사용하는 네 가지의 중요한 목표 지향적 실행(프로젝트)을 밝혀냈다. 이는 가족 간의 관계, 정체성 문제, 목표에 대한 보고, 문화적 목표에 대한 관심과 같은 주제를 다룬다.

가족이 대화를 나눌 때 서로 간의 의견 일치와 불일치의 성격에 따라 친밀감이나 분리감을 형성할 수 있다(Young, Valach, & Marshall, 2007). Young과 동료들은 부모가 고등학생 자녀와 함께 자녀의 진로선택을 다룰 때 탐색과 고투 및 타협의 중요성을 확인하였다. 이 연구자들은 부모와 자녀 간의 개방적인 논의를 지속하는 것과 같은 단기 목표와 진로의 방향을 선택하는 것과 같은 장기 목표를 살펴보았다. 청소년과 부모의 대화에 대한 또 다른 연구에서 Young 등(1999)은 교육계획과 진로선택과 같은 목표에 도달하는 것과 자신의 장래에 관해 청소년이 부모와 이야기하는 방식을 조사하였다. 진로선택과 계획은 부모, 특히 어머니와의 관계에서 드러나는 다른 중요한 주제의 맥락에서도 연구되었다(Young et al., 2008). 이러한 대화에서 일어나는 과정에는 아이디어 탐색, 계획, 계획의 타당성 확인, 아이디어에 도전과 같은 것이 포함된다. 부모의 영향이 차지하는 역할에 대한 질문에 대해 청소년은 부모의 영향이 단기 목표를 세우는 데 적절하다고 보았는데, 특히 청소년의 결정이 비도덕적 결과를 낳을 수 있을 때 더욱 그러하였다(Bregman & Killen, 1999). 19쌍의 청소년 자녀와 어머니를 대상으로 6개월 동안 수행한 한 연구에서는 어머니-자녀 상호작용을 설명하기 위해 세 가지 유형의 프로젝트를 사용하였다. 주로 부모-청소년 자녀 관계를 다루는 것에 초점을 둔 프로젝트, 진로목표와 행동에서 부모-청소년 자녀 관계로 이동하는 프로젝트, 그리고 진로 및 관련 목표를 돕는 데 활용되는 프로젝트가 그것이다(Young et al., 2006). 또 다른 연구에서는 모자와 모녀로 구성된 양자관계의 차이점을 조사하였다(Domene et al., 2007). 모자 쌍과 모녀 쌍 간에는 유사성이 많았지만 모자 쌍은 모녀 쌍보다 명확한 진로목표에 더 많은 초점을 두었다. 또한 모녀 쌍은 모자 쌍보다 더 많은 갈등과 갈등 이후의 회피를 경험하는 것으로 나타났다. 진로발달을 다루는 애착 이론가의 연구와 달리 Young과 동료들은 부모와 자녀 간 실제 대화를 분석하였다. 청소년이 부모와 또래 및 진로와 관련된 고민을 논의할 때 진로관심사는 주로 정체성 프로젝트로 등장하였는데, 이때 청소년은 부모에게 진로선택과 일 관련 진로관심사가 그들에게 어떤 영향을 미치는지를 이야기한다(Young, Marshall, Foulkes et al., 2011). 이러한 연구는 진로상담 과정에 부모를 관여시키는 구체적인 접근을 개발하는 데 도움이 되고 있다.

Amundson과 Penner(1998)는 진로상담에서 부모와 자녀를 포함시키는 5단계 방법을 고안하였는데, 이것이 부모 참여 진로탐색(Parent Involved Career Exploration, PICE) 상담과정이다. 이 방법은 도입, 패턴 확인 연습, 학교 공부 선호와 수행에 대한 논의, 교육과 노동시장 가능성에 대한 전망, 다음 단계 계획하기를 포함한다. 만 14세에서 18세의 학생을 대상으로 고안된 이 과정에서는 두 명의 학생과 그들의 부모가 상담회기에 참여한다. 우선 첫 번째 단계에서는 학생과 부모가 그들에게 상담이 어떻게 도움이 될 수 있는지를 이해하도록 과정을 소개한다. 두 번째 단계에서는 학생이 진로발달과 관련된 자신의 강점과 약점을 파악하도록 '패턴 확인 연습(Pattern Identification Exercise)'을 사용한다. 상담자는 학생과 부모에게 잘 진행되었던 여가활동과 그렇게 되지 않았던 여가활동에 대해 이야기를 나누어 보라고 요청한다. 이를 통해 학생은 강점과 약점의 몇 가지 패턴을 알 수 있다. 학생은 이러한 정보가 시사하는 패턴 및 이러한 패턴이 진로선택에 어떤 영향을 미칠 수 있는지를 고려한다. 그러고 나서 부모에게 추가적인 논평을 하도록 요청한다. 세 번째 단계인 '학교 공부 선호와 수행'에서 학생들은 수업과목에 대해 좋아하는 점이 무엇인지, 얼마나 잘하고 있는지를 이야기한다. 학생이 예를 들면서 자신의 견해를 제시하고 나면, 상담자는 부모에게 이에 대한 의견을 제시하도록 요청한다. 네 번째 단계인 '교육과 노동시장 가능성에 대한 전망'에서, 학생과 부모는 노동시장 추세, 융통성 있는 선택의 필요성, 학교 공부와 직업 활동 간의 연관성, 정보를 얻기 위해 다른 사람과 이야기해야 할 필요성, 입학허가 기준 등에 대해 토론한다. 이때 부모에게 토론에 적극적으로 참여하고, 그들이 유용하다고 생각하는 노동시장 전략에 대한 그들 자신만의 정보를 제공하라고 요청한다. '다음 단계 계획하기'인 다섯 번째 단계는 상담회기의 마지막에 실시하는데, 상담자가 학생과 부모에게 학교 및 지역사회 내의 자원에 대한 정보를 제공하는 시간이 주어진다.

일반적으로 PICE는 한 회기 안에 이루어진다. Amundson과 Penner(1998)는 PICE가 학생과 부모 모두 진로탐색에 관심과 동기를 가지고 있을 때 가장 효과적인 보조적 상담 접근이라고 제안하였다. 이러한 혁신적인 접근은 자녀의 진로탐색에서 부모 역할의 중요성을 강조한다.

## 가족체계 치료

일반적으로 가족 치료사와 결혼생활 상담자는 진로상담에 대해서는 거의 관심을 두지 않았다. 그러나 몇몇 학자는 가족 내 진로주제를 평가하는 방식을 살펴보았다(Chope, 2006, 2011). 또한 몇 개의 연구에서는 가족관계가 진로발달에 미치는 영향을 기술하였다. 가족과정 연구자들은 밀착된 가족과 유리된 가족에 대해 특히 관심을 가진다(Goldenberg & Goldenberg, 2013). 기본적으로 밀착된 가족은 가족 내의 책임이 불분명하다. 예를 들어, 어머니와 아버지는 고등학교 2학년인 딸에게 진로선택에 대해 서로 다른 충고를 할지도 모른다. 또 여동생은 진로계획이 없는 언니를 어리

석다고 놀릴 수 있다. 반대로 유리된 가족 내에서 고등학교 2학년 학생은 아버지로부터 이공계열 직종이 보수가 좋으니 공학 공부에 대한 계획을 세우라는 말을 들을 수 있다. 아버지와 아들 관계는 권위주의적이며, 아버지는 아들에게 말을 하고 아들의 말은 듣지 않는다. Penick과 Jepsen(1992)은 밀착이나 유리 등과 같은 가족관계가 성이나 사회경제적 지위, 교육적 성취 등의 요인보다 진로발달을 더 잘 예측하는 요인임을 밝혔다. 한국의 경우, 가족의 적응력과 응집성이 고등학교 1학년 학생의 진로성숙을 예측하는 것으로 나타났다(Lee & Yi, 2010). 초등학교 6학년과 중학교 1학년 및 2학년 학생의 경우, 전반적인 부모의 관심과 지지, 그리고 진로계획 질문에 대한 부모의 지지가 진로에 대한 정보보다 진로발달을 더 잘 예측하였다(Keller & Whiston, 2008). 학습장애를 가진 청소년을 대상으로 한 연구에서는 진로발달과 관련 있는 세 가지 유형의 부모 상호작용이 밝혀졌는데, 청소년 자녀를 위한 옹호자, 청소년 자녀의 보호자, 자녀와 거리 두기가 그것이다(Lindstrom, Doren, Metheny, Johnson, & Zane, 2007). 이혼가정과 일반가정의 대학생을 비교한 연구에서는 일반가정 학생이 이혼가정 학생보다 의사결정에 대해 부모와 더 많이 나누고, 자신의 결정에 대해 좀 더 확고한 상태인 것으로 나타났다(Scott & Church, 2001). 이혼율 증가로 인해 청소년을 위한 내러티브 접근 진로상담이 개발되었다(Thomas & Gibbons, 2009). 이와 같은 연구는 가족 내의 관계 방식이 아동과 청소년의 진로발달에 어떤 영향을 줄 수 있는지를 설명하는 데 도움이 된다.

가족치료사가 내담자에게 사용하는 접근법 중 한 가지를 진로상담에 적용할 수 있다. 직업을 선택하려고 노력하고 있는 내담자와 상담할 때, 가족의 직업 패턴에 대해 논의해 보는 것이 도움이 될 수 있다. Shellenberger(2007)는 가족이나 부부를 위한 치료적 선택을 결정하기 위한 한 가지 방법으로 **가계도**를 활용하는 것에 대해 설명한 바 있다. Sueyoshi, Rivera와 Ponterotto(2001)는 이런 가계도를 어떻게 진로상담에서 활용할 수 있는지를 기술하였다. 가계도는 내담자의 자기 개방을 촉진하고, 일에 대한 가족의 태도와 관련된 정보를 조직하며, 가족 구성원들의 직업 패턴이 내담자에게 어떤 영향을 미치는지를 드러낸다. Sueyoshi 등(2001)은 가계도를 작성하기 위해 가족과 관련된 정보를 모으고, 그 정보에서 중요한 부분을 가계도에 기록하라고 제안하였다. **그림 12.1**에 가계도 개요의 예시를 제시하였다. 이 그림은 내담자 카를로타와 그녀의 가족관계를 보여 준다. 여자는 원으로, 남자는 사각형으로 표시한다. 여자 내담자는 이중 원, 남자 내담자는 이중 사각형으로 표시한다. 이 축약된 가계도에는 카를로타의 남동생과 부모, 부모의 형제자매의 직업도 제시하였다. 좀 더 확장한 가계도에는 사촌과 부모의 형제자매의 배우자, 조부모의 직업도 포함시킨다. 가족의 직업정보

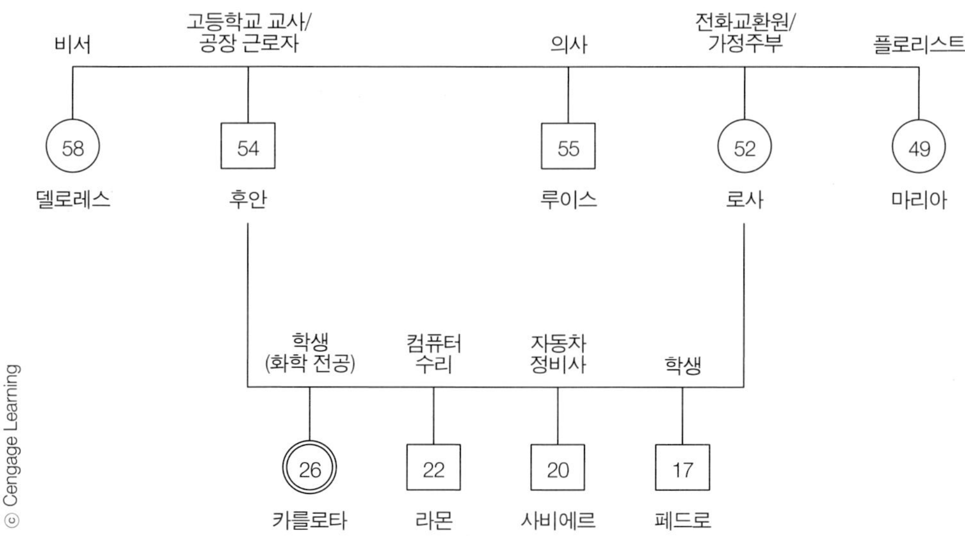


**그림 12.1** 연령과 직업을 포함한 카를로타 가족의 가계도

가 포함되면 자기 자신과 타인 및 직업세계에 대한 내담자의 견해와 관련된 많은 주제를 탐색할 수 있다. Kakiuchi와 Weeks(2009)는 내담자의 가족이 갖고 있는, 성공을 정의하는 주제와 태도를 평가하고, 성공에 대한 그러한 정의가 관계에 어떤 영향을 미치는지를 살펴보기 위해 **직업적 전이 가계도**(Occupational Transmission genogram)를 사용할 것을 제안하였다. 이 가계도에는 두 세트의 질문이 포함되는데, 하나는 진로와 직업을 포함한 관계에 대한 질문이고 다른 하나는 성과 인종에 대한 질문이다.

상담자는 내담자를 통해 일에 대한 태도와 학업을 지속하는 것과 관련하여 서로 다른 가족 구성원이 어떻게 역할모델이 되었는지를 알 수 있다. 예를 들어 친척 중 몇몇 사람이 진로를 성별로 정형화하는가? 의사나 목사와 같은 특정한 직업에 특히 가치를 두는가? 가족 구성원이 고등학교 졸업 이후 더 많은 교육을 받는 것에 대해 각기 다른 태도를 갖고 있는가? 이와 같은 주제에 대해 토론하는 것은 내담자가 진로의사결정에 대한 자신의 태도가 어디서 기인한 것인지, 그 내용은 무엇인지를 좀 더 잘 이해하는 데 도움을 준다.

## Phillips의 발달적-관계적 모델

애착 이론가들이 아동의 진로선택에 대한 부모의 영향에 초점을 두고 있는 반면, 다른 연구자들은 개인의 진로선택에 영향을 미치는 친구와 형제자매, 교사를 포함한 좀 더 폭넓은 관계에 초점을 둔다(Blustein, 2006, 2011; Blustein, Schultheiss, & Flum, 2004; Gergen, 2009; Phillips, Carlson, Christopher-Sisk, & Gravino, 2001; Phillips & Jome, 2005; Schultheiss, 2003, 2007). 다음에 제시하는 연구에서는 사람들이 진로결정 문제로 고심하는 다른 사람을 돕는 방식을 연구자들이 어떻게 살펴보았는지를 보여 준다. 학교와 부모가 가난한 비백인 고등학교 3학년 학생들에게 도움을 주는 방식은 이들의 직업적 기대와 일을 중시하는 태도에 영향을 미치는 것으로 나타났다(Diemer, 2007). 이 연구에서 부모가 제공한 관계적 지지에는 학생과 어떤 활동들을 함께하기, 걱정스러운 문제를 같이 논의하기, 학생과 비교적 자주 대화하기가 포함되었다. 부모가 제공한 지지에는 학생의 진로계획과 관련하여 학교와 접촉하기, 잠재적인 학생 취업과 관련된 프로그램에 참여하기, 10대 자녀의 친구 부모와 함께 자녀의 진로계획에 대해 논의하기, 10대 자녀와 직업계획 논의하기가 포함되었다. 학교가 제공한 도구적 지지로는 흥미검사, 직업 박람회, 진로 준비 워크숍을 제공하는 것이 있었다. 도시지역 학교의 고등학생을 대상으로 한 연구에 따르면, 가족과 교사, 또래 및 친한 친구의 지지는 학생이 진로선택에 있어서 좀 더 잘 적응하고 자신의 진로성과에 대한 기대를 높이고 진로를 계획하는 데 도움을 주었다(Kenny & Bledsoe, 2005). Bosley, Arnold와 Cohen(2007)은 28명의 영국 성인 직장인과의 면담을 통해 사람들이 타인의 진로발달에 도움이 되게 하는 요인을 조사하였다. 그 결과 취업 관련 요인에 대한 정보를 갖고 있음으로써 타인에게 믿을 만한 사람으로 보이는 것이 주요 기준이었다. 또한 기회에 대한 접근성을 제공하거나, 이렇게 할 수 있는 다른 사람에게 영향을 미칠 수 있는 능력을 갖고 있는 것도 성인 직장인들이 높이 평가한 진로 조력자의 중요한 요소였다. 지지적이고 진솔하며 기꺼이 시간을 내고, 공감적이며, '내 편'이라는 느낌을 주는 것 또한 높은 평가를 받았다.

몇몇 다른 연구자는 진로선택 과정과 타인과의 상호작용에 관하여 학생들(주로 대학생들)을 면담하면서 관찰했던 학생들의 관계적 반응의 범주를 개발하였다. Schultheiss, Kress, Manzi와 Glassock(2001)은 14명의 대학생을 대상으로 그들이 부모와 형제자매 및 의미 있는 타인과 상호작용하는 반응 유형을 범주화하였다. Kenny, Blustein, Chaves, Grossman과 Gallagher(2003)는 고등학생의 진로의사결정에 있어서 사회적 지지의 유형(그리고 사회적 지지의 부족)을 범주화하였다. 이 두 연구는 각각 상이한 주제나 문제를 확인하였지만 진로발달에 있어서 관계 유형을 연구하는 것이 유익하다는 데에는 일반적으로 동의하고 있다. 하지만 진로선택과 관련된 관계적 반응의 범주를 개발하는 데 있어서 Phillips와 동료들만큼 세밀하게 분류한 연구자는 없다.

Phillips와 동료들은 관계적 반응의 범주를 개발하고 정교화하기 위해 10~20명을 대상으로 일련의 연구를 수행하였다(Carlson & Phillips, 2001; Jome et al., 2003; Lisi, Phillips, Christopher, Groat, & Carlson, 1999; Phillips, Carlson et al., 2001; Phillips, Christopher-Sisk, & Gravino, 2001; Phillips et al., 2000, 2002). 발달적-관계적 모델은 상당한 관심을 받으면서 진로의사결정을 포함한 다양한 삶의 결정에도 적용되어 왔다. 이 모델에는 타인의 행동(actions of others)과 자기 주도(self-directedness)라는 두 가지 주제가 있다. 타인의 행동은 어떤 개인의 진로의사결정에 타인이 관여하는 일곱 가지 방식을 포함하고 있다. 자기 주도는 개인이 자신의 진로의사결정에 도움을 줄 사람을 구하는 여덟 가지 방식을 포함한다. 이 각각의 주제를 개관하기 위하여 Phillips, Carlson, Christopher-Sisk와 Gravino(2001)의 설명을 사용하여 다음에 세부항목으로 나누어 기술하고자 한다.

## ❀ 타인의 행동

사람들이 결정을 내릴 때, 흔히 타인은 다양한 방식으로 관여한다. 타인의 행동 주제에는 의사결정 과정에 타인이 관여하는 일곱 가지 방식이 포함되어 있다. 그림 12.2에서 나타나 있듯, 일곱 가지의 각기 다른 타인의 행동은 타인의 낮은 관여 또는 소극적 행동에서부터 높은 관여나 적극적 행동에 이르는 연속선상에 있다. 다음의 세부항목에서는 최소한의 관여인 소극적 지지를 시작으로 이러한 일곱 가지 범주를 관여의

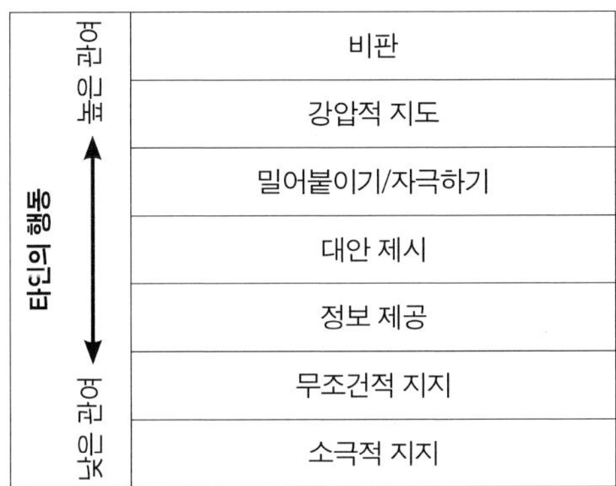


**그림 12.2** 타인의 관여 정도에 따른 타인의 행동 범주

출처: Philips, S. D., Jome, L. M., Stramenga, M. S., Merrigan, B. A., Page, J. C., Tully, A. W., Gorat, M., Koehler, J., and Mowry, M. (2002). Relational influences in career decision making. Paper presented at the American Psychological Annual Convention. August 2002. Chicago, IL.

정도에 따라 순서대로 기술하였다. 또한 각 범주별로 해당 범주를 나타내면서, 의사결정을 하는 당사자가 할 수 있는 말의 예시를 제시하였다.

**소극적 지지** 타인의 최소한의 관여를 반영하는 소극적 지지 진술은 대체로 의사결정자의 선택과정에 관여하지 않는다. 진술이 다소 지지적일 수는 있으나 의사결정을 하는 사람에게 어떠한 안내도 하지 않는다. 예를 들자면, "나는 형과 가까운 사이지만, 형은 내가 대학 졸업 후에 무엇을 할 것인가에 대해 전혀 관여하지 않는다."와 같다.

**무조건적 지지** 이 범주에서는 타인이 의사결정자를 적극적으로 지지한다. 이 범주에 속하는 사람은 의사결정자의 말에 귀를 기울이고 그 사람에게 지지를 보낸다. 일반적으로 타인은 의사결정자가 내리는 선택이라면 무엇이든 간에 상관없이 좋은 선택이라고 말해 준다. 예를 들자면, "나는 아버지께 각각 다른 때에 의사, 축구 선수, 장의사가 되고 싶다고 말씀드린 적이 있다. 아버지는 내 선택이 무엇이든 간에 항상 그것을 지지해 주신다."와 같다.

**정보 제공** 이 범주에서 타인은 의사결정을 하는 사람에게 정보를 제공한다. 이 정보는 의사결정을 하는 사람이 갖고 있는 선택지와 관련이 있다. 이때 타인은 어떤 결정이 최선인지를 제안하지는 않으면서 정보를 준다. 예를 들면, "나는 몇 년간 만나지 못했던 소아과 의사선생님을 보러 갔다. 선생님은 내가 선생님이 몇몇 아이와 함께하는 모습을 관찰하도록 허락해 주셨고, 나에게 선생님의 전형적인 일과가 어떤지를 말씀해 주셨다."와 같다.

**대안 제시** 이 범주는 의사결정을 하는 사람에게 정보를 제공하는 수준을 넘어선다. 타인은 의사결정을 하는 사람에게 진로와 관련된 기회를 제공한다. 그들은 개인의 진로발달을 촉진하는 직업이나 활동에 관한 정보를 줄 수 있다. 예를 들자면, "로즈는 내가 연기에 관심이 있다는 것을 알고 새로운 연극 오디션 기회가 왔을 때 나에게 알려 주었다."와 같다.

**밀어붙이기/자극하기** 이 범주는 타인이 의사결정을 하는 사람을 특정한 선택을 하게끔 이끌려고 애쓴다는 점에서 앞서 기술한 범주들과는 다르다. 타인은 의사결정자에게 무엇이 옳은지에 대한 자신의 견해를 갖고 있고 또 그것을 제안한다. 대안 제시와 비교해 보면 이것은 다른 사람의 의사결정 과정에 대한 관여나 활동이 확연히 증가한 것이다. 이를테면, "고등학교 생물 선생님께서는 내가 확신이 없었는데도 내가 생물학을 전공으로 고려해야 한다고 말씀하셨다."와 같다.

**강압적 지도** 밀어붙이기/자극하기와는 달리 강압적인 지도는 타인이 의사결정자의 흥미나 욕구를 고려하지 않고 제안과 안내를 제공하는 범주이다. 기본적으로 이 범주에서 타인은 자신이 다른 사람에게 최선이라고 생각하는 것을 말해 준다. 강압적 지도의 예는 "엄마는 학비가 훨씬 저렴하기 때문에 우리가 사는 주(州)에 있는 대학에 가야 한다고 말씀하셨다. 이 말씀은 내가 생각하고 있는 다른 학교에 갈 수 없다는 뜻이다."와 같다.

**비판** 이 범주는 의사결정을 내리는 사람에게 그 사람이 할 수 있는 것이 무엇인지를 말해 준다는 점에서 강압적 지도 범주를 넘어서고 또한 그 과정에서 개인을 비판한다. 비판은 개인의 능력이나 관심, 가치, 목표에 관한 것일 수 있다. 예를 들어, "아버지는 내가 공학을 선택하면 안 된다고 말씀하셨다. 아버지는 내가 수학도 그다지 잘하지 못하는 데다 공학은 여자에게 별로 맞지 않는 것 같다고 하셨다."와 같다.

이 일곱 가지 범주의 타인의 행동은 타인 관여의 폭넓은 범위를 나타낸다. 관여 정도가 높은 진술이 부모와 같이 의사결정자를 잘 아는 사람들에게서 나온다는 것은 놀랍지 않다. 내담자의 결정에 미치는 영향을 알아차리는 것은 내담자가 대안과 선택지를 고려하도록 돕고자 하는 진로상담자에게 유용하다. 타인의 행동의 주제는 타인이 의사결정자에게 어떻게 영향을 미치는지에 초점을 둔다. 이와는 달리, 자기 주도의 주제는 개인이 진로 관련 결정을 하는 방식에 초점을 둔다.

## ❀ 자기 주도

자기 주도 주제 간에는 진로의사결정에 있어 타인을 효과적으로 활용하는 정도에서 차이가 있다. **그림 12.3**은 여덟 가지 범주 사이에서 증가하는 자기 주도의 수준을 보여 준다. 이 범주들은 타인을 전혀 활용하지 않는 것부터 계획적인 방식으로 활용하는 것에 이른다. 첫 번째 범주는 의사결정에서 자기 주도나 타인의 활용이 거의 없다.

**확신에 찬 독립성(잘못된 자신감)** 이 범주에 속하는 사람은 자신이 무엇을 하고 싶은지 계획성을 갖고 접근하거나 탐색하는 과정에 있지 않은 것 같다. 그들은 자신감은 있어 보일 수 있으나 사실은 미래에 무엇을 할 계획인지, 자신의 흥미, 능력, 가치는 무엇인지 진정으로 알지 못한다. 예를 들어, "난 그저 하루하루 살아가고 있다. 그저 내가 원하는 것을 할 뿐이다. 모든 게 잘될 것이다."와 같다.

**성공하지 못한 타인 활용** 의사결정을 하는 사람이 자신에게 도움이 필요하다는 것

**그림 12.3** 낮음과 높음의 정도 순서에 따른 자기 주도 범주

출처: Philips, S. D., Jome, L. M., Stramenga, M. S., Merrigan, B. A., Page, J. C., Tully, A. W., Gorat, M., Koehler, J., and Mowry, M. (2002). Relational influences in career decision making. Paper presented at the American Psychological Annual Convention. August 2002. Chicago, IL.

을 알고 있으나 자신에게 유익한 방식으로 도움을 얻은 경험이 별로 없다. 그들은 이전에 도움을 얻으려는 시도를 하였을 수도 있는데, 이러한 시도가 진로결정에 도움이 되지 않았을 수도 있다. 예를 들면 "내가 무엇을 해야 할지 부모님과 친구들에게 물어봤지만 그들은 그냥 '글쎄, 때가 되면 알게 될 거야.'라는 말만 했다. 그런 말은 전혀 도움이 되지 않았다."이다.

**불확실한 타인 활용** 이 범주의 사람은 다른 사람들에게 조언을 구하고 그 조언에 대해서 생각해 보기는 하지만 결정을 내리는 그들 자신의 능력을 확신하지 못하는 경향이 있다. 이들은 다른 사람들과 대화를 나눔으로써 결정을 좀 더 잘 내릴 수 있기를 바란다. 예를 들어, "나는 진로결정을 하는 게 너무 어렵다. 그런데 충분히 많은 사람들과 이야기를 하고 나면 그들의 의견을 신뢰하고 따르게 될 수 있을 것 같다."와 같다.

**신중한 태도** 신중한 의사결정자는 의사결정을 할 때 실수를 하지 않으려고 조심하는 사람이다. 이들은 '불확실한 타인 활용' 범주의 사람보다는 결정을 내리는 쪽으로 좀 더 빠르게 움직이는 편이지만 다른 사람들의 견해를 세심하게 고려한다. 예를 들어, 이들은 "난 과거에 실수를 한 적이 있다. 전공도 여러 번 바꿨다. 이제 새로운 전공이 필요한데, 나한테 맞는 전공을 선택할 수 있을지 자신이 없다. 무엇을 할지 선택하기 전에 다른 사람들은 어떻게 생각하는지를 정말 들어 보고 싶다."라고 말한다.

**자신에 대한 정보 구하기** 이 범주의 사람은 자신의 흥미나 능력, 가치에 대해 확신하지 못할 수 있다. 그들은 자신이 무엇을 잘하고 무엇을 하면 좋을지 의견을 제시해 줄 타인을 적극적으로 찾는다. 그들은 자신을 잘 아는 사람에게 정보를 구하는 경향이 있다. 예를 들면 "로즈는 나를 정말 잘 알고 있는 것 같다. 그녀는 정말 좋은 친구이다. 그녀는 내가 의대에 가서 잘할 수 있을지, 아니면 내가 다른 보건 전문직을 고려해야 할지 말해 줄 수 있다."이다.

**여러 대안의 장단점 따져 보기** 이 범주의 사람은 의사결정을 할 때 의사결정 과정에서 한 부분 혹은 그 이상의 부분에 대하여 다른 사람에게 도움을 요청하는 것이 유용하다고 본다. 이들은 결정을 내리는 것은 자신이 책임지지만 무엇을 해야 할지 알아내는 데는 타인의 의견이 중요하다고 생각한다. 예를 들어, "부모님과 나는 내년에 내가 어느 대학을 가야 할지에 대해 앉아서 이야기를 나눌 것이다."가 해당된다.

**공명판** 어떤 사람은 다른 사람이 자신이 결정을 내리는 과정에 대한 이야기를 들어주는 것을 좋아한다. 이들은 다른 사람에게 자신의 견해를 드러내 놓고 말하기를 좋아하지만 다른 사람이 어떤 결정을 내리는 데 도와주기를 기대하지는 않는다. 예를 들면, "내가 지금 하고 있는 일을 관둔 후에 내가 택할 수 있는 다양한 직업에 대해서 여자친구에게 이야기하는 것만으로도 정말 도움이 된다."라고 말하는 사람이다.

**체계적** 어떤 사람이 사려 깊고 계획성 있게 진로결정을 할 때 이를 체계적으로 접근한다고 말한다. 이 접근은 의사결정에 대한 합리적인 접근과 유사하다. 이 범주의 사람은 타인의 의견을 고려하지만 결정을 내리는 데 대한 책임은 자신이 맡는다. 예를 들어, "난 진로정보를 검토했고 많은 사람과 이야기를 나누었으며, 내가 일자리를 찾을 때 볼 수 있도록 대안들의 목록을 만들었다."와 같다.

개인의 자기 주도 수준에 주목하는 것은 내담자의 진로의사결정을 조력하는 상담자의 접근에 도움이 될 수 있다. 사람들이 타인을 관여시키는 방식에 대한 이해는 상담자가 능력과 흥미, 가치 및 직업정보에 대한 논의를 진전시키는 방법을 결정하는 데 유용할 수 있다. 발달적-관계적 모델을 통해 Phillips와 동료들은 의사결정 과정에서 타인의 중요성을 보여 준다. 사람들은 다양한 방식으로 상이한 결정을 내린다. 어떤 사람은 이성관계에 대한 결정을 할 때는 자기 주도의 한 특정 범주에 속하지만, 진로의사결정을 할 때는 다른 범주에 속할 수도 있다. 또한 사람들은 자신이 내리는 결정의 속성과 삶에 관여된 타인에 따라 자기 주도의 연속선상에서 앞뒤로 이동할 수도 있다.

## ❀ 발달적-관계적 모델 상담 예시

상담자는 내담자를 상담할 때 발달적-관계적 모델의 유용성을 발견할 수 있다. 진로 의사결정 과정에서 타인의 관여에 대한 문제는 상담 면접에서 자주 등장하는 주제이다. 상담자는 내담자와 대화할 때 타인의 행동과 자기 주도 둘 다에 주목할 수 있다. 다음 사례에 나오는 마리아는 고등학교 2학년이다. 어머니는 대형 슈퍼마켓 농산물 코너의 관리자이다. 아버지는 마리아가 여섯 살 때 어머니와 이혼하였으며, 마리아를 만나러 오는 일이 거의 없다. 마리아의 어머니는 자영업 도장공인 남자친구와 2년째 동거 중이다. 마리아는 고등학교 졸업 후 무엇을 해야 할지 의논하기 위해 상담자를 방문했다. 다음은 이들의 대화에서 발췌한 것이다.

**내1:** 졸업하고 나면 저에게 어떤 일이 일어날지 잘 모르겠어요. 생각하고 있는 게 있긴 한데 아, 잘 모르겠어요.

**상1:** 생각하고 있다는 게 어떤 거니?

**내2:** 그냥 이것저것요. 법률보조원이나 작업치료사가 어떤가 생각하고 있는데, 잘 모르겠어요.

**상2:** 지금 당장은 확신을 갖기가 어렵지. 몇 가지 서로 다른 대안을 고려하고 있구나. [마리아는 확실히 확신이 없는 것 같다. 어쩌면 이 학생은 '불확실한 타인 활용'이나 '신중한' 범주에 해당할 수도 있다. 상담자는 이야기를 더 들어볼 필요가 있다.]

**내3:** 엄마 친구 중에 위더렐 씨라고 법률보조원으로 일하시는 분이 있거든요. 그분은 그 일을 정말 좋아하는 것 같아요. 그분과 그 일에 대해 이야기를 해본 적이 있어요.

**상3:** 아, 그래. 그래서 뭘 알게 됐니? [엄마 친구에게서 얻은 정보는 타인의 행동 범주 중 '정보 제공'에 해당하는가?]

**내4:** 그분은 변호사와 일하는 것이 좋고 재미있다고 하셨어요. 그 일을 하신 이후에 점점 더 많은 책임이 주어졌대요. 그녀는 법령 자료를 검색하고 유언장 같은 서류를 작성하는 일을 좋아해요.

**상4:** 그런 이야기를 들으니 어땠니?

**내5:** 좋게 들리기 시작했어요. 근데 그분이 좀 오해를 한 것 같았어요, 제 생각에는.

**상5:** 어떻게 오해를 하셨니?

**내6:** 음, 그분은 제가 하고 싶은 걸 이미 결정한 것처럼 말씀하시기 시작했죠. 제가 법률보조원이 될 것처럼요. 그래서 제가 어떤 학교에 지원해야 하고 어디를 가야 하는지, 졸업 후에 누가 훌륭한 고용주가 될 것인가에 대해 말씀하시기 시작했어요.

**상6:** 그게 언짢았구나. 마치 그분이 네 의견은 고려하지 않으신 것 같아서 말이야. [마리아는 타인의 활용 중 '강압적 지도' 범주에 해당하는 상황을 기술하고 있다. 이것은 마리아를 당황스럽게 하는 것 같다. 이것은 마리아의 자기 주도감에 방해가 된다. 자기 주도에서 마리아는 주로 '불확실한 타인 활용'이나 '신중한' 범주에 속하는 것 같다.]

**내7:** 네, 저는 그냥 결정을 내리려고 하는 중이거든요. 다른 사람들로부터 다양한 의견을 들어요. 아버지, 그러니까 즉 저의 친아버지는 제가 하는 건 모두 다 괜찮다고 얘기하지만요. 아버지는 학교나 행사나 어떤 다른 일에도 오신 적이 없어요. 너무 바쁜가 봐요.

**상7:** 네가 많은 활동에 참여하고 있는데 아버지가 모습을 보이지 않으시니 속상하겠구나. [상담자는 마리아의 아버지의 '소극적 지지'와 이와 관련된 그녀의 반응에 대한 이야기를 듣고 있다.]

많은 상담자가 이 예시의 상담자처럼 문자 그대로 발달적-관계적 모델을 사용하지는 않겠지만, 상담자는 Phillips와 동료들이 제안한 타인의 행동과 자기 주도 범주를 사용하는 것이 유용하다는 것을 발견할 것이다. 마리아의 상담자는 그녀의 최근 진로의사결정이 어떻게 자기 주도 범주의 '신중한'과 '불확실한 타인의 활용'에 해당되는지를 이해하기 위해 발달적 모델을 사용한다. 마리아가 법률보조원이 되는 것에 대한 위더렐 씨의 '강압적 지도'를 묘사할 때, 상담자는 그것이 진로의사결정에 대한 마리아의 신중한 접근에 어떻게 방해가 되는지를 이해할 수 있다. Phillips와 Carlson 등(2001)은 '자기 주도'와 '타인의 행동'을 결합한 더욱 정교한 모델을 제시하였다. 이들은 자기 주도와 타인의 행동의 다양한 수준을 포함한 4분면 모델을 제안하였다. 이 모델은 내담자에 대한 평가와 상담에 모두 적용할 수 있다.

발달적-관계적 모델은 의사결정의 범주를 확인하는 데 구체적인 접근을 적용한다. 이 모델은 진로상담에 관한 좀 더 일반적인 관계적 접근과 일맥상통한다(Schultheiss, 2003, 2007). Schultheiss는 관계성의 범주에 대해서는 구체적으로 다루지 않지만 진로상담에서 관계에 주목하는 것에 대해 여러 가지 제안을 내놓았다. 그녀는 진로선택 문제를 평가할 때 내담자가 부모와 형제자매 및 다른 주요 타인과 갖고 있는 중요한 관계에 대해 알아보는 것이 유용하다고 제안하였다. 관계의 특정한 측면들이 내담자에게 얼마나 중요하거나 영향력이 있는지를 논의하는 것은 내담자에게 도움이 될 수 있다. 이런 측면들은 긍정적이거나, 부정적이거나, 중립적일 수 있다. 과거에 내담자가 어떻게 진로의사결정을 하였고 다른 사람들이 그 선택에 어떻게 영향을 미쳤는지를 알아보는 것도 도움이 된다. 또한 상담자는 내담자와 가까운 사람들이 내담자의 학업이나 직장 생활에 이미 영향을 끼친 방식에 주목하는 것도 유용하다는 것을 발견할 것이다. 일에 대한 가족의 태도나 가족 구성원들이 서로의 진로발달에 어떤 영향을 미쳤는지를 이해하는 것 역시 도움이 된다. 가족 구성원들과의 어떤 상호작용은 도움이 되지 않는다. 이러한 가족관계가 내담자의 진로발달에 어떤 영향을 주는지를 검토함으로써 좀 더 나은 진로의사결정으로 이끌 수도 있다.

## Blustein의 일의 관계 이론

거의 대부분의 일은 사람들 간의 상호작용을 포함하고 있다. Blustein(2011)은 일은 주로 관계적, 즉 관계를 포함한다는 점을 강조한다. Schultheiss(2007)는 관계가 배경보다는 전경에 있어야 한다고 본다. 이 장에서 논의된 이론을 제외한 다른 이론들은 직장과 직업계획 수립에서 관계의 중요성을 최소화하는 경향이 있다. 직장 관계(work relationships), 즉 사람들이 각자의 일을 할 수 있도록 도움을 주는 관계에는 관리하고 관리받는 관계, 대립적인 관계, 정서적으로 지지적인 관계, 직장 밖에서의 관계와 같은 많은 유형이 있다. 일의 관계 이론(relational theory of working)에서 Blustein은 직장인에게 만족감과 중요한 존재라는 느낌을 제공하는 직장 내 대인관계가 갖는 중요성을 인식할 수 있는 방법을 제안한다. Schultheiss(2009)는 중요한 어떤 일을 하는 것, 중요한 사람과 함께하는 것의 의미와 관계가 중요하다는 것에 대해 기술하였다. 중요성(mattering)과 가치감을 느끼는 것은 Blustein의 이론에서 중요한 요소이다.

실업률이 비교적 높은 노동시장에서 사람들은 흔히 자신에게 흥미나 도전거리가 거의 없는 일자리를 택할 수밖에 없다고 느낀다. Richardson(1993, 2012)은 일 심리학의 관점을 기술하면서 자신이 하는 일에서 선택권이나 기회가 거의 없는 사람들이 직면하는 문제를 다루는 것의 중요성을 상세히 설명한 바 있다. 직장 대인관계를 전경으로 가져와 이것이 만족과 의미의 근원임을 강조하면 지루한 일에 좀 더 가치를 부여할 수 있다. 접시닦이와 같은 일은 개인이 함께 일하는 동료를 좋아하고 소중하게 여긴다면 좀 더 의미를 가질 수 있다. Blustein(2011)은 상담자에게 내담자가 관계 맥락에서 일을 바라볼 수 있도록 도와주는 방법을 제공한다. 관계에 주의를 기울임으로써 상담자는 내담자가 좀 더 긍정적인 가능성을 보도록 도울 수 있다. 이런 점에서

Blustein의 이론은 사회구성주의 모델과 일치한다(p. 294).

Blustein(2011)의 일의 관계 이론은 그와 다른 연구자들이 수행한 연구에 기반하여 최근에 개발된 이론이다. Blustein은 자신의 이론을 설명하면서 일곱 가지 관계적 명제를 제시하였다. 각각의 명제는 관련 있는 연구에 의해 뒷받침된다. 이 절에서는 이들 명제 각각을 상담의 적용점에 초점을 두고 차례대로 설명하고자 한다. 각 명제마다 상담자가 Blustein의 일의 관계 이론을 사용하여 어떻게 가상의 내담자인 조엘라를 상담하는지를 보여 주는 대화를 제시할 것이다. 먼저 조엘라의 배경을 살펴보자.

조엘라는 버지니아 주 리치먼드에서 남서쪽으로 약 160km쯤 떨어진 소도시 출신의 백인 여성이다. 그녀는 세 살과 네 살 된 어린 자녀를 두고 있다. 아이의 아버지는 무장강도 혐의로 2년 전에 체포되었다. 조엘라는 다행히 리치먼드에서 할머니와 같이 살고 있다. 그녀는 만 17세, 고등학교 3학년 초에 중퇴하였기 때문에 고등학교를 마치지 못하고 여러 가지 일을 해 왔다. 그녀는 최근 가구공장에서 해고되었다. 가구공장에서는 일이 꾸준히 있었고 종종 야근도 하였으며 시급은 14달러였다. 6개월 전에 조엘라는 해고되었다. 그녀는 바비(세 살)와 질리(네 살)와 함께 더 많은 시간을 보낼 수 있어 좋았지만, 일자리를 찾는 데 좌절감을 느꼈다. 두 달 전 그녀는 홈클리닝 서비스 일자리를 얻었다. 근무시간은 화요일과 목요일 오전 8시에서 오후 5시까지이다. 주말에는 대형 박스 스토어(box store, 역자 주: 상자째 물건을 진열하여 싸게 파는 소매점) 직원으로 일하면서 진열대에 물품을 올려놓고 정렬하며 고객을 상대하는 일을 한다.

조엘라의 할머니 카롤리나는 81세이며 과부이다. 그녀는 손주들과 잘 지내려고 하지만 쉽게 지친다. 그녀는 사회보장연금에 의존하고 있으며 다른 수입원은 없다. 그녀는 조엘라를 돕고 싶지만 현재 앓고 있는 당뇨병과 더불어 자신이 아이를 충분히 돌볼 수 있을지가 걱정이다. 카롤리나는 피곤하면 성미가 급해진다. 카롤리나와 조엘라는 카롤리나가 바비와 질리에게 관심이 부족하다는 이유로 다투었다.

조엘라는 압도당하는 느낌이 든다. 그녀는 남편이 떠나 버린 것과 남편이나 시댁에서 경제적으로나 정서적으로 지지해 주지 않는다는 것이 속상하다. 그들은 그녀와 아이들을 무시해 왔다. 아이와 할머니 모두 걱정거리이다. 그녀는 아이들이 충분한 보살핌을 받지 못할까 봐 그리고 할머니가 압도당할까 봐 걱정이다. 그녀는 할머니의 사회보장연금을 보충하고 임대료를 내고 음식과 옷을 사기 위해 일자리가 필요하다.

그녀는 거의 항상 스트레스를 받고 수면에 어려움을 겪고 있어 지역사회 상담센터를 찾았다. 청소하는 일과 관련하여 그녀는 사람들이 어지럽힌 것을 치우는 일이 싫고 집에서도 그런 일을 너무 자주 한다고 느낀다. 그녀는 청소할 때 함께 일하는 동료인 플로라를 좋아한다. 그들은 보통 하루에 3시간씩 집청소를 한다.

대형 상점에서의 일 또한 따분하다. 그녀는 상사가 동료들에게 고함치는 것을 들었기 때문에 실수하지 않으려고 조심하며 그런 상황을 피하고자 한다. 교대 근무시간이 서로 다른 탓에 동료 근무자들이 때때로 바뀐다. 그러나 그녀는 가까이에서 일하는 두 명의 여성, 메이와 엘비라와 대화하는 것을 즐긴다.

## ❀ Blustein의 일의 관계 이론 명제

**명제 1** 일과 관계는 둘 다 사람들이 느끼고 생각하는 주제이다. 일에 대한 사람들의 생각과 감정은 그들이 관계에 대해 어떻게 생각하고 느끼는지에 영향을 미친다. 관계에 대한 생각과 감정은 일에 대한 그들의 생각과 감정에 영향을 준다. 일과 관계에 대한 생각과 감정은 파괴적일 수도 있고 건설적일 수도 있다.

Blustein(2011)은 타인과의 상호작용과 일이 밀접하게 관련되어 있는 방식을 보여 주는 연구결과를 제시하였다. 사람들이 해고되거나 실직하면, 이는 가족 구성원과 동료 및 또래와의 관계에 상당한 영향을 미칠 수 있다(Paul & Moser, 2009). 예컨대 존의 경우(337쪽) 회사가 문을 닫게 되자 그는 실직하였으며, 성희롱을 경험한 적 있는 로버타(352쪽)는 실직할까 봐 두려워한다. 이들의 경우는 일과 관계가 얼마나 밀접하게 엮여 있는지를 보여 준다. 애착 이론이 보여 준 것처럼(Obegi & Berant, 2009; Sharf, 2012) 안정되고 안전한 관계는 개인의 삶의 대부분의 측면에서 중요하다. 직장에서의 괴롭힘에 대한 연구는 관계가 개인에게 미칠 수 있는 부정적인 영향을 보여 준다(Lee & Brotheridge, 2006). 10장에서 논의한 인종차별과 성희롱은 관계가 사람들에게 미치는 부정적인 영향을 보여 준다. Phillips의 발달적-관계적 이론(417쪽)은 긍정적 관계와 부정적 관계 둘 다가 중요하다는 사실을 보여 준다. 대부분의 사람들의 경우 관계는 그들이 일을 어떻게 지각하는지에 큰 영향을 미친다. 많은 사람이 누군가가 "나는 직장에서 하는 일은 좋은데, 직장 사람들이 성가시고 일도 잘 못하고 성질도 고약해요."와 비슷한 말을 하는 것을 들은 적이 있을 것이다. 다음에 제시하는 사례에서 조엘라는 대형 상점의 재고 관리 직원으로서 직장에서의 일과 관계의 상호작용을 예시하고 있다.

**내1:** 직장에 있을 때 바비에 대해 많이 생각해요. 바비가 코감기에다가 열이 있어요. 제가 애를 재우는 데 애를 먹어요. 우리가 청소를 해주고 있는 집들 중 한 곳에서 바닥을 닦고 있었는데, 플로라는 제가 마음이 좋지 않고 일에 집중하지 못하고 있다는 것을 알아챘죠. 전 공상에 빠져 있었어요.

**상**1: 바비가 많이 걱정되나 봐요.

**내**2: 맞아요. 바비를 어떻게 해야 할지 모르겠어요. 플로라와 청소를 하면서 가끔 이야기를 하거든요. 그녀도 아이가 셋이 있어서 우리는 많은 것을 나누어요. 아이들에 대해서, 무슨 일이 일어나고 있는지에 대해 얘기를 해요.

**상**2: 그게 도움이 되는 것 같네요.

**내**3: 네, 맞아요. 우리에게 함께 나눌 수 있는 공통점이 있다는 느낌이 들어요. 함께 이야기하고 경험을 나눌 때 기분이 좋죠. 그러면 시간도 더 빨리 가고 그렇게 혼자라는 느낌이 들지 않아요.

이 발췌록에서 보면 일과 관계는 서로 얽혀 있다. 조엘라는 일할 때 바비에 대해 생각하고 이야기한다. 그녀는 플로라가 자신에게 신경을 쓰고 있음을 느낀다. 그래서 그들은 아이에 대한 걱정을 서로 나누고 조엘라는 기분이 나아진다. 플로라와의 관계에서 조엘라가 보살핌을 받고 있다는 느낌이 들기 때문에 일이 덜 짐스러운 것 같다. 조엘라의 감정과 사고는 건설적이다.

**명제 2** 사람들이 생애 초기와 현재 관계에 대해 생각하고 느끼는 방식은 직장에서 발생하는 문제를 어떻게 다루는지와 일에 대한 계획을 세우는 데에 영향을 준다.

개인의 성격은 6세에 이르면 대부분 결정된다는 Freud(1930)의 말은 널리 인용되고 있다(Sharf, 2012). 많은 사람이 이 말에 동의하지는 않지만 부모의 죽음이나 성적 학대와 같은 외상 경험은 분명히 사람들이 타인과 관계하는 방식에 영향을 줄 수 있다. 정신분석 이론가는 직장 상황을 포함한 다양한 유형의 상황에서 사람들이 타인과 관계하는 방식에 미치는 초기 아동기 문제의 영향을 보여 주는 많은 예시를 제시하였다(Sharf, 2012). 이러한 경험은 사람들이 생각하고 느끼고 행동하는 방식에 영향을 준다. 다음의 사례에서 조엘라는 초기 경험과 직장에서의 어떤 상황과의 관련성에 대해 논의하고 있다.

면담 뒷부분에서 조엘라는 그녀의 어머니와 어머니의 음주벽에 대한 걱정에 대해 이야기하기 시작한다.

**내**1: 엄마는 대체로 아주 책임감 있는 분이었지만 2주에 한 번꼴은 취할 정도로 술을 드셨어요.

**상**1: 집에 가면 어머니가 어떤 상태에 있을지 모르니까 당신으로서는 힘들었을 것 같아요.

**내**2: 네, 제가 8살 때 학교에서 돌아왔는데 엄마가 저한테 말을 하셨던 때가 기억나요. 엄마는 들떠 있었고 바보처럼 보였어요. 평소 엄마 같지 않았어요. 제가 엄마를 그렇게 본 건 그때가 처음이었어요. 뭐가 잘못됐다는 건 알았지만 그게 뭔지는 잘 몰랐어요.

**상2:** 어머니에게 무슨 일이 일어나고 있는지 알기 어려웠던 것 같네요. 하지만 그 때문에 당신은 겁이 났군요.

**내3:** 네, 그냥 우리 엄마가 아닌 것 같았어요. 엄마는 방으로 가서 잠들었어요. 제가 저녁준비를 해야 했고요. 그때가 처음이었던 것 같아요. 그때 전 너무 불안했어요.

**상3:** 그리고 때때로 그 일이 기억에 되살아나서 그것에 대해 생각하게 되는군요.

**내4:** 네, 가끔 집에 있을 때 그래요. 아이들 때문에 진짜 속상할 때 엄마가 술 취해 있던 모습이 가끔 생각나요. 그러면 전 정신을 차리려고 노력하죠. 대형 상점에서도 생각나더라고요. 일을 포기하거나 거기서 나오고 싶은 마음이 들면 그 일을 떠올려요.

**상4:** 그렇군요, 그 일이 무서운 기억이기는 하지만 당신이 하고 싶은 일이 무엇인지를 결정하는 데 도움이 되고, 당신은 원하는 쪽으로 행동하네요.

초기 기억은 가정과 직장 모두에서의 행동과 연결되어 있다. 상담자는 조엘라가 과거 어머니와의 관계와 현재 관계들을 연결시킬 수 있도록 돕는다.

**명제 3** 일과 관계는 일터와 돌봄 상황에서 일어난다.

일은 좀 더 원활한 논의를 위해 두 개나 세 개의 범주로 구분되어 왔다. 예컨대, 사람들에게 유익하면서(직접적으로나 간접적으로) 합법적인 일과, 사람들에게 해가 되면서 불법적인 일로 나누는 것이다. 또 다른 예로는 자료와 사람 및 사물의 범주를 사용한 『직업명 사전』이 있다. Blustein은 일터와 돌봄의 범주를 사용한다. 이 두 개의 범주는 직업세계를 조망하는 단순한 방식을 제공한다(Richardson, 1993, 2012).

돌봄의 범주는 여성주의자와 관계적 관점을 반영한다(Jordan, 2010). Jordan과 다른 관계적 이론가들(Schultheiss, 2007, 2009)은 타인과 관계 맺는 것과 타인을 돌보는 것의 중요성을 설명한다. 이는 비즈니스와 대비될 수 있는데, 사업의 목적은 이익 창출과 재정적 성공이다. 10장에서 만화경 진로와 무경계 진로 및 프로티언 진로로 표현된 관점은 개인적 성공에 초점을 둔 진로의 예라 할 수 있다. 이런 진로는 비즈니스 경로의 예이다. 이와는 대조적으로 Blustein(2011)은 돌봄 상황이 돌봄과 관계 맺기 및 타인을 돕는 것에 대한 욕구뿐만 아니라 중요한 존재가 되고자 하는 욕구와 더불어 경제적 욕구 및 생존 욕구를 어떻게 충족시킬 수 있는지를 보여 준다(Schultheiss, 2009).

다음 예시에서 조엘라와 상담자는 조엘라의 돌봄 주제에 대해 논의한다.

조엘라는 대형 상점에서 함께 일하는 메이를 보면 마치 2년 전 자신을 보는 것 같다. 메이는 열일곱 살이고 6개월 후에 출산을 앞두고 있다. 임신은 계획된 것이 아니었다. 메이는 걱정과 혼란을 느끼고 있다. 조엘라는 상담자와 이 경험에 대해 이야기한다.

**내1:** 가끔 메이는 자기 부모님에 대해 그리고 아이를 가진 것에 대해 제게 이야기를 하려 해요. 주로 저는 그냥 들어줘요. 메이는 제가 그녀 나이쯤 됐을 때를 기억나게 해요. 그 당시 저는 첫아이 출산을 앞두고 있었는데, 그건 어느 누구도 바라지 않는 일이었죠.

**상1:** 생각에 잠긴 것 같아요. 그 일이 당신에게 정말로 중요한 일이었나 봐요.

**내2:** 네, 그래요. 가끔 제가 언니나 이모가 된 것 같아요.

**상2:** 메이에게 더 안정감과 친밀감이 느껴진다는 말씀이네요.

**내3:** 네, 그 애를 돕고 싶어요. 그 애가 이 시기를 잘 견뎌낼 수 있도록 돕고 싶어요. 하지만 그 애 스스로가 감당해야 한다는 걸 알고 있어요.

**상3:** 그건 기분 좋은 일이죠. 도움을 줄 수 있는 누군가가 있다는 것은.

**내4:** 메이를 위해 옆에 있어 주고 싶어요. 이상하게 들릴 수도 있지만 제가 메이하고 이런 이야기를 하고 나면 가게 진열대에 의류 제품을 가져다 놓는 일을 더 잘할 수 있다는 느낌이 들어요.

**상4:** 이 일은 당신에게 도움이 되는 것 같네요. 당신이 더 강하고 어쩌면 더 자신 있는 사람처럼 느끼니까요.

상담자는 조엘라에게 영향을 주는 관계에 주목한다. 그녀는 1장에서 설명한 면접기술을 사용하여 조엘라의 경험을 반영한다.

**명제 4** 사람들이 어떻게 의사결정을 하고 직업과 직업훈련에 대해 탐색하는지는 이전의 타인과의 관계에 의해 도움을 받을 수도 있고, 방해를 받을 수도 있다.

Blustein(2011)은 과거의 관계가 직장 상황에서 사람들이 타인과 관계 맺는 방식에 영향을 줄 수 있다고 생각한다. Blustein은 정신분석 이론의 한 유형인 대상관계 이론에 영향을 받아, 사람들이 직장에서 타인과 상호작용하는 방식은 그들이 아동이나 청소년이었을 때, 혹은 좀 더 최근에 타인(특히 부모)을 어떻게 대하였는지를 (부분적으로) 반영할 수 있다고 본다. 사람들은 해고나 이직 같은 전환에 직면할 때, 과거에 어려운 상황에 대처했던 경험에 영향을 받을 수 있다. 다음의 예시에서 조엘라의 상담자는 내담자의 직장에서의 현재 관계와 이전 관계에 주목한다.

조엘라와 상담자는 직장에서 메이와의 관계에 대한 대화를 이어 간다.

**내1:** 메이와 함께 있으면 때때로 제가 강하다는 느낌이 들어요. 그런데 또 어떤 때는 좀 겁이 나요. 왜 그런지 모르겠어요.

**상1:** 겁나는 느낌은 강한 느낌과 맞지 않는 것 같은데요?

**내2:** 그렇죠. 근데 그런 느낌이 들어요. 그 느낌은 제가 아홉 살 때쯤 혼자 집에 있었을 때를 떠올리게 해요. 그때는 오후였는데 저는 두 살 어린 동생을 돌봐 주고 있었어요. 그때가 엄마가 처음으로 저와 여동생만 두고 집에 안 계셨던 때였던 것 같아요. 응급 상황인지 아니면 무슨 일이 있었던 것 같아요. 어쨌든 저는 정말 겁이 났고 엄마가 집에 오시기를 바랐어요. 엄마는 절 참을성 있게 대해 주었고 절 안심시켜 주셨어요. 위로해 주었어요.

**상2:** 어머니가 보여 주신 인내심이 당신이 보살핌을 받는다는 느낌이 들게 하는 데 도움이 된 것 같네요.

**내3:** 네, 훨씬 기분이 좋아졌어요. 아마 그것 때문에 메이와 함께 있는 것이 저에게 도움이 되는 것 같아요. 생각해 보면 단지 함께 있음으로써 어쩌면 제가 그녀를 도와준다기보다는 오히려 그녀가 저를 도와주는 건지도 몰라요. 다른 상황에도 그게 도움이 돼요.

**상3:** 오, 그래요, 좀 더 말해 주세요. [흥미 있어 하는 목소리로 말하면서]

**내4:** 저는 할 수 있는 한 많이 제 아이들이 놀게 둔다는 것을 알게 되었어요. 전혀 간섭을 하지 않죠. 아이들이 다칠 것 같으면 그때 개입을 해요. 그럴 땐 하죠. 때로는 직장에서 이제 막 처음 일을 시작한 사람들에게, 저는 많은 말을 하는 것을 조심해요. 그 사람들의 상사가 되고 싶지 않아요. 그 사람들이 저 때문에 짜증이 나는 건 원치 않아요.

이 사례에서 타인(메이)을 보살피는 조엘라는 그녀의 관계 기술에 긍정적인 영향을 준 어머니와의 과거 관계에 영향을 받는다.

**명제 5** 사람들이 직장에서 내리는 의사결정의 내용은 타인과의 관계에 의해 도움을 받기도 하고 방해를 받기도 한다. 개인의 사적인 경험 및 문화적 경험과 함께 이러한 관계는 개인의 직업적 흥미와 가치의 발달에 영향을 준다.

이 책에서 소개하는 대부분의 이론은 진로선택 시 흥미와 가치에 따라 실행하는 것의 중요성을 논한다. Blustein은 현재와 과거의 관계가 사람들이 직장에서 발생하는 상황을 다루는 방식에 영향을 미친다고 언급함으로써 이러한 관계의 중요성을 강조한다. 직장에서의 경험과 타인과의 경험은 사람들이 자신에게 중요한 것이 무엇인지를 결정하는 데 영향을 줄 수 있다. 따라서 사람들의 관계는 상당한 영향력을 갖고 있다(Gergen, 2009). 관계는 사람들의 흥미와 가치에 영향을 미치고, 이로 인해 진로 의사결정 과정에도 영향을 준다. 다음의 대화에서 조엘라는 자신이 일을 하는 방식과 사람들과 관계 맺는 방식이 자신의 진로 흥미와 가치를 발견하는 데 도움을 줄 수 있다는 사실을 알게 된다.

다음의 예시에서, 조엘라는 상담자에게 그녀가 일하는 가게에서 일어났던 상황에 대해 말하고 있다. 그녀는 가게에서 파는 블라우스 가격이 너무 비싸다며 그녀에게 화를 내는 고객에 대해 말하였다.

**내**1: 그 중년 여성은 진짜 화가 났어요. 가게에서 자기를 속인다고 생각했거든요. 저는 그녀를 진정시키려고 했지만 그녀는 가게에서 블라우스 값을 더 받았다고 말했어요.

**상**1: 당신은 고객을 도울 준비가 돼 있었고, 고객이 화난 것에 대해 이해하고 있었군요.

**내**2: 제가 가게에서 일을 하고 있는 입장이니까 고객이 화를 내는 걸 개인적으로 받아들이지 않을 수 있었어요. 그녀가 마음을 정리할 수 있게 도와서 그녀를 진정시키려고 했어요. 이상하게 들릴지 모르겠지만요.

**상**2: 당신은 자신이 하려는 일이 뭔지 잘 알고 있었던 것 같은데요.

**내**3: 네, 그래요. 저는 상황을 통제하고 어떻게 상황을 정리할지를 생각해 보려고 했어요. 가구공장에서 일했을 때 저는 가구 부품 재고 목록을 작성하는 일이 좋았어요. 그래서 회사 측에서 그 일을 저한테 맡겼거든요. 재고 목록을 만들 때 회사 회계사가 정확한 정보를 다 얻을 수 있도록 도와주려고 함께 일하곤 했죠. 그래서 그 사람이 회사의 가구 부품 소유 재산의 가치를 알 수 있도록 말이죠.

**상**3: 당신은 자신이 문제를 어떻게 다루기를 좋아하는지를 잘 알고 있네요.

**내**4: 아까 말씀드린 상황에서는 제가 어떻게 했냐면요, 저는 그 고객을 계산대로 데려가서 그녀가 지불한 돈과 그녀가 구입했던 시간에 청구된 금액을 체크해 봤어요. 그런 다음 차액을 정확하게 돌려줬어요. 그녀는 진정되었고 제가 그런 식으로 이 상황에 책임지고 그녀를 도와준 데 대해 고마워하는 것 같았어요.

**상**4: 그건 도움을 주는 흥미로운 방식이네요. 정말 효과가 있었던 같아요.

**내5:** 네, 그리고 그 일로 인해 생각을 해보게 됐어요. 저는 특히 숫자를 갖고 정리하는 걸 좋아해요. 선생님께 말씀드린 이 상황에서 제가 했던 것처럼요. 저한테 시간만 있다면 부기나 회계 일을 재미있게 할 것 같다는 생각이 들기 시작하더라고요.

조엘라는 자신이 내린 결정의 내용을 살펴보고, 일반적으로 돌봄과 관련된다고 여겨지지 않는 어떤 영역에서 자신의 관심을 확인할 수 있다. 하지만 그녀는 이 일을 다른 사람들을 도우면서 자신의 흥미를 끄는 무언가를 하는 방식으로 보는데, 이는 그녀의 가치에 부합한다.

**명제 6** 사람들은 타인과의 관계를 통해 자신의 일에서 의미를 발견하며, 이는 서로 관계를 맺고 있는 사람들의 문화적 배경에 의해 영향을 받는다.

보통 직장에서의 관계는 일을 견딜 만하게 해준다. 흔히 다른 사람과 상호작용하는 사람은 자신과는 문화적 배경이 다른 사람과 교류하게 된다. 가끔은 그 문화적 차이가 크기도 하지만 때로는 아주 작기도 하다. 타인의 경험과 반응을 받아들임에 따라 사람들은 제각기 다른 정도로 자신의 문화적 지식을 확장해 나갈 것이다. 일을 가치 있게 여기는 관점을 확장하는 데 있어서 동료의 역할을 인정하는 것은 사람들이 지루한 일을 중요한 일로 바라보기 시작하는 데 도움이 될 수 있다(Schultheiss, 2007). 이 예시에서 상담자는 조엘라가 자신의 일을 다르게 바라볼 수 있도록 돕는다.

조엘라와 플로라는 함께 주택 청소 일을 할 때 다음 집으로 이동하는 동안 대화를 많이 나눈다. 두 사람 다 신앙심이 깊고 일요일에 예배에 참석한다. 조엘라는 상담자와 만날 때, 이러한 경험이 그녀에게 어떤 의미가 있는지를 설명한다.

**내1:** 플로라와 일하면서 그렇게 많은 걸 얻는다는 생각을 못 했어요.

**상1:** 좀 더 이야기해 줄 수 있나요?

**내2:** 우리는 둘 다 종교를 중요하게 여겨요. 저는 평생 주일학교를 다녔고 플로라도 그랬죠. 우리는 이런 경험을 나눌 수 있어요.

**상2:** 함께 나눈다는 것이 꽤 의미 있는 일인 것 같네요.

**내3:** 네, 그래요. 저는 훌륭한 종교적 배경을 갖고 아이들을 올바르게 키우고 싶어요. 그녀도 그렇고요. 이건 우리가 공통점이 많다는 뜻이고, 이런 걸 함께 나누니까 우리가 같이 보내는 시간이 저한테 의미가 있어요.

**상3:** 플로라와 함께하는 것이 당신의 삶에 무언가 보탬이 되는 것 같네요.

**내4:** 네, 제가 좀 더 책임감을 갖게 되는 것 같아요. 그냥 아이를 키우는 문제만이 아니고요, 제가 이전에 해보지 않았던 방식으로 다른 사람의 가치를 보는 것과 관련 있어요. 플로라가 진심으로 고맙죠.

이 논의의 바탕에는 조엘라는 백인이고 플로라는 흑인이라는 사실이 있다. 비록 이들이 다니는 교회의 교파는 다를지 몰라도 이들 사이에는 일을 통한 유대가 있고 이들의 관계는 조엘라가 일이라는 것이 그 안에서 배울 수 있고 즐길 수 있는 것임을 알게 하는 데 도움이 된다.

**명제 7** 개인의 문화는 직업전환과 고민거리를 다루는 데에 유익한 안정감과 소속감을 제공함으로써 도움을 줄 수 있다.

새롭거나 어려운 상황, 또는 새롭고도 어려운 상황에 처할 때 사람들은 안정감을 갖기 위해 자신이 누구인지에 대해 그리고 자신의 문화에 대해 생각할 수 있다. 자신이 누군가에 대해 편안함을 느낄 때, 때로 사람들은 다른 사람의 다양한 측면에 귀 기울이고 그것의 가치를 인정할 여유를 갖게 된다. 이러한 안정감은 어려운 업무 상황에서 개인이 잘 대처할 수 있게 해준다.

상담자와 조엘라는 주택 청소 일과 플로라와의 관계에 대한 논의를 계속한다.

**내**1: 때때로 플로라와 저는 각자 다니는 교회에 대해 이야기해요. 플로라는 아프리카 감리교회에 다니고 저는 남부 침례교회에 다녀요. 저는 플로라의 교회에 가본 적은 없어요.

**상**1: 이 이야기는 당신에게 어떤 의미가 있는 것 같아요.

**내**2: 네, 교회에서 제가 하는 일은 플로라와 정말 달라요. 하지만 저는 플로라가 좋아요. 그래서 그런 것에 개의치 않아요. 그런 데 신경 쓸 거라 생각했거든요.

**상**2: 어떤 면에서 그게 신경 쓰였을까요?

**내**3: 혹시나 제가 그녀를 얕잡아 볼까 봐 신경 쓰였던 건지도 몰라요. 그런데 안 그래요. 우리가 다르다는 것과 그래도 괜찮다는 걸 이제 알게 됐어요. 예전에는 그렇지 않았거든요.

**상**3: 어떤 면에서 달라지셨네요.

**내**4: 달라질 필요가 있다고 느끼는 건 아니지만 달라질 수는 있어요. 고등학생 시절엔 저는 그저 사람들 의견을 따랐지만 지금은 그렇지 않아요. 저는 우리가 함께하는 시간이 좋고 우리가 잘하고 있는 것 같아요. 사실 저는 집에 있으면 정말 바빠요. 아이들과 함께 있죠. 바빠서 잠시 쉴 틈도 없어요. 쉴 수가 없어요. 할머니는 절 필요로 해요. 플로라와 함께 이야기하는 시간은 정말로 제게는 특

> 별해요. 가끔 집에 있으면 오히려 일이 더 많고 직장에 있는 게 더 쉬는 것 같아요. 때때로 우리는 좀 쉬면서 일하려고 해요. 저는 일을 열심히 하지만 우리가 같이 쉴 때도 있거든요. 그 시간이 정말 좋아요. 그때 같이 얘기를 할 수 있거든요.

조엘라는 다른 문화권의 사람에게 배우는 것에 열려 있을 만큼 충분히 자신의 가치에 대해 확고하다. 조엘라가 아이와 할머니에 대해 느끼는 책임감은 5년 전에 느꼈던 책임감과는 많이 다르다. 삶은 달라졌지만 조엘라는 자신의 문화적 가치를 인정하고 플로라의 가치를 존중한다.

Blustein의 일의 관계 이론은 일과 관련된 관계의 가치에 강조점을 둔다는 점에서 이 책의 다른 이론과는 다르다. 애착 이론과 Phillips의 발달적-관계적 모델에서도 관계를 다루지만, 이 이론들은 Blustein처럼 직장환경 내에서의 관계를 강조하지는 않는다. 일의 관계 이론은 개인의 흥미를 끌지 못하고 개인의 능력에 대한 도전거리가 되지 않는 일을 살펴보고 그런 일에 가치를 부여하는 방법을 제공한다. 일과 관련된 관계에 초점을 두는 것은 일을 하지 않는 동안 일에 대해 생각하든 일을 하는 동안 생각하든 간에 내담자에게 가치 있는 것일 수 있다. Richardson의 설명(1993, 2012)에 따라, Blustein은 일을 일터와 돌봄으로 나누지만 이 둘 다 나머지 하나와 통합될 수 있는 것으로 본다. 이러한 관점은 상담자가 내담자와 상담할 때 돌봄을 중시하는 데 도움이 될 수 있다.

## 여성과 다문화 집단에 대한 이론 적용

애착 이론과 관련하여, 초기 아동기에는 애착 유형에 따라 일관되게 성차가 있다는 보고가 거의 없고, 애착을 진로발달과 관련시킨 연구에서도 성차가 거의 발견되지 않았다. 애착에 관한 연구는 영국, 우간다, 미국 및 그 외 다른 국가에서 수행되었는데, 그 결과 이 연구에 대한 다문화적인 접근을 제공하였다. Arbona와 Power(2003)는 미국의 488명의 흑인과 661명의 유럽계, 434명의 멕시코계 고등학생을 대상으로 한 연구에서, 이 세 집단 간에 애착 패턴의 차이가 거의 없다고 보고하였다. 프랑스 고등학생을 대상으로 한 연구에 따르면, 안정 애착과 실패에 대한 두려움이 여학생의 진로 탐색과 관련 있었다(Vignoli, Croity-Belz, Chapeland, de Fillipis, & Garcia, 2005). 남학생의 경우에는 부모를 실망시키는 것에 대한 두려움이 진로를 탐색하는 것과 유의한 관련성이 있었다. 또 다른 연구에서는 독일과 미국의 여자 영재 청소년 43명을 대상으로 이들이 중학교 1학년과 2학년일 때 진로선택을 조사하였고, 그리고 고등학교 2학년과 3학년일 때 한 차례 더 진로선택을 조사하였다. 연구결과, 독일과 미국 여학생 모두 학년이 높아지면서 어머니에 대한 애착이 덜하였지만 심리적으로 더 친밀해졌다(Fiebig, 2008). 아시아계 미국인 대학생의 경우에는 세대 간의 가족 갈등이 진로 미결정의 예측요인으로 밝혀졌지만, 부모에 대한 애착은 예측요인이 아니었다(Kang, 2009). 네덜란드와 벨기에에서 캘리포니아 주로 이민 온 46명의 성인을 대상으로 한 연구에서, van Ecke(2007)는 애착 불안과 회피가 진로의사결정에 대한 혼란과 진로선택에 전념하는 것에 대한 불안과 같은 역기능적 진로 사고와 관련이 있음을 보여 주었다. 더 넓은 관점에서 Chodorow(1999, 2004)와 같은 정신분석학자들은 남성과 여성의 사회적 역할이 자녀양육에 미치는 영향에 대해 논의하였다. 하지만 Chodorow와 다른 학자들의 논의는 애착 이론을 조사한 연구보다는 좀 더 추론적인 성격을 띤다. 또한 Chodorow는 진로발달이나 문화적 다양성과 관련된 주제에는 초점을 두지 않았다.

최근 Goldenberg와 Goldenberg(2013) 그리고 Sharf(2012)가 보여 주듯, 가족치료에서 성과 다문화적 문제에 많은 관심을 보이고 있다. 이 저자들은 성과 문화에 따라 자녀양육 전략이 얼마나 다양한지를 개관하였다. Chope와 Consoli(2006)는 문화적 요인이 어떻게 가족에 영향을 미치는지 그리고 이러한 요인들이 진로의사결정에 어떤 영향을 주는지를 기술하였다. Song(2001)은 428명의 한국 여대생들의 진로포부가 여성에 대한 비전통적인 성역할 특성 및 어머니와의 친밀한 관계와 관련이 있다고 보고하였다. 여자 대학생의 진로 미결정은 어린 시절 부모의 수용에 대한 기억과 관련이 있었으나 남자 대학생은 그렇지 않았다(Rohner, Rising, & Sayre-Scibona, 2009). 독일 청소년을 대상으로 한 연구에서는 지지 부족과 참여 부족 및 간섭이 진로결정의 어려움과 관련이 있었다(Dietrich & Kracke, 2009). 그리스의 경우, 권위주의적 양육 방식은 청소년의 진로결정 어려움과 관련 있었다. 남학생의 경우, 허용적 양육 방식도 진로의사결정의 어려움과 관련이 있었다(Koumoundourou, Tsaousis, & Kounenou, 2011). 여대생의 경우 부모와의 연결감은 향후 진로선택에 대한 예견된 불안을 예측하였다(Li & Kerpelman, 2007). 가족 치료사들은 진로발달 문제에 초점을 맞추지는 않지만, 진로적응과 의사결정에 있어서 문화와 성의 역할에 대한 이들의 견해는 7, 8, 9장에서 다룬 여성과 다문화 집단에 대한 연구와 일치하는 것으로 보인다.

Phillips와 동료들의 발달적-관계적 모델은 사람들이 다른 사람의 진로결정에 관여하는 방식과, 사람들이 자신의 의사결정과 과제를 위해 다른 사람의 도움을 구하는 방식을 밝히는 데 초점을 맞춘다. 이들의 연구 접근법은 소수의 사람들과 심층 면담을 하는 것이다. 이들은 성과 문화적 집단 간의 차이점을 다루는 정보를 아직 충분히 갖고 있지 않다. 일반적으로, 이 책에서 소개하는 다른 이론들과 비교해 보면, 이 장에서 논의한 모든 관계적 접근을 진로발달에 적용하여 수행한 연구의 양은 제한적이다. 다양성 주제도 향후 연구에서 다루어질 가능성이 있다.

## 요약

진로발달에 있어 부모 역할에 대한 통찰은 애착 이론과 가족체계 이론 및 관계적 이론에 기반을 두고 있다. Roe의 이론은 진로발달에 있어서 부모 역할에 대한 정보를 거의 제공하지 않지만, 애착 이론은 부모에 대한 애착 유형(안정형, 불안정-양가형, 회피형)이 진로발달에 어떤 영향을 주는가에 대한 약간의 정보를 제공한다. 가족체계 치료는 가족 내의 관계와 이것이 진로발달에 미치는 영향에 주목한다. 이러한 연구는 최근에 나온 것으로 진로선택에 대한 가족의 영향에 관한 흥미로운 질문을 제시한다. 이뿐만 아니라 부모와의 관계가 진로의사결정에 관한 자신감과 탐색에 영향을 주므로, 부모와의 관계를 논의하고 부모를 진로상담 회기에 참여시키는 것과 같은 상담에서 고려해야 할 몇 가지 주제에 관해서도 흥미로운 질문을 제시한다. 부모 영향의 중요성을 실제에 적용한 한 가지 방식은 두 명의 학생과 그들의 부모를 상담에 참여시키는 상담 접근이다.

Phillips의 발달적-관계적 모델은 부모와의 관계를 넘어서 형제자매와 다른 가족 구성원, 친구, 교사, 그 외 다른 사람을 포함한다. 이 모델은 타인의 행동, 즉 사람들이 다른 사람의 의사결정 과정에 관여하는 방식을 살펴본다. 타인의 행동 주제에는 소극적 지지, 무조건적 지지, 정보 제공, 대안 제시, 밀어붙이기/자극하기, 강압적 지도, 비판이라는 일곱 가지 범주가 있다. Phillips와 동료들이 밝힌 두 번째 주제는 자기 주도인데, 이는 사람들이 진로의사결정 과정에서 타인의 도움을 구하는 정도를 말한다. 이 주제에는 확신에 찬 독립성(잘못된 자신감), 성공하지 못한 타인 활용, 불확실한 타인 활용, 신중한 태도, 자신에 대한 정보 구하기, 여러 대안의 장단점 따져 보기, 공명판, 체계적의 여덟 가지 범주가 있다.

또 다른 관계 이론인 Blustein의 일의 관계 이론은 타인과 관계 맺기와 일하기의 중요성을 강조한다. 그는 관계 맺기와 일하기가 우리 삶의 매우 중요한 측면으로서 어떻게 서로 밀접하게 관련되어 있는지를 보여 준다. 그는 관계 맺기에 초점을 두면서 두 가지 유형의 일, 즉 일터와 돌봄에 대해 기술한다. 그는 인간의 중요한 속성으로서 타인을 돌보는 것의 중요성을 보여 주는데, 이는 가족관계뿐만 아니라 일하기에서도 필수적이다. Blustein은 상담자가 특히 자신이 하는 일에 흥미가 없는 사람들과 함께 상담 작업을 할 때 관계를 중시할 것을 제안한다. 일의 관계 이론과 발달적-관계적 모델, 그리고 애착 이론 및 가족체제 이론은 진로발달 연구를 촉진하고 다양한 내담자를 대하는 상담자에게 도움을 줄 수 있는 많은 기회를 제공한다.

# Krumboltz의 사회학습 이론

### ✿ 이론의 개요



인간의 학습에 관한 연구는 이론심리학, 실험심리학, 교육심리학 분야에서 상당한 비중을 차지한다. Bandura(1969, 1977, 1986, 1997, 2000, 2002, 2006, 2007, 2008)는 강화 이론과 관찰학습에 기초한 인간 행동의 사회적 학습 관점을 지지하는 연구들을 검토하고 축적해 왔다. Bandura는 인간의 성격이 유전이나 심리 내적 과정보다 학습경험에 의해 형성된다고 믿는다.

Bandura(1986)는 학습에서 행동의 역할을 인정하지만 심리적 기능에서 사고와 심상의 중요성도 인정하였다. 그는 환경과 개인적 요인(기억, 신념, 선호, 자기지각 등), 실제 행동 간의 상호작용을 **삼각 상호작용 체계**(triadic reciprocal interaction system)라고 불렀다. 이 체계 내에서 세 요인은 각각 다른 두 요인에게 영향을 준다. 이 장에서 볼 수 있듯이 Bandura는 관찰과 행동에 의한 학습의 중요성에 가치를 둔다. 이 세 요인을 조절하는 것은 개인의 행동을 결정하는 인지적 구조와 지각의 자기체계(self-system)의 작용이라 할 수 있다.

John Krumboltz와 동료들은 사람들이 어떻게 진로의사결정을 내리는가에 대한 이론으로서 진로결정 과정에서 행동(행위)과 인지(앎 또는 사고)의 중요성을 강조하는 이론을 개발하였다(Krumboltz, 1994b, 2009; Mitchell & Krumboltz, 1996). 이 이론은 내담자에게 진로의사결정기술을 가르치고, 그들이 진로대안들을 선택하고 예기치 못한 사건을 다루는 데 이러한 기술을 효과적으로 사용하도록 돕는 것에 초점을 맞춘다는 점에서 이 책에 나오는 대부분의 다른 이론들과 차이가 있다. 또한 이 이론은 상담자가 문제를 개념화하는 것을 돕는 데 초점을 둔다. 이 장에서는 유전적 영향, 환경적 여건, 학습경험, 과제접근 기술을 고려하는 사회학습 이론에 대한 전반적인 개관을 제시한다. 이를 바탕으로 하여 진로의사결정에 필요한 내담자의 주요 인지적 · 행동적 기술을 설명할 것이다. 강화와 모델링 같은 행동적 상담기법은 상담자가 진로의사결정 과정에서 문제가 되는 신념을 찾고 교정할 때 유용하게 쓸 수 있는 기법이다. 인지적 · 행동적 기법과 기술은 많은 진로문제를 다루고 예상하지 못한 상황에 맞닥뜨릴 때 내담자와 상담자가 모두 사용할 수 있다.

사람들은 왜 각자의 직업을 선택하는 것일까? 왜 사람들은 다른 전공이 아니라 그 전공을 선택하는 것일까? 왜 다른 대학이 아닌 그 대학을 선택하는 것일까? 이러한 질문들에 대해 Krumboltz의 사회학습 이론은 유전적 자질, 환경적 여건과 사건, 학습경험, 과제접근 기술이라는 네 가지 기본 요인을 살펴봄으로써 답하고자 한다. 이들 요인은 각각 최종적으로 어떤 특정 진로대안을 선택하는 데 중요한 역할을 한다. 이 4요인은 모두 **그림 13.1**에 제시되어 있다. 이 요인들이 서로 상호작용하는 방식도 나타나 있다. 많은 다른 진로발달 이론도 타고난 능력과 환경적 사건에 초점을 두지만, 사회학습 이론은 다른 어떤 이론에서도 다루지 않는 학습경험과 과제접근 기술의 중요성을 강조한다. 다음에 진로의사결정의 네 가지 구성요인 각각에 대한 설명을 제시하지만, 여기에서는 학습경험과 과제접근 기술에 중점을 두었다. 좀 더 자세한 내용은 Mitchell과 Krumboltz(1996), Krumboltz와 Henderson(2002), Krumboltz(2009)에 제시되어 있다.

## 유전적 영향

유전적 영향이란 학습된 것이 아닌, 부모로부터 물려받거나 선천적인 개인의 특성을 말한다. 여기에는 신체적인 외양(키, 머리카락 색, 피부색 등), 특정 신체 질환에 걸릴 소인, 그 밖의 기질이 포함된다. 어떤 사람들은 미술, 음악, 글쓰기, 운동 등에 특별한 재능을 갖고 태어나기도 한다. 일반적으로 선천적인 유전적 능력이 많을수록 개인은 학습과 교육에 더 잘 반응한다. 예를 들어, 음악적 능력이 부족한 사람(예컨대, 음치)은 음악수업이 아무리 잘 짜여지고 오랫동안 이루어진다 해도 수업에 좋은 반응을 보

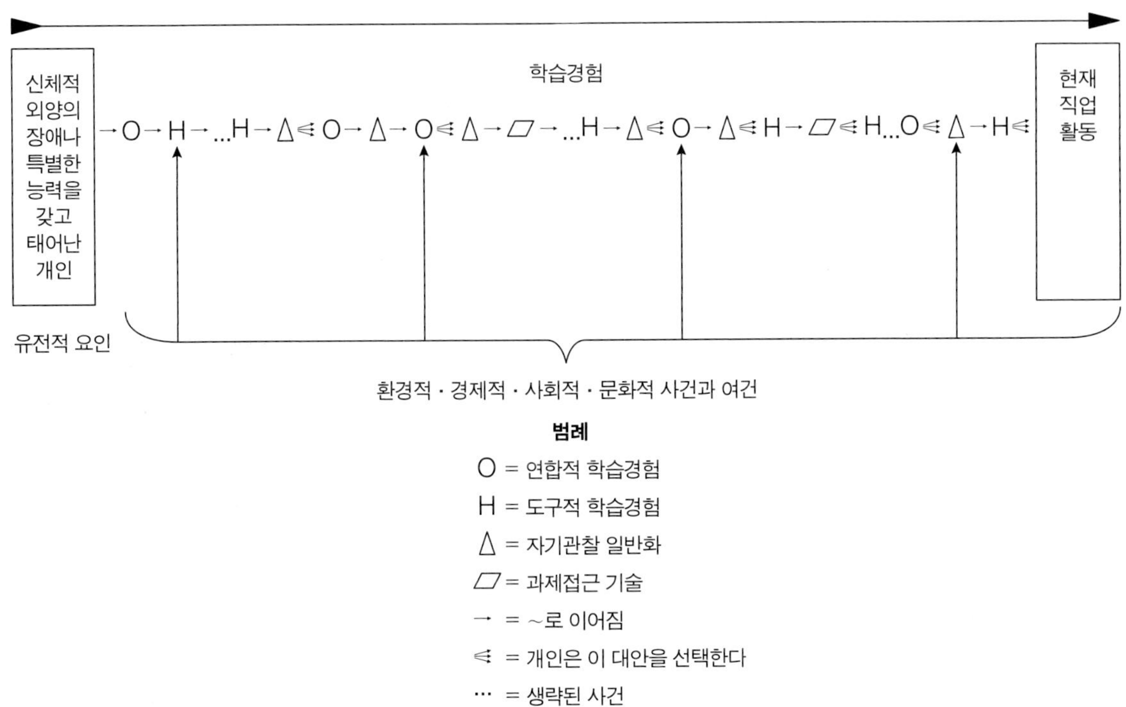


**그림 13.1** 직업선택에 영향을 미치는 요인의 일반적 모델

출처: "The Happenstance Learning Theory," by John D. Krumboltz, *Journal of Career Assessment*, *17*, 2009, pp. 135-154에 기초함. 원본은 온라인으로 출판됨(2008. 12. 30.). John D. Krumboltz의 허락하에 재인쇄함.

일 가능성이 낮다. 이런 사람은 향상될 수는 있지만 훌륭한 음악가가 되기는 어려울 것이다. 특정 능력에서 어느 만큼이 물려받은 것이고 어느 만큼이 학습된 것인지를 가려내기는 어려운 주제이다. 사회학습 이론은 이 주제를 직접적으로 다루지는 않는다. 그보다는 진로결정 과정에서 기술과 능력을 고려할 뿐만 아니라 적절한 경우라면 이러한 기술과 능력을 배우고 향상시키는 데 초점을 둔다.

## 환경적 여건과 사건

광범위하고 다양한 조건이 개인에게 영향을 준다. 이러한 요인들은 일반적으로 개인의 통제 밖에 있는 것으로, 사회적 · 문화적 · 정치적 · 경제적 고려사항을 포함한다. 기후 및 지리와 같은 요인도 개인에게 의미 있는 방식으로 영향을 준다. 오염된 환경이나 지진이 일어나기 쉬운 지역, 극도로 추운 기후에서의 삶은 개인의 진로선택에 영향을 미치는 것이 분명하다. Mitchell과 Krumboltz(1996), Krumboltz와 Henderson(2002) 및 Krumboltz(2009)는 개인의 진로의사결정에 영향을 주는 몇 가지 여건과 사건을 사회적 · 교육적 · 직업적 여건으로 분류하여 기술하였다. 이러한 요인은 계획된 것일 수도 있고 그렇지 않은 것일 수도 있지만 대개는 개인의 통제를 벗어난 것이다.

## ❁ 사회적 여건

사회의 변화는 개인에게 가능한 진로선택에 크게 영향을 미친다. 예를 들어, 의학의 발전과 운송수단의 변화(더 빠른 자동차와 비행기)와 같은 기술적인 발전은 새로운 직업을 창출한다. 광범위하고 다양한 분야에서 정보의 처리와 저장을 위한 컴퓨터의 사용 또한 노동시장에 커다란 영향을 주었다. 기술의 오용은 환경공학과 폐기물 관리 분야의 직업으로 이어지기 때문에 이 역시 중요하다. 환경자원의 남용과 관련된 것은 석유와 같은 천연자원에 대한 지속적인 수요인데, 이는 자원을 발굴하고 지구에서 제거하는 새로운 기술을 요구한다. 사회보장제도, 군 인력을 위한 프로그램, 복지 프로그램과 같은 사회적 기구는 개인이 재원을 마련하거나 진로를 추구하는 방식에 영향을 주며, 또한 이러한 프로그램들을 관리할 직원을 필요로 하므로 일자리를 만들어낸다. 또 다른 수준에서 지역사회는 필요로 하는 직업에서 큰 차이를 보인다. 예를 들어, 평야 지역에서는 목장주와 농부가 필요하지만 도시에서는 상인과 영업사원이 필요하다. 또한 사회적 여건은 교육적 자원의 가용성과 수요에도 영향을 준다.

## ❁ 부모와 양육자

Krumboltz는 교육은 출생 때부터 시작된다고 본다. 부모는 아이들이 학습하기에 안전한 환경을 제공한다. 애착 이론에 대한 연구는 Krumboltz(2009)가 2세 이전에 이루어지는 학습에 대한 증거로 제시하는 자료이다. 말하는 능력이 습득되는 초기 아동기 내내 학습은 계속된다. 언어에 많이 노출될수록 학습이 증가할 수 있다.

## ❁ 또래 집단

아동은 다른 사람들과 함께하는 일상에서, 또는 유치원에서 놀이를 할 수 있을 때 많은 사회적 기술을 배운다. 아동은 다른 아이들과 장난감을 나누면서 협력하는 법과 다른 아이의 장난감을 가져와서는 안 된다는 것을 배운다. 또한 이들은 성인과 다른 아이들로부터 칭찬이나 비난을 듣는 경험을 한다. 아동은 매일 많은 학습경험을 하고, 이들의 언어적 · 사회적 기술은 날마다 향상된다.

### ❁ 구조화된 교육환경

교육의 가용성은 사회적 요인과 개인적 요인 둘 다의 영향을 받는다. 예를 들어, 부모가 고등교육에 가치를 두고 재정적 지원을 해줄 수 있는 정도에 영향을 받는다. 이와 관련된 요인은 개인이 다니는 학교 체제와 그 체제에 있는 교사 및 자원이 개인의 흥미와 능력의 발달에 미치는 영향이다. Krumboltz(2009)는 일부 공립학교 체제가 학습에는 충분한 관심을 두지 않고 경쟁에 지나치게 초점을 맞추는 것에 대해 우려를 표명한다. 고등학교 졸업 후 훈련 기회는 다양하다. 대학, 기술학교, 군복무, 견습생 프로그램은 다양한 기회를 제공한다. 재정적 지원 또한 이러한 기관마다 크게 다르다. 어떤 직업을 획득하는 데 필요한 교육을 습득하는 능력은 그저 여러 가지 직업적 고려사항 중 하나일 뿐이다.

### ❁ 직업적 여건

많은 요인이 직업과 노동시장에 영향을 미치는데, 개인은 이에 대해 통제권이 별로 없다. 가장 중요한 요인 중 하나가 직업기회의 수와 속성이다. 직업은 벌목과 어업과 같이 지형적 조건에 의해 제한받는 계절제 일일 수도 있고, 경제적 조건의 변화에 영향을 받을 수도 있다. 교육적 요구조건도 다양하다. 어떤 직업은 입직을 위해 자격증이나 면허, 학사 학위, 혹은 그 밖의 다른 것을 요구한다. 또 어떤 직업은 해당 업무를 수행하는 데 실제로 필요하지 않을 수도 있는 학사 학위나 다른 훈련을 요구하기도 한다. 더욱이 직업의 급여와 명성은 공급과 수요, 문화적 가치에 따라 다르다. 또한 노동법이나 노동조합 규정은 특정 직종에 종사하는 사람의 수를 제한할 수도 있다. 안전과 다른 요건 또한 특정 직업의 가용성에 영향을 줄 수 있다.

## 학습경험

진로선호는 개인의 이전 학습경험의 결과이다. 개인은 궁극적으로 진로결정에 영향을 미치게 되는 무수히 많은 과거 학습경험을 갖고 있을 수 있다. 학교에서 아동은 하루에도 수백 번 어떤 반응을 불러일으키는 정보에 노출된다. 그 정보에 대해 아동은 좋은 감정을 느낄 수도 있고 혼란스러울 수도 있고 낙심할 수도 있으며, 그 외 다른 감정을 느낄 수도 있다. 이처럼 경험은 매우 다양하기 때문에 각 개인의 학습경험은 다른 사람의 경험과 다르다. 학습경험의 두 가지 기본 유형인 도구적(instrumental) 학습경험(H)과 연합적(associative) 학습경험(O)은 진로선택에서 중요한 요인이다(그림 13.1을 참고하라).

## ❁ 도구적 학습경험(H)

도구적 학습경험은 세 가지 구성요소, 즉 선행사건, 행동, 결과로 이루어진다. 선행사건은 유전적 자질, 특별한 능력이나 기술, 환경적 여건이나 사건, 그리고 과제나 문제와 같은 거의 모든 유형의 조건들을 말한다. 사람들은 선행사건에 행동으로 대응한다. 행동은 꽤 분명하게 드러나는 것일 수도 있고 미묘한 것일 수도 있다. 마찬가지로, 행동의 결과 역시 분명할 수도 있고 미묘할 수도 있다. 추가적으로, 행동은 다른 사람들에게 영향을 줄 수도 있고 그렇지 않을 수도 있다. 도구적 학습경험을 이해하는 열쇠는 개인의 행동에 초점을 맞추는 것인 듯하다. 도구적 학습경험의 예로는 시험 치르기, 시험을 위해 공부하기, 직업정보 읽어 보기, 직업종사자와 일에 대해 이야기해 보기가 있다. 만일 행동의 결과가 긍정적이라면 개인은 그것이나 그와 비슷한 행동을 반복할 가능성이 높다. 이를테면, 시험에서 A를 받은 사람은 성적을 낮게 받았을 때보다 그 분야에서 공부를 계속 하고 동일한 주제 영역의 수업을 좀 더 수강할 가능성이 더 높다.

## ❁ 연합적 학습경험(O)

개인이 이전에는 중립적이던 상황을, 긍정적이거나 부정적인 상황과 짝지을 때 연합적 학습경험이 일어난다. 연합적 학습경험의 두 가지 유형은 관찰과 고전적 조건형성이다. 고전적 조건형성은 하나의 사건이 경험의 한 범주로 일반화될 때 일어나는 연합적 학습경험이다. 예를 들어, 엘리베이터에서 30분 동안 갇혀 있었던 사람은 모든 엘리베이터에 대해 두려움을 가질 수 있다. 이후 아무 일 없이 엘리베이터를 타는 경험은 이러한 두려움을 변화시키는 데 도움이 될 것이고, 그렇게 되면 개인은 이전처럼 엘리베이터에 대한 중립적인 연합으로 되돌아갈 것이다. 덜 극적인 연합적 학습은 다른 사람에 대한 관찰, 예를 들어 우편집배원이나 교사가 일을 수행하는 것을 지켜보는 것을 통해 일어날 수 있다. 좀 더 수동적인 연합적 학습경험은 읽기와 듣기를 통해 일어난다. 직업정보를 읽고 직업에 대한 토론을 듣는 것은 흔히 사용되는 직업정보 학습 방법이다. 직업적 고정관념은 강력한 연합적 경험에서 비롯될 수 있다. 예를 들어, 아동이 "치과의사는 사람들에게 고통 주는 것을 즐긴다" 또는 "은행원은 네 돈을 훔치려고 든다"는 말을 들을 경우, 부정확한 정보가 학습될 수 있다.

## 과제접근 기술

개인이 과제에 접근하는 방식을 이해하는 것은 진로결정에 매우 중요하다. 이 장의 목적에 맞게 여기에서는 과제접근 기술에 목표 설정, 가치 명료화, 대안 생성, 직업정보 습득을 포함하였다. 유전적 자질, 환경적 조건, 학습경험 간의 상호작용을 통해 다양한 과제를 처리하는 기술이 생긴다. 개인의 학습 기술, 작업 습관, 학습방식, 정서적 반응 양식은 유전적 특징과 특별한 능력, 환경적 조건, 도구적 학습경험과 연합적 학습경험의 결과이다. 개인이 과제에 접근하는 방식은 이전 경험에 의해 좌우되고 또한 과제의 결과에 영향을 준다. 예를 들어, 개인이 프랑스어 과제를 공부하는 방식은 개인의 선천적인 능력, 프랑스어를 배웠던 방법, 이미 학습한 양에 좌우된다. 이러한 요인은 개인이 프랑스어 시험을 위해 준비하는 방법과 결합하여 결과(성적)에 영향을 줄 것이다. 특정한 과제 기술은 진로의사결정에서 특히 중요하다. 이러한 기술에는 목표 세우기, 가치 명료화하기, 미래 사건 예측하기, 대안 생성하기, 직업정보 찾기가 있다. 이러한 과제접근 기술의 개발은 진로의사결정에 대한 Krumboltz의 사회학습 접근의 주요 강조점이다.

사고와 신념은 이제까지 논의한 네 가지 요인에서 생겨난다. 자기와 환경에 대한 사고와 신념은 유전적 영향, 환경적 여건, 학습경험, 그리고 과제접근 기술에서 발생한다. 개인이 신념을 발달시키고 그에 따라 행동하는 방식은 다음 절에서 다룰 주제이다

## 내담자의 인지적 · 행동적 기술

개인이 자신의 이전 학습경험과 타고난 능력을 어떻게 활용하는지는 진로선택과 다른 진로문제에 직접적인 영향을 준다. 개인은 자기 자신과 자신의 환경에 대한 진술을 하고 이를 이후 진로의사결정에 사용한다. 자기 자신에 대한 진술은 자신의 역량과 능력, 흥미, 직업가치를 포함한다. 세상에 대한 일반화는 직업세계와 개인 외부의 다른 사건을 포함한다. 과제접근 기술은 개인이 진로의사결정 과정에 접근하는 방식과 관련된다. 사회학습 이론에는 좀 더 많은 경험이 더 나은 진로의사결정을 내릴 수 있는 기회를 제공한다는 생각이 내포되어 있다.

## ❀ 능력에 대한 자기 진술 일반화

사람들은 이전의 경험과 자신에 대해 획득한 정보를 바탕으로 과제를 적절하게 수행하는 자신의 능력에 대한 진술을 한다. 학생들은 자신이 수학은 잘하지만 음악은 잘 못한다고 진술할 수 있다. 또는 어린아이들을 잘 다루는 기술은 있지만 노인을 대하는 데는 어색하다고 진술할 수도 있다. 자신의 능력에 대해 정확한 진술을 한다는 것은 많은 사람에게 상당히 어려운 일이다. 사람들은 자신의 능력을 과소평가하거나 과대평가하는 경향이 있다. 게다가 어떤 학생은 B학점을 높은 점수로 생각할 수 있겠지만 어떤 학생은 실패로 여길 수도 있다. 비슷한 경우로 SAT나 ACT에서 다른 학생들과 비교해서 50%에 해당하는 점수를 받은 학생은 이에 대해 실망할 수도 있고 매우 기뻐할 수도 있다. 자신의 가창력에 대한 어떤 사람의 관점은 청중의 관점과 매우 다를 수 있다. 따라서 자기 자신의 능력에 대한 일반화의 정확성은 보통 자신의 능력에 대한 자기의 관점을 타인의 관점과 비교함으로써 얻을 수 있다.

## ❀ 흥미에 대한 자기 진술 일반화

사람들은 자신이 잘하는 것에 대해 진술하듯이 자기가 좋아하는 것과 좋아하지 않는 것에 대해서도 일반화한다. 만약 한 학생이 생물 시간에 동물을 해부하는 것을 싫어하고 해부학 공부를 지루해하며, 식물에 대해 배우는 것을 싫어한다면, 자신은 생물학을 좋아하지 않는다고 일반화할 것이다. 홍미는 매우 일반적일 수도 있고 아주 특수할 수도 있다. 예를 들어, 어떤 사람은 18세기 유럽의 역사에는 홍미를 느끼지만 역사의 다른 측면에 대해서는 홍미를 느끼지 못할 수도 있다. 홍미검사는 학습경험에서 얻은 홍미에 대한 사람들의 일반화를 평가하는 데 도움이 된다. 그러나 홍미검사는 18세기 유럽 역사에 대한 홍미와 같은 특수한 홍미를 평가하지는 않는다. 게다가 홍미검사는 화학공학에 대한 홍미와 전기공학에 대한 홍미를 구분하지 못할 것이다. 그러나 홍미검사는 개인이 수많은 이전의 학습경험에서 발생한 홍미를 확인하기 어려워하는 경우 특히 유용하다.

## ❀ 가치에 대한 자기 진술 일반화

사람들은 특정한 행동이나 사건의 바람직성에 대한 판단을 내린다. 이러한 판단을 통해 사람들은 개인적 가치와 직업적 가치 둘 다를 발달시킨다. 개인적 가치에는 정치적인 활동을 하고자 소망이나 종교적 활동에 관여하고자 하는 소망이 포함될 수 있다. 또 다른 개인적 가치는 미술, 음악 또는 환경의 자연미에 대한 깊은 애정을 포함할 수 있다. 직업적 가치는 자신의 직업에서 성취하거나 발전하고자 하는 소망을 포함한다. 또 다른 일반적인 직업적 가치에는 안정, 명성, 높은 수입이 포함된다. 어떤 직업적 가치는 다른 사람들이 갖고 있는 직업적 가치와 다르기 때문에 말하기가 더 어려울 수도 있다. 예를 들어, 다른 사람들을 설득해서 물건을 팔고 싶은 바람은 어린 아이들을 돕고 싶다는 바람보다 스스로 진술하기가 더 어려울 수 있다. 개인의 능력과 흥미, 가치에 대한 견해는 개인 외부의 세계에 대한 인식과 대조를 이룬다.

## ❁ 세상에 대한 일반화

사람들은 스스로에 대해 진술하면서 동시에 자신이 살고 있는 세상과 주위 사람들에 대해서도 진술한다. 직업에 대한 일반화는 도구적 학습경험과 연합적 학습경험 둘 다에서 나올 수 있다. 어떤 일반화는 많은 양의 실제 경험에서 생겨날 것이다. 예를 들어, 방과 후와 여름방학 동안 많은 소매상점에서 일한 경험이 있는 학생은 자신의 경험에 기초해서 소매업에 대한 일반화를 할 수 있다. 하지만 그 경험에 훈련과 관리 경험, 혹은 관리자와의 접촉 경험이 포함되어 있지 않다면 소매점 관리자의 일에 대해서는 정확한 일반화를 할 수 없을 것이다. 어떤 학생들은 극소수의 연합적 학습경험에 근거하여 일반화를 할 수도 있다. 예를 들어, 사람들이 농담이나 영화를 근거로 장의사라는 직업을 정형화하는 것을 흔히 듣게 된다. 보통 사람들은 장의사의 업무에 대해 정확한 정보를 거의 갖고 있지 않다. 직업정보와 경험의 목적은 사람들에게 세상에 대한 일반화를 할 수 있는 기회를 제공하는 것이다.

## ❁ 진로의사결정에 사용되는 과제접근 기술

흔히 사람들은 공부하거나 일하면서 배운 과제접근 기술을 진로의사결정에 적용한다. 그런데 진로의사결정은 자기 자신과 세상에 대한 많은 일반화를 요구하기 때문에 이전의 과제접근 기술이 충분하지 않을 수 있다. 게다가 개인의 세계관과 자기 진술 일반화의 정확성도 따져 볼 필요가 있다. 이러한 진술의 정확성은 경험의 양, 경험의 대표성, 그리고 이러한 경험을 평가하는 데 개인이 사용하는 과제접근 기술의 조합에 의해 결정된다. Mitchell, Levin과 Krumboltz(1999)는 예상치 못한 사건에 대처하는 학습 전략의 사용을 강조하는 계획된 우연(planned happenstance)에 대한 접근법을 기술하였다. 가장 최근에 Krumboltz(2009)는 우연학습 이론(happenstance learning theory)을 제시하였는데, 이것은 그의 이전 이론을 한층 더 발전시킨 것이다. 다음 절에서는 내담자가 새로운 기술을 배우고 문제가 되는 신념에 도전하도록 돕는 행동적 · 인지적 기법을 설명할 것이다.

## 상담자의 행동적 전략

심리학자들은 광범위하고 다양한 문제를 다루기 위해 많은 행동 기법을 개발해 왔다. 이 절에서는 사회학습 이론을 따르고 상담에서 진로문제와 관련되는 네 가지 절차, 즉 상담에서 강화, 역할모델의 활용, 역할극, 시뮬레이션의 활용에 대해 설명한다. 강화는 진로의사결정 상담의 모든 국면에서 적용되는 가장 중요하고 널리 사용되는 기법이다. 추가적으로, 역할모델과 시뮬레이션(어떤 직업을 시도해 보기)의 활용은 내담자가 자신의 세계관 일반화를 확장하는 것을 도울 때 특히 유용할 수 있다.

### ❁ 강화

사람들은 하루에도 여러 번 자신의 행위에 대해 긍정적 강화를 받는다. 긍정적 강화는 어떤 반응의 발생빈도를 증가시킨다. 예를 들어, 어떤 학생이 아침식사 준비를 도와주거나, 쓰레기를 밖에 내다 놓거나 역사 시험을 잘 보아서 고맙다는 말을 들을 수 있다. 보상(고맙다는 말을 들음)을 받으면 그 학생은 보상을 받지 않은 경우보다 그러한 행동을 지속할 가능성이 더 높다. 이러한 긍정적 강화의 경험은 누적적이다. 앞서 언급하였듯이 이러한 경험은 자신의 능력과 흥미, 가치에 대한 개인의 진술에 영향을 준다.

내담자 행동의 다양한 측면을 강화함으로써 상담자는 적당한 직업적 대안을 선택하거나 직장에서 어려운 문제를 다루는 것과 같은 진로상담목표 달성을 조력할 수 있다. 내담자의 기술을 강화하기 위해 상담자는 강화자로 보일 필요가 있다. 대부분의 경우, 이는 자동적이다. 내담자는 상담자의 전문성을 높이 평가하기 때문에 상담자에게 도움을 요청한다. 따라서 어떤 활동에 대한 상담자의 긍정적인 강화는 내담자의 친구나 지인의 강화보다 더 큰 가치를 지닐 수 있다. 긍정적 강화에는 상담자가 보여 주는 승인의 표현, 긍정적인 홍분, 인정이 포함될 수 있다. 다음의 짧은 예시는 강화의 이점을 구체적으로 보여 준다.

**내1:** 지난 상담 후에 『직업 전망서』에서 영업 관리자가 무엇을 하는지 읽어 봤어요. 꽤 좋은 정보가 있더라고요. 그러고 나서는 지역의 페인트 대리점에서 영업 관리자로 일하시는 삼촌 친구분을 찾아뵙고 말씀을 나눴어요.

**상1:** 아주 좋아요! 당신을 위해 중요한 진로 가능성을 알아보는 일에서 정말 진일보 했네요.

**내2:** 책자와 삼촌 친구분 모두 제가 영업 사원과 영업 관리자 간의 차이점을 좀 더 잘 이해하는 데 도움이 됐어요.

**상2:** 그래서 충분한 정보를 갖고 선택을 내릴 수 있는 입장이 되었네요. [상담자의 진술은 둘 다 내담자를 긍정적으로 강화한다. 첫 번째 진술보다 두 번째 진술이 좀 더 미묘하고 덜 열광적이다. 때로는 상담자가 다음 반응처럼 이미 강화를 받은 행동을 강화하는 것이 도움이 된다.]

**내3:** 얼마 전에 라틴어 시험에서 A를 받았어요.

**상3:** 대단하네요! 그게 당신에게 얼마나 중요한 일인지 잘 알아요.

**내4:** 제가 대학에, 게다가 정말 좋은 대학에 갈 수 있을 것 같은 느낌이 들어요.

**상4:** 당신이 학문적으로 성취할 수 있는 것에 대해 좋은 느낌이 드는군요.

라틴어 시험에서 A학점을 받은 것은 그 자체로 강화물의 역할을 하지만, 상담자는 내담자에게 중요한 사건을 강화하고 있다. 이렇게 함으로써 상담자는 내담자가 자신의 능력에 대한 정확한 자기 진술 일반화를 하도록 돕고 있다. 긍정적 강화는 자기 진술과 세계관 일반화 모두에 주어질 수 있다.

## ❀ 역할모델

역할모델의 사용을 통해 내담자는 유익한 연합적 학습경험을 할 수 있다. 상담자는 직접 역할모델을 하거나 다른 역할모델을 제공함으로써 내담자를 도울 수 있다. 진로 문제를 다루는 적절한 방식을 기술함으로써 상담자는 내담자에게 역할모델이 된다. 내담자는 앞으로 진로문제에 접근할 때, 상담자의 전략을 생각해 낼 것이다. 이뿐만 아니라 사회학습의 틀을 따르는 상담자는 조직적이고 결단력 있게 행동하는 경향이 있어, 이러한 태도를 통해 내담자에게 역할모델을 제공하게 된다. 상담자는 사람들이 자신의 의사결정 과정을 기술하는 모습을 담은 비디오테이프나 CD를 내담자가 이용할 수 있게 해줌으로써 다른 역할모델을 제공할 수 있다. 진로 집단상담에서 상담자는 취업자나 최근 졸업자를 초대해서 그들의 경력 개발에 대해 집단과 함께 논의할 수 있다. 사람들은 진로 관심사를 다루기 위한 역할모델이 되는 것 이외에도, 특정한 직종의 역할모델도 될 수 있다.

## ❁ 역할극

역할극에서 내담자가 새로운 행동을 학습하도록 돕는 데 몇 가지 전략을 사용할 수 있다. 때때로 상담자가 내담자 역할을 하고 내담자는 다른 사람의 역할을 할 수 있다. 예를 들어, 상담자는 컴퓨터 프로그램을 짜는 것과 같이 내담자에게 익숙한 어떤 것에 대해 물어봄으로써 정보를 구하는 면접을 모델링할 수 있다. 또한 상담자는 본인이 내담자의 역할을 하고 내담자는 컴퓨터 프로그래머를 고용하기를 원하는 회사의 관리자 역할을 하도록 함으로써 취업 면접 기술을 모델링할 수도 있다. 역할극을 하고 난 후 상담자는 효과적으로 정보를 요청하거나 질문에 대답하기 위해 상담자가 사용하였던 전략에 대해 내담자가 피드백을 하도록 요청할 수 있다. 전략을 확인하고 나서 내담자는 상담자에게 이를 시도해 볼 수 있다.

역할을 바꾸어서 상담자는 내담자가 원하는 정보를 가진 사람이나 취업 면접자 또는 다른 역할을 할 수 있다. 내담자는 자신의 역할을 하고 새로운 전략을 연습할 수 있다. 때로는 면접의 일부를 여러 번 연습하는 것이 내담자에게 도움이 된다. 각각의 역할극 이후에 내담자는 자신의 행동에서 효과적인 것 같은 부분과 개선이 필요한 부분에 대해 논의할 수 있다. 상담자는 내담자가 보여 준 주장적인 행동과 이외 다른 효과적인 행동을 긍정적으로 강화해 준다. 내담자와 상담자가 새로운 기술이 학습되었다고 믿을 때까지 역할극을 계속할 수도 있다.

역할극을 한 회기를 녹음하기 위해 카세트나 디지털 비디오 녹음기를 사용하는 것은 효과적인 기법일 수 있다. 이러한 방법을 사용하면 기억에 의지하여 행동을 회상하는 것이 아니라 내담자와 상담자가 행동을 관찰하고 내담자의 강점을 논의할 수 있다. 상담자는 긍정적인 강화를 적절한 선에서 가능한 한 자주 사용하고 비판하거나 문제를 지적하는 기회를 늘릴 것이다. 녹음을 활용하는 상담자는 행동에 대한 논의가 필요해 보일 경우에 회기를 녹음한 테이프를 멈추고 상황을 논의할 것이다. 어떤 경우에 상담자는 내담자에게 친구와 함께 역할극을 해보라고 제안하기도 한다.

## ❁ 시뮬레이션

특정 직업의 종사자가 반드시 수행해야 하는 일 몇 가지를 체험해 보는 것을 통해 내담자는 진로경험에 대한 모의실험을 해볼 수 있다. 몇몇 초기 연구는 고등학생의 직업체험을 돕기 위해 고안된 프로그램을 조사하였다(Krumboltz, 1970; Krumboltz, Baker, & Johnson, 1968; Krumboltz, Sheppard, Jones, Johnson, & Baker, 1967). 직업체험 프로그램(job experience kits)의 목적은 학생들에게 특정 직업에서 일반적으로 수행되는 과업에서 성공을 경험할 수 있는 기회를 제공하는 것이었다. 이때 첫 번째로 주어지는 과제가 내담자에게 좌절감을 주지 않도록 유의하였다. 이 문단에서 인용된 연구자들이 수행한 연구에 의하면 직업체험 프로그램에 참여한 학생들이 책이나 영상 매체를 통해 직업정보를 접한 학생들보다 직업에 더 큰 흥미를 보였다.

고등학교와 직업 기술학교에서 목공, 금속 가공, 용접과 같은 여러 가지 기술과 직업에 대한 초급과정을 제공할 때 어느 정도의 직업 시뮬레이션이 제공된다. 하지만 이러한 과정은 보통 학생들에게 어떤 직업을 설명해 주지는 않는다. 그 대신 그 직업과 관련된 단순 작업을 배우는 기회를 제공할 뿐이다. 직업체험 프로그램에 대한 접근성이 없는 상담자는 내담자에게 자원봉사, 시간제 일, 방학 중 취업을 제안함으로써 때때로 직업체험 시뮬레이션의 기회를 제공한다. 그런데 흔히 이런 체험을 하는 학생은 결국 단조로운 일만 하게 될 위험이 있다. 예를 들어, 요리사가 되면 어떤지를 알아보고 싶어 하는 학생이 결국 접시를 닦는 시간제 일을 하는 것으로 체험이 끝날 수 있다.

## 상담을 위한 인지적 전략

진로의사결정 상담에서 인지적 전략은 행동적 전략보다 더 다양하다. 이러한 인지적 전략 중 다수가 인지적 심리치료 접근을 응용한 것이다. 그러나 인지적 전략을 자세하게 기술하는 것은 이 책의 범위를 벗어나므로 여기서는 간략하게만 언급하고자 한다.

Mitchell과 Krumboltz(1996) 및 Krumboltz(1996)는 진로문제와 관련된 부적절한 사고와 일반화를 확인하고 변화시키기 위한 몇 가지 전략을 기술하였다. 이 전략들은 구체적이며 진로문제에 대한 인지적 접근방법을 훌륭하게 보여 주고 있다. Mitchell과 Krumboltz는 비록 많은 신념에 오류가 있을 수 있지만, 그중 일부는 아주 사소한 것이고 굳이 변화시킬 가치가 없다는 흥미로운 말을 하였다. 상담자는 내담자의 그릇된 신념 중 어떤 것이 진로의사결정 과정을 방해하는지를 알아내고 결정해야 한다. 다음 절에서는 부정확한 신념과 일반화를 평가하고 변화시키는 방법을 논의하고자 한다.

### ❁ 목표 명료화

Krumboltz(1996)에 따르면 사람들이 다양한 진로문제에 적용할 수 있는 필수적인 기술을 학습하기 위해서는 목표가 분명하고 확인 가능하도록 해야 한다. 흔히 상담자는 목표를 명확히 하여 내담자와 상담자가 어떤 주제를 탐색할 것인지, 어떤 선택을 할 것인지, 어떤 기술을 배울 것인지에 대해 합의한다. 때때로 내담자는 상담자가 자신에게 무엇을 해야 하는지를 말해 주거나, 검사가 어떤 직업을 추구해야 하는지를 알려 줄 것이라고 기대한다. 상담자는 내담자와 서로 동의할 수 있는 목표에 도달할 수 있도록 목표를 재진술하기를 원할 수 있다. 예를 들어, 상담자는 "나는 당신이 직업적 대안들을 탐색하는 것을 돕기 위해 당신과 상담하기를 원해요. 이러한 노력은 상담을 종결할 때 당신의 입장에서 실제 선택으로 이어질 수도 있고, 그렇지 않을 수도 있어요."라고 말할 수 있다. 그다음에 내담자와 상담자는 이렇게 제안된 목표의 수용 가능성을 탐색할 수 있다.

흔히, 내담자가 압도당하는 느낌을 갖지 않도록 목표를 좀 더 작은 목표로 나누는 것이 도움이 된다. 예를 들면, 상담자는 "미래의 가능성 있는 직업을 찾기 위해 우리가 밟게 될 첫 번째 단계는 당신이 즐겨 해 왔던 활동과 직업의 측면을 검토하는 것입니다."라고 말할 수 있다. 상담의 단계는 한 번에 한 단계씩 해나가면 되기 때문에 이러한 말은 직업적 대안을 검토하는 문제를 좀 더 달성 가능한 것으로 보이게 해준다.

목표를 명료화할 때 개방적인 마음가짐을 강화하는 것이 도움이 된다. 내담자가 "할 일이 정말 많고 선택할 직업도 많아서 어디서부터 시작해야 할지 모르겠어요."라고 말할 때 상담자는 이를 개방적인 마음가짐으로 볼 수 있다. 개방적인 마음가짐이란 내담자가 대안들을 기꺼이 탐색하고 제안과 새로운 정보의 학습에 열려 있는 것을 말한다. 이런 태도는 목표를 달성 가능하고 너무 멀지 않은 미래에 내담자가 실행할 수 있는 어떤 것으로 보도록 돕는다.

## ❁ 문제가 되는 신념 논박하기

내담자는 흔히 부정확하거나 진로탐색을 방해하는 일반화를 한다. 예를 들면 "그 분야에서 직업을 얻기 위해서는 누군가를 알고 있어야 한다."와 같은 것이다. 이러한 진술은 도전할 수 있다. 해당 직종에 종사하는 친구가 있는 것 말고도 직업을 얻을 수 있는 다른 방법이 있다. 뿐만 아니라 사람들을 새로 알게 되는 방법도 있다. 따라서 이 내담자의 진술은 부정확한 가정의 예시를 보여 준다. 문제가 되는 신념의 또 다른 예는 자기 자신에 대한 신념일 수 있다. 예를 들어, 내담자는 "나는 의대에 갈 만큼 똑똑하지 않다."라고 말할 수 있다. 이러한 가정을 받아들이는 대신에 상담자는 이러한 신념에 대한 증거를 요구할 수 있다. 대학 신입생은 이러한 신념을 지지해 줄 만한 수업 성적을 충분히 갖고 있지 않을 수도 있다. 또한 평점이 C학점인 4학년 학생은 다른 의대 지원자들과 경쟁하여 잘 해내기 어려울 수 있다. 왜냐하면 지원자들이 선발되려면 보통 평균 B학점 이상이 필요하기 때문이다. 그렇지만 이것은 "나는 똑똑하지 않다."라고 말하는 것과는 다르다. 문제가 되는 신념을 다루는 이런 방법을 **재구조화**(reframing)라고 한다. 상담자는 4학년 학생에게 다음과 같이 말할 수 있다. "지금 의대에 지원한 다른 지원자들과 경쟁해서 잘 해낼 수 없을지도 모른다는 것이 반드시 학생이 '똑똑하지 않다'는 것을 뜻하지는 않습니다. 당신이 C학점을 받은 데는 다른 이유들이 있을 수 있습니다."

## ❁ 말과 행동 간의 불일치 찾아보기

내담자는 시간을 내어 여러 분야에 종사하는 사람들과 이야기를 나눌 필요가 있음을 깨달았다고 말하면서도 정작 다른 일을 하는 데 시간을 보낼 수 있다. 내담자의 행동과 의도 간의 차이를 지적하는 것은 유용할 수 있다. 일반적으로 내담자가 주어진 직종에 대한 직업정보를 찾아보는 것같이 어떤 활동을 할 것이라 말은 하지만, 그것을 행동으로 옮기지 못할 때에는 그 내담자의 말과 행동 간에 불일치가 존재한다.

## ❁ 인지적 시연

때로는 문제가 되는 신념을 다루는 것만으로 충분하지 않다. 사람들은 긍정적인 진술문을 연습하거나 시연할 필요가 있다. 이런 진술문은 자신에 대한 부정적인 생각을 대체한다. 사람들은 흔히 긍정적인 피드백보다는 부정적인 비판에 초점을 맞추는 경향이 있다. 이따금 타인의 부정적인 비판은 자신에 대한 부정적인 신념이 되어 버린다. 상담자는 내담자가 꽤 고집하는 어떤 신념에 부닥칠 수 있다. 부정적인 진술을 반박하는 긍정적인 진술을 내담자가 마음속으로 시연하도록 하는 것은 종종 제법 도움이 된다. 다음 대화는 부정적인 진술에서 긍정적인 진술로 초점을 옮기려고 시도하는 상담자의 모습을 보여 준다.

**내1:** 제 삶에서 부모님은 내내 저한테 대학은 맞지 않을 거라고 말씀하거나 그런 뜻을 내비치셨죠. 제가 지금 워싱턴 고등학교 2학년이니까 제 형을 알고 있는 선생님들과 계속 마주치게 돼요. 형은 지금 대학 신입생이에요. 그분들은 모두 저한테 형이 학교에서 얼마나 잘했는지에 대해 말씀하세요. 그런데 전 작년에 썩 잘하지 못했다는 걸 저도 알고 있어요.

**상1:** 부모님과 선생님들로부터 듣게 되는 그런 말 때문에 실제로 네가 대학에 갈 수 있다고 믿기가 어렵겠구나. 우리는 네가 이전에 잘했던 과목에 대해 얘기를 나누었지. 내가 대학에 갈 수 있음을 보여 주는 증거가 충분히 있다는 얘기도 했고. 게다가 얼마나 네가 배우고 싶어 하는지 내게 말해 줬지.

**내2:** 제가 배우고 싶어 하는 걸 알아요. 우리가 영어와 수학에서 성적을 잘 받은 것에 대해 이야기를 나눴다는 것도 알고 있어요.

**상2:** 대학에 갈 수 없을 것 같은 느낌이 들 때 너 자신에게 "난 영어와 수학을 잘했어. 그리고 난 정말 대학에 가고 싶어."라고 말할 수 있을 거야.

**내3:** 그게 도움이 될까요?

**상3:** 그럼. 실은 네가 지금 이 말을 너 자신에게 속으로 다섯 번 해봤으면 좋겠어.

**내4:** 좋아요. 그렇게 했어요.

**상4:** 너 자신에게 그 말을 하니 어떤 느낌이 드니?

**내5:** 훨씬 좋아요. 그 말을 반복하니까 제가 할 수 있다는 느낌이 들어요. 그렇게 낙심되지 않아요.

인지적 시연(cognitive rehearsal)은 내담자의 긍정적 신념을 강화하는 데 유익하다. 진로상담에서 이를 사용하면, 내담자가 그들이 갖고 있는 대안을 확장하는 데 도움이 된다. 또한 이는 향후에 기회가 왔을 때, 내담자가 그 기회를 자동적으로 무시하지 않도록 도와준다. 앞선 사례에서 내담자는 이 긍정적 자기 진술을 일주일 내내 사용하라는 권유를 받게 될 것이다. 다음 회기에서 상담자는 내담자에게 긍정적 자기 진술을 얼마나 자주 사용하였고 그것이 얼마나 효과가 있었는지 물어볼 것이다. 만일 내담자가 그것을 사용하지 않았다면 상담자는 내담자가 그렇게 하도록 다시 격려할 것이다.

Krumboltz와 동료들(Krumboltz, 1996; Mitchell & Krumboltz, 1996)은 저서에서 상담자가 내담자를 도울 때 활용할 수 있는 많은 행동적 · 인지적 기법을 제안하였다. 이러한 방법들은 내담자의 진로목표를 방해하는 내담자 자신 및 세계에 대한 가정을 다루는 데 초점을 둔다. 이 절은 강화, 역할모델, 역할극, 시뮬레이션이 어떤 점에서 내담자가 자신의 흥미, 능력, 가치뿐만 아니라 주변 세계를 탐색하도록 돕는 기법이 될 수 있는지를 설명한다. 이 기법들은 내담자가 자신에 대해 생각하는 방식보다는 오히려 그들이 할 수 있는 활동에 초점을 둔다. 인지적 전략은 내담자가 자신 및 환경에 대한 생각을 변화시키도록 도움을 주기 위해 고안된 것이다. 진로상담목표와 관련된 한 가지 전략은 목표 명료화이다. 다른 전략들은 진로목표를 방해하는

우연학습 이론에는 우연한 진로기회를 다루는 데 도움이 되는 다섯 가지 기술이 있다. 이러한 기술은 다음에 기술되어 있듯이 호기심과 인내심, 융통성, 낙관성, 그리고 위험 감수이다(Mitchell et al., 1999).

- 호기심: 호기심은 새로운 학습 기회를 탐색하고 우연한 사건으로 생겨난 대안을 좇아 후속조치를 취하는 데 사용된다.
- 끈기: 끈기는 개인의 경험에 차질이 생겼을 때 길러지는 것이다. 예를 들어, 만일 내담자가 일자리를 제공받지 못하였지만 계속 시도한 결과 마침내 어느 취업 면접에서 최종적으로 합격한다면 그는 끈기를 배우게 될 것이다.
- 유연성: 유연성은 많은 우연한 사건을 다룰 때 학습된다. 사람들은 흔히 각기 다른 취업 면접에서 각기 다른 고용주를 만나는 것 같은 상이한 상황을 대할 때 유연하게 자신의 태도를 바꾼다.
- 낙관성: 낙관성은 새로운 기회를 추구하고 그런 행동이 유익한 결과를 가져올 수 있음을 발견하는 데서 나온다.
- 위험 감수: 위험 감수는 예상치 못한 새로운 사건이 있을 때 일어난다. 내담자는 위험을 감수하는 것(예를 들어, 내담자가 충분한 자격을 갖추었다고 느껴지지 않는 직장에 면접을 보러 가는 것)이 긍정적인 결과를 가져올 수 있음을 배운다. 이러한 결과는 취업이 아니라 다른 직업기회일 수 있다.

Mitchell 등(1999)에 따르면, 계획된 우연 모델은 진로상담에 통합되어야 한다. 이를 통해 내담자는 상담과정에 대비할 수 있는데, 계획되지 않은 사건에 대한 논의가 그 과정의 일부로 포함된다. 이 과정은 자신의 미래에 대한 내담자의 불안과 그들이 맞닥뜨릴 수 있는 문제를 다룬다. 또한 계획되지 않은 사건에 직면하였을 때 많은 결정을 내릴 필요가 있다는 것을 내담자가 이해하도록 돕는다. 계획된 우연을 다룰 때 상담목표는 호기심을 고무시키고 내담자가 계획되지 않은 사건을 잘 이용하도록 돕는 하나의 학습과정을 시작하는 것이다. Mitchell 등(1999)은 아래의 네 가지 단계를 제시하였다.

단계 1: 내담자의 개인사에서 계획된 우연을 정상화하기

단계 2: 내담자가 호기심을 학습과 탐색을 위한 기회로 전환하도록 조력하기

단계 3: 내담자에게 바람직한 우연한 사건을 만들어 내는 방법을 가르치기

단계 4: 내담자에게 실행을 가로막는 장애물을 극복하는 법을 가르치기

다음 예시에서는 사비에르의 진로문제를 통해 우연학습 이론의 적용의 보기를 제시하려고 한다. 사비에르는 주방용 가전제품 수리사인 아버지를 둔 고등학교 3학년 학생이다. 그의 어머니는 애리조나 주 투손 시 인근에 있는 자동차 제조 회사의 조립 라인 근로자이다. 사비에르는 고등학교 미식 축구팀에서 스타 수비수로서 우수한 성적을 내고 있던 중, 네 번째 게임에서 다리가 부러지는 부상을 입었다. 프로 미식축구 선수가 되기를 원하였기에 그는 이 꿈을 포기하지 못하였지만 미식 축구팀에서 고등학교 마지막 학년을 마칠 수 없게 되어 좌절하고 있다. 사비에르는 진정으로 미식 축구 선수를 진로로 삼고 싶지만, 대학에서 4년 동안 잘 해내야 한다는 것과 경쟁이 극도로 치열하다는 것을 알고 있다. 지금 썩 내키지는 않지만 그가 다른 대안을 고려해 볼 시간이 생겼다. 그는 우연학습 이론을 활용하는 상담자와 여러 가능성에 대해 논의한다.

## ❀ 단계 1: 내담자의 개인사에서 계획된 우연을 정상화하기

우연학습 이론을 활용하는 상담자는 사비에르의 배경에 대해 알아보는 것과 우연하게 일어난 일과 관련된 질문을 통합한다. 먼저 상담자는 사비에르가 학교 수업에서 얼마나 잘하는지, 학교 내에서와 학교 밖에서 어떤 흥미를 갖고 있는지를 알아보려고 한다. 또한 상담자는 사비에르의 시간제 일과 자원봉사 경험에 대해 물어본다. 사비에르의 부모가 그들 자신과 사비에르에게 갖고 있는 포부를 확인하는 것 또한 도움이 될 수 있다.

그러나 이러한 질문 외에 상담자는 내담자가 삶에서 우연한 경험을 어떻게 다루는지를 알아보려고 한다. 상담자는 내담자가 자신의 선택이나 행동이 교육 및 진로기회에 어떻게 기여하였는지를 깨달을 수 있게 노력할 것이다. 첫 단계에서 상담자는 사비에르가 우연하게 일어난 일의 예를 확인하고 그가 취한 행동을 통해 어떻게 그것을 활용하였는지 확인하도록 도울 것이다. 다음의 대화가 보여 주는 바와 같이 상담자의 목표는 사비에르가 우연히 일어났던 사건에서 어떻게 득을 볼 수 있었는지를 깨닫도록 하는 것이다.

**내1:** 한 달 전에 축구 경기에서 다리가 부러진 이후로 상황이 달라졌어요.

**상1:** 다리가 부러진 일이 네게 어떤 영향을 미쳤니? 그리고 이제 무엇을 할 건데? [상담자는 사비에르가 다리가 부러진 것과 축구팀에서 제외된 것, 즉 우연한 사건에 대해 어떻게 대응하고 있는지 알아보려고 한다.]

**내2:** 정말 힘들었죠. 특히 처음 몇 주는 진짜 안 좋았어요. 너무 고통이 심했거든요 지금은 다리가 좋아져서 그렇게 나쁘지 않아요.

**상2:** 이제 예전보다는 훨씬 더 시간이 많겠구나. [상담자는 사비에르가 시간을 어떻게 활용하고 있는지, 그의 삶에서 어떤 다른 사건들이 일어날 수 있었는지에 대해 이야기 할 기회를 만들려 하고 있다.]

**내3:** 그렇죠. 어떤 면에서는 타이밍이 좋은 것 같아요.

**상3:** 그게 무슨 뜻이니?

**내4:** 음, 제 남동생이 중학교 2학생인데 문제가 생겼어요. 3주 전에 학교에서 유리창을 깨뜨리다 걸렸어요. 그 일로 집이 발칵 뒤집어졌어요. 부모님이 엄청나게 화가 나셨어요!

**상4:** 동생 문제가 너에게도 영향을 미친 것처럼 들리는구나.

**내5:** 네, 진짜 그래요. 동생은 외출금지를 당했어요. 부모님은 동생이 성적이 안 좋아서 걱정이 많으세요. 이건 제가 동생을 도와야 한다는 뜻이죠.

**상5:** 동생 공부를 도와준다고? [동생의 문제가 사비에르에게 기회가 된다.]

**내6:** 네, 영어와 수학 공부를 도와줘야 해요. 이건 제가 해본 적이 없는 일이에요. 근데 제가 좋아하는 것 같아요.

**상6:** 네가 좋아하는 게 뭔데?

**내7:** 저는 튜터링하고 가르치는 걸 좋아해요. 가르치는 일에 대해서는 생각해 본 적이 없었는데 어쩌면 코칭이나 가르치는 일이 제가 할 수 있는 일일지도 모른다는 생각이 들어요.

**상7:** 사비에르, 정말 멋지구나. 넌 네가 통제할 수 없는 두 가지 어려운 실제 상황, 다리가 부러진 상황과 동생에게 문제가 생긴 상황에 직면해서 그것을 긍정적인 어떤 것으로 바꿔 놓았구나. 아마도 가르치는 일이 네가 나중에 할 수 있는 일일 수도 있다는 걸 알게 됐네. 우연한 사건은 네가 뭔가를 배우고 활용할 수 있는 기회가 될 수 있어. 너는 계획되지 않은 사건에서 유익한 어떤 것을 얻어내는 능력이 정말 있는 것 같아. [상담자는 사비에르의 최근 개인사에서 무작위로 일어난 사건들을 강화하고 정상화한다.]

상담자와 사비에르는 사비에르의 개인사와 그의 삶에서 일어났던 다른 우연한 사건에 대한 논의를 계속한다. 이러한 사건들을 논의하면서 상담자는 사비에르가 삶에서 일어나는 사건으로부터 어떻게 자신과 일의 세계에 대해 배울 수 있는지를 지적할 수 있다.

## ❀ 단계 2: 내담자가 호기심을 학습과 탐색의 기회로 전환하도록 조력하기

우연한 사건은 내담자가 호기심을 마음껏 누릴 기회가 된다. 미래의 가능성을 생각해 보고 탐색할 수 있게 되는 것이다. 때로 학습은 능력이나 흥미, 가치 또는 세상에 대한 자기 진술일 수도 있다. 이러한 예기치 않은 사건들은 내담자에게 의사결정을 하고 새로운 예기치 않은 사건들을 다루는 더 넓은 기반을 제공한다.

다음의 예시에서 사비에르와 상담자는 그의 남동생 라울을 돕는 것이 어떻게 사비에르가 배우는 데 도움을 주었는가에 대해 논의한다. 다음의 대화는 사비에르와의 상담회기에서 발췌한 것이다.

**상1:** 사비에르, 동생에게 공부를 가르치고 난 후에 교직을 고려해 본다는 네 생각에 대해 좀 더 말해 줄 수 있니?

**내1:** 네. 실제로 동생에게 어떤 것을 하는 방법을 보여 주는 게 좋았어요. 가르치는 것을 통해 제가 다른 사람을 어떻게 도울 수 있는지 생각해 보게 된 계기가 됐어요. 정말 기분이 좋았어요.

**상2:** 얘기를 들어 보니 그 일로 인해 교직에 대해 좀 더 알아보고 싶게 된 것 같네. [상담자는 사비에르가 교직에 대해 호기심을 갖고 신이 나 있는 상태에 있다는 것에 주목한다. 상담자는 사비에르가 그의 호기심을 활용하도록 돕고 싶어 한다.]

**내2:** 하지만 교직에는 이런 문제가 있어요. 교사들은 돈을 못 벌어요. 교사 봉급이 진짜 낮다는 뜻이죠.

**상3:** 그걸 어떻게 아니? [상담자는 문제가 되는 신념을 반박하려고 애쓰고 있다. 그녀는 사비에르가 교직에 대한 정확한 정보를 갖고 있지 않을 수도 있다고 생각한다.]

**내3:** 글쎄요, 정확히는 알지 못해요. 그냥 선생님들이 돈을 못 번다고 불평하는 걸 들어서요.

**상4:** 여기 교직에 관한 소책자에 있는 정보를 함께 살펴보자.

상담자와 사비에르는 몇 분 동안 교사의 급여 정보를 살펴보고 교직의 이점에 대해 논의한다.

**내4:** 제가 생각했던 것보다는 교사가 더 많이 버네요. 게다가 여름방학도 있고요. 그 정도라면 받아들일 수 있을 것 같아요.

**상5:** 우리가 함께 그 주제를 다뤄 봤으니 네가 교직에 대해 계속 생각해 볼 수 있을 거야. 지금 교직에 대해 확정해야 한다는 게 아니고 네가 교직에 대해 호기심을 갖고 있다는 거지. 지금 교직에 대한 너의 호기심을 활용하는 게 멋지구나.

상담자는 사비에르의 호기심이 그의 학습경험에 의해 어떻게 커졌는지 알게 된다. 그녀는 사비에르가 이런 호기심을 저해하는 문제가 되는 신념을 다루도록 돕는다. 두 가지의 좋지 않은 사건, 즉 남동생의 문제와 사비에르의 다리 골절 사건은 학습과 탐색의 기회가 되었다.

## ❀ 단계 3: 내담자에게 바람직한 우연한 사건을 만들어 내는 법을 가르치기

내담자는 현재의 우연한 사건에 긍정적으로 대응할 수 있을 뿐만 아니라 향후에 우연한 사건을 만나게 된다면 긍정적으로 대응할 계획을 세울 수 있다. 사비에르의 경우, 이 두 가지 사건에 긍정적으로 대응할 계획은 없었는데도 그는 바로 그렇게 대응하였다. 계획되지 않은 사건이 일어나는 경우에는 이러한 사건을 잘 이용하기 위해 사람들이 할 수 있는 것이 많다. 예컨대, 사비에르는 선생님들을 만나 그들의 교직 경험에 대해 대화를 나눠볼 수도 있다. 그는 튜터링이나 문해 교육 자원봉사를 경험해 볼 수 있다. 그는 고등학교 졸업반이기 때문에 대학 요람을 찾아봄으로써 초등학교와 중등학교에서 가르치는 일을 위한 기회를 탐색해 볼 수도 있다. 지금까지 이 사례에서는 우연학습 이론의 적용을 분명하게 기술하려고 교직에 초점을 두었다. 그러나 상담자는 많은 다른 사례를 활용할 것이다. 다음의 대화는 사비에르의 상담회기 후반에 이루어진 것이다.

**상1:** 사비에르, 지금까지 네가 동생을 가르치는 것에 대해 이야기를 많이 해봤잖아. 그런데 선생님은 네가 어떤 우연한 사건이 일어나기를 원하는지도 알고 싶어.

**내1:** 음, 저는요, 200만 달러 복권에 당첨되고 싶어요.

**상2:** 좋아. 그런 일이 일어났다고 해보자. [상담자는 좀 더 현실적인 예를 바라고 있지만, 이것도 괜찮을 것이다.]

**내2:** 제 생각에는 저와 동생의 대학 학비를 낼 것 같아요. 부모님을 위해 새 집도 사드리고 싶고요.

**상3:** 그것이 너의 삶을 재정적으로 어떻게 바꿀지 이해가 되는구나. 하지만 그 밖에 네 삶을 또 어떻게 바꿀 수 있을까? [상담자는 사비에르가 새로운 기회에 어떻게 대응할지, 그리고 재정적 제약의 감소에 어떻게 대처할 것인지를 알아내는 데 관심이 있다.]

**내3:** 스포츠 경기를 보고 책을 읽는 기회를 더 많이 갖고 싶어요.

**상4:** 어떤 종류의 책을 읽고 싶니? [상담자는 사비에르가 바람직한 우연한 사건을 어떻게 만들어 낼지를 알고자 한다.]

**내4:** 지금은 신문을 읽어요. 하지만 지역 정치에 대해 배울 시간을 훨씬 더 많이 갖겠죠. 그런 일에 더 관여하고 싶어요. 재미있을 것 같아요.

**상5:** 너 자신을 위해 많은 기회를 만들어 낼 수 있을 것 같구나. 그런 게 너한테는 중요한 것 같아. 만약 너한테 200만 달러가 없더라도 그걸 할 수 있을까? [200만 달러에 당첨될 가능성은 희박하기 때문에 상담자는 사비에르의 호기심을 좀 더 따라가 보기를 원한다.]

**내5:** 그러게요. 할 수 있어요. 삼촌이 시의원 사무실에서 일하고 있어요. 삼촌과 얘기하면서 삼촌이 하시는 일에 대해 물어볼까 해요. 이번 주말에 삼촌이 아버지 일을 도우러 집에 오신다고 알고 있어요.

**상6:** 아주 좋은 생각이구나. 삼촌이 오신다고 하는데, 너는 그런 기회를 너한테 유익한 어떤 것으로 만들려고 한다는 거지. 어쨌든 너는 삼촌의 방문이 즐겁겠지만 이건 네가 더 많이 배우는 데 도움이 될 거야. [삼촌과 이야기함으로써 사비에르는 기대하지 않았던 정보를 얻을 수 있고, 이는 삼촌의 직장 방문과 같은 다른 기회로 이어질 수 있다.]

상담자는 사비에르가 자신의 진로발달과 관련된 기회를 탐색하도록 격려하기 위해 긍정적 강화를 활용한다. 200만 달러로 무엇을 할 것인지에 대한 이야기는 사비에르가 삼촌에 대해 이야기하는 것으로 이어지고, 그러고 나서 그가 삼촌에게서 정치에 대해 좀 더 배울 수 있는 가능성을 만든다. 뿐만 아니라 이는 삼촌의 사무실에 방문하거나 정치적 행사에 삼촌과 함께 가보는 일로 이어질 수도 있다. 이런 식으로 내담자는 바람직한 결과를 이끌어 낼 우연한 사건을 만드는 법을 배울 수 있다.

## ❀ 단계 4: 내담자에게 실행을 가로막는 장애물을 극복하는 법을 가르치기

내담자가 긍정적인 활동에 관여하도록 격려하는 것이 중요하다. 단지 가능한 행동에 대해 논의하는 것만으로는 충분치 않다. 때때로 신념에는 장애물이 존재한다. 이런 장애물의 작은 예시로는 교직에 대한 사비에르의 부정확한 정보를 들 수 있다. 상담자는 앞서(461쪽) 언급하였던 호기심과 끈기, 유연성, 낙관성, 위험 감수를 증진할 기회를 갖고자 한다. 내담자는 때때로 진로와 관련된 주제를 좇는 과정에서 압도당하거나 낙담하기도 한다. 그들은 다른 사람들이 어떻게 생각할지가 두려워서 새로운 기술이나 아이디어를 추구하고 싶어 하지 않을 수도 있다. 다음 예시에서 사비에르는 가능한 진로로서 정치에 대해 이야기한다.

**내1:** 삼촌의 말주변이 되게 좋으시다고 알고 있어요. 친구도 많은데, 그들 모두가 정말 삼촌을 존경해요. 제 생각에는 삼촌이 조만간 정치 사무소를 여실 것 같아요. 전 삼촌이 그러시길 바라요. 삼촌이 선출되는 것을 보고 싶어요. 삼촌은 그럴 자격이 있는 분이에요.

**상1:** 삼촌을 정말 존경하는구나. 삼촌이 하시는 일도 좋아하고.

**내2:** 정말 그래요. 전 삼촌이 지난 몇 년 동안 지역사회 사람들에게 정말 도움을 주셨다고 생각해요. 저도 그러고는 싶은데 절대 그렇게 할 수 없을 거예요.

**상2:** 너는 기술이 부족해서 절대 정치가가 될 수 없다고 생각하는 것 같네. [상담자는 사비에르의 신념에 직접적으로 도전하고 있다.]

**내3:** 아무리 생각해도 저는 삼촌만큼 사람들에게 말을 잘할 수 없을 거예요.

**상3:** 너는 삼촌이 가진 기술을 개발할 수 없을 거라고 생각하는 것 같구나. [상담자는 자신의 기술에 대한 사비에르의 자기 진술 일반화에 도전한다.]

**내4:** 음, 할 수도 있을 것 같네요. 저도 삼촌처럼 4년간 대학에 다닌다면 아는 게 더 많아질 수 있겠네요.

**상4:** 그러면 그런 기술을 개발할 가능성이 있다고 생각하는 거니?

**내5:** 네, 그런 것 같아요. 지금 저는 사람들과는 잘 지내거든요. 단지 사람들과 정치적인 방식으로 일하는 방법에 대해 아는 게 부족하죠. 생각해 보니 삼촌 같은 분들한테 그런 걸 배울 수 있을 것 같아요.

**상5:** 네가 사람들과 이야기하고 대학에 다니고 삼촌과 함께하는 것을 통해서 어떻게 배울 수 있는지에 대해 이야기하는 걸 들어 보니, 정치처럼 네가 좋아하는 것을 하는 데 도움이 되는 삶의 우연한 사건을 활용하지 못하게 막는 장애물을 극복하는 법을 네가 배우고 있는 것 같네.

이 사례에서 사비에르에 대한 상담자의 도전은 그가 실행을 가로막는 장애물을 극복하는 데 도움이 된다. 상담자는 사비에르가 지역 정치에 좀 더 관여하기를 선택할 경우, 일어날 가능성이 있는 기회를 이용하는 데 유익한 새로운 기술을 배울 수 있는 다양한 대안들에 대해 그가 생각해 보도록 한다.

앞서 기술한 4단계는 때로 겹칠 수도 있지만, 이는 (다리 골절처럼) 삶에서 일어나지만 내담자들이 통제권을 거의 갖지 못하는 다양한 사건을 잘 이용하도록 돕기 위해 고안된 것이다. 예상치 못한 사건은 개인의 삶에게 계속 일어난다. 이 때문에 Krumboltz와 동료들은 우연학습 이론에 대한 설명을 통해 내담자가 이러한 기회를 최대한 잘 이용할 수 있도록 돕고자 한다. 이 이론 안에서 내담자의 홍미와 능력, 가치 및 개인적 양식에 대해 논의할 수 있지만 이것은 어디까지나 내담자의 호기심, 끈기, 유연성, 낙관성, 위험 감수를 증진하기 위해 적극적인 방식으로 활용하는 방편이다. 우연학습 이론으로 상담 작업을 할 때 내담자의 신념에 주의를 기울이는 것이 중요하다.

Krumboltz와 Levin(2010)은 진로의사결정에 대해 배우고 싶어 하는 청소년과 성인을 위한 책을 집필하였다. 『행운은 우연이 아니다: 삶과 진로에서 우연 사건 이용하기(*Luck is No Accident: Making the Most of Happenstance in Your Life and Career*)』는 사람들이 계획된 우연 이론을 자신의 삶에 적용하는 데 도움을 준다. 이 책에는 계획되지 않은 사건을 최대한 이용한 사람들의 사례가 많이 수록되어 있다. 이 책에 제시된 많은 제안은 사람들이 자신만의 행운을 만들어 내고 실수하였다고 해서 포기하지 않도록 돕는다. 각 장의 끝 부분에 있는 활동은 Krumboltz와 Levin(2010)의 생각을 삶의 상황에 적용하는 데 유용하다. 사회학습 이론에서는 예상치 못한 사건을 활용하는 것과 더불어 개인의 홍미와 기술, 가치에 대한 학습을 강조한다.

## 직업정보의 역할

정확한 직업정보는 사회학습 이론을 적용하는 데 필수적이다. Krumboltz(1970)는 그저 직업정보가 중요하다고 말만 하지 않고 가상 직업체험을 할 수 있는 직장체험 프로그램을 고안했는데, 이것은 특정 직종에 종사하는 사람들이 하는 일과 유사한 경험을 제공한다. 추가적으로 Krumboltz는 광고업과 같은 직업의 컴퓨터 시뮬레이션을 개발했는데, 이 프로그램에서 내담자는 그 분야의 직원 역할을 맡고 가상의 동료들과 상호작용하고 업무에 대해서 배운다. Krumboltz, Babineaux와 Wientjes(2010)는 사람들이 각자 하고 있는 일을 설명하는 약 100개의 비디오를 만들어 인터넷을 통해 볼 수 있게 하였다. 각 영상물은 20분에서 30분 정도의 분량이다. 이 영상을 만든 Krumboltz 등은 비디오의 분량이 낮은 활용률의 원인이 아닌가 하고 추정한다. Krumboltz와 그의 동료들은 진로의사결정에 관해 수행한 연구에서 효과적인 진로계획 수립의 준거로 직업적 정보 탐색을 이용한다. 대부분의 다른 이론가보다 Krumboltz는 진로의사결정 과정에서 직업적 정보 학습의 중요성을 좀 더 강조한다.

## 평가도구의 역할

몇몇 다른 진로발달 이론에 비해 사회학습 이론에서 검사는 큰 비중을 차지하지는 않지만 여전히 유용하다. 가치검사는 우연학습 이론을 다룰 때 가치를 명료화하는 데 있어 특히 유용할 수 있다. 흥미검사와 능력검사, 적성검사도 흥미와 능력에 관한 자기 진술을 확장하는 것과 관련하여 사회학습 이론을 적용하는 데 유용하다. Krumboltz의 이론을 사용할 때, 상담자는 내담자의 외부에서 얻은 정보를 제공함으로써 내담자가 정확한 자기 진술 일반화를 할 수 있게 한다. 내담자의 신념은 Krumboltz 모델에 필수적인 부분이기 때문에, 진로신념검사(Career Beliefs Inventory, Krumboltz, 1994a)는 진로의사결정 대부분의 단계에서 상당히 유용하게 쓰일 수 있다.

Krumboltz(1988)의 진로신념검사는 내담자에게 잠재적인 문제가 되는 많은 진로신념을 평가한다. 진로신념검사는 시험적으로 일해 보기, 자기 개발, 장애물 극복을 위한 학습과 같은 주제와 관련된 광범위하고 다양한 신념을 측정하는 25개 척도로 구성되어 있으며, 온라인으로 받아볼 수 있다(http://mindgarden.com/products/cbi.htm). 이 25개의 척도는 다음 다섯 가지 범주로 조직되어 있다(Krumboltz, 1994a). 현재 나의 진로 상태, 나의 행복에 필요한 것, 나의 결정에 영향을 주는 요인, 도전할 용의가 있는 기회, 자발적으로 해볼 용의가 있는 활동이 그것이다. 이러한 척도군은 대부분 삶에서 발생할 수 있는 예측하지 못한 사건을 내담자가 잘 이용할 수 있도록 힘을 북돋워 주는 것을 강조한다. 이탈리아 고등학생을 대상으로 한 연구에서 진로신념검사는 진로 확신과 진로 활동, 진로 독립성, 진로 유연성, 진로 긍정성을 평가하는 것으로 나타났다. 진로신념검사에 대한 이러한 분석은 진로신념검사에 대한 다른 연구들과는 상이한 요인 구조를 보여 주었다(Hess, Tracey, Nota, Ferrari, & Soresi, 2009). 미국에서 공부하는 중국과 인도, 한국의 학생을 대상으로 한 연구에서 진로신념검사는 낮거나 중간 수준의 신뢰도를 가진 것으로 나타났다(Mahadevan, 2010). Turner과 Ziebell(2011)은 도심 지역에 사는 중학교 1학년과 2학년 학생을 대상으로 한 연구에서 많은 청소년이 자신의 학업적 성공이나 진로 성공의 원인을 자신의 행위에 두지 않는다는 것을 발견하였다. 그러나 이들은 또한 일은 만족을 주어야 하고 사람들은 자신의 일을 좋아해야 하며 성취가 중요하다는 신념을 갖고 있었다. 진로신념검사는 사람들이 자신의 진로발달을 어떻게 생각하는지를 측정하는 도구로 지속적으로 활용되고 있다.

## 여성에 대한 사회학습 이론 적용

Mitchell과 Krumboltz(1996)는 사회학습 이론의 네 가지 기본적인 구성요소인 유전적 자질과 특별한 능력, 환경적 여건과 사건, 학습경험, 과제접근 기술의 맥락에서 이 이론을 여성에게 적용하는 것에 대해 논의하였다. 그들은 여성이 비록 그들의 성별을 통제할 수는 없지만 환경적인 힘에 대해서는 제한적이나마 약간의 통제력을 갖고 있고 그들의 학습경험과 과제접근 기술에 대해서는 더 많은 통제력을 갖고 있다고 하였다. Mitchell과 Krumboltz는 남성과 여성을 위한 전통적 · 비전통적 직업을 만들어 내는 성 고정관념에 대해 언급하였다. Krumboltz의 사회학습 이론을 여성에게 적용하는 주제를 다룬 연구는 상대적으로 적다. Almquist(1974)는 비전통적인 진로를 선택한 여성이 여성 역할모델의 영향을 받았을 것이라고 보고하였다. 비전통적인 진로선택을 하도록 강화받고 있는 다른 여성의 비디오테이프를 여성에게 보여 주었을 때, 이것을 본 여성은 이것을 보지 않은 여성보다 이후 비전통적인 진로선택을 더 많이 하였다(Little & Roach, 1974). Williams 등(1998)은 상담심리 분야에서 저명한 여성학자들의 삶에서 계획되지 않은 사건의 중요성을 보여 주었다. Williams 등(1998)은 Michell 등(1999)이 우연적 사건을 다루는 데 중요한 요인으로 규정한 다섯 가지 기술(호기심, 끈기, 유연성, 낙관성, 위험 감수)이 그들의 연구에 참여한 여성이 그들 삶의 계획되지 않은 사건을 활용하는 데 도움이 되었음을 보여 주었다. Datti(2009)는 동성애자나 양성애자 및 성 전환자 그리고 성 정체성 의문을 갖고 있는 젊은이를 위한 진로상담을 논의하면서, Krumboltz의 사회학습 이론의 유용성에 대해 기술하였다. Mitchell과 Krumboltz와 동료들은 여성의 진로주제에 있어서 학습경험의 중요성에 주의를 환기시킴으로써 이를 통해 상담자에게 차별 때문에 기회를 거부당한 여성에게 기회를 증진시켜 줄 필요성을 알리기를 바랐다.

## 다문화 집단에 대한 사회학습 이론 적용

몇몇 연구에서 다문화 집단 내담자를 위한 역할모델의 중요성을 보여 준 바 있지만, Krumboltz의 사회학습 이론을 다문화 집단에 적용한 연구들은 미미한 실정이다. 대만 대학생을 대상으로 한 연구에서 연구 참여자는 12회기의 워크숍 과정을 통해 계획된 우연에 대한 Krumboltz의 접근을 활용하는 법을 교육받았고, 그 결과 정서와 행동 검사에서 통제집단보다 더 높은 점수를 얻었다(Chien, Fisher, & Biller, 2006). Mitchell과 Krumboltz(1996)는 사회학습 이론을 다문화 집단에 적용하는 여러 가지 방법을 제시하였다. 그들은 어떤 문화권에서는 특정한 직업을 미화하는 반면 다른 문화권에서는 다른 직업을 선호한다고 언급하였다. 더군다나 어떤 문화권에서는 영성이나 교육적 성공보다 수입을 중시할 수 있다. 이러한 가치는 다양한 문화권의 사람들에게 특정한 직업을 강화할 수 있다. 인종차별은 다문화 집단 사람들에게 또 다른 환경적 장애이다. 이 때문에 이들은 진로선택을 실행하는 과정에서 장애물을 만날 수 있다. 어려운 일이지만, 환경에 대한 변화는 인종차별에 대한 정책이나 소수집단 우대 정책과 같은 법률제정을 이끌어 내는 집단행동을 통해 이루어 낼 수 있다. Krumboltz와 Henderson(2002)은 사회적 학습의 중요성을 강조함으로써 진로문제에 대한 능동적인 접근을 개발하는 상담자에게 도움을 줄 수 있고, 또한 다문화 집단 내담자에게는 그들의 진로기회를 제한할 수 있는 차별을 다루도록 도움을 줄 수 있음을 보여 주었다.

## 상담자 쟁점

Krumboltz는 상담자 역할을 사회학습의 관점에서 바라본다. 그는 상담자의 기술과 흥미, 가치가 특정 내담자에게 적절한지가 중요하다고 믿는다. 상담자는 계획되지 않은 사건을 다루는 자신만의 방식이 있을 수 있다. 이러한 사회학습 전략은 내담자에게 적절할 수도 있고 적절하지 않을 수도 있다. 내담자가 예측하지 못한 사건을 어떻게 다루는지 설명하는 것을 들어 보면 상담자는 자신의 개인적인 사회학습 체제에 의존하지 않고 내담자의 학습 체제에 적절한 인지적 또는 행동적 기법을 적용할 수 있다.

특정 내담자와 상담을 할 것인지를 결정할 때, 상담자는 내담자의 문제가 자신의 흥미와 능력 및 윤리적 기준에 적합한지를 반드시 결정해야 한다(Krumboltz, 1964). 만일 상담자가 특정 유형의 집단(예컨대, 노인 또는 대학생)이나 특수한 상담기법(행동주의 상담 같은)을 전문으로 한다면 어떤 내담자의 욕구가 자신의 전문 영역 내에 속한다는 것을 확실히 하는 것이 중요하다. 더욱이 상담자가 보기에 내담자의 목표가 비윤리적이거나 부적절하다면, 상담자는 내담자에게 이에 대해 말해야 할 의무가 있고, 그러고 나서 그 내담자와 상담을 하지 않거나 아니면 내담자가 자신의 목표를 재정의하도록 도와야 한다. 예를 들어, 만일 내담자가 상담자에게 "제가 기업에 취업할 수 있다는 것을 보장해 주셨으면 합니다."라고 말한다면, 상담자는 이 내담자와 상담하는 것을 거절하거나 내담자의 목표를 바꾸어야 한다. 우연학습 이론을 내담자에게 적용할 때, 내담자의 문제가 계획된 우연 단계에 딱 맞게 적용되지 않더라도 상담자가 이에 주의를 기울이는 것이 특히 중요하다. 예를 들어, 만일 내담자가 부모의 죽음을 슬퍼하고 있다면, 상담자는 융통성 있게 내담자의 애도 작업을 도울 수 있어야 한다. 능력과 흥미, 가치에 대한 자기 진술 일반화의 개념은 꽤 광범위하기 때문에 상담자는 처음에는 진로문제와 관련성이 없어 보일 수 있는 경험에 대한 논의에 대해서도 열린 태도로 접근해야 한다.

## 요약

Krumboltz의 사회학습 이론은 일부 인지적 구성요소를 포함한 행동적 지향성을 강조하는 모델을 제시한다. 사회학습 이론은 유전적 영향과 환경적 여건, 학습경험, 과제접근 기술의 중요성을 강조한다. Krumboltz와 동료들은 내담자가 미래의 예기치 못한 사건들을 다루도록 돕기 위한 사례 개념화 기술과 상담기법을 제공한다. 이들이 제시하는 행동적 상담기법으로는 강화, 역할모델, 역할극, 시뮬레이션이 있다. 인지적 전략에는 목표 명료화, 문제가 되는 신념 논박하기, 인지적 시연이 있다. 이러한 기법들은 진로상담 전반에 걸쳐 사용된다. 또한 이 장에서는 우연학습 이론을 진로상담에 적용하는 4단계의 접근을 예시를 통해 설명하였다.

# 사회인지진로 이론

**✿ 이론의 개요**

| | |
|---|---|
| 자기효능감 | 진로선택 사회인지 모델 |
| 결과기대 | 흥미발달 사회인지 모델 |
| 목표 | 수행 사회인지 모델 |
| 맥락적 요인: 장벽과 지지 | 일과 삶의 만족 사회인지 모델 |

1980년경에 등장하여 처음에는 진로 자기효능감 이론(career self efficacy theory)으로 알려졌던 사회인지진로 이론(social cognitive career theory)은 자신이 어떤 일을 성공적으로 성취할 수 있다는 개인의 신념이 갖는 힘에 초점을 맞춘다. 자신에 대한 이러한 믿음은 흥미와 가치, 능력을 이끄는 진로선택에서 핵심적인 역할을 하는 것으로 여겨진다. Krumboltz의 사회학습 이론(13장 참고)과 마찬가지로, 사회인지진로 이론 역시 Bandura의 사회인지 이론(Bandura, 1986, 1997, 2000, 2002, 2006, 2007, 2008)을 바탕으로 하고 있다. 사회인지 이론은 (1) 환경, (2) 기억과 신념, 선호, 자기 지각과 같은 개인적 요인, (3) 실제 행동, 이 세 요인 간의 상호작용을 연구한다. 이 이론은 한 요인이 다른 두 요인에 영향을 끼치기 때문에 **삼각 상호작용 체계**라 불리는데, 이 체계는 인지적 구조에 의해 조절된다. 이 이론의 핵심개념인 **자기효능감**은 자신이 원하는 결과를 얻기 위해 행동을 조직화하고 실행하는 자신의 능력에 대한 개인의 견해를 가리킨다(Bandura, 1986).

사회인지진로 이론의 창시자인 Steven Brown, Gail Hackett과 Robert Lent는 여성의 진로선택에서 자기효능감의 역할에 대한 많은 연구를 촉발하였다. 그리고 이들은 이론의 원래 개념을 발전시켜 남녀 모두의 진로와 학업의 흥미, 선택, 수행을 다루는 상세한 이론으로 확장하였다. 자기효능감, 결과기대, 목표 선택이라는 인지적 개념은 학업적 · 직업적 의사결정에 매우 중요한 요인이다. 이러한 요인들은 사람들이 자신의 능력을 어떻게 보고 있는가, 자신이 무엇을 성취할 수 있다고 믿는가에 영향을 끼친다. Brown, Hackett과 Lent는 또한 개인이 직면하는 진로장벽과 개인이 제공받는 지지가 제각각 다르다는 사실을 인정한다. 어떤 사람들은 인종차별과 성차별 또는 경제적 지원 부족과 같은 진로장벽에 대처해야 한다. 또 어떤 사람들은 자신이 선택한 바를 이루는 데 도움이 되는 정서적 지원이나 경제적 지원을 받을 수도 있다. 사회인지진로 이론은 개인의 진로선택과 최종적인 획득에 영향을 미치는 성별과 문화적 주제에 세심한 주의를 기울인다. 이 접근은 비록 이론의 개발과 연구에 초점을 두고 있지만, 내담자가 자신의 효능성에 대한 신념과 잠재적인 결과 및 목표에 대한 기대 수준을 높이도록 도움으로써 내담자의 학업 및 진로선택에 도움을 주는 방안을 제안한다.

Krumboltz의 진로발달 이론과 마찬가지로, 사회인지진로 이론(Brown & Lent, 1996; Lent, 2005; Lent & Brown, 1996; Lent, Brown, & Hackett, 1994, 2000, 2002; Lent & Hackett, 1987, 1994; Sheu et al., 2010)은 Bandura의 사회학습 이론에 기반을 두고 있다. 그런데 Krumboltz의 이론과 사회인지진로 이론은 둘 다 Bandura의 개념을 활용하고 있지만, 이 두 이론은 Bandura의 이론에서 서로 다른 측면을 강조하고 있다. 먼저 공통점을 살펴보면, 두 이론 다 Bandura의 삼각 상호작용 체계를 토대로 하여 환경과 개인적 요소, 행동 사이의 상호작용에 초점을 둔다. 또한 두 이론은 진로의사결정과 진로발달에서 도구적 · 연합적 학습경험의 역할을 강조한다. 또한 두 이론 모두 기억과 신념, 선호, 자기지각을 포함하는 사고와 인지를 진로의사결정과 진로발달 과정의 일부로 본다.

그러나 사회인지진로 이론과 Krumboltz의 이론은 몇 가지 중요한 측면에서 차이가 있다. 사회인지진로 이론은 Krumboltz의 이론보다 행동을 조절하거나 조정하는 자기효능감과 같은 인지적 과정을 좀 더 강조한다. 반면 Krumboltz는 다양한 진로 관심사와 관련된 학습행동(learning behavior)에 초점을 맞춘다. 사회인지진로 이론가들은 Krumboltz의 이론보다 더욱 구체적이고 복잡한 진로발달 모델을 발전시켜 왔다(그림 14.1). Krumboltz의 이론에서는 주로 이전의 학습경험이 이후의 학습경험 그리고 궁극적으로는 진로선택에 어떻게 영향을 미치는지에 초점을 맞추고 있다. 사회인지진로 이론가들은 Krumboltz보다 행동에 영향을 미치는 각기 다른 사람들의 신념체계를 좀 더 강조한다.

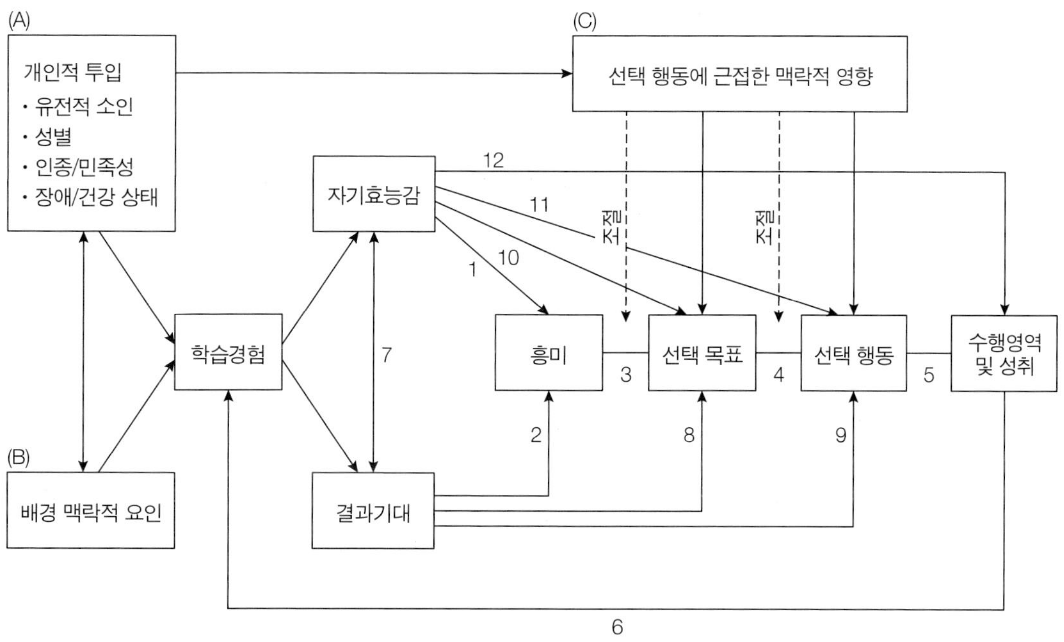


**그림 14.1** 진로 관련 선택 행동에 영향을 미치는 개인적, 맥락적, 경험적 요인

출처: Lent, R. W., Brown, S. D., & Hackett, G. (1994). "Toward a unified social cognitive theory of career and academic interest, choice, and performance." *Journal of Vocational Behavior*, *45*, 79-122. Elsevier의 허락하에 재인쇄함.

사회인지진로 이론은 비교적 최근에 등장하였기 때문에(1980년대 초반에 시작), Hackett와 Betz(1981)는 이론을 진로상담에 적용하고 이를 지지하는 실증적 증거를 제공하기보다는 이론을 발전시키는 데 주력하였다. 하지만 이 이론은 상담자를 위한 적용점을 갖고 있기 때문에 이 장에서는 이론 자체를 설명한 후에 예시를 통해 몇 가지 적용점을 제시할 것이다(Brown & Lent, 1996; Lent, 2005; Lent, Brown, & Hackett, 2000, 2002). 우선 이 장에서는 진로의사결정 과정을 조절하고, 사회인지진로 이론의 핵심을 이루는 세 가지 인지적 개념, 즉 자기효능감(self-efficacy), 결과기대(outcome expectations), 개인적 목표(personal goals)에 초점을 맞춘다. 그런 다음 진로선택에 걸림돌이 되거나 지지를 제공하는 개인 외적인 요소들(맥락적 요소들)에 대해서 기술한다. 사회인지진로 이론은 진로선택, 흥미발달, 교육적 · 직업적 수행의 예측, 일과 삶의 만족 예측이라는 4개의 각기 다른 모델을 포함하고 있다. 이 모델들은 대체로 서로 비슷하다. 이 장에서는 진로선택 모델을 상세히 기술할 것이고 이외의 다른 모델은 간략하게 다룰 것이다. 자기효능감, 결과기대, 개인적 목표의 개념을 예시를 통해 설명하기 위해서, 샤론의 진로결정행동을 살펴볼 것이다. 샤론은 16세 흑인 미국 소녀로 샌프란시스코에 있는 큰 규모의 고등학교에 다니고 있으며 현재 2학년 봄학기 과정을 수학 중인 학생이다.

## 자기효능감

Bandura(1986)는 자기효능감을 "정해진 유형의 수행을 완수하기 위해 요구되는 일련의 행동을 조직하고 실행하는 자신의 능력에 대한 개인의 평가"(p. 391)라고 기술하였다. 사람들이 자신의 능력(abilities)이나 잠재력(capacities)을 어떻게 바라보는지는 학업과 진로 및 그 외의 다른 선택에 영향을 미친다. 자기효능감이 낮은 사람은 어려운 일을 끈기 있게 해내지 못할 수 있다. 또한 그 일을 잘할 수 없으리라고 생각하고 좌절감을 느끼거나 일에 압도당하기 쉽다. 자기효능감은 상황의 맥락에 따라 달라지는 자기 자신에 대한 가변적인 일련의 신념체계이다. 과제의 특성과 개인이 접촉하는 사람, 환경, 유사한 과제에 대한 유능감이 여기에 포함된다. Brown, Lent와 Gore(2002)는 자신의 능력에 대한 개인의 평가보다 자기효능감 신념에 대한 평가가 직업적 흥미와 가능성 있는 진로선택에 더 밀접한 관련성이 있음을 보여 주었다.

샤론은 수업에 대한 걱정거리가 있다. 그녀는 수학 수업을 좋아하지 않고 수업시간에 자신이 멍청하다고 느낀다. 올해 지금까지는 이 과목에서 B-학점을 받았으나 샤론은 자신이 기하학 숙제를 잘 해내지 못할 것이라고 믿고 있다. 그녀는 "저는 수학이라면 도대체 뭐가 뭔지 절대 알 수 없을 거예요. 그런데 선생님은 수학이 참 쉬운 것처럼 보이게 해요."라고 말한다. 그녀의 친구 중 몇몇은 그녀와 비슷한 생각을 갖고 있어 그들은 수학이 얼마나 어려운지, 수학을 안 해도 된다면 얼마나 기쁠지에 대해 이야기를 나눈다. 친구들의 신념은 샤론 자신의 수학에 대한 낮은 자기효능감을 강화한다. 샤론의 수학 성적과 수학에 대한 자기효능감 사이에는 분명히 차이가 있다. 수학에 관한 샤론의 자기효능감은 학업 자기효능감(Fouad et al., 2010)의 개념과 관련 있는데, 이는 진로 자기효능감 개념과는 다르지만 연관성이 있다(Bonitz, Larson, & Armstrong, 2010; Lent, 2005; Lent, Brown, & Hackett, 2002; Restubog, Florentino, & Garcia, 2010). 자신이 수학을 못한다는 샤론의 견해는 그녀가 고려할 미래의 학업 진로대안에도 영향을 미칠 수 있다.

## 결과기대

사람들이 결과의 가능성이 무엇일지를 평가할 때, 이를 결과기대라 부른다. 예컨대,

"내가 농구를 한다면 무슨 일이 벌어질까?", "내가 경기에서 잘한다면 무슨 일이 벌어질까?", "내가 하버드 대학교에 지원한다면 무슨 일이 벌어질까?", "내가 브라운 선생님에게 추천서를 부탁하면 무슨 일이 벌어질까?"와 같은 것이다. 반면에 자기효능 신념은 "내가 이 활동을 할 수 있을까?"와 관련이 된다. 자기효능 신념의 예는 다음과 같다. "내가 농구를 얼마나 잘할 수 있을까?", "내가 좋은 성적을 받을 수 있을까?", "내가 이 일을 효과적으로 해낼 수 있을까?" 따라서 결과기대는 일어날 일에 대해 말하고 자기효능감은 무언가를 성취할 수 있는 능력에 대한 평가와 관계가 있다. Bandura (1986, 1997, 2002)는 결과기대를 몇 가지 유형, 즉 물리적 · 사회적 · 자기평가적 결과(self-evaluative outcomes) 기대로 분류하여 기술하였다. 물리적 결과기대의 한 가지 예는 일에 대해 보수를 받는 것이고, 사회적 결과기대는 아버지에게 공부를 잘했다고 인정을 받는 것이다. 자기평가적 결과기대의 예는 수업과목에서 자신이 해낸 수행에 대해 만족감을 느끼는 것이다. 어떤 판단을 내릴 때 사람들은 결과기대("내가 이 일을 하면 무슨 일이 벌어질 수 있을까?")와 자기효능감("내가 이 일을 할 수 있을까?")을 결합한다. Bandura는 일반적으로 어떤 행동을 결정하는 데 있어서 흔히 자기효능감이 결과기대보다 더 중요하다는 것을 발견하였다. 상황에 따라서 자기효능감과 결과기대 중 어느 한 기대가 다른 기대보다 더 중요할 수 있다. 샤론의 사례는 결과기대와 자기효능감의 중요성을 예시하는 데 도움이 될 것이다.

샤론은 다음 수학 시험의 결과가 어떨지 생각해 보고 있다. 그녀는 숙제를 하고 질문거리를 선생님과 논의한다면, 수학 과목에서 A나 A-를 받을 수 있지 않을까 생각한다. 하지만 수학에 대한 자기효능감이 낮고, 이로 인해 그녀는 이러한 일을 해내는 자신의 능력을 의심한다. 이에 그녀의 자기효능감은 결과기대보다 최종적인 수학 수행에 더 강력한 결정요인이 될 수 있다. 따라서 그녀는 수학 숙제를 하지 않거나 선생님이나 다른 학생들에게 질문을 하지 않을 가능성이 있고, 그 결과 수학 수행이 좋지 않을 것이다. 사회인지진로 이론에서 결과기대의 역할은 최근 몇몇 연구의 주제로 활용되었다(Alliman-Brissett & Turner, 2010; Domene, Socholotiuk, & Woitowicz, 2011; Lent et al., 2008). 샤론의 수행에 영향을 미칠 수 있는 또 한 가지 요인은 그녀의 목표이다.

## 목표

사람들은 사건과 주변 환경에 그저 반응하기만 하는 것은 아니다. 사람들은 자신의 행동을 조직하고 다양한 기간에 걸쳐 자신의 행위를 이끌어 가는 데 도움을 주는 목표를 세운다. 그들은 "나는 얼마나 이 일을 하기를 원하는가? 그리고 얼마나 잘하고 싶은가?"라고 자문할 수 있다(Lent, 2005). 이것은 "내가 이것을 하려고 시도한다면 어떤 일이 일어날 것인가?"라고 자문하는 결과기대와 대조를 이룬다. 예컨대, 변호사가 되려고 하는 대학 신입생은 반드시 하위 목표를 세우고 목표에 도달하는 데 도움이 되는 행동을 선택해야 한다. 변호사가 되는 데에 대한 강화는 앞으로 7년 동안 주어지지 않을 것이다. 목표는 스스로를 동기화하며, 졸업과 같이 목표를 성취하는 데서 오는 만족감은 매우 큰 의미가 있다. 목표와 자기효능감, 결과기대는 서로 관련이 있으며 다양한 방식으로 서로에게 영향을 끼친다. 그러므로 이 세 요인은 사회인지진로 이론에 대한 연구의 중요한 영역을 차지한다(Blanco, 2011; Bonitz, Larson, & Armstrong, 2010; Byars-Winston, Estrada, Howard, Davis, & Zalapa, 2010; Conkel Ziebell, 2011).

샤론의 목표는 매장 관리자가 되는 것이다. 그녀의 결과기대는 자신이 대학에 진학해서 시간제로 쇼핑몰에서 일을 하고 백화점의 교육 프로그램에 참여하면 이 목표를 달성할 것이라는 것이다. 그런데 그녀는 자기효능 신념으로 인해 자신이 수학을 잘 못하는 학생이고 고등학교에서 수학을 못할 것이며 이 때문에 대학에서도 수학을 못할 것이라고 생각한다. 이러한 신념은 그녀의 결과기대에 직접적인 영향을 줄 것이고, 이로 인해 그녀는 목표를 수정해야 할지도 모른다.

## 맥락적 요인: 장벽과 지지

Lent와 동료들은 사람들이 다른 사람들과 상호작용하고, 많은 요인이 자기효능감과 결과기대, 목표에 영향을 미친다는 것을 인정한다. 개인의 경험은 다양한 사건과 상황의 맥락 안에서 존재한다. Lent, Brown과 Hackett(2000, 2002), 그리고 Lent(2005)는 두 가지 유형의 맥락적 요인, 즉, **배경 맥락적 요인**(background contextual factors)과 **선택 행동에 근접한 맥락적 영향**(contextual influences proximal to choice behavior)을 기술하였다. 배경 맥락적 요인은 사람들이 자신이 속한 문화에 대해서 배우거나 그 문화와 상호작용할 때, 그리고 성역할 기대에 대해서 배울 때 나타난다. 이러한 요인은 사람들이 사회적 · 학업적 능력을 익히는 동안에도 흡수된다. 이와는 대조적으로 선택 행동에 근접한 맥락적 영향은 특정한 학업과 진로선택 시점에 작용하는 환경적 요인이다. **근접 영향**(proximal influences)으로 불리는 이러한 요인은 현재 시점에서 진로선택 문제와 직접적으로 관련되는 경향이 있다. 예컨대, 특정한 직종에서의 현재 역할모델이나 희망하는 분야에서 시간제나 전일제로 일할 수 있는 기회, 학업을 위한 재정적 지원 등이 이에 해당한다.

맥락적 요인은 개인의 선택을 지지할 수도 있고 원하는 진로목표를 달성하는 데 장애물이 될 수도 있다. 대부분의 지지와 장벽은 배경 맥락적 요인보다는 근접한(최근의) 영향을 말한다. 근접 영향은 직접적으로 다룰 수 있는 것이다. 예컨대, 재정적 제약을 해결하기 위해 학자금 융자를 찾아보는 일이, 먹을 것이 충분하지 않았던 가정에서 자라야 하는 상황을 극복하는 것보다 더 쉽다. 음식 부족과 같이 극심한 배경 맥락적 요인의 제약이 존재하더라도, 부모님이 자녀에게 공부를 열심히 하라고 격려하는 것과 같은 지지가 있을 수 있다.

맥락적 요인은 현재 연구가 진행 중인 영역이다. 흥미와 능력 및 가치와 더불어 장벽(예: 열악한 재정 상황)과 지지(예: 교사의 격려)와 같은 개인적 요인 또한 진로선택에서 중요한 고려사항이다(Lent, Brown, Talleyrand et al., 2002). 지지와 장벽 둘 다 자기효능감에 영향을 미칠 수 있고, 이것은 진로선택 목표와 행동에 영향을 준다(Lent et al., 2003). 대학생을 대상으로 한 연구에서 자기효능감에 영향을 주는 지지의 유형에 가족과 또래의 지지성, 경제적 배경, 노동시장에 대한 전망이 포함되었다(Dahling & Thompson, 2010). 소수민족과 백인 엔지니어를 대상으로 한 연구에서도 사회적 지지와 장벽이 자기효능감을 예측하였다(Cardenas, 2010). 고등학교 1학년에서 3학년 학생을 대상으로 한 연구에서 진로탐색과 정서적 지지와 같은 환경적 지지는 진로 자기효능감 및 결과기대와 정적 상관을 보였다(Conkel Ziebell, 2011). 지지(부모의 지지와 진로 회기의 수를 포함한)에 대한 연구에서 지지에 대한 학생과 부모의 평가는 (이후에 측정된) 진로 자기효능감 및 진로결정성과 관련이 있었다. 이 두 변인은(세 번째로 측정된) 프로그램 탈락률의 감소와 같은 지속성(persistence)과 관련이 있었다(Restubog et al., 2010). 대만의 남자와 여자 고등학생을 비교한 연구에서는 여학생이 남학생에 비해 부적절한 일 경험을 장벽이라고 믿는 경향이 더 많았다. 하지만 성별적으로 비전통적인 진로를 추구하는 데에서는 남학생이 여학생보다 더 많은 장벽을 인식하였다(Tien, Wang, & Liu, 2009). 의예과 학생을 대상으로 한 연구에서 장벽은 목표 실행에 영향을 주는 것으로 보였다(Oetting, 2009). 이러한 결과는 사회인지진로 모델에서 맥락적 요인의 역할을 살피기 위해 수행된 연구의 몇 가지 예시다.

개인의 진로선택에 있어 맥락적 요인의 역할을 예시를 통해 살펴보기 위해, 샤론의 사례로 돌아가 보자. 샤론은 부모님이 상당한 부채(장벽)가 있기 때문에 대학 선택에 제약이 있을까 봐 염려한다. 그녀는 먼저 지역의 전문대학에 가야 한다고 느끼고 있고, 자신이 가고 싶은 4년제 대학에는 갈 수 없게 되는 것은 아닌지 걱정하고 있다(장벽). 그녀는 알도 선생님에게 수학 공부에 대해 약간의 추가적인 도움을 받고 있다. 그는 샤론이 학업에서 성공할 수 있다는 유능감을 좀 더 느끼도록 도움을 주고 있다. 이러한 지지는 샤론의 자기효능감 및 결과기대에 영향을 미치고 있다.

## 진로선택 사회인지 모델

진로선택에 대한 사회인지 모델은 자기효능감과 결과기대, 목표, 선택, 결과 및 맥락적 요인 사이의 상호작용을 포함하는 꽤 복잡한 모델이다. 진로선택 모델과 관련 있는 것은 흥미 발달과 학업적 · 직업적 수행 그리고 일과 삶의 만족에 관한 모델인데, 이에 대해서는 사회인지진로 이론 모델을 설명한 후에 다룰 것이다(Lent, 2005; Lent, Brown, & Hackett, 1994, 2000, 2002). 이들은 모두 순환적인 모델이다. 왜냐하면 모델에 포함된 개념들이 상호 영향을 미치고, 이러한 상호 영향은 생애 전반에 걸쳐 지속적으로 이루어지기 때문이다. **그림 14.1**은 진로선택 행동의 모델을 도식화한 것으로 이 절에서는 개념들 간의 상호작용 경로를 기술할 것이다.

진로선택에 대한 사회인지진로 이론을 예시하기 위해 샤론의 학업적 및 진로 관심사의 예를 계속 따라가 보자. 다음 몇 개의 문단은 이 모델의 한 부분을 구성하는 몇 가지 경로에 대한 설명과 예시이다. 여기서 기술된 요인은 사회인지진로 이론가들이 진로선택에서 가장 중요하게(유일하게 중요한 것은 아니지만) 여기는 것이다. 이 모델은 진로선택과 직종의 선정에서 중요한 역할을 하는 다음의 개념에서 시작한다.

**자기효능감 — 1 → 흥미**
**결과기대 — 2 → 흥미**

Bandura(1986)는 오랫동안 지속될 가능성이 있는 흥미는 스스로가 효과적으로 완수할 수 있고, 참여를 통해 성공을 얻어 낼 수 있다고 느끼는 활동에서 생겨난다고 믿었다. 사람들은 스포츠와 같은 어떤 활동을 시도할 때, 자신이 잘 못한다고 느끼면 점차 흥미를 잃을 수 있다. 마찬가지로 스포츠와 같은 어떤 활동의 결과가 성공적이지 않을 것이라고 느끼는 경우에도 흥미를 잃는 경향이 있다. 샤론은 그녀가 수학을 잘할 수 없다고 믿고 있다. 뿐만 아니라 수학 시험의 결과가 나쁠 것이라고 예상하고 있다. 이러한 요인 둘 다 수학에 대한 흥미 부족에 기여하고 있다.

**흥미 — 3 → 선택 목표**

개인의 흥미는 어떤 특정한 활동을 하려는 의향 및 활동과 관련된 목표에 영향을 끼친다. 샤론은 수학에 흥미를 잃었다. 그녀는 수학 공부를 하지 않겠다는 의도를 갖고 수학이 아닌 다른 목표를 선택한다. 그녀는 교회에서 여러 번 독창을 권유받았던 경험에 일부 근거하여 자신이 훌륭한 소프라노라고 믿고 있으며, 앞으로 잘할 수 있으리라는 강한 기대를 가지고 있기 때문에 노래에 대한 그녀의 흥미(경로 1, 2)는 점점 커지고 있다. 따라서 노래에 대한 샤론의 목표는 수학에 대한 목표보다 점점 더 강해지고 있다.

**목표 — 4 → 선택 행동**

사람들이 선택한 목표는 그 목표를 성취하기 위해 취하는 행동에 영향을 준다. 샤론은 노래 실력을 향상시키기로 선택하고, 가수 지망생으로서 실력을 쌓기 위해 노래수업을 받고 좀 더 연습을 하는 등의 행동을 취한다. 수학은 상대적으로 덜 중요한 목표가 되어 그녀는 수학 숙제를 하는 데 하루에 10분만 할애한다.

**선택 행동 — 5 → 수행 결과**

사람들이 선택한 행동은 수행 결과에 큰 영향을 끼친다. 샤론의 노래 실력은 향상되는 반면 수학 수행은 떨어진다.

**수행 결과 — 6 → 학습경험 — 7 → 자기효능감/결과기대**

사람들이 경험하는 수행 결과는 일반적인 학습경험에 영향을 주고 이는 다시 자기효능감과 결과기대에 대한 믿음에 영향을 끼친다. 샤론은 합창과 독창에서 긍정적인 학습경험을 갖고 있다. 노래 실력에 대한 믿음이 커지고, 노래하라는 제안을 받을 수 있는 자신의 능력에 대한 기대도 높아진다. 이와 대조적으로 수학시험에서 저조한 수행은 학습경험에 영향을 주고, 이에 따라 그녀는 자신은 수학을 잘하는 학생이 아니며(자기효능감) 앞으로도 수학 시험을 잘 볼 수 없으리라(결과기대) 믿는다.

**결과기대 — 8 → 선택 목표 — 9 → 선택 행동**

결과기대는 사람들이 목표를 지각하는 방식에 직접적인 영향을 미칠 수 있다. 샤론이 직업적으로 노래를 할 기회를 찾지 못한다면, 이것은 전문 가수가 되려는 그녀의 목표 및 미래의 진로선택 행동에 영향을 줄 수 있다. 비록 전문 가수가 되는 목표를 가치 있게 여긴다 하더라도 긍정적인 결과에 대한 샤론의 기대는 높지 않다.

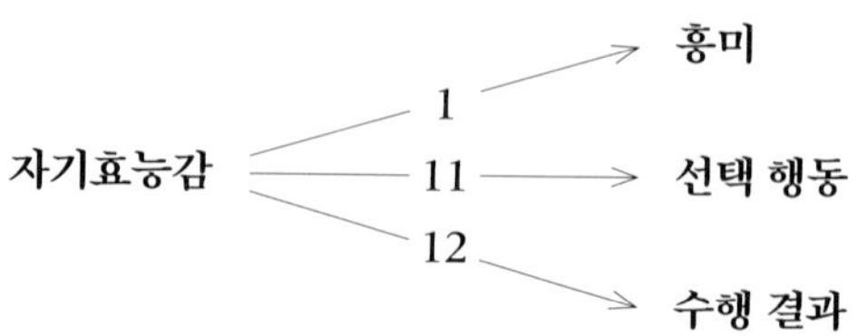


자신에 대한 개인의 신념은 개인의 진로목표와 선택 행동, 수행 결과에 직접적인 영향을 끼치는 주요한 요인이다. 예컨대, 자신의 수학 실력에 대한 샤론의 믿음부족은 흥미와 목표, 직업과 관련된 선택뿐만 아니라 최종적인 직업선택에까지 영향을 미칠 수 있다.

사회인지 이론가들은 학습과 수행에 영향을 미치는 다른 요소들도 있음을 분명히 한다. 그림 14.1의 상자 A(**개인적 투입 변인**)는 개인 요인과 배경 요인의 중요성을 보여 준다. 생물학적 소인과 성별, 인종, 장애, 그리고 부모 배경과 같은 다른 요인이 영향력을 가질 수 있다. 예컨대, 샤론은 강하고 뛰어난 목소리를 가졌는데, 이는 그녀의 긍정적인 수행 결과와 긍정적인 학습경험에 기여하고, 그 결과 가수로서 자기효능감에 기여한다. 수학과 관련해서 샤론은 여자는 수학을 잘 못한다는 말을 들었으며(배경 맥락적 조건), 이는 그녀의 학습경험과 수학 자기효능감에 부정적인 영향을 주었다.

**맥락적 영향** 또는 개인의 통제 밖에 있는 요인 또한 진로선택을 조절하거나 진로선택에 영향을 끼친다(그림 14.1의 상자 B와 C를 보라). 예를 들어, 가수 일자리가 거의 없고 샤론이 더 이상 노래 지도를 받을 수 있는 경제적 형편이 되지 않는다면 이는 그녀가 가수가 되기로 선택하는 데 걸림돌이 될 수 있다.

샤론의 오빠인 마틴은 명문 대학의 4학년생이다. 부모님은 종종 샤론에게 더 잘하라고 동기를 불어넣기 위해서 오빠의 성공에 대해서 이야기하곤 한다. 마틴이 좋은 대학에 갔다는 것(그리고 대학 생활을 잘하고 있다는 것)은 **배경 맥락적 요인**(Background Contextual Affordances)이 될 수 있다(그림 14.1의 상자 B). 샤론의 부모님이 오빠의 성공에 대해서 이야기하는 것은 현재 일어나는 행위로 **선택 행동에 근접한 맥락적 영향**(그림 14.1의 상자 C)에 해당한다. 왜냐하면 이는 샤론의 선택된 목표와 행동에 영향을 미치기 때문이다. 샤론 역시 마틴이 집에 오면 이야기를 나누기를 기대하고 있다. 이것은 샤론에게 공부, 심지어 수학조차도 더 열심히 하도록 동기를 부여하기 때문에, 선택 행동에 근접한 지지적인 맥락적 영향으로 여겨진다(그림 14.1의 상자 C).

그림 14.1은 개인의 진로선택에 중요한 요인을 도식화한 것이다. 비록 이 과정

에서는 자기효능감과 결과기대가 중요한 요인이지만, Lent, Brown과 Hackett(1994, 2002) 그리고 Lent(2005)는 과거의 생물학적, 사회적 또는 환경적 영향(상자 A)이나 현재의 맥락적 요인(상자 B, C)도 간과하지 않는다. 이들은 사람들이 나이가 들면서 홍미와 목표 및 수행결과를 바꾸는 것은 불가능은 아닐지라도 점점 더 어려워진다고 하였다. 그 이유는 이것들은 과거 행동의 영향을 받기 때문이다. 선택과정에 대한 이러한 개념화는 상담자들에게 내담자를 바라보는 유용한 관점을 제공한다. 이러한 개념들과 이들 간의 관계는 상당한 양의 연구에 의해 지지받아 왔다. 진로선택의 사회인지 모델은 많은 연구의 주제가 되어 왔다. 여기에서 그 일부만 간략하게 살펴보고자 한다. 이 모델에 대한 대부분의 연구는 5장(142~149쪽)에서 기술한 여섯 가지의 Holland 유형을 사용하여 홍미를 살펴본다. 40개의 연구를 대상으로 한 메타 분석에서는 지지와 장벽 둘 다 목표와 행동보다는 자기효능감과 결과기대를 통하여 수행을 예측한다는 것이 밝혀졌다(Sheu et al., 2010). 14세에서 15세 사이의 오스트레일리아 학생을 대상으로 한 연구에서 진로선택의 사회인지 모델은 학과목 선택과 계열 선택을 예측하였다(Patrick, Care, & Ainley, 2011). Rogers와 Creed(2011)는 오스트레일리아의 고등학교 1학년과 3학년 학생을 대상으로 한 연구에서 사회인지 모델을 전반적으로 뒷받침하는 증거를 발견하였다. 미국에서 고등학생을 대상으로 조사한 결과, 진로선택의 사회인지 모델은 자기효능감을 향상시키고 미래에 대한 희망감을 고취시키는 데 도움이 되는 것으로 나타났다(Medina, 2010). Holland의 각 유형의 사회적 명성은 서로 다른 경향이 있다. 또 다른 연구에서는 이러한 Holland 유형을 진로선택의 사회인지 모델과 관련시켜 이 모델의 미묘한 차이를 탐색하였다(Thompson & Dahling, 2012). Metheny(2010)는 대학생의 명성 수준에 대한 조사에서 명성 수준이 진로결정 자기효능감의 중요한 예측 요인이라는 것을 발견하였다. 학습장애 학생들에게도 이 모델이 지지되는 것으로 밝혀졌다(McAllister, 2009). 이러한 연구결과는 진로선택의 사회인지 모델을 지지하는 최근 연구의 몇 가지 예시이다.

## 상담 예시

사회인지진로 이론의 실제 상담 적용에 대한 연구는 상대적으로 적은 실정이지만 Betz(1992, 2006), Brown과 Lent(1996), Lent(2005), Lent, Brown과 Hackett(2002)은 상담자에게 유익한 몇 가지 제안을 하였다. Betz(2006; Hackett & Betz, 1981)는 초기 연구에서 그랬던 것처럼 여성을 상담하는 데에 초점을 맞추었다. 그녀는 수학과 과학과 같은 특정한 내용 영역을 숙달하는 능력과 특정한 진로 영역에 진입하는 능력에 대한 여성의 신념에 영향을 미치는 환경적 영향력의 중요성을 인식하였다. Betz는 수학과 다른 영역에 대한 낮은 자기효능감은 여성으로서 경험한 사회화의 결과라는 것을 여성이 이해하도록 상담자가 도와야 한다고 제안하였다. 이러한 제안은 또한 차별이나 고정관념의 피해자가 될 수 있는 다문화 집단의 내담자에게도 적용할 수 있다. 낮은 자기효능감이 어떠한 흥미의 발달에 어떤 식으로 부정적인 영향을 미치는지를 탐색하는 것도 내담자에게 도움이 될 수 있다. 비전통적인 역할모델을 관찰하는 것 또한 내담자가 비전통적인 학업과정이나 일을 추구하도록 격려하는 데 도움이 될 수 있다. 또한 내담자에게 충분히 활용되지 않은 자신의 능력에 대한 신념을 강화함으로써 장벽보다는 지지를 제공하는 것도 꽤 유용하다. 예를 들어, 여성 내담자에게 어려운 수학 과제를 끈기 있게 해내도록 격려하는 일은 과제를 완수하려는 그들의 노력을 지지하는 것이다. 때로는 수학이나 과학 수업을 수강하겠다는 생각을 할 때 생겨나는 불안을 줄여 주는 것 역시 도움이 된다. 사회인지진로 이론가들은 여성과 다문화권 사람들에 대한 사회적 편견과 차별이 가진 부정적인 영향력을 인식하고 있다. 따라서 이들은 모든 사람, 특히 여성과 소수집단 구성원의 진로선택을 설명할 수 있는 이론을 개발하는 데 각별한 관심을 두어 왔다.

Brown과 Lent(1996), Lent와 Brown(2002), 그리고 Lent(2005)의 연구에서는 여성과 남성 모두에게 사회인지진로 이론을 적용하여 자기효능감과 진로장벽 및 지지를 살펴보았다. 이들은 내담자가 낮거나 부정확한 자기효능성 신념, 또는 낮은 결과기대로 인해 미리 선택지를 제한하는 사례를 확인하도록 상담자가 도와야 한다고 제안하였다. 샤론의 사례라면 상담자는 이 여학생의 수학 학습능력에 대한 신념과 수학에 대한 목표에 주목할 것이다. 이러한 신념은 샤론이 고등학교를 다니는 동안 장벽으로 작용할 수 있다. 수학에 대한 자기효능감이 낮지 않다 하더라도 샤론은 경제적인 문제나 다른 이유를 들어 수학이나 과학에 대한 진로목표를 추구하는 데 장벽이 되는 요인을 찾아낼지도 모른다. 상담자는 샤론이 이러한 장벽을 제거하거나 줄이도록 도울 수 있을 것이다. 샤론이 수학(및 과학)과 관련된 새로운 긍정적인 경험을 할 수 있도록 돕는 것이 한 가지 상담목표가 될 수 있다.

다음 예시는 사회인지진로 이론을 개념적 토대로 사용함으로써 상담자가 어떻게 샤론의 학업과 진로선택에 도움을 주는지를 보여 준다. 샤론은 고등학교 3학년에서 수강할 과목을 지도받으려고 가이던스 상담자를 만나러 온다. 그녀는 아직 미래의 진로목표와 수강할 과목에 대해 불확실한 상태이다. 게다가 대학 진학 여부도 불확실하다. 다음의 대화는 샤론과의 상담회기에서 발췌한 것이다.

**내1:** 내년에 뭘 들어야 할지, 뭘 해야 할지 잘 모르겠어요. 수학이 정말 저를 힘들게 하고 있어요. 너무 싫어요.

**상1:** 샤론, 수학에 대해서 조금 더 말해 보겠니?

**내2:** 저는 정말 못 하겠어요. 너무 어려워지고 너무 지루한 게 많아요. 제가 그걸 왜 해야만 하는지 모르겠어요. 정말 고통스러워요.

**상2:** 정말 힘들구나. 해보려고 열심히 노력했지만 뜻대로 안 된다는 말로 들리네. [상담자는 샤론이 노력한 만큼 얻어지는 결과가 없어 크게 좌절했다고 생각한다.]

**내3:** 음, 생각해 보니 수학 숙제를 하려고 좀 더 노력할 수도 있었는데 제가 포기한 것 같아요.

**상3:** 포기했다고?

**내4:** 네. 그냥 수학은 저한테 안 맞는 것 같아요. 어쨌거나 같이 수업 듣는 남자애들은 잘하는 것 같은데 여자애들은 안 그러니까요.

**상4:** 샤론, 과학과 공학 분야에서 얼마나 많은 여자가 잘하고 있는지 알면 넌 깜짝 놀랄 거야. 그들 중에 상당수가 수학을 아주 잘해. 사실 우리 졸업생 중에도 상당수 여학생이 대학에 가서 수학을 전공하기도 해. [상담자는 샤론이 너무 빨리 목표를 제한하지 않도록 다른 사람들이 어떻게 했는지에 대해 그녀가 가지고 있는 인식과 반대되는 정보를 알려 준다.]

Lent(2005)는 진로선택 문제의 한 부분인 사회인지 과정에 주의를 기울이는 것이 중요하다고 생각한다. 그리고 부정확한 자기효능감과 결과기대에 각별한 관심을 둔다. Lent는 내담자가 이미 버렸거나 버리려고 하는 선택지를 상담자가 다시 살펴볼 것을 제안한다. 내담자는 정확하지 않은 결과기대나 낮은 자기효능성 신념을 갖고 있을 수 있다. 다음 예시에서 상담자는 샤론에게 수학에 대한 낮은 자기효능성 신념에 도전하는 데 도움이 될 수 있는 수학에 관한 새로운 정보를 제공한다. 다음 진술에서 샤론은 수학 과목에서 자신의 실제 수행에 대해 다시 생각을 하게 된다.

**내5:** 음, 생각해 보니 수학을 꽤 잘해 왔는데, 가끔 지겨워하는 것 같아요.

**상5:** 그래. 네가 수학에서 B를 받았다는 거 알고 있어. 전에는 진짜 수학을 잘했나 봐. 대단해. [상담자는 샤론의 수학 자기효능감과 결과기대에 영향을 주고자 샤론의 수학 수행을 지지하고 있다.]

**내6:** 네. 근데 요즘에는 선생님이 너무 빨리 진도를 나가시는 거 같아요. 저도 노래 때문에 바쁘거든요. 노래는 정말 잘 되어 가고 있어요. 그런데 선생님이나 저나 이 문제를 다뤄 볼 시간이 없는 것 같아요.

**상6:** 알도 선생님이 기하학 공부를 기꺼이 도와주실 수 있을 것이라 생각해. 수학을 계속 공부하면 정말 선택의 폭이 더 넓어질 거야. 네가 전에는 수학을 잘하고 좋아했던 것 같아. 그런 게 그냥 없어지지 않으면 좋겠어. [상담자는 수강과목과 진로선택 둘 다에서 수학 자기효능감이 흥미와 최종 목표에 영향을 끼친다는 것을 알고 있으므로, 샤론이 수학 자기효능감을 높이도록 도움을 주려고 애쓰고 있다.]

**내7:** (확신이 없는 듯) 그래요. 그럴 수 있겠죠. 그렇지만 저는 정말 가수가 되고 싶어요. 교회에서 하는 일이 잘되고 있어요. 결혼식 축가를 부탁받았는데 빨리 가서 하고 싶어요.

**상7:** 노래하는 게 네가 원하는 직업으로 이어질 수도 있겠구나.

**내8:** 그렇게 되면 좋겠어요. 근데 그게 얼마나 어려운 일인지 잘 알고 있어요. 이웃 중에도 몇 년 동안 그룹에서 노래하고 있는 사람들이 있는데, 제자리 걸음만 했거든요.

**상8:** 수학과 음악을 포함해 몇 가지 기술을 갖고 있으면 선택의 폭이 정말 넓어질 거야. [상담자는 가수의 취업시장에 대해서 잘 알고 있으므로, 샤론이 자신의 능력과 잠재력을 가능하면 최대한 개발하도록 돕고 싶다. 그렇게 함으로써 샤론은 목표를 개발하고 넓힐 수 있고, 이로 인해 더 폭넓은 선택지를 갖고 좋은 수행을 이룰 가능성을 높일 수 있을 것이다. 상담자는 수학에 대한 샤론의 흥미를 강화함으로써 그녀가 진로선택의 범위를 넓힐 수 있도록 돕는다.]

앞으로의 회기에서 상담자는 샤론이 수학의 중요성을 더 많이 알 수 있도록 도와줄 수 있다. 만약 샤론이 불안해한다면 상담자는 자신감을 키울 수 있도록 이완 기법과 긍정적 자기 대화를 사용하는 방법을 가르쳐 줄 수 있다. 상담자는 또한 직업에서 수학을 활용하는 여성을 그녀에게 소개해 줄 수 있다. 소수민족 출신의 수학자와 과학자에 대한 서적과 팸플릿도 새로운 진로목표를 고려하는 데 걸림돌이 되는 장벽을 줄이는 유용한 방편이 될 수 있다.

Lent(2005)는 내담자가 장벽을 다루고 지지기반을 만들 수 있도록 돕는 다양한 방법을 제안하였다. 먼저 상담자는 내담자가 진로목표를 달성하는 데 방해가 되는 잠재적인 장벽을 확인하고 예측하도록 도울 수 있다. 장벽이 확인되면 상담자와 내담자는 내담자가 그러한 장벽을 다뤄야 할 가능성을 검토할 수 있다. 그런 다음 상담자와 내담자는 장벽을 예방하거나, 장벽이 일어날 경우 그것을 다루는 전략을 고안해 낼 수 있다. Lent는 **의사결정 대차대조표**(decisional balance sheet)라는 기법을 제안하였는데, 내담자는 이 표에 진로선택지마다 긍정적, 부정적 결과를 기록한다. 다음으로 내담자는 각 장벽에 직면할 가능성을 평가한다. 그런 다음 내담자는 이러한 장벽을 예방하거나 다루는 전략을 글로 적는다. 한편 Lent(2005)는 지지를 다루면서 내담자가 진로목표를 달성하는 데 가족과 친구, 교사 및 다른 사람들이 지원을 해줄 수 있는 방법을 확인할 것을 제안한다. 샤론의 사례에서 상담자는 여성에게 있어서 수학에 관한 편견의 부정적 영향을 인식하고 있기 때문에, 그녀가 자기효능감을 향상시키고 진로목표를 달성하는 데 예상되는 장벽을 다룰 수 있도록 돕는 다양한 기법을 활용할 수 있다.

## 흥미발달 사회인지 모델

홍미에 대한 사회인지진로발달 모델은 진로선택 모델과 매우 유사하다(Lent, 2005). 홍미발달 모델은 **그림 14.1**에 묘사된 것과 비슷하다. 두드러지는 차이는 초점이 진로선택보다는 홍미에 맞춰져 있다는 점이다. 사회인지진로 이론은 사람들이 자신이 어떤 활동에서 유능하다고 여기고 그 활동을 계속하면 긍정적인 결과가 있을 것이라고 예상함에 따라 홍미가 발달한다고 본다. 이와는 달리, 사람들이 자신의 능력에 의구심을 갖고 긍정적인 결과를 기대하지 않으면 무관심이 생긴다. 즉, 홍미는 자기효능감과 결과기대의 발달과 함께 생기는 것이다. 사람들이 설정하는 목표는 어떤 활동에서 실행 가능성을 높이고, 이는 다시 자기효능감을 발달시키고 결과기대를 높이는 역할을 한다. **그림 14.1**에서 보듯이 이는 되풀이해서 지속되는 과정이다. 사회인지진로 이론에서 홍미는 특정 활동의 가용성이 제한받는지 그리고 사람들이 적절한 학습 경험을 찾을 수 있는지에 따라 변화하기 쉬운 것으로 간주된다. 이러한 경험들은 사람들이 새로운 영역에서 자기효능감과 긍정적 기대를 발달시킬 수 있게 해준다. 일례로, 초등학교에서 하는 아이 돌봄이나 자원봉사 활동은 교직에 대한 목표로 전환될 수 있다. 사회인지진로 이론에서는 홍미의 변화를 주로 자기 효능 신념과 결과기대의 변화에 의해 일어나는 것으로 본다.

사회인지진로 이론에서 능력과 가치의 발달은 홍미의 발달과 비슷한 것으로 간주된다. 개인의 능력은 긍정적으로나 부정적으로 개인의 자기효능 신념에 영향을 미치는 것으로 여겨진다. 개인의 진로 관련 가치는 결과기대의 일부인 동시에 이에 영향을 미친다. 예컨대, 편안한 작업 여건에 대한 개인의 선호는 편안한 상황에서 일하는 것에 대한 개인의 결과기대에도 영향을 미치는 가치이다.

사회인지진로 이론에서 문화와 성별은 자기효능감과 결과기대에 영향을 미치는 변인이다. 일반적으로 사회에서는 성별과 문화를 다양한 방식으로 바라본다. 개인이 접촉하는 사람들과 기관의 견해에 따라 상이한 사회적 · 문화적 환경이 자기효능감과 결과기대에 대한 개인의 견해에 다양하게 영향을 미칠 수 있다. 성별을 예로 들자면, 사회에서 간호직을 여성에게 적합한 직업으로 본다면 남성이 간호직에 대한 결과기대를 갖거나 이를 진로목표로 설정할 가능성은 여성보다 더 낮을 것이다. 또한 남성은 간호와 관련된 활동에서 흥미나 능력을 발달시킬 가능성이 더 낮다. 성별과 그 외 다른 변인은 흥미에 대한 사회인지 이론에 관한 연구에서 다루어지고 있다.

최근 수행된 두 개의 연구는 흥미의 인지 모델에 초점을 맞추었다. 포르투갈 대학생을 대상으로 Holland 유형에서 나타나는 흥미를 조사한 연구에서는 자기효능감과 결과기대 둘 다가 흥미를 예측하는 것으로 나타나 모델을 전반적으로 지지하는 결과가 발견되었다(Lent et al., 2011). 흥미의 사회인지 모델은 소년원에 복역 중인 저소득층 청소년에게도 적용되었다(Harrmann, 2011). 자기효능감과 결과기대 둘 다 흥미의 강도를 예측하였다. 하지만 이 두 변인 가운데 결과기대는 이 집단 청소년의 흥미를 더 강하게 예측하는 요인이었는데, 이와는 달리 다른 청소년들에게는 자기효능감이 흥미의 더 강한 예측 요인으로 밝혀졌다. 이러한 연구들은 사회인지 모델을 뒷받침한다.

흥미발달에 대한 사회인지진로 이론 모델은 샤론에게도 적용될 수 있다. 샤론은 수학 과제를 더 하기 시작하였다. 수학 선생님은 샤론에게 수학 실력이 늘고 있다고 말하였는데, 이는 선생님이 이런 결과에 대해 만족한다는 것을 나타냈다. 그녀의 성적(수학 능력)도 학업의 향상을 보여 주었다. 게다가 그녀의 오빠 마틴은 대학에서 경영 전공을 위해 수강하였던 회계학 수업과 그 수업이 경영 관련 진로를 준비하는 데 어떻게 도움이 되고 있는지에 대한 그의 생각에 대해 말해 주었다. 샤론은 자신도 대학에서 경영을 전공하기를 원할 수 있고, 수학이 그녀에게 가능성 있는 결과기대일 수 있다고 믿는다. 그녀의 향상된 수학 수행은 수학과 관련된 좀 더 많은 활동으로 이어진다. 이는 샤론의 능력뿐만 아니라 수학 자기효능감을 높였다. 음악과 노래에 대해 이미 강한 흥미를 갖고 있기 때문에 샤론의 음악 자기효능감은 여전히 높다. 비록 사회적 요인(노동시장)이 노래를 진로선택지 중 하나로 보는 그녀의 견해에 영향을 미치고 있지만, 노래를 한 가지 흥미로 보는 그녀의 견해는 지속되고 있다. 따라서 자기 옹호(self-advocacy)와 결과기대는 사회인지진로 이론의 흥미발달에서 중요한 역할을 한다.

## 수행 사회인지 모델

개인이 학업에서나 직장에서 수행할 수 있는 능력 둘 다 수행에 대한 사회인지 모델로 예측할 수 있다. 사회인지진로 이론은 학교와 직장 둘 다에서 흥미의 발달과 수행 능력의 중요성을 인정한다. 사회인지진로 이론의 다른 모델에서와 마찬가지로, 수행 모델은 개인별로 지속적으로 구축되는 모델이다. 이처럼 수행 모델은 순환적인 속성이 있다. 그림 14.2에서 보는 바와 같이 학업이나 직업과 관련된 개인의 능력은 자기효능감과 결과기대에 영향을 미친다. 그리고 이 두 요인은 개인이 갖게 될 학업이나 진로목표에 영향을 미치고, 이런 목표는 다시 학업적 · 직업적 수행 수준에 영향을 준다. 추가적으로, 개인의 수행은 능력에 영향을 미치고, 이는 다시 자기효능감과 결과기대에 영향을 미칠 것이다. 이 모델에서 중요한 것은 수많은 다양한 환경적 특성이 사람들의 학습경험에 영향을 주고 학습경험은 다시 그들의 수행에 영향을 미친다는 것이다. 이러한 환경적 특성의 예로는 개인이 받는 학교수업이나 훈련의 질, 교사나 강사가 제공하는 도움의 유용성, 부모의 지지 및 친구, 교사, 그 밖의 타인의 지지를 들 수 있다.

이 모델에서 자기효능감은 능력을 보완하는 것이지 대체하는 것은 아니다. 일례로, 대학의 어떤 시험에서 개인이 보여 준 수행은 자신이 그 과목에 대해 잘 알고 있

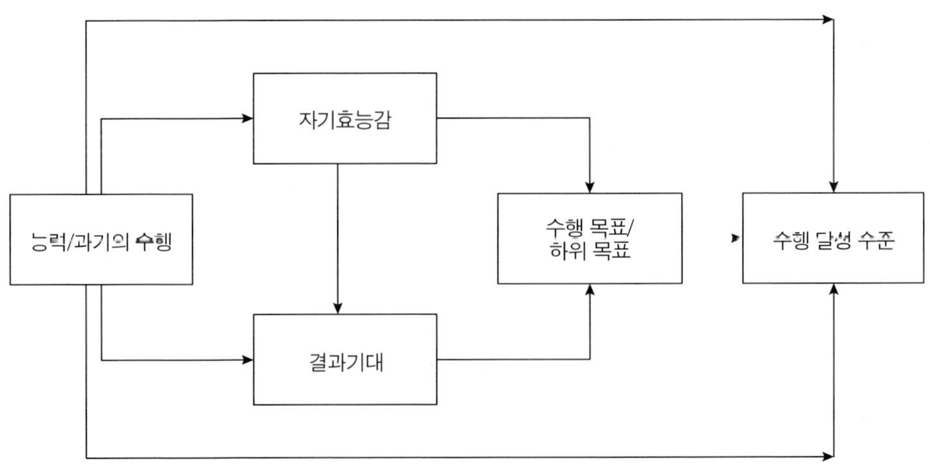


**그림 14.2** 과제 수행 모델

출처: Lent, R. W., Brown, S. D., & Hackett, G. (1994). "Toward a unified social cognitive theory of career and academic interest, choice, and performance." *Journal of Vocational Behavior*, *45*, 79-122. Elsevier의 허락하에 재인쇄함.

다는 믿음이 있으면 도움이 되지만 그것이 노력과 능력을 대신하는 것은 아니다. 적절한 수준의 자기효능감을 갖는 것은 도움이 되지만 그것만으로는 충분하지 않다. Lent(2005)는 만약 사람들이 특정 영역에 대한 그들의 현재 능력을 과대평가한다면 이는 실패와 좌절을 가져올 수 있다고 언급하였다. Lent는 또한 개인의 현재 능력보다 약간 더 높은 자기효능감은 좀 더 나은 기술 개발과 동기부여에 유용할 수 있다고 제안하였다. 그러나 자기효능감이 지나치게 높거나 낮으면 수행에 부정적인 영향을 미칠 수 있다. 수행에 대한 사회인지 이론은 계속 연구되고 있고, 연구에 의해 지지된다는 것이 밝혀지고 있다.

메타 분석은 수행에 대한 사회인지 이론을 다룬 여러 연구의 결과를 명료화하는 방법을 제공한다. 이전에 수행된 8개의 메타 분석 결과를 활용한 결과, 일 수행에 대한 사회인지 이론이 지지되었다(Brown, Lent, Telander, & Tramayne, 2011). 일 수행 모델에 성실성(conscientiousness) 변인을 추가함으로써 모델은 완성도를 높였다. 이전에 수행된 메타 분석을 재분석한 결과 학업 수행과 지속성에 대한 사회인지 모델이 지지되었다(Brown et al., 2008). 고등학교 성적이 아니라 전반적인 인지능력이 능력 변인으로 사용되었을 때, 이 모델은 학업 수행과 지속성을 예측하는 데 더 잘 적용되었다. 일례로, 최근의 한 연구는 교육 공학 강좌에 등록한 초등학교 교사 양성을 위한 교육대학교 학생들의 수행을 예측하였다(Perkmen & Pamuk, 2011). 신입생을 분석에서 제외했을 때, 수행에 대한 사회인지 이론이 지지되었다. 다른 많은 연구에서도 일과 학업 수행에 대한 사회인지 이론을 지지하는 결과를 제시하였다.

수행에 대한 사회인지진로 모델은 수학 공부를 하려고 힘겹게 애쓰는 샤론의 예에 적용할 수 있다. 그녀의 능력은 향상되고 있으며, 이는 수학 자기효능감과 결과기대 둘 다에 영향을 미치고 있다. 수학시험에서 얻은 A-는 샤론에게 이전에 자신이 생각한 것보다 수학을 더 잘할 수 있다는 믿음(높아진 자기효능감)과 향후에 수학 시험에서 A를 받을 수 있으리라는 믿음(높아진 결과기대)을 갖는 데 도움이 되었다. 이것은 수학에서 높은 점수를 얻고 이번과 이후의 수업에서 수학을 계속해서 잘해야겠다는 목표 설정으로 이어진다. 이것은 또한 과정을 수강해서 잘 해낼 수 있겠다는 믿음(미래의 결과기대)으로 이어진다. 샤론이 자신에게 적절하다고 느끼는 진로선택을 하는 것뿐만 아니라 자신이 선택한 분야에서 잘 해낼 수 있는 것이 중요하다.

## 일과 삶의 만족 사회인지 모델

사회인지진로 이론의 가장 최근 모델은 사회인지 이론의 기본적 개념이 어떻게 일과 삶의 만족을 예측하는지를 살펴보았다(Lent & Brown, 2005, 2008; Lent et al., 2005). Lent와 Brown은 진로선택의 발달과 진로선택을 예측하는 방법을 연구하는 것뿐만 아니라 현재 일에 대한 만족과 함께 삶에 대한 좀 더 전반적인 만족을 예측할 수 있도록 모델을 확장하는 데에도 관심이 있다. Lent와 Brown(2008), 그리고 Lent 등(2005)이 보여 준 바와 같이, 많은 연구에서 개인의 일에 대한 만족과 삶에 대한 만족 간에 중간 크기의 상관이 있음이 밝혀졌다. 전반적인 삶의 만족과 일에 대한 만족처럼 다양한 특정 영역에서의 삶의 만족 간의 관계에 대해 많은 연구가 지속적으로 이루어지고 있다.

일과 삶의 만족에 대한 사회인지 이론은 직업만족과 안녕감을 포함한 여러 관점에서 연구되어 왔다. Lent와 Brown(2008)은 주관적 안녕감을 기술하면서 직업만족을 주관적 안녕감의 한 측면으로 보았다. 미국 노스캐롤라이나 주의 교사에게 일과 삶의 만족 사회인지 모델을 적용하였을 때, 자신의 직업에 가장 크게 만족하는 교사는 직업환경을 지지적인 것으로 보았으며 교수 기능을 수행하는 자신의 능력에 자신감이 있었다(Duffy & Lent, 2009). 이탈리아에서 수행된 교사 연구에서는 직업만족과 긍정 정서의 영향 및 개인적 목표를 성취하는 데에서의 진전은 삶의 만족을 예측하는 데 기여하는 것으로 나타났다(Lent et al., 2011). Kelly(2011)는 고등학교 졸업 후 영업이나 서비스직에 진입한 젊은이를 연구한 결과, 결과기대와 진로결정 자기효능감 그리고 삶의 만족이 직업만족과 관련이 있음을 밝히면서 일과 삶의 만족에 대한 사회인지 이론이 부분적으로 지지되었음을 보고하였다. 이러한 연구결과들은 사회인지 이론에서 밝혀진 것을 일과 삶의 만족을 포함하도록 확장한다는 점에서 유용하다.

일과 삶의 만족에 대한 사회인지 모델은 흥미발달 및 진로선택 모델과 다소 유사하다. 일과 삶의 만족 모델의 중심에는 개인의 자기효능감이 있다. 그러나 이 모델에서는 자신의 진로선택에 대한 개인의 결과기대보다 자신이 하게 될 일과 직무환경에 대한 개인의 기대를 살펴본다. 이러한 변인들은 목표 지향적 활동에 대한 참여와 진전을 예측하는 데 사용되고, 이러한 참여와 진전은 다시 일에 대한 만족과 전반적인 삶의 만족을 예측하는 데 사용된다. 이 모델이 다른 모델과 상이한 한 가지 측면은 외향성과 불안, 성실성과 같은 성격 특성이 일 만족과 전반적 삶의 만족에 어떤 영향을 미치는지를 알아보기 위해 연구한다는 점이다. 이 복잡한 모델은 성격이나 정서적·인지적·행동적·환경적 변인들 간의 관계를 본다.

이 모델을 샤론에게 적용하려면 그녀의 미래를 들여다볼 필요가 있다. 이 모델은 개인이 아닌 집단을 분석 단위로 하여 연구하도록 고안된 것이지만 하나의 사례를 예로 활용하여 모델을 설명하는 것이 가장 쉬울 것이다. 만약 샤론이 모델과 일치하는 방식으로 행동한다면, 10년 후에 그녀는 고등학교를 졸업하고 대학에 진학하여 경영학 학위를 받았을 것이라는 예측이 가능하다. 그 시점에서 샤론은 자신의 학업능력, 특히 수학에 대한 자기효능감과 소매업 관리 직종에서의 직업 조건 및 가능한 결과에 대한 기대를 갖게 될 것이다. 그녀가 이러한 기대를 실현하고 관리 기술을 개발하는 쪽으로 나아간다면, 이 모델은 그녀의 일에 대한 만족뿐만 아니라 전반적인 삶의 만족을 예측할 것이다. 샤론이 성실하고 다소 외향적이면서 불안을 보이지 않는다면, 이 모델은 특히 잘 맞을 가능성이 있다. 그러나 이것은 어디까지나 한 가지 모델이고 모델의 예측은 불완전하다. 샤론은 소매점 관리자보다는 성공한 가수가 되겠다는 대안적인 목표를 세우기 위한 지지와 기술을 가졌을지도 모른다. 이 목표를 선택하더라도 샤론은 일과 삶의 만족을 이룰지도 모른다. 이 모델은 일과 삶의 만족 둘 다를 예측하므로, 이 장에서 기술한 다른 모델보다 더 포괄적이다. 후속 연구에서는 이러한 예측의 정확성을 평가해 볼 수 있을 것이다.

## 직업정보의 역할

직업에 대한 정확하고 충분한 정보의 부족은 선택한 목표와 행동을 성취하는 데 장벽이 될 수 있다. Betz(1992)는 정확하고 편향되지 않는 진로정보를 갖고 있는 것의 중요성을 기술하면서, 특히 비전통적인 직종에 종사하는 여성과 다문화 배경을 가진 사람들을 중점적으로 다루었다. Lent(2001, 2005), Lent, Brown과 Hackett(2002), Lent, Brown과 Talleyrand 등(2002)은 사람들이 맞닥뜨릴 수 있는 사회와 노동시장의 변화를 인식하였다. Krumboltz(13장 참고)는 사람들이 새롭거나 어려운 노동시장의 변화에 대응하는 것을 돕기 위해 **계획된 우연**이라는 개념을 사용한다. 사회인지진로 이론(Lent, 2005)은 사람들이 어떻게 각자의 삶을 조정하고 능력을 개발하며 좋은 진로선택을 할 수 있는지를 기술한다. 사람들은 접근 가능한 교육(예를 들어, 훈련 프로그램, 전문대학, 4년제 대학)을 통해서 자신의 기술 수준을 향상시키고 직업정보를 더 많이 얻을 수 있다. 이렇게 함으로써, 사람들의 흥미와 능력도 더 많이 발전한다. 사람들은 새로운 수준의 진로 획득에 도달하기 위해 선택한 목표와 행동을 바꿀 수도 있다. 사회인지진로 이론에서 진로정보는 특히 현실적인 결과기대(즉, 다양한 직종에서의 근무 여건과 가용한 강화물 및 이러한 요인들이 개인의 직업가치와 비교해 볼 때 어떠한지)를 갖는 데 필수적이다. 직업정보에 대한 학습은 자기효능감 및 결과기대와 상호작용하는 많은 학습경험 중 하나이며, 이는 새로운 선택 행동으로 이어질 수 있다.

## 평가도구의 역할

사회인지진로 이론에서는 흥미와 가치, 수행이 진로선택 모델의 중요한 측면이다. 검사는 내담자가 진로결정을 내리는 데 사용할 정보를 제공할 뿐만 아니라 사회인지진로 이론의 예측력을 평가하는 수단을 제공한다. Brown과 Lent(1996)는 생물학과 같은 특정 영역에 관하여 측정된 흥미와 능력 간의 불일치는 생물학에 대한 낮은 자기효능감을 나타낼 수 있다고 보았다. 일과 관련된 욕구 또는 가치와 흥미 측정 간에 불일치가 존재한다면 내담자가 잘못된 결과기대를 가졌을 수 있다. 진로결정 자기효능감 척도(Career Decision-Making Self-Efficacy Scale)(Betz & Luzzo, 1996; Taylor & Popma, 1990)는 주로 연구 목적으로 사용되어 왔다. 좀 더 최근에는 50개 항목의 원척도를 25개 항목으로 줄인 간편 진로결정 자기효능감 검사(Career Decision Self-Efficacy Scale-Short Form, CDSES)로 보완하였다. CDSES에는 진로의사결정 자기효능감의 측면인 다섯 가지 하위 척도, 즉 목표 선택, 진로정보 습득, 문제해결, 미래 계획, 정확한 자기평가가 있다. 많은 연구자가 CDSES의 신뢰도와 타당도에 대한 정보를 제공하였다(Betz, Hammond, & Multon, 2005; Betz & Taylor, 2000; Chaney, Hammond, Betz, & Multon, 2007; O'Brien, 2003). Strong 흥미검사(SII)와 보통 함께 사용되는 기술 자신감 검사(Skills Confidence Inventory)는 Holland 여섯 가지 유형(현실형, 탐구형, 예술형, 사회형, 기업형, 관습형) 각각에 대한 자기효능감을 측정한다. 이 검사는 이 여섯 가지 영역 각각에 대한 지각된 능력을 측정하는 데 자주 사용된다(Bonitz, Armstrong, & Larson, 2010). 결과기대에 대한 하나의 측정도구로서 교육적 결과기대 척도(Educational Outcome Expectancy Scale) 또한 개발되고 개정되었다(Springer, Larson, Tilley, Gasser, & Quinn, 2001; Tilley, 2006). 장벽과 지지를 측정하는 새로운 척도는 학업성취 장벽과 지지 지각 척도(Perceptions of Academic Achievement Barriers and Supports Scale)이다(Ventura, 2011). 개발 중에 있는 또 다른 척도로는 중등교육과정 이후 계획에 대한 맥락적 지지 척도(Contextual Support for Post-Secondary Planning Scales)가 있다(Ali, Martens, Button, & Larma, 2011). 이와 같은 척도들은 사회인지진로 이론에 기본적인 개념을 측정한다.

## 여성에 대한 사회인지진로 이론의 적용

여성의 진로발달 주제는 Krumboltz의 사회학습 이론에서는 적은 비중을 차지하고 있는 반면, 사회인지진로 이론의 발달과정에서는 주된 초점이 되어 왔다. 진로 자기효능감에 관한 최초 논문에서 Hackett과 Bezt(1981)는 여성의 진로선택을 제한하는 데 있어서 자기효능감이 흥미나 가치 또는 능력보다 더 큰 역할을 할 것이라는 의견을 제시하였다. 이 논문이 발표된 이래로 이들이 제안한 명제를 검증하기 위해 45개 이상의 연구가 수행되었다. 이러한 연구는 거의 다 여성의 학업과 진로 및 그 밖의 선택과 관련된 측면에서 자기효능감을 다루었다. 이 주제에 관한 연구는 매우 광범위하기 때문에 여기서는 이러한 연구의 결과에서 도출된 일반적인 결론만을 제시하였다. Lent(2005)는 사회인지진로 이론의 한 부분을 구성하는 명제들과 관련된 연구 증거를 요약한 바 있다. Betz(2007, 2008), Betz와 Hackett(1997, 2006), 그리고 Solberg(1998)는 여성과 관련된 진로 자기효능감을 다룬 연구를 상당 부분 요약하였다. 다음에 제시하는 정보는 이러한 개관연구와 좀 더 최근의 연구결과에서 나온 것이다.

수많은 연구에서 자기효능감과 진로 관련 선택 간의 관계라는 일반적인 주제를 다루었다(Hackett, 1995). 초기 연구(Bezt & Hackett, 1981)는 남자 대학생의 직업적 자기효능감은 다양한 직종에 걸쳐 상대적으로 일정하게 나타난 데 반해, 여자 대학생의 경우 비전통적인 직종에서는 자기효능감 점수가 유의하게 더 낮았고, 전통적으로 여성적인 직종에서는 점수가 유의하게 더 높음을 보여 주었다. 다른 연구들에서는 직업적 자기효능감이 흥미와 진로선택을 예측한다는 것을 보여 주었다. 뿐만 아니라 서로 다른 직업선택과 직업과제 및 직업활동에 대하여 각기 다른 대학생 집단 간에는 직업적 자기효능감에 성차가 존재하는 것으로 나타났다. 그러나 성취 수준이 높은 학생들처럼 매우 동질적인 집단에서는 성별에 따른 자기효능감의 차이가 일반적으로 발견되지 않았다. 성인을 대상으로 여섯 가지 Holland 유형(21개 직종 포함)을 조사한 연구에서는 자기효능감에 있어 근소한 성차만이 발견되었다(Betz, Borgen, Kaplan, & Harmon, 1998). 직무가 특히 성별과 관련해서 정형화되어 있으면 남성과 여성의 자기효능감에서 차이가 발견될 수 있다. 여성은 특정한 방식으로 처신해야 한다는 고정관념은 비전통적인 진로선택에 관한 여성의 자기효능감을 훼손할 수 있다. 이 연구에서는 만약 여성이 낮은 자기효능감으로 인해 비전통적인 진로기회를 배제한다면, 대학 졸업 후 만족스럽고 급여가 높은 직업을 찾을 기회를 제한하게 된다는 결론을 내렸다. 비록 대부분의 연구가 대학생을 대상으로 한 것이지만 고등학생에 대한 연구도 직업적 자기효능감의 성차를 보여 준다.

진로 자기효능감과 진로 관련 선택 간의 관계에 대한 연구 외에도 연구자들은 자기효능감과 대학 전공 선택, 진로흥미, 진로의사결정 과정 간의 관계를 밝혔다. 이러한 연구들에서는 성차가 거의 발견되지 않았다. 여성이 공학을 전공하고 아마도 수학 능력에 자신감을 가지고 있는 경우에는 수학 효능감 수준뿐만 아니라 공학 전공을 지속하는 기간에 있어서 남녀 공학 전공자 간에 별다른 차이가 발견되지 않았다(Lent et al., 2005; Schaefers, Epperson, & Nauta, 1997). 사회인지진로 모델이 수학과 과학에 대한 예측에 제한된 것은 아니다. 이 모델은 대학에서 예술 분야와 영어, 사회학 등의 전공 선택도 예측하는 것으로 나타났다(Fouad, Smith, & Zao, 2002). 그러나 이 연구에서 성차는 발견되지 않았다.

다수의 연구에서 여성이 부닥치는 진로장벽에 관심을 보였다. 대학 운동선수의 경험을 조사한 결과, 사회적 활동에 참여하는 남자 운동선수는 사회적 활동의 참여로 인해 자신의 진로상황에 대한 좀 더 강력한 견해를 갖게 되었다(Cox, Sadberry, McGuire, & McBride, 2009). 그런데 여자 운동선수의 경우 사회적 활동의 참여는 진로장벽에 대한 지각으로 이어지는 경향이 있었다. Metz, Fouad와 Ihle-Helledy(2009)는 대학생 대상 연구에서 진로결정 자기효능감뿐만 아니라 지각된 진로장벽도 대학생이 열망하는 진로와 그들이 실제로 입직할 것으로 예상하는 직종 간의 불일치와 관련 있을 수 있다고 지적하였다. 중국 대학생을 위한 진로장벽 척도를 개발한 연구에서는 여학생이 남학생보다 더 많은 성차별과 가족 내 책임감을 장벽으로 경험하는 것으로 나타났다(Bai, Hou, & Li, 2010). 또한 대만 고등학생 연구에서 여학생은 남학생보다 진로선택에 대한 더 많은 장벽을 지각하였다(Tien et al., 2009). Cardoso와 Marques(2008)는 포르투갈의 중학교 3학년 학생을 대상으로 한 연구에서 여학생이 남학생보다 더 많은 장벽을 지각하고 있으며 아프리카계 여학생이 다른 여학생보다 더 많은 장벽을 보고하였다는 것을 발견하였다. 포르투갈 중학교 3학년 학생에 대한 또 다른 연구에서 개인의 진로장벽에 대한 예상은 자기효능감이 낮은 여학생의 경우 진로계획을 덜 하는 것과 관련 있었다(Cardoso & Moreira, 2009). 또 다른 연구에 따르면, 여성은 개인적인 재정문제를 진로목표에 대한 장벽으로 보는 데 반해, 남성은 시간관리 문제를 장벽으로 보았다(Perrone, Sedlacek, & Alexander, 2001). Morris, Shoffner와 Newsome (2009)은 가정폭력 피해 여성이 당면하는 장벽에 관심을 갖고 이 여성들이 진로장벽을 극복하도록 돕기 위해 사회인지진로 이론을 활용하는 방안을 제안하였다. 이들이 제안한 모델은 여성이 가정폭력 상황에서 그들에게 영향을 미치는 문제뿐만 아니라 일자리와 관련된 문제를 알아차리도록 돕는다. Coogan과 Chen(2007)은 상담자가 여성이 생애 초기의 성역할 지향성과, 가족에 대한 책임 및 직장에서의 차별과 같은 장벽을 극복할 수 있는 기술을 발달시키도록 도울 수 있는 방법을 제안하였다.

사회인지진로 이론은 현재 진로 관련 연구가 가장 활발히 수행되고 있는 영역이다. 이 영역의 연구는 학업과 진로선택에 있어서 여성의 자기효능감 부족에 대한 원래의 초점에서 시작된 이래 확장되어 왔다. 하지만 성별과 관련된 주제에 대한 관심은 계속해서 연구의 초점이 되고 있다. 수많은 연구가 학업 및 진로 홍미와 선택 및 수행에 대한 모델을 발전시키고 입증하는 데 중요한 역할을 하였다(Lent, 2005; Lent, Brown, & Hackett, 2002). 이 영역의 연구가 확장됨에 따라 다문화 집단 사람들에게 자기효능감이 갖는 역할을 이해하는 데에도 좀 더 관심이 모아지고 있다.

## 다문화 집단에 대한 이론 적용

다수의 연구에서 사회인지진로 이론에 근거한 가설이 다양한 문화적 집단에 타당한지를 확인하였다. 사회인지진로 이론 모델은 아시아계 미국인 대학생의 진로결정 자기효능감을 예측하였는데, 대부분의 변인이 자기효능감을 유의하게 예측하였다 (Ann-Yi, 2010). Chang(2006)은 한국에서 사회인지진로 이론이 지지됨을 확인하였다. 그는 자기효능감과 결과기대가 한국계 미국인 대학생의 직업탐색 의향에 영향을 주었다고 보고하였다. 이러한 경향은 한국계 미국인 여대생 사이에서 과학과 비과학 분야 둘 다에서 진로선택을 예측하는 데 있어서 두드러지게 나타났다. 터키 남부 지역의 고등학생 590명을 대상으로 한 연구에서는 수학 자기효능감이나 홍미가 수학에 대한 선호를 예측할 수 없는 것으로 나타났다. Özyürek(2005)은 이것이 터키 대학 입학 시험과 배치의 특성으로 인한 것일 수 있다고 설명하였다. 한 연구에서는 이스라엘계 아랍 청소년을 대상으로 이들이 일과 가족 역할을 좀 더 잘 관리할 수 있도록 자기효능감을 높이기 위해 워크숍 방식의 진로 프로그램을 개발하였다(Cinamon, 2006). 이탈리아에서는 고등학생의 자기효능감과 결과기대가 모든 Holland 유형의 홍미를 예측하였다(Lent, Brown, Nota, & Soresi, 2003). 사회인지진로 모델은 스페인 학부생의 통계학에 대한 홍미와 통계학을 적용하는 학문과 직업 추구에 대한 홍미를 예측하는 데 적용되었는데, 상당한 수준의 정확도가 확인되었다(Blanco, 2011). 중국에서는 사회인지진로 모델을 Holland의 여섯 가지 유형별로 농부의 자기효능감과 홍미 및 진로선택을 예측하는 데 적용하였다(Zhao & Zheng, 2009). 중국에서는 또한 경력 관리 활동과 자기효능감이 중국인 관리자의 수행을 예측한다는 것을 보여주기 위해 이 모델을 사용하였다(Shanchuan & Wenxian, 2009). 이러한 연구들은 사회인지진로 이론의 핵심 개념인 자기효능감과 같은 변인을 다양한 문화적 집단에 적용하여 조사하고 있는 연구의 예시이다.

다문화 집단 가운데 빈번하게 연구되어 온 두 집단은 미국 흑인과 라틴계 미국인이다. 109명의 흑인과 라틴계 중학교 3학년 여학생의 진로선택을 조사한 결과, 여학생들이 자신의 민족성과 평등주의적 성역할에 대한 견해를 자기 이해의 한 부분으로 잘 통합할수록 진로의사결정 과업을 더 잘 다루는 것으로 나타났다(Gushue & Whitson, 2006b). 128명의 라틴계 중학교 3학년 학생을 포함한 연구에서 민족적 정체성은 진로결정 자기효능감과 직접적인 관련성이 있었다(Gushue, 2006). Flores와 O'Brien(2002)은 멕시코계 미국 고등학교 3학년 여학생들에게 사회인지진로 이론을 적용할 수 있는 가능성을 연구하였다. 이들은 비전통적인 직종에 대한 자기효능감은 이 여학생들이 미국 문화에 얼마나 잘 동화되었다고 느끼느냐에 의해 예측된다는 것을 발견하였다. 여성주의적 태도는 이 여학생들의 진로포부를 예측하는 하나의 요인이었다. 멕시코계 미국 대학생을 대상으로 백인 문화 지향성과 멕시코 문화 지향성을 포함하여 사회인지진로 이론을 살펴본 연구에서는 Holland 여섯 가지 유형을 각각 분석하였는데, 모델의 적합성에서 약간의 성차 및 다른 차이가 있었지만, 이 모델은 모든 Holland 유형의 자기효능감을 예측하였다(Flores, Robitschek, Celebi, Andersen, & Hoang, 2010). 사회인지진로 모델은 과학과 공학을 전공하는 비백인 대학생들에게도 적용되었다. 그 결과, 이 모델은 높은 적합도를 보였는데, 결과기대와 흥미 간에 그리고 결과기대와 목표 간에 유의한 관계가 나타났다. 다른 집단 지향성(other-group orientation)은 자기효능감과 정적인 상관이 있었다(Byars-Winston, Estrada, Howard, Davis, & Zalapa, 2010). 흑인 중학생 대상 연구에서는 여러 유형의 인종차별에 대한 지각이 수학 자기효능감 및 결과기대와 부적 상관이 있는 것으로 나타났다(Alliman-Brissett & Turner, 2010). 사회인지진로 이론에 대한 연구는 향후 계속해서 문화적 또는 인종적 변인을 포함할 것으로 보인다.

연구자들은 미국의 다문화 집단 구성원이 유럽계 미국인에 비해 직업 획득에서 더 많은 장벽과 더 적은 지지를 경험할 것이라고 염려한다. 아시아계 미국인 사회복지사를 대상으로 한 연구에서 1세대 이민자는 진로장벽을 더 많이 지각하는 경향이 있었고, 2세대 이민자가 그 뒤를 이었으며, 3세대 또는 그 이후 세대 이민자는 진로장벽을 가장 적게 지각하였다(Lee, 2009). 흑인 청소년 연구에서 지각된 진로장벽은 진로 미결정을 예측하였고, 반면에 지각된 부모의 지지는 진로 불확실성과 관련이 있었다(Constantine, Wallace, & Kindaichi, 2005). Navarro, Flores와 Worthington(2007)은 수학/과학 자기효능감에 대한 지지를 검증한 연구에서 수학/과학의 과거 수행과 지각된 부모의 지지 둘 다 멕시코계 미국인 청소년의 수학/과학 자기효능감을 예측한다고 보고하였다. 흑인 대학생을 대상으로 한 연구는 수학 자기효능감이 수학에 대한 흥미와 좀 더 공부할 학문으로 수학을 선택할 가능성을 가장 강력하게 예측하는 변인임을 보여 주었다(Waller, 2006). 부모의 지지 또한 비전통적 진로에 대한 멕시코계 미국 남자 청소년의 자기효능감을 예측하는 것으로 밝혀졌다(Flores, Navarro, Smith, & Ploszaj, 2006). 미국 남동부에 있는 애팔래치아 농촌 지역 청소년에 대한 연구에서 부모의 지지와 자기효능감은 대학에 가겠다는 의향을 독립적으로 예측하였다(Ali & Saunders, 2006). Ali와 Saunders(2009)는 사회인지진로 모델을 활용한 또 다른 연구에서 사회경제적 지위가 낮은 애팔래치아 농촌 지역 학생들은 진로 자기효능감과 결과기대의 향상을 돕는 지원이 주어진다면 유익한 결과를 얻을 것이라고 기술하였다. 중학교 3학년 흑인 학생의 경우, 부모의 지지는 진로결정 자기효능감과 정적 상관이 있었다(Gushue & Whitson, 2006a). 이러한 연구들은 다문화 집단 구성원의 직업 획득에 있어서 장벽의 역할과 진로결정에서 지지의 역할에 대해 더 많은 정보를 제공한다.

여성이 자신의 자기효능감에 부정적인 영향을 끼치는 능력에 대한 신화를 반드시 다루어야 하듯이 주류문화와 다른 문화권의 사람들도 그렇게 해야 한다. 사회에서 부정적으로 정형화되어 온 문화권의 사람들은 그 문화권의 구성원으로서 학업이나 진로에서 높은 수준의 성공을 거둘 수 있다는 것을 믿기 어려워한다. 이뿐만 아니라 일부 사람들은 보호구역에 사는 많은 미국 원주민처럼 다른 사회 구성원들로부터 고립될 수 있다. 이런 경우, 폭넓은 대안에 대한 좀 더 강한 자기효능감과 좀 더 현실적인 결과기대를 발전시킬 수 있게 해주는 학업 및 직업 기술의 개발 기회 및 정보가 제한된다.

## 상담자 쟁점

사회인지진로 이론가는 행동과 상호작용하는 인지과정에 초점을 맞춘다. 자기효능감과 결과기대 및 목표는 사회인지진로 이론의 중요한 측면이다. 상담자는 내담자를 돕는 데 방해가 될 수 있는 상담자 자신의 문제나 고정관념을 인식하는 것이 중요하다. 상담자가 깨닫지 못한 인종과 성에 대한 편견은 내담자가 진로 자기효능감을 발달시키도록 돕는 데 직접적인 방해가 될 수 있다. 내담자가 상담자 자신이 경험한 것보다 더 많은 장벽뿐만 아니라 더 심각한 장벽에 부딪힐 수도 있음을 안다면, 내담자가 진로 자기효능감을 발달시켜 나가는 동안 상담자가 내담자에게 좀 더 공감적인 태도를 갖는 데 도움이 될 수 있을 것이다. 상담이 진행됨에 따라 상담자는 내담자의 결과기대와 내담자를 위한 교육적·직업적 가능성에 대한 상담자 자신의 견해가 내담자와 다름을 깨달을 수도 있다. 마찬가지로 내담자가 자기효능감을 향상시키도록 돕는 가운데 상담자는 자신이 내담자를 위해 설정하고 있는 목표가 내담자 스스로 세운

목표와 다르다는 것을 발견할 수도 있다. 자신의 가치와 내담자의 견해를 잘 파악하고 있을 때 상담자는 의사결정 과정을 방해하지 않고 내담자가 자신의 진로결정을 내릴 수 있도록 도울 수 있다.

## 요약

진로 자기효능감이 여성의 선택을 제한하는 데 흥미와 가치, 능력보다 더 중요한 역할을 한다고 제안한 Hackett과 Betz(1981)의 연구에서 출발한 사회인지진로 이론은 연구가 광범위하게 수행된 진로발달 이론으로 발전해 왔다. 이 이론은 서로 관련되어 있으나 상이한 네 가지 모델로 구성되어 있다. 이 장에서는 진로선택의 사회인지진로 모델에 가장 큰 관심을 두었다. 흥미의 발달과 학업 및 직업 수행, 그리고 일과 삶의 만족에 대한 예측 모델은 좀 더 간략하게 논의하였다. 사회인지진로 이론은 행동적 개념뿐만 아니라 인지적 개념을 강조함으로써 학업과 진로선택의 변인으로 자기효능감과 결과기대 및 목표의 중요성에 초점을 두었다. 학습경험은 개인의 자기효능감과 미래에 일어날 사건에 대한 개인의 견해(결과기대)에 영향을 미치는 것으로 밝혀졌다. 그런데 이러한 요인들은 서로 고립된 채로 존재하는 것이 아니라 제한적인 재정적 자원과 직업정보의 부족과 같은 외적 장벽의 영향을 받는다. 한편 부모와 교사의 격려 같은 지지는 사람들이 장벽을 극복하는 데 도움이 될 수 있다. 자기효능감과 결과기대와 함께 이러한 지지와 장벽은 흥미발달과 선택 목표, 목표 실현을 위해 취하는 행동, 실제 진로 획득과 성공에 영향을 끼친다. 사회인지진로 이론가들은 상당한 양의 연구결과를 바탕으로 진로발달의 세밀한 과정을 기술할 수 있었다. 이와 같은 연구의 대부분은 성별과 다문화 집단의 맥락에서 사회인지진로 이론을 적용한 것이다. 상담자가 이 모델을 친숙하게 알고 있으면 내담자의 자기효능감에 주의를 기울이고 이를 지지하며 이들이 진로목표의 장벽을 다룰 수 있도록 돕는 데 도움을 얻을 수 있을 것이다.

# 진로의사결정 접근

**✿ 이론의 개요**



진로의사결정에 관한 연구에는 다양한 접근방식이 존재해 왔다. 일부 초기 모델은 기업의 의사결정 접근방식을 따랐다. 이 접근방식에서는 조직에서 의사결정을 내리는 올바른 방식이 있다고 보았고, 개인도 이런 방식을 자신의 진로의사결정에 적용한다면 좋은 선택을 할 수 있을 것이라고 보았다. 다른 초기 접근들은 조직 모델에 의존하지 않고 효과적으로 진로의사결정을 할 수 있는 모델을 개발하려고 시도하였다. 하지만 이 모델들은 상대적으로 영향력이 적었다. 최근의 관심은 진로의사결정 과정에 대한 이해와 사고과정 및 의사결정의 역할에 대한 이해에 초점을 두고 있다.

이 장에서는 두 가지 범주의 진로의사결정 모델, 즉 **기술적**(descriptive) 모델과 **처방적**(prescriptive) 모델을 소개한다. 기술적 이론은 진로선택을 놓고 결정할 때 사람들이 내리는 선택을 기술하거나 설명한다. 반면 처방적 의사결정 이론은 의사결정에 대한 이상적인 접근에 초점을 맞춘다. 기술적 이론은 청소년이나 성인의 의사결정에 관한 연구에 근거하는 경향이 있는 반면, 처방적 이론은 심리학적 의사결정 이론이나 인지적 의사결정 과정에 대한 견해에서 유래하였다. 이 두 범주는 진로의사결정을 바라보는 두 개의 각기 다른 방식으로 이어진다.

이 장에서는 한 가지 기술적 접근을 제시한 다음 다른 한 가지 처방적 접근을 제시할 것이다. 여기에서 소개할 기술적 접근은 진로발달에서의 영성에 관한 것이다. 이 접근을 제시하면서 나는 Bloch와 Richmond, Anna Miller-Tiedeman, Sunny Hansen의 연구를 포함시켰다. Bloch와 Richmond는 진로선택 및 직업적응과 관련하여 내담자가 갖고 있는 주제를 상담자가 평가하는 데 도움이 될 수 있는 일곱 가지 영성적 개념, 즉 변화, 균형, 에너지, 공동체, 소명, 조화, 일체감을 설명하였다. Miller-Tiedeman은 생애와 진로가 전적으로 연관되어 있다고 보고, 생애진로 과정 이론(Lifecareer Process Theory)을 제안하였다. 상담에 대한 영성적 접근은 사람들이 자신의 일상적인 삶을 초월하고 자기 내면의 깊숙한 곳에서 발견된 내적인 의미와 연결될 수 있는 방법을 보여 준다. Hansen은 여섯 가지 생애과제를 근거로 하는 생애계획에 관한 전체적 접근을 취하고 있는데, 그는 이 접근을 통합적 생애계획(Integrative Life Planning)이라 명명하였다.

Bloch와 Richmond, Miller-Tiedeman, Hansen의 영성적 접근과는 대조적으로 Gary Peterson과 동료들은 처방적 접근방식인 인지적 정보처리 접근을 개발하였다. 인지과학을 기반으로 한 이 모델에서 Peterson과 동료들은 내담자가 자기와 직업에 대한 정보를 통합하고 훌륭한 진로선택을 할 수 있도록 돕기 위해 어떻게 의사결정기술을 활용할 수 있는지를 살펴본다. 이 모델의 핵심 측면은 진로의사결정 접근으로서, 이것은 문제에 대한 의사소통에서 시작하여 정보를 분석하고 대안들을 종합하며 대안을 평가한 후 행동계획을 실행하는 것이다.

진로의사결정에 대한 영성적 접근은 최근 몇 년 사이에 좀 더 인기를 얻게 되었지만, 이론적 개념들과 관련된 연구는 거의 없다. Peterson과 동료들의 인지적 정보처리 접근 또한 1980년대 초반에 나타난 비교적 새로운 이론이기 때문에 이 모델을 적용한 연구가 별로 없다. 이 두 접근은 진로의사결정에 대한 두 가지 아주 다른 관점을 제공한다. 어떤 의미에서 이 두 이론은 상반된다. 영성적 관점이 철학적이고 정서적이며 광범위하다면, 인지적 정보처리 관점은 구체적이고 상세하며 심리학적 연구를 근거로 하고 있다.

## 진로의사결정의 영성적 접근

다수의 상담자와 저자가 일과 일에 관한 의사결정에 있어서 영성적 접근을 취해 왔다(Dik & Duffy, 2009; Duffy, 2006). 이들은 일을 재미없는 일상적 과업이나 어쩔 수 없이 해야 하는 것으로 보지 않고, 개인의 영성을 살찌우고 자기를 성장시킬 수 있는 장(場)으로 본다. 이러한 관점에서 개인의 영성은 개인의 삶과 선택 그리고 개인이 앞으로 어떤 유형의 사람이 될 것인가에 큰 영향을 미칠 수 있다. **영성**(spirit)은 상담자가 내담자의 이야기에서 들으려고 귀를 기울이면 유용성을 발견할 수 있는 상담의 한 요소이다(Hansen & Amundson, 2009; Hernandez, Foley, & Beitin, 2011). 사람들은 영성적 자기를 계발하면서 좀 더 완전하고 전인적인 사람이 되려고 노력하는 존재로 볼 수 있다. 사람들의 동기는 각자의 삶과 의사결정에서 방향성을 제시한다. 영성적 에너지와 동기는 흔히 욕구와 가치 및 흥미를 통해 일에서 표현된다. 영성적 관점을 사용하는 상담자와 저자는 욕구와 가치 및 흥미를 명시적으로 논의하기보다 암묵적으로 다룬다. 그 수가 제한적이기는 하지만 경험적 연구에 따르면 영적 · 종교적 안녕감과 직업만족 간에는 정적인 상관이 있다(Robert, Young, & Kelly, 2006).

진로의사결정에 관한 영성적 접근은 종교적 관점을 포함하기도 하고 그렇지 않기도 하다. 많은 저자는 영성에 관해 광범위하고 비종교적인 관점을 갖고 있다. 하지만 신학적인 신념을 진로의사결정에 관한 견해와 통합하는 저자도 있다. 예를 들어, Huntley(1997)와 Rayburn(1997)은 기독교가 어떤 내담자들에게 어떤 방식으로 진로와 진로의사결정 과정을 이해하도록 돕는 틀을 제공하는지를 제시하였다. Fox(2003)는 1960년부터 2000년까지 진로지도에 관한 개신교 교회의 개입에 대해 기술하였다. Stoltz-Loike(1997)는 진로와 진로의사결정을 이해하기 위한 관점으로 유대교를 사용하였다. 이 절에서는 하나의 특정한 신학적 관점보다는 폭넓은 영성적 관점을 제시하고자 한다. 대부분의 진로발달 이론과 다르게 영성적 관점은 객관적인 기준을 사용하여 개발된 이론이 아니다. 이 장에서는 Bloch와 Richmond(2007)가 설명한 일곱 가지 영성적 개념과 Miller-Tiedeman(1997, 1999; Duffy, 2006)의 상담에 대한 영성적 접근을 결합하여 제시한다. 그런 다음 Hansen(2001, 2002; Skovholt, Hage, Kachgal, & Gama, 2007)의 좀 더 광범위한 전체적 세계관을 설명한다. 이 이론은 자기 인식과 타인인식을 결합하는 진로의사결정 모델을 제공하기 위해 영성과 사회적 가치에 대한 인식이 어떻게 교차하는지를 보여 준다.

## ❁ 영성(Bloch와 Richmond)

사람들은 삶의 전체성(wholeness)을 경험할 때 영성을 경험하게 된다. 따라서 영성은 개인의 삶 속에 가져오는 어떤 것이 아니라 발달하는 것이다. 자기 자신과 자신의 존재 전체를 이해하는 것은 또한 비폭력적이고 효과적인 방식으로 타인과 관계하는 데 도움이 될 수 있다. 이렇게 함으로써 사람들은 생활에서 스트레스를 줄이고 좀 더 편안해진다.

Bloch와 Richmond(2007)는 『영혼 작업(*Soul Work*)』이라는 그들의 저서에서 사람들이 자신의 삶과 진로의사결정을 좀 더 잘 이해하기 위해 활용할 수 있는 일곱 가지 주제를 제시하였다. 상담자는 이 주제들을 내담자의 진로발달 주제를 평가하는 데 사용할 수 있다. 때로는 하나의 주제만이 내담자에게 적용되고 때로는 여러 가지 주제가 적용될 수 있다. 상담과정에서 적용 가능성은 주제마다 다를 수 있다. 일곱 가지 주제는 진로의사결정에 대한 영성적 접근을 반영한다. 여기에는 변화, 균형, 에너지, 공동체, 소명, 조화, 일체감이 포함된다.

**변화** 변화는 불가피한 것이며, 개인의 생애진로 전반에 걸쳐 많은 시점에서 일어난다. 우연히 또는 아무런 관련이 없어 보이는 사건을 통해 변화가 일어날 때, 이를 동시성(synchronicity)이라 부른다(Guindon & Hanna, 2002). 일의 영역에서 일어나는 변화에 열려 있는 사람은 이전에는 고려하지 않았던 기회를 얻을 수 있다.

변화는 내적일 수도 있고 외적일 수도 있다. 내적 변화는 일의 측면과 관련한 불안이나 불만족을 통해 일어날 수도 있다. 반면 어떤 사람이 자신의 일에 열광하고 새로운 도전을 추구한다면, 이것은 긍정적인 내적 변화이다. 이와는 달리, 외적 사건은 사람들이 원하든 원하지 않든 간에 변화를 강요할 수 있다. 전형적인 예로 회사가 부도가 나는 바람에 해고를 당하거나 일자리를 잃는 것이다. 변화는 사랑하는 사람이나 소중한 동료를 잃는 경험을 통해 일어나기도 한다.

변화가 내적이든 외적이든 간에 많은 느낌과 감정이 일어나기 쉽다. 감정을 확인하고 알아차리는 능력은 개인이 변화에 대처하는 데 중요하다. 때때로 변화는 신체적으로 문제를 초래하기도 한다. 예를 들어, 야간 교대 근무는 틀림없이 수면과 다른 신체적 기능에서 변화를 초래할 수 있다.

사람들은 흔히 자기 분야에서 뒤지지 않고 흐름을 따라가거나 워크숍에 참가함으로써 변화에 대처한다. 영성적 관점에서 변화에 대처하는 또 다른 방법은 자신의 강점을 찾아내어 발휘하는 것이다. 강점은 신체적인 것이나 대인관계적, 정서적, 언어적, 분석적, 도덕적인 것이 될 수 있다. 이러한 강점 모두 변화로 인한 스트레스나 충격을 다루는 방법을 제공할 수 있다.

**균형** 때때로 사람들은 삶에서 균형을 추구한다. 또 때로는 일과 놀이, 그 외 다른 활동 간에 균형을 유지하려는 자연스러운 경향이 생긴다. 사람들은 흔히 다른 사람들과의 관계에서 균형을 추구한다. 이것의 좋은 예는 맞벌이 가정인데, 이 경우 사람들은 직장에서 성취를 추구하면서 동시에 배우자와 좋은 관계를 유지하려고 한다. 삶의 상황은 사람들이 자녀와 배우자, 가사담당자, 부모, 시민, 직장인과 같이 각자가 수행하는 많은 역할 간의 균형을 이루려고 애쓰게 만든다. Super는 생애 역할 개념(9장)을 통해 개인의 삶의 여러 상황을 균형 잡는 일의 좀 더 많은 측면을 설명한다. 균형의 또 다른 영역은 자기 자신과의 관계이다. 흥미와 가치가 충족되고 있는가? 이 중 소수만 충족되고 나머지는 간과되고 있지는 않은가? 사람들은 자신의 삶에서 균형을 이루기 위해 흔히 스스로에게 이런 질문을 던진다.

Bloch와 Richmond(2007)는 삶에서 좀 더 균형을 이룰 수 있는 몇 가지 방법을 제안하였다. 그들은 사람들이 시간에 대한 관점을 바꿈으로써 미루기를 멈추고 순간을 경험할 수 있다고 언급하였다. 각자가 하고 있는 다양한 과업의 중요도를 비교 검토하는 것은 이렇게 하는 데 도움이 될 수 있다. 때때로 권위자, 부모, 슈퍼바이저, 교사의 관점을 변화시키는 것은 사람들에게 부여되는 요구의 균형을 맞추는 데 도움이 될 수 있다. 또한 사람들은 말하는 방식과 자신에게 부여하는 메시지를 바꿈으로써 권위자에 대한 관점과 시간을 어떻게 사용할지에 대한 관점을 변화시킬 수 있다. '나는 할 수 없다'에서 '나는 할 수 있다'로 바꾸는 것은 삶에서의 균형을 다시 맞출 수 있다. 마찬가지로 다른 사람과의 관계에서든 혹은 직장에서 일을 하든 간에 개인이 행동하는 방식을 바꾸는 것도 삶에서 균형을 다시 맞출 수 있고, 그 결과 더 큰 평정심을 갖게 해준다.

**에너지** 각자의 삶에서 변화와 균형을 이루기 위해서는 반드시 에너지가 있어야 한다. 에너지는 우주 어디에나 존재한다. 물리학과 생물학은 각기 다른 방식으로 에너지를 관찰한다. 사람들이 진로에 접근하는 방식은 각자의 일에서 생성하는 에너지의 양으로 측정하거나 검증할 수 있다.

에너지의 원천은 많고 다양하다. 어떤 사람들은 다른 사람들과 함께 있으면서 에너지를 얻는 반면, 어떤 사람들은 홀로 있으면서 에너지를 얻는다. 어떤 사람들에게는 음악, 미술, 극장, 영화, 책이 에너지를 생성한다. 운동과 신체적 활동은 또 다른 에너지원이 될 수 있다. 사람들이 자신의 일을 좋아할 때 그 일은 에너지를 생성한다. 완전히 집중하는 방식으로 자신의 일을 하는 사람들은 흔히 '몰입' 상태에 있다는 말을 듣는다. 몰입 상태에 있을 때 사람들은 자신의 능력을 최대한으로 발휘할 수 있는 일을 하면서 그 일을 온전히 즐기고 그 일에 푹 빠져 있다. 이러한 방식으로 에너지는 흔히 피곤함이 아닌 더 많은 에너지를 생성한다.

**공동체** Bloch와 Richmond(2007)는 사람들이 참여할 가능성이 있는 다음 세 가지 유형의 공동체를 확인하였다. 그것은 친교 공동체(companionship community)와 문화 공동체(communities of culture) 그리고 우주적 공동체(cosmic community)이다. **친교 공동체**에는 직계 가족과 확대 가족뿐만 아니라 친한 친구도 포함된다. **문화 공동체**에는 이웃, 급우, 직장 동료, 여가활동이나 전문적 관심사를 공유하는 사람 등이 포함된다. **우주적 공동체**는 환경과 죽어 가는 가난한 사람, 노숙자, 세금, 그 외의 다른 많은 주제와 같은 큰 아이디어와 관련된다. 공동체에도 많은 다양한 유형이 있지만 사람들이 이러한 공동체와 연결하는 방식에도 많은 다양한 유형이 있다.

사람들이 서로를 대하는 방식은 다양하다. 예를 들어, 6장에서는 외향형과 내향형이 외적인 세계와 내적인 세계를 대하는 방식을 비교한 바 있다. 무리에 속하거나 다른 사람에게 인정받으려는 욕구도 사람마다 다르다. 어떤 사람들은 소속과 접촉에 대한 강한 욕구를 갖고 있지만, 어떤 사람들은 그렇지 않다. 어떤 사람들은 다른 사람을 통제하고 영향을 주는 것을 중요하게 여기지만, 어떤 사람들은 권위자의 말에 귀 기울이고 그들의 제안을 따르는 것에 만족한다. 지지와 온정, 애정에 대한 욕구도 사람마다 다르다. 일은 개인이 자신의 공동체와 상호작용하는 수단이다. 확실히 일은 사람들에게 소속감을 느끼고 통제감을 가지며 타인에게 필요한 존재로 느끼게 하고 돌봄을 받는다는 느낌을 가질 수 있는 기회를 제공한다.

**소명** 소명(calling)은 자신의 노래를 듣고 그것을 더 크고 분명하게 부르는 것이다(Bloch & Richmond, 2007, p. 128). 전통적으로 소명은 신에 의해 종교적인 직종에 부름받는 것을 뜻하였지만, 이것은 자신의 이상적인 일을 찾는다는 것을 지칭할 수도 있다(Fox, 2003). 이와 유사한 개념 정의에서는, 소명이 개인이 하도록 정해져 있는 일이라는 점에서 어떤 목적 의식이 따른다고 본다(Hall & Chandler, 2005, p. 155). Dik과 Duffy(2009)는 소명에 대한 몇 가지 정의를 기술하였다. 242명의 대학생 대상 조사에서 연구자들은 대학생들이 소명을 종교적인 견해에 기반한 것으로 보기보다는 일에서 의미를 발견하는 것을 지칭한다고 본다는 것을 발견하였다(Steger, Pickering, Shin, & Dik, 2010). 295명을 대상으로 한 또 다른 연구에서 대학생들은 소명이 개인을 인도하는 힘에서 나오며, 개인을 독특한 방식으로 준비시키고, 안녕감을 주며, 타인을 돕는 데 관여하고, 일뿐만 아니라 삶의 다른 측면에 영향을 주는 것으로 보았다(Hunter, Dik, & Banning, 2010). 소명을 발견한 사람은 일에서 많은 즐거움을 발견한다. 그러나 어떤 사람들은 휴가나 새로운 직업으로의 전환으로 인해 지금의 일을 중단하기 전까지는 자신이 일에서 얼마나 많은 즐거움을 얻고 있었는지를 깨닫지 못한다. 소명을 찾으면 사람들은 일에 진정으로 열중하고 몰입을 경험한다. 특성요인 이론가들은 흥미와 능력 및 가치를 직업과 매칭하는 것을 제안하는데, 영성적 관점을 택하는 진로상담자는 사람들이 소명을 찾도록 도와준다. Dik과 Duffy(2009), Dik, Duffy와 Eldridge(2009)는 상담자가 내담자를 도울 수 있는 방식을 논의하면서 상담에서 고려해야 할 세 가지의 광범위한 주제를 제안하였다. 그것은 특정 진로를 추구하라는 신의 부름에 대해 논의하기와 내담자가 현재 하고 있거나 앞으로 할 수도 있는 일이 갖는 의미를 살펴보기, 그리고 타인을 돕는 것을 지향하는 가치 살펴보기이다. 이들은 이러한 주제를 각각 여러 관점에서 논의하였다.

최근 소명의 개념에 관한 연구는 소명과 진로선택 주제 간의 관계에 초점을 두어 왔다. 대학 신입생에게 소명을 가진다는 것은 결단력이 있고 진로선택에 대해 편안함을 느끼며 선택 관련 문제에 대해 분명한 태도를 갖는 것과 관련이 있었다(Duffy & Sedlacek, 2007). 대학생 집단 가운데 진로를 소명으로 보는 학생(표본의 44%)은 자신의 삶이 의미 있다고 믿는 경향이 약간 더 높았다(Duffy & Sedlacek, 2010). 이 연구자들은 소명을 갖는 것이 삶의 만족과는 극히 적은 관련성이 있다는 것을 발견하였다. 또 다른 연구에서 소명을 갖는 것은 진로 관련 목표를 갖고 어떤 진로를 추구하려는 동기가 있고, 진로계획을 갖고 있는 것과 관련이 있으며, 이는 전공 과정에 대한 만족과 연관성이 있었다(Duffy, Allan, & Dik, 2011). Hirschi(2011)는 독일 대학생을 표본으로 한 연구에서 소명이 자기 자신을 면밀히 살펴보고 자신의 진로선택에 확신을 갖는 상태를 포함한다는 것을 발견하였다. 그는 이것을 Vondracek의 정체성 성취 국면과 일치하는 것으로 보았다(8장, 265쪽). 다른 사람을 위해 봉사하는 진로를 추구하고자 하는 학생들을 다른 학생들과 비교하였을 때, 다른 사람을 위해 봉사하고자 하는 학생들은 다른 진로를 선택하는 학생들보다 직장에서의 자신의 미래에 대해 좀 더 낙관적이었다(Duffy & Raque-Bogdan, 2010). Dik과 Steger(2008)는 소명을 따르는 것과 관련된 주제에 대한 활동과 토론을 포함한 2회기의 진로발달 워크숍을 개발하여 이를 특성요인 이론을 활용한 2회기 워크숍 및 통제집단과 비교하였다. 두 집단 모두 통제집단에 비해 더 나은 것으로 나타났으나 이 두 워크숍 간에는 차이가 거의 거의 없었다. Duffy, Dik과 Steger(2011)는 370명의 대학 교직원을 대상으로 한 연구에서 자신의 일을 소명으로 여기는 사람들이 그렇지 않은 사람들보다 자신의 일과 자신이 일하는 대학에 전념할 가능성이 더 높다는 것을 발견하였다. Bryan Dik, Ryan Duffy와 동료들의 연구는 진로를 소명으로 보는 것에 관한 연구의 진전에 크게 기여하고 있다.

몇 개의 연구에서는 다양한 직업 분야에서의 소명을 살펴보았다. 교육에 대한 소명은 학생과 어떤 분야의 지식에 관한 강한 느낌을 갖는 것으로 묘사되어 왔다(Buskist, Benson, & Sikorski, 2005). 즉, 학생에게 긍정적으로 영향을 미치고자 하는 열망이 있다는 것이다. 제강공장 학습센터에서 일하는 성인 교육자를 대상으로 한 연구에서는 이들이 처음부터 성인 교육자가 될 의향은 가진 것은 아니었지만, 강하고 심지어 열정 어린 태도로 학생들을 높이 평가하고 그들에게 전념하고 있다는 사실을 발견하였다(Rose, Jeris, & Smith, 2005). 의대생을 대상으로 한 조사에서, 자신의 삶을 좀 더 의미 있는 것으로 지각하고 잘 발달된 진로선택을 하는 학생들은 의료행위를 통한 돌봄을 자신의 소명으로 여길 가능성이 더 높았다(Duffy, Manuel, Borges, & Bott, 2011). 로마 가톨릭 대학 학생들의 경우, 그들의 진로선택은 신과의 관계 및 그들의 신앙과 부름 받는 것에 대한 내적 갈등에서 나온 것이었다(Hernandez et al., 2011). 음악을 자신의 소명으로 여기는 젊은 음악가들에게 음악으로 부름받았다고 느끼는 데 기여하는 두 가지 중요한 요인은 음악에 아주 깊이 관여하고 있는 것과 타인으로부터 격려를 받는 것이었다(Dobrow, 2006). 소명에 관한 연구는 다른 이론이 제공하지 않는 진로선택의 영성적인 또는 정서적인 측면에 대한 통찰을 제공한다.

**조화** 소명이 자신에 대한 앎을 통해 자신에게 이상적인 일을 아는 것을 일컫는 반면, 조화(harmony)는 진정한 가치 평가와 이해의 느낌을 불러일으킬 일을 찾는 것을 가리킨다. 교육 및 직업에 관한 정보를 찾아보는 것은 사람들이 조화를 발견하는 데 도움이 된다. 그러나 이것만으로는 충분하지 않다. 사람들은 자신의 일과 현재의 진로가 자신의 흥미와 가치 그리고 능력을 충족시킴으로써 조화를 만들어 낸다는 것을 알아야 한다.

조화는 일뿐만 아니라 명상이나 움직임을 멈춘 고요한 상태를 통해서도 온다. 사람들은 자신의 삶이 의미 있다고 느끼고 조용한 자기성찰에서 오는 앎의 방식을 갖고 있을 때 조화를 발견한다. Bloch와 Richmond는 사람들이 명상을 통해 자신의 흥미, 가치, 능력에 대한 내적 탐색과 직업정보에 대한 외적 탐색 간의 조화를 발견할 것이라고 본다.

**일체감** 일체감(unity)을 믿는 것은 곧 우주를 믿는 것이다. 우주를 믿는다는 것은 일어나는 변화에 대응할 준비를 하고 우주가 하나의 온전한 실재임을 믿는다는 것이다. 대부분의 종교는 일체감, 즉 더 높은 힘과 하나가 되는 느낌을 목적으로 한다. Bloch와 Richmond는 사람들이 자신의 진로와 영성, 에너지 및 타인과 일체감을 얻을 수 있는 방법에 대해 언급하였다. 진로 일체감은 자신의 일에 몰입감을 느끼거나 온전히 몰두한 상태를 말한다. 즉, 이는 일과 분리되는 것이 아니라 일의 일부가 되는 것이다. 에너지 일체감은 자신의 일 및 세계와 연결되어 있다는 느낌과 조화를 증진시키기 위해 자신의 진로에서 의도적으로 변화를 만들어 내는 것으로 볼 수 있다. 영성 일체감은 자기 자신과 연결된 느낌(충분히 알아차림), 배우자 및 친구와 연결된 느낌, 자신의 공동체에 소속되어 있다는 느낌, 자신의 문화와 연결된 느낌, 우주와 연결되는 느낌을 말한다. 대인관계적 일체감은 타인에게 관여하는 것에서 얻어진다.

이러한 일곱 가지 개념은 사람들이 어떻게 직업과 자신의 삶에서의 만족을 얻을 수 있는지 영적으로 바라보는 관점을 제공한다. 변화, 균형, 에너지, 공동체, 소명, 조화, 일체감이라는 개념은 자신의 삶과 진로문제와 분투하는 내담자를 상담자가 바라보는 방식이다. 영성적 관점을 사용하여 상담자가 어떻게 내담자를 도울 수 있는가가 다음 절에서 다룰 주제이다.

## ❀ Miller-Tiedeman의 생애진로 이론

생애진로 이론은 사람들이 정보를 처리하고 그러한 과정을 통해 의사결정을 할 수 있다고 가정한다. Miller-Tiedeman은 구성주의(11장)와 유사한 관점을 사용하여 개개인을 각자의 이론을 만드는 사람으로 본다. 이러한 견해에는 개인과 개인의 삶의 과정에 대한 깊은 존중이 내포되어 있다. 이러한 관점에서 보면 개인은 어떤 진로를 찾고 있는 것이 아니라 이미 진로를 갖고 있다. 삶이 개인의 진로인 것이다. 지적인 능력과 이전의 경험 및 과거 경험에 대한 직관적 통찰에서 나오는 내적인 지혜를 신뢰함으로써 개인은 자신의 진로를 경험할 수 있다. 개인의 삶이 곧 개인의 진로이기 때문에 그것과 싸우거나 그것에 거스르려 하지 않고 그것과 함께 흘러갈 수 있다. 본질적으로 개인은 다른 사람이 최선이라고 생각하는 것이 아니라 자신이 하고 싶은 것을 하고 있는 것이다. Miller-Tiedeman은 자기 내면에 귀 기울이기의 중요성을 강조하면서 사적 현실과 공적 현실을 구분한다.

**사적 현실과 공적 현실** 현실은 개인의 진로의사결정에 대한 인식과 관련된 것이다(Miller-Tiedeman & Tiedeman, 1990). "어떤 결정이나 행동이 현실적인가?"라는 물음은 의견이 분분할 수 있는 견해상의 문제이다. 문제는 누구에게 현실적인가이다. Tiedeman과 Miller-Tiedeman(1979)은 현실을 두 가지 유형, 즉 사적 현실과 공적 현실로 나누어 기술하였다. **사적 현실**(personal reality)은 무엇이 옳은가에 대한 개인의 감각을 말한다. 이것은 의사결정자에게 자신이 내린 결정이나 택한 방향이 정확하고 적합한 것이라는 느낌이다. 대조적으로 **공적 현실**(common reality)은 개인이 해야 한다고 다른 사람들이 말해 주는 것이다. 이를테면 "너는 훌륭한 교사가 될 거야.", "그것보다는 더 나은 직업을 얻을 수 있을 거야.", "대학 졸업장 없이는 아무 데도 갈 수 없어."와 같은 말이다. 공적 현실에는 전문가의 의견도 포함된다.

**진로상담에 대한 Miller-Tiedeman의 영성적 접근** 진로상담에 대한 영성적 접근은 모호하고 불분명하게 보일 수 있다. 불명확하지만 Miller-Tiedeman(1997)은 상담자가 생애진로 이론을 상담에서 활용하는 데 유용한 몇 가지 방안을 제안하였다. 이 제안에는 내담자와 생애진로에 영향을 주는 진로의사결정에 있어서 내담자의 역할에 대한 Miller-Tiedeman의 깊은 존중이 반영되어 있다.

- 내담자에게 이미 그들의 진로가 있고, 그것은 바로 그들의 삶이라는 것을 알게 한다. 내담자의 생애진로에 대한 이야기를 들어 주고 도움이 될 만한 시점에 정보를 제공한다.
- 내담자가 자신의 삶을 존중하고 결정 사안들을 처리하도록 돕는다. 이완기법이나 명상을 통해 불안을 줄이는 것도 유익할 수 있다.
- 어떤 상황이 제대로 된 방향으로 가고 있는지를 가장 잘 판단할 수 있는 사람은 상담자가 아니라 자기 자신임을 내담자가 알도록 한다. 즉, 공적 현실보다는 사적 현실의 중요성을 강조한다. 상담자는 내담자의 현실을 판단하지 않을 뿐만 아니라 내담자가 자신의 현실에 대해 성급하게 판단하지 않도록 격려한다. 이보다 내담자는 앞으로 좀 더 할 수 있는 자신의 잠재력을 발견할 수 있도록 그동안 자신이 한 일을 받아들여야 한다.
- 학생들의 경우, 자신의 경험을 통해 배우고 그 경험을 평가할 수 있도록 격려한다. 이러한 평가는 매 학기 수정할 수 있는 서너 개의 계획 수립으로 발전할 수 있는데, 이를 통해 학생들은 자신의 의사결정을 중요한 사건에 적용할 수 있을 것이다.
- 평가도구를 사용할 경우, 검사(공적 현실)가 내담자의 교육적 혹은 직업적 기회 탐색을 방해하지 않도록 유의한다.
- 내담자가 시간 제한을 두지 않고, 하고자 하는 의향(intentions)을 정하도록 돕는다. 의향이나 욕망은 때에 따라 변할 수 있다. 어떤 것은 안정적으로 유지될 수도 있지만, 어떤 것은 사라질 수도 있다. 만일 내담자가 자신의 의향을 따르고자 한다면 종이 한 면에는 '의향'을 적고 다른 한 면에는 '작성 일자'를 적어 두도록 한다. 이런 식으로 내담자는 자신의 의향이 무엇인지를 따라가고 자신이 내린 의사결정의 과정을 추적할 수 있다. 혹은 내담자는 떠오르는 아이디어를 그냥 적어 놓고 그런 아이디어들이 추구해야 할 방향으로 모아지는지를 알아보기 위해 가끔씩 들여다볼 수도 있다.

- 만일 상담자가 변화에 열의를 보인다면, 내담자는 변화에 대한 두려움을 덜 느끼고 진로결정을 내리는 것에 흥분의 감정을 느낄 가능성이 좀 더 높을 것이다. 이렇게 변화에 초점을 두는 접근은 학생들이 행동을 취하고 결정에 따른 결과에 대해서는 걱정을 덜 하도록 하는 데 도움이 된다. 따라서 결과에 대해 걱정하기보다는 지금 행동에 착수하는 것에 초점을 두어야 한다. 이런 방식으로 상담자는 과거나 미래가 아닌 현재에 집중한다.

이러한 제안은 내담자와 내담자의 생애진로를 중시한다. 상담자는 내담자가 자신의 진로의 흐름을 타도록 지원할 뿐, 해석하거나 판단하지 않는다. 이 상담 접근은 내담자가 덜 판단적인 태도를 갖고 좀 더 자신에 대해 알아차리도록 돕는 것이다. 그럴수록 내담자는 삶에서의 변화를 이해하고 균형을 만들며, 에너지를 인식하고, 공동체와의 관계를 이해하고, 소명을 찾아내고 그 소명과 조화를 이루는 것에 초점을 둘 수 있게 된다. 이러한 영성적 접근을 따르면서 내담자는 자신의 삶에서 일체감을 얻으려고 애쓸 수 있다. 다음 사례 예시는 상담자가 진로상담에서 어떻게 영성적 접근을 적용하는지 보여 준다.

## ❁ 영성적 상담의 사례 예시

다음 예시에서는 Bloch와 Richmond(2007)의 변화와 균형, 에너지, 공동체, 소명, 조화 및 일체감 개념과 Miller-Tiedeman의 진로상담 접근이 결합되어 있다. 상담자는 내담자 문제를 평가하는 데에는 Bloch와 Richmond의 개념을 활용하고 내담자에게 말을 할 때는 Miller-Tiedeman의 접근과 맥을 같이하려고 노력한다. 캐런은 32세의 전기기술자로, 규모가 큰 전기 공사 회사에서 해고되어 7개월째 실직 상태이다. 그녀는 플로리다 주에서 살고 있는데 건축업의 수요 부족에 타격을 입었다. 그녀의 남편 제프는 목수인데, 그 역시 10개월째 실직 상태이다. 둘 다 대출금 상환과 두 명의 자녀, 앨리슨(6세)과 테리사(10세)의 양육을 걱정하고 있다. 캐런과 상담자가 나누는 다음의 대화는 캐런이 자신이 느끼고 있는 압박감에 대해 논의하는 상담 2회기에서 나온 것이다.

**내1:** 휴일을 맞아 애들에게 잘해 줄 수 없어 기분이 정말 안 좋아요. 애들이 옷도 더 필요하고 외식도 하고 싶어 하고 크리스마스 선물도 갖고 싶어 해요. 예전엔 휴일이 되면 일을 하지 않고 며칠 쉬고, 딸애들도 학교에 안 가고 가족이 함께 정말 좋은 시간을 보냈거든요. 지금은 우리 가족이 그냥 집에만 있는데 정말 끔찍해요. (운다.)

**상1:** 지금 당신의 삶이 너무도 달라졌네요. 아주 다른 상황에 대처해야 하네요. [상담자는 캐런의 삶에 일어난 변화와 이런 변화에 대처하는 것의 어려움을 인식한다]

**내2:** 알고 있어요. 제가 너무 달라진 느낌이 들고 너무 무력해요. 앨리슨은 산타클로스에 대해 굉장히 신이 나 있는데 선물을 줄 수 없어서 마음이 너무 무거워요. 우리가 어떻게 해낼지 걱정이에요. 제프와 저는 실업 급여를 받고 있지만 여전히 대출금은 연체되고 있고 집을 잃게 될까 봐 걱정이에요.

**상2:** 자녀양육에 대한 압박감 때문에 앨리슨의 기쁨을 함께하기가 어렵다는 말씀이네요. [상담자는 캐런의 목소리에서 우울함을 느끼고 그녀가 어쩌다가 삶에서 느끼는 에너지가 줄어들게 되었는지를 감지한다. Miller-Tiedeman이 제안한 것처럼 상담자는 캐런의 삶을 판단하지 않고 존중한다.]

**내3:** 죄책감을 느껴요. 제가 어렸을 때 저희 집에 돈이 많지 않았는데, 그때 저는 가족을 위해 뭔가를 사주고 가족을 기쁘게 해주고 싶었어요. 그때도 그러지 못했고 지금도 할 수 없네요.

**상3:** 지금 가족을 위해 당신이 해주고 싶은 게 정말 많군요. [상담자는 캐런이 부정적인 측면에만 초점을 두고 있고 그녀의 삶에 균형이 없다는 것을 알아차리지만 캐런의 어려움을 수용한다.]

**내4:** 저는 가끔 부자가 되어 제 가족과 다른 사람 돕는 공상을 해요.

**상4:** 당신의 공상에 대해 좀 더 들어 보고 싶군요.

**내5:** 저는 제가 다니는 교회에서 모든 사람에게 선물과 돈을 나눠 주는 상상을 해요. 지금 그렇게 한다면 너무 행복할 것 같아요.

**상5:** 저한테 지금 그 말씀을 하는데 생기가 돌고 얼굴에 약간 미소를 짓는 것 같아요. [자신의 공동체와 타인을 돕는 일에 대한 관심이 드러나면서 캐런은 좀 더 활기차 보인다.]

**내6:** 전 교회에 있는 걸 좋아해요. 요즘 제가 시간이 더 있어서 어린아이를 위한 보육 집단을 돕는 일에 지원했어요. 제가 뭔가를 기여하고 있는 느낌이 들어요.

**상6:** 이런 일이 당신에게 당신이 알고 아끼는 사람들에게 도움이 된다는 느낌을 주는 것 같군요. 당신이 이전에 해오던 것과 다른 일을 하는 것이 당신에게 좋다는 말씀 같네요. [상담자는 캐런의 목소리에서 더 많은 에너지를 전달받는다. Miller-Tiedeman의 제안과 일관되게 그녀는 이러한 새로운 변화에 열의를 보인다.]

**내7:** 이 일은 제가 오랫동안 하고 싶은 일은 아니에요. 하루 종일 아이들을 돌보는 일은 제게 도전적인 일은 아니에요. 하지만 이 일을 하면 저 자신에 대한 느낌이 좋아져요.

**상7:** 그래요, 지금 당신의 삶에서 뭔가 좋은 것을 발견한 것처럼 들려요. [보육이 캐런의 소명은 아닐지 몰라도 상담자의 귀에는 캐런의 삶에서 걱정하기와 활동하기 간의 좀 더 나은 균형과, 에너지에 대한 좋은 감각이 전해진다.]

**내8:** 네, 저는 제프와 다른 사람들에게 부담을 주고 싶지 않아요. 남편은 간간이 이런저런 일을 하고 있고 돈을 좀 가져와요. 남편이 전기 관련 프로젝트나 뭐 그런 일이 있으면 이따금 저도 도와요.

**상8:** 남편을 돕는 것도 당신이 자신에 대해 느끼는 방식에 도움이 되는 것 같아요. [이것은 캐런이 변화하고 있고, 삶에 대해 더 많은 에너지를 느끼고 있는 그녀 삶의 또 다른 부분이다. 상담자는 처음에 생각했던 것보다 캐런의 삶에 균형이 더 많이 있음을 알아차린다.]

**내9:** 네, 제프는 실직했을 때 정말 힘들어했어요. 남편은 저는 일자리가 있고 자기는 그렇지 않으니까 때로 저에게 화난 것처럼 느껴졌어요.

**상9:** 정말 불편했겠어요. 남편이 당신이 하지 않은 어떤 것 때문에 당신에게 화를 내니 말이에요. [상담자는 둘 다 일하고 있을 때 캐런과 제프가 가졌던 일체감을 실직이 얼마나 방해할 수 있는지를 인식한다.]

**내10:** 그가 처음 일자리를 잃었을 때 저는 정말 조심했어요. 평소보다 더 조용했죠. 제가 실직했을 때 재정적으로 더 안 좋았지만 적어도 우리는 같은 배를 탔죠.

**상10:** 긴장이 줄어든 것 같고 두 사람이 더 잘 소통할 수 있었겠네요. [상담자는 Miller-Tiedeman이 설명한 것처럼 내담자의 결정과 판단을 존중하면서 그녀가 과정을 이끌어 가도록 한다.]

**내11:** 네, 지금이 더 나아요. 우리 둘이 함께 일할 때면 직장에서든 집에서든 즐겁게 해요. 딸아이들도 그걸 알아차리는 것 같고 함께 좀 더 놀고요. 그런 걸 보는 게 좋아요.

**상11:** 당신이 가족과 함께 즐거운 시간을 가질 때, 가족이라는 그 느낌이 당신을 기쁘게 하고 안도감도 주는 것 같아요. [상담자는 캐런의 삶에서 조화의 중요성을 감지하고 그것을 캐런의 말로 그녀에게 반영한다.]

상담자는 캐런이 언급한 주제에 귀를 기울이고, 변화나 균형, 에너지, 공동체, 소명, 조화 또는 일체감의 주제가 캐런에게 맞는 것처럼 보일 때 그 주제에 대해 말을 덧붙인다. 상담자의 진술은 내담자를 높이 평가하는 Miller-Tiedeman의 비지시적 접근을 반영한다. 진로선택의 주제는 이 대화에서 간접적으로만 관련이 있다. 캐런의 삶과 진로는 별개의 것이 아니다. Miller-Tiedeman의 관점에서 보면 일과 가족 문제 둘 다에 대한 논의는 내담자를 상담하는 그녀의 접근과 맞아떨어진다. 영성적 접근은 Bloch와 Richmond가 설명한 것 이외에 다른 개념에도 집중할 수 있다. 영성적 접근에서 종교적 문제는 (상담자가 아니라) 내담자가 그것을 제기할 때 대두된다.

## ❁ 생애계획에 대한 전체적 접근(Hansen)

Sunny Hansen(1997, 2001, 2002; Goodman & Hansen, 2005; Skovholt, Hage, Kachgal, & Gama, 2008)은 진로문제를 가진 사람들을 도우면서, 동시에 사회를 좀 더 나은 곳으로 만드는 방법에 초점을 둔 모델을 개발하였다. Hansen은 오스트레일리아와 일본을 포함하여 여러 나라를 두루 다니면서 통합적 생애계획 접근이 어떻게 진로발달의 세계관을 나타내는지를 보여 주었다. Hansen은 성과 다문화에 대한 그녀의 관심을 반영하면서, 서로 영향을 미치는 직장과 가족 및 사회의 변화를 들여다본다. 그녀가 일을 바라보는 관점은 Bloch와 Richmond 그리고 Miller-Tiedeman과 유사하지만, 그녀의 접근은 생애 역할의 변화를 위한 사회적 맥락에 초점을 맞추었다. 전체적 접근에서 Hansen은 여섯 가지 핵심적인 생애 과제를 확인하였다.

**과제 1: 변화하는 세계적 맥락에서 필요한 일 발견하기** 가면 갈수록 내담자와 상담자는 그저 지역 노동시장이나 심지어 국가 전체의 노동시장을 보는 것을 넘어 세계의 사회적·경제적 여건의 변화에 대한 인식을 포함하는 세계관을 갖는 것이 유리하다는 것을 알게 될 것이다(Amundson, 2005). 사람들은 기술과 컴퓨터 사용, 정보처리를 이해할 필요가 있다. 기술에 대한 강조와 더불어 Hansen은 문화와 성의 다양성을 이해하고, 폭력을 줄이고, 빈곤을 줄이며, 인권을 옹호할 필요성을 강조하는 가치체계를 강조한다. 이러한 생각과 관련된 것은 각자 세계적 차원의 책임을 다하기 위해 노력해야 한다는 생각이다(Nakamura & Watanabe-Muraoka, 2006).

**과제 2: 우리 삶을 의미 있는 전체로 엮어 내기** Hansen은 직업생활을 넘어서는 남성과 여성의 역할을 강조한다. 진로문제를 다루는 상담자는 내담자가 일과 그들의 사적인 생활을 통합하도록 도와야 한다고 그녀는 믿는다. 이것은 존중하는 자세로 타인을 대하기, 대인관계에서 유연하기, 내담자의 사회적·지적·신체적·영성적·정서적 역할을 고려하기와 같은 가치를 강조하는 그녀의 접근을 반영한다. Super처럼 Hansen은 일을 여러 중요한 역할 중 하나로 보고, 모든 역할은 서로 엮여야 하고 서로 관련된 것으로 간주해야 한다고 본다. Super(7~9장)와 유사하게 Hansen의 접근은 생애 역할에 있어서 통합적이다. Miller-Tiedeman, Bloch, Richmond처럼 Hansen도 진로발달의 영성적 측면을 강조한다.

**과제 3: 가정과 일 연결하기** Hansen은 통합적 생애계획에서 한 가지 중요한 과제는 가족관계가 어떻게 일에 영향을 미치는지를 내담자가 이해하도록 돕는 것이라고 믿는다. 진로상담을 할 때 상담자는 자녀양육에 대한 태도, 배우자 두 사람에게 일과 가족이 갖는 중요성, 가사 분담, 결혼생활 만족, 스트레스, 부부관계 내의 권력과 같은 수많은 가족문제와 관심사를 다룰 수 있다. 1970년대에 Hansen은 문화에 따른 성역할 주제를 연구하고 다루기 위해 본프리(BORN FREE) 프로젝트를 수행하였다. 본프리 연구의 한 가지 중요한 측면은 성역할 고정관념이 개인과 일에 미치는 영향을 연구하는 것이다. 고용주 입장에서 사람들이 가정과 일을 연결하도록 돕는 방법에 대한 제언에는 좀 더 유연하게 업무 배정하기, 근무일정과 일에서 벗어나는 시간 다양하게 하기, 재택근무 확대하기, 개인의 일-가정 선택을 일회적인 결정이 아닌 유연한 선택으로 보기 등이 포함된다. Hansen은 가정이 늘 일 중심으로 맞춰져야 할 필요는 없다고 강조한다. 즉, 가정을 중심으로 일을 맞출 수도 있다는 것이다.

**과제 4: 다원주의와 포용성 높이 평가하기** Hansen은 상담자와 내담자 모두 주목해야 하는 진로발달의 한 가지 중요한 측면은 문화적 다양성을 높이 평가하는 것이라고 믿는다. 그녀는 상담 전문가들이 다양성을 중시하는 것의 중요성을 진정으로 이해하는 동시에 자신의 편견과 태도를 이해할 필요가 있다고 믿는다. 내담자는 세계관을 확대하는 가운데 다문화적 환경에서 기능하도록 하게 해줄 세계관을 개발할 가능성이 있다. Hansen은 진로발달에 관한 전통적인 가정에 도전한다. 인종차별이나 성차별로 인해 모든 사람이 삶에서 많은 선택권을 갖고 있는 것은 아니라는 점을 인식하는 것이 내담자와 상담자가 개인적 · 사회적 제약을 다루는 데 데 도움이 될 수 있다. Hansen에 따르면 흔히 간과되고 있는 집단은 이민자와 난민이다. 이들을 상담할 때 문화적 다양성에 관심을 기울이는 것이 특히 중요하다.

**과제 5: 개인적 전환과 조직의 변화 관리하기** 사람들은 살아가는 동안 졸업과 결혼, 해고, 새로운 직장 등 많은 전환이 일어난다는 점을 인식할 필요가 있다. 예를 들어, Hansen은 전직 지원상담(outplacement counseling)의 성장이 최근 직장에서 일어나고 있는 전환의 증가를 나타낸다고 본다. 사람들은 전환의 세부적인 측면을 다뤄야 할 뿐만 아니라 이러한 전환이 가정에 미치는 스트레스와 영향도 다루어야 한다. 상담자는 내담자가 삶에서 많이 일어나는, 자신이 원하는 전환과 원치 않는 전환을 다루는 것을 지원할 수 있다. 내담자가 전환에 대해 목적을 갖고 결정을 내린다 해도, 그 결정이 합리적이거나 직관적인 것, 또는 합리적이고도 직관적인 것일 수 있음을 내담자와 상담자 모두 알아차릴 수 있다. 급격하게 변화하는 세계에서 흔히 내담자는 결정을 내릴 때 불확실성에 대처해야 한다. 따라서 사회적 변화는 진로의사결정이 정서와 이성에 기반을 두는 정도에 영향을 줄 수 있다.

**과제 6: 영성, 삶의 목적, 의미 탐색하기** Hansen에게 영성을 탐색하는 일은 많은 사람들의 삶에 중심이 되는 중요하고 필수적인 과제이다. 이는 흔히 더 높은 힘, 자기 자신보다 더 큰 어떤 것에 대한 갈망을 뜻할 수도 있고, 다른 사람의 인정과 그들의 중요성을 의미할 수도 있다. 예를 들어, 영성을 탐색하고 이를 매우 높이 평가하는 사람들은 노숙자, 아동, 노인을 돌보는 자원봉사 활동에 관여할 수도 있다. 이러한 경험은 타인과의 연결감과 삶의 가치에 대한 내적 감각을 제공할 수 있다. 이 과제를 논의하면서 Hansen은 좀 더 높은 의식수준에 도달하는 기회를 제공하는 선(禪) 명상과 같은 동양의 가치와 더불어 그 외 다른 방법도 함께 강조하였다. 자신의 삶의 목적을 탐색함으로써 일은 좀 더 의미 있는 것이 될 수 있다.

통합적 생애계획 접근에서 Hansen은 삶의 많은 중요한 개념이 서로 어떻게 연결되어 있는지를 보여 준다. 그녀는 사람들이 자신의 정체성을 탐색한다고 보는데, 정체성은 인종과 성별, 사회적 계층, 장애 등에 영향을 받는다. 이러한 정체성 탐색은 서로 관련 있는 사회적 · 지적 · 신체적 · 영성적 관심사 및 경력 개발 관심사와 관련된다. 이러한 요인들은 이성 관계 및 가족관계, 일, 학업, 여가와 같은 생애 역할에 영향을 주고, 이들은 모두 내담자의 진로의사결정에 영향을 미친다.

Hansen은 내담자의 의사결정 과정을 다룰 때, 성과 문화적 다양성 주제를 고려하는 것이 중요하다고 강조한다. 이 장에서 앞서 제시하였던 캐런의 사례로 돌아가 보면 사례의 상담자와 같이 Hansen은 가족 관심사와 주제에 관심을 기울일 것이다. Hansen은 또한 캐런에게 영향을 주는 성과 관련된 주제(왜냐하면 캐런이 여성이기 때문에)와 그녀의 문화적 유산이 진로의사결정에 어떻게 영향을 주는지에 대해 논의할 수도 있다. 캐런이 자신의 삶에서 조화를 이루고, 자신의 관심사와 남편의 관심사 간에 균형을 찾도록 돕고, 그녀의 에너지를 다루는 일은 진로상담에서 영성적 주제에 Hansen이 주목하는 접근과 일치한다. Hansen은 사회적 맥락의 관점에서 직장 차원에서 유연성을 개발하고, 유연하고 인간적인 리더십 모델을 개발하도록 직장에 영향을 미치는 데 상담자가 도움을 줄 수 있다고 보았다. 이처럼 Hansen은 상담자가 진로 상담에 대한 전체적이고 인간적인 접근을 택하고 직업세계에 영향력을 행사하도록 격려한다.

지금까지 진로발달에 대한 영성적 접근의 핵심을 Miller-Tiedeman, Bloch, Richmond와 Hansen의 연구를 통해 살펴보았다. 진로발달에 관한 Miller-Tiedeman의 견해는 삶이 곧 진로라는 것이다. 그녀의 연구는 결정을 내리는 데 있어서 그리고 자신을 위해 결정할 수 있는 인간의 능력을 인정하는 데 있어서 인간이라는 존재의 가치를 열렬하게 강조한다. 학생들의 진로의사결정을 돕기 위한 Miller-Tiedeman의 전략 대부분은 그들이 행동에 착수하고 자기 내면의 목소리를 듣도록 지지하고 격려하는 것이다. Bloch와 Richmond는 변화와 균형, 에너지, 공동체, 소명, 조화, 일체감의 주제를 설명함으로써 영성적 접근에 또 다른 차원을 제공한다. 이런 주제는 진로발달에서 인간 영성의 중요성을 강조하면서 의사결정의 방향을 정하는 유용한 방법을 제공해 줄 수 있다. Hansen도 마찬가지로 영성을 강조하지만 이것을 가정과 양성평등, 다문화주의 및 직업세계의 맥락 안에 둔다.

## 인지적 정보처리 접근

Miller-Tiedeman과 동료들이 진로의사결정에서 인간의 영성의 중요성을 강조한 반면, 다른 이론가들은 진로를 선택하고 의사결정을 내리는 인지적 접근에 초점을 맞추었다. 1980년대 초기부터 플로리다 주립대학교의 교수이자 상담자인 Gary Peterson과 James Sampson, Jr., Robert Reardon, Janet Lenz는 사람들이 진로에 대해 어떻게 생각하는지, 그리고 그들의 사고과정이 진로의사결정에 어떤 영향을 주는지에 관심을 두었다. 이들은 사람들이 자신의 흥미, 능력, 가치, 선호 직장, 직업세계에 대해 알아가도록 돕는 것뿐만 아니라 그들이 생각하는 방식과 이것이 그들의 진로의사결정에 어떤 영향을 주는지를 이해할 수 있도록 돕는 데 관심을 가졌다. 이들은 사람들이 자기 자신과 직업에 대한 그들의 신념체계에 의문을 갖는 것과 진로의사결정을 위한 효과적인 전략을 학습하는 것으로부터 유익을 얻을 수 있다고 믿는다. 또한 이들은 자신의 이론이 어떻게 직업결정, 즉 제안받은 하나 또는 그 이상의 일자리를 두고 선택을 하는 데 적용될 수 있는지를 보여 준다. Peterson과 동료들(Peterson, Sampson, Lenz, & Reardon, 2002; Peterson, Sampson, Reardon, & Lenz, 2006; Reardon, Lenz, Sampson, & Peterson, 2011; Sampson, Reardon, Peterson, & Lenz, 2004)의 연구는 인간의 사고과정에 대한 연구 분야인 인지과학의 영향을 받았다.

인지적 정보처리(사람들은 어떻게 사고하는가)의 초기 연구는 1970년대에 이루어졌다. Peterson과 동료들은 특히 Hunt(1971), Newell과 Simon(1972), Lackman, Lackman과 Butterfield(1979)의 영향을 받았다. 사람들이 어떻게 학습하고 정보를 처리하는지에 대한 연구에서 Peterson과 동료들은 사람들이 수학과 물리, 언어 추리 및 지능검사를 받을 때 사용하는 접근에 포함된 학습을 관찰하였다. 이러한 주제는 모두 특정한 정답이 있는 학습과정에 대한 연구라는 공통점을 갖고 있다. 진로상담에서는 내담자와 상담자가 정답이 흔히 불명확한 상황에서 적절한 전략을 모색해야 한다. 『진로발달과 서비스: 인지적 접근(*Career Development and Services: A Cognitive Approach*)』(Peterson et al., 1991)에서는 인지적 정보처리에 근거한 연구를 진로발달 이론에 적용하였다. 이러한 접근방식은 다음 질문으로 가장 잘 요약될 수 있다. 즉, 사람들이 효율적이고 정보에 기반한 진로문제 해결자와 의사결정자가 되기 위해 자기지식, 직업정보, 진로의사결정기술, 초인지를 획득할 수 있도록 지원하려면 진로상담자로서 우리는 무엇을 할 수 있는가?

## ❁ 인지적 정보처리 접근의 가정

내담자의 의사결정방식을 기술하는 영성적 접근을 택하는 이론가와 달리, Peterson과 동료들은 처방적인 관점을 취한다. 즉, 이들은 사람들이 훌륭한 진로결정을 내리는 능력을 향상시킬 수 있도록 진로의사결정에 관하여 생각하는 방법을 처방하거나 제안한다. Miller-Tiedeman의 용어를 빌자면, Peterson과 동료들은 사람들이 보편적인 현실 정보를 개인적인 진로의사결정 관심사에 통합하도록 돕는다. 이들이 진로문제에 진로 정보처리 이론을 적용하는 것에 대하여 설정한 다음 네 가지 가정은 이러한 처방적 접근을 반영한다. 이 네 가지 가정은 다음과 같다.

- 정서와 인지적 처리 둘 다 진로의사결정의 중요한 구성요소이다. 불안, 혼란, 우울 및 다른 감정이 많은 사람들의 의사결정 과정의 일부가 될 수 있다. Peterson과 동료들은 진로의사결정에서 정서의 중요성을 부정하지 않고 오히려 어떻게 인간의 정서가 정보처리와 상호작용하는지를 검토한다. 일부 비평가들은 이 접근을 정서가 아닌 이성만을 다루는 접근으로 잘못 분류한다(Sampson et al., 2004).
- 적절한 진로의사결정을 하려면 사람들은 자기 자신과 직업세계에 대해 알아야 할 뿐만 아니라 사고와 이것이 의사결정에 영향을 주는 방식에 대한 정보를 가지고 있어야 한다. 진로의사결정에 대한 지식은 사람들이 자기 자신에 대한 정보뿐

만 아니라 직업정보를 인식하고 발견하며 분석하는 데 도움이 된다. 이것은 다시 사람들이 진로선택 가능성을 고안해 내고 평가할 수 있게 해준다(Peterson et al., 2002).

- 자기 자신과 직업세계에 대한 정보는 계속해서 변화한다. 도식(학습된 정보를 유목화하고 연결하는 방식)과 같은 인지적 구조는 일생 동안 발달하고 성장한다.
- 내담자는 정보처리 능력을 향상시킴으로써 자신의 진로문제해결 능력을 향상시킬 수 있다. 사람들이 특정한 의사결정기술뿐만 아니라 자기 자신과 직업 및 그 외 다른 영역에 관한 정보의 획득과 저장 및 인출을 담당하는 상위 수준의 수행통제 과정을 발달시킬 수 있다면 그들의 진로의사결정 능력은 향상될 것이다.

이러한 네 가지 가정은 인지적 정보처리 접근의 핵심인 정보처리의 피라미드를 이해하는 데 도움이 된다. 이 피라미드는 자기 자신과 직업에 대한 지식과 의사결정 기술 간의 중요한 관계를 기술한 것이다.

## ❀ 정보처리의 피라미드

인지적 정보처리 이론의 진로발달에 대한 접근은 정보처리의 피라미드로 가장 잘 보여 줄 수 있다. 이 피라미드는 인간의 지능 이해에 대한 Robert Sternberg(1980, 1985)의 접근에 기초한 것이다. **그림 15.1**과 **15.2**는 이 피라미드를 보여 주고 있다. **그림 15.1**은 인지적 정보처리 이론의 이론적 요소를 보여 주고, **그림 15.2**는 이러한 요소가 내담자의 생각으로 어떻게 전환되는지를 보여 준다.

인지적 정보처리의 세 가지 기본요소는 지식 영역, 의사결정기술 영역, 실행처리 영역이다. 지식 영역은 자기 자신에 대해서 아는 것과 직업 및 직업세계 선택지에 대해 아는 것으로 구성된다. 의사결정기술 영역에서는 사람들이 의사결정하는 방법을 배운다. 실행처리(executive processing) 영역에서는 내담자가 자신의 시고가 어떻게 자신의 결정에 영향을 주는지를 알아차리게 된다. 정보처리 영역의 피라미드를 기술하면서 먼저 피라미드의 가장 아래 부분인 지식 영역에 초점을 맞추고 그다음으로는 의사결정기술 영역을 다룬 후, 마지막으로 실행처리 영역을 살펴볼 것이다. 진로발달에 대한 인지적 정보처리 이론을 예시하기 위해 한 가지 사례를 활용하고자 한다.

파넬은 오하이오 주 신시내티 출신인 흑인 대학교 신입생이다. 그는 현재 재학생이 대부분 흑인이고 종교기관이 설립한 테네시 주 네시빌 인근에 소재한 작은 대학에 다니고 있다. 파넬의 부모는 중산층으로 대학교육을 받았다. 부모가 다 회계사로, 그들 자신의 회계법인에서 함께 일하고 있다. 그들은 파넬이 다니는 교회에서 매우 적

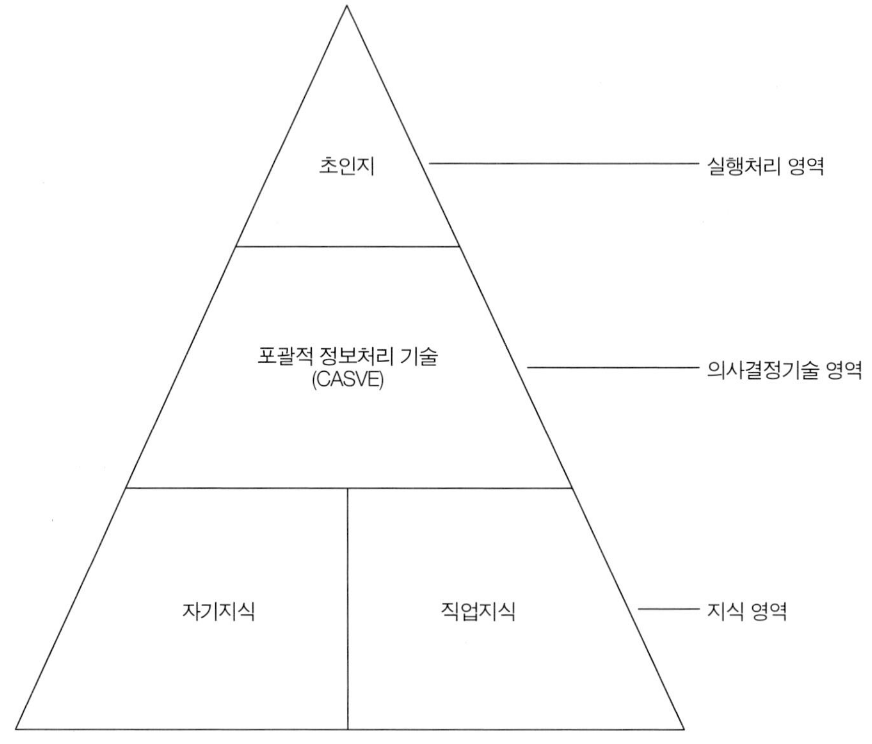


**그림 15.1** 진로의사결정에서 정보처리 영역의 피라미드

출처: Peterson, C. W., Sampson, J. P., Jr., & Reardon, R. C. (1991), 『진로발달과 서비스: 인지적 접근(*Career development and services: A cognitive approach*)』, 1st ed. Copyright © Cengage Learning의 허락하에 재인쇄함.

극적으로 활동하고 있고, 기부금과 다양한 봉사 활동을 통해 교회를 지원해 왔다. 파넬에게는 중학교 2학년 과정을 마치고 있는, 음악적 재능이 있는 여동생이 있다. 교회에 가면 파넬은 흔히 부모가 얼마나 정직한 시민이며 지역사회에 얼마나 많은 것을 하고 있는지에 대해 듣는다. 파넬은 모범적인 시민이 되어야 하고 교회에서 부모님의 발자취를 따라야 한다는 압박감을 느껴 왔다. 파넬의 부모는 그에게 회계사가 되라고 강요하지는 않았지만, 그 직업이 얼마나 그들의 삶을 개선하고 가족을 위해 좋은 가정을 꾸릴 수 있게 해주었는지를 보여 주었다.

파넬은 대학에 들어갔을 때 처음에는 부모처럼 회계학을 전공할 수도 있겠다고 생각하였다. 그래서 첫해에 경제학과 회계학 수업을 수강하는 것부터 시작하였다. 그는 고등학교 때 전 과목에서 좋은 성적을 받았기 때문에 회계사가 현실적인 진로가 될 것으로 생각하였다. 그는 대학 캠퍼스에서 생활하고 있고, 생활이 지루해 보이

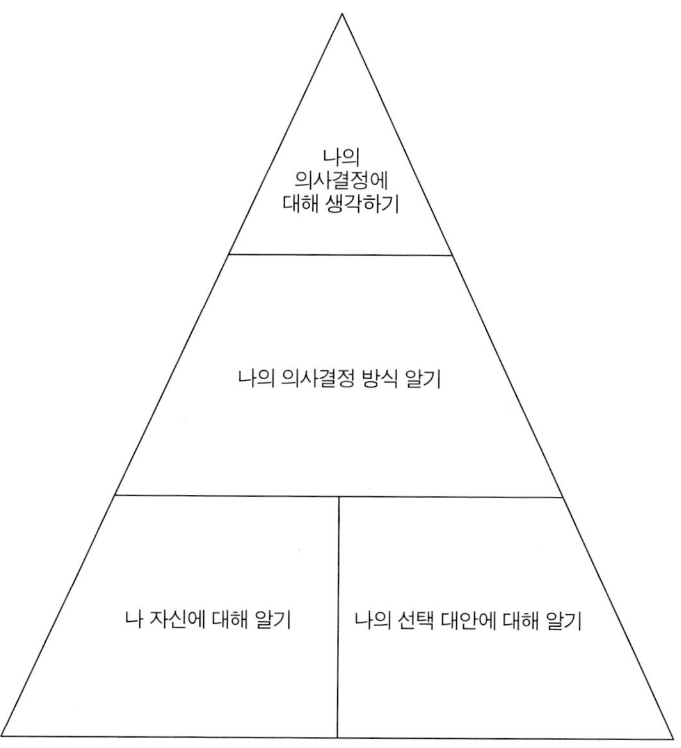


**그림 15.2** 진로선택에 포함된 요인

출처: "진로 서비스에 대한 인지적 접근: 개념을 실천으로 옮기기(A cognitive approach to career services: Translating concepts into practice)," J. P. Sampson, Jr., G. W. Peterson, J. Lenz, R. C. Reardon in *Career Development Quarterly*, pp. 67-74. Copyright © 1992. John Wiley & Sons, Inc.의 허락하에 재인쇄함.

기는 하였지만 경제학과 회계학 수업을 듣는 일이 비교적 순탄하게 돌아가고 있었다. 그런데 추수감사절 방학을 맞아 집으로 가기 전 주말에 파넬은 몇몇 친구를 만나러 캠퍼스를 벗어나게 되었다. 친구들은 파티장에서 술을 마시고 있었고 파넬도 합류하였다. 파넬은 이전에는 술을 한두 잔 정도 마셨으나 이번은 이례적인 경우였다. 학교로 복귀하여 학생 휴게실에 갔을 때, 그는 술에 취해 기분이 좋은 상태였다. 친구들이 휴게실로 걸어 들어올 때, 그는 그들을 반기는 뜻으로 그들을 향해 의자를 들어 올려 사람을 피해서 던졌다. 사람들을 다치게 하지는 않았지만 그는 휴게실의 벽을 여기저기 훼손시켰다. 그의 부모는 이 사실을 알고 무척 화를 냈다. 그가 이처럼 부모의 화를 돋운 것은 이번이 처음이었다. 추수감사절 방학이 끝나고 학교로 돌아오면 그는 상담자를 만나 진로방향과 그의 부적절한 행동에 관해 논의할 예정이었다. 다음 절에서는 상담 안팎의 파넬의 경험을 예시로 활용하여 인지적 정보처리 접근의 주요 개념을 설명하고자 한다.

**자기지식** 자기 자신에 대한 지식을 기술하면서 Sampson 등(2004)은 정보가 개인의 기억에 저장되는 상이한 방식을 제시하였다. 사람들이 자기 자신에 대해 학습하려면 사건을 해석하고 재구성해야 한다. 사건을 해석하려면 현재 사건에 대한 자신의 감각을 기억에 저장되어 있는 에피소드와 매칭시켜야 한다. 이러한 에피소드는 주체와 행위, 감정, 대상, 결과를 포함한다. 현재 사건과 관련된 에피소드들은 사람들이 자신에 대한 견해를 형성하는 것을 돕기 위해 시간대를 거쳐 서로 연결된다. 재구성은 과거 사건을 현재의 사회적 맥락에 놓고 해석하는 것을 포함한다. 때때로 사람들은 과거의 사건을 새로운 정보와 비교해 보기 위해 그러한 사건을 들여다보기도 한다. 이를 통해 자신에 대한 새로운 견해나 자아개념의 윤색이 일어난다. 자기지식은 이전의 학업 수행과 직업수행, 다른 사람들과의 상호작용, 과거 사건에 대한 관찰에 대한 정보에서 나온다. 진로발달 관점에서 보면 자기지식 영역에는 흥미검사 및 능력검사의 점수와 성적뿐만 아니라 학교와 직장, 여가생활에 대한 반응도 포함될 수 있다.

파넬의 경우, 자기지식 영역과 관련된 정보는 경제학과 회계학을 싫어한다는 것이다. 좀 더 긍정적인 관점의 관련 정보는 주간 캠프 상담자로 일하면서 어린 아동과 함께 지내고 테니스와 축구를 즐긴다는 것을 포함한다. 이전의 좋은 학업 성적과 강한 종교적 신념도 이 영역의 한 부분이다.

**직업지식** 사람들은 평생 교육체제와 직업에 관한 정보를 얻는다. 그리고 이러한 정보를 관련 개념으로 구조화하고 조직한다. 도식(schemas)은 교육 및 직업과 관련된 정보를 조직화하여 의미 있는 연결이 만들어지도록 하는 방식이다. 직업에 관한 새로운 정보를 학습하면 사람들은 기존의 정보에 새로운 정보를 끊임없이 결합시킨다. 사람들은 이를테면 회계와 같은 직업을 좀 더 구체적으로 기술한 새로운 정보를 획득할 수도 있고, 경제학자와 회계사와 같이 여러 직종을 함께 묶는 정보를 알게 될 수도 있다. 이러한 과정 둘 다 직업정보를 습득하는 데 중요하다.

파넬의 경우, 직업지식은 다소 제한적이었다. 그는 부모님이 저녁식사를 하면서 이따금씩 일에 대해 논의하기 때문에 부모의 일에 대해서는 많이 들었다. 그는 회계가 숫자만 다룰 뿐만 아니라 다른 사람들에게 자문을 해주고 어려운 상황에 처한 사람들을 도와주는 일도 수반한다는 것을 알고 있다. 또한 그는 학교와 교회에서 교사와 목사를 접한 경험을 통해 그들의 역할에 대해서도 분명한 생각을 갖고 있는 듯하였다. 그러나 과학과 보건, 무역 및 다른 분야의 직업세계에 관한 그의 지식은 매우 제한적이었다.

지금까지 논의한 두 가지 지식 영역(자신과 직업)은 특성요인 이론에 정확히 상응한다. 자기지식은 특성요인 이론(2장)의 1단계(자기이해 얻기)에 해당된다. 직업지식은 특성요인 이론의 2단계(직업세계에 관한 정보 얻기)에 해당된다. 인지적 정보처리 이론을 특성요인 이론 및 다른 이론과 구별되게 하는 것은 바로 의사결정기술 영역과 실행처리 영역이다.

**의사결정기술** 사람들이 자기 자신과 직업에 대한 정보처리를 가능하게 하는 능력을 일컬어 포괄적인 정보처리 기술(generic information-processing skills)(Sampson et al., 2004)이라고 한다. 이 기술은 두문자어인 CASVE(communication-analysis-synthesis-valuing-execution)로 알려져 있다.

이러한 기술들은 하나의 주기로 약술되고 Peterson과 동료들이 훌륭한 의사결정의 특성이라고 믿는 기술을 나타낸다. **그림 15.3**은 상호 연관된 다섯 가지 기술을 보여 준다. **그림 15.4**는 내담자가 훌륭한 결정을 할 때 자기 자신과 직업에 대해 생각하는 방식에 있어서 이러한 기술들이 어떻게 표현되는지를 보여 준다. 다음 절에서는 이 다섯 가지 기술에 대해서 좀 더 자세히 설명하고 파넬과의 상담회기에서 이것이 어떻게 드러나는지를 보여 주는 예시를 제시하려고 한다.

1. **의사소통** 자기 내면으로부터 혹은 주변 환경으로부터 투입(input)이 있을 때 의사소통 과정이 시작된다. 즉, 사람들은 내적 또는 외적 정보 신호와 접촉하게 된다. 이때 사람들은 이전에는 존재 가능성을 부인하였을지도 모를 어떤 문제의 존재를 인식하게 된다. 이때 사람들은 자기 자신과 환경, 존재하는 문제를 검토하기 시작한다. 그들은 정보에 대해 어떤 행동을 하거나 어떤 선택을 해야 할 필요가 있음을 인식하게 된다.

파넬의 사례에서 이러한 신호는 꽤 분명하였다. 그에게 노골적으로 드러난 한 가지 외적 신호는 학생 휴게실 벽을 훼손한 행위로 근신 처분을 내린다는 학생처장의 편지를 받은 것이었다. 만일 이 신호가 충분하지 않다면 파넬의 어머니가 화가 나서 전화를 한 일이 또 다른 신호였을 것이다. 파넬의 진로발달과 관련하여 회계학과 경제학에 관한 불만족과 지루함이라는 내적 신호는 또 다른 표시였다. 이러한 신호들은 파넬에게 다른 어떤 것을 하기 위해 선택을 해야 할 필요가 있음을 전달하였다(communicated). 상담자와 이야기하는 동안 의사소통 국면은 다음과 같이 드러났다.

**내1:** 처음 대학에 왔을 때 그냥 저도 부모님처럼 회계 쪽으로 가겠지라고 생각했어요. 그게 쉽겠다, 부모님이 회사를 잘 운영하고 계시고, 나도 함께 일하면 되겠

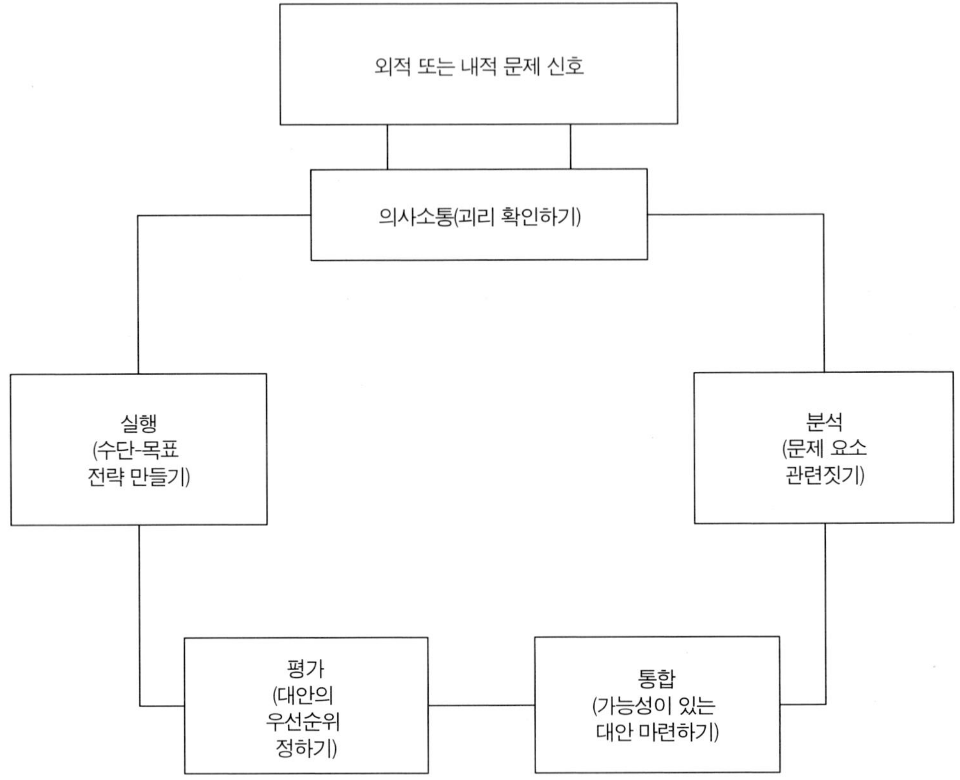


**그림 15.3** CASVE(의사소통, 분석, 통합, 평가, 실행) 5단계

출처: Peterson, C. W., Sampson, J. P., Jr., & Reardon, R. C. (1991), 『진로발달과 서비스: 인지적 접근(*Career development and services: A cognitive approach*)』, 1st ed. Copyright © Cengage Learning의 허락하에 재인쇄함.

다 싫었어요.

**상1:** 그런데 어떤 일이 생겼군요. [상담자는 어떤 강력한 내적 의사소통 메시지에 대한 힌트를 얻는다.]

**내2:** 전 그냥 일이 뭔가 제대로 돌아가지 않는다는 걸 느꼈어요.

**상2:** 파넬, 그것에 대해 좀 더 자세히 이야기해 줄래요? [상담자는 의사소통 단계에서 드러난 문제에 대해 더 알기를 원한다.]

**내3:** 회계가 정말 지루하다는 걸 스스로 인정했어요. 우리가 해야 했던 연습문제, 수업 과제, 수강 과목 자체 그 모든 게 다요. 그래서 처음에는 겁이 났어요. 저는 그런 상태가 싫었어요. 제 말은, 제가 회계를 좋아하고 싶었다는 거죠. 그래서 제가 회계를 좋아하지 않는다는 사실을 좋아하지 않았어요.

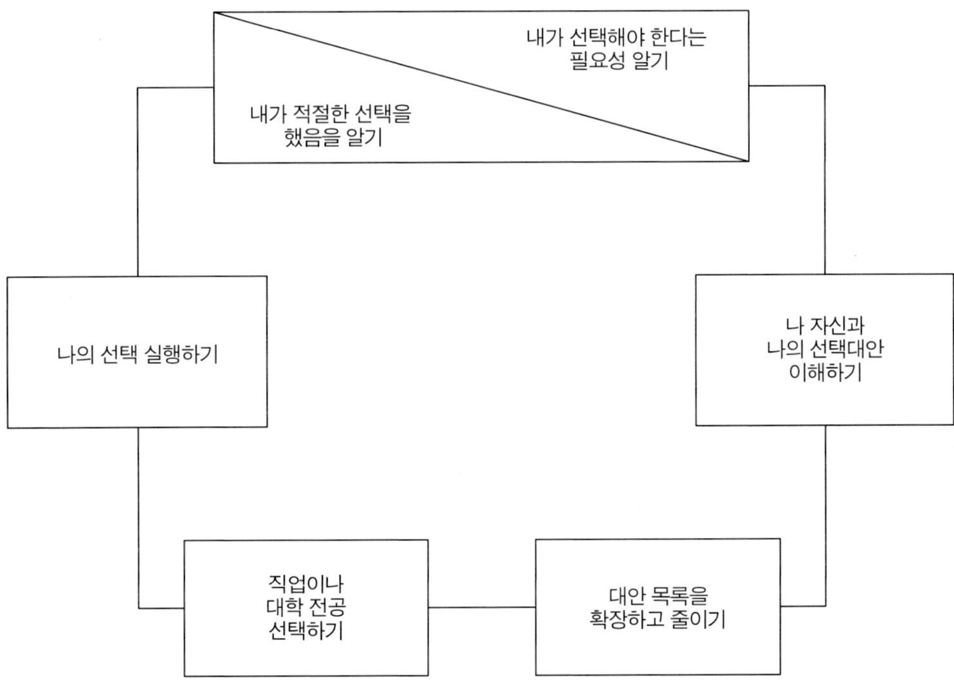


**그림 15.4** 적절한 의사결정을 위한 지침

출처: "진로 서비스에 대한 인지적 접근: 개념을 실천으로 옮기기(A cognitive approach to career services: Translating concepts into practice)," J. P. Sampson, Jr., G. W. Peterson, J. Lenz, R. C. Reardon in *Career Development Quarterly*, pp. 67-74. Copyright © 1992. John Wiley & Sons, Inc.의 허락하에 재인쇄함.

**상3:** 그 말은 마치 진로선택에 대해 다시 생각할 필요가 있다고 스스로에게 말했다는 걸로 들리네요.

**내4:** 네, 뭔가 다른 걸 찾을 필요가 있어요. 제가 다른 어떤 것을 할 수 있을까요? 제가 좀 알아야겠어요.

**상4:** 우리가 함께 노력하면 파넬이 대안적인 진로선택들을 찾는 데 도움이 될 거예요. [의사소통 단계는 문제를 충분히 인식하고 그것에 대해 무엇인가를 하기 시작하는 데 초점을 둔다.]

이 짧은 대화는 의사소통 단계의 주된 목표와 일치한다. Peterson 등(2002)은 이 단계에서 내담자를 위한 특히 중요한 질문은 다음 두 가지라고 기술하였다.

- 이 순간 나는 나의 진로선택에 대해 무슨 생각을 하고 어떻게 느끼는가?
- 진로상담을 통해 내가 얻고자 하는 것은 무엇인가?(p. 436)

**2. 분석** 자기지식과 직업지식 영역을 검토하는 것은 분석 단계의 일부이다. 사람들은 문제의 원인에 주의를 기울이고 문제에 대해 성찰한다. 자신의 가치와 홍미, 기술, 선호하는 일자리 및 가족상황을 재검토하는 일이 이 단계에서 권장되는 활동 중 하나이다. 새로운 직업정보를 학습하고 기존의 정보를 재검토하는 일 역시 제안되는 활동이다. 추가적으로 상담자는 내담자가 자신의 의사결정 접근방법에 대해 생각해 보고, 긍정적 사고와 부정적 사고가 어떻게 자신의 의사결정에 영향을 주는지를 이해하도록 격려한다(Sampson et al., 2004).

파넬의 사례에서 분석 단계에는 그의 홍미와 기술에 대한 검토가 포함되었다. 파넬은 Strong 홍미검사(SII)를 무척 받고 싶어 하였다. 사회봉사직과 교직에 대한 홍미를 보여 주는 결과를 살펴보면서 그는 자신의 홍미가 교사와 사회복지사의 홍미와 매칭이 되는 이유를 이해할 수 있었다. 하지만 파넬은 회계에서 낮은 점수를 받은 것에 처음에는 놀랐는데, 왜냐하면 그는 그 직종을 잘 알고 있었기 때문이었다. 낮은 점수는 회계사가 하는 유형의 활동에 대한 홍미 부족을 뜻한다는 점을 상담자가 설명하자, 그는 검사 점수가 직업을 잘 알고 있는 정도가 아니라 개인의 호불호와 관련이 있음을 이해할 수 있었다. 검사 점수는 그가 지금 마음을 정하지 못하고 있는 이유를 이해하는 데 도움이 되었다. 그는 자기 자신의 다른 측면을 보고 이전에 그가 알던 것과는 다른 직업정보를 고려해야 하였다. 다음의 대화에서 파넬과 상담자는 그의 홍미검사결과를 논의하고 있다.

**내1:** 교직에서 높은 점수를 받았는데 그게 홍미롭다고 생각했어요.

**상1:** 어떤 점이 홍미로웠어요? [상담자는 파넬이 자기지식 영역의 정보를 어떻게 분석하는지에 관심이 있다.]

**내2:** 음, 그동안 제가 했던 가르치는 일에 대해 생각해 보게 됐어요. 제가 정식으로 가르치는 일을 해본 적은 없지만, 주간 캠프에서 어린아이들에게 수영과 운동경기를 가르치는 걸 정말 좋아하는 것 같아요.

**상2:** 아이들 가르치는 일을 얘기할 때 신나 보이네요. [상담자는 감정적 홍분 상태가 분석 단계의 일부일 수 있음을 알고 있다. 분석 단계는 전적으로 지적인 과정만은 아닐 수 있다.]

**내3:** 네. 아이들이 야구하는 방법처럼 좋아하는 걸 배우도록 도우니 보람이 느껴져 정말 즐거웠어요.

**상3:** 우리가 이런 주제에 대해 이야기하는 동안 파넬이 자신에 대해 더 알아 가고 있는 것 같네요. [좀 더 전문적인 용어로 말하자면, 상담자는 자기지식 영역에

대한 파넬의 분석을 언급하고 있다.]

파넬과의 상담은 그의 흥미와 능력, 가치, 일자리 선호의 다양한 측면에 대한 많은 논의를 포함할 수 있다. 이러한 영역에 대한 검토를 통해 파넬은 자기지식과 직업지식 영역 그리고 이 두 영역이 어떻게 서로 관련되는지를 분석하게 된다.

3. **통합** 정보를 분석하고 나면 사람들은 행동 노선들을 생각해 볼 수 있다. 즉, 정보를 받아들이고 자신이 분석한 것을 정교화하거나 결정화하여 정보를 통합한다. 정교화(혹은 확장)는 가능성이 없는 해결책조차 포함하여 가능한 한 가능성이 많은 해결책을 고안하는 것을 뜻한다. 사람들은 현실적인 고려 때문에 상호작용의 가능성을 제한하지 않고 많은 가능한 행위를 생성해 낼 수 있도록 브레인스토밍을 하거나 은유(metaphor)를 만들어 낼 수 있다. 현실적인 제약은 이후에 다루면 된다. 결정화(혹은 축소)는 재정문제와 능력과 같은 현실적인 제약을 고려하여 잠정적인 대안을 제한하는 것을 일컫는다는 점에서 정교화의 반대이다(Sampson et al., 2004). 개인의 흥미나 능력, 가치, 또는 일자리 선호에 맞지 않는 직종은 이때 배제할 수 있다. 이 과정에서 다시 직업적 및 교육적 정보를 활용하면 결정화 과정에서 내담자에게 도움이 된다.

파넬의 경우 통합은 꽤 많은 분석을 거친 후에 이루어졌다. 처음에 그는 회계나 신용관리가 아닌 다른 대안을 알아보는 일을 약간 내켜하지 않았으나, 사회복지, 심리학, 작업치료, 중고등학교 사회과 교사 등과 같은 대안을 탐색하였다. 그가 분석한 정보를 정교화하여 파넬은 이전에는 생각해 보지 않았던 직종을 검토해 볼 수 있었다. 상담자는 파넬에게 특정 직업에 실제로 입직할 수 있을지 또는 대학원을 가기 위해 좀 더 좋은 성적을 받을 수 있을지는 지금이 아니라 나중에 고려할 것이라고 그를 안심시켰다. 많은 기회를 생성한 후에 상담자와 파넬은 결정화, 즉 생성한 대안을 줄여 나가는 작업을 할 수 있을 것이다. 파넬은 대학 신입생으로서 자신의 대안을 너무 제한하기를 원치 않는다고 느꼈다. 그는 교육학이나 사회복지 전공 대학원에 갈 수 있을 만큼 자신이 공부를 잘할 수 있을 것이라고 생각하였지만 확신할 수 없었다. 이렇게 파넬은 가능성 있는 진로대안을 제한하고 있었는데, 이것은 통합 단계에 해당하는 것이었다.

4. **평가** 잠정적인 대안들이 결정화되거나 좁혀지면, 내담자는 가능한 행동 또는 진로방향을 평가할 수 있다. 내담자는 잠정적인 첫 번째 대안, 두 번째 대안과 같은 식으로 직업적 선택지나 다른 선택지를 하나씩 평가할 수 있다. 본질적으로, 내

담자는 다음과 같은 질문을 던진다. 지금 나에게 최선의 선택은 무엇인가? 이 선택이 나의 미래 삶과 내가 아끼는 사람들에게 어떤 영향을 줄 것인가? 내가 속한 공동체에는 어떤 영향을 미칠 것인가? 어떤 문화권에서는 진로대안과 영성적 및 문화적 가치 간의 관계도 중요하다. 이는 내담자가 답을 얻고자 하는 질문의 성격에 따라 특정한 교육적 혹은 직업적 가능성, 직업 분야 혹은 심지어 특정 지위를 가리킬 수도 있다(Sampson et al., 2004). 평가를 할 때 내담자는 자기지식과 직업지식 영역 둘 다를 고려한다. 이 단계에는 일자리 기회나 자격, 직무, 교육이나 훈련에 드는 비용 등을 고려하는 일도 포함될 수 있다.

파넬의 경우, 평가 단계는 그에게 자신의 행동에 대해 많은 것을 생각해 볼 수 있는 기회를 제공하였다. 다음의 대화와 같이, 그는 자신의 진로 관심사뿐만 아니라 이전에 그가 한 행동도 평가하였다.

**내1:** 제가 의자를 내던진 일로 추락한 제 명예를 과연 되찾을 수 있을지 모르겠어요.

**상1:** 그 일이 파넬에게 정말 큰 충격을 줬나 봐요. 그 일이 있고 나서부터 자신에 대해 많은 생각을 했나 봐요. [상담자는 파넬이 평가 과정을 거치고 있음을 알아차린다.]

**내2:** 네, 엄마와 이야기할 때마다 엄마가 그 일을 거론하신다는 것이 문제의 전부는 아니에요. 그것도 정말 무안해요. 문제는 제가 또다시 그와 같은 일을 한다면 대학원은 절대 못 갈 거라는 것과, 대학원 진학은 제가 정말 하고 싶은 거라는 걸 제가 알고 있다는 사실이죠.

**상2:** 그 사건에 대해 어떤 생각을 하고 있는지를 들을 수 있어 좋네요. [상담자는 파넬이 하고 있는 평가에 대해 언급한다.]

**내3:** 조심해야겠어요. 적어도 어느 정도는요. 그래야 제게 중요한 일들을 할 수 있으니까요.

파넬은 또한 자신의 진로선택과 관련된 가치를 점검하였다. 이 시점에서 그는 중고등학교 사회과 교사, 초등학교 교사, 사회복지사와 같은 몇 개 직업의 장단점에 대해 생각해 보았다. 이런 것을 생각해 보는 과정에서 그는 사회복지 분야를 좀 더 탐색하였고 학교 사회복지사와 그와 관련된 진로, 즉 청소년과 일하는 보호관찰관이 되는 것을 고려해 보았다. 그는 보호관찰 일을 택하였는데, 그 이유는 그것이 그 자신에 대한 견해 및 가족과 공동체에 미칠 영향에 들어맞았기 때문이었다. 만약 파넬이 회계처럼 사회복지 과목도 좋아하지 않는다는 것을 알게 되면 교육학 수업을 듣는 것을 고려할 것이다.

5. **실행** 일단 선택지들을 평가하거나 선택지들에 대한 평가 과정을 거치고 나면, 작은 중간 단계를 거쳐 선택을 실행하기 위한 계획이나 전략을 수립할 수 있다. 사람들은 한 가지 선택지를 시도해 보고 그것이 자신에게 맞는지를 알아본다. 때로 실행은 자원봉사 활동이나 시간제 일을 하거나 혹은 특정한 과정이나 훈련을 택하는 것을 말한다. 또 어떤 때는 이력서를 보낼 곳을 정하거나 특정 직업의 종사자와 함께 시간을 보내 보는 것이 적절할 수도 있다(Sampson et al., 2004). 개인의 진로관심사에 따라서 상이한 유형의 활동이 적절할 수 있다. 현재 직장에서 자신이 대우받는 방식에 불만이 있는 사람이라면 동료나 상사에 이야기를 하거나 변호사를 선임하는 것 등의 전략이 가능한 행동이 될 수도 있다.

상담이 끝나 갈 무렵, 파넬은 보호관찰 일을 하는 데 관심이 있다는 결정을 내렸다. 상담자는 파넬이 그 지역의 보호관찰 업무에 대해 좀 더 알아볼 수 있도록 도와주었다. 파넬은 관련 정보를 찾아본 다음 보호관찰 상담자를 만나 그가 하는 일에 대해 이야기를 나누었고 사회복지 초급 과정을 끝마칠 동안 자원봉사 경험을 할 수 있는 기회도 마련하였다.

CASVE 과정의 주기는 여기서 끝나는 것이 아니다. 이후에 사람들은 하나의 특정한 선택을 행동으로 옮기는 것, 즉 실행을 할 수 있는데, 이때 행동은 그 선택의 결과로 나오는 것이다. 그런데 계획대로 일을 추진하는 데 문제가 있을 수도 있고 예상하지 못한 결과가 나올 수도 있다. 그렇게 되면 의사소통 단계부터 시작해서 탐색 경험을 점검하면서 CASVE 주기를 재순환한다. 추가적으로, Sampsons 등(2004)이 우연사건(serendipity)이라고 부르는 예상하지 못한 사건이 발생하여 사람들이 CASVE 주기를 재순환하게 될 수도 있다. 보호관찰관과의 면담(분석 또는 종합)에서 직업정보 습득이 일어날 수도 있다. 이것은 CASVE 주기를 부분적으로 재순환하는 예이다.

파넬은 사회복지 수업에서 좋은 성적을 거두었고, 자원봉사를 즐겁게 수행하였다. 그는 학위를 받고 보호관찰관 하위직 자리를 얻었다. 음주와 무질서한 행동으로 징계를 받았던 그의 개인적 경험은 초범으로 구속된 내담자들을 대하는 데 도움이 되었다. 그의 부모는 처음에는 아들의 직업선택을 염려하였지만, 파넬이 일에서 성공을 경험하고 일을 즐거워하는 것을 보고 그의 결정에 대해 점차 만족하게 되었다.

## ❀ 실행처리 영역

정보처리 영역 피라미드의 최상단(그림 15.1, 그림 15.2)은 좀 더 고차원적인 기능을 가리킨다. 이것은 실행처리(executive processing)라 부르는데, 그 이유는 사람들은 자신이 어떻게 생각하고, 느끼고, 행동하는지를 점검하기 때문이다. Peterson 등(2002)과 Sampson 등(2004)은 의사결정에 관해 사고하는 세 가지 주요 방식에 대해 기술하였다. 그것은 자기 대화(self-talk), 자기 인식(self-awareness), 모니터링과 통제이다.

1. **자기 대화** 사람들이 스스로에 대해 가지고 있는 기대와 유사하게, 자기 대화는 진로선택과 다른 문제에 대해서 개인이 스스로에게 주는 내적 메시지를 의미한다. 자기 대화는 긍정적일 수도 있고 부정적일 수도 있다. 긍정적 자기 대화는 "나는 좋은 결정을 할 수 있어." 또는 "나는 직업에 대해 필요한 정보를 찾을 수 있어."와 같은 생각을 포함한다. 이와 유사하게 긍정적인 자기 대화는 "지난 시험에서는 잘 못했지만 이번에는 더 효과적으로 공부해서 더 잘할 수 있어."와 같이 학업수행을 가리킬 수 있다. 부정적인 자기 대화는 의사결정상의 어려움과 관련되어 있다. 여기에는 "난 잘하는 게 아무것도 없어."와 "나는 교사로서 일자리를 구할 수 없을 거야.", "아무도 날 고용하려고 하지 않을 거야"와 같은 말을 포함할 수 있다. 만일 사람들이 의사결정(의사소통, 분석, 통합, 평가, 실행)에서 긍정적인 자기 대화를 사용하면 부정적인 자기 대화를 사용할 때보다 더 낫고 더 적절한 의사결정을 할 수 있다.

파넬은 자신의 진로의사결정에 대해 생각할 때 긍정적 자기 대화와 부정적 자기 대화를 둘 다 사용한다. 다음 자기 대화 중 앞의 두 개 진술은 긍정적 자기 대화, 나머지 두 개는 부정적 자기 대화를 나타낸다.

나는 나에게 선택 가능한 직업으로 회계 대신에 많은 대안을 탐색할 수 있다.

나는 파티에서 음주를 조절하고 문제 상황을 피할 수 있다.

나는 결코 성공적인 사회복지사가 될 수 없을 것이다.

나는 이미 한번 사고를 쳐서 곤경에 처했기 때문에 아마 또 사고를 쳐서 곤경에 처할 것이다.

2. **자기 인식** 사람들은 자신이 무엇을 하고 있는지 또 그것을 왜 하는지를 인식하면

좀 더 효과적인 문제해결자가 될 수 있다. 자신의 진로의사결정 전략과 과정을 인식하는 것이 그것을 인식하지 못하는 경우보다 훨씬 더 유익하다. 개인이 자신의 의사결정을 인식할 때, 부정적인 자기 대화에 이름을 붙이고 그것을 바꿀 수 있다. 또한 자기 인식이 있을 때, 사람들은 현재 상황에 대해 자신이 어떻게 생각하고, 어떻게 느끼는지, 자신의 선택에 관한 정보를 어떻게 분석하는지, 대안들을 어떻게 통합하는지, 대안의 우선순위를 어떻게 정하고 평가하는지, 어떻게 행동을 취해 계획을 실행하는지를 인식함으로써 좀 더 쉽게 CASVE 과정을 따를 수 있다.

다음은 파넬의 자기 인식을 보여 주는 짧은 대화이다.

**내**1: 그런 일을 생각해 본 적이 없었지만, 학생 휴게실 사건 때문에 제가 근신 처분을 받았기에 그 일이 진로를 어떻게 선택할지에 대한 제 견해를 바꾸어 놓았어요.

**상**1: 그것이 흥미롭네요. 어떻게 그 사건이 파넬의 진로결정 사고를 바꾸었는지 좀 더 이야기해 보세요. [상담자는 이것이 파넬이 자각하고 있음을 나타낸다는 것을 알아차리고, 그의 자기 인식을 강화하고 그것을 좀 더 알아보기를 원한다.]

**내**2: 저 자신을 통제할 수도 있었다는 걸 좀 더 깨닫게 해줬어요. 언제 술을 마시고 언제 마시지 않을지, 아니면 얼마나 마실지를 제가 선택할 수 있다는 거죠. 또 어떤 직업에 대해 알아볼지, 어떤 직업에 대해 알아보지 않아도 되는지를 제가 선택할 수 있어요. 또 제가 회계사가 안 된다면 엄마가 어떻게 생각하실지를 제가 두려워하는 쪽을 선택할 수도 있고 두려워하지 않는 쪽을 선택할 수도 있어요.

**상**2: 그런 식으로 표현하다니 대단하네요. 자신이 현재 하는 선택과 미래에 할 선택의 유형을 인식하고 있군요.

3. **모니터링과 통제** 사람들은 자신이 CASVE 과정을 거쳐 나가는 방식을 모니터링하고 각 단계에서 얼마나 시간을 투여할지를 통제할 수 있다. 내담자가 정확하게 모니터링하고 통제할 수 있으면, 통합 단계로 넘어가기 전에 진로선택안을 분석하는 데 얼마나 많은 정보가 필요한지를 알 수 있다. 그들은 진로대안을 생성하기 위해 정보를 통합하는 데 필요한 시간이 어느 정도인지, 그리고 평가(대안들 평가하기)에 필요한 시간과 노력이 어느 정도인지를 알 수 있을 것이다. 그런 다음 그들은 행동계획으로 넘어가 자신이 내린 결정을 실행할 수 있다. 자신의 의

사결정기술을 모니터링하고 통제하지 못하는 내담자는 이 5단계 중 어느 한 단계에서 너무 많거나 너무 적은 시간을 소요할 수 있다. 예를 들어, 불안하거나 우유부단한 내담자는 자료수집(분석)에 많은 시간을 들이지만 그 정보를 종합하는 것에 대해서는 확신하지 못하고 진로선택을 하는 데 주저한다. 상담자는 내담자가 자신이 CASVE 과정을 어떻게 거쳐 나가는지를 모니터링하고 통제하는 데 대해 격려와 지지를 제공하여 내담자를 도울 수 있다.

파넬의 상담자는 그의 진로의사결정기술에 특히 초점을 두면서 그가 한 단계에서 다른 한 단계로 넘어가도록 도와줄 수 있었다. 파넬은 진로대안의 목록을 만들기(분석)에는 자신이 가진 정보가 충분하지 않을까 봐 불안해하였다. 상담자는 파넬이 과거에 하였던 좋은 선택들을 짚어 줌으로써 그가 불안을 누그러뜨리는 데 도움을 주었다. 파넬은 진로의사결정 과정을 거치면서 자신의 의사결정을 모니터링하고, 교사 및 상담자와의 대화를 통해 자신의 진로계획을 실행하는 능력에 대해 점점 더 자신감을 가지게 되었다.

진로의사결정에서 정보처리 영역의 피라미드를 검토할 때, 최상단에 있는 실행처리 영역에서 시작하는 것이 유익하다는 것을 발견할 수도 있다. 사람들은 자신과 대화하는 방식과 자기 인식 및 자신의 진로의사결정 과정의 모니터링과 통제를 통해서 자신이 의사결정을 하는 방식을 통제할 수 있다. 이러한 진로의사결정 과정에는 문제 전달하기, 정보 또는 자료 분석하기, 대안의 확장과 축소를 통한 통합하기, 각 대안의 장단점 평가하기, 대안의 우선순위 정하기, 다양한 행동을 취함으로써 계획 실행하기가 포함된다. 의사결정기술 영역에서 사용되는 정보는 자기지식과 직업지식이다. 이 과정 전체가 진로의사결정에 관한 하나의 관점을 제공한다.

## ❁ 상담자와 학생을 위한 자료

Reardon과 동료들은 내담자와 학생이 인지적 정보처리 이론을 더 잘 활용할 수 있도록 돕기 위해 네 가지 방법을 개발하였다. 이들은 진로발달 수업을 듣는 대학생을 위해 워크북과 웹 기반 자료를 포함한 다양한 자료를 제공하였다. 또한 상담자가 내담자를 더 잘 이해할 수 있도록 돕기 위해 진로결정과 관련하여 사람들을 결정, 미결정, 우유부단이라는 세 유형으로 분류하였다. 또한 내담자의 부정적인 의사결정 접근에 대한 이해를 돕기 위해 진로사고검사(Career Thoughts Inventory)를 구성하는 세 가지 척도를 고안해 냈다. 의사결정 혼란(Decision-Making Confusion), 외적 갈등(External Conflict), 전념 불안(Commitment Anxiety)이 그것이다. 그리고 이들은 인지적 정보처리 접근을 활용한 서비스 제공을 위해 구조화된 7단계 접근을 제안하였다. 이 네 가지 방법을 다음에 소개한다.

**학생을 위한 자료** 인지적 정보처리 접근은 진로상담자를 위해 개발되었을 뿐만 아니라 내담자를 위한 워크북 및 온라인 자료 제작에도 적용되어 왔다. Reardon, Lenz, Sampson과 Peterson(2005)은 대학생을 위한 진로계획 수업이나 워크숍에서 학생들이 사용할 수 있도록『진로발달과 계획: 종합적 접근(*Career Development and Planning: A Comprehensive Approach*)』을 저술하였다. 이 책은 **그림 15.1**(520쪽)에 도식화된 지식 영역에 해당하는 가치와 흥미 및 능력의 평가에 관한 몇 개의 장을 포함하고 있다. 또한 **그림 15.4**(525쪽)에 제시된 CASVE 모델을 따르는 진로의사결정에 대해서는 두 장에 걸쳐 설명하고 있다.『진로의사결정 도구(*Career Decision-Making Tool*)』(O'Connor et al., 2005)라 불리는 웹 기반 접근은 미국 교육국이 지원하는 미국 진로발달 자원 네트워크를 위해 개발된 것이다. 고등학생을 위해 만들어진 이 프로그램은 CASVE 모델의 전반적인 방법을 따르며, 수업시간이나 워크숍에서 다른 자료와 함께 활용하도록 고안된 것이다. 이 프로그램은 진로의사결정과 능력, 가치, 흥미의 평가를 다룬다.

**진로의사결정 유형 분류** Peterson과 동료들은 진로의사결정에 관한 그들의 접근과 일관되게, 진로의사결정에 관해 사람들을 세 가지 범주, 즉 결정, 미결정, 우유부단으로 구분하는 체계를 개발하였다. 어떤 사람들은 이미 결정을 내렸기에 자신의 결정을 확인해 줄 정보를 필요로 하고, 어떤 사람들은 행동을 통해 이러한 결정을 실행하는 데 도움을 필요로 한다. 또 어떤 사람들은 자신이 결정하지 못하고 있다는 사실을 숨기려고 어떤 결정을 내렸는데, 이런 사실을 인정하기를 꺼린다. 미결정한 사람 중에는 선택을 하는 데 더 많은 정보가 필요한 사람도 있고, 결정을 하는 데 필요한 자신에 대한 정보나 직업정보가 부족한 사람도 있으며, 또 재능과 흥미가 너무 많아 선택하기가 어려운 사람도 있다. 반면 우유부단한 사람은 전반적으로 진로의사결정에 대한 역기능적인 접근을 취하며 대체로 상당한 불안을 느낀다(Samspon et al., 2004). 이러한 사람들은 미결정한 사람보다 자신의 능력과 흥미를 찾는 데 더 많은 회기가 필요할 수도 있다.

파넬의 진로의사결정은 미결정-발달적(undecided-developmental)으로 분류하는 것이 가장 적합할 것이다. 즉, 그는 진로결정을 하기 위해 자신과 직업에 대해 더 많은 정보를 필요로 하였다. 상담과정을 통해 이러한 정보를 습득하게 되자 그는 미결정-이행(undecided-implementation)으로 이동하였는데, 이것은 그가 자신의 진로의사결정을 이행하는 데 여전히 어느 정도의 도움이 필요하다는 뜻이다.

**진로사고검사** 내담자가 진로의사결정에 대한 부정적 사고를 다루도록 돕기 위해, Sampson, Peterson, Lenz, Reardon과 Saunders(1996a)는 의사결정 혼란, 외적 갈등, 전념 불안이라는 세 하위 척도를 가진 진로사고검사를 개발하였다. 또한 그들은 내담자가 부정적 진로사고를 확인하고 도전하며 바꾸는 것을 돕기 위해 진로사고검사와 함께 활용할 수 있는 워크북을 개발하였다(Sampson, Peterson, Lenz, Reardon, & Saunders, 1996b). 내담자는 진로대안을 탐색함으로써 행동할 수 있는데, 이는 부정적 사고를 긍정적인 사고로 바꾸는 결과를 낳을 수 있다.

의사결정 혼란: 이것은 의사결정을 시작하거나 이를 지속하는 데에서 겪는 어려움을 말한다. 이는 진로의사결정과 관련된 불안 또는 다른 정서적 문제로 인한 것일 수도 있고, 어떻게 진로결정을 하는지에 대한 이해의 부족으로 인한 것일 수도 있다. 의사결정 혼란 척도는 CASVE 주기 중 CAS 국면에서 겪을 수 있는 어려움과 관련된다.

전념 불안: 이것은 진로선택을 이행하는 어려움에서 오는 불안이나 공포를 가리킨다. CASVE 주기 중 평가(valuing) 단계와 관련된다.

외적 갈등: 이것은 자신과 직업 관련 정보에 대한 자기 자신의 견해와 타인의 견해 간의 균형을 잡는 데에서 겪는 어려움을 말한다. 사람들은 자기 자신이 투입한 것과 다른 사람들이 투입한 것 간의 균형을 맞추는 데 어려움이 있으면 자신의 진로의사결정에 대해 책임지기를 꺼려할 것이다. 외적 갈등 척도 또한 CASVE 주기의 평가 단계에서의 어려움과 관련된다.

진로사고검사 워크북은 이러한 척도 각각의 점수를 활용하여 진로의사결정 과정을 저해할 수 있는 부정적 진로사고를 사람들이 다루도록 도움을 준다. 이 워크북의 5개의 영역은 인지적 정보처리 이론을 진로선택 문제에 적용할 수 있는 한 가지 방법을 보여 준다. 이 영역들은 다음과 같다.

제1 영역: 부정적 진로사고의 정도 알아보기

제2 영역: 부정적 진로사고의 속성 확인하기

제3 영역: 부정적 진로사고에 도전하기, 바꾸기 그리고 행동하기

제4 영역: 훌륭한 결정을 할 수 있는 능력 향상시키기

제5 영역: 타인의 지원을 잘 활용하기

진로사고검사를 사용하는 상담자는 진로결정 과정을 저해하는 부정적 진로사고를 가진 내담자를 다루는 데 워크북이 유용하다는 것을 발견할 수도 있다(Sampson, Peterson, Lenz, Reardon, & Saunders, 1998). 진로사고검사와 워크북은 7단계의 서비스 제공 절차 내에서 사용할 수 있다.

**7단계 서비스 제공 절차** Sampson 등(2004)은 인지적 정보처리 접근을 사용하는 7단계의 서비스 전달 접근을 권장한다. 이 7단계는 구조화된 진로상담 모델로서 이 책에서 기술한 대부분의 다른 접근보다 더 체계적이다. 각 단계는 다음과 같다.

1단계: 초기면접. 내담자가 가진 진로문제의 맥락에 대한 정보를 수집한다. 내담자와 라포를 형성하고 정보처리 영역의 피라미드와 CASVE 주기를 설명한다.

2단계: 예비평가. 진로사고검사와 같은 선별도구를 내담자에게 사용하고 상담의 준비도를 평가한다.

3단계: 문제 정의 및 원인 분석. 내담자가 목표를 세울 수 있도록 문제를 명료화하고 규정한다.

4단계: 목표설정. 상담자와 내담자가 함께 3단계에서 검토한 진로문제에 근거하여 내담자 목표를 설정한다. 목표는 5단계의 개인별 학습계획의 기초가 된다.

5단계: 개인별 학습계획 구상. 상담자는 내담자와 함께 개인별 학습계획(Individual Learning Plan, ILP)을 만드는데, 여기에 내담자가 목표를 달성함으로써 완수할 수 있는 활동 목록을 포함시킨다.

6단계: 개인별 학습계획 실행. 상담자의 도움을 받으면서 내담자는 CASVE 주기에 통합된 개인별 학습계획을 이행해 나간다.

7단계: 부가적인 개관 및 일반화. 내담자가 개인별 학습계획을 완료하고 나면 3단계에서 확인하였던 문제의 해결을 위한 노력의 진전에 대해 내담자와 상담자가 논의한다.

상담자는 이 7단계 모델을 따르면서 다양한 상담기법을 사용할 수 있다. 이들 중 많은 기법이 인지적 속성을 띨 수 있다. 내담자에게 도전하고 지지를 제공하는 질문을 사용할 수도 있다. 내담자가 불안해하는 경우, 이완이나 심상유도를 사용할 수도 있다. 물론 인지적 정보처리 모델을 사용하는 상담자가 모두 이 7단계 과정을 적용하지는 않을 것이다.

## 직업정보의 역할

지금까지 다룬 두 가지 의사결정 이론에서 직업정보는 서로 다른 방식으로 사용된다. 영성적 접근 이론이 진로선택에 적용될 때 직업정보는 중요한 측면을 담당한다. 그러나 직업정보는 다양한 자원에서 얻을 수 있다. 사람들은 진로도서관을 이용하는 것뿐만 아니라 자신의 개인적인 직업경험, 다른 사람들과의 토론, 취업 면접 등에서도 직업정보를 얻을 수 있다. 영성적 관점을 택하는 진로 이론가들은 다른 사람들의 의견을 평가하는 데 있어서 내담자의 역할을 강조한다.

인지적 정보처리 이론에서 직업정보는 매우 중요한 역할을 한다. 직업정보는 정보처리 피라미드의 하단에 있는 직업지식 영역에서 다루어진다(그림 15.1, 520쪽). 진로의사결정과 관련된 정보를 분석하고 종합할 때 사람들은 자신과 관련된 정보뿐만 아니라 직업과 관련된 정보도 비교 검토한다. 2장에서 제시된 분류체계는 사람들이 직업정보를 종합하고 평가할 수 있도록 이것을 조직하는 데 도움이 될 수 있다.

## 평가도구의 역할

직업정보와 관련하여 이 두 개의 상이한 의사결정 접근은 평가에 대해 서로 다른 입장을 취한다. 진로선택과 직업적응 문제를 가진 내담자를 돕는 데 있어서 영성적 접근을 적용하는 진로상담자는 각종 검사가 유용하다는 것을 발견할 수도 있다. 하지만 이들은 내담자가 검사결과에 대한 자신의 견해를 믿고 전문가적 조언처럼 보이는 말에 압도당하지 않도록 도우려고 조심한다. 이 접근을 하는 상담자는 검사의 제한점(신뢰도 및 타당도)을 설명하기 위해 비전문적인 용어를 사용할 수도 있다. 이런 상담자에게 평가는 상대적으로 적은 역할을 할 가능성이 있다.

인지적 정보처리 이론을 활용하는 진로상담자들은 상담과정에서 각종 검사가 유용하다고 볼 것이다. 진로사고검사는 진로의사결정에 대한 준비도를 측정하는 데 사용할 수 있다. 진로사고검사는 주의력 결핍 장애가 역기능적 진로신념과 의사결정 혼란 및 전념 불안을 예측한다는 것을 보여 주었다(Painter, Prevatt, & Welles, 2008). 또한 진로사고검사는 발표 불안과 같은 의사소통 불안이 있는 학생은 다른 학생에 비해 의사결정 혼란과 전념 불안 및 외적 갈등이 더 크다는 것을 밝히는 연구에도 사용되었다(Meyer-Griffith, Reardon, & Hartley, 2009). 한 사례 연구에서는 민간인 노동시장에 들어가길 원하는 미군 퇴역군인의 준비도를 평가하는 데 진로사고검사를 어떻게 활용할 수 있는지를 보여 주었다(Clemens & Milsom, 2008). 의사결정에 대한 혼란과 선택한 바에 전념하는 것에 대한 불안 그리고 의사결정에 대해 책임지기를 주저함을 평가하는 것은 내담자가 CASVE 주기를 거쳐 나가는 동안 어떻게 내담자와 함께 작업할지를 상담자가 결정하는 데 도움을 줄 수 있다. 각종 검사는 내담자가 자신에 대해 알아가는 것(자기지식 영역)을 돕는 데 널리 사용될 것이다.

## 여성과 다문화 집단에 대한 이론 적용

일반적으로 진로의사결정 이론은 여성이나 다문화 집단 구성원을 위한 별다른 접근을 제안하지는 않는다. 진로상담에 대한 영성적 접근을 사용하는 상담자는 내담자 사이에서도 영성적 가치가 크게 다르다는 점을 인식하고 있다. 내담자의 종교적 가치와 신학적 조망은 그들이 상담자의 말에 반응하는 방식에 영향을 줄 수 있다. 영성적 접근을 사용하는 상담자는 변화와 균형, 에너지, 공동체, 소명, 조화, 일체감과 같은 개념이 많은 내담자의 상담에 적용하기에 유용한 구성개념임을 알고 있더라도, 여성과 다문화 집단에 대해 유연한 태도를 취하고 이 집단들에서도 영성에서 큰 개인차가 있음을 알고 있을 것이다. 이를테면, 어떤 내담자는 소명을 느낄 수도 있지만 어떤 내담자는 그렇지 않을 수 있다. 11명의 기독교 여성을 대상으로 한 연구에서는 연구 참여 여성이 모성과 직업을 소명으로 여기는 것의 의미를 기술하였다(Sellers, Thomas, Batts, & Ostman, 2005). 12명의 미국 흑인 대학생을 대상으로 한 또 다른 연구에서는 영성과 진로발달 간의 긴밀한 상호작용을 기술하였다(Constantine, Miville, Warren, Gainor, & Lewis-Coles, 2006). Miller-Tiedeman은 특히 개개인을 배려하고 사회적 규범이 내담자를 지나치게 압박하지 않도록 하는 것의 중요성을 강조한다. 성과 문화를 둘러싼 문제를 이해하고 대응하는 것은 진로상담에 대한 Hansen의 접근에서 중요한 측면일 가능성이 있다. 그녀는 또한 여성과 문화적 소수집단의 직업정보에 대한 접근성에 대해서도 관심을 두고 있다.

인지적 정보처리 이론을 사용하는 상담자는 이를 모든 내담자에게 적용할 수도 있다. 예컨대 Osborn, Howard와 Leierer(2007)는 다양한 인종의 대학교 신입생을 대상으로 한 연구에서 6주간의 진로발달 수업이 성과 인종에 상관없이 역기능적 진로사고를 상당히 감소시켰음을 발견하였다. 그러나 상담자는 CASVE 모델이 서양의 과학적 관점을 반영하고 있음을 알아야 한다. 지식에 관한 CASVE 주기에서는 자기 자신과 직업에 대한 이해를 통해 진로선택을 하고, 직업목록을 확장하고 축소하며, 직업이나 교육 프로그램 혹은 일자리를 택하고, 그 선택을 실행하는 등을 통해 어떤 선택을 내릴 필요성이 있다. Peterson과 동료들(Sampson et al., 2004)은 내담자가 흔히 어떤 집단의 일원이라는 이유로 인한 편견과 선입견 때문에 진로선택이 제한되는 경우가 있음을 인식한다. 하지만 이들은 특정 (종교적 · 사회적 · 문화적) 집단의 일원이기 때문에 네트워킹과 멘토링의 기회를 제공받을 수도 있다는 점을 지적하였다. 내담자가 자기 자신과 직업에 대한 정보(지식 영역)에 대해 이야기할 때 상담자는 차별에 대한 내담자의 우려에 반응해 줄 수 있다.

성이나 다문화와 관련하여 이 두 이론에 대한 연구가 비교적 적기 때문에 성과 다양성 주제에 대해 더 많은 정보를 제시하기는 어렵다. 개념의 복잡성과 개념 정의의 어려움으로 인해 진로발달에 대한 영성적 접근에 관한 연구는 드물다. 진로발달에 인지적 정보처리 이론을 적용하기 시작한 것은 비교적 최근이기 때문에 성과 다양성에 관한 정보도 부족하다. 그러나 이 영역은 연구 가능성이 다분하다.

## 상담자 쟁점

진로상담에 영성적 접근을 적용할 때 상담자는 내담자의 내적 의사결정 과정에 초점을 둔다. 흔히 상담자는 자신의 의사결정 과정이 내담자와 얼마나 다른지를 깨닫게 될 것이다. 상담자는 '해야 한다(shoulds)'라는 말로 내담자에게 지장을 주기를 원치 않는다. 이렇게 되면 내담자가 자신에게 최선의 결정을 내리는 것을 방해할 것이기 때문이다. 더욱이 상담자 자신의 개인적 의사결정 현실이 너무 강해서 내담자의 의사결정을 방해한다면 상담자의 효과성은 제한적일 것이다. Miller-Tiedeman(1997)은 상담자가 공적 현실에 대한 자신의 견해를 내담자에게 강요하는 것이 아니라 내담자의 사적 현실에 주의를 기울여야 한다고 경고한다. Hansen(2002)이 문화와 성, 가정을 강조한 것은 이러한 변인들이 상담자 자신과 내담자에게 어떤 식으로 다른지를 상담자가 주목하도록 상기시켜 준다.

인지적 정보처리 이론에서 상담자는 내담자에게 너무 많은 구조를 부여하는 것을 피하고 싶어 할 수 있다. 어떤 상담자들은 7단계 서비스 제공 절차(Sampson et al., 2004)가 일부 내담자에게는 유용하다는 것을 발견하지만 다른 내담자에게는 그것을 수정해서 적용할 수 있다. 내담자의 준비도를 평가하기 위해 어떤 검사를 사용할지, 아니면 그것을 평가할지 말지를 결정하는 것은 상담자가 고려해야 할지도 모르는 문제이다. 인지적 정보처리 접근에서는 내담자가 진로선택을 할 뿐만 아니라 미래의 진로문제를 해결하는 데 사용할 진로의사결정기술을 향상시키도록 돕는 것을 강조한다.

## 요약

이 장에서는 두 가지 유형의 진로의사결정 접근, 즉 영성적 접근과 인지적 정보처리 접근을 비교하였다. 진로에 관한 내담자의 사고를 평가하는 영성적 접근을 예시하기 위해 Bloch와 Richmond의 일곱 가지 개념(변화와 균형, 에너지, 공동체, 소명, 조화, 일체감)을 설명하였다. 진로선택과 직업적응 문제를 가진 내담자 상담에 대한 영성적 접근으로는 Miller-Tiedeman의 생애진로 이론에 초점을 두었다. Hansen의 생애계획에 관한 전체적인 접근은 영성뿐만 아니라 문화와 성, 가정을 강조하는 진로발달의 세계관을 제시함으로써 앞선 이론가들의 관점을 넘어선다. 이러한 모든 접근은 내담자의 의사결정 과정을 나타내는 의사결정에 관한 내담자의 견해와 사적 현실에 초점을 맞춘다.

반면, 진로발달에 대한 인지적 정보처리 이론은 내담자의 의사결정 능력을 향상시킬 진로선택 방법을 서술함으로써 진로의사결정에 대한 처방적 접근을 취한다. 이 접근은 다섯 가지의 순차적인 의사결정기술, 즉 의사소통, 분석, 통합, 평가, 실행(CASVE)을 설명한다. 이 접근은 자기지식과 직업지식을 처리하기 위해 의사결정을 이해하고 의사결정기술을 발달시키는 것이 중요하다는 점을 강조한다. 이 이론을 위해 개발된 자료도 소개하였다. 이 장은 다른 접근법과는 달리 진로의사결정을 강조해서 기술하고 있는데, 다른 장에서 제시된 이론들은 진로의사결정 과정에는 그다지 초점을 두고 있지 않기 때문이다.

# PART 4
# 이론의 조합

이론 통합을 논의하기 전에 지금까지 이 책에서 논의한 이론을 요약하고 각 이론의 잠재적인 강점과 약점을 살펴보고자 한다. 상담자가 다른 이론을 어느 정도 활용하지 않고 진로발달에 대한 한 가지 이론만을 사용하는 일은 드물다. 내담자와 상담할 때 이론을 조합하는 능력을 갖춘 상담자는 다양한 범위에 걸친 내담자 욕구를 충족시키는 데 있어서 좀 더 유연하게 대응할 수 있다. 아동과 청소년을 위한 Lapan과 Turner의 진로상담 접근은 이 책에서 다룬 몇 가지 이론을 통합한 방법의 하나의 예시를 보여 준다. 일부 진로발달 이론은 다른 이론과 비교해 볼 때 특정 유형의 내담자의 욕구를 충족시켜 준다. 이를테면 어떤 이론은 다른 이론보다 청소년 내담자에게 더 적합하다. 16장의 목적은 이론들을 조합해서 사용할 수 있는 다양한 방법을 제시하는 데 있다. 이 밖에 진로 집단상담과 인터넷 활용 및 구직 전략과 같은 다른 주제도 다룰 것이다.

*Applying Career Development Theory to Counseling*

# 이론의 조합

**✿ 이론의 개요**

**각 이론의 개요 및 강점과 약점**
**통합적 접근**
**이론 조합하기**
**전 생애 이론, 특성요인 이론, 진로의사결정 이론의 조합**
**이론의 비상담적 적용**
**특수 상담 주제**
진로 집단상담
관련된 주제로서 진로상담
직장의 변화
취업알선 상담
**이론에서 평가도구의 사용**
**직업분류체계와 진로발달 이론**
**여성의 진로발달 문제에 대한 이론 적용**
**다문화 집단의 진로발달 문제에 대한 이론 적용**
**상담자 쟁점**

지금까지 각 장에서는 특정 이론이 어떻게 상담에서 활용될 수 있는지를 설명하였다. 이 장에서는 이 이론들을 요약하고 진로상담에서 각각의 이론을 활용할 때의 장단점을 기술할 것이다. 각 이론별로 내가 그 이론의 강점이라 생각하는 것과 상담에서 그 이론을 활용하는 것이 유익한 이유에 대해 한 문단으로 기술할 것이다. 다음 문단에서는 진로상담에서 그 이론을 활용할 때 상담자가 가질 수 있는 우려가 무엇인지를 기술할 것이다. 이 두 가지 측면(강점과 약점) 중 어느 것이 더 설득력이 있는지를 결정하는 것은 독자의 몫으로 남겨 두고자 한다. 이론의 개요와 재검토는 아마도 시험에 대비하는 데 유용할 것이다.

이어서 나는 상담자가 내담자의 진로 고민을 개념화할 때 한 가지 이상의 이론을 활용할 수 있도록 이 이론들을 어떻게 조합할 수 있는지를 다룰 것이다. 어떤 상담자는 진로상담을 할 때 한 가지 이론에만 의존하지만 대부분의 상담자는 두 가지 이상의 이론을 사용한다. 이 두 접근 모두 매우 유익할 수 있다. 이론을 조합하는 것이 반드시 필요한 일은 아니다. 이 장의 일부 내용은 특정 연령대의 사람들을 위해 상이한 진로발달 이론을 조합하는 것이 적절한가하는 주제에 관한 것이다.

이 책 전반에 걸쳐 나는 개인상담에서 진로발달 이론을 사용하는 데 강조점을 두었다. 이렇게 한 이유는 이론 적용의 예시를 보여 주기 위해서였다. 하지만 흔히 상담자는 개인상담을 할 수 있는 시간이 충분하지 않거나, 다른 방법이 더 적합해 보이는 상황에 처한다. 이 장에서는 이러한 상황도 다룰 것이다. 자기계발과 컴퓨터 자료 제공과 같은 경우처럼 진로발달 이론의 비상담적 활용에 대해서도 기술할 것이다. 어떤 상담자는 자신의 선택에 의해서나 혹은 진로집단이 다수의 내담자에게 진로서비스를 제공하는 효율적인 방법이라는 이유로 인해 진로집단을 운영한다. 따라서 진로 집단상담에 대한 다양한 접근도 설명할 것이다.

그리고 이론 적용에 있어 아직 다루지 않은 두 가지 주제가 남아 있다. 그 하나는 진로상담 주제가 내담자가 호소하는 문제가 아닌 경우 진로발달 이론을 적용하는 문제이다. 다른 하나는 구직이나 취업알선에 대해 진로발달 이론이 주는 시사점에 관한 것이다. 이 책의 대부분은 진로선택과 직업적응에 초점을 두었기 때문에, 마지막 장에서는 구직을 위한 시사점에 관한 정보를 포함하는 것도 적합하다고 생각된다. 대부분의 진로발달 이론에서는 이 주제를 직접적으로 다루지 않았지만 구직을 지원하는 일은 많은 상담자에게 중요한 역할이다.

이 책 전반에 걸쳐 다룬 주제에는 평가와 직업정보의 역할, 여성과 다문화 집단의 진로발달, 특정 이론과 관련된 상담자 쟁점이 포함되어 있다. 이 주제 각각에 이론들을 비교 검토할 것이다. 그러나 먼저 이 책에서 언급된 이론을 요약해서 제시하고 내가 각 이론에서 보는 강점과 약점을 기술하려고 한다.

## 각 이론의 개요 및 강점과 약점

**2장**

**특성요인 이론**

1단계: 자기이해

- 적성
- 능력
- 성취
- 흥미
- 가치

성격

2단계: 직업세계에 관한 정보의 획득

직업정보의 유형

직업분류체계

Holland의 직업분류

『직업명 사전(DOT)』

직업정보망(O*NET)

『표준직업분류 매뉴얼(SOC)』

『직업탐색 안내서(GOE)』

3단계: 자기 및 직업세계에 관한 정보의 통합

검사 매뉴얼

점수 패턴 매칭하기

컴퓨터

최초의 진로발달 이론인 특성요인 이론은 진로선택 문제에 관한 도움을 줄 때 가장 널리 활용되는 이론일 것이다. 이 이론은 진로선택에 있어서 개인에게 가장 중요한 측면(적성과 능력, 성취, 흥미, 가치, 성격)을 확인하고, 그런 다음 이것을 자기평가의 근거로 활용한다. 많은 검사가 이러한 평가를 지원하는 데 사용될 수 있다. 자기를 평가하고 이러한 평가에 적합한 직업정보를 찾는 것은 진로상담자의 기본역할이다. 상담자에게 이것은 따르기 쉬운 지침이다. 내담자는 자신과 직업 둘 다 아주 세밀하게, 혹은 도움이 된다면 좀 더 개괄적으로 살펴볼 수 있다. 내담자와 상담자 모두 신축적으로 이 이론을 사용할 수 있다.

특성요인 이론은 피상적으로 보일 수도 있다. 이 이론은 내담자의 나이와 이전 진로발달을 고려하지 않는다. 부모와 친구, 고용주와 그 밖의 다른 사람의 영향도 고려하지 않는다. 특성요인 이론은 매우 일반적이기 때문에 직업적응 이론처럼 중요한 주제에 대한 지침이나 Holland의 체계처럼 유형론에 대한 지침을 제공하지 않는다. 이 이론은 가장 단순하고 가장 정교하지 않으며 상담자에게 가장 적은 양의 지침만을 제공하는 진로발달 이론으로 볼 수 있다.

**3장**

**직업: 정보와 이론**

미국의 노동시장

사회학적 · 경제학적 접근

청소년 고용
직업환경이 개인에게 미치는 영향
지위획득 이론
인적자본 이론
노동시장의 구조
여성과 직장 내 차별
　　성차별
다문화 집단과 직장 내 차별

3장은 특성요인 이론 2단계, 즉 직업정보의 획득에 대한 정보를 다룬다. 이 장은 또한 개인이 아닌 직업에 대한 관점을 제공하는 일 이론(theories of working)에 대한 정보를 포함한다. 이 이론들은 이 책의 어디에서도 발견할 수 없는 관점을 제공한다. 이를테면 이 이론에서는 회전식 정비탑(RSS) 작업이 개인에게 미치는 효과를 다루는데, 이는 단조로운 일이 어떻게 개인의 지적 기능을 감소시킬 수 있는지를 보여 준다. 지위획득 이론은 진로선택에 영향을 주는 사회적 명성의 중요성을 부각시킨다. 인적자본 이론은 개인의 교육에 재정적으로나 다른 방식을 통한 투자의 중요성을 보여 준다. 노동시장의 구조에 대한 정보는 더 많은 보수를 주는 직업으로 진출하는 데 중대한 장벽(특히 교육적 장벽)이 있음을 보여 준다. 성차별 및 인종차별이 일부 사람들의 승진과 봉급인상을 어떻게 방해하는지를 보여 주는 연구가 많이 있다. 이러한 정보는 일과 직종을 이해하는 데 있어서 상담자에게 유익하다.

직업에 대한 정보는 불충분하다. 일과 직업시장에 대한 이론들이 어느 정도 가치가 있다 해도 상담자는 대규모 집단의 사람에게 영향을 미치는 광범위한 주제보다는 내담자 및 내담자가 처한 상황을 이해하는 데 초점을 두어야 한다. 이 장은 내담자 및 그들의 특수한 상황을 이해하는 것과 관련된 정보를 거의 제공하지 않는 이론을 다루는 유일한 장이다. 이 장에 제시된 이론은 오직 직업에만 초점을 둔다.

**4장**

**직업적응 이론**

1단계: 능력, 가치, 성격, 흥미 평가하기
능력: 일반직업적성검사(GATB)
　　일반 학습능력

- 언어능력
- 산수능력
- 공간능력
- 형태지각
- 사무능력
- 눈/손 협응력
- 손동작 민첩성
- 수공능력

가치: 미네소타 중요도 질문지(MIQ)의 여섯 가지 가치 내에서 분류된 20가지 욕구

- 성취
  - 능력의 활용
  - 성취
- 편안함
  - 활동성
  - 독립성
  - 다양성
  - 보상
  - 안정성
  - 근무환경
- 지위
  - 승진
  - 인정
  - 권위
  - 사회적 지위
- 이타주의
  - 도덕적 가치
  - 사회봉사
  - 동료
- 안전
  - 회사정책과 관행
  - 감독-인간관계
  - 감독-기술
- 자율성
  - 창의성
  - 책임성

성격 유형

- 민첩성
- 페이스
- 리듬
- 지구력

홍미: 가치와 능력에서 파생됨

2단계: 직업의 요구사항과 조건 평가하기

능력 패턴(GATB)

가치 패턴(미네소타 직무기술 질문지, MJDQ)
능력과 가치 패턴의 결합(미네소타 직업분류체계, MOCS)
3단계: 능력, 가치와 강화요인 매칭하기
　MIQ, GATB, MOCS의 사용
적응 유형
　유연성
　적극성
　반응성
　끈기

직업적응 이론은 100개 이상의 직종 목록에서 향후 만족을 예측하기 위해 가치와 능력검사를 활용한다. 어떤 다른 이론도 이만큼 상세하지 않고, 또한 가치와 능력에 기반한 구체적인 직업 프로파일을 개발하기 위해 이토록 많은 직종을 조사하지는 않았다. 대부분의 진로 이론은 진로선택에 초점을 맞춘다. 직업적응 이론은 직업적응과 진로선택 둘 다를 다룬다. 이 이론은 특히 직업 재활 상담자에게 유용하지만 다른 집단에서도 활용되어 왔다. 직업적응 이론에서 여섯 가지 가치와 20가지 욕구 목록은 사람들이 광범위한 가치를 평가해 볼 수 있는 탁월한 방법을 제공한다.

직업적응 이론은 25년 전에 비해 요즘은 거의 사용되지 않고 있다. 관련 연구도 별로 이루어지지 않고 있다. 이론이 개정되지 않았고, 새로운 능력 프로파일러가 GATB를 대체하지 못하였으며, 거의 사용되지 않고 있다. 대부분의 이론과 달리, 직업적응 이론은 흥미보다 가치에 초점을 둔다. 흥미검사는 널리 활용되며, 특정 직업에서의 흥미에 관한 정보를 제공한다. 반면에, 가치검사는 특정 직업을 제안하지 않는다. 성격 유형과 적응 유형 개념은 뒷받침되는 증거가 거의 없다. 이 개념들은 이 이론을 불필요하게 복잡하게 만든다. 또한 상담자가 이 이론의 사용에 관해 지침을 제공해 줄 슈퍼바이저와 다른 전문가를 찾기가 어려울 수 있다.

**5장**

**Holland 유형 이론**

Holland는 개인과 직업환경에 특정한 범주를 부여함
　실재형
　탐구형

　　예술형
　　사회형
　　기업형
　　관습형
유형의 조합
설명적 구성개념
　　일치성
　　변별성
　　일관성
　　정체성

사람과 직업에 대한 Holland 여섯 가지 유형은 사람들의 직업 성격을 이해하고 1,000개 이상의 다양한 직업을 조직화하는 탁월한 방법을 제공한다. 진로탐색검사(SDS)와 같은 Holland의 도구는 사람들이 진로선택지를 확인하는 데 도움을 주는 자가 채점 방법을 제공한다. Holland 유형은 상담자가 배우기도 쉽고 내담자에게 적용하기도 쉽다. Holland의 일치성, 변별성, 일관성, 정체성 개념은 이해하기 쉬우며 측정하기도 쉽다. 이 개념들은 Holland의 유형 이론을 이해하는 데 유용한 수단을 제공한다. Holland의 이론에 대해서는 많은 연구가 이루어져 왔으며 연구결과들은 대체로 이론을 지지한다.

Holland의 이론은 너무 단순하다. 세 자리의 Holland 코드를 아는 것만으로는 충분치 않다. 각 Holland 코드 안에 많은 직업이 존재할 수 있다. 개인의 코드에서 첫 두 자리(또는 세 자리) 알파벳의 조합과 코드 내의 모든 직종에는 100개 이상의 직업이 포함될 수 있다. 진로탐색검사(SDS)의 경우, 능력에 대한 자기평가에 둔 비중이 과하다는 지적을 받을 수 있다. 어린 내담자가 자신의 능력을 평가하기는 어려울 수 있다. Holland의 이론은 가치가 아니라 직업 성격에 초점을 둔다. 일반적인 특성요인 이론(2장)과 직업적응 이론은 좀 더 상세한 내용을 담고 있고, 자기평가 과정에서 좀 더 정확하게 도움을 줄 수 있다.

**6장**

**Myers-Briggs 유형 이론**
진로발달 이론이 아닌 성격 이론
의사결정 유형에 초점을 둠
　　인식

감각
직관
판단
사고
감정
인식과 판단의 조합
감각-사고
감각-감정
직관-감정
직관-사고
외향과 내향
외향
내향
16가지 유형의 조합
주기능과 부기능

Myers-Briggs 유형 이론은 모든 유형의 의사결정 양식을 검토한다. 가장 기본적인 두 가지 범주는 문제를 인식하고 어떻게 대응할지에 대해 판단을 내리는 것이다. 진로선택과 직업적응 문제 둘 다 이러한 유형의 의사결정을 필요로 한다. 인식을 할 때 어떤 사람은 자신의 감각 사용을 선호하지만 어떤 사람은 직관 사용을 선호한다. 무엇을 할지 판단할 때, 어떤 사람은 사고를 선호하는 반면 어떤 사람은 감정을 선호한다. 또한 어떤 사람은 좀 더 내향적이고 어떤 사람은 좀 더 외향적이다. 개인이 어떻게 의사결정을 하는지를 검토하는 것은 직장에서 문제를 다루고 개인의 진로의사결정 양식에 적합한 직업을 선택할 때 매우 유용할 수 있다.

Myers-Briggs 유형 이론은 흥미, 가치, 능력을 다루지 않고 의사결정 유형만을 다룬다. 따라서 흥미, 가치, 능력을 더 중요하게 고려할 필요가 있다. Myers-Briggs 유형 이론은 비교적 중요하지 않기 때문에 진로상담에 필요하지 않다. 나아가, MBTI를 활용할 때 점수의 높고 낮음은 대개 무시한다. 때문에 어떤 개인의 점수가 내향보다 외향이 약간 더 높다고 하여도 그 사람은 중간 점수를 얻은 사람이 아니라 외향적인 사람으로 간주된다. 주기능과 부기능 같은 개념은 내담자를 혼란스럽게만 할 뿐이다.

7장

**아동기 진로발달**

Super의 아동기 진로발달 모델

호기심

탐색

정보

주요 인물

내적 통제 대 외적 통제

흥미의 발달

시간 조망

자아개념과 계획성

Super 진로발달 이론의 초기 성장기의 수정(Howard와 Walsh)

Super의 환상기 하위 단계의 수정

순수 연상(1수준)

마술적 사고(2수준)

Super의 흥미기 하위 단계의 수정

외부 활동(3수준)

Gottfredson의 자기창조와 제한 및 타협 이론

인지적 성장

자기창조

제한

1. 크기와 힘 지향(만 3~5세)
2. 성역할 지향(만 6~8세)
3. 사회적 가치평가 지향(만 9~13세)
4. 내적 고유 자아 지향(만 14세 이상)

타협

어린 아동의 진로발달 주제는 연구와 이론 개발이 거의 이루어지지 않은 영역이다. Super는 개인의 환경과 주요 타인(주요 인물)의 영향 탐색의 중요성을 설명하여, 아동이 흥미 발달 및 시간에 대한 조망과 더불어 자기통제를 발달시켜 자신의 진로를 계획하는 능력을 기르도록 이들을 준비시키는 방식을 보여 주었다. Howard와 Walsh는 연합적 추론과 마술적 사고가 아동의 진로선택에 어떻게 영향을 주는지를 설명함으로써 초기 아동의 진로발달에 대한 다소 다른 견해를 제공한다. Gottfredson은 크기와 힘, 성역할 및 명성 지향이 아동의 진로선택을 어떻게 제한하는지를 지적하면서 아동의 진로발달에 대한 또 다른 관점을 취한다. 이 이론들은 아동의 진로발달을 바라보는 하나의 방식을 제공하는데, 이는 상담자가 아동을 위한 진로발달 프로그램을 제공하거나 설계할 때 프로그램 활동이 연령에 적합하도록 함으로써 상담자에게 도움이 될 수 있다.

대부분의 상담자는 아동과 작업하지 않기 때문에 아동의 진로발달 이론은 이들에게 관련성이 적다. 진로성숙과 직업준비도는 청소년기 전에는 나타나지 않는다. 나아가 아동의 진로발달은 진로발달의 다른 어떤 영역보다 연구의 관심을 적게 받았기 때문에 이 이론들을 지지하는 충분한 증거를 찾기가 어렵다. 아동의 진로발달에 대한 Super의 이론은 1950년대에 만들어진 것이다. Gottfredson이 1980년대 초반에 제한 타협 이론을 개발한 이래로 성역할에 대한 태도가 변화했다. 또한 Gottfredson의 이론은 복잡하고 적용하기 어려울 수 있다.

**8장**

**청소년기 진로발달**

청소년기 진로발달에 관한 Super의 성장기 이론

  능력의 발달

  결정화 하위 단계로의 전환

청소년기 진로발달에 관한 Super의 후기 성장 단계의 수정(Howard 와 Walsh)

  내적 과정과 능력(4수준)

  상호작용(5수준)

  체계적 상호작용(6수준)

Super의 진로성숙 개념

  진로계획

  진로탐색

  의사결정

  직업세계 정보

  선호 직업군에 대한 지식

  현실성(검사하지 않음)

  진로 지향성 총점

정체성과 맥락

(Erikson 이론에 근거하여 Marcia와 Vondracek이 개발)

혼미

유예

유실

성취

Super는 후기 아동기에 흥미가 어떻게 발달하는지를 설명한다. 이후 청소년기에 접어들면 개인은 자신이 할 수 있는 과제와 활동이 무엇인지를 평가하는 능력을 발달시킨다. Howard와 Walsh는 Super의 견해와 다소 유사한 세 가지 수준의 추론을 기술한다. 첫째, 청소년은 달성할 수 있는 과제와 다루기 어려운 과제가 무엇인지에 대한 인식을 발달시킨다(내적 과정과 능력). 둘째, 만 14세경에 청소년은 직업이 명성이나 사회적 가치에 있어서 어떻게 다른지를 파악하는 능력을 발달시킨다(상호작용). 셋째, 10대 중반이 되면 청소년은 자신의 흥미와 능력을 평가하고 직업적 요구에 대한 판단을 내릴 수 있게 된다(체계적 상호작용). Super는 현실적인 진로계획을 위한 준비도를 나타내기 위해 '진로성숙'이라는 용어를 사용한다. 이와는 대조적으로 Vondracek과 동료들은 네 가지 단계를 기술한다. 자신의 진로계획에 대한 명확성이 거의 없는 혼미와 미래 계획에 대해 깊이 생각해 보기 위해 휴학을 하는 유예, 부모나 타인이 제안한 것을 하기로 선택하는 유실, 진로를 계획할 준비가 된 성취가 여기에 해당한다. 이 이론들은 청소년과 청년을 대하는 상담자가, 내담자가 진로선택을 할 준비가 되어 있을 것이라고 당연히 여기기보다 이들의 진로성숙이나 준비도를 평가하도록 도움을 준다. 그런 다음 상담자는 흥미와 능력 및 가치를 평가하기 전에 내담자가 적절한 영역에서의 준비도를 높이도록 도울 수 있다.

특성요인 이론은 개인이 진로선택에 대해 준비되어 있을 것으로 가정한다. 청소년 내담자가 진로상담을 요청할 때 준비도나 진로성숙도를 반드시 평가할 필요는 없다. 특성요인 이론, 직업적응 이론 및 Holland의 유형 이론은 각각 독립적으로 사용하기에 충분한 이론이다. 청소년 진로발달 이론을 활용하는 것이 필요하지 않을 수도 있다. 학생들은 Super나 Vondracek이 제안한 범주에 맞지 않을 수도 있다. 그들의 준비도는 그들만의 독특한 성격을 띠고 어떤 이론에 의해 기술되지 않는 것일 수 있다.

**9장**

**후기 청소년기와 성인기 진로발달**

- 역할 중요성
  - 다양한 사람들에게 일이 갖는 중요성의 차이
  - 일의 중요성은 생애 단계에 달려 있음
- 생애 역할(역할 중요성 검사)
  - 학습
  - 일
  - 지역사회 봉사
  - 가정과 가족
  - 여가활동
- 생애 역할 중요성 지표(역할 중요성 검사)
  - 참여
  - 전념
  - 지식
  - 가치기대(가치척도)
    - 능력 활용
    - 성취
    - 심미
    - 이타주의
    - 자율성
    - 창의성
    - 경제적 보상
    - 생활양식
    - 신체적 활동
    - 명성
    - 모험
    - 사회적 상호작용
    - 다양성
    - 작업조건
- 성인 생애 단계
  - 탐색
    - 결정화
    - 구체화
    - 실행
  - 성인 진입기(Arnett)
    - 정체성의 시기
    - 불안정의 시기
    - 자기 초점의 시기
    - 어중간하게 끼어 있는 느낌이 드는 시기
  - 확립
    - 안정화
    - 공고화
    - 승진
  - 유지
    - 고수
    - 갱신
    - 혁신

가능성의 시기 이탈

감속

은퇴계획

은퇴생활

재순환(이전 단계로 돌아가기)

Super의 여성의 생애 단계

안정적인 전업주부 진로패턴

전통적 진로패턴

일 지속형 진로패턴

일-가사 양립 진로패턴

단절 진로패턴

불안정한 진로패턴

다중 시도 진로패턴

Bardwick의 단계

30~40세: 진로 유예를 원치 않는 유자녀 여성으로서 균형을 잡으려고 애씀

40~50세: 더 많은 자율성과 독립성

50세 이상: 진로 성취

소수민족 정체성 발달 단계

순응

부조화

저항과 몰입

내성

상승 작용하는 명료화와 자각

Super의 역할 중요성 개념은 성인 상담 시 유용하다. 그 이유는 이 개념이 상담자가 학습과 지역사회 봉사, 가정과 가족 그리고 여가활동과 같은 일이 아닌 생애 역할을 고려하는 데 도움이 되기 때문이다. 상담자는 내담자가 이러한 역할에 어떻게 참여하는지, 얼마나 전념하는지, 각 역할에 대해 어느 정도의 지식을 갖고 있는지를 평가할 수 있다. 또한 Super는 생애 역할을 통해 얼마나 다양한 가치가 충족되는지를 보여 준다. 이러한 역할들은 성인 진로발달 단계, 즉 탐색, 확립, 유지 및 이탈과 각 단계의 하위 단계들에서 생겨난다. 최근 Arnett은 탐색 단계와 확립 단계의 초기 부분과 겹치는 성인 진입기를 제안하였다. Super와 Bardwick은 모두 여성을 위한 각기 서로 다른 단계를 제안하였는데, Bardwick의 단계는 결혼과 일에 초점을 두고 있다. Atkinson, Morten과 Sue는 성인 진로발달에 영향을 미칠 수 있는 소수민족 정체성 발달 단계를 기술하였다. 이러한 개념들은 연령과 발달 수준이 다양한 내담자가 경험하기 쉬운 주제를 이해하는 수단을 제공하므로 상담자에게 유용하다. 이것은 그저 개인의 능력과 흥미 및 가치가 아니라 전체적인 인간을 이해하기 위해 유형 이론과 함께 활용될 수 있다.

각 성인은 자신을 다른 사람과 다르게 만들어 주는 광대한 경험의 역사를 갖고 있다. 성인 생애 단계는 너무 일반적이어서 내담자를 정해진 틀에 맞추고 정형화하는 경향이 있다. 이는 진로선택이나 직업적응의 문제에 대한 작업을 저해할 수 있다. 이러한 개념들은 특성요인 이론에 추가적으로 제공하는 내용이 없을 뿐만 아니라 상담자로 하여금 비교적 중요하지 않은 문제에 초점을 맞추도록 유도하는 경향이 있다. 여성의 진로발달은 개인별로 매우 다양하기 때문에 Super와 Bardwick의 단계는 내담자의 경험과 관련 없는 개념을 나타낼 수 있다.

**10장**

**성인기 진로위기와 전환**

전환의 유형

진로전환의 범주와 접근방식

Schlossberg의 네 가지 전환의 유형

- 예측된 사건
- 예측하지 못한 사건
- 만성적 불편 상황
- 불발 사건

진로의 유형

- 만화경 진로
- 무경계 진로
- 프로티언 진로

진로전환의 범주

- 규범적 역할 전환
- 예측되고 자발적인 전환

진로전환검사

- 준비성
- 자신감
- 통제감
- 지각된 지지
- 결정 독립성

비규범적 진로사건

지속되는 직장문제

Hopson과 Adams의 성인 전환 모델

- 부동화
- 최소화
- 자기 회의
- 내려놓기
- 시험해 보기
- 의미 추구
- 내면화

여성에게 영향을 미치는 진로위기

- 노동시장으로의 일시적 재진입과 이탈
- 성희롱
- Till의 다섯 가지 수준의 성희롱
    1. 성희롱
    2. 유혹 행동
    3. 성 상납
    4. 성적 강압
    5. 성폭력
- 성희롱에 대한 피해자 반응
    - 내적 중심 전략
    - 외적 중심 전략
- Gutek와 Koss의 성희롱에 대한 네 단계 반응
    - 혼란과 자책
    - 두려움과 불안
    - 우울과 분노
    - 환멸

다문화 집단에 영향을 미치는 진로위기

차별

Atkinson, Morten과 Sue의 모델

석사학위 과정의 수료와 같은 예측된 전환과 해고와 같은 예측되지 못한 전환은 성인이 일생에 거쳐 여러 번 직면할 수 있는 문제이다. Schlossberg는 이러한 전환 가운데 몇 가지를 기술한다. Hall과 동료들은 주로 경영 분야 진로에서의 변화에 대해 기술하였는데, 이는 만화경 진로와 무경계 진로 그리고 프로티언 진로에서 유연성과 창의성을 요구하는 변화이다. 이러한 정보에 대한 지식은 내담자가 당면할 수 있는 유형의 문제를 상담자가 이해하는 데 유용하다. Hopson과 Adams의 성인 전환 모델은 해고 또는 실직 과정을 이해하는 수단을 제공한다. 부동화와 최소화, 자기 회의, 내려놓기, 시험해 보기, 의미 추구, 내면화의 단계는 상담자에게 내담자의 경험을 비교할 수 있는 지침을 제공한다. 성희롱은 여성이 경험하기 쉬운 위기이다. Gutek과 Koss는 내담자가 경험할 수 있는 감정에 대한 모델을 제시한다. 차별에 관한 연구는 어렵고 정서적으로 힘겨운 위기를 경험한 다문화 집단 내담자와 여성 내담자를 돕기 위한 모델을 제공한다. 내담자가 이러한 위기를 경험할 수 있는 다양한 유형의 방식에 대한 정보를 갖고 있다는 것은, 내담자가 위기에 어떻게 반응하고 있고 미래에는 어떻게 반응할 것인지를 이해하는 데 매우 유용하다.

사람들은 흔히 각자 고유한 방식으로 위기에 반응한다. 내담자가 어떻게 반응할지를 예측하고자 어떤 이론을 활용하면, 내담자가 실제로는 그렇지 않은데 어떤 식으로 느낀다고 제안하려는 시도를 할 위험이 있다. Hopson과 Adams의 성인 전환 모델과 같은 이론들은 진로 이론은 아니지만 모든 유형의 문제에 적용할 수 있다. 진로위기 이론이 바람직할 수도 있다. 내담자는 흔히 깊은 감정을 느끼며 진로전환과 위기를 경험한다. 따라서 내담자의 경험을 이론에 맞추려고 하기보다 내담자의 이야기를 공감적으로 경청하는 것이 더 낫다.

**11장**

**진로발달에 대한 구성주의와 내러티브 접근**

구성주의

포스트모더니즘

내러티브 진로상담

행위자

장면

행동

도구

스토리텔링

내러티브 진로상담에서의 평가 목표

내러티브 진로상담

Cochran의 내러티브 진로상담

1. 진로문제 정교화하기
2. 생애사 구성하기
3. 미래 내러티브 이끌어 내기
4. 실재 구성
5. 삶의 구조 바꾸기
6. 역할 실연하기
7. 결정 구체화하기

Savickas의 진로구성 이론

- 직업적 성격—Holland 이론
- 진로적응력의 발달과업—Super의 이론
- 진로적응력의 차원
  - 걱정
  - 통제력
  - 호기심
  - 확신
- 삶의 주제
  - 생활양식
  - 초기 기억
  - 다섯 가지 주요 삶의 과업
- 상담목표 검토하기
  - 삶의 초상

진로발달을 내담자의 삶의 이야기로 보는 것은 구성주의와 내러티브 접근의 핵심이다. 상담자는 장면과 행위자가 있는 이야기 형식을 활용함으로써 내담자가 학교교육에서 접해 온 익숙한 접근을 사용한다. 이야기의 다양한 부분이 실연되는 가운데 상담은 원만하게 흘러가는 경향이 있다. 내담자와 상담자가 이야기 중반을 논의함에 따라 미래의 잠재적인 행동이 명확해진다. Cochran의 접근에서는 이야기 양식을 면밀히 따라간다. 하지만 예외적으로 삶의 제목 달기와 생애선 활동과 같이 이야기를 정교화하는 새롭고 상이한 방법을 사용하기도 한다. Savickas의 진로구성 이론은 스토리텔링을 사용하지만 Super와 Holland의 이론과 같은 다른 이론들을 통합하는 방식을 취한다. 하지만 이 접근에서는 다른 이론들을 내러티브 방법에 부차적인 것으로 활용한다. 이러한 접근들은 내담자의 삶의 경험에 면밀히 주의를 기울이고 내담자의 경험을 억지로 특정 이론에 끼워 맞추려 하지 않는 이점을 갖고 있다.

내러티브 접근은 내담자의 이야기에 너무 많이 의존하기 때문에 지리멸렬해질 위험이 있다. Cochran의 접근에서는 이론이 사용되지 않는다. 이 때문에 내담자 문제에 유용한 접근이 간과될 수 있다. Savickas의 진로구성 접근의 경우, 많은 이론이 활용될 수 있지만 조직화된 방식으로 통합되지 않을 수 있다. 이 접근들에서는 평가도구에 대한 효과적인 활용이 이루어지지 않을 수도 있다. 왜냐하면 검사는 타인과의 비교를 통해 내담자에 대한 정보를 제공하는데, 구성주의 접근에서는 이를 무시하는 경향이 있기 때문이다.

**12장**

**진로발달에 대한 관계적 접근**

Roe의 성격발달 이론

애착 이론

- 세 가지 반응 유형
    - 안정형
    - 불안정-양가형
    - 회피형

부모와 자녀 간의 진로 상호작용

- 공동 실행(Joint Action)
- 부모 참여 진로탐색(PICE)
    1. 도입
    2. 패턴 확인 연습
    3. 학교 공부 선호와 수행에 대한 논의
    4. 교육과 노동시장 가능성에 대한 전망

5. 다음 단계 계획하기

가족체계 치료

- 밀착된 가족
- 유리된 가족
- 가계도

Phillips의 발달적-관계적 모델

- 타인의 행동
  - 소극적 지지
  - 무조건적 지지
  - 정보 제공
  - 대안 제시
  - 밀어붙이기/자극하기
  - 강압적 지도
  - 비판
- 자기 주도
  - 확신에 찬 독립성(잘못된 자신감)
  - 성공하지 못한 타인 활용
  - 불확실한 타인 활용
  - 신중한 태도
  - 자신에 대한 정보 구하기
  - 여러 대안의 장단점 따져 보기
  - 공명판
  - 체계적

Blustein의 일의 관계 이론

관계는 거의 모든 인간 활동에서 필수적이다. 관계 이론은 진로발달에서 관계가 중요한 역할을 하는 다양한 양상을 보여 준다. 부모에 대한 내담자의 애착이 어떤지에 대해 상담자가 감을 갖고 있으면 상담에 유용하다. 왜냐하면 부모에 대한 안정적인 애착이 일과 다른 관계에서 개인이 타인과 관계하는 방식에 영향을 줄 수 있다는 생각을 지지하는 연구결과가 있기 때문이다. 또한 청소년 진로상담에 부모를 참여시키는 것이 유익할 수 있다. 부모와 자녀 간의 진로 상호작용에 대한 연구는 부모의 견해가 자녀의 진로선택에 어떻게 영향을 미치는지를 더 잘 이해하는 데 유익한 정보를 제공한다. 가족치료 연구는 밀착된 가족 및 유리된 가족과 같은 서로 다른 가족관계 양식이 가족 구성원의 진로선택 방식에 어떻게 영향을 줄 수 있는지를 보여 준다. Phillips의 발달적-관계적 모델은 상담자에게 내담자의 삶에서의 관계(단지 가족관계만이 아닌)에 주의를 기울이는 것이 진로선택에서 얼마나 중요할 수 있는지를 보여 준다. 타인의 행동이 내담자의 진로선택에 영향을 미치는 방식과 내담자가 자신의 진로선택에 타인을 관여시키는 방식(자기주도)에 주의를 기울이는 것은 진로상담에서 중요한 측면이 될 수 있다. Blustein은 일에 대한 관계 이론에서 직장에서 타인과 관계하는 방식과 직장 밖에서 타인과 일 문제를 다루는 방식이 일 자체가 매력이 없을 때조차도 일 경험을 어떻게 의미 있게 만들 수 있는지를 보여 준다. 일의 관계적 측면에 대한 이러한 접근들은 일 경험을 풍성하고 의미 있는 경험으로 본다는 점에서 모두 유용하다.

진로발달에 대한 관계적 접근은 소수 이론에 속하고 단편적이다. Roe의 접근은 타당성을 입증받지 못했고 상담자에게 도움을 제공하지 않는다. 상담자는 이렇듯 이론적 발달이 미미한 이론을 보유하려고 애쓰기보다 상담에서 내담자의 관계와 관련된 그들의 관심사를 논의하는 것이 더 유용할 것이다. 다른 진로발달 이론들은 내담자가 진로선택을 가장 잘할 수 있는 방법을 제시한다. 진로발달에 대한 관계적 접근은 그렇지 않다. 다른 이론들은 진로상담의 관계적 측면에 대해서는 그저 간접적으로 언급할 뿐인데, 이것은 진로선택과 직업적응에 초점을 두는 것보다 덜 중요하기 때문이다.

**13장**

**Krumboltz의 사회학습 이론**

Bandura의 강화 이론

삼각 상호작용 체계

유전적 영향

환경적 여건과 사건

  사회적 여건

  부모와 양육자

  또래 집단

  구조화된 교육환경

  직업적 여건

학습경험

- 도구적 학습경험
- 연합적 학습경험

과제접근 기술

내담자의 인지적 · 행동적 기술

- 능력에 대한 자기 진술 일반화
- 흥미에 대한 자기 진술 일반화
- 가치에 대한 자기 진술 일반화
- 세상에 대한 일반화
- 진로의사결정에 사용되는 과제접근 기술

상담자의 행동적 전략

- 강화
- 역할모델
- 역할극
- 시뮬레이션

상담을 위한 인지적 전략

- 목표 명료화
- 문제가 되는 신념 논박하기
- 말과 행동 간의 불일치 찾아보기
- 인지적 시연

진로상담을 위한 사회학습 이론의 목표

진로상담의 목표에 영향을 미치는 세 가지 기준

- 능력과 흥미를 확장시킬 필요성
- 직무변화에 대비할 필요성
- 행동을 취할 수 있도록 격려받아야 할 필요성

우연학습 이론

- 우연한 진로기회를 다루는 데 유익한 기술
  - 호기심
  - 끈기
  - 유연성
  - 낙관성
  - 위험 감수

우연학습 이론 적용 4단계

1. 내담자의 개인사에서 계획된 우연을 정상화하기
2. 내담자가 호기심을 학습과 탐색의 기회로 전환하도록 조력하기
3. 내담자에게 바람직한 우연한 사건을 만들어 내는 방법을 가르치기
4. 내담자에게 실행을 가로막는 장애물을 극복하는 방법을 가르치기

Krumboltz는 사회학습 이론에 대한 연구와 행동적·인지적 상담에 대한 광범위한 연구를 진로발달에 적용하였다. 그는 유전적 특성과 환경적 여건, 학습이 어떻게 개인의 흥미와 능력 및 가치를 결정하는지를 기술하였다. 다른 진로 이론가들과는 달리 그는 강화와 역할모델, 역할극, 시뮬레이션과 같은 행동적 전략을 명시하고, 이뿐만 아니라 목표 명료화와 문제가 되는 신념 논박하기, 말과 행동 간의 불일치 찾아보기, 인지적 시연과 같은 인지적 전략을 명시한다. 상담자가 활용할 수 있는 구체적인 기법을 제시한 것은 그의 이론의 주요 업적이다. 그는 또한 내담자가 예상치 못하거나 계획하지 않은 사건을 다룰 수 있도록 돕는 방법을 제안하였다. 그의 우연학습 이론은 상담에서 다음과 같이 가르치는 기능을 강조한다. 첫째, 상담자는 우연을 정상화하고, 이후 내담자가 호기심을 학습과 탐색으로 전환하도록 돕는다. 그러고 나서 상담자는 바람직한 우연한 사건을 만드는 방법과 실행을 가로막는 장애물을 다루는 방법을 내담자에게 가르친다. 내담자를 가르치고 행동을 취할 수 있도록 힘을 북돋워 주는 것에 대한 이러한 강조는 상담자에게 유용한 상담기술을 제공하는데, 다른 이론에서는 이런 것을 제공하지 않는다.

Krumboltz의 이론은 1960년대에 개발되었는데도 이에 관한 연구가 거의 없다. 직업적응 이론과 Holland 이론, 사회인지진로 이론과 같은 다른 이론의 경우에는 이론을 지지하는 상당한 양의 연구결과가 있다. 1990년대부터 Krumboltz는 계획된 우연 이론을 강조해 왔고, 최근에 이론의 명칭을 우연학습 이론으로 바꾸었다. Krumboltz는 우연한 사건을 다루는 것의 중요성을 강조하고, 인지적·행동적 상담기법에 대해서는 거의 강조하지 않게 되었다. 우연학습 이론에 대한 이러한 강조로 인해 Krumboltz가 이룬 다른 공헌에 대한 관심이 분산되는 경향이 있을 수 있다.

**14장**

**사회인지진로 이론**

Bandura의 사회학습 이론에 근거함

삼각 상호작용 체계를 활용함

자기효능감
결과기대
목표
맥락적 요인
　　장벽
　　지지
진로선택 사회인지 모델
　　자기효능감 → 흥미
　　결과기대 → 흥미
　　흥미 → 선택 목표
　　목표 → 선택 행동
　　선택 행동 → 수행 결과
　　수행 결과 → 학습경험 → 자기효능감/결과기대
　　결과기대 → 선택 목표 → 선택 행동
　　자기효능감 → 흥미 → 선택 행동 → 수행 결과
　　맥락적 영향
흥미발달 사회인지 모델
수행 사회인지 모델
일과 삶의 만족 사회인지 모델

사회인지진로 이론의 구성개념은 많은 연구의 주제가 되어 왔고, 이론 자체는 상담자들의 관심을 많이 받아 왔다. 이 이론은 진로 자기효능감을 강조하기 때문에 다른 이론에서는 다루지 않은 영역을 포함한다. 이 이론은 진로선택 모델의 개발에 있어서 사회학습 이론을 활용하여 자기효능감과 결과기대 및 목표 간의 관계를 연구해 왔나. 흥미발달과 수행, 일과 삶의 만족에 대한 사회인지 모델도 개발되어 왔다. 이 모델들 모두의 주요 측면은 지지와 장벽이다. 사회인지진로 이론은 여성과 다문화 집단 사람들이 경험할 수 있는 지지의 부족과 진로에 대한 장벽에 주요 관심을 갖고 있다. 여성과 다문화 집단 사람들에 대한 관심의 강조는 이 이론이 특히나 인기를 얻게 된 이유이다. 사람들이 당면하는 지지의 부족과 장벽의 존재로 인해 진로 자기효능감이 떨어질 수 있다. 이 이론은 아주 다양한 집단에 활용될 수 있기 때문에 상담자에게 특히 인기가 있다.

사회인지진로 이론은 대부분의 진로발달 이론보다 더 복잡하다. 그것은 이 이론이 자체적으로 개발된 진로 모델 각각에 포함된 변인들 간의 복잡한 관계를 살펴보기 때문이다. 그런데 이러한 변인 간 관계는 명료함보다는 혼란을 좀 더 야기할 수 있다. 이는 연구자와 상담자 둘 다에게 딜레마를 만들어 낼 수 있다. 어떤 상담자는 이 이론이 능력과 흥미와 가치에 비해 자기효능감을 지나치게 강조한다고 느낄 수 있다. 이 이론에 관한 대부분의 논문은 이 이론을 내담자에게 적용하는 방법을 설명하기보다는 연구에 초점을 둔 것이다. 이는 어떤 상담자에게는 문제가 될 수 있다.

**15장**

**진로의사결정 접근**

진로의사결정의 영성적 접근

영성 주제(Bloch와 Richmond)

- 변화
- 균형
- 에너지
- 공동체
- 소명
- 조화
- 일체감

생애진로 이론(Miller-Tiedeman)

진로상담에 대한 영성적 접근

- 내담자가 그들의 진로가 그들의 삶이라는 사실을 알게 한다.
- 내담자는 무엇이 잘 돌아가고 무엇이 그렇지 않은지를 안다.
- 내담자는 경험을 평가하는 것을 학습한다.
- 내담자는 제약을 두지 않고 의향을 정한다.
- 상담자는 열의를 보인다

생애계획에 대한 전체적 접근(Hansen)

1. 세계적 맥락에서 할 필요가 있는 일 발견하기
2. 우리 삶을 의미 있는 전체로 엮어 내기
3. 가정과 일 연결하기
4. 다원주의와 포용성 높이 평가하기
5. 개인적 전환과 조직의 변화 관리하기

6. 영성과 삶의 목적 탐색하기

영성이 중요한 내담자는 진로발달에 관한 영성적 이론이 특별히 매력적임을 발견할 수 있다. Bloch와 Richmond의 말을 빌자면, 개인의 능력, 흥미, 가치에 초점을 두기보다는 변화와 균형, 에너지, 공동체, 소명, 조화, 일체감에 초점을 두는 것은 내담자에게 진로선택과 직업적응에 대해 새로우면서도 생산적인 관점을 제공할 수 있다. Miller-Tiedeman은 내담자를 존중하는 태도를 제안하면서 내담자의 선택에 대해 상담자가 열렬한 반응을 보일 것을 강조한다. 개인의 진로를 개인의 삶으로 보는 것은 진로문제에 대한 내담자의 관점을 확장시킨다. Hansen의 체계는 이 두 접근과 많은 점에서 비슷하지만 다른 이론에서 강조하지 않는 가족과 변화하는 국제 노동인구를 강조한다. 영성적 접근은 이 책에서 논의된 다른 이론들과 꽤 다르며 어떤 이들에게 이것이 아주 매력적일 수 있다.

영성적 진로 이론에서 사용되는 용어들은 흔히 모호하다. 영성적 이론가들이 논의하는 개념들을 사용하는 방법에 관한 상담 지침은 별로 없다. 내담자를 돕는 방법에 관해 Miller-Tiedeman이 제안한 것은 대단히 일반적이고 대부분의 상담자에게 그다지 도움이 되지 않을 것이다. 나아가 소명에 관한 연구를 제외하고 영성 이론과 관련된 개념에 관한 연구는 거의 없다. 다른 이론들은 평가도구를 활용하지만 영성 이론에서는 그것을 강조하지 않는다. 영성 이론가는 흥미와 능력과 가치를 검토하지 않기 때문에 진로상담에 대한 접근에서 너무 일반적이거나 철학적이 될 위험이 있다.

인지적 정보처리 접근
인지적 정보처리 접근의 가정
자기지식
직업지식
의사결정기술
  의사소통
  분석
  통합
  평가
  실행
실행처리 영역
  자기 대화

자기 인식
모니터링과 통제
진로의사결정 유형 분류
7단계 서비스 제공 절차

인지적 정보처리 접근은 의사결정에 대한 특정한 순서에 초점을 맞추기 때문에 다른 이론들과는 다르다. 이 접근에서 제안한 순서는 의사소통(자신이 선택을 해야 하는 것을 아는 것), 분석(가치와 흥미, 기술, 직업정보를 재검토하기), 통합(가능한 해결책과 선택지 생성하기), 평가(가능한 해결책과 선택지 좁히기), 실행(행동을 취하고 선택과 해결책을 행동에 옮기기)이다. 이 접근은 내담자가 명확히 기술된 의사결정 과정을 거쳐 나가면서 심사숙고하여 진로결정에 이르도록 해준다. 내담자는 실행처리 영역을 활용하여 이를 해낸다. 즉, 스스로에게 진로의사결정에 대한 메시지를 전달하기 위해 자기 대화를 한다. 그런 다음 자기 대화를 알아차리기 위해 자기 인식을 활용한다. 그리고 자기 대화를 모니터링하고 통제한다. 이러한 방법을 활용하는 상담자는 통제된 방식으로 사고를 다루는데, 사회인지진로 이론과 특성요인 이론에서는 이렇게 하지 않는다. 인지적 정보처리 이론을 활용하는 상담자는 체계적인 방법에 따라 내담자가 잘 도출된 진로선택을 하고 상담과정을 완수하도록 돕는다.

인지적 정보처리 접근은 논리와 추론을 사용하지만 정서적 요인과 타인과의 관계의 영향을 무시한다. 의사소통과 분석, 통합, 평가, 실행을 포함하는 의사결정기술을 반드시 활용할 필요는 없다. 내담자는 진로상담 과정을 거치면서 이를 스스로 해낼 것이다. 자기 대화, 자기 인식, 모니터링과 통제를 포함하는 실행처리 영역이 진로선택 과정에 보태는 것이 별로 없기 때문에 이것을 의식적으로 할 필요는 없다. 진로상담은 번거롭고 지루할 수 있다. 대조적으로 영성과 많은 다른 접근은 내담자들이 상담자가 그들에게 부과하는 방법을 따르기보다 한 주제에서 다른 주제로 자연스럽게 옮겨 갈 수 있게 해준다.

## 통합적 접근

상담자는 흔히 한 가지 이상의 이론적 접근을 적용한다. 여기에서는 이론들을 통합하는 한 가지 방식을 기술할 것이다. 자신만의 통합 방식을 개발하기를 선호하는 상담자도 있을 것이다. Lapan(2004)과 Turner와 Lapan(2005)은 유치원생부터 고등학생에 이르는 아동과 청소년을 위해 맥락에 맞게 대응하는 진로상담 체계(contextually responsive career-counseling system)를 개발할 때 많은 이론을 활용하였다. 이 접근에서 Lapan(2004)과 Turner와 Lapan(2005)은 지금까지 이 책에서 다룬 여러 가지 이론에 근거한 6개의 상호 관련된 과업을 기술하였다. 그들은 개인 및 집단 진로상담, 교실기반 교육, 컴퓨터 지도 프로그램과 지역사회 프로그램에서 이러한 방법을 활용하는 법을 보여 주는 실제적인 접근법을 개발하였다. 이러한 맥락에 맞게 대응하는 진로상담 체계는 이 책에서 다룬 이론들과 관련이 있으므로 다음에 간단히 기술하고자 한다.

1. Lapan과 Turner는 내담자가 자기효능성 신념(사회인지진로 이론, 14장)을 발달시키도록 돕는 것이 아동과 청소년이 교과목과 직업의 선택을 대하는 태도에 도움이 될 수 있다고 제안한다. 나아가 자기효능성 신념에 주의를 기울이면, 학생들이 결과기대와 진로목표에 영향을 미치는 진로장벽을 다루는 데 도움이 될 수 있다.
2. 직업 정체성(8장에 제시된 Vondracek과 그의 동료들이 설명한 개념)을 발달시키는 것은 아동과 청소년이 자신의 흥미와 능력 및 가치에 관한 그들만의 고유한 속성에 대한 감각을 발달시키는 데 도움이 될 수 있다.
3. Lapan(2004)은 아동과 청소년이 일 준비도 기술(work-readiness skills)을 개발하는 것이 어떤 면에서 중요한지를 설명한다. 이러한 기술에는 효과적인 대인관계를 형성하고, 문화적 배경이 다양한 사람들과 잘 상호작용하며, 긍정적인 일 습관을 형성하고, 고용주와의 상호작용을 위한 기본기술을 개발하며, 창의적이고 동기가 높으며 기회에 개방적인 자세를 갖는 능력이 포함된다.
4. Lapan(2004)과 Turner와 Lapan(2005)은 Gottfredson의 제한 타협 이론(7장)과 특성요인 이론(2장)이 자기 자신과 일의 세계를 더 잘 이해하도록 하도록 학생들을 어떻게 도울 수 있는지를 보여 준다. 이들 이론은 학교에서 일터로의 전환을 위해 학생들을 준비시키는 방법을 살펴보는 데 유용할 수 있다.
5. 학생이 중시하는 직업적 흥미를 구체화할 수 있도록 돕는 것은, 학생의 진로의사결정을 돕는 과정의 중요한 차원이다. Super(7장과 8장)는 발달적 관점에서 이 주제를 다룬 반면, Holland는 특성과 요인의 관점에서 그것을 다룬다.
6. 맥락에 맞게 대응하는 진로상담 체계가 갖는 또 다른 측면은 학생이 학업적으로 성취하고 평생학습에 가치를 두도록 돕는 것이다. 지속적인 학습과 자신의 일 수행을 향상시키고자 하는 동기에 대한 이러한 강조는 Super가 성인 진로발달의

확립 및 유지 단계(9장)에서 성장을 강조한 것을 반영한다.

Lapan(2004)과 Tuner와 Lapan(2005)은 그들의 저작을 통해 아동과 청소년이 전 생애에 걸쳐 활용할 수 있는 진로발달의 토대를 개발하도록 돕는 다양한 활동과 연습을 제공한다. 그들이 제안하는 학생 조력 방안은 학생의 요구와 상담자의 전문성 둘 다를 고려한 것이다. 이 저자들은 또한 맥락에 맞게 대응하는 진로상담 체계에서 활용하는 방법을 지지하는 연구결과도 보여 준다. 다음 절에서는 Lapan(2004)과 Tuner와 Lapan(2005)의 접근만큼 체계적으로 기술하지는 않지만 특정 이론들을 어떻게 조합할 수 있는지를 제시하고자 한다.

## 이론 조합하기

상담에서 여러 이론을 어떻게 함께 활용할 수 있는지를 논의하기 위하여 나는 이론을 세 가지 범주, 즉 특성요인 이론, 전 생애 이론, 진로의사결정 이론으로 분류하였다. 특성요인 이론은 일반적인 특성요인 이론(2장), 특성요인 이론의 2단계 직업정보(3장), Lofquist와 Dawis의 직업적응 이론(4장), Holland의 유형 이론(5장), Myers-Briggs 유형 이론(6장)을 포함한다. 전 생애 이론은 여기에서는 주로 Super(7~9장)의 이론에 초점을 두지만, Gottfredson(7장), Erikson과 Vondracek(8장), Atkinson, Morten과 Sue(9장)의 이론과 Hopson과 Adams의 전환 이론(10장)도 포함한다. 이론 간 비교를 위해 진로의사결정 이론에는 Krumboltz의 사회학습 이론(13장)과 사회인지진로 이론(14장)뿐만 아니라 15장에 제시된 진로의사결정에 대한 영성적 접근과 인지적 정보처리 관점도 포함시킬 것이다.

이 범주들 어디에도 꼭 들어맞지 않는 두 가지 이론은 구성주의적 접근(11장)과 관계적 접근(12장)이다. 이론의 조합에 관한 이 절에 이 두 이론을 포함하지 않은 이유는 각기 다르다. 구성주의 이론은 내담자의 주관적인 지각에 초점을 둔다. 구성주의와 내러티브 상담은 내담자의 삶의 이야기에 집중한다. 관계적 접근은 단독으로 사용될 때 내담자가 진로를 선택하거나 직장에서 적응하도록 돕는 수단을 제공하지는 않는다.

### ❁ 전 생애 이론, 특성요인 이론, 진로의사결정 이론의 조합

Super의 전 생애 이론은 생애 전반을 포괄하기 때문에 상당한 주목을 받아 왔다. Super의 이론은 특성요인 이론 및 진로의사결정 이론과 양립 가능하다. 이 두 이론은 특정 시점의 진로선택이나 직업적응에 초점을 맞춘다. 따라서 어떤 특성요인 이론과 진로의사결정 이론이 생애 주기의 어느 단계에 가장 유용한지를 점검해 보는 것이 도움이 된다. 이러한 접근은 상담에 대한 Super의 제안(1990)과 양립 가능한데, 이 제안은 특성요인 접근뿐만 아니라 Holland의 모델도 포함하고 있다. 다음 절에서는 아동기, 청소년기 초기, 청소년기 후기와 성인기, 성인 진로전환과 관련하여 전 생애를 다루지 않는 이론을 전 생애 이론에 어떻게 적용할 수 있는지에 대해 논의한다.

**아동기** Super(1990), Gottfredson(2005)의 발달 모델은 아동기 진로발달에 대한 정보를 제공한다. 특성요인과 진로의사결정 이론가들은 이 시기에 대해 할 말이 거의 없고 상담자에게 많은 지침을 제공할 가능성이 낮다. 흥미와 정확한 시간 조망 능력, 자아 개념의 발달로 이어지는 호기심과 탐색 및 정보의 발달에 대한 Super(1990)의 강조는 아동의 진로발달 과정에 대한 유용한 관점이다. 이와 유사하게 Howard와 Walsh(2010, 2011)는 진로에 대한 아동의 추론에 기여하는 순수 연상과 마술적 사고 그리고 외부 활동에 초점을 둔다.

크기와 힘, 성역할, 사회계층 변인, 자기 인식 지향에 대한 Gottfredson(2005)의 초점은 진로선택 발달에 관한 흥미로운 통찰을 제공한다. 진로선택과 직업적응은 이 연령대에는 적절하지 않기 때문에 발달적 전 생애 이론은 상담자에게 특성요인 이론과 진로의사결정 이론에는 없는 유용한 정보를 제공한다.

**청소년기** 청소년기 초기에는 전 생애 이론과 다른 이론들이 수렴하는 부분이 애매하다. Super(1990)의 이론은 진로성숙의 중요성을 강조하는데, 이것은 진로선택이 이루어지기 전에 나타나는 것이 바람직하다. 진로계획에 대한 Super의 개념에는 진로탐색, 의사결정, 직업세계의 정보, 선호하는 직업에 대한 지식이 포함되어 있으며 개인의 준비도에 초점을 둔다. Howard와 Walsh(2010, 2011)는 청소년이 진로선택에 대해 추론하는 과정에서 내적 과정과 능력 그리고 상호작용의 중요성을 설명한다. Erikson의 자아 정체성 이론은 Vondracek와 동료들이 제안한 직업 정체성에 적용되었고 직업 준비도를 기술하는 개념들을 제공한다. Super와 같은 발달 이론가들에 따르면, 특성요인 이론과 진로의사결정 이론은 직업 준비도를 갖춘 시점에 유용하다. 특성요인 이론가들에게 자기 평가를 위한 준비도는 관심의 초점이 아니었지만, Holland는 어쩌면 예외적인 경우일 수도 있다. 진로선택을 위한 준비도 개념이 관심의 초점이 되는 연령집단은 중학교 2학년에서 고등학교 3학년에 이르는 청소년기이다.

진로발달검사(Super et al., 1971; Thompson & Lindeman, 1981)는 진로를 탐색할 수 있는 성숙도와 준비도를 측정하기 위하여 개발되었다. Vondracek(Vondracek

& Sorikov, 2007)의 직업 정체성 개념은 내담자가 진로선택을 하기에 얼마나 준비가 되어 있는지를 점검하는 또 다른 방법이다. 흔히 상담자는 청소년 집단에 대해 준비도를 측정하지 않은 채 특성요인 및 진로의사결정 이론을 적용한다. 진로대안을 탐색할 준비가 단지 부분적으로만 되어 있는 학생들에게 특성요인 이론이나 진로의사결정 접근이 도움이 될지는 알 수 없다.

고등학교와 대학교에서는 진로선택을 위한 상담이 보편적이다. 특성요인 이론과 관련하여 어떤 상담자들은 일반적인 특성요인 모델에 따른 흥미, 능력, 성격, 가치를 측정하는 다양한 검사를 사용한다. 또 어떤 상담자들은 Holland의 여섯 가지 성격과 환경 모형을 꽤 유용한 것으로 여기기도 한다. Myers-Briggs 이론은 다소 복잡하기 때문에 고등학생에게는 거의 사용되지 않는다. Lofquist와 Dawis의 직업적응 이론은 고등학생에게 적용할 수는 있으나 거의 사용되지 않고 있다. 직업적응 이론 적용을 통해 도움을 얻으려면 내담자가 일과 관련된 가치 및 욕구에 대한 경험과 지식을 반드시 갖고 있어야 한다. 대부분 고등학생의 직업경험은 제한적이다. 의사결정 이론의 경우 대부분 접근이 대학생뿐만 아니라 고등학생에게도 적용 가능하다. 잘못된 신념의 역할을 강조하는 인지적 정보처리 이론과 Krumboltz의 사회학습 이론은 진로선택에 대해 잘못된 개념을 많이 가지고 있을 수 있는 고등학생에게 적절할 수 있다. 진로결정을 내리기 위해 부정확한 정보를 수정한다는 이러한 정보 교정에 관한 관점은 정확한 직업지식과 진로의사결정에 관한 정보를 갖고 있어야 한다는 Super의 견해와 다소 유사하다. 또한 사회인지 이론은 진로선택 과정에서 고등학생에게 중요한 주제인 자기효능감의 중요성을 강조한다.

**후기 청소년기와 성인기 진로발달** 이론에 대한 개관 및 이론의 강점과 약점에서 기술한 Super의 성인 진로발달 단계는 특성요인 이론과 의사결정 이론을 바라보는 관점을 제공한다. 탐색기는 하위 단계인 결정화, 구체화, 실행을 포함하며, 이 이론들이 사용될 가능성이 가장 높은 단계이다. 그러나 Super의 재순환 개념은 성인의 경우 진로에 대한 탐색이 거의 어느 연령에서나 일어날 수 있음을 시사한다. 일반적인 특성요인 이론뿐만 아니라 Holland와 Myers-Briggs 유형 이론 또한 직업적응 이론처럼 진로선택에 유용할 수 있다는 것은 확실하다. 영성적 접근과 인지적 정보처리 과정 접근의 의사결정 이론은 Super의 탐색기에 맞다. 사회학습 이론에서 과제접근 기술은 Super의 탐색기의 결정화와 구체화 단계에서 활용하기 쉽다. 진로의사결정에 관한 영성적 접근에서 Miller-Tiedeman(1999)이 기술한 과정 중 많은 부분이 자기 이해하기와 이런 이해에 전념하기와 관련되는데, 이는 Super의 탐색기의 결정화, 구체화 단계와 일치한다. 인지적 정보처리 이론에서 CASVE 주기(의사소통, 분석, 통합, 평가, 실행)의 의사소통과 분석 국면은 결정화 단계에 상응한다. 통합과 평가는 구체화 단계와 가장 유사할 수 있고, 실행은 Super의 실행 단계와 양립할 수 있다. Super의 이론을 포함하여 이러한 이론은 모두 성인의 진로의사결정 과정을 이해하는 수단을 제공한다.

확립기, 유지기, 이탈기에서 직업적응은 중요한 주제이다. Holland의 이론과 일반적 특성요인 이론에서 이 주제를 다룰 수도 있지만, Lofquist와 Dawis의 직업적응 이론과 Myers-Briggs의 유형론은 특히 개인이 직업문제에 적응하도록 돕는 방법에 관심을 둔다. 직업적응 이론은 내담자의 욕구, 가치, 능력과 직업이 제공하는 강화요인 간의 매칭에 주목함으로써 도움을 제공하고자 한다. Myers-Briggs의 유형 이론은 내담자의 판단과 인식 패턴을 동료들의 패턴 및 직업환경의 다른 측면들과 비교하는 데 주목함으로써 직업적응을 검토한다. 이 접근은 직장에서 발생하는 문제뿐만 아니라 은퇴 주제를 다루는 데도 적합하다. 의사결정 이론가들은 진로선택뿐만 아니라 전반적인 의사결정에도 유용한 모델을 제공한다. 그러므로 Krumboltz의 이론과 사회인지진로 이론, Miller-Tiedeman(영성적 접근)의 접근과 인지적 정보처리 접근은 상사와 갈등을 겪고 있는 직장인이 이에 대한 해결방안을 결정해야만 하는 상황과 같이, 진로적응 과정의 어떤 단계에서도 활용할 수 있는 요소를 담고 있다.

확립기와 유지기 및 이탈기와 관련된 이론으로 Hopson과 Adams(1997)가 제안한 위기와 전환에 대한 접근도 있다. 이들은 해고나 일시해고, 성희롱과 다른 위기에 의해 야기되는 문제가 개인에게 중대한 것일 수 있음을 인정한다. 이는 근로자 역할을 중시하는 사람들과, Super의 확립기 또는 유지기에 있는 사람들에게 특히 맞는 듯하다. Hopson과 Adams는 사람들이 위기에 다음과 같은 순서로 반응한다고 제안한다. 그것은 충격과 부동화, 최소화와 부인, 자기 회의, 내려놓기, 시험해 보기, 의미 추구, 내면화이다. 어떤 상담자에게는 실직과 같은 주제를 다룰 때 Hopson과 Adams의 전환 이론, 직업적응 이론, Myers-Briggs의 유형론의 인식과 판단 초점의 관점에서 보는 것이 유용할 수 있다. 예를 들어, 내담자가 내부세계와 외부세계(내향성/외향성) 중 어느 쪽에서 경험을 처리하는지 그리고 감각 중심적인지 직관 중심적인지는 그들이 실직으로 인한 최초의 충격과 최소화 단계를 다루는 방식과 관련 있을 수 있다. 많은 경우에 여러 가지 서로 다른 이론적 관점이 진로위기에 대한 상담자의 이해를 증진시킬 것이다.

## ❀ 특성요인 이론들 조합하기

상담자가 혼란을 느끼지 않으면서 또는 내담자를 혼란스럽게 만들지 않으면서 하나 이상의 특성요인 이론을 함께 사용할 수 있을까? 간략하게 그 답은 '그렇다'이다. 좀 더 긴 답변은 표 16.1을 살펴보면 얻을 수 있다. 각각의 특성요인 이론은 다른 이론에 비해 특정한 특성과 요인을 더 강조한다. 예를 들어, 일반적인 특성요인 이론은 상담자가 원하는 방식대로 적성과 흥미, 가치, 성격을 강조하도록 허용한다. 이 범주들 각각에 대해 사용 가능한 많은 검사가 개발되어 있다(이러한 검사의 몇 가지 예시를 보려면 표 16.1을 참고하라). 가장 적합해 보이는 검사들을 중시하는 정도는 상담자에게 달려 있다. Holland의 체계에서는 흥미 그리고/또는 유능성에 대한 자기평가를 측정하는 진로탐색검사(SDS)나 직업선호도검사(Vocational Preference Inventory, VPI)의 활용을 제안한다. 직업적응 이론은 일반직업적성검사(GATB)와 미네소타 중요도 질문지(MIQ)를 활용한 태도와 가치의 측정을 강조한다. 진로선택의 목적에서 보자면, Myers-Briggs 유형론은 개인의 성격 측정에 초점을 두기 때문에 불완전한 특성요인 이론이다. 그러나 이 이론들은 서로 다른 특성을 강조하기 때문에 이들을 조합해서 사용하는 것이 가능하다.

예를 들어, Holland의 진로탐색검사(SDS)를 Myers-Briggs 유형 지표(MBTI)와 함께 사용하면, 흥미와 자가 평가된 능력(SDS) 및 인식과 판단 유형(MBTI)에 의해 측정되는 직업 성격에 대한 정보를 얻는다. 이 이론들 중 하나 또는 둘 다 직업적응 이론과 함께 사용될 수 있다. 더 많은 이론을 사용할수록 더 많은 개념이 추가되어 내담자와 상담자 모두에게 혼란을 야기할 수 있다. 그러나 대체로 일반적인 특성요인 이론, Holland의 이론, 직업적응 이론, Myers-Briggs 유형론의 접근에서는 중복되는 부분이 별로 없어 보인다.

## ❀ 진로의사결정 이론 조합하기

특성요인 이론들은 개인의 서로 다른 특성을 측정하기 때문에 각기 다르지만, 이와는 달리 진로의사결정 이론들은 동일한 과정에 대해 기술하는 경향이 있다. 따라서 상담자가 상담에서 한 가지 이상의 진로의사결정 이론을 사용하기를 원할 가능성은 거의 없다. Krumboltz의 사회학습 이론은 인지적 정보처리 이론처럼 행동적·인지적 개입 방법을 사용한다. 사회인지 이론은 자기효능감, 결과기대와 목표, 지지와 장벽을 강조한다. 이와는 대조적으로 Miller-Tiedeman과 다른 이론가들의 영성적 접근은 내담자의 주관적인 경험을 강조한다. 나아가 Myers-Briggs의 유형론은 진로의사결정 이론의 하나로 간주할 수 있는데, 그 이유는 이 이론이 사건을 지각하고 그런 다음 그 사건에 대해 판단 내리기나 결정하기에 초점을 두기 때문이다. 상담자가 상담에서 진로의사결정 이론을 사용하기로 결정한다면, 그 이론이 내담자 집단뿐만 아니라 상담자 자신의 이론적 지향성과도 일치하는 것이 중요하다.

### ❀ 상담자의 선택

앞서 기술한 이론 각각은 연구에 의해 지지되어 왔는데, 각 이론마다 수행된 연구의 양은 다르다. 일반적으로 이 이론들은 분명하고 간결하다. 이 이론들은 상담자에게 진로문제를 겪고 있는 내담자를 이해하고 돕는 검증된 접근법을 제공한다. 내담자의 문제를 개념화하는 데 한 가지 이론을 사용할지, 여러 이론을 사용할지는 상담자가 개인적으로 결정할 사안이다. 몇 가지 이론을 사용하는 것이 가장 적합한지를 제안하는 정보는 없다.

## 이론의 비상담적 적용

상담자는 자신에게 부과된 많은 양의 사례 건수와 진로상담을 위한 시간의 부족 등과 같은 현실적인 문제를 고려하여 진로선택 문제를 가지고 오는 내담자를 돕기 위해 개인상담이 아닌 다른 방법을 찾게 된다. 일부 비상담적인 개입은 추가적인 상담을 통해 도움을 받을 수 있는 사람들이 누구인지를 확인하는 방안으로 사용될 수 있다. 어떤 사례에서는 비상담적 자료를 단지 진로선택을 돕는 보조물로만 제공한다. 여기에서는 네 가지 비상담적 적용을 기술하는데, 그것은 선별 방법, 지필 검사, 컴퓨터 지원 진로 시스템, 인터넷이다.

### ❀ 선별 방법

몇몇 이론가는 상담을 통해 가장 많은 도움을 받을 수 있는 내담자를 가려내는 검사를 개발하였다. 선별의 또 다른 활용은 내담자에게 적절한 상담적 개입을 제공하기 위해 검사 점수에 따라 내담자를 별개의 집단으로 분류하는 것이다. 선별도구의 한 가지 예는 Super의 진로발달검사(Super et al., 1971)이다. 이 검사에서 나온 점수에 따라 어떤 학생에게 진로선택을 위한 상담을 제안하거나 직업성숙도를 높일 수 있는 정보를 더 얻도록 의뢰할 수 있고 이를 통해 이 학생을 어떤 진로선택 개입에 배정할 수 있다. Holland의 진로탐색검사도 유사한 방식으로 사용할 수 있다. 진로탐색검사를 통해 수용할 만한 진로대안을 얻지 못한 학생들은 개인 혹은 집단 진로상담을 받도록 일정을 잡을 수 있다. 다른 많은 검사는 보통 이런 식으로 사용되지는 않지만, 이렇게 사용하는 것이 가능할 수도 있다.

## ❀ 지필자료

대부분의 이론은 상담을 대신하여 사용할 수 있도록 고안된 자료를 제공하지 않는다. Holland의 진로탐색검사(SDS)는 주목할 만한 예외적인 자료이다. Holland(1997)는 쉽게 사용할 수 있는 질문지와 보충 자료를 통해 직업선택에 필요한 도움을 제공할 수 있기 때문에 많은 경우 상담이 불필요할 것이라고 믿었다. 진로탐색검사는 개인이 스스로 점수를 매길 뿐만 아니라 해석할 수 있도록 고안되어 있다. 진로탐색검사의 결과가 혼란스럽거나 불완전한 경우를 제외하고는 전문가가 필요하지 않을 것이다. 게다가 Holland는『직업 파인더』를 개발하여 Holland의 세 자리 코드에 의해 분류한 수백 개의 진로를 수록하였다. 그 결과 학생은『직업 파인더』에서 자신이 진로탐색검사 상에서 얻은 세 자리 코드와 정확하게 혹은 거의 일치하는 직업을 찾아볼 수 있다. 또한 Holland(1985)는『당신과 당신의 진로(*You and Your Career*)』라는 8쪽짜리 분량의 읽기 쉬운 소책자를 제작하여 학생들에게 Holland의 여섯 가지 유형체계를 이해하고 진로의사결정을 내리는 방법에 대한 조언을 제공하고자 하였다. 많은 교육체제에서 학생들의 진로를 지원하기 위해 이러한 도구들을 사용해 왔다. 이러한 자료를 활용하고자 하는 상담자는 이렇듯 비교적 저렴한 자료의 비용 효율성과 진로선택에 대한 상담적 접근을 강조하지 않는 체계가 갖는 장점을 고려할 필요가 있다.

## ❀ 컴퓨터 기반 진로지도 시스템

1970년대 초 이래로 컴퓨터 기반 진로지도 시스템은 진로상담의 필수 구성요소가 되어 왔다(Harris-Bowlsbey & Sampson, 2001). 이 시스템은 상담의 보조 도구로 사용되도록 고안되어 있지만 종종 Holland의 진로탐색검사(SDS)에도 비슷한 용도로 사용되기도 한다. 예를 들면, 컴퓨터 기반 진로지도 시스템은 개인의 적합한 직업선택을 돕기 위해 개인에게 배정될 수 있다. 만일 이런 방법이 개인에게 충분치 않다면 상담을 제공할 수 있다. 특히 잘 알려져 있고 고도로 개발된 두 개의 시스템은 DISCOVER (ACT, 2007)와 SIGI[3](VALPAR, 2007)이다. 두 시스템 다 개인이 자신의 능력과 흥미 및 가치를 평가하도록 돕는다는 점에서 특성요인 접근법을 따른다. 그런 다음 시스템 사용자에게 직업정보와 교육정보를 제공한다. 개인의 자기 평가와 직업정보 간의 매

**표 16.1 특정 진로발달 이론과 연관된 검사**

| 이론 | 검사 유형 | | | | | |
|---|---|---|---|---|---|---|
| | 적성 | 흥미 | 가치 | 성격 | 의사결정 | 진로성숙과 발달 |
| 특성요인 이론* | 수학능력평가시험(SAT) | Kuder 진로탐색검사(KCS) | 가치조사(SV) | 캘리포니아 심리검사(CPI) | | |
| | 차별적성검사(DAT) | Strong 흥미검사(SII) | 가치척도(VS) | 16성격 요인 검사(16PF) | | |
| | 일반직업적성검사(GATB) | 캘리포니아 직업선호척도(COPS) | | | | |
| | 군직업적성검사(ASVAB) | | | | | |
| Holland 유형 이론 | | 진로탐색검사(SDS) | | | | |
| | | 직업선호도검사(VPI) | | | | |
| Myers-Briggs 유형 이론 | | | | Myers-Briggs 유형 지표(MBTI) | | |
| 직업적응 이론 | 일반직업적성검사(GATB) | 미네소타 중요도 질문지(MIQ) | | | | |
| Super의 전 생애 이론 | | 가치척도(VS) 역할 중요성 검사 | | | | 진로발달검사(CDI) |
| 인지적 정보처리 이론 | | | | | 진로사고검사(CTI) | |
| Krumboltz의 사회학습 이론 | | | | | 진로신념검사(CBI) | |

*특성요인 이론은 많은 검사를 사용할 수 있다. 검사 예시를 여기에 제시하였다.



칭이 이뤄진다. 이후 내담자는 자신에게 가장 잘 들어맞는 직업을 선택한다. SIGI[3]는 자기 평가의 가치 부분을 강조하는 반면, DISCOVER는 그 접근법에서 Super의 발달적 전 생애 이론의 일부를 사용한다.

이러한 기술만으로는 이 프로그램들의 복잡한 상호작용적 속성을 제대로 나타내지 못한다. 둘 다 방대한 양의 직업정보 데이터베이스를 갖고 있다. 이 두 시스템의 자기평가 영역은 많은 면에서 흥미와 자기평가식 유능성 및 가치를 측정하는 지필검사와 유사하다. SIGI와 SIGI PLUS(SIGI[3]의 이전 버전들) 및 DISCOVER를 평가한 Peterson, Ryan-Jones, Sampson과 Reardon(1994)은 이 시스템들 간에는 효과성에서 실질적인 차이점은 없다고 보고하였다. Brake(2001)는 위탁 가정에 맡겨진 54명의 청소년에게 DISCOVER를 적용하였다. 그는 DISCOVER 시스템의 전체 내용을 사용한 학생들이 DISCOVER의 일부 검사를 실시하기만 한 청소년들보다, DISCOVER를 완료한 후에 좀 더 많은 직업을 열거하였음을 보고하였다. 위험군에 속하는 고등학생 33명을 연구한 Bleier(2007)는 DISCOVER와 진로상담이 학생들의 전반적인 성적을 향상시키는 데 도움이 되었다는 것을 발견하였다. Kratz(1998)는 SIGI PLUS의 활용에 대해 연구한 결과, SIGI PLUS는 내담자와의 면접 후에 사용되지만 내담자가 SIGI PLUS를 끝내고 난 후 흔히 상담이 제공되지 않는다는 사실을 발견하였다. Kratz는 이러한 방식으로 SIGI PLUS를 활용하는 것이 적절한지에 대하여 의문을 제기하였다. SIGI PLUS와 DISCOVER는 다 끝내려면 몇 시간이 걸리는 시스템이다. 이러한 도구에 대한 평가는 제한적이며 이 도구들의 상호작용적 속성 때문에 연구자들에게 독특한 질문을 제기한다(Fowkes & McWhirter, 2007).

두 개의 다른 자기평가 시스템은 연구의 주제가 되어 왔다. CAPA 시스템은 Bandura의 사회학습 이론(13장과 14장)을 모델로 사용하는데, 특성요인 이론과 자기효능감 측정을 결합하였다(Betz & Borgen, 2009). 여대생의 경우, CAPA 시스템은 자기효능감 점수에서 또 다른 컴퓨터 지원 시스템(FOCUS)에서 얻은 점수보다 더 높은 점수를 가져왔다. Barak과 Cohen(2002)은 진로탐색검사(SDS)를 연구하면서, 고등학생이 이 검사를 스스로 채점하기보다 인터넷상에서 검사하는 것을 선호한다고 보고하였다. 인터넷을 통한 검사 실시의 인기는 높아질 것이다. 자기평가 프로그램 외에 다른 정보도 인터넷상에서 활용 가능하다.

## ❁ 인터넷

인터넷상에서 많은 유형의 진로 지원을 찾을 수 있다(Gati & Asulin-Peretz, 2011; Walsh, 2010). 평가 질문지(Tracey, 2010), 진로정보 및 진로상담 또는 코칭이 인터넷에서 사용 가능하다(Harris-Bowlsbey, 2002). 이 책에서 기술한 다수의 검사는 인터넷상에서도 실시할 수 있다. 개발자에 따라 검사 비용은 다르다.

많은 웹사이트에서 상담자와 내담자에게 유용한 여러 정보원을 제공한다. 가상 상담센터(Virtual Counseling Center)에서는 서비스가 무료로 제공되고 온라인 채점이 가능한 진로탐색검사가 탑재되어 있으며 온라인 직업 및 교육 정보와 링크되어 있다. 과학과 기술, 공학 및 수학(STEM)에 대한 흥미를 자극하는 프로그램 또한 이용 가능하다(Horan, 2010). Feller(2011)는 학생과 상담자를 위해 웹사이트(Http://stem-career.com)에서 STEM 프로그램에 대한 많은 정보를 제공하고 있다. 상담자와 연구자를 위한 진로 공동 연구모임(Career Collaboratory)에는 진로발달과 직업적응을 측정하도록 고안된 검사에 대한 정보가 탑재되어 있다(Glavin & Savickas, 2010).

많은 진로정보 웹사이트에 대한 최신 정보를 따라가기는 어려운 일일 수 있다(McCarthy, Moller, & Beard, 2003). 직업정보 제공 사이트로서 가장 잘 알려진 두 개 사이트는 America's Job Bank와 Monster.com이다. 이 책에서 자주 언급된『직업 전망서』(2012)에는 O*NET[『직업정보망(*Occupational Information Network*)』 온라인]에서 찾을 수 있는 직업에 대한 기술과 함께 수록되어 있다.

## 특수 상담 주제

수많은 상담 주제는 진로발달 이론에 대한 함의를 지니고 있다. 이 중 한 가지 중요한 관심 주제는 집단상담이다. 때로는 선호에 의해 그리고 흔히 시간 제약 때문에 상담자는 개인상담보다 집단상담을 선택한다. 이 책에서 논의한 대부분의 이론은 집단상담에 적합하다. 또 다른 주제는 관련 관심사로서 진로상담에 관한 것이다. 어떤 상담자는 진로문제와 관련된 개인 혹은 가족의 문제를 다루는 장면에서 근무한다. 예를 들어, 상담자는 진로선택을 위한 상담은 거의 하지 않고 내담자가 가진 다른 문제의 일부로서 직업적응 상담을 좀 더 자주 할 수 있다. 이런 경우 사용할 진로발달 이론을 선택하는 것은 상담자의 주요 임무가 진로상담인 경우와는 다를 수 있다. 상담자가 때때로 당면하는 또 하나의 주제는 직장이 바뀔 때마다 상담자가 사용하는 진로발달 이론을 바꾸는 문제이다. 예를 들어, 상담자가 아동을 상담하던 일자리에서 성인을 상담하는 일자리로 옮기게 되면, 이 두 곳에서 상담자가 사용하는 진로발달 이론은 각기 다를 것이다. 상담자의 또 다른 의무는 취업알선과 구직 상담이다. 이 책에서 논의한 이론들은 내담자가 추구하고 싶은 진로를 결정한 후 그들이 일자리를 찾을 수 있도록 돕는 것에 대한 함의를 갖고 있다. 이러한 주제가 모든 상담자에게 적용되는 것은 아니라 해도 많은 상담자에게 일어난다.

### ❀ 진로 집단상담

진로발달 이론가들이 상담자에게 제공하는 개념과 자료는 대부분 집단상담 장면에서 활용될 수 있다. 다양한 진로 개입에 대한 메타 분석에서, 상담 없이 컴퓨터 지원 진로 시스템과 같은 비상담적 접근을 사용하는 방법보다 상담자를 활용하는 방법이 좀 더 효과적인 것으로 밝혀졌다(Whiston, Brecheisen, & Stephens, 2003). 또한 이 연구는 구조화된 진로 워크숍과 집단이 비구조화된 워크숍과 집단보다 더 효과적이라는 결과도 보여 주었다. 개인상담에서는 가능하지 않은 집단상담의 몇 가지 특징은 또래를 통한 동기부여와 또래의 경험을 통해 배우는 기회 및 유사한 상황에 처한 사람들을 돕고 또한 그들에게 도움을 받을 수 있는 기회이다. 또한 집단은 장애를 가진 사람(Zunker, 2012), 생활보호 대상에서 취업으로 전환하고 있는 성인(Clow, 2005), 집에서 퇴거된 사람들(McAllister & Ponterotto, 1992)과 같은 특정 집단의 사람들을 위해 설계될 수 있다. Herr, Cramer와 Niles(2004)는 특정 상황에 대한 역할연습과 다양한 역할을 맡아 볼 수 있는 생애진로게임과 같은 보드게임을 사용하는 것이 탁월한 진로 집단상담기법이라고 밝혔다. 그 목표가 진로선택이든 직업적응이든 간에 진로 집단상담은 개인 진로상담 기능의 많은 부분을 충족시킬 수 있다.

진로집단은 국제적으로도 활용되어 왔다. 예컨대, 진로집단은 중국에 있는 대학생들(Wang, Li, & Wang, 2006)과 미국 도시지역으로 이민 온 중국 청소년(Shea, Ma, & Yeh, 2007)에게 활용되어 왔다. 진로탐색과 발달 및 자원 집단(CEDAR)이 뉴욕시에 살고 있는 저소득층 중국 이주민 청소년들에게 실시되었다. 이들은 집단에 참여한 후 지각된 사회적 지지와 자기효능감을 높일 수 있었는데, 통제집단은 그렇지 않았다(Shea, Ma, Yeh, Lee, & Pituc, 2009). 이들은 또한 구직에서 활용할 진로기술에서도 향상을 보였다. 남아프리카 공화국에서는 내러티브 접근(11장)이 빈곤 가정의 고등학교 2학년 학생들로 구성된 소집단에 적용되었다(Alexander, Seabi, & Bischof, 2010). 이 탐색적 연구에서 사회인지진로 이론 틀과 함께 내러티브 접근은 진로집단 개입으로서의 가능성을 보여 주었다. 핀란드에서는 868명의 중학교 2학년 학생에게 다음 단계의 교육을 준비하고 선택할 수 있도록 돕기 위해 진로집단을 적용하였다(Jokisaari & Vuori, 2011). 집단상담 참여 후, 학생들은 통제집단 학생들에 비해 진로와 교육 정보를 알아보기 위해 학교 상담사를 포함하여 훨씬 더 다양한 사람들과 접촉하였다. 미국에서는 또 다른 유형의 집단상담이 라틴계 대학생을 위해 시행되었다(Berríos-Allison, 2011). 이 집단상담은 학생들이 진로 관심사를 다루고, 학업 수행을 향상시키도록 돕고, 직업시장으로의 전환을 지원하였다. 이러한 연구는 광범위하면서도 다양한 문화적 배경을 가진 학생들을 위한 진로집단의 가치를 보여 준다.

특성요인 이론은 집단상담 형식에 맞게끔 꽤 쉽게 응용할 수 있다. 일반적인 특성요인 이론을 사용하려면 상담자는 집단에서 사용할 검사를 반드시 선택해야 한다.

검사의 해석은 집단으로 제공할 수 있는데, 이때 상담자는 검사결과의 의미를 제시하고 이에 대해 다른 집단원들이 의견을 보탤 수 있다. 이와 유사하게 Holland가 개발한 자료를 집단 장면에서 활용할 수도 있다. Holland의 자료는 특히 이해하기 쉽기 때문에 다양한 범위의 연령과 능력을 가진 내담자들에게 사용할 수 있다. MBTI는 진로 및 다른 주제 혹은 구조화된 활동을 포함한 집단 장면에서 널리 쓰인다(Tieger & Barron-Tieger, 1992). 토론 시 집단원들은 서로에게 그들이 바라보는 상대방의 유형에 대해 피드백을 줄 수 있다. 특정 개인의 유형과 들어맞을 것 같은 직업환경의 종류에 대한 논의는 유익할 수 있다. Lofquist와 Dawis의 직업적응 이론은 직업재활을 위한 개인상담의 관점에서 생각하는 경우가 보통이지만 진로집단에서도 사용할 수 있다. 집단에서 논의하고 해석할 수 있도록 일반직업적성검사(GATB) 또는 미네소타 중요도 질문지를 활용하는 것은 탐색에 꽤 유익할 수 있다. 하지만 상담자는 집단원 개개인의 능력과 가치에 부합하는 직업을 집단에 제안할 수 있도록 준비가 되어 있을 필요가 있다.

발달 이론도 집단상담에서 여러 가지 다양한 방식으로 활용할 수 있다. 청소년에게는 진로계획, 진로탐색, 직업세계 조사를 포함하는 진로성숙 주제가 초점이 될 수 있다. 나아가 Super(1990)의 무지개 모형은 청소년이 지금까지 어떤 경로를 거쳐 왔는지 그리고 미래에는 무엇을 기대하는지를 살펴볼 수 있도록 한다. 과거를 뒤돌아보고 미래를 내다보는 것은 성인에게도 적용할 수 있다. 전직을 고려하고 있거나 직업적응 문제를 겪고 있는 성인에게는 자신의 삶에서 근로자, 여가활동인, 시민, 학생과 같은 다양한 역할의 중요성을 살펴보는 것이 도움이 될 수 있다. 탐색기, 확립기, 유지기, 이탈기 단계의 맥락에서 생애 역할을 바라보는 것은 내담자가 삶의 상황의 유사성과 차이점 측면에서 그들이 다른 집단 구성원들과 비교하여 어떠한지를 보는 데 도움을 줄 수 있다. 이는 내담자에게 자신의 삶의 상황이 이해된다는 느낌을 주는 과정이 될 것이다. 또한 Super의 이론은 해고와 실업과 같은 진로위기를 이해할 수 있는 맥락을 제공한다.

진로의사결정은 집단에서 흔히 사용된다. 진로 집단상담에 대한 영성적 접근에서 집단원들은 진로선택에 대한 각자의 감정을 나누고 서로 자유롭게 진로선택지를 탐색하도록 격려할 수 있다. 인지적 정보처리 이론은 플로리다 주립대학교에서 대학생 진로발달을 위해 집단상담이나 훈련의 절차를 활용한 수업을 위한 하나의 구조로 사용되어 왔다(Reardon, Lenz, Sampson, & Peterson, 2006). 인지적 정보처리 이론은 구조화된 형식을 따르며 집단 지도자들이 사용할 수 있는 매뉴얼을 제공한다.

## ❁ 관련된 주제로서 진로상담

진로상담을 자주 하지 않거나 직업적응 문제를 제시하는 내담자를 만나는 상담자에게는 특정 이론이 특히 적합할 수 있다. 특성요인 이론의 관점에서 Myers-Briggs 유형 이론과 Lofquist와 Dawis의 직업적응 이론이 특히 유용할 수 있다. 전자는 인식과 판단 양식을 강조하는 반면, 후자는 직업 문제와 직접적인 연관성이 있는 능력과 일 관련 가치를 강조한다. 이 두 이론은 동료나 관리자와의 문제와 직무요건에 대한 어려움과 같은 직업적응 곤란에 대한 유용한 통찰을 제공할 수 있다. 주된 호소 문제가 아니라 관련된 문제로서의 진로주제를 다룰 때 특히 유용한 또 다른 이론은 Super의 이론이다. 학생, 시민, 여가활동인, 가족 구성원으로서의 역할과 비교하여 일 역할이 얼마나 중요한지를 평가함으로써, 상담자는 진로문제를 하나의 유용한 관점에서 살펴볼 수 있다. Super의 진로 단계도 성인이 경험하는 직업 관련 문제의 종류를 이해하는 방법을 제공한다. 진로위기에 처한 성인에게는 Hopson과 Adams의 이론이 진로 과정을 이해하는 지침을 제공한다. 아동에게는 Super와 Gottfredson의 발달 이론이 특히 유용할 수 있는데, 그 이유는 이 두 이론을 통해 다른 이론에서는 다루지 않는 탐색적인 성역할 행동을 살펴볼 수 있기 때문이다.

## ❁ 직장의 변화

내담자의 연령과 능력 수준은 상담자가 선택하는 이론의 유형에 영향을 줄 수 있다. 예를 들어, Super의 직업성숙 개념을 Holland의 유형 이론과 함께 사용해 온 고등학교 생활지도 상담자가 만학도를 상담하는 지역 전문대학으로 직장을 옮긴다면 이에 따라 선택하는 이론이 달라질 수 있다. 상담자는 Holland의 이론에 추가하여 Myers-Briggs 유형 이론을 사용하기를 원하거나 Holland의 이론 대신에 Lofquist와 Dawis의 직업적응 이론을 사용하기를 원할 수도 있다. 일반적으로 다른 직장으로 자리를 옮기는 상담자가 자신이 활용하는 진로발달 이론을 수정할 가능성보다는 자신의 상담이나 심리치료 이론을 바꿀 가능성이 더 낮을 것이다.

## ❁ 취업알선 상담

대부분의 진로발달 이론가들은 구직의 주제에 관심 갖기보다 진로선택과 진로적응에 더 많은 관심을 보여 왔다. 하지만 많은 저자가 사람들이 일자리를 찾는 데 도움을 주기 위해 구직에 관한 도서를 집필해 왔다. 이러한 도서 가운데 가장 주목할 만한 것은 『당신의 낙하산은 어떤 색깔입니까?(*What Is Your Parachute?*)』(Bolles, 2012)이다. 이 책은 매년 개정되며 성인 구직자와 진로 변화를 꾀하는 사람들을 위해 저술된 것이다. 이 책은 노동시장을 어떻게 이해할 것인지, 어디에 일자리가 있는지, 어떻게 구직 정보를 얻는지, 이력서를 어떻게 쓰는지, 구직 면접에서 어떻게 처신해야 하는지 등과 같은 주제를 다룬다. Bolles와 같은 많은 저자는 구직 과정에 도움을 줄 수 있는 사람들과의 네트워크 개발의 중요성을 강조한다. 대부분의 조언은 실제적이며 이론과는 관련이 없다.

그러나 미취업 성인이 일자리를 찾도록 돕는 한 가지 방법은 꽤 실제적이면서도 이론에 근거를 두고 있다. Azrin과 Besalel(1980)은 '직업 동아리(job club)'의 개념을 개발하였는데, 이는 정적 강화라는 행동주의 원칙에 기반한 것이다. Azrin은 실직한 전문직 종사자들에게 초점을 두고, 직업 동아리의 구성원들이 구직활동에서 서로의 진전을 강화할 수 있도록 구조화한 접근을 개발하였다. 이러한 접근은 가벼운 인지 장애를 가진 젊은 성인(Black, Tsuhako, & McDougall, 1998), 생활보호 대상자(Brooks, Nackerud, & Risler, 2001), 관리직 구직자(Kondo, 2005, 2009), 미취업 성인(Bhat, 2010), 상담자 교육 학생(Rutter & Jones, 2007)에게 효과가 있는 것으로 나타났다. 실직한 다음 일자리를 구하기 위한 Azrin의 행동 지향적 접근은 위기의 단계에 대한 이해를 강조하는 Hopson과 Adams(1977)의 접근과 대조를 이룬다. 하지만 이 접근들이 서로 다르다고 해도 서로 양립할 수 없는 것은 아니다. Hopson과 Adams는 위기를 이해하는 방법을 제공하는데, 이는 Azrin의 방법과 같은 행동 지향적 프로그램을 시행할 최적의 시기가 언제인지를 아는 데 도움이 될 수 있다. Azrin은 개인이 직업위기를 경험할 때 일자리를 찾는 데 초점을 둔다. 이 책에서 논의한 진로발달 이론은 위기뿐만 아니라 사람들이 고등학교나 대학교를 졸업하고 일자리를 찾을 때 발생하는, 좀 더 정상적인 전환을 바라보는 관점을 제공한다.

한 가지 구직 방식을 Holland의 이론에 비추어 추정해 볼 수 있다. 흔히 일자리를 찾고 있는 사람들은 고용주에게 자신을 적극적으로 알리고, 구직에서 도움을 줄 수 있는 접촉 인물의 네트워크를 개발하며, 구직 과정에서 자기주장적이 되라는 독려를 받는다. 그런데 이러한 유형의 행동은 흔히 타인을 설득하고 뭔가를 판매하는 기업형 사람들의 행동과 가장 유사하다. 많은 구직 전략가가 권하는 주장적 접근은 실재형, 관습형, 탐구형이 활용하기가 좀 더 어려울 수 있다. 따라서 상담자는 구직 과정에 있는 내담자를 도울 때, 그들의 Holland 유형과 그들 각자에게 적합한 구직 전략을 개발할 수 있는 방법을 고려해 보기를 원할 것이다.

Myers-Briggs 유형 이론을 사용해 보면, 외부세계를 다루는 사람들(외향형)이 내부세계를 다루는 사람들(내향형)보다 주장적인 구직 전략을 사용하는 것을 좀 더 편안해 할 수 있다. 이와 유사하게 일자리에 관한 정보 얻기에 감각적 접근을 하는 사람들은 직관적 접근을 하는 사람들과 다른 양식을 보일 수 있다. 예를 들어, 직관 또는 내향성에 기반하여 직업시장에 관한 정보를 얻는 사람들은 그들이 당면하고 있는 어려움으로 우울해질 수 있는데, 그 이유는 이들은 직업시장 자체가 아니라 자신의 반응에 초점을 둘 수 있기 때문이다.

Super의 역할 중요성 개념은 취업알선 상담에 유용할 수 있다. 학생, 여가활동인, 시민, 또는 가사담당자의 역할과 대비하여 근로자 역할을 얼마나 중시하는가는 내담자 간에 차이가 있다. 이러한 역할 개념은 구직의 전체 맥락을 조망해 볼 수 있는 기회를 제공한다. Super의 단계 이론도 구직 전략을 바라보는 더 넓은 맥락을 제공한다. 구직 과정 자체는 탐색기의 구체화와 실행 하위 단계에 해당된다고 볼 수 있다.

일자리 찾기 과정은 흔히 사람들에게 많은 거절을 겪는 과정으로 보이는 탓에 이런 경우에는 사회학습 접근과 인지적 정보처리 접근이 유용할 수 있다. 성과보다 구직 과정 자체를 강화하는 것은 행동주의 접근의 중요한 부분이다. 사람들은 일자리를 찾기 시작하면 낙심할 수 있기 때문에 부정확한 신념에 주의를 기울이고 이를 정정하는 것은 사회학습 이론이나 인지적 정보처리를 사용하는 상담자가 맡아야 하는 역할의 일부이다. 이러한 관점과 다른 진로발달 이론가들의 관점은 구직 과정에 관하여 대부분의 구직 관련 서적에서 취하는 실제적인 접근과는 다른 흥미로운 접근법을 제공한다.

## 이론에서 평가도구의 사용

진로발달 이론들은 내담자 진로문제의 개념화에서 검사의 중요성에 대해 서로 다른 입장을 취한다. 일반적으로 특성요인 이론은 전 생애 이론보다 평가에 좀 더 의존하고, 전 생애 이론은 진로의사결정 이론보다 평가도구를 더 많이 사용한다. 표 16.1에는 검사 사용을 비교한 내용을 제시하였는데, 여기에는 이 책에서 기술한 이론에서 측정하는 특성이나 요인 또는 특질을 나열하였다. 특성요인 이론의 성공은 부분적으로 적성과 흥미, 가치, 성격과 같은 특성을 정확히 측정할 수 있게 한 검사 개발자들의 능력에 의존한다. 일반적인 특성요인 이론은 진로상담자가 신뢰롭고 타당한 평가도구를 선택할 것을 요구한다. 내담자의 측정된 특성과 요인을 직업의 특성과 매칭하는 것이 특성요인 이론 적용의 핵심이다. Holland의 유형 이론 또한 특성과 요인을 측정하지만 이 이론은 이들을 여섯 가지 유형으로 분류하여 환경적 유형과 매칭한다.

Strong 흥미검사와 같은 몇 가지 검사도 여섯 가지 유형에 대한 점수를 제공한다. 이에 더하여 Holland의 직업선호도검사와 진로탐색검사는 직업환경과의 매칭이 이뤄질 수 있도록 여섯 가지 유형에 대한 점수를 제공하도록 고안되어 있다. MBTI는 상담자에게 내담자의 성격 유형에 대한 정보를 제공한다. Myers-Briggs 유형 이론을 사용하는 상담자는 성격 양식 평가를 위해 Myers-Briggs 유형 지표(MBTI)에 크게 의존한다. 아마도 평가의 가장 정밀한 사용은 직업적응 이론에서 이루어질 것이다. 일반직업적성검사와 미네소타 중요도 질문지에서 얻은 내담자의 점수는 1,700개 이상 직업의 능력 패턴과 욕구, 가치 강화요인 패턴과 매칭된다. 특성과 요인의 정확한 측정 없이는 어떠한 특성요인 이론도 없을 것이라는 결론을 내리는 것이 타당하다.

전 생애 이론에서 평가는 사람들이 직면해야 하는 중요한 발달적 주제를 확인할 목적으로 실시된다. Super의 진로발달검사는 진로성숙의 발달 정도를 평가한다. Super의 성인 진로관심사 검사(ACCI)는 탐색기, 확립기, 유지기, 이탈기 혹은 이 각 단계의 하위 단계와 관련된 주제에 성인이 어느 정도 관심이 있는지를 평가한다. 일반적으로 발달과업이나 단계를 측정하는 검사는 특성과 요인을 측정하는 검사보다 덜 정확하다. 그 이유는 전 생애 주제가 적성이나 흥미의 측정보다 더 광범위하고 예측 가능성이 더 낮기 때문이다. 그러나 이러한 검사는 여전히 진로 관심사를 개념화하는 데 유용할 수 있다.

진로의사결정 이론은 직업을 선택하는 과정에 초점을 둔다. 영성적 접근을 사용하는 상담자도 검사를 사용할 수는 있지만, 검사에 의해 개인의 자기평가와 진로발달이 저해되지 않도록 그것을 신중하게 사용한다. 인지적 정보처리 이론은 사람들이 진로의사결정을 내리는 것에 대한 내담자의 혼란과 불안을 평가하고 또한 그들이 외적인 정보와 자신의 견해 간에 어떻게 균형을 잡는지를 평가하기 위하여 진로사고검사를 사용한다. Kurmboltz는 가치검사가 사람들이 가치를 명료화하는 과정에 도움을 줄 수 있다고 믿는다. 적성검사와 흥미검사는 직업적 대안을 찾고 이러한 대안의 예상되는 결과를 알아보는 데 도움을 준다. 추가적으로, 진로신념검사는 진로의사결정 과정을 방해하는 내담자의 부정확한 신념을 평가하는 데 도움을 준다. 따라서 진로발달의 다른 이론들뿐만 아니라 진로의사결정 이론에서 이론의 목적과 평가의 역할은 높은 관련성이 있다.

## 직업분류체계와 진로발달 이론

직업을 위한 분류체계의 개발은 특성요인 이론과 관련되어 왔는데, 그 이유는 직업이 분류되어야만 개인의 측정된 특성 및 요인과 직업을 매칭할 수 있기 때문이다. 다양한 분류체계(2장에서 기술한)의 초점은 서로 많이 다르다. O*NET(*Occupational Information Network* online)은 표준직업분류체계의 23개의 주 직업군을 사용한다. Holland 체계(5장)는 여섯 가지 범주인 실재형, 탐구형, 예술형, 사회형, 기업형과 관습형을 사용한다. 『Holland 직업코드 사전』은 『직업명 사전(DOT)』에 수록된 각 직업의 Holland 코드 지표를 제공한다. 『직업명 사전』에 수록된 17,000개 직업은 주분류체계로서 여덟 가지 범주로 구분되어 있다. 『직업명 사전』 범주의 첫 번째 수준에서 실재형 직업이 우세하게 나타나는 것은 이 사전의 직업 개념 정의에 포함된 실재형 직업의 수가 많음을 나타낸다. 『직업탐색 안내서』의 12개 범주는 Holland 체계보다 좀 더 정교한 분류체계를 보여 준다. 진로발달 이론이 어떻게 분류체계를 활용하는지가 이 절의 주제이다.

앞에서 언급하였듯이, 분류체계는 특성요인 이론에서는 필수적으로 사용해야 하는 것이다. 일반적인 특성요인 이론을 사용하는 상담자는 상담에서 사용하고자 하는 검사에 맞는 분류체계를 선택할 수 있다. Holland 이론에서는 Holland의 분류체계를 사용하는 것이 필수적이다. 이와 대조적으로, 직업적응 이론은 『직업명 사전』 체계에 따라 직업을 분류한다. 그러나 이러한 체계는 더 이상 업데이트가 되고 있지 않아서 인터넷에서 활용 가능한 O*NET을 사용하는 상담자가 점점 많아지고 있다. 일반적으로 상담자가 선택하는 이론이나 검사에 의해 상담자가 앞으로 사용할 분류체계가 정해질 것이다.

전 생애 이론에서 분류체계는 진로선택을 해야 할 때 중요해진다. 이럴 때 전 생애 이론가들은 발달적 개념과 함께 특성요인 이론을 포함시킨다. 따라서 전 생애 이론가들은 특성요인 이론가들과 같은 방식으로 분류체계를 사용할 것이다.

진로의사결정 이론가들의 경우 상담의 부차적인 부분일 수 있는 검사의 선정에 따라 상담에서 사용할 직업분류체계가 정해질 것이다. 직업분류는 진로의사결정 이론가들의 주된 강조점은 아니다.

## 여성의 진로발달 문제에 대한 이론 적용

여성의 진로발달에 대한 정보의 많은 부분은 특성요인 이론이나 진로의사결정 이론보다는 전 생애 이론에서 나온 것이다. 아동기와 청소년기 및 성인기 진로발달에 영향을 주는 성역할 주제에 사람들이 관심을 갖게 한 것은 전 생애 이론이다. 여성의 삶의 다양한 단계에서의 성역할 고정관념과 여성의 성역할 주제에 대한 지식은 직업적응과 진로선택에서 도움이 될 수 있다. 이와는 대조적으로, 특성요인 이론과 진로의사결정 이론에서 얻을 수 있는 성차에 대한 정보는 아주 적다. 하지만 이러한 정보 부족 상황에서 여성에게 미치는 영향을 다루는 사회인지진로 이론에 관한 최근의 연구는 주목할 만한 예외이다.

특성요인 이론과 관련하여 몇몇 연구는 흥미와 능력에서 남성과 여성 간의 차이를 보여 준다. 유전적인 특성에서 학습된 것을 분리하기란 흔히 어려운 일이다. 예를 들어, 여성이 남성보다 수학을 잘 못하는데 이러한 열등한 수행은 여성은 남성만큼 수학을 잘하지 못한다는 사회화 때문일까? 이 책의 2부에서 개관한 연구는 후자가 사실임을 시사한다. 이와 유사하게 Holland의 유형 이론에서 여성은 사회형과 예술형에서 우세를 보인다. 이는 Holland 체계 사용에서의 오분류라기보다 사회화를 반영한 것으로 볼 수 있다. 이러한 정보는 실재형 또는 탐구형 성격의 여성이 어떤 면에서는 비정상적이고 다른 직업을 고려해야 한다는 제안을 하는 데 사용되어서는 안 된다. 직업적응 이론의 중요한 요소인 미네소타 중요도 질문지에서도 남녀 간 점수에 약간의 차이가 있다. Lofquist와 Dawis(1984)는 중요한 것은 개인의 욕구이지 일반적인 여성 또는 남성의 욕구가 아니라고 하였다. Myers-Briggs 유형 이론에 대해서도 이와 유사한 결론을 낼 수 있다. 여성은 감정 범주에서, 남성은 사고 범주에서 우세한 경향이 있지만(Myers, McCaulley, Quenk, & Hammer, 1998), 이러한 사실은 개인상담에 시사하는 바가 거의 없다. 일반적으로 남녀가 다양한 특성에서 차이를 보인다는 사실을 내담자 개인에게 일반화할 수는 없다. 왜냐하면 어떤 여성 내담자는 여성에게는 이례적인 흥미와 적성 및 성격 패턴을 가지고 있을 수 있기 때문이다.

진로의사결정 이론과 관련하여 몇 가지 결과가 여성 상담에 유용할 수 있다. Krumboltz는 사회학습 이론에서 여성을 위한 역할모델의 중요성을 강조한다. 그는 여성과 같은 집단은 환경조건에 대한 통제권을 갖는 데는 제약이 있을지라도 집단적 행동을 통해 성차별과 같은 문화적 편견을 바꿀 수 있는 방법이 있다고 하였다. 사회인지진로 이론은 환경적 요인이 진로선택 과정에서 여성이 자신의 학업 및 진로 유능성에 대해 알아가는 방식에 어떻게 영향을 미치는지를 연구한다. 영성적 진로의사결정 관점은 성역할 문제를 강조하기보다는 개인의 발달과정이나 주관적인 경험에 초점을 둔다. 하지만 이것은 이 이론가들이 성역할 고정관념을 중요하지 않게 여긴다고 말하는 것은 아니다.

이 책의 2부(7~10장)의 주된 초점은 여성의 전 생애 발달을 살펴보는 것이었다. 성역할이 만 6~8세 때의 진로선택에 미치는 영향에 대한 Gottfredson의 관심은 남성과 여성이 청소년기와 성인기에 하는 진로선택이 서로 다르다는 것을 강조하는 데 유익한 역할을 한다. Gottfredson의 제한과 타협의 개념은 이러한 차이를 강조하는 데 유용하다. 8장에서는 교육체계가 여자 청소년의 성역할 고정관념에 미치는 영향을 설명한다. 성인기에 여성의 진로발달은 가족과 자녀양육에 대한 고려로 인해 노동시장을 떠나고 재진입하는 다양한 패턴으로 이어지면서 흔히 남성보다 더 다양하게 나타난다. 가족과 자녀양육에 대한 염려에 더하여 직장에서 여성은 남성보다 성희롱에 직면할 가능성이 훨씬 더 높다. 이러한 주제에 대한 지식은 상담자가 진로선택이나 직업적응의 문제를 가진 여성과 상담하는 데 있어서 좀 더 충분한 이해에 바탕을 둔 접근을 제공하는 데 도움이 될 수 있다.

## 다문화 집단의 진로발달 문제에 대한 이론 적용

일반적으로 여성보다 비백인(non-White) 집단의 진로발달에 대한 연구가 더 적은 편이다. 진로의사결정 이론뿐만 아니라 특성요인 이론은 비백인 집단의 다양한 특성에 대해서는 거의 정보를 제공하는 바가 없다. 특성요인 이론의 연구를 해석하는 데 있어서 한 가지 어려운 점은 집단의 흥미, 적성, 성격에 대한 일반화를 개별 내담자에게 적용하지 않는 것이 중요하다는 점이다. 사회학습 이론은 내담자와 동일한 문화적 배경을 가진 역할모델의 중요성에 미치는 환경적 영향을 강조한다. 사회인지진로 이론은 여성뿐만 아니라 다문화 집단 사람들의 진로발달에 영향을 미칠 수 있는 자기효능감에 대한 관심에 초점을 둔다. 진로선택을 가로막는 장벽과 지지의 부족에 대한 관심 또한 다문화 집단 사람들에게 중요한 영향을 끼칠 수 있다. 다른 진로의사결정 이론은 문화적 배경에 초점을 두지 않는다.

아마도 전 생애 관점이 다문화 집단 사람들에게 영향을 주는 주제에 대해 할 말이 가장 많은 것 같다. 일반적으로 소수민족 아동의 경우 진로성숙을 가져오는 정보를 습득하도록 돕는 탐색활동에 참여하지 못하거나, 그것에 대한 접근이 제한적일 수 있다. 미국에서 포부 수준이 높은 비백인 청소년은 교육적 · 직업적 기회에 대한 접근의 제한 때문에 포부 실현이 좌절될 수 있다. 3장에서 논의한 연구는 미국에서 비백인 청소년이 승진 가능성이 제한적인 일자리를 얻고 직업 차별에 맞닥뜨릴 가능성이 더 높을 것임을 시사한다. 일에 대한 부정적인 태도는 한 세대에서 다음 세대까지 차별을 경험하는 역사적 패턴의 결과일 수 있다. Vondracek과 동료들의 연구는 상담자가 개인의 직업 정체성뿐만 아니라 그들이 처한 역사적 · 사회적 상황의 맥락도 함께 인식하는 것이 중요하다는 점을 강조한다. Atkinson, Morten과 Sue(1998)의 소수민족의 정체성 발달 모델은 상담자가 다문화 집단 사람들이 다양한 직업환경에 대해 어떤 반응을 보일 수 있는지를 이해하는 데 유용할 수 있다. 이들의 모델은 소수민족 집단의 구성원이 순응 단계에서 시작하여 부조화, 저항, 몰입, 내성의 단계를 거쳐 상승 작용하는 명료화와 자각의 단계에 이른다고 제안한다. 이 이론은 소수민족 구성원이 다수민족뿐만 아니라 자신의 민족 집단과 관계 맺는 방식을 이해하는 데 유용하다. 이것은 진로발달 모델은 아니지만 직업선택과 직업적응의 주제에 대한 직접적인 적용점을 갖고 있다.

상담자가 진로발달에서 여성과 다문화 집단에 관심을 가져야 할 필요성은 사회학자와 경제학자의 연구(3장에서 논의)에서 강조된 바 있다. 이 연구들은 미국에서 여성과 비백인 근로자가 동일한 업무를 수행하는 백인 남성보다 더 적은 급여를 받으며, 승진과 더 높은 급여로 이어질 가능성이 있는 직업에 대한 접근이 거부될 수 있다는 사실을 거듭 입증하였다. 진로발달에 대한 사회학적 · 경제학적 이론들은 많은 수의 사람을 대상으로 한 연구를 통해 광범위한 집단에 대한 결론을 도출한다. 그러나 개별 상담자에게 있어서 이러한 연구는 상담자 내면에 여성 내담자나 소수집단 내담자의 진로발달을 저해할 수 있는 태도가 존재하지 않는지 자신을 돌아보도록 환기시키는 역할을 한다.

## 상담자 쟁점

진로발달 이론은 내담자의 관심사를 개념화하는 수단을 제공할 뿐만 아니라 내담자와 상담자 간의 문제를 바라보는 관점도 제안한다. 특성요인 이론의 관점에서는 내담자의 특성 및 요인을 살펴보고 이를 상담자의 그것과 비교해 보는 것이 흔히 유용하다. 전 생애 관점에서는 상담자와 내담자의 생애 단계를 대조해 보는 것이 상담 장면에서 유용할 수 있다. 의사결정 이론과 관련해서는 내담자와 상담자의 의사결정 양식과 과정이 어떻게 대비를 이루는지를 깨닫는 것이 도움이 될 수 있다.

### ❀ 특성요인 이론군

일반적으로 특성요인 이론을 사용할 때 상담자는 내담자의 능력과 적성, 성격, 가치 및 흥미가 상담자 자신의 그것과 다를 수 있음을 아는 것이 도움이 된다. 광대한 범위의 흥미, 능력, 가치를 이해하고 그 진가를 인정하는 자세는 수많은 문제를 다루는 상담자에게 도움이 될 수 있다.

Holland 유형 이론의 관점에서 보면 상담자 유형이 내담자 유형과 일치하지 않을수록 상담자가 가치 갈등을 겪을 가능성이 더 높다. 예를 들어 사회형이 우세한 상담자는 관습형인 사람처럼 조직화하고 숫자를 다루는 일을 즐기지 않을 수 있다.

Myers-Briggs 유형 이론에 관해 연구자들(Yeakley, 1983)은 내담자의 의사소통 양식과 유사한 양식을 사용하는 것이 중요하다고 한다. 예를 들어, 상담자의 주된 지각 방식이 감각을 통한 것이고 내담자의 지각 방식은 직관을 통한 것이라면 이들은 제각기 다른 관점에서 사건을 볼 것이다. 따라서 상담자가 내담자의 의사소통 양식에 맞추거나 이해하는 것이 중요하다.

Lofquist와 Dawis는 그들의 직업적응 이론에서 내담자와 상담자가 각자 상대방을 위한 환경의 역할을 한다고 본다. 환경으로서 이들은 각기 다른 방식으로 서로를 강화하고 서로의 욕구를 충족시킨다. 상담자 자신의 욕구와 내담자의 욕구 둘 다를 자각하는 것이 상담자가 내담자에게 적합한 강화요인을 제공하는 데 도움이 될 수 있다. 예를 들어, 내담자가 책임에 대한 욕구가 있다면 상담자는 내담자가 독립적으로 행동하게 하고, 만족스러운 결과를 얻기 위해 상담과정을 그다지 인정하지 않는 것도 허용하는 것이 유익할 수 있다. 이는 상담자 자신의 이타성의 욕구를 희생하는 것을 뜻할 수 있다. 특성요인 이론군에 속하는 이론들은 일반적으로 내담자와 상담자의 관계에 영향을 주는 포괄적인 접근으로 여겨지지 않지만 여기에 속하는 이론 모두 이런 식으로 검토해 볼 수 있는 것은 분명하다.

## ❀ 전 생애 이론군

전 생애 이론은 내담자와 상담자의 각기 다른 역할과 단계에 주목한다. 예를 들어, 15세의 내담자를 상담하는 65세의 상담자는 흥미와 탐색행동 및 자아개념이 비교적 초기 단계에 있는 누군가를 대하고 있는 것이다. 이 상담자가 자기 자신이 아니라 내담자의 주제에 초점을 맞춘다는 것은 커다란 세대 차이를 넘는 일일 것이다. 이와 유사하게 상담자는 흔히 위기에 처한 내담자를 상담하게 된다. 각 위기상황에 처한 각각의 사람이 서로 다르다는 것을 이해하면 위기에 대한 상담자 자신의 경험을 내담자 경험에 적용하려는 것을 삼가는 데 도움이 될 수 있다. 또한 내담자가 이성일 경우, 성역할 주제에 대한 인식은 상담자가 내담자의 욕구와 주제에 초점을 맞추는 데 도움을 줄 수 있다. 예를 들어, 학교에서 성적 편견에 대한 내담자의 초기 경험에 대한 인식은 상담자가 내담자의 진로선택 주제를 돕는 방식에 영향을 줄 수 있다.

### ❀ 진로의사결정 이론군

진로의사결정 이론들이 상담자에게 주는 함의는 제각기 다르다. Krumboltz와 Baker (1973)는 사회학습 이론을 사용하는 상담자가 자신의 상담기술이 내담자의 욕구와 매칭이 되도록 유의해야 한다고 하였다. 더 나아가 이들은 내담자와 상담자가 상호 합의한 목표를 갖는 것이 중요하다고 믿었다. 상담자가 특정 유형의 내담자와 상담하는 데 전문성을 갖고 있는데 이와는 매우 다른 유형의 내담자와 상담하기로 선택한다면 이 행동은 비윤리적일 수 있다. 사회인지진로 이론을 사용하는 상담자의 경우, 내담자의 자기효능감, 결과기대 및 진로목표에 영향을 주는 진로장벽에 민감하려면 여성과 다문화 집단에 대한 고정관념을 알아차릴 수 있어야 한다. 진로발달에 영성적 접근을 사용하는 상담자는 진로의사결정에 관한 내담자의 주관적 경험을 분명히 이해해야 하는데, 내담자의 경험은 상담자 자신의 경험과는 무척 다를 수 있다. 내담자의 고유한 개별성을 이해하고 그 진가를 인정하는 것은 진로의사결정에 대한 영성적 관점의 주요 목표 중 하나이다. 반면에 인지적 정보처리 접근은 매우 구조적일 수 있다. 따라서 상담자는 이런 구조로 인해 진로선택에 영향을 주는 특수한 문제에 대한 논의가 배제되는 일이 없도록 유의해야 한다.

### ❀ 사회학적 · 경제학적 접근

진로선택에 대한 사회학적 · 경제학적 관점(3장)이 주는 함의는 심리학적 접근이 주는 함의와 아주 다르다. 진로발달 요인에 관한 사회학적 · 경제학적 연구는 다문화 집단 사람들과 여성이 노동시장에서 맞닥뜨리는, 이 집단들에 불리한 불평등을 지적한다. 상담자는 이러한 불평등이 내담자 개개인에 모두 적용된다고 가정하기보다는 이러한 정보를 내담자의 개인적 문제를 평가하는 배경 지식으로 사용할 수 있다. 더 나아가 문화적 주제와 성별 주제에 대해 사회학자와 경제학자가 수행한 연구는 상담자 자신의 가치와 선입견을 평가하는 데 안내자의 역할을 할 수 있다.

## 결론

이 책에서 논의한 이론들은 진로선택과 직업적응의 문제에 대한 유용한 접근법을 제공한다. 많은 경우 이론가와 동료들은 20년이나 30년 혹은 더 많은 시간을 들여 각자의 이론을 개발하고 평가하며 개정해 왔다. 연구와 평가를 통해 이들은 각자의 이론을 수정하고 보강해 왔고 동시에 상담자가 사용할 수 있는 검사를 제공하였다. 이에 더하여 근래 이론가들은 진로발달과 진로선택 과정에 대한 관점과 통찰을 발전시켜 상담자에게 내담자를 바라보는 새로운 방식을 제공하고 있다. 개정되고 새로운 이론에 대한 지속적인 연구 및 발전은 진로발달 이론이 상담자에게 새롭고 더 나은 도구와 아이디어를 계속하여 제공할 것임을 보여 주는 증거이다. 이 이론가와 연구자의 저작에는 그들이 진로와 진로문제에 부여하는 중요성이 함축되어 있다. 이들은 자신의 삶에 대한 내담자의 만족도를 의미 있게 높일 수 있는 상담자의 역할을 매우 존중한다. 상담자는 그들이 상담하는 거의 모든 내담자에게 이들 이론가의 저작을 적용할 수 있다. 이들의 노력이 진로 고민을 가진 사람들을 상담하는 여러분에게 도움이 되기를 바란다.

# 찾아보기

## [ ㄴ ]



## [ ㄷ ]

[ㄹ]



[ㅁ]



[ㅂ]



[ㅅ]

## [ㅇ]

## [ㅈ]

**[ ㅊ ]**



**[ ㅋ ]**



**[ ㅌ ]**



**[ ㅍ ]**

## [ㅎ]



## [기타]

## 역자 소개

### ■ 김진숙

경북대학교 영문학과 학사
미국 웨스턴 미시간 대학교 상담심리학 석사 박사
전, 한국청소년상담원 상담교수
현, 경북대학교 교육학과 교수

### ■ 김정미

경북대학교 영어교육 학사
한국교원대학교 교육학(상담심리) 석사
경북대학교 교육학(상담심리) 박사
현, 경북대학교 교육학과 외래교수, 영천중학교 교사

### ■ 서영숙

경북대학교 독문학과 학사
계명대학교 교육학(상담심리) 석사
경북대학교 교육학(상담심리) 박사
현, 경북대학교 인재개발원 상담원

**진로상담**: 아동기부터 성인기까지 진로발달 이론의 적용
Applying Career Development Theory to Counseling

발 행 일 | 2022년 2월 9일 초판 2쇄 발행
저 자 | Richard S. Sharf
역 자 | 김진숙 · 김정미 · 서영숙
발 행 인 | 구본하
발 행 처 | 도서출판 **박학사**
주 소 | 서울시 마포구 월드컵북로5길 33 동아빌딩 2층
전 화 | (02)3142-3764~5
팩 스 | (02)3142-3766
웹 사 이 트 | www.pakhaksa.co.kr
등 록 번 호 | 제10-2230호

**정가 28,000원** ISBN 978-89-98521-45-5